Hilde Schmölzer

DIE FRAU. Das gekaufte Geschlecht

Hilde Schmölzer

DIE FRAU

Das gekaufte Geschlecht

Ehe, Liebe und Prostitution im Patriarchat

Edition Tau

Abbildungsnachweis:

Archiv der Autorin
Contrast, Wien
Elisabeth Ernst
Oberösterreichisches Landesmuseum, Linz
Österreichische Nationalbibliothek, Bildarchiv, Wien
Florentina Pakosta
In jenen Fällen, in denen der Urheber nicht ermittelt werden konnte, bleiben berechtigte Ansprüche gewahrt.

Druck-, Verlags- und Handelsges. m. b. H., Bad Sauerbrunn
Umschlagentwurf: Gottfried Moritz
Satz: Tau Type, 7202 Bad Sauerbrunn
Druck: Wiener Verlag, Himberg

ISBN 3-900977-42-9

Inhaltsverzeichnis

Die Ehe

VOM FREIEN MENSCHEN ZUM BESITZ DES MANNES

Die Frau am Übergang von matrizentrischen zu patriarchalen Gesellschaften

Die gekaufte Frau ist eine Erfindung des Patriarchats. Es hat sie weder in den frühen matrilinearen und matrilokalen Sippengesellschaften[1] gegeben, noch ist sie in heute noch bestehenden ähnlichen Gesellschaftsformen anzutreffen. Erst das Patriarchat hat die Frau zum Besitz des Mannes erklärt, sie in Frauengemächer eingeschlossen und seiner Verfügungsgewalt unterworfen.

Wesentlich für diese Entwicklung war die Entstehung von Privateigentum, die mit der Entstehung des Patriarchats in einen ursächlichen Zusammenhang zu bringen ist. Das aufzuzeigen war ein Verdienst des Marxismus:

„*Die Geltung des Mutterrechts bedeutete Kommunismus, Gleichheit aller; das Aufkommen des Vaterrechts bedeutete Herrschaft des Privateigentums, und zugleich bedeutete es Unterdrückung und Knechtung der Frau.*"[2]

So August Bebel in seinem Buch „*Die Frau und der Sozialismus*". Auch für Ernest Borneman bewirkte die Entdeckung des Privateigentums den „*endgültigen Verlust der Gnade*"[3] und markiert den Beginn der Ausbeutung des einen Menschen durch den anderen und damit auch der Frau durch den Mann. Christa Wolf drückt es poetisch aus:

„*Erst mit dem Patriarchat sind Eigentum und Hierarchie und Erbfolge entstanden, wird aus dem Gewebe des Lebens, das die drei Uralt-Frauen, die Moiren, in der Hand hatten, jener blutrote Faden herausgerissen ... die Erzählung von der Heroen Kampf und Sieg oder Untergang...*"[4]

Die neolithischen Sippengesellschaften hingegen, die lange vor unserer Zeitrechnung existierten und wohl eine Schöpfung der Frau waren[5], kannten kein Privateigentum an Grund und Boden. Dieses war ebenso wie die Fischerboote und andere, Mehrwert erzeugende Produktionsmittel Gemeinschaftsbesitz. Zum Eigentum des Einzelnen gehörte lediglich die persönliche Habe an Werkzeugen, Waffen, Kleidung und Schmuck, die in mütterlicher Linie vererbt wurde. Das heißt, die Mutter vermachte sie stets ihren Kindern, nicht jedoch ihrem Mann. Der Mann hingegen vererbte an seine Brüder und Schwestern, nicht an seine Kinder, die er meist gar nicht als solche kannte.

In diesen Sippengesellschaften der Vorzeit gab es auch keine Ehe im heutigen Sinn. Lewis Henry Morgan, einer der Begründer der Ethnologie, spricht in diesem Zusammenhang von einer Gruppenehe in der Altsteinzeit, das heißt, mehrere Frauen bildeten mit mehreren Männern eine Ehegemeinschaft, wobei häufiger Partnerwechsel üblich war[6]. Die Freiheit der Partnerwahl war dabei für beide Geschlechter garantiert. In matrilinearen Sippen, denen das Sippenhaus gehörte, konnten die ökonomisch selbständigen Frauen ihre Ehepartner wegschicken, ohne wirtschaftliche Verluste zu erleiden. Andererseits jedoch konnte auch der Ehemann seine Ehefrau problemlos verlassen und in das Sippenhaus seiner Mutter zurückkehren. Denn an einer lebenslangen Gemeinschaft waren weder Mann noch Frau interessiert. Die Struktur der Sippengesellschaft machte ein solches Gebot überflüssig. Da Blutsverwandtschaft der Kinder immer nur zu den Mitgliedern der Muttersippen angenommen wurde und die soziale Vaterrolle immer der Bruder übernahm, bedeutete Trennung auch keinen gewaltsamen Bruch im Sinne heutiger Familientragödien. Da der Vater nicht genau bestimmt werden konnte, verblieben die Kinder in jedem Fall bei der Sippe ihrer Mutter, deren Brüdern und Schwestern. Die monogame Ehe mit ihrem männlichen Besitzanspruch hingegen ist nur in patriarchalen Gesellschaften anzutreffen, denn lediglich der Mann hatte ein Interesse daran, sich auf diese Art und Weise seiner Nachkommenschaft zu versichern. Die gesamte Geschichte des Patriarchats beweist allerdings deutlich, daß es dem Mann bei der Möglichkeit, das eigene Kind bestimmen zu können, gar nicht so sehr darum ging, diesem damit eine besondere Liebe und Zuneigung zuteil werden zu lassen, sondern eher darum, Kinder ebenso wie Frauen zu seinem Besitz zu machen und sich vornehmlich mit Söhnen Erben für sein Vermögen zu schaffen. Liebevolle Zuwendung zu Kindern, und zwar zu a l l e n Kindern des Stammes hingegen, zeigen gerade jene Männer in heute noch existierenden matrilinearen und matrilokalen Gesellschaften, die über ihre Vaterschaft nicht Bescheid wissen und daher über ein Kind auch keinen Besitzanspruch erheben können[7].

Gentilgesellschaften (Stammesgesellschaften, die aus Sippen bestehen) waren egalitäre Gesellschaften und weitgehend frei von Rangordnungen, Hierarchien und Klassen. An der Spitze einer Sippeneinheit, die aus einer Mutter, deren Kindern, Eltern und Männern bestand, die mit ihr oder den Töchtern zusammen lebten, stand die jeweils älteste Frau, die für das Funktionieren dieser ökonomischen und verwandtschaftlichen Einheit verantwortlich war[8]. In späterer Zeit, als sich die matrilineare Deszendenz langsam in eine patrilineare umwandelte, bzw. vorerst verschiedene Mischformen bestanden, wurde die Sippensprecherin allmählich vom Sippensprecher abgelöst. Diese SippensprecherInnen besaßen Autorität als freiwillige Anerkennung ihrer Fähigkeiten, doch konnten sie nicht befehlen, sondern nur raten, was sie von autoritären Herrschern unterschied[9]. Auch besaßen alle

Erwachsenen das gleiche Mitspracherecht, die Güter wurden nicht nach Leistung, sondern nach Bedürftigkeit verteilt. Durch die Gebärtätigkeit der Frau haben sich diese Horden und Sippen langsam vergrößert, aus der Muttersippe gingen Tochtersippen hervor, die nicht nur durch Blutsverwandtschaft, sondern nach Göttner-Abendroth auch durch das Band von Heiratsregeln miteinander verbunden waren[10]. Da diese Stammesgesellschaften durch verwandtschaftliche Bande und ökonomische Interessen zusammengehalten wurden, bedurften sie keiner politischen Herrschaft. Morgan nennt die Gentilgesellschaft die *„universelle Verfassungsgrundform der alten asiatischen, europäischen, afrikanischen, amerikanischen und australischen Gesellschaft“*[11]. Auch Engels meint: *„Der Staat ist also nicht von Ewigkeit her. Es hat Gesellschaften gegeben, die ohne ihn fertig wurden, die von Staat und Staatsgewalt keine Ahnung hatten.“*[12]

Ebenso wie das Privateigentum und die monogame Ehe kann also auch der Staat als eine Erfindung des Mannes bezeichnet werden. Alle diese Erscheinungsformen jedoch setzen eines voraus: Zwang, Herrschaft, Macht. Daß die frühen Gentilgesellschaften ohne derartige Hilfskonstruktionen auskamen, ist heute eine allgemein anerkannte wissenschaftliche Erkenntnis. Weniger betont wird dabei allerdings, daß es sich dabei um eine weibliche Organisationsform handelte, die sich von der Frau als Mutter und Gebärerin herleitete und damit die natürlichste Form einer sozialen Gemeinschaft darstellte.

Die matrizentrischen (um die Mutter zentrierten) Sippengesellschaften markieren den Beginn gesellschaftlicher Sozialisation. Es sind Gesellschaften, die auf dem Grundsatz der Gleichberechtigung beruhen, und in denen der Einfluß der Frau nie zu Unterdrückung führte. Niemals wurde in dieser gesellschaftlichen Urform der Mann zum Anhängsel der Frau gemacht, wie dies in späteren, patriarchalen Gesellschaften der Fall gewesen ist. Nie wurde er eingesperrt, mit rigorosen Beschränkungen konfrontiert, zum persönlichen Besitz erklärt und einem schrankenlosen Ausbeutungsverhältnis unterworfen. Frauen haben in diesen Gesellschaften auch nie ge-herrscht, sondern sie waren freie Menschen.

Göttner-Abendroth datiert die „frühmatriarchalen“ Gesellschaften auf mindestens 100.000 Jahre[13]. Die Epoche hochentwickelter matrizentrischer Kulturen fällt allerdings in die Jungsteinzeit, wie etwa die Ausgrabungen von Çatal Hüyük, jener acht bis neuntausend Jahre alten Stadt in Anatolien beweisen, die eine ausgebildete Stadtkultur zu Tage förderten, deren Kultgeräte, Göttinnenstatuen und Gräberfunde eindeutig belegen, daß es sich dabei um eine *„Frauenstadt“* gehandelt haben muß. Bemerkenswert ist auch, daß sich in den insgesamt 12 übereinander gebauten Siedlungen keine Spuren von Krieg feststellen lassen. Diese Kulturen, die vornehmlich im Mittelmeerraum und Vorderen Orient existierten und teilweise bis in die

Bronzezeit hineinreichten, scheinen von einer besonderen Heiterkeit, Fröhlichkeit und Ausgeglichenheit geprägt worden zu sein. Zumindest lassen die Funde im alten Ägypten, in Etrurien und auf Kreta, wo Frauen ziemlich lange eine relative Gleichberechtigung besaßen, darauf schließen. Sie zeigen durchwegs heitere, lächelnde Gesichter, anmutige Gestalten, bunte Blumen und Pflanzen und eine reiche Tierwelt und heben sich damit merklich von den späteren Darstellungen einer patriarchalen Kultur ab, in denen vor allem blutige Kriegsgetümmel, siegreiche Helden und deren grausame Taten verewigt werden.

Der Mann hat diese friedliche, auf der Gleichheit aller beruhende Gesellschaftsform zerschlagen und ein Konstrukt errichtet, das auf Herrschaft, Macht, Gewalt und Krieg beruht. Die gesamte Geschichte des Patriarchats – die sich mit ihren drei bis viertausend Jahren (in manchen Gebieten mag der Übergang auch schon früher stattgefunden haben) lächerlich kurz ausmacht gegenüber der Millionen von Jahren dauernden Menschheitsgeschichte – ist eine nicht enden wollende Aneinanderreihung blutiger Eroberungszüge zum Zweck der Anhäufung von Herrschaft und Macht in den Händen weniger Männer. Die Frau, deren Weltbild zerstört, deren Persönlichkeit vernichtet wurde, war dabei stets wertvolles Beutestück des männlichen Aggressors, sie gehörte zusammen mit Sklaven und Gold zu den Trophäen, die der Mann von seinen Kriegszügen heimbrachte. Daß der Mann sein männliches Weltbild zum Weltbild des Menschen schlechthin erheben konnte, setzte eine Brechung, eine Vernichtung der weiblichen Identität voraus und vermittelt eine im Grunde völlig verzerrte Weltsicht, die nach einseitigen, männlichen Kriterien funktioniert und mehr und mehr in die totale Ausbeutung, das Chaos, möglicherweise in die Zerstörung unseres Planeten führt. Denn die männliche Usurpation ist dieser Welt nicht gut bekommen. Wohl genießen einige wenige Länder einen Wohlstand, wie er nie zuvor existiert hat, allerdings auf Kosten anderer Länder, deren Massenelend und Hungersnöte ebenfalls ohne Beispiel sind. Wohl hat der männliche Geist gigantische Erfindungen gemacht, schwindelerregende Projekte entworfen, eine umfassende, künstliche zweite Welt geschaffen, in der sich der entfremdete Mensch wie in einer zweiten Haut bewegt. Doch tat er es auf Kosten natürlicher Ressourcen, auf Kosten der Vielfalt der Arten, auf Kosten einer einstmals blühenden Welt, die zu vertrocknen und zu versteinern droht.

Die Patriarchalisierung dieser hochentwickelten, matrizientrischen Kulturen begann etwa 1500 vor unserer Zeit, – in manchen Gebieten, wie etwa in Mesopotamien bereits früher, in anderen später – durch Völker aus den Steppen Innerasiens, die größtenteils Viehzüchter gewesen sind. Im eigentlichen hatte diese Völkerwanderung, die in großen Strömen nach Osten, Westen und Süden zog, schon wesentlich früher, etwa gegen Mitte des 3.

Jahrtausends vor unserer Zeit eingesetzt, doch wurden diese Völker von den ansässigen Bauern stets assimiliert und weitgehend eingegliedert[14]. Schließlich jedoch, in einem Zeitraum von mehreren hundert Jahren, gewann das Vaterrecht und damit das Kriegsrecht die Oberhand. Plündernde Männerhorden überfielen die friedlichen[15] Ackerbauern, vergewaltigten die Frauen und töteten die Männer. Sie zerstörten die reichen, matrizentrischen Kulturen und errichteten nach einer allgemeinen Periode des Niedergangs, die als das „*dunkle Zeitalter*" in die Geschichte eingegangen ist, eine patriarchale Kultur, in der der Krieg zum „*Vater aller Dinge*" erklärt wurde.

Daß Frauen die „*Mütter unserer Zivilisation*" gewesen sind, wird heute kaum noch bezweifelt. Sie waren die Erfinderinnen des Ackerbaus, der Webkunst, der Töpferkunst sowie wichtiger Werkzeuge wie Grabstock, Spaten, Schaufel und der steinernen Sichel.

„*Der Mann hat später vieles verbessert, aber der intellektuelle Durchbruch, die schöpferische Leistung, die eigentliche Kreativität kam niemals vom Mann, sondern naturgemäß von der Schöpferin des Lebens, der Urproduzentin: der Frau und Mutter*", meint Ernest Borneman.

„*Und eben weil sie solcher Leistungen fähig war, benötigte sie niemals jenen Kult der Leistung, jene Krücke, die sich als Bein ausgibt: die Leistungsgesellschaft. Diese Ideologisierung des Wettbewerbs, des Kampfes, des Krieges, der Selbstherrlichkeit auf Kosten anderer, der Aufwertung des Ichs durch Abwertung des anderen: sie war tatsächlich das Werk der Männer.*"[16]

Hypothetische Vermutungen über die Entstehung von Herrschaft

Warum es zu dieser Entwicklung gekommen ist, zu diesem Übergang von einer friedlichen Kultur im Rahmen matrizentrischer Sippengesellschaften zu Krieg, Gewalt, Herrschaft und Privateigentum, den Göttner-Abendroth den „*tiefsten und problematischsten revolutionären Bruch*" nennt, „*den es in der Geschichte der Menschheit je gegeben hat*"[17], wird wohl nie endgültig geklärt werden. Vielleicht war es tatsächlich die Erkenntnis des Mannes, daß auch er für die Fortpflanzung zuständig ist, die seine Muskeln derart schwellen ließ. Wahrscheinlich hat er wirklich gelitten unter seiner scheinbaren diesbezüglichen Bedeutungslosigkeit, galt doch die Frau als einzige und alleinige Hervorbringerin des Lebens, wie der Mythos zur Genüge beweist. Offenbar hat ihn dann das Bewußtsein seiner Mit-Urheberschaft an den Nachkommen derart beflügelt, daß er den Spieß bald umgedreht hat: in patriarchalen Kulturen wird der Mann zum eigentlichen Zeugungsprinzip, die Frau ist nur Gefäß für die Frucht, Acker, auf den er seinen Samen streut. Im Mythos gelingt es ihm sogar, seinen Gebärneid völlig zu kompensieren. Hier gebiert der Mann, und zwar ohne Frau: der Göttervater Zeus die jungfräuliche Athene aus seinem Haupt und Dionysos aus seinem Oberschenkel, während der ägyptische Hauptgott Atum, der sich zuvor mit der Hand befriedigt und anschließend seinen Samen schluckt, die Gottheiten Shu und Tefnut aus dem Mund gebiert.

Vielleicht aber haben auch die Marxisten recht, die die Entstehung von Privateigentum für männliche Herrschaft verantwortlich machen. Borneman, der sich in dieser Richtung bewegt, sieht in den – zumeist schon früh patriarchal organisierten – Viehzüchtern die Erfinder von Privatbesitz. (Weil Jagd zur Tierzähmung führte, war Viehzucht fast überall Männerarbeit, während die Erfindung des Ackerbaus zweifellos eine Leistung der Nahrung sammelnden Frau war.) Vieh, so meint er, ließe sich so wie Geld jederzeit vermehren, es bringe Zinsen in Form von Jungen. Tatsächlich hat das Wort „*Vieh*“ in zahllosen Sprachen die Bedeutung von „*Geld*“ oder „*Währung*“. (Im Lateinischen leitet sich pecunia, „*Geld*“ von pecus, „*Vieh*“ ab. In der Kiewer Gegend sind die Worte für „*Geld*“ und „*Vieh*“ identisch, und die indische Rupie hat nach Borneman ihre Wurzel in dem Sanskrit-Wort rupa, das heißt Vieh)[18]. Vornehmlich Viehzüchter aus dem Norden waren es ja auch, die das matrizentrische Kulturerbe im Mittelmeerraum, in Griechenland, Italien und Kleinasien zerstörten und die Sippengesellschaften mit ihren hohen, ethischen Ansprüchen zerschlugen.

Doch gibt es für die Entstehung von Herrschaft und damit des Patriarchats auch noch andere Erklärungsmodelle. Göttner-Abendroth etwa vertritt die These, nicht Privateigentum habe zu Herrschaft geführt, sondern umgekehrt habe sich Herrschaft stets des Privateigentums zur Festigung eigener Machtverhältnisse bedient[19]. Sie verwirft auch die Ansicht, Privateigentum habe sich auf sanftem, evolutionärem Weg gebildet, sondern setzt für die Entstehung von Privateigentum bereits Herrschaftsverhältnisse voraus. Zur Untermauerung ihrer Hypothese zieht sie die Forschungsarbeiten des Ethnologen Christian Sigrist heran, der sich anhand noch heute herrschaftslos lebender Gentilgesellschaften mit der Frage auseinandersetzt, wie es zu Herrschaft gekommen ist. Als Ursache nennt er außergewöhnliche Verhältnisse wie etwa Naturkatastrophen, die jedoch nicht die Regel, sondern die seltene Ausnahme sind, und die eine Zentralisierung von Macht in der Hand weniger zur Folge haben können. Nicht innere Mechanismen, wie von vielen Theoretikern angenommen, sondern äußerer Druck, wie etwa das Austrocknen ganzer Landstriche würde nach Sigrist eine Konzentration von Macht in der Hand eines Anführers zur Folge haben und damit die Bildung einer politischen Zentralinstanz ermöglichen. Das ursprüngliche Gleichheitsgefüge der alten Gentilgesellschaft würde sich damit auflösen und der/die SippensprecherIn vom charismatischen Führer abgelöst, der den hungernden Stamm in langen Wanderungen unter extremen Bedingungen zu neuen Nahrungsquellen führt[20].

Völlig zufriedenstellend ist allerdings auch dieses These nicht. So etwa erklärt sie nicht das plötzliche Anschwellen von Krieg und Gewalt in jenem bestimmten Zeitraum, in dem der Übergang zum Patriarchat stattfand. Auch die Ansicht vom männlichen Hormon Testosteron, das für eine größere Aggressivität des Mannes verantwortlich sein soll, bietet dafür keine Erklärung. Bleibt noch die Spekulation, daß männliche Aggressivität in matrizentrischen Kulturen durch die Macht der Frau gebremst wurde. Vielleicht war es ein Tabu der Großen Göttin, das nicht verletzt werden durfte, weil ihr Fluch Vernichtung bedeutete. Vielleicht wußten Frauen damals, daß Männer gelegentlich vor sich selbst geschützt werden müssen, und vielleicht haben sie gleichzeitig damit sich selbst geschützt, vor der ständigen Zerstörung dessen, was sie in mühevoller Arbeit aufgebaut haben, vor dem Verlust ihrer Kinder, ihrer Väter, Männer, Brüder. Vielleicht hat die machtvolle Frau, Ursprung allen Seins, die große Schöpfergöttin und Göttin der Wiedergeburt, aus der alles Leben entsprang und in die alles Leben zurückging, notwendige Grenzen gesteckt. Vielleicht hatten Frauen damals die Macht, aus ihrem besseren Wissen die Konsequenzen zu ziehen. Ein Wissen, das die österreichische Schriftstellerin Marlen Haushofer so wunderbar ausgedrückt hat:

„Lieben und für ein anderes Wesen sorgen ist ein sehr mühsames Geschäft und viel schwerer als zu töten und zu zerstören. Ein Kind aufzuziehen dauert zwanzig Jahre, es zu töten zehn Sekunden.“[21]

Vielleicht aber war hier auch ganz einfach die Tatsache ausschlaggebend, daß unsere Erde damals von weit weniger Menschen bevölkert wurde, weshalb Aggressionen sich möglicherweise in Grenzen hielten.

Fragen, die – zumindest vorläufig – offen bleiben müssen. Wie meist bei einem derart komplexen Problem werden jedoch mehrere Ursachen mitgespielt haben. Nicht nur dürften für verschiedene Gegenden verschiedene Gründe maßgebend gewesen sein, sondern der Umschwung hat sich auch keinesfalls überall gleichzeitig abgespielt. Hier ist noch sehr viel an neuen Forschungsarbeiten zu erwarten. Tatsache bleibt, daß dieser Übergang stattgefunden hat, und zwar im südlichen Europa in einem Zeitraum von etwa acht bis neun Jahrhunderten. Und noch etwas läßt sich mit Bestimmtheit feststellen: es waren Männerhorden, die diese Eroberungsfeldzüge unternahmen, und es ging ihnen nicht nur um Gold, Vieh und Sklaven, es ging ihnen auch um Frauen. Gleichzeitig damit beginnt eigentlich auch Geschichte, wie sie sich in unser kollektives Gedächtnis eingegraben hat. Die friedlichen matrizentrischen Kulturen haben die (männliche) Geschichtsforschung bis vor nicht allzu langer Zeit wenig interessiert. Daß Frauen Einfluß hatten, widerspricht den Grundsätzen des Patriarchats. Erst mit der Geburt des Helden setzt unser Geschichtsverständnis ein, des strahlenden Eroberers, der sich für seine Taten verherrlicht und preist, des

Gründers zentralistisch geführter Großreiche, dessen Reichtum und Macht auf Ausbeutung und Unterdrückung der Schwächeren beruhen. Einen speziellen Stellenwert genießt dabei die Ausbeutung und Unterdrückung der Frau, die wahrscheinlich die erste und grundlegendste, und damit auch die langlebigste ist. Nur durch sie wurde es dem Mann möglich, dieses weltumspannende, patriarchale System mit all seinen Auswüchsen wie Übervölkerung, Hungersnöten und Kriegen zu errichten, und nur die vollständige Befreiung der Frau wird diese Auswüchse beseitigen.

Frauenraub, Frauenkauf, Frauentausch

In den Göttersagen ebenso wie in der Ilias des Homer hat dieser Übergang vom „*Mutterrecht*“ (eine im Grunde falsche Bezeichnung, weil es „*Recht*“ in unserem Sinne damals nicht gegeben hat) und Vaterrecht seine Spuren hinterlassen. „*Plünderer der Städte*“ werden in den homerischen Epen die griechischen Einwanderer genannt, und das war durchaus als glorifizierender Ehrentitel gedacht. Odysseus etwa brüstet sich, auf neun Raubzügen der Anführer gewesen zu sein und jedesmal mehr Reichtum und Schätze erobert zu haben, als ihm eigentlich zustand. Die Frau als Beute, Sexualobjekt, Besitz ist dabei immer eingeschlossen und aus der Geschichtsschreibung hinfort nicht mehr wegzudenken. Frauenraub, Frauenkauf, Frauentausch werden Bestandteil der männlichen Kultur. Bis herauf in die Neuzeit begeistert sich der – männliche – Künstler an der Darstellung nackter, üppiger und wehrloser Frauenleiber, die von irgendwelchen grimmig und martialisch dreinblickenden Männern davongeschleppt werden, wobei meistens ein Motiv aus der griechischen Mythologie herhalten muß, der Raub der Sabinerinnen beispielsweise, oder der Raub der Töchter des Leukippos. Die Frau, einst „*Große Mutter*“ und Göttin der Wiedergeburt, deren Sexualität als lebenserhaltende Kraft verehrt wurde, wird zur willenlosen Beute räuberischer Männer, zum furchtsamen Fleisch, an dem sich der voyeuristische Blick begeilt. Zumindest die männliche Phantasie hat sich das gerne so vorgestellt, denn es gibt auch Beweise dafür, daß Frauen sich sehr wohl gegen ihre gewaltsame Inbesitznahme gewehrt haben. So zum Beispiel hat sich bei manchen Beduinenstämmen der Schwerttanz der Braut am Hochzeitsfest bis heute erhalten. Im biblischen „*Hohelied*“, jener Sammlung erotischer Texte, die dem König Salomo (965–926 v. Chr) zugeschrieben wird, singt der Chor: „*Wende dich, wende dich, Sulamit, im wundervollen kriegerischen Tanze.*“[22]

Daß der Übergang von einer egalitären, auf Gleichwertigkeit der Geschlechter beruhenden Gesellschaft zum unterdrückenden und ausbeuterischen Patriarchat nicht ohne Kampf vor sich gegangen ist, beweisen auch

Andrea Andreani († 1610): *„Raub der Sabinerinnen"*.
Das Motiv der wehrlosen, geraubten Frau hat Generationen männlicher Künstler begeistert.

Göttersagen, in denen alte, matriarchale Muttergottheiten von den aufkommenden Vatergöttern brutal überwältigt und gedemütigt werden. Besonders Vergewaltigung und Frauenraub sind beliebte Beschäftigungen dieser jungen Helden-Götter. Zeus höchstpersönlich hat sich hier besonders hervorgetan, doch standen ihm auch zahlreiche Untergötter diesbezüglich in nichts nach. So raubte der Windgott Boreas die sterbliche Oreithyia und zeugte mit ihr zwei Söhne. Halirrhothios, Sohn des Poseidon, vergewaltigte Alkippe, Tochter des Ares. Orion tat dasselbe mit Frau und Tochter seines Gastfreundes Oinopion, und Pan verführte Selene und Pitys. Die Nymphe Echo, die sich ihm verweigerte, ließ er kurzerhand von Hirten zerreißen, während die von Poseidon verführte Skylla von dessen eifersüchtiger Gemahlin Amphitrite in ein Ungeheuer verwandelt wurde.

Aber auch im übrigen griechischen Heldenmythos ist Frauenraub als Handlungsträger künftig präsent. Weil Paris Helena raubte, mußte eine Stadt, nämlich Troja, fallen. Eine andere Stadt hingegen, Rom, verdankt ihre Gründung dem Raub der Sabinerinnen. Agamemnon und Archilleus raubten bei Überfällen auf Städte zwei junge Mädchen, Chriseis und Briseis, worauf der Streit, in den sie anschließend über die Frauen gerieten, beinahe den Untergang des archaischen Heeres bewirkt hätte. Auch in den Mythen anderer Völker wird Frauenraub als großartige Tat glorifiziert. Der assyrische König Piglatpileser III. brüstet sich im 8. vorgeschichtlichen Jahrhundert: *„Die Stadt habe ich wie ein Tongefäß zerschmettert, abertausend Töchter als Tribut weggeschleppt."* Ein weiterer assyrischer König, Assurbanipal, schlägt rund 150 Jahre später ähnliche Töne an: *„Die Töchter und Gattinnen des elamitischen Königs, seiner Stadtvögte und Befehlshaber, groß und klein, führte ich als Beute wie eine Herde davon."* Selbst Alexander der Große fand nichts dabei, die 365 Nebenfrauen des von ihm besiegten persischen Königs Darius III. seinem Harem einzuverleiben[23].

Nachdem das Patriarchat die matrilokalen und matrilinearen Sippengesellschaften zerschlagen hatte, schuf es das Konstrukt der Ehe. Nicht mehr Blutsverwandtschaft war nun ausschlaggebende Vorraussetzung bei der Bildung sozialer Einheiten, sondern die Frau wurde zum Besitz des Mannes gemacht und hatte in dieser Funktion nützliche Arbeitskraft und Gebärerin seiner Kinder zu sein. Sie wurde herausgerissen aus ihrer Muttersippe und dem Mann als ihrem Herrn und Gebieter unterstellt. Durch die totale Verwaltung ihrer Gebärfunktion wurde sie ihrer sexuellen Freiheit beraubt, ihr Geschlechtsorgan hatte hinfort nur einem Mann zur Verfügung zu stehen. Während sich Männer allerdings aus dieser verordneten Zweisamkeit sehr wohl einen Ausweg zu schaffen wußten, wurden Frauen dafür hart, häufig mit dem Tod bestraft. Bei Ehebruch mit einer verheirateten Frau, der als Diebstahl am Eigentum eines anderen Mannes empfunden wurde, hatte auch der Ehebrecher mit Strafen zu rechnen, nicht jedoch bei sexuellen Beziehungen zu Frauen, die für den Geschlechtsverkehr mit allen Männern *„freigegeben"*, und gleichzeitig dafür stigmatisiert wurden: die Huren, Sklavinnen, Konkubinen und Mätressen. Hier konnte er sich schadlos halten, und auf dieser Basis hat er in den folgenden Jahrtausenden auch seine männliche erotische Kultur entwickelt. Mit der Ehe hatte diese meist wenig bis nichts zu tun, Ehe und Liebe schlossen in der gesamten patriarchalen Kultur einander aus. Die Frau als Besitz konnte nicht geliebt werden und auch keine Liebende sein. Eva Hesse hat es treffend formuliert:

„Das Maß der Selbstentfremdung der Frau in der patriarchalischen Ordnung wird offenbar in dem Verrat, durch den die Ehefrau sexuelle Lust für Ordnung, Sicherheit, Besitz eintauscht wie in dem Verrat, durch den die Hetäre die unbesetzten Triebwünsche des Mannes noch einmal den Kaufverhältnissen unterwirft."[24]

Während die erotische, männliche Kultur auf der Käuflichkeit der Frau gründet, ist eine erotische weibliche Kultur nur in Ansätzen oder überhaupt nicht vorhanden. Erst die neue Frauenbewegung hat sich daran gemacht, in mühsamer Forschungsarbeit die spärlichen Zeugnisse einer weiblichen Erotik zu sammeln. Erst Frauen unseres Jahrhunderts lernen, damit umzugehen und sie auch öffentlich zu artikulieren.

Die Raubehe, und damit Zwang und Gewalt, standen also am Beginn jener Gemeinschaft, die wir heute Ehe nennen. Frauenraub war lange Zeit ein durchaus übliches und akzeptiertes Mittel, um zu einer Ehefrau zu kommen. Er hat sich als legitime Form des *„Frauenerwerbes"* derart in das patriarchale Bewußtsein eingegraben, daß er selbst sehr viel später, als die Heirat bereits zu einem Geschäft zwischen den Eltern der Brautleute geworden war (was von den Historikern meist als großer humaner Fortschritt gefeiert wird), in das Brauchtum übernommen wurde. So etwa haben Hochzeitssitten fast aller griechischen Stämme, besonders deutlich jedoch jene der Dorer, darauf Bezug genommen. Sogar unser Polterabend und das Tragen der Braut über die Türschwelle läßt sich wahrscheinlich darauf zurückführen.

Wie in Sparta die *„Entführung"* der Braut, die allerdings zuvor bereits von den Eltern ausgesucht worden war, vor sich ging, beschreibt der griechische Historiker Plutarch (46–120 n. Chr.) so:

„Die Verheiratung selbst geschah auf die Art, daß jeder sich eine Jungfrau raubte... Die sogenannte Brautdienerin nahm die Geraubte in Empfang, schor ihr den ganzen Kopf kahl ab, zog ihr ein männliches Gewand und Schuhe an, legte sie auf eine Streu und ließ sie im Finstern allein. Der Bräutigam schlich sich dann, nicht betrunken, nicht durch Schwelgerei entkräftet, sondern in völliger Nüchternheit und nachdem er, wie immer, mit seinen Tischgenossen gespeist hatte, heimlich zu ihr, löste ihr den Gürtel und trug sie auf's Bett. Wenn er eine kurze Zeit mit ihr zugebracht hatte, ging er wieder sittsam weg, um an dem gewöhnli-

chen Ort in Gesellschaft anderer junger Männer zu schlafen. Ebenso hielt er es in der Folge. Den Tag brachte er unter seinen Kameraden hin, schlief des Nachts bei ihnen und besuchte seine Braut nur heimlich und mit größter Behutsamkeit, indem er sich schämte und besorgte, es möchte ihn jemand in ihrem Hause bemerken. Doch war die Braut selbst dazu behilflich und wußte es immer so einzurichten, daß sie zur rechten Zeit und unbemerkt zusammenkommen konnten..."[25]

Auf den Brautraub folgte der Brautkauf, bzw. lange Zeit existierte beides nebeneinander. Schon Homer kennt den Brautkauf, er nennt ihn „*Hedna*". Daß die Sippe des Bräutigam an die Sippe der Braut einen Brautpreis zu zahlen hatte, war teilweise bereits in den alten Gentilgesellschaften üblich gewesen. Doch sollte dieser Preis lediglich den Verlust ausgleichen, der durch den Verzicht auf die Arbeitskraft der Frau entstanden war. Es wurde damit noch kein Besitzverhältnis ausgedrückt, und das Mädchen blieb nach dieser Transaktion so frei, wie es vorher gewesen war[26].

Das änderte sich in patriarchalen Gesellschaften, in denen der Brautkauf nicht mehr zwischen Sippen, sondern zwischen Privatpersonen stattfand, grundlegend. Denn jetzt wurde die Frau als Besitz gehandelt, der vom Eigentum des Vaters in jenes des Ehemanns überging. „*Ein gutes Weib ist ein köstlicher B e s i t z*" (Hervorhebung der Autorin), meint bereits Hesiod, um den heiratswilligen jungen Mann dann noch mit folgenden, wohlwollenden Ratschlägen zu versorgen:

„*Beschaffe dir zuerst einmal ein Haus, eine Frau, und einen Ochsen. Kaufe die Frau, heirate sie nicht. Dann kannst du sie dazu bringen, den Pflug zu bedienen, falls nötig.*"[27]

Die Bezahlung für die derart zum Zugtier erniedrigte Frau erfolgte bei den archaischen Griechen in Rindern, später kam die Getreidewährung auf. Ein sumerisches Mädchen konnte der Käufer bereits um ein Maß oder einen Sack Gerste erstehen, in Babylon war ein weibliches Kind von drei bis neun Jahren immerhin zehn Sekel (ein Sekel wog 11,4 Gramm Silber) und ein Mädchen von neun bis zwölf Jahren dreißig Sekel wert. Für den Mißbrauch einer Jungfrau, die damit ihren „*Marktwert*" verloren und für ihren Besitzer wertlos geworden war, wurden fünfzig Sekel Silber Bußgeld bezahlt[28]. Konnte ein Mann den Kaufpreis nicht aufbringen, wurde ihm Gelegenheit gegeben, die Braut „*abzudienen*". Erzvater Jakob mußte bei dem bösen Laban vierzehn Jahre dienen, ehe er dessen Tochter Rahel in Besitz nehmen durfte.

Wie sehr Frauen dabei dem Vieh gleichgestellt wurden, beweisen auch diesbezügliche Kaufverträge in Nuzi (im heutigen Irak), in denen alle äußerlichen Mängel der Braut genau aufgezählt werden mußten, und zwar mit dem Zusatz: „*So wie sie ist*", also ohne Rückgaberecht. Diese Formel „*so wie sie ist*" erschien in Nuzi auch bei Viehverkaufsurkunden[29]. Auch in griechischen Hochzeitszeremonien wird der Warencharakter der Frau deutlich.

Die Brautschau war eine Besichtigung der Ware durch den Brautwerber, wobei der Brautvater verpflichtet war, alle Mängel des Mädchens bekanntzugeben. Verschwieg er sie, konnte die Ehe für ungültig erklärt werden. Bei den Belorussen, engen Verwandten der alten Griechen, bot der Brautvater noch bis vor kurzem seine Tochter mit folgenden Worten an: „*Guten Abend, ihr Brautwerber, ich führe euch eine Ware vor, die nicht blind, nicht lahm ist. Gott möge mir eine solche bescheren.*“[30]

Auch die Kaufehe wurde nach ihrer eigentlichen Abschaffung häufig als symbolischer Akt beibehalten. So etwa in der römischen Eheform der „*coemptio*“, bei der der Bräutigam vor fünf Zeugen und in Gegenwart eines Waaghalters die Braut um den symbolischen Kaufpreis einer Münze, die er in die Waagschale zu werfen hatte, dem Vater „*abkaufte*“[31].

Frauen wurden aber nicht nur geraubt und gekauft, sie wurden auch getauscht. Margaret Mead hat ein solches „*Tauschsystem*“ bei den Mundugumor vom Yuat Fluß, einem Nebenfluß des Sepik im Nordwesten von Neuguinea beobachtet. Danach kann ein Mundugumor Mann nur dann eine Frau erhalten, wenn er seine Schwester gegen die Schwester eines anderen Mannes austauscht. Ausgehend von den häufig beobachteten Gesellschaften mit matrilinearer Abstammung und patrilokalem Wohnsitz (Wohnort beim Gatten) und der großen Verbreitung des „*Inzest Tabus*“ hat Claude Lévi-Strauss, einer der angesehensten modernen Ethnologen, die Theorie vom „*Frauentausch*“ entwickelt[32]. Er nimmt dabei als elementare Struktur der Verwandtschaft eine Kerngruppe an, die aus einem Mann, einer Frau, einem Kind und einem Geber der Frau besteht, der zugleich ihr Bruder ist. Dieser Bruder schließt nun mit dem zukünftigen Gatten einen Kontrakt ab, der besagt, daß der Empfänger seinerseits dem Geber eine Frau schuldet, die er ihm in Gestalt der Tochter zurückerstattet, welche der Geber nun selbst heiraten oder mit seinem Sohn vermählen kann. Der sexuelle Gebrauchswert der Frau verwandelt sich hier also in einen gesellschaftlichen Tauschwert.

Heide Göttner-Abendroth hat diese Darstellung in ihrer verallgemeinernden Tendenz allerdings zu Recht kritisiert. Übergeht Lévi Strauss bei Aufstellung seiner Theorie doch die inzwischen gesicherte Tatsache, daß es in der Frühzeit Gesellschaften mit Matrilinearität und Matrilokalität gegeben hat, die Frau daher keinesfalls immer Tauschobjekt zwischen Männern, sondern sehr wohl auch selbständiges Subjekt war[33]. Wie berechtigt die Skepsis bezüglich der Interpretation und Darstellung frühgeschichtlicher, und daher zumindest zum Teil noch matrizentrischer Kulturen durch männliche Autoren im Grunde ist, zeigen auch jene Berichte athenischer Historiker, wonach die Ehemänner im alten Sparta ihre Frauen an andere Männer „*ausgeliehen*“ haben sollen, um deren Fruchtbarkeit zu steigern, eine Ansicht, die von Historikern bis hinein in das 20. Jahrhundert kritiklos übernommen wurde. Heute jedoch wird allgemein bezweifelt, daß sich die, im Gegensatz zu ihrer athenischen Geschlechtsgenossin recht selbstbewußte Spartanerin „*ausleihen*“ ließ. Sehr viel wahrscheinlicher ist, daß sie sich den Mann selbst ausgesucht hat, und diese selbständige Handlung so wenig in das patriarchale Weltbild des Atheners paßte, daß er diesen ungeheuerlichen Tatbestand im Sinne seines Selbstverständnisses interpretierte. Ähnliches berichtet Ernest Borneman, der selbst eine Zeitlang unter kanadischen Eskimos lebte, über deren, von dem Forscher Rüdiger Schott konstatierten angeblichen „*Frauentausch*“. Nichts, so meint Borneman, sei daran wahr. Vielmehr betrachte es die Eskimofrau als ihr natürliches Recht, mit jedem Mann – und damit auch mit jedem Fremden, der das Iglu betritt (das stets ihr Iglu, nicht das ihres Mannes ist) zu schlafen, wenn es ihr gefällt. Sie wird also nicht getauscht, sondern trifft selbst die Wahl[34].

Die Mitgift, ein Handel unter Männern

Daß die Raub- und Kaufehe bereits in antiker Zeit von der sogenannten Mitgiftehe abgelöst wurde, hat unsere Geschichtsschreibung ebenfalls als „*sozialen Fortschritts ersten Ranges*“ gefeiert[35]. Tatsächlich jedoch bedeutete diese Mitgift vor allem in der frühen Zeit, teilweise aber auch noch in späteren Jahrhunderten keinesfalls eine wirtschaftliche Absicherung der Braut, sondern vielmehr einen Handel unter Männern. Sie wurde, und zwar bis in das späte 19. Jahrhundert hinein, vom Mann verwaltet, und vor allem dieser war es auch, der ökonomischen Nutzen daraus zog. Es sind uns Beispiele überliefert von Männern, die fünf oder sechs Mal heirateten und sich durch die Mitgift ihrer meist jung im Kindbett verstorbenen Gattinnen ein stattliches Vermögen erwirtschafteten.

Nach athenischem Recht blieb die Mitgift stets Eigentum des Vaters und mußte bei der Scheidung auch diesem zurückgegeben werden[36]. Wie sehr auch damals noch die Vorstellung von der gekauften Braut lebendig war, zeigt die Sitte, den Brautwagen, auf dem die Mitgift der Braut zum Hause des Bräutigams gebracht wurde, sofort nach Ankunft zu verbrennen[37]. Wollte doch der frisch Angetraute möglichst wenig daran erinnert werden, daß er seine Frau nicht gekauft hatte, sondern vielmehr gekauft worden war. Auch im alten Rom war die Frau vermögensunfähig. Hier ging die Mitgift in das Eigentum des Ehemannes über und war auch bei einer eventuellen Scheidung, die lediglich von ihm beantragt werden konnte, nicht zurückzuzahlen[38]. Im germanischen Recht, in dem ursprünglich der Bräutigam dem Vater für die Braut den sogenannten Muntschatz bezahlte, setzte sich etwa um das 10. Jahrhundert ebenfalls die vom römischen Recht über-

Griechische Vasenmalerei: *Vorbereitung zur Hochzeit.*
Auf einem runden Tischchen bereiten zwei Frauen den Hochzeitskuchen.
Eine Dienerin hantiert am Waschbecken. Die vermutliche Braut
rechts im Vordergrund wirkt melancholisch und in ihr Schicksal ergeben.

nommene Mitgiftehe durch. Doch mußte hier die Mitgift oder der Erbteil, den die Frau in die Ehe einbrachte, durch den Bräutigam „*widerlegt*“ werden, das heißt, er mußte eine der Höhe des Heiratsgutes angemessene Vermögenschaft diesem hinzufügen[39]. Diese sogenannte „*dos*“ diente auch als Witwenversorgung. Erst damit also war ein erster Schritt zu einer gewissen finanziellen Absicherung der Frau getan, zumindest für die Zeit nach dem Tod des Gatten. Die Frau wurde damit auch vermögensfähig, doch mußte ihr Eigentum bei Lebzeiten des Ehemannes von diesem verwaltet werden, er besaß das volle Verfügungs- und Nutzungsrecht, durfte es allerdings nicht ohne die Zustimmung seiner Gattin verkaufen. Während er also mit seinem Vermögen tun und lassen konnte, was er wollte, mußte die Ehefrau bei Verkauf, Schenkung und Verpfändung die Zustimmung ihres Gatten einholen. Andererseits jedoch kam es häufig vor, daß zur Deckung der vom Mann gemachten Schulden ihr Eigentum widerrechtlich herangezogen wurde. Noch aus dem 16. und 17. Jahrhundert sind uns Berichte überliefert, nach denen adelige Frauen das sogeannnte Leibgedinge (der ihr als Witwen- oder Altersversorgung zustehende Besitz) entzogen oder geraubt wurde[40]. Erst gegen Ende des 18. Jahrhundert, als sich die Gütertrennung allmählich durchzusetzen begann, wurde die Frau berechtigt, über ihr Vermögen alleine zu verfügen. Was dies allerdings in der Praxis bedeutete, bringt § 90 des Josephinischen Gesetzbuches klar zum Ausdruck:

„*Auch wenn das Weib ihr Vermögen selbst verwaltet, steht dem Manne zu, auf ihr Benehmen Acht zu haben, um, wenn besonders Kinder da sind, der Verschwendung und Versplitterung vorzukommen.*“[41]

An dieser Einstellung, Frauen als unmündige und unfähige Wesen zu betrachten, hat sich mindestens bis zum Beginn unseres Jahrhunderts wenig verändert.

Die Mitgift führte also keinesfalls zu der bemerkenswerten Besserstellung der Frau, wie das von unserer Geschichtsschreibung häufig dargestellt wird. Sie brachte im Gegenteil auch gravierende Nachteile mit sich. Denn damit wurden Töchter zu einer ungeheuren, finanziellen Last, die sich arme Familien oft gar nicht leisten konnten, weshalb bei der vor allem im Altertum üblichen Kindesaussetzung und -tötung regelmäßig mehr Mädchen ausgesetzt oder ermordet wurden. Daß Knaben in der gesamten Geschichte des Patriarchats als Kapital angesehen werden, als Garant für die Altersversorgung der Eltern, während Mädchen eine Bürde sind, und oft zu lebenslanger Verschuldung der Eltern führen, ist heute noch in den Ländern der sogenannten Dritten Welt zu beobachten. Es hat zu einer generellen Besserstellung und Versorgung bereits des kleinen Knaben geführt, während kleine Mädchen vor allem in den armen Ländern sehr viel mehr vernachlässigt werden und eher vom Tod bedroht sind. Die Mitgift, vornehmlich ein Mittel, das Vermögen der Männer zu mehren, macht die Frauen einmal mehr zum passiven Objekt, zum Anhängsel eines männlichen Kapitals. Diese Abhängigkeit zeigte sich auch in besonders demütigender Weise im griechischen Erbtochterrecht, wonach eine griechische Frau, der infolge des Fehlens eines männlichen Erben die Erbschaft zugefallen war, ihren nächsten männlichen Verwandten, meist Onkel bzw. Vetter heiraten mußte, weil sie selbst ja weder besitzen noch erben konnte. Sie wurde in diesem Fall sogar gezwungen, eine bereits bestehende Ehe aufzulösen, um den Besitz zu sichern. Wie sehr in manchen Ländern heute noch Frauen als bloße Beigabe zu einem Erbteil oder einer Mitgift betrachtet werden, zeigen auch die sogenannten Mitgiftmorde in Indien. Um Druck auf die Eltern auszuüben, die Mitgift oder das in die Ehe eingebrachte Vermögen zu erhöhen, werden jung verheiratete Frauen von ihren Ehemännern oder deren Familien einer physischen und psychischen Tortur unterworfen, die bis zum Mord – meist durch Verbrennen – führen kann.

„EIN SKLAVENMAL AUF DIE STIRN BRENNEN“

Die Ehe als Gewaltverhältnis

Die Ehe war also nicht nur ein Besitz, sondern auch ein Gewaltverhältnis (und ist es vielfach heute noch.) Das zeigt sich in besonders brutaler Form in der Frühzeit des Patriarchats, als die Erinnerung an alte matrizentrische Gesellschaftsformen noch lebendig war und es darum ging, den Widerstand der Frau endgültig zu brechen. Die Gesetze des babylonischen Königs Hammurapi (1728–1686) etwa sind in ihrer unnachsichtigen Grausamkeit kaum zu überbieten und zeigen drastisch ein fast willkürliches Gewaltverhältnis, dem die Frau unterworfen wurde. Sie war Arbeitssklavin des Mannes und schuldete ihm absoluten Gehorsam. Bei Faulheit, Trägheit oder Arbeitsverweigerung konnte sie geschlagen werden oder ihre Ohren wurden am Pranger beim Stadttor in aller Öffentlichkeit wie bei einer entlaufenen Sklavin durchbohrt. Aber es gab noch andere demütigende Methoden, um sie gefügig zu machen.

„*Wenn eine Frau zu ihrem Mann frech wird, darf er ihr die Zähne mit einem gebrannten Ziegelstein scheuern und diesen Ziegel zu ihrer Schande am Pranger vor dem Stadttor ausstellen*“[1], heißt es da. Befand sich der Mann in Zahlungsschwierigkeiten konnte er seine Frau ebenso wie seine Kinder verpfänden oder verkaufen. Aber auch ihre Verleihung stand ihm durchaus zu: „*Er darf seine Frau abgeben*“, steht in einem späteren Rechtsbuch zu lesen „*auch ohne Zustimmung der Frau; und wenn er die Frau abgibt, so geht das Hab und Gut der Frau an den, dem er sie gibt, nicht über.*“[2] Das Vermögen konnte sich der Mann also bei diesem einträglichen Geschäft behalten.

Auch andere Gesetzestexte aus dieser Zeit ergehen sich in ähnlichen Formulierungen: nach einer altassyrischen Regelung konnte der Mann seine Frau bei Aufsässigkeit, Trägheit oder Verweigerung der ehelichen Pflichten „*verprügeln, kahlscheren, ihr Ohr und Nase abschneiden, ein Sklavenmal auf die Stirn brennen oder sie verstoßen. Eine Schuld seinerseits besteht nicht*“[3]. Die nahezu unbeschränkte Gewalt und Macht des Mannes in diesen frühpatriarchalen Kulturen zeigt sich auch darin, daß er wegen unbegründeter Grausamkeit weder von seiner Frau, noch vom Schwiegervater gerichtlich belangt werden konnte. Wenn die Ehefrau vor seinen Schikanen ins Elternhaus floh und vier Tage wegblieb, durfte er sie zwangsweise zurückholen, ihr die Ohren abschneiden und sie zwingen, sich zum Beweis, daß sie in dieser Zeit mit keinem anderen Mann geschlafen hatte, einem Gottesgericht unterwerfen. „*Sie wird gebunden und ins Wasser geworfen, wenn sie unverletzt aus dem Fluß steigt, ist sie straffrei und der Mann muß die Gerichtskosten tragen.*“[4] Während es also um ihr Leben ging, ging es bei ihm lediglich um Geld. Ehebruch der Frau, stets schwerstes Vergehen im Patriarchat, wurde mit dem Tod bestraft: „*An dem Tag, an dem sie im Schoße eines Bürgers gefunden wird, stirbt sie; sie lebt nicht länger*“,[5] heißt es in einem Gesetz von Eschunna, einer Stadt 25 km nordöstlich von Bagdad um das Jahr 2.000 vor unserer Zeit.

Aber auch die späteren griechischen Gesetze zeichnen sich durch keine nennenswert größere humanere Haltung aus. Dabei wurde die Monogamie auf der Balkanhalbinsel relativ spät eingeführt. Erst Kekrops, ältester König Athens und Gründer der Akropolis, hat sie zum Gesetz gemacht[6]. Zuvor herrschte der in matrizentrischen Sippengesellschaften übliche ungebundene Geschlechtsverkehr. Bald jedoch hatte auch der griechische Mann seine Frau hinter Schloß und Riegel gebracht, vornehmlich, um damit der Vaterschaft bei den von ihr geborenen Kindern sicher zu sein. Sie wurde für unmündig, unfähig und schutzbedürftig erklärt, und ein Vormund für sie bestimmt.

Es zeigt sich hier ein ählicher Mechanismus, wie er auch bei der Unterjochung fremder Völker und der späteren Kolonisation angewandt wurde: zuerst wird die andere Kultur zerstört, und dann werden diese Völker dafür verantwortlich gemacht, daß sie mit der fremden, aufgezwungenen nicht zurecht kommen, was die Etablierung eigener Herrschaftsverhältnisse rechtfertigt. Auch die weibliche Kultur wurde zerstört, die Identität der Frau vernichtet, und nachdem sie von jeder Bildung ebenso wie vom gesellschaftlichen und politischen Leben ausgeschlossen war, nachdem man ihr die Kontrolle über die Produktionsmittel entzogen hatte, wurde ihr Unfähigkeit bescheinigt, um sie hinfort im Sinne männlicher Ziele verwalten zu können. Ebenso diente und dient dem Männerstaat zum Teil auch heute noch die mangelnde Wehrfähigkeit der Frau als Argument, sie vom politischen Geschehen auszuschließen. Es wird dabei geflissentlich übersehen, daß es immer Männer waren und sind, die Kriege erzeugt und geführt haben, und daß es der patriarchale Mann war, der die friedlichen matrizentrischen Kulturen zerstörte und durch kriegerische, ausbeuterische und eroberungssüchtige ersetzte, um dann die Unfähigkeit der Frau, sich in solchen Verhältnissen zurechtzufinden, zum Anlaß zu nehmen, sie unter männlichen „*Schutz*“ zu stellen. Natürlich ist dieses angebliche „*Schutzverhältnis*“ im Grunde nie ein solches, sondern immer nur ein Herrschafts- und Gewaltverhältnis gewesen. Wie wenig es dem Patriarchat um einen wirklichen Schutz der Frau gegangen ist, zeigt etwa das Schicksal lediger Mütter und unehelicher Kinder, die bis in die siebziger Jahre unseres Jahrhunderts diskriminiert waren. Ihnen, den besonders Schutzbedürftigen, wurde dieser Schutz nicht nur nicht gewährt, sie wurden für ihre Situation auch noch bestraft. Sie gehörten stets zu den Ausgestoßenen und Geächteten, im Mittelalter wurden unehelich Geborene als *„verächtliche Personen“* von öffentlichen Ämtern, Innungen und Zünften ausgeschlossen, sie waren im Privatrecht zurückgesetzt und bekamen weniger Wehrgeld[7]. Im 18. Jahrhundert wurden ledige Mütter öffentlich verspottet, auf dem Hurenkarren durch die Stadt gefahren oder ausgepeitscht. In manchen Gegenden der Monarchie wurden unverheiratete Mütter lediglich über einen Nebeneingang zum Gottesdienst zugelassen, und auch bei der Vorsegnung wurde zwischen ihnen und den verheirateten Müttern ein Unterschied gemacht[8]. Noch im Bürgerlichen Gesetzbuch (BGB) von 1900 wird der Mutter zwar die alleinige finanzielle und sonstige Verantwortung für das Kind auferlegt, aber die *„elterliche Gewalt“* wird ihr abgesprochen, *„Zur Vertretung des Kindes ist sie nicht berechtigt“*[9]. Die Vormundschaft wurde bis in die siebziger Jahre unseres Jahrhunderts dem Jugendamt übertragen.

Kyros hieß der Vormund der Frau im alten Griechenland, dessen kyrieia, Herrschaftsgewalt, sich nicht nur auf das gesamte Vermögen eines oikos, also einer Familie erstreckte, sondern auch auf alle Personen des Hausstandes, inklusive Sklaven, Frauen und Kinder. Diese Herrschaft übte zunächst der Vater des Mädchens aus, dann der Ehemann, und nach dessen Tod die Söhne, oder, falls keine vorhanden waren, ein nächster Anverwandter. Die Frau selbst war Unperson, sie existierte nur in Bezug zum Mann. Dieser mußte für sie bei Gericht aussagen, er mußte ihr Vermögen verwalten, und er bestimmte, wen die Tochter zu heiraten hatte. Ohne ihn war sie nichts, was deutlich im Witwenstand seinen Ausdruck findet, auf den noch zurückzukommen sein wird.

Dieses Vormundschaftsmodell läßt sich durchgehend in sämtlichen frühen, patriarchalen Kulturen nachweisen, nicht nur in Athen und im alten Orient, sondern auch in Rom und in Germanien. Die römische patria potestas, die Macht des Familienvaters, erlaubte es diesem, über Leben und Tod aller Angehörigen des Hauses zu entscheiden. Auch die Söhne bekamen die Gewalt der neuen Väter zu spüren, doch konnten sie damit rechnen, nach dem Tod des Paterfamilias selbst diese unumschränkte Herrschergewalt auszuüben. Die Töchter hingegen standen zeitlebens unter der männlichen Vormundschaft, wobei die Machtbefugnisse des Vaters jene des Ehegatten überstiegen. Doch scheint zumindest in der Frühzeit des römischen Patriarchats auch der Ehemann über Leben und Tod seiner Gattin bestimmt zu haben. Zumindest Cato behauptet es und meint, daß jeder Gatte berechtigt sei, die uneingeschränkte richterliche Gewalt über seine Frau auszuüben, und daß er sie in Fällen von Trunksucht und Ehebruch sogar mit dem Tod bestrafen könne[10]. Auch Dionysios von Halikarnassos, ein

Römische Hochzeit.
Bei der hier dargestellten altertümlichsten Form der conferreatio,
die ausschließlich Patriziern vorbehalten war, wurde dem Mann
die größte Gewalt über seine Ehefrau eingeräumt.
Rechts die „dextrarum coniunctio" (Handreichung) mit Juno Pronupta,
davor ein Hymen (Hochzeitsgenius). Hinter dem Bräutigam
zwei Brautführer, ein Priester. Davor ein Opferwidder.

Zeitgenosse des Kaiser Augustus, schreibt Ähnliches, nur daß bei ihm der Ehegatte vor dem Todesurteil Rücksprache mit den Verwandten seiner Frau halten muß. Ebenso berichtet Plinius der Ältere von einer verheirateten Frau, die von ihrer Familie genötigt wurde, sich selbst zu Tode zu hungern, weil sie die Schlüssel zum Weinkeller entwendet hatte[11]. (Weingenuß galt bei Frauen als schweres Verbrechen.)

Kein Wunder also, daß die Ehen in der frühen Epoche Roms so dauerhaft waren, was spätere Autoren nicht müde wurden, mit nostalgischer Begeisterung zu preisen. Frauen blieb gar nichts anderes übrig, als sich in ihr Schicksal zu fügen, wollten sie nicht ihr Leben riskieren. Was hingegen der römische Mann von der Frau im allgemeinen und der Ehe im besonderen hielt, drückt der Zensor Quintus Caecilius Metellus Macedonicus unmißverständlich aus:

„*Wenn wir ohne Frauen leben könnten, würden wir das natürlich nur allzu gern tun. Aber da es nun einmal ein Gesetz der Natur ist, daß wir mit den Frauen nicht glücklich, ohne sie aber überhaupt nicht leben können, so müssen wir eben mehr für das Wohl des Staates als für unseren sexuellen Genuß sorgen.*“[12] Lediglich das Staatswohl also gebot den Beischlaf, die zwischenmenschliche Beziehung zählte nicht.

Einem ähnlichen Herrschaftsverhältnis wie in Athen und Rom unterlag die Frau in Germanien. Sie gehörte zum Gesamtvermögen des Mannes, das neben Ehefrauen, Konkubinen und Kindern auch Rinder, Sklaven und Haustiere umfaßte. Durch die sogenannte munt besaß der Familienvater unumschränkte Gewalt über sämtliche Hausgenossen, die er verkaufen, aber auch töten konnte. Die dotierte Muntehe wurde zwischen dem Muntwalt der Frau und dem künftigen Gatten vereinbart. Die Frau selbst war Objekt und zeitlebens nicht selbmündig. Sie konnte keinen Einspruch gegen eine unerwünschte Ehe erheben, nicht selbständig vor Gericht auftreten, ihr Vermögen nicht selbst verwalten und sie war im Erbrecht benachteiligt. Ihr Mann hingegen konnte ihr eheliches Vermögen ohne ihre Zustimmung nutzen. Im Edictum Rothari (643 n. Chr.) heißt es:

„*Kein freies Weib, das innerhalb der Herrschaft unseres Königtums nach Langobardenrecht lebt, darf selbmündig nach ihrem freien Gutbefinden leben. Vielmehr muß sie stets unter Männermunt (oder in der des Königs) bleiben. Auch hat sie nicht die Befugnis, etwas an fahrendem oder festem Gut ohne den Willen ihres Muntwaltes zu vergeben oder zu veräußern.*“[13]

Zwar war die Raubehe bereits in den frühmittelalterlichen Volksrechten unter Strafe gestellt worden, doch konnte sie durch den nachträglichen Erwerb der munt legalisiert werden. Erst in späteren Gesetzen wurde der Wille der Frau berücksichtigt und zwischen einer Entführung mit und ohne ihre Einwilligung unterschieden, wobei letztere als ungültig galt[14].

Es ist in der Geschichtsschreibung häufig davon die Rede, daß die Germanen ihre Frauen geehrt hätten. Aus einer gewissen Sicht betrachtet, mag das zutreffen. Auch der Grieche hat seine gute, arbeitssame, geduldige, demütige, vor allem aber fruchtbare Ehefrau geehrt, wie zahlreiche Grabsteine beweisen. Ebenso hatten der römischen Matrone, der Familienmutter, die Männer auf der Straße Platz zu machen, sie anzurühren war nicht einmal vor Gericht erlaubt. Aber es war stets die auf männliche Bedürfnisse zugerichtete, sich männlichen Zielen und Vorstellungen unterordnende Frau, die die Wertschätzung des Mannes besaß, es war der weibliche Besitz, der geachtet wurde, nie das freie, auch sich selbst gehörende Individuum. Frauen wurden in der ganzen Geschichte des Patriarchats kaum je als freie Menschen geliebt mit dem Recht, ihre eigenen Veranlagungen und Möglichkeiten entwickeln und entfalten zu können so wie jeder Mann. Als solche wurden sie vielmehr diffamiert und verfolgt. „*Geachtet*" waren sie als verstümmelte, eingesperrte, auf ihre Gebärfunktion fixierte Hauswesen, deren beschränkter Horizont dann wiederum Gelegenheit bot, sie aus politischen und gesellschaftlichen Prozessen auszuschließen. In ein Zwangskorsett gepreßt, konnten sie schließlich nur in dieser einseitigen Zurichtung in einer patriarchalen Gesellschaft überleben. Eine Situation, die bis herauf in unsere Zeit wirksam ist. Daß alle Frauen entweder nur oder auch Hausfrauen zu sein haben und damit unbezahlte Arbeit leisten müssen, bedeutet die kollektive Vergewaltigung eines ganzen Geschlechts. Niemandem würde es einfallen, Männer unisono auf einen einzigen, noch dazu unbezahlten Beruf festzulegen. Frauen wird auch bis heute ein gewisses Ettikett als „*gute*" und „*schlechte*" Frau verpaßt. Zu ersteren gehören jene, die sich nach männlichen Verhaltensregeln richten, letztere beweisen (weibliche) Eigenständigkeit. Im Mittelalter unterschied ein regelrechter Tugendkatalog zwischen „*würdigen*" und „*unwürdigen*" Frauen. Als „*würdig*" galt vor allem die tugendhafte und möglichst gebärfreudige Gattin, auch die Begünstigungen in den Weistümern betreffen vornehmlich schwangere Frauen oder Wöchnerinnen. Ebenso war das in der Lex Salica vorgeschriebene, im Schadensfall zu entrichtende Wehrgeld für eine unfruchtbare Frau dreimal niedriger angesetzt als für eine fruchtbare Frau[15]. „*Unwürdig*" hingegen war das „*leichtfertige*", in „*Unzucht*" lebende Weib und selbstverständlich die Ehebrecherin. Auch jene Frau, die ihre geschlechtliche Reinheit nicht bis zur Ehe bewahrt hatte, gehörte dazu, sie hatte auch keinen Anspruch auf die Morgengabe. Das Weistum[16] des Münstertales sprach sie dem in der Ehe unkeusch lebenden Weibe ebenso ab wie der unkeusch lebenden Witwe und jener Frau, die ihren Mann ohne rechtmäßige Ursache verlassen hatte. Die Kindsmörderin gehörte zu den „*unwürdigen*" Frauen, sie sollte nach dem Weistum von Thurn an der Gader lebendig in das Erdreich vergraben und ein Pfeil durch sie geschlagen werden. Aber auch Frauen, die dem Mann die Schmach angetan hatten, ihn zum Zweikampf herauszufordern (es muß

Überreichung des Scheidebriefes
(Wenzelsbibel, 1390–1400).
Auch noch in der mittelalterlichen Gesetzgebung hatte der Mann das Recht, seine Frau wegen relativ geringfügiger Vergehen zu verstoßen.

Steinigung der Ehebrecher
(Wenzelsbibel, 1390–1400).
Bei Ehebruch konnte der Gatte der Ehebrecherin diese zusammen mit dem Ehebrecher straflos töten. Ehebruch des Mannes mit Sklavinnen, Konkubinen und Prostituierten hingegen war erlaubt.

also einen derartigen Widerstand der Frau gegeben haben) oder ihn zu beschimpfen, waren *„unwürdig“*[17].

Dieser Auflistung weiblicher *„Würdigkeiten“* und *„Unwürdigkeiten“* stand kein adäquates Pendant gegenüber, das den Mann betraf. Männer verloren höchstens dann ihre Würde, wenn sie sich von Frauen schlagen ließen. Vielleicht auch noch, wenn sie weibliches Vermögen verschleuderten. Was jedoch die Tugendhaftigkeit anbelangt, herrschten auf Männerseite andere Gesetze. Denn während für die Frau absolute Treue oberste Pflicht bedeutete, stand dem Mann stets ein ganzes Spektrum von Hetären, Konkubinen, Sklavinnen und Prostituierten zur Verfügung, deren er sich nur zu bedienen brauchte. Eine Doppelmoral, die Cato im alten Rom auf eine geradezu zynische Weise ausdrückte:

„Wenn du deine Gattin im Ehebruch ertappst, so kannst du sie ungestraft und ohne Gericht töten. Treibst du selber aber Ehebruch, oder wird mit dir Ehebruch betrieben, darf sie nicht wagen, dich auch nur mit dem Finger zu berühren.“[18]

In der Verwaltung weiblicher Sexualität und Gebärfähigkeit durch den Mann liegt neben der ökonomischen Benachteiligung der Frau auch die eigentliche Ursache für ihre Unterdrückung. *„Gamoklopia“* heißt das griechische Wort für Ehebruch, was soviel wie *„Diebstahl der Gattin“* bedeutet[19]. Da die Ehe ein privates Besitzverhältnis war, hatte der bestohlene Ehemann das Recht, sich an dem Dieb entweder durch Entmannung oder durch Todesstrafe zu rächen. Die ehebrecherische Frau durfte im klassischen Athen *„nur“* von ihrem Ehemann verstoßen werden, aber dazu war er verpflichtet, sonst verlor er seine Bürgerrechte. Als unmündige Unperson besaß sie kein Recht, ihre Unschuld zu beteuern, lediglich ihr Vormund konnte dies, wenn auch unter erheblichen Schwierigkeiten. Wurde sie trotzdem verurteilt, war sie künftig aus der Gesellschaft ausgestoßen, sie durfte keinen anderen Mann heiraten, auch nicht an öffentlichen Feierlichkeiten teilnehmen noch Schmuck tragen[20].

Das Schicksal der verstoßenen Frauen

Zu den Ausgestoßenen, Verworfenen gehörte allerdings nicht nur die Ehebrecherin, sondern auch die Witwe, die Geschiedene oder jene, die den geringsten Verdacht eines Ehebruchs auf sich gezogen hatte. Das Mosaische Gesetz bestimmte:

„Wenn irgendeinen Mann der Geist der Eifersucht quält, ohne daß er Zeugen dafür hat, so soll er seine der Untreue verdächtigte Frau zum Priester bringen und ein Opfer ihretwegen darbringen, das die Schuld offenbaren soll...“

In diesem Fall sollte ein Gottesurteil entscheiden: Konnte die Frau das Gebräu aus Wasser, der Asche aus verbranntem Papyrus, auf den Fluchformeln geschrieben waren, und dem Staub vom Tempelfußboden schlucken, ohne sich zu erbrechen, galt sie als unschuldig. Gelang ihr das nicht, war sie überführt. Dann traf sie der priesterliche Bann:

„Der Herr verfluche und verwünsche dich unter dem ganzen Volke. Mögen deine Hüften schwingen, dein Bauch anschwellen, deine Eingeweide brennen...“[21]

Da Eheschließung keinen Rechtsakt darstellte, konnte auch die Scheidung ohne jede juristische Intervention erfolgen, der Mann entschied häufig nach eigener Willkür. Bei den alten Arabern durfte er seine Frau verstoßen, wenn ein Unglück sein Haus getroffen hatte und sie als Hüterin des Hauses dafür verantwortlich gemacht wurde[22]. Nach mesopotamischem Recht war es ihm erlaubt, seine Frau zurückzuschicken, wenn sie nicht genug arbeitete, nicht gut genug kochte, wenn ihre Nase tropfte oder sie heimlich an Weingläsern nippte: Ammistamriu II. von Ugarit ließ sich 1258 v. Chr. von seiner Frau scheiden, *„weil sie ihm Kopfschmerzen bereitete“*[23]. Sie selbst hatte keine Rechte. Das mesopotamische Gesetz verbot ihr die Scheidung selbst dann, wenn der Mann erwiesenermaßen geisteskrank war, sie mißhandelte oder mit dem Tode bedrohte. Daß es allerdings trotz brutaler Bestrafung Ausbruchsversuche von Seiten der Frauen gegeben hat, beweist folgende mesopotamische Rechtssprechung: *„Wenn eine Frau zu ihrem Gatten sagt: ‚du bist nicht mein Mann‘ soll er ihr die Kleider abstreifen, sie nackt davonjagen und auf den Zinnen des königlichen Palastes schimpflich zur Schau stellen.“*[24]

Auch in Griechenland war die Scheidung von der Frau leicht durchzuführen. Der Mann mußte lediglich in Gegenwart von Zeugen drei Worte sprechen: *„Ich verstoße dich.“* Dann konnte er sie mitsamt der Mitgift zu ihrem Vater zurückschicken. Sie selbst hingegen hatte bei einem Magistrat einen Antrag zu stellen, in dem die Gründe der Scheidung zu nennen waren, die entsprechend gravierend sein mußten. Nicht einmal Ehebruch des Mannes war immer ein Scheidungsgrund[25]. Die Kinder blieben in jedem Fall beim Vater, gleichgültig, wie schuldig er auch war. Es mag vor allem diese Regelung gewesen sein, die viele Frauen vor einer Scheidung zurückschrecken und sie lieber Demütigungen und Mißhandlungen ertragen ließ.

Über das Schicksal der verstoßenen Frauen schweigt die Geschichte. Es hat das Interesse der Historiker stets wenig beschäftigt, haben sie doch ihr einziges, erstrebenswertes Ziel verfehlt, nämlich sich einem Mann auf irgendeine Art und Weise unentbehrlich zu machen. Wenn sie ihre Familien nicht aufnahmen oder wenn sie gar keine hatten, blieb ihnen als Alternative nur die Prostitution oder die Bettelei. Eine Grabinschrift aus Athen, die ein mitleidiger Zeitgenosse verfaßt hatte, ist eines der wenigen Zeugnisse, die uns von diesen unglücklichen, ausgestoßenen Frauen überliefert ist:

Frau mit „Keuschheitsgürtel" zwischen zwei Liebhabern.
Anonymer Holzschnitt. Der sogenannte *Keuschheitsgürtel*,
den die mittelalterliche Frau häufig bei Abwesenheit
des Gatten anlegen mußte, sicherte sie als Besitz des Mannes.
Hier wechselt sie ganz offensichtlich den Besitzer.

„Fremdling, sieh das Grab hier vor dir und beweine die Unglückliche, die in der Fremde, aufgeschwemmt vom Wasser der Meere, die Tiefe geborgen hat. Sie war irgendwo in Phönizien zu Hause, verstoßen, umhergetrieben, alleinstehend, eine arme Frau aus dem Volke; so rufe ich, Apes [der Grabspender] dir zu. Aus Mitleid wende dich hierher und weine eine Träne; danke auch dem, der sie hier edelmütig bestattet hat.“[26]

Auch in den frühmittelalterlichen Volksrechten war Ehebruch eine höchst einseitige Angelegenheit: er konnte nur von der Frau begangen werden, die damit das Herrschafts- und Besitzrecht des Mannes verletzte, und vom Mann dann, wenn er in dieses Besitzverhältnis eingriff, das heißt, mit einer verheirateten Frau schlief.

„Steht der Ehebruch der Frau offenkundig fest, so sollen dem [Gatten] der Ehebrecher und die Ehebrecherin übergeben werden, damit er mit ihnen nach Gutdünken verfahren kann. Tötet der Mann den Ehebrecher mit der Ehebrecherin, so soll er nicht für den Totschlag haften“, heißt es im westgotischen Volksrecht. Und die Rechtsweisungen Aethelberths um das Jahr 600 weisen die Frau noch deutlicher als auswechselbaren Besitzgegenstand aus:

„Wenn ein freier Mann bei eines freien Mannes Weibe liegt, zahle er sein Manngeld und beschaffe ein anderes Weib mit seinem eigenen Gut und bringe es dem anderen heim.“[27]

Um sich der Frau als Besitz zu versichern, wurde ihr bei Abwesenheit des Gatten häufig der sogenannte *„Keuschheitsgürtel“* verpaßt, eine Metallkonstruktion, die zwischen ihren Beinen verlief, lediglich zwei kleine Öffnungen zum Ausscheiden besaß, aber eine Penetration unmöglich machte. Die hygienischen Folgen dieses verschließbaren Apparats, der etwa ab dem 13. Jahrhundert in Gebrauch kam, die Schmerzen und wunden Stellen, die ein Scheuern auf der Haut verursachte, wagt sich der moderne Zeitgenosse gar nicht vorzustellen. Auf jeden Fall erlebte dieses Zwangskorsett, das für viel Heiterkeit bei Satirikern und Karikaturisten sorgte, im 15. und 16. Jahrhundert eine Renaissance und fand sich in Abwandlungen selbst noch im 19. Jahrhundert als wirksames Instrument gegen die so gefürchtete Onanie.

Ehebruch wurde auch im 17. Jahrhundert noch streng bestraft. Um 1635 etwa legte Kurfürst Maximilian I. von Bayern dafür eine fünf- bis siebenjährige Verbannung fest, im Wiederholungsfall jedoch den Tod durch den Henker. Und sogar Mitte des 18. Jahrhunderts erlaubte der Codex Maximilianeus Bavaricus Criminalis dem Adeligen, seine untreue Ehefrau in einem Schloß oder einem *„anderen gebührlichen Ort ... gentzlich zu vermauern/und in solcher fengknusz bisz in iren todt verwahrt zu enthalten.“*[28]

Bei Scheidung (die später von der Kirche unterbunden wurde) herrschte eine ähnliche Doppelmoral.

„Trennt sich ein Weib von seinem rechtmäßigen Mann, so soll man es im Sumpf ertränken“, befindet das burgundische Recht um das Jahr 480.

Hingegen:

„Verstößt ein [Mann] grundlos sein Weib, so hat er ihm noch einmal den Betrag zu zahlen, den er als Brautpreis dafür aufgewendet hatte, und als Strafgeld 12 Schillinge."[29]

Wieder einmal hatte die Frau mit dem Leben zu büßen, wofür sich der Mann mit Geld freikaufen konnte, wobei die Ausdrücke „*verstoßen*" und „*trennen*" bereits einiges über Abhängigkeitsverhältnisse aussagen:

„Wenn aber etwa jemand (mit Grund) sein Weib verstoßen wollte – wenn er eines der drei Verbrechen ihr beweisen kann: Ehebruch, Hexerei oder Grabschändung, so hat er freie Hand, sie zu verstoßen. Und dann hat das Gericht pflichtmäßig über sie als Übeltäterin nach dem Gesetz zu richten."[30]

Es dürfte nicht allzu schwer gewesen sein, einer unbequemen Frau eines der angeführten Delikte anzulasten. Vor allem „*Hexerei*" ließ sich relativ leicht konstruieren. Umgekehrt jedoch sind kaum Bestimmungen bekannt, nach denen sich eine mißhandelte oder gedemütigte Frau gegen ihren Ehemann zur Wehr setzen konnte.

Diffamierung und Vergewaltigung weiblicher Geschlechtlichkeit

Wie sehr die Frau als Besitz, und wie wenig sie als Person angesehen wurde, kommt auch in den Strafrechtsbestimmungen für Vergewaltigung zum Ausdruck. So etwa wurde in Athen der Mann bei Verführung der – verheirateten – Frau strenger bestraft als bei Vergewaltigung, denn ersteres ließ auf ein gewisses Einverständnis der Frau, und damit eine intimere Beziehung schließen, während letzteres als ein einmaliges Ereignis galt. Was Frauen damit angetan wurde, zählte nicht. Darum war auch der Ehemann einer nicht nur ehebrecherischen, sondern auch vergewaltigten Frau gesetzlich verpflichtet, diese zu verlassen[31]. Daß die Frau stets als Schuldige betrachtet wurde, geht auch aus einem Urteil hervor, das der erste christliche Kaiser Konstantin über Jungfrauen verhängte, die Opfer einer Vergewaltigung geworden waren: Mädchen, die sich angeblich willig hingegeben hatten, wurden verbrannt. Aber auch jene, die sich gewehrt hatten, wurden, wenn auch milder, bestraft, denn sie hätten ja schreien und die Nachbarn auf sich aufmerksam machen können, wie es in der Urteilsverkündung heißt[32]. (Eine Ansicht, die uns fatal an diesbezügliche heutige Gerichtsbeschlüsse erinnert).

Im Mittelalter allerdings zählte Vergewaltigung einer Frau nach den Weistümern zu den Kapitalverbrechen und wurde generell mit dem Tode bestraft. In diesem Fall durfte sie auch selbständig vor Gericht klagen, was ihr allerdings durch diverse Bestimmungen, die ihr Verhalten nach der Vergewaltigung betrafen, entsprechend erschwert wurde.

Im Grunde war Vergewaltigung das ganz „*normale*“ Los der Frauen dieser Zeit. Wie mit ihnen umgegangen wurde, zeigt nicht nur der antike und germanische Mythos. Auch im Alltag führte die Verachtung der Frau und des weiblichen Geschlechtsorgans zu einer Mißachtung weiblicher sexueller Wünsche. Besonders, wenn es sich um jene der Ehegattin handelte, denn diese war lediglich dazu da, Kinder zu gebären. Hetären und Kurtisanen haben sicherlich eine höhere erotische Kultur gepflegt, allerdings zur Befriedigung des Mannes, kaum zur eigenen.

Schon das weibliche Kind (Mädchen wurden in Athen mit etwa 13 oder 14 Jahren, manchmal jedoch noch früher an meist wesentlich ältere Männer verheiratet) mußte den Schock der Hochzeitsnacht verarbeiten. Theokrit, ein antiker Autor meinte, das epithalamion, des Lied vor dem Brautgemach, wurde deshalb die ganze Nacht gesungen, „*damit das Schreien der Jungfrau, während sie von ihrem Manne vergewaltigt wird, nicht gehört werde*“.

Auch die Gedanken und Gefühle dieser halben Kinder hat uns niemand überliefert. Sie selbst waren zu jung und meist auch zu ungebildet, um ihnen literarischen Ausdruck zu verleihen, Männer haben sich damit nur äußerst selten auseinandergesetzt. So wie etwa jener verständnisvolle Isomachos, der in einem Gespräch mit Sokrates über seine junge Ehefrau meinte:

„*Wie konnte ich sie schon so verständig bekommen ... da sie noch nicht 15 Jahre alt war, als sie in mein Haus kam und die vorherige Zeit in sehr großer Einschränkung gelebt hatte, wobei sie sehr wenig gesehen, sehr wenig gehört und sehr wenig erfahren hatte...*“[34]

Wir wissen, daß die Mädchen in Athen ihr Spielzeug verbrannten, ehe sie aus der abgeschlossenen Atmosphäre ihres Elternhauses in das Haus des Gatten zogen, um dort übergangslos die umfangreichen Pflichten einer Hausmutter zu übernehmen. Auch die römische Braut weihte am Vortag der Hochzeit ihr Spielzeug und ihre Mädchenkleidung den Laren, den Schutzgöttern der Familie. Wir wissen von prächtigen Hochzeitszügen und geschmückten Kindbräuten, die sehr häufig bald nach der Hochzeit starben, weil ihr kindlicher Körper den rasch aufeinander folgenden Geburten nicht gewachsen war. Wir kennen die Hochzeitsriten, die den Mädchen ihre künftigen Aufgaben verdeutlichen sollten: in Rom etwa gab der Bräutigam seiner Braut einen eisernen Ring, um damit ihre Bindung an ihn zu symbolisieren. Sie gab ihm keinen Ring, denn der Eindruck von Gleichberechtigung mußte vermieden werden. Auch hatte die römische Braut beim Übertritt in das Haus ihres Gatten der Religion ihres Vaters abzuschwören und statt dessen die Hausgötter ihres Mannes anzubeten. Wir wissen auch, daß die eheliche Zuwendung des Gatten eher den Charakter einer Pflichterfüllung, denn einer echten Zuneigung besaß, weshalb auch Plutarch jedem Ehemann empfahl, mindestens drei mal pro Monat einer guten Ehefrau beizuwohnen, weil dies die Spannungen in der Ehe milderte[35]. Von der Gefühls- und Gedankenwelt dieser Kindfrauen hingegen wissen wir so gut wie nichts. Sicherlich haben sich diese jungen Mädchen, eingeschlossen in das Haus, in den oikos, von ihren Ehegatten vernachlässigt gefühlt. Da Heirat im klassischen Altertum niemals eine Liebesheirat war, sondern stets von den Eltern arrangiert wurde, konnten sie auch gar keine besondere Zuwendung erwarten. Daß neben der emotionalen auch die sexuelle Frustration griechischer Ehefrauen in der allgemein als so erosfreundlich gepriesenen Antike beträchtlich gewesen sein muß, zeigen masturbierende Frauen auf Vasenmalereien, die sich dabei Phallusnachbildungen bedienten. In einem gesellschaftlichen Klima, das infolge der totalen Isolierung der Frauen lesbische Beziehungen kaum zugelassen hat, scheint Selbstbefriedigung ein allgemein akzeptiertes Mittel gewesen zu sein, um einen Ausweg aus sexuellen Nöten zu finden. Selbst ehrbare Frauen in der „*Lysistrata*" des Aristophanes nehmen darauf Bezug:

„*Lysistrata: ...Nein, ausgespürt hab' ich ein Ding, und schlaflos mich manche Nacht damit herumwälzt.*

Kalonike: War schön das Dinge, mit dem du dich gewälzt?"[36]

Wie der patriarchale Mann generell, so hat auch der Grieche die diesbezüglichen Bedürfnisse der Frau wenig erkannt, bzw. die weibliche Sexualität diffamiert und in den Schmutz gezogen. Priapeia XXVI beschreibt die Frauen als „*vögelnde Katzen, geiler als im Frühling die Spatzen*". Wobei das griechische Wort *machlos*, „*geil*", nur auf Frauen angewandt wurde. Andererseits jedoch beklagten sich die Griechen über die Frigidität ihrer Frauen, wobei sich der Ausdruck *chione*, „*die Kalte*", ebenfalls nur auf Frauen bezog[37].

Besondere Rückwirkungen auf das Geschlechtsleben der Antike dürfte das von Gewalt, Grausamkeit und Sadismus geprägte Verhältnis gegenüber Sklaven gehabt haben. Die Rechtlosigkeit des Sklaven, bzw. der Sklavin, die ihrem Herrn auf Leben und Tod ausgeliefert waren und alle seine sexuellen Wünsche zu erfüllen hatten, mußte zu einer totalen Mißachtung menschlicher, und insbesondere weiblicher Würde führen, zu einer völligen Negation menschlichen Lebens, die noch durch eine sadistisch-sexuelle Komponente bereichert wurde. Es ist auch naheliegend anzunehmen, daß der Mann diese Haltung, die er sich beim Geschlechtsverkehr mit der Sklavin erwarb, auf alle Frauen übertrug als verachtete, niedrige Wesen der menschlichen Gattung. Besonders Rom, in dem die Zirkusspiele und Schaumorde den vielleicht tiefsten Verfall von Menschlichkeit dokumentieren, weil hier Grausamkeit als lustvoll erlebt wurde, hat das sadistische erotische Spiel zur absoluten Perfektion gebracht. Daß das lateinische „*domina*" noch im heutigen Sprachgebrauch bei sado-masochistischen sexuellen Handlungen üblich ist, läßt sich wohl auf die Gewalterotik im antiken Rom zurückführen.

In gleicher Weise zeichnete sich das alte Germanien durch Brutalität gegenüber Frauen, Vergewaltigung und Mißachtung ihrer Geschlechtlichkeit aus. Vor allem in der Frühzeit des Rittertums wurden die Frauen mißhandelt und geschlagen, und die Burgen wimmelten von unehelichen Kindern. Die Wildheit und Gewalttätigkeit der Merowingerkönige, die Vielweiberei betrieben und selbst vor Verwandtenmord nicht zurückschreckten, ist auch auf die Frauen nicht ohne Einfluß geblieben, die den Männern an Grausamkeit oft in nichts nachstanden, – entweder um zu überleben oder um selbst an die Macht zu gelangen. Die Situation im Volk unterschied sich nicht wesentlich von jener der Ritter und Könige. Gerichtsprotokolle berichten von Männern, die über ihre Frauen herfielen, sie mit Messern oder anderen Gegenständen verletzten und töteten und ihre Kinder mißhandelten[38]. Die Furcht der Frau vor ihrem gewalttätigen Ehemann gehörte offenbar zu einer verbreiteten Erscheinung (womit sich die damalige Situation im Grunde wenig von der heutigen unterschied).

Die Brutalität, die dem Geschlechtsleben des gesamten, insbesondere jedoch dem frühen Patriarchat anhaftet, zeigt sich deutlich am griechischen Vokabular. So wird der Koitus häufig mit dem Beibringen einer Wunde verglichen, er wird als vergewaltigend, verletzend, schändend bezeichnet. Aristophanes nennt den Geschlechtsverkehr klinopale, das heißt *„Bettkampf"*. Weitere Ausdrücke für koitieren waren im Griechischen *„diakopeuein"*, das bedeutet soviel *wie „zerhauen"*, klaffende Wunden beibringen, außerdem *diamerizein*, *„zerteilen"*, *„zerstückeln"*, und *diaphtheirein*, *„verwüsten"*, *„zu Grunde richten"*. Während das Wort *spondein* mit *„ausklopfen"*, *„stoßen"*, *„verhauen"* übersetzt werden kann[39].

Daß diese Vergewaltigung des weiblichen Körpers ebenso wie die Frustration und Entwürdigung, der Frauen generell unterworfen waren, zu entsprechenden Reaktionen führte, ist nicht verwunderlich. So wie im 19. Jahrhundert, das sich auch durch eine extreme Unterdrückung der Frau auszeichnet, kam es im alten Griechenland zu seltsamen Krankheitserscheinungen, die nur Frauen betrafen und deren Ursachen sich die Ärzte nicht erklären konnten. Gynaikes hysterikai wurden diese Frauen genannt, weil hystera, die Gebärmutter, als Zentrum des weiblichen Körpers galt und daher auch für sämtliche Krankheiten verantwortlich gemacht wurde. *„Die milesischen Jungfrauen"* berichtet etwa Plutarch, *„wurden einst von einem schrecklichen und sonderbaren Übel befallen, ohne daß man irgendeinen Grund dafür auffinden konnte. Man vermutete zunächst, daß die vergiftete und verpestete Luft diese Veränderung und Verrücktheit des Verstandes in ihnen hervorgebracht habe. Bei allen nämlich zeigte sich plötzlich ein Verlangen, zu sterben und eine unsinnige Neigung, sich zu erhängen. Viele erhängten sich auch tatsächlich..."*

Und Herakleides Pontikos beschreibt eine Patientin ohne feststellbaren

Puls und Atmung: *„Sie unterschied sich von einer Toten nur dadurch, daß ihre mittlere Körperpartie noch etwas Wärme aufwies."*[40]

Die fälschliche Ansicht, daß solche und ähnliche Erscheinungen nur Frauen betreffen, wurde spätestens im Ersten Weltkrieg revidiert, als auch Männer unter diesen Symptomen zu leiden hatten. Extreme psychische und physische Belastungen sowie traumatische Erlebnisse können also unabhängig vom Geschlecht zu derartigen hysterischen Reaktionen führen.

Witwen

Wie sehr Frauen in ihrer Zuordnung zum Mann gesehen wurden, macht auch das Schicksal von Witwen deutlich. Sie hatten gleichzeitig mit dem Mann ihre Existenzberechtigung verloren und waren zu unnützen Gliedern der Gesellschaft geworden, weshalb es in manchen Kulturen üblich war, sie kurzerhand dem Gatten im Tod nachfolgen zu lassen. Die Witwenverbrennung wurde in Indien erst im vergangenen Jahrhundert abgeschafft, kommt aber vereinzelt heute noch vor. Auch im alten Rom wurde die Ansicht vertreten, daß die ideale Gattin ihren Ehemann nicht zu überleben habe, besonders dann, wenn er ein Opfer politischer Verfolgung geworden war. So etwa stieß sich Arria, die Frau des A. Caecina Paetus, den Dolch in die Brust, nachdem ihr Mann während der Regierungszeit des Claudius aufgefordert worden war, Selbstmord zu begehen. Ihre letzten Worte gingen als Beispiel opfervollen Weibtums in die Geschichte ein: *„Es tut nicht weh, Paetus"*. Zuvor jedoch hatte sie noch ihrer Tochter geraten, Ähnliches zu tun, falls deren Gatte starb, und der Ehefrau eines Freundes ihr Weiterleben zum Vorwurf gemacht, nachdem deren Mann ermordet worden war[41].

In den altsemitischen Sprachen wurde jedes Mädchen, das verstoßen oder vergewaltigt und daher nicht mehr geheiratet wurde, mit der Bezeichnung *„Witwe"* gebrandmarkt. Eine junge Braut, deren Bräutigam verschwunden oder vor der Hochzeit gestorben war, hatte die graue, sackartige Witwentracht ebenso zu tragen wie die bejahrte Matrone. In Indien müssen verwitwete Frauen heute noch mit geschorenen Köpfen und in ein weißes Tuch gehüllt um Almosen betteln, wenn sie nicht bei mildtätigen Verwandten das Gnadenbrot essen dürfen oder in den fortschrittlicheren Städten das Glück haben, einer beruflichen Tätigkeit nachgehen zu können. (Siehe dazu das Kapitel: „Die verstümmelte Frau", „Witwenmord", S. 432).

Bei den patriarchalen Hirtenvölkern und alten Arabern wurde eine Witwe, deren Mann bei einem Raub- oder Kriegszug umgekommen war, im Zelt eines Stammesgenossen als Beifrau oder Sklavin aufgenommen. Vorausgesetzt natürlich, sie war jung und arbeitsfähig. Andernfalls wurde sie in der Wüste ausgesetzt[42]. Die assyrische Sprache hat dafür die Formel *„in die*

Leere schicken" geprägt[43]. Bei den Babyloniern, Hebräern, Hethitern, in Ugarit und Griechenland war die sogenannte „*Leviratsehe*" üblich, bei der der Schwager die Verwitwete heiraten mußte, um den Familien- und Stammesbesitz zu erhalten (siehe dazu das Kapitel: „Die Ehe", „Die Mitgift, ein Handel unter Männern", S. 26). Paragraph 193 des hethitischen Codex bestimmt: „*...wenn der Mann stirbt, soll der Bruder die Witwe nehmen oder einer der Brüder oder der Vater des Verstorbenen, gleichviel welche Frauen sie bereits genommen haben.*"[44]

War die Witwe jedoch kinderlos, hatte sie keinen Grundbesitz und kein Elternhaus, in das sie zurück konnte, wurde sie zur Verstoßenen, für die die Griechen ein Wortspiel geprägt hatten, das frei mit „*Witfrau-Bittfrau*" übersetzt werden kann[44]. Sie war, da zu keinem Mann gehörig, Freiwild geworden. Aristophanes schildert die Lage einer Blumenverkäuferin so:

„*Bevor sie verwitwet war, kauften die Kavaliere bei ihr Blumen für ein Liebesstündchen für ihre Damen. Seit sie verwitwet ist, wollen die Kavaliere keine Blumen, nur die Blumenhändlerin selbst für ein Stündchen kaufen.*"

Ein Text aus Ugarit, etwa 800 Jahre zuvor, hingegen rät alleinstehenden Frauen zur Vorsicht: „*Die Einsame verriegle ihr Haus und die Witwe verschließe ihre Kammer mit besonderen Bolzen.*"[45]

Eine Besserstellung der Witwe trat erst im Mittelalter ein, als sie finanziell einigermaßen versorgt wurde. Nach fränkischem Recht zahlte bereits im 6. Jahrhundert der Gatte die sogenannte dos (Muntschatz) nicht mehr dem Muntwalt seiner Frau, sondern sie wurde zur Witwenversorgung bestimmt. Damit begann eine Entwicklung, innerhalb der die Frau allmählich vermögensfähig wurde.

BEFREIUNGSVERSUCHE AUS MÄNNLICHER VORMUNDSCHAFT

Im Hellenismus ebenso wie in der späteren römischen Kaiserzeit und im hohen Mittelalter begann sich dann eine Entwicklung abzuzeichnen, in der die Frau nicht mehr so sehr als Besitz des Mannes, sondern in gewisser Weise auch als Person gewertet wurde. Das hatte seine Ursache vor allem im Zerfall des alten, streng patriarchal organisierten griechischen Familienverbandes, des oikos, der im Hellenismus unter dem Einfluß gewaltiger ökonomischer Veränderungen ebenso auseinanderzubrechen begann wie in Rom die patriarchale Familie. Es zeigt sich hier so wie in der gesamten Geschichte, daß Ehe und Familie stets die Keimzellen des Patriarchats gewesen sind. Die Unterdrückung der Ehefrau und Mutter ist immer die vollkommenste gewesen. Ledigen Frauen wurden mehr staatsbürgerliche Freiheiten zugesprochen, allerdings um den Preis ihrer wirtschaftlichen Schlechterstellung und gesellschaftlichen Stigmatisierung, was so schwerwiegend war, daß die meisten Frauen das Ehejoch und die damit verbundene wirtschaftliche Abhängigkeit vom Ehemann der Existenz einer ledigen Frau und häufig auch Witwe vorzogen.

Die größere Freiheit der Frau als Folge eines Zerfalls des durch Gewalt und Zwang zusammengehaltenen Ehekonstrukts am Ende der Antike begann sich in einer größeren Beteiligung vieler Frauen am öffentlichen und gesellschaftlichen Leben auszuwirken. Vor allem im späten Rom haben Frauen eine gewisse Selbständigkeit errungen, die zwar nie gesetzlich verankert war, aber real existierte. Das zeigte sich vor allem in den Eheformen, die jetzt bevorzugt werden, weil sie der Frau eine größere Freiheit sichern. Die sogenannten manus-Ehen[1] (von manus, Hand, in diesem Zusammenhang aber Familiengewalt), in denen die Frau der Gewalt ihres Ehemannes unterworfen war, wurden seltener, und sind gegen Ende der Republik kaum noch anzutreffen. An ihre Stelle trat die Eheschließung ohne manus, bei der die Ehefrau zwar einige Rechtsansprüche auf das Eigentum ihres Gatten aufgab, dafür aber nicht mehr unmittelbar der Autorität ihres Mannes, sondern weiter jener des Vaters oder Vormundes unterstand. Das hatte den Vorteil, daß sie nicht täglich kontrolliert werden konnte, denn der Vater lebte ja nicht in demselben Haus. Wahrscheinlich aber ist diese Entwicklung gar nicht so sehr auf die Emanzipationsbestrebung der Frau als vielmehr auf die ökonomischen Interessen beider Familien zurückzuführen: jener des Ehemannes, der damit nicht um sein Vermögen bangen mußte, auf das die durch manus-Ehe angetraute Gattin nach seinem Tod ein Anrecht hatte, und ihrer eigenen, weil das Vermögen der Tochter damit beim Vater blieb[2]. Wo immer hier jedoch die Gründe liegen mögen, die Wirkung war entscheidend. Nachdem in der späten Republik auch die Vormundschaft bedeutungslos geworden war (die zuvor besonders beim Abschluß von Rechtsgeschäften oder Geschäftsabschlüssen die Handlungsfähigkeit der Frau empfindlich einschränkten), begannen vornehmlich Mittelstandsfrauen durch die Ausübung eigener Berufe wirtschaftliche Unabhängigkeit zu erlangen. Sie wurden nicht nur Friseurinnen, Kosmetikerinnen, Schreiberinnen, Schneiderinnen und Ärztinnen, sondern es hat auch weibliche Großgrundbesitzer, Bankiers, Fabriksbesitzer und Kaufleute gegeben.

Auch die Ehegesetze des Kaiser Augustus, die dazu dienen sollten, eine nachlassende Gebärfreudigkeit zu steigern, erschlossen Frauen weitere Möglichkeiten, sich von männlicher Beaufsichtigung zu befreien. Freigeborene Frauen, die drei, und Freigelassene, die vier Kinder geboren hatten, wurden aus der Vormundschaft entlassen und für eigenverantwortlich erklärt. Unverheiratete hingegen büßten ihr Erbrecht ganz, und Verheiratete, die kinderlos geblieben waren, zur Hälfte ein, denn die möglichst kinderreiche Ehe wurde staatliche Pflicht, der Frauen von 20–50 Jahren, und Männer von 25 bis 60 Jahren nachzukommen hatten. Da Scheidungen generell leicht durchzuführen waren (Männer konnten sich wegen der lächerlichsten und geringsfügigsten „*Vergehen*" von ihren Frauen trennen), wurde jetzt auch Frauen das Recht eingeräumt, ihre Männer – allerdings unter erschwerenden Umständen – zu verlassen. Sie bekamen in diesem Fall auch die Mitgift zurückerstattet, so daß ihr Unterhalt gesichert war[3].

Trotz solcher und ähnlicher Erleichterungen kann jedoch von einer wirklichen Emanzipation der römischen Frau nicht gesprochen werden, weil ihr weiterhin öffentliche Ämter und Würden, politische Rechte und Pflichten verweigert blieben. Selbst die augustinischen Gesetze zeigen mit absoluter Deutlichkeit, welcher Diskriminierung die Frau trotz etlicher Lockerungen auch in der späten römischen Gesellschaft unterworfen war. So etwa war Ehebruch nur dann ein Verstoß gegen das Recht, wenn er von Frauen begangen wurde. Der pater familias konnte in diesem Fall nach wie vor seine Tochter töten, soferne sie noch seiner Gewalt unterstand, während der Ehegatte verpflichtet war, sich von seiner Frau scheiden zu lassen und sie vor ein Gericht zu stellen. Wurde sie verurteilt, verlor sie die Hälfte der Mitgift, und auch ihr Liebhaber mußte einen Teil seines Vermögens abgeben. Dann wurden beide in die Verbannung geschickt. Auch die Gesetze hinsichtlich stuprum (Hurerei) verfolgten eine ähnliche Einseitigkeit. So durften Männer zwar weder mit unverheirateten noch mit verwitweten Frauen der Oberklasse sexuelle Beziehungen unterhalten, Sklavinnen oder Prostituierte jedoch standen ihnen jederzeit zur Verfügung. Frauen hingegen war jede sexuelle Beziehung außerhalb der Ehe untersagt[4]. Eine Ungleichheit, die selbst Zeitgenossen aufgefallen ist.

„Es ist sehr ungerecht, daß der Ehemann von seiner Frau eine moralische Untadeligkeit verlangen kann, der er selbst nicht entspricht", meinte etwa der Rechtsgelehrte Ulpian[5]. Daß Ehebruch und sexueller Verkehr mit Sklaven trotzdem – und gar nicht so selten – auch bei Frauen vorgekommen ist, hat die patriarchale Geschichtsschreibung mit großer Empörung aufgezeichnet. Ebenso, daß manche Frauen der Oberklasse sich bei den Ädilen (Beamte, denen die Aufsicht über Märkte und Gewerbe oblag) als Prostituierte registrieren ließen, um sich damit den stuprum-Gesetzen zu entziehen und ähnliche sexuelle Freiheiten zu genießen, wie sie Männern per Gesetz zugebilligt wurden. Denn die sogenannte Moral fand im Männerstaat immer auf Kosten eingesperrter und unterdrückter Frauen statt. Daher auch die hysterische Angst des Patriarchats, ein *„Sittenverfall"* der Frau könnte den Zusammenbruch der gesamten Gesellschaft nach sich ziehen. Frauen wurden (und werden) immer als Hüterinnen moralischer und sittlicher Grundsätze verpflichtet, während Männer sich niemals in diesem Ausmaß daran gebunden fühlten. Die Frage, welcher Art eine Moral ist, die auf der Unfreiheit und Unterdrückung des einen und auf der Freiheit und Herrschaft des anderen Geschlechts beruht, wurde kaum je gestellt. Auch heute noch wird die Frau für das Funktionieren zwischenmenschlicher Beziehungen, vornehmlich innerhalb der Familie, verantwortlich gemacht und der *„Verlust der Familie"* als *„Hort letzter Menschlichkeit"* wie ein nationales Unglück beklagt, während genau jene Männer, die am lautesten ihre Stimme erheben, selbst diesbezüglich am wenigsten Verantwortlichkeit zeigen. Sie finden es vielmehr selbstverständlich, daß ihnen persönliche Freiheiten zustehen, von denen Frauen, eingesperrt in ihre vier Wände und belastet mit der Alleinerziehung der Kinder, nicht einmal träumen können. Daß Frauen diese Verantwortlichkeit total verinnerlicht haben, ein großer Teil von ihnen nach wie vor lieber auf jede Form von Selbstverwirklichung verzichtet, als die Beziehungsarbeit innerhalb der Familie zu vernachlässigen oder teilweise an die Männer zu delegieren, ist Ergebnis einer jahrtausendelangen Zurichtung, innerhalb der die Frau auf diese Art und Weise unter männliche Kontrolle gebracht wurde.

Die Freiheiten der mittelalterlichen Städterin

Der Lockerung der männlichen Vormundschaft über die Frau, wie sie im späten Rom zu beobachten ist, entspricht die größere Freiheit der Frau im hohen und späten Mittelalter. Vor allem der Städterin war es im Zusammenhang mit einer gewissen wirtschaftlichen Unabhängigkeit gelungen, sich zumindest teilweise von dem drückenden männlichen Besitzanspruch zu befreien. Das war notwendig geworden angesichts der Tatsache, daß

Frauen in den Städten vielfach ein Gewerbe ausübten, und sich die Geschlechtsvormundschaft bei der Abfertigung von Verträgen als überaus hinderlich erwies. Besonders in den großen Handelsstädten wie Köln und Nürnberg war die Kauffrau und Meisterin zu teilweise beachtlichem Vermögen gelangt, das ihr auch einen gesellschaftlichen Einfluß sicherte.

Während also auf dem Land die alten, in den sogenannten Weistümern festgehaltenen männlichen Herrschaftsrechte, die noch durch die gutsherrlichen Beschränkungen verstärkt wurden, weitgehend erhalten blieben, begann sich in den entstehenden Städten eine neue Situation herauszubilden. Immer mehr Städte gingen dazu über, Frauen insgesamt und zwar gleich ob ledig, verheiratet oder verwitwet, weitgehend von der Geschlechtsvormundschaft zu befreien. Sogar vor Gericht durften sie sich in einigen Stadtrechten bereits selbst vertreten[6], doch hat es sich dabei sicherlich um Ausnahmen gehandelt, denn im allgemeinen waren Frauen nach wie vor von einer selbständigen Führung ihrer Rechtsangelegenheiten ausgeschlossen.

Bereits relativ früh gestanden die Stadtrechte selbständigen, handeltreibenden Frauen auch die volle Verfügungsgewalt über ihr Eigentum zu[7]. Ebenso verbesserte die Entwicklung zur Gütergemeinschaft ihre Position, weil damit das Vermögen der Eheleute zu einem Gesamtvermögen vereinigt wurde, an dem beiden Ehegatten Miteigentum zustand. Das bedeutete einen wesentlichen Fortschritt gegenüber frühmittelalterlichen Verhältnissen, als der Mann allein auch für die Verwaltung des Frauenvermögens zuständig war.

Eine Städterin, die heiratete, hatte außerdem keine Einmischung eines Gutsherrn zu fürchten. Bei einer Eheschließung unfreier Bauern hingegen wurde eine dazu notwendige Genehmigung des Grundherrn von entsprechenden Mitteln zur Gründung eines eigenen Hausstandes abhängig gemacht. Außerdem hatten die Töchter Leibeigener bzw. deren Väter bei Verheiratung das sogenannte „*merchet*“, ein Brautgeld zu zahlen[8]. Knechte und Mägde, die über diese Mittel nicht verfügten, mußten lebenslang unverheiratet bleiben, weshalb schätzungsweise auch die Hälfte der mittelalterlichen Bevölkerung unverheiratet war[9].

Im Frühmittelalter besaß der Grundherr nach der Lex Salica nicht nur das Recht, die Ehen seiner leibeigenen Sklaven zu regeln, er konnte diese darüber hinaus auch verprügeln lassen, wenn sie seinen Vorstellungen zuwider handelten. Nach fränkischen Quellen durfte er sogar Frauen, die von ihm erlaubte und arrangierte Ehen eingegangen waren, nach Belieben für eigene sexuelle Interessen benutzen. Erst im 8. Jahrhundert erließ der Langobardenkönig Luitprand ein Verbot dagegen: Es sei Gott nicht wohlgefällig, daß irgendein Mann mit der Frau eines anderen Unzucht treibe[10]. Komplikationen gab es auf dem Land auch mit dem Nachwuchs. Wenn beispielsweise eine leibeigene Landarbeiterin in ein anderes Dorf gezogen war, weil sie einen dort ansässigen Mann geheiratet hatte, wurde in manchen Gegenden automatisch ein Teil ihrer Kinder (meist die Hälfte) zu Leibeigenen ihres früheren Herrn, auch sie selbst konnte als Arbeitskraft auf sein Gut zurückgefordert werden[11].

Aber nicht nur gegenüber Landfrauen, die einem zweifachen Herrschaftsverhältnis – jenem des Gutsherrn und jenem des Ehemannes – unterworfen waren, sondern auch gegenüber Edelfrauen befand sich die Städterin diesbezüglich im Vorteil. Denn auch dem Lehnsherrn war es gestattet, in die Heiraten seiner Vasallen einzugreifen. Nach der Gesetzgebung Friedrichs II. von Sizilien durften seine unmittelbaren Belehnten nicht ohne seine Genehmigung heiraten bzw. ihre Töchter und Söhne vermählen. Ebenso wird in der Krönungsurkunde Heinrichs I. von England (1100) das Recht eines Herrschers, in Heiraten von Erbinnen und Witwen einzugreifen, als selbstverständlich vorausgesetzt. Für spezielle Genehmigungen mußten Abgaben geleistet werden, auch waren im Falle eigenständiger Handlungen Bußgelder zu zahlen, was eine beträchtliche Einnahmsquelle für den Lehnsherrn bedeutete[12]. Um der Möglichkeit königlicher Einflußnahme zu entgehen und eigene Familieninteressen zu verfolgen, wurden vor allem in Kreisen des Hochadels Töchter, aber auch Söhne häufig bereits als Kleinkinder verlobt. Oft lebten verheiratete Minderjährige bis zur Geschlechtsreife jahrelang getrennt bei ihren Eltern oder Vormündern, bevor sie schließlich zusammenzogen. Ebenso wie die Kindfrauen der Antike haben auch diese Mädchen die rasch aufeinanderfolgenden Geburten in vielen Fällen nicht überlebt, was dem Mann Gelegenheit bot, neue, lukrative Verbindungen einzugehen.

Derartige Eingriffe des Lehnsherrn hatte die Städterin nicht zu erwarten. Heinrich V. garantierte mit den Privilegien von 1111 und 1114–1182 und 1184 durch Barbarossa bestätigt – den Bewohnern von Worms und Speyer die freie Wahl des Ehepartners und freies Besitz- und Erbrecht in männlicher und weiblicher Linie. Diese neue Rechtsauffassung begann sich bald allgemein durchzusetzen[13]. Die Frau hatte also Anteil an der stadtbürgerlichen Freiheit. Frauen leisteten den Bürgereid und wurden in die Bürgerbücher eingetragen, diese volle Teilhabe der Ehefrau am Bürgerrecht des Mannes bestand auch nach dessen Tod weiter[14].

Heiratete ein Zugewanderter eine Bürgerstochter oder Witwe, erhielt er im allgemeinen erleichterten Zugang zu den Bürgerrechten, wobei dem mindergeborenen Ehegatten, gleich ob Mann oder Frau, im Rahmen der Bürgerfreiheit die Rechtsstellung des anderen freien Ehegatten zugestanden wurde[15]. Während in den Weistümern Frauen im Erbrecht erheblich benachteiligt waren und teilweise vom Erbe eines Grundbesitzes überhaupt ausgeschlossen wurden, waren sie in den Stadtrechten fast gleichgestellt.

Allerdings haben auch in den Städten die Mädchen früh geheiratet.

Nach kanonischem Recht betrug das für eine Ehe erforderliche Mindestalter bei Mädchen zwölf, bei Jungen vierzehn Jahre. Besonders in Kreisen des Hochadels aber wurde oft noch früher geheiratet, Kinderehen waren hier keine Seltenheit (Siehe dazu Kapitel: Die verkauften Töchter der Dynastien). Im spätmittelalterlichen Italien galt als ideales Alter für Mädchen dreizehn Jahre, in Florenz und den übrigen Städten der Toskana hielt man 16–17 Jahre für angemessen, auch in London wurde 17 Jahre als das beste Alter angesehen. Männer hingegen gingen oft erst mit 27 oder 31 Jahren eine Ehe ein. Natürlich wurden die Ehen nach wie vor von den Eltern geregelt, Liebesheiraten kamen selten oder gar nicht vor. Die Ehe war ein Pakt im Sinne wirtschaftlicher, ständischer und manchmal auch politischer Interessen und hatte mit persönlicher Zuneigung kaum etwas zu tun. Daran änderte auch die vom Christentum eingeführte Konsensehe wenig, die sich etwa ab dem 12. Jahrhundert in Mitteleuropa durchsetzte und das Einverständnis beider Brautleute forderte. Eine rechtlich abgesicherte Familienpolitik entschied nach wie vor über die Ehen der Töchter und Söhne, deren individuelle Wünsche dabei wohl nicht selten auch übergangen wurden. Das jüngere Stadtrecht des Königs Magnus VI. Lagaboeter für Bergen von 1276 meint über die Verheiratung von Frauen:

„*Vater und Mutter, wenn sie leben, sollen über die Verheiratung der Töchter bestimmen. Und wenn sie fehlen, da sollen die nächsten väterlichen und mütterlichen Verwandten die Heirat bestimmen*“.

Immerhin ist hier bereits von einem Mitspracherecht der Mutter die Rede, das im Landrecht noch fehlt:

„*Der Verheirater soll die Mitgift und die Zugabe für seine Verwandte bestimmen, so wird er und der Bräutigam darüber einig werden.*“[16]

Gemäß einer 1330 getroffenen Kölner Anordnung verloren Sohn oder Tochter, die gegen den Willen ihrer Eltern eine Ehe eingingen, alle ihre Rechte. Erst die Statuten von 1437 beschränkten diese elterliche Verfügungsgewalt auf junge Leute unter 20 Jahren[17].

Pariser Parlamentsurteile aus dem 14. Jahrhundert informieren uns allerdings darüber, daß speziell Mädchen häufig unter Zwang standen, besonders wenn es darum ging, für ihre Familien finanziell günstige Heiraten abzuschließen. Eine Zwanzigjährige beispielsweise, die sich weigerte, einen kranken Witwer von fünfzig zu heiraten, wurde von ihrer Mutter derart geschlagen, daß sie Schädelbrüche erlitt[18].

„So nimm er einen Stock und schlage sie" – Vom Züchtigungsrecht des Ehemannes

Neben der Konsensehe hatte sich auch das kirchliche Verbot der Vielehe und der Scheidung langsam durchgesetzt. Der Ehebruch von Mann und Frau wurde nun von der Kirche im allgemeinen in gleicher Weise bestraft, wenngleich jener der Frau nach wie vor stärker wog. Die Vergeltungsmaßnahmen betrogener Ehemänner konnten furchtbar sein, wie Chroniken berichten. Die von weltlichen Gerichten verhängten Ehebruchsstrafen sind uneinheitlich, treffen aber ebenfalls die Frau meist härter als den Mann.

In manchen Gegenden galt nach wie vor eine verheiratete Frau, die sich mit einem Fremden einließ, als Ehebrecherin, während der verheiratete Mann, der sich umgekehrt eine unverheiratete Frau ausgesucht hatte, nur den Tatbestand der Unzucht erfüllte. Nach den Gesetzen Friedrichs II. von Sizilien wurde einer Ehebrecherin die Nase abgehackt, bevor sie aus dem ehelichen Haushalt verjagt wurde. Soferne ihr Mann ihr vergab, behielt sie ihre Nase, mußte aber öffentlich ausgepeitscht werden. Der männliche Täter hingegen wurde lediglich zu einer Geldstrafe verurteilt[19]. In Gegenden mit Gütern kirchlicher und weltlicher Grundherrn mußten fast ausnahmslos bei Unzucht, Ehebruch und unehelicher Geburt Geldstrafen an den Grundherrn entrichtet werden, die fast immer einer Frau oder ihrem Vater auferlegt wurden[20]. Das norwegische Birkinselrecht kennt sogar noch im 12. Jahrhundert das Tötungsrecht des Mannes, das Muttermord und Tochtermord miteinschließt:

„Sieben Frauen sind es, wegen deren man töten darf, wenn ein Mann bei ihnen in Unzucht betroffen wird: erstens die Frau eines Mannes, zweitens die Tochter, drittens die Schwester eines Mannes, viertens die Mutter, fünftens die Sohnesfrau eines Mannes, sechstens die Braut des Bruders, siebentes die Stiefmutter des Mannes..."[21]

Im allgemeinen wurde das männliche Tötungsrecht jetzt allerdings vom weltlichen ebenso wie vom kirchlichen Recht abgelehnt, Totschlag des Mannes an der Frau in gleicher Weise bestraft wie jene der Frau am Mann, wobei die Strafen an der Frau häufig etwas milder ausfielen, weil sie als die Schwächere galt[22]. Doch blieb das Züchtigungsrecht des Ehemannes aufrecht, das auch von der Kirche, die die Gerichtsbarkeit über die Ehe übernommen hatte, empfohlen wurde. Nach verschiedenen Weistümern war der Mann geradezu verpflichtet, seine unbotmäßige Frau zu strafen, wollte er nicht selbst straffällig werden[23]:

„Jeder Einwohner von Villefranche hat das Recht, seine Frau zu schlagen, vorausgesetzt, daß der Tod nicht erfolge",

fordert ein französischer Edikt des 14. Jahrhunderts[24]. Im England desselben Jahrhunderts wurden vier Personengruppen genannt, die ein Mann ungestraft schlagen konnte: Verräter, Heiden, Leibeigene und die eigene Ehefrau[25].

Die katholische Kirche nahm hier allerdings eine etwas differenziertere Haltung ein, sie empfahl das Schlagen aus Liebe und Sorge um das weibliche Seelenheil, und das auch nur dann, wenn andere Erziehungsmittel versagten: Wenn

„die sanften Worte keinen Erfolg bringen, dann beschimpfe sie [die Ehefrau], und wenn auch das nicht hilft, so nimm einen Stock und schlage sie fest … aber nicht im Zorn, sondern aus Sorge um ihre Seele, so daß die Prügel dir zur Tugend und ihr zum Guten gereichen“[26], empfiehlt der Mönch Cherubino de Siena in seinem *„Regole della vita matrimoniale“* im 15. Jahrhundert. Um derartige männliche Strafsanktionen nicht herauszufordern, wurden Frauen in Predigten der Priester, in Lehrbüchern und den Texten der Philosophen aufgefordert, sich als minderwertiges Geschlecht demütig zu unterwerfen und ihre Unterordnung als Gott wohlgefällig anzuerkennen. So etwa verfaßte Geoffry de la Tour de Landry ein Lehrbuch für seine Töchter, in dem er der Ehefrau als bestes Mittel gegen die Gewaltanwendung ihres Mannes stillschweigende Unterwerfung empfahl:

„Jetzt folgt ein Beispiel für alle guten Frauen, daß sie geduldig leiden und erdulden mögen und mit ihrem Mann nicht streiten noch ihm widersprechen sollen, denn einmal gab eine Frau ihrem Mann in dieser Weise vor Fremden ungebührend kurz angebunden Antwort, und er schlug sie mit der Faust zu Boden; und mit dem Fuß trat er ihr ins Gesicht und schlug ihr die Nase ein, und für den Rest ihres Lebens war damit ihr Ansehen so entstellt, daß sie ihr Gesicht aus Scham nicht öffentlich zeigen mochte … und daher sollten Frauen erdulden und ihrem Mann das Wort lassen, und ihn Herr sein lassen, denn das ist ihre Pflicht.“[27]

Das probate Mittel des Nachgebens haben auch heute noch viele Ehefrauen verinnerlicht. Darum wird auch ganz allgemein als gute Ehe jene bezeichnet, in der s i e tut, was e r sagt.

Daß die Prediger und Kirchenleute eine öffentliche Züchtigung der Frau mißbilligen, und die Strafaktionen nur im familiären Bereich guthießen[28], hatte fatale Folgen für die Frau. Denn damit wurde Mißhandlung zu einer privaten Angelegenheit, in die sich die Öffentlichkeit nicht einzumischen hatte, zu einer Schande für die Gattin, die sie besser still und heimlich ertrug, als nach außen gelangen zu lassen. Es war eine Situation, die sich wenig von jener mißhandelter Frauen der Gegenwart unterschied. Denn das Züchtigungsrecht des Ehemannes, im europäischen Familienrecht bis zum Ende des 19. Jahrhunderts verankert, machte die Frau über Jahrhunderte hinweg zur Untergebenen ihres Gatten, der sie zu erziehen hatte und dem sie Gehorsam schuldete. Es wurde von beiden Geschlechtern so verinnerlicht, daß seine Auswirkungen bis heute spürbar sind. Auch unsere Gesell-

„*Böser Weiber Cur*". Druck nach Stich von Jeremias Wolf (1663/73–1724). Bis zum Ende des 19. Jahrhunderts war das Züchtigungsrecht des Ehemannes im europäischen Familienrecht verankert.

Israhel van Meckenem (1450–1503). „*Der unterjochte Ehemann*". Die der Realität widersprechende Darstellung des bedauernswerten, unterdrückten Ehemannes war häufiges Sujet zeitgenössischer Künstler.

schaft und unser Strafrecht neigen immer noch dazu, gewalttätige Männer zu entschuldigen, und im Opfer, der mißhandelten Frau die eigentliche Schuldige zu sehen.

Daß Frauen das männliche Gewaltmonopol im Mittelalter allerdings nicht immer widerspruchslos hinnahmen, wird einmal mehr an den Verbotsgesetzen deutlich. So etwa hatte nach den Weistümern eine Frau, die einen Mann zum Zweikampf herausforderte, eine doppelte Buße zu zahlen, und Männer, die im Streit von Frauen geschlagen wurden, erhielten ausdrücklich das Recht zugebilligt, zurückzuschlagen. Um einen derartigen Widerstand der Frau im Keim zu ersticken, mußten Ehemänner, die ihre Frauen nicht in der Gewalt hatten, mit Bestrafung rechnen oder sie wurden öffentlich verspottet[29].

Gebessert hat sich im hohen und späten Mittelalter auch die Stellung der Witwe. Sie war – je nach Umfang des männlichen Vermögens – durch ihr Recht auf ein dos gesichert, konnte sich einen Vormund aussuchen oder auch völlig auf ihn verzichten[30]. Wenn ihre Einkünfte ausreichten, was sicher nicht die Regel war, wurde sie damit zur wahrscheinlich freiesten Frau im Mittelalter. Im Rahmen des dos erhielt sie ein Drittel bis zur Hälfte aller Güter ihres Mannes, konnte in den meisten Gegenden auch die Vormundschaft für ihre minderjährigen Kinder ausüben, und deren Eigentumsangelegenheiten regeln[31]. Auch die bäuerliche Witwe hatte in großen Teilen Westeuropas die freieste Stellung unter allen Landfrauen, sofern sie über Grundbesitz verfügte. Eine Untersuchung über 10 Landgüter aus den englischen Midlands zeigt für den Zeitraum von 1350 bis 1450, daß Frauen rund 14 Prozent des gesamten Grund und Bodens besaßen. Die meisten von ihnen waren Witwen, aber nur ca. 5 Prozent Junggesellinnen[32]. Daß viele von ihnen eine weitere Ehe eingingen, lag wohl zum einen an der gesellschaftlichen Diskriminierung, der die Witwe als unvollständige, weil mann-lose Frau ausgesetzt war, zum anderen jedoch auch an einer wirtschaftlichen Notwendigkeit, weil die Bewirtschaftung des Hofes ohne Ehemann sicherlich schwieriger war.

Die „Dame" der Troubadours dient der Veredelung des Mannes

Als besonders positiv für die Stellung der Frau wird häufig der im 12. Jahrhundert an den europäischen Fürstenhöfen entwickelte sogenannte *„Frauendienst"* beschrieben. Nun hat tatsächlich die in der provençalischen Troubadourlyrik ebenso wie im deutschen Minnesang plötzlich auftretende Verherrlichung der *„Dame"* ebenso wie der etwa zur gleichen Zeit einsetzende Marienkult das Bild der Frau in den Köpfen der Männer aufgewertet. Ihre rechtliche und individuelle Emanzipation jedoch wurde damit kaum gefördert. Sie wurde nicht nur weiterhin der eheherrlichen munt unterworfen, sondern galt auch im Minnedienst lediglich als Muse, die der Kreativität des Mannes zu dienen hatte, an der sich sein Begehren, seine Liebessehnsucht und seine lyrische Potenz entzündete. Ihr Selbst, ihre Individualität hingegen verschwand unter einer Schablone, die ihr übergestülpt wurde. Daß Frauen höchstwahrscheinlich auch aktiv tätig waren, daß sie möglicherweise eigene Lieder unter dem Namen bekannter Sänger verbreiten ließen[33] und bedeutende Mäzeninnen waren, wie etwa Eleonore von Aquitanien, die zahlreiche hervorragende Troubadoure förderte, ändert nichts an der Tatsache, daß Troubadourlyrik und der damit verbundene *„Frauendienst"* als eine rein männliche Angelegenheit in die Geschichte eingingen. Die Frau erscheint als passives Objekt, als lebende Abstraktion und im konkreten Fall als austauschbar. Ihre Verhaltensweisen waren genau vorgeschrieben: sie hatte tugendhaft zu sein und keusch, treu und mild, züchtig, gütig und freundlich. Derartige Tugenden stellten sie allerdings über den Mann, die überhöhte und verehrte *„Dame"* wurde von ihm zur Erzieherin stilisiert, vor der er sein Knie beugte und der er ergeben war. Natürlich haben Frauen in gewisser Hinsicht von der Aufwertung ihres Images auch profitiert. Die Idealisierung, die der Ritter seiner Herzensdame zuteil werden ließ, erhöhte zumindest ihr gesellschaftliches Ansehen. Allerdings betraf diese plötzliche Aufwertung nur die Angehörigen einer relativ schmalen, elitären Schicht. Auf den Burgen des Landadels und an kleineren Fürstenhöfen wurden die Frauen nach wie vor vergewaltigt, mißhandelt und geschlagen. Doch wirkte sich die Vormundschaft des Ehemannes auch in den kunstsinnigen Kreisen des hohen Adels hinderlich auf die idealisierte Aufwertung der *„Herrin"* aus. Vor allem als die Tendenz aufkam, die Minne in die Ehe zu integrieren, blieb von dem eigentlichen, hohen Anspruch an die *„Dame"* nicht mehr allzuviel übrig. Der Versuch, das Verhältnis der Ehepartner zu einem Minneverhältnis umzufunktionieren, ergab sich aus der Schwierigkeit, von der, zumeist verheirateten, angebeteten Frau mehr als nur platonische Zuneigung zu erlangen. Verstieß doch ein echtes Liebesverhältnis mit der Frau eines anderen gegen das geltende Gesetz und wurde häufig mit dem Tod bestraft. Wie aus der erhaltenen Lyrik ersichtlich, dürfte es trotzdem gar nicht so selten zu echten sexuellen Beziehungen gekommen sein. Im allgemeinen jedoch war es dem Ritter lediglich erlaubt, seine *„Dame"* aus der Ferne anzubeten, und unerfülltes Werben und schmachtende Liebesglut in höchste poetische Leistung zu sublimieren. Da jedoch Liebe normalerweise auch nach körperlicher Erfüllung verlangt, verfiel man auf den Ausweg, unverheirateten Frauen den Minnedienst anzutragen und diesen dann in die Ehe zu integrieren[34], was jedoch ebenfalls auf Schwierigkeiten stieß, da die durch die Minne weit über den Mann erhobene, unerreichbare *„Herrin"* nicht recht mit einer gehorsamen und demütigen Gattin harmonieren wollte. Daher verwandelte sich die hoheitsvolle „*Dame*" in die fürsorgliche, pflegende und liebevolle Ehefrau, opferbereit bis zur Selbstaufgabe und ihrem Mann treu auch nach seinem Tod. Sie zeichnete sich aus durch bedingungslosen Gehorsam und fügte sich widerspruchslos selbst in ihr unverständliche Entscheidungen des Ehemannes. Nichts Neues also auch in der hohen höfischen Minne, die Frau blieb Wunscherfüllerin des Mannes, Werkzeug, Mittel und Inspiration für seinen Reifungsprozeß. Ein eigener Wille, eine eigene Persönlichkeit wurde auch der verehrten Frau abgesprochen. Ihre Funktion bestand in der Veredelung des männlichen Geschlechts. Dafür wurde sie glorifiziert.

Doch gab es jetzt zumindest eine Glorifizierung, die als Gegengewicht zu der in der mittelalterlichen Theologie propagierten Minderwertigkeit und Boshaftigkeit der Frau eingesetzt werden konnte. Es gab, wenigstens in der höfischen Dichtung, die schöne, gute, edle Frau, die dazu aufgerufen war, den Mann sittlich zu vervollkommnen. Das war eine Entwicklung, auf der spätere Emanzipationsbestrebungen aufbauen konnten.

NEUZEITLICHES EHERECHT

Nachdem im Mittelalter die Kirche das kanonische Eheschließungs- und Ehehindernisrecht als maßgebliches Recht durchgesetzt hatte, kam es bereits ab dem 14. Jahrhundert in den meisten westeuropäischen Ländern zu einer Übernahme von Personenstandsangelegenheiten durch die weltliche Gerichtsbarkeit. Bis ins 18. Jahrhundert hinein war das Eherecht so geordnet, daß über die Gültigkeit und Aufhebung der Ehe von geistlichen Gerichten, über die zivilrechtlichen Wirkungen jedoch von weltlichen Behörden entschieden wurde[1]. Auch Luther, der den Sakramentscharakter der Ehe verneinte, beließ es vorerst bei dieser Regelung. Erst unter dem Einfluß des Naturrechts, das die Ehe als eine natürliche Gemeinschaft begriff, die durch einen freiwilligen Vertrag von Mann und Frau geschlossen wurde, begann der weltliche Ehebegriff den geistlichen Einfluß zurückzudrängen. Im Zuge eines immer auffälliger werdenden Säkularisierungsprozesses wurde die Ehe von ihren transzendentalen Bindungen losgelöst und dem Zivilrecht unterstellt.

Das aufgeklärte Naturrecht des 17. Jahrhunderts, das sich auf die Freiheit und Gleichheit aller Menschen gründet und dieses Postulat als wichtigen Grundsatz in sein Programm aufgenommen hatte, beschäftigt sich in umfangreichen und ausführlichen Abhandlungen mit der Frage, wie die nach wie vor bestehende Ungleichheit zwischen den Geschlechtern mit diesen neuen Vorstellungen zu vereinbaren sei. Denn daß der weibliche Mensch in diesem groß angelegten Entwurf, der die Freiheit des Individuums forderte miteinbeschlossen wurde, paßte auch den Naturrechtlern nicht in das Konzept. Dies hätte einen Zusammenbruch der patriarchalen Ordnung bedeutet, und daran war *man* nicht interessiert. Es wurden also höchst ausgeklügelte Systeme entworfen, um zwei einander grundsätzlich widersprechende Ansichten unter einen Hut zu bringen. Die großen Naturrechtler wie Hugo Grotius, Samuel von Pufendorf oder selbst Christian Thomasius, der als der aufgeklärteste Kopf dieser Zeit bezeichnet wird, lassen keinen Zweifel an der grundsätzlichen Unterlegenheit der Frau, die allerdings – und das ist die besondere, die neue Sicht – jetzt *freiwillig* auf sich genommen wird. Denn nur die freiwillige Unterordnung kann vor dem Naturrecht bestehen, jeglicher Zwang wird abgelehnt. Das Prinzip des freiwilligen Unterwerfungsvertrages, der die Geschlechtsvormundschaft[2] ablösen soll, findet sich in Abwandlungen bei allen Naturrechtstheoretikern dieser Zeit. Selbst dort, wo gleiches Naturrecht postuliert wird, spekuliert man auf die freiwillige Unterordnung der Frau, die mit ihrer schwächeren physischen und psychischen Konstitution begründet wird. Grotius etwa meint, daß dem männlichen Geschlecht seine Überlegenheit angeboren sei, weshalb Ehemänner kraft Naturrecht Gewalt über ihre Ehefrauen auszuüben hätten[3]. Auch bei Pufendorf räumt die Frau im Ehevertrag ihrem Mann die eheliche Gewalt ein und verpflichtet sich damit zum Gehorsam, wobei hier ebenfalls diese Ungleichstellung auf die Überlegenheit des männlichen Geschlechts zurückgeführt wird[4].

Es sind uns keine Berichte überliefert, wie Frauen sich in diese verordnete *„Freiwilligkeit“* fügten, bzw. inwieweit sie sich ihr widersetzten. Denn die Naturrechtslehre wurde, so wie fast alle Philosophien des Patriarchats, von Männern konzipiert, die über die Köpfe der Frauen hinweg über diese befanden. Es ist jedoch anzunehmen, daß der Widerstand hier nicht allzu groß war, befand sich doch in der Mitte des 17. Jahrhunderts die Hexenverfolgung, jene grausamste, einen Frauenhaß bis zum wahrscheinlich millionenfachen Frauenmord steigernde Frauenverfolgung noch auf ihrem Höhepunkt, weshalb das Opponieren Frauen damals schwergefallen sein dürfte. Daß die These von der freiwillien Unterordnung der Frau, die später weiter ausgebaut wurde und bis herauf in unser Jahrhundert das Verhältnis der Geschlechter untereinander bestimmt, ausgerechnet zu diesem Zeitpunkt entwickelt wurde, ist jedoch sicherlich kein Zufall. Denn als gegen Ende des Jahrhunderts die Hexenverfolgungen langsam abzuflauen begannen, war auch die Frau so weit gebracht worden, ihre eigene Inferiorität und Unterlegenheit als unabwendbares und quasi *„natürliches“* Schicksal zu akzeptieren. Gleichzeitig damit wurde jener furchtbare Prozeß der Ent-Eignung eingeleitet, wie er sich durch all die Jahrhunderte hinweg bis in unsere heutige Zeit verfolgen läßt. Er kulminierte in einem Verlust weiblicher Identität und einer weitgehenden Übernahme männlicher Weltanschauungsmodelle. Männer mußten für Frauen zwar keinen Kaufpreis mehr bezahlen, der in realen Gütern bestand, dafür verkauften Frauen sich jetzt freiwillig, um zu überleben. Sie verkauften nicht nur ihren Leib, sondern auch ihr Herz und ihr Hirn. In einer Art Tauschverhältnis boten sie Sexualität, Liebes- und Beziehungsfähigkeit für männlichen Schutz, wirtschaftliche Sicherheit und gesellschaftliches Ansehen. Daß Liebe geben und für andere da sein zu Unmündigkeit und Ausbeutbarkeit führen kann, hat hier seine Wurzel.

Noch im Mittelalter war der Frau eine gewisse, häufig als geheimnisvoll empfundene Kraft zugebilligt worden, die sich vor allem in einer Kenntnis der Naturkräuter und menschlicher Heilvorgänge äußerte. Am Beginn der Neuzeit, mit dem Aufkommen der Naturwissenschaften wurden ihr selbst diese Fähigkeiten nicht nur abgesprochen, sie wurden in einem auf Rationalität und Vernunft abgestimmten Kosmos als gefährlich erklärt. Während jedoch der Mann von dem Heraussteigen aus dieser göttlichen Schöpfungsordnung durchaus profitierte, während er sich zu einem freien, auch sich selbst gegenüber verantwortlichen Individuum entwickelte, blieb die Frau gefangen. Nicht mehr innerhalb der göttlichen Ordnung, dafür aber in jener des Mannes. Wohl versuchten Naturrecht und Aufklärung auch die Frau zumindest in Ansätzen in diese neue Denkordnung miteinzubeziehen, aber es blieb bei Versuchen, die immer nur zu Randerscheinungen führten, wie etwa der einerseits geachteten, andererseits aber auch verspotteten *„gelehrten"* Frau des späten 17. Jahrhunderts, die in verdeckten Logen der Universitäts-Hörsäle den männlichen Disputen lauschen durfte und sich für ihre Gescheitheit ständig entschuldigen mußte. Wie sehr die Frau im Grunde nach wie vor in ihren Freiheiten eingeschränkt und unter die Vorherrschaft des Mannes gezwungen wurde, zeigen am besten die neuzeitlichen Ehebestimmungen, die in diversen Polizei- und Landesordnungen aufscheinen und das traditionelle Bild der gehorsamen Ehefrau vermitteln, die ihrem Mann in allem und jedem untertan zu sein hat. Gewisse Lockerungen, wie sie im späten Mittelalter die Stellung der Frau begünstigt hatten, wurden erneut zurückgenommen. Auch durch die Übernahme des römischen Rechts, das Frauen von jeder Sicherstellung fremder Verbindlichkeiten ausschloß oder ihnen die Eignung zur Führung der Vormundschaft absprach, wurde die kontinuierliche Entwicklung der Frauenbefreiung unterbrochen. Darüber hinaus hat vor allem die Ehelehre Luthers dazu beigetragen, daß der Frau das Haus als ausschließliche Wirkungsstätte zugewiesen wurde. Die Vertreibung aus den Berufen, der Ausschluß aus dem öffentlichen gesellschaftlichen Leben und dem Bildungsbereich schuf das weibliche Haustier, die brave Hausmutter, die eine entstehende Hausväterliteratur in dicken Folianten zu erziehen trachtete.

In den Polizeiordnungen des 16. Jahrhunderts, wurde die Ehe – analog kirchlicher Auffassung – als einzige sittlich und rechtlich anerkannte Verbindung bezeichnet. Jeder geschlechtliche Umgang außerhalb der Ehe war verboten und strafbar. Noch 1507 bestimmte die Bamberger Gerichtsordnung des Johannes von Schwarzenberg, daß die Tötung der Ehebrecherin keine peinliche Strafe nach sich ziehen soll[5]. Auch in der Landesgerichtsordnung von Ferdinand III. (1656) wurde bei Unzuchtsfällen, insbesondere Ehebruch, öffentliche Auspeitschung oder Landesverweisung, im Falle eines wiederholten Vergehens sogar der Tod durch das Schwert verfügt[6].

Vor allem Töchter hatten vielfach bei einer Heirat nach wie vor die Einwilligung der Eltern einzuholen, unerlaubte Heiraten kosteten sie den Anspruch auf ein Heiratsgut. Eine Verordnung vom 24. 8. 1550 verlangte für die Eheschließung von Mädchen unter 25 Jahren generell die Einwilligung von Vater und Mutter, womit verhindert werden sollte, daß

„Land-Leuth und Unterthanen Töchter nicht allein wider gute Sitten, sondern gantz liederlich, leichtfertiger Weiß außerhalb ihrer Eltern, Freundschaft und Gerhaben Vorwissen und Bewilligung sich unterstehen selbst zuverheurathen:

darauß dann nicht allein erfolgt, daß solche Töchter auß Weiblicher Blödigkeit leichtlich verführt und ihr ehrliche Eltern und ansehliches Geschlecht dardurch in Verkleinerung und Verachtung kommen und mit solchen leichtfertigen Heurathen verschlagen, sondern auch sonst ehe zu Zeiten allerley mehr nachtheiliger Unrath und tödliche schädliche Handlungen verursacht werden."[7]

Ehegüterrecht und Ehescheidung

Auch im Güterrecht, das die vermögensrechtlichen Beziehungen zwischen den Ehegatten regelte, hat sich im Grunde wenig verändert. Zwar bestand jetzt im allgemeinen Gütergemeinschaft der Gatten, doch besaß der Ehemann nach wie vor ausgedehnte und einseitige Verfügungsgewalt auch über das Vermögen der Frau, an dem ihm außerdem das Nutznießungsrecht zustand. Um der häufig vorkommenden Veruntreuung und Mißwirtschaft durch den Ehemann, der nicht selten das Frauenvermögen zur Deckung eigener Schulden heranzog, einigermaßen zu begegnen, wurde in vermögenden bürgerlichen Kreisen seit dem späten 17. Jahrhundert vor der Heirat ein sogenannter Ehevertrag ausgefertigt, der sich an ähnliche mittelalterliche Abmachungen anschloß und im Grunde keine wesentlichen Neuerungen brachte. Er war eine Angelegenheit zwischen dem Vater oder Vormund der Braut und dem zukünftigen Ehemann und bestimmte, daß das Erbgut der Frau oder ein vom Ehemann zu leistender Betrag für die Versorgung der Frau als Witwe und möglicher Kinder sicherzustellen war[8]. Solche Verträge wurden mit Zeugen gerichtlich beglaubigt und hatten Vorrang vor dem geltenden Landrecht.

Einen Schutz gegen Veruntreuung oder Verschwendung boten sie trotzdem kaum, denn nachdem der Ehemann nach wie vor als der rechtliche Vormund der Frau galt, war es für die – unmündige – Ehefrau zumindest mit Komplikationen verbunden, ihn deswegen vor Gericht zu klagen. Wie wenig derartige Verträge im Ernstfall eine Frau vor dem wirtschaftlichen Ruin bewahren konnten, zeigt das Beispiel der Göttinger Professorentochter Dorothea Schlözer, der ersten promovierten Frau der Universität Göttingen. Trotz sorgfältig aufgesetztem Ehevertrag, der jedoch nicht eingehalten wurde, verlor sie beim Konkurs ihres Mannes beinahe ihr gesamtes Vermögen.

„*19 Jahre habe ich vergebens gekämpft, um einem solchen Uebel vorzubeugen*",

schrieb sie 1811 an eine Vertraute. „*Meine Zukunft ist nichts weniger als gesichert, über mein Wittum macht mir die Debit Masse den Prozeß, das kleine Eigenthum meiner Kinder wird wahrscheinlich auch auf diese Weise angefochten – meine väterliche Erbschaft ist mir durch die Tochter erster Ehe meines Mannes ersetzt; diese letzte kleine Revenue ist das einzige sichere, worauf ich rechnen kann, und so beziehe ich dann in Gottes Namen eine gemietete Studentenstube in Göttingen, wohin ich auf Ostern zu reisen gedenke.*"[9]

In den habsburgischen Erblanden sollte das sogenannte Heiratsabgabensystem des josephinischen Gesetzbuches für eine Sicherstellung der Witwe sorgen. Hier verschrieben sich die Ehegatten bei grundsätzlicher Gütertrennung gegenseitig die meist in Geld bestehenden Heiratsabgaben. Während die Frauengabe, wenn sie aus Geld bestand, als Beitrag der Frau zu den ehelichen Lasten verstanden und daher vom Mann in sein Eigentum übernommen wurde, sagte der Ehemann seinen Teil nur für den Fall seines Vortodes zu, um damit die Versorgung der Witwe sicherzustellen. Bei aufrechter Ehe profitierte die Frau also nicht davon. Bestand das Frauengut aus Liegenschaften, blieb es als Eigentum der Frau erhalten und ihrem Mann stand nur die Verwaltung und Nutznießung zu[10].

Regelungen hinsichtlich der Versorgung der Witwe finden sich so wie im Mittelalter auch in der gesamten neuzeitlichen Gesetzgebung. Das war umso notwendiger geworden, als etwa ab dem 16. Jahrhundert eine Entwicklung einsetzte, die die Witwe erneut in ein bedauertes und diskriminiertes gesellschaftliches Abseits stieß. Hatte im Mittelalter die keusch und geschlechtslos lebende Frau ein gewisses Ansehen genossen, mußte sie in der Neuzeit mit zunehmender Diskriminierung rechnen, was zum großen Teil auf den Einfluß Luthers zurückzuführen war, der den Ehestand als einzige Existenzmöglichkeit für die Frau propagierte. Der ledigen, unverheirateten Frau wurde die Existenzberechtigung abgestritten, sie wurde als „*alte Jungfer*", Witwe oder Blaustrumpf bis in das 19. Jahrhundert hinein verachtet und verspottet, und sie bekommt als nicht ganz voll zu nehmender weiblicher Mensch eine gewisse Geringschätzung bis heute zu spüren.

Vor allem, wenn kein eigenes Vermögen vorhanden war und die Hinterlassenschaft des Mannes nicht ausreichte, war daher Wiederverheiratung für eine Witwe die einzige Möglichkeit, ihre trostlose Lage zu verbessern. Darum riet nicht nur Luther dazu, sondern später auch die katholische Kirche. Elisabeth von Braunschweig-Lüneburg, die als Witwe 1540–1545 im Fürstentum Braunschweig-Calenberg für ihren unmündigen Sohn die Regentschaft führte, und anschließend aus den Territorien, die ihr als Witwenversorgung von ihrem Mann übergeben worden waren, vertrieben wurde, schildert in einem „*Witwentrostbüchlein*" die Benachteiligung und Schutzlosigkeit der Witwe:

„*Also daß nichts verächtlicher sein kann unter der Sonnen, denn Witwen und Waisen.*"[11]

Diskriminiert war natürlich auch die geschiedene Frau, die bis zum Ende des 18. Jahrhunderts Seltenheitswert besaß und von der Gesellschaft mit Verachtung und Argwohn betrachtet wurde. Möglich wurden Scheidungen ja überhaupt erst seit der Reformation, weil Luther die Ehe nicht als Sakrament betrachtete und einer Auflösung bei Ehebruch zustimmte (die katholische Kirche erlaubte Scheidungen weiter nur in wenigen Ausnahmefällen, vornehmlich bei hochgestellten Persönlichkeiten). In der Rechtspraxis kamen dann noch boshaftes Verlassen und ähnliche Tatbestände wie etwa Verweigerung der ehelichen Gemeinschaft dazu. Auch eine Trennung von „*Tisch und Bett*", also ein Getrenntleben der Ehegatten bei grundsätzlich aufrecht gehaltener Ehe, wurde durchaus üblich. Außerdem konnte ein Ehepartner – und das war fast immer der Mann – eine Scheidung auch aus Gründen durchführen lassen, die von den Gerichten nicht anerkannt waren. Er mußte dazu nur einen persönlichen Fürsprecher bei einer Behörde finden, der die Ehe ohne weiteren Prozeß durch Dekret trennen konnte[12].

Natürlich wirkte sich die Tendenz zur Erleichterung von Ehescheidungen, wie sie sich dann im 18. Jahrhundert bemerkbar machte, vor allem für die Frau nachteilig aus, weil sie ohne eigenes Einkommen meist gänzlich vom Mann abhängig war, und damit häufig in das finanzielle Nichts gestoßen wurde. Schon 1748 war in Preußen die Ehescheidung aus den Händen der protestantischen Geistlichen den weltlichen Gerichten übertragen worden, und 1749 gestattete Friedrich der Große die Ehescheidung bei gegenseitiger Einwilligung. Daß diese „*Einwilligung*" von Ehemännern häufig erzwungen wurde, zeigt das Beispiel der aus ärmlichen Verhältnissen stammenden Dichterin Anna Luise Karsch (1722–1791). Sie war von ihrem trunksüchtigen und jähzornigen Ehemann derart eingeschüchtert worden, daß sie bei den drei vorgeschriebenen Terminen im Rathaus formell in die Scheidung einwilligte, worauf sie in schwangerem Zustand und völlig mittellos das Haus verlassen mußte, während ihr geschiedener Ehemann die Kinder behielt und bald darauf eine andere Frau heiratete[13].

Über Schwierigkeiten und Kämpfe weiß auch Dorothea Veit-Schlegel zu berichten, Tochter des berühmten jüdischen Aufklärers Moses Mendelssohn. Sie wurde fünfzehnjährig an den Bankier Veit verheiratet und ließ sich nach zwanzigjähriger, unglücklicher Ehe aus Liebe zu Friedrich Schlegel scheiden, was als gesellschaftlicher Skandal betrachtet wurde.

„*Seit drei Wochen bin ich, nach vielen Kontestationen, Szenen – nach manchem Schwanken und Zweifeln – endlich von einer langen Sklaverei befreit, habe ich nichts gerettet als eine sehr kleine Revenue, von der ich nur äußerst sparsam leben kann, viel frohen Mut, meinen Philipp, einige Menschen, mein Klavier…*"[14]

Dorothea lebte über zehn Jahre unverheiratet mit Friedrich Schlegel zusammen, was als ein noch größerer Skandal in die Annalen eingegangen ist, und begann eigene Arbeiten – meist unter Schlegels Name – zu veröffentlichen, da seine Einkünfte nicht ausreichten, um beide zu erhalten. 1804 hat sie dann Friedrich Schlegel endlich geheiratet.

Das Beispiel Dorothea Veit-Schlegel bildet einen Ausnahmefall, wie er vor allem in Kreisen der Frühromantiker, die sich für die freie Liebe einsetzten, vorkam. Ganz allgemein waren jedoch Scheidungen in gut situierten Bürgerkeisen der damaligen Zeit äußerst selten. Häufiger kamen sie in den unteren Schichten vor, was wohl damit zusammenhängt, daß Frauen hier oft erwerbstätig waren – was im Bürgertum als unanständig galt – und daher über eine größere wirtschaftliche Unabhängigkeit verfügten. Bürgerliche Frauen hingegen mußten vor allem sicher sein, daß der Mann als der allein Schuldige aus einem Scheidungsverfahren hervorging, denn nur dann hatten sie Anspruch auf einen Unterhalt. Eine Gesetzesregelung, die die Frau erneut auf Keuschheit und Tugendhaftigkeit verpflichtete, während sich der wirtschaftlich unabhängige Mann weit eher außereheliche Liebschaften leisten konnte. Daß auch damals trotz größerer finanzieller und gesellschaftlichen Unsicherheit die Initiative zur Scheidung häufig von Frauen ausging, zeigt, wie drückend Eheverhältnisse für sie gewesen sein müssen. So etwa wurden im französischen Rouen zwischen 1702 und 1803 1046 Ehen geschieden, wobei von den 791 einseitig eingeleiteten Scheidungsprozessen (die übrigen Ehen wurden aus gegenseitiger Übereinkunft gelöst) in 565 Fällen Frauen die klagende Partei waren, während nur 226 Männer um eine Scheidung ansuchten[15].

Aus solchen und ähnlichen Beispielen wird ersichtlich, daß die bürgerliche, von Männern ausgearbeitete Ideologie vom harmonischen Familienleben niemals, auch nicht im Bürgertum des 18. und 19. Jahrhunderts verwirklicht werden konnte, weil sie auf der Unfreiheit der Frau gründet und darum wohl einen Vorteil für den Mann, nie jedoch für die Frau geboten hat.

1794 wurden dann im preußischen Landrecht umfangreiche Regelungen für geschiedene Eheleute getroffen. Der schuldige Teil mußte entweder lebenslänglichen Unterhalt zahlen oder einen Teil seines Vermögens abtreten. Die Kinder wurden vom unschuldigen Teil erzogen, falls jedoch keiner für schuldig erklärt wurde, kamen sie ab dem 4. Lebensjahr zum Vater. Töchter konnten der Mutter zugesprochen werden. Auch wenn der Vater schuldig geschieden wurde, behielt er das ausschließliche Einwilligungsrecht zur Eheschließung der Kinder. Wie sehr die Handlungsfähigkeit der Mutter eingeschränkt wurde, obwohl gerade Mutterschaft besonders im 18. Jahrhundert zur eigentlichen Bestimmung und Lebensaufgabe der Frau erklärt und verklärt wurde, zeigt sich in weiteren diesbezüglichen Verfügungen. So etwa wurde ihr, soferne der Vater abwesend, krank oder geisteskrank war, zwar das Erziehungsrecht zugesprochen, doch bestellte das Gericht außerdem einen Vormund (der die Mutter sein konnte, aber nicht mußte), um die Vermögensverwaltung und rechtliche Vertretung der Kinder wahrzunehmen. Auch Witwen wurden nicht automatisch Erziehungsberechtigte und Vormünder ihrer Kinder, sondern der Ehemann konnte, wenn es ihm beliebte, testamentarisch einen anderen Vormund einsetzen[16].

Interessant ist die Stellung der Frau im Ehe- und Familienrecht des josephinischen Gesetzbuches (JGB), weil hier mit aller Deutlichkeit demonstriert wird, daß selbst ein so fortschrittsgläubiger Herrscher wie Joseph II., dessen Regierungszeit als der Höhepunkt der Aufklärung in Österreich gefeiert wird, mit seinen Reformen dort haltmachte, wo es um eine freiere Rechtsstellung der Frau gegangen ist. Die josephinische Familiengesetzgebung, die mit einigen Abänderungen bis zum Inkrafttreten des Allgemeinen bürgerlichen Gesetzbuches (ABGB) 1811 die Gesetzeslage in Österreich bestimmte, hat zwar zu einer entscheidenden Verbesserung der Rechtsstellung des unehelichen Kindes geführt, wodurch auch die Lage der ledigen Mutter aufgewertet wurde, die Situation der Frau insgesamt jedoch nicht nachhaltig beeinflußt. Ebenso wie bereits zuvor im Codex Theresianum, von dessen Bestimmungen sich das josephinische Ehe- und Familienrecht wenig unterschied, wurde dem Ehemann eine „*Gattung von Gewalt*" über seine Frau eingeräumt, die allerdings, den Forderungen des Naturrechts folgend, nach „*Vernunft, Anständigkeit und Billigkeit*" gemäßigt sein mußte und später in das „*Haupt des Hauses*" umgewandelt wurde. Von einer Geschlechtsvormundschaft ist nicht mehr die Rede, doch war die Verpflichtungsfähigkeit der Frau eingeschränkt, vor allem war sie von jeglicher Sicherstellung fremder Verbindlichkeiten ausgeschlossen[17]. Besonders deutlich kommt der Konservativismus des josephinischen Ehe- und Familienrechts im Vormundschaftsrecht zum Ausdruck, in dem die Mutter erst an zweiter Stelle, und zwar hinter dem Großvater eingereiht wurde[18], was eine Verschlechterung gegenüber vorangegangenen Bestimmungen bedeutete. Noch im Codex Theresianum wurde die Mutter an erster Stelle genannt, obwohl auch hier ihre Vormundschaft auf die Dauer ihres Witwenstandes eingeschränkt, ihr außerdem ein Mitvormund beigegeben wurde. Daß der Großvater der Mutter vorgezogen wurde, begründete das JGB mit dem größeren Einfluß des Großvaters, da im Ehepatent für eine gültige Eheschließung minderjähriger Kinder in Ermangelung eines Vaters die Zustimmung des Großvaters notwendig war.

Im Ehegüterrecht nennt das JGB neben der Gütergemeinschaft auch die Gütertrennung. Wurden keine ehegüterrechtlichen Vereinbarungen getroffen, so behielt jeder sein Vermögen und zwar sowohl das, was er vor der Ehe besessen hatte, als auch das, was ihm nachher zukam, ohne daß der andere Anspruch darauf hatte[19]. Allerdings spricht das JGB gleichzeitig von einer „*stillschweigenden Gewalt und Vollmacht*", auf die sich der Mann berufen konnte, um sich der Verwaltung des Vermögens und der Geschäfte seiner Frau auch ohne ausdrückliche Vollmacht anzunehmen, weil die Vermutung bestand, daß er „*wegen des engesten Bandes der Ehe das Wohl seines Weibes am besten besorgen werde*"[20]. In der Praxis dürften sich Ehemänner auch meist daran gehalten haben.

Im bäuerlichen Bereich wurde jedoch nach wie vor meist Gütergemeinschaft vereinbart, was soviel bedeutete wie, daß die Frau im allgemeinen mit ihrem ganzen Vermögen für eventuelle Schulden des Mannes haftete.

Auch im preußischen Landrecht (ALR) von 1794, das als „*Muster aufgeklärter Staatsplanung*“ gilt, und von dem ein Zeitgenosse meinte, es werde „*das preußische Land bald zu einem wahren Paradies der Weiber machen*“[21], wurde der Mann weiterhin als das „*Haupt der ehelichen Gesellschaft*“ bezeichnet. Die Ehefrau hatte seinen Wohnsitz, Stand und Namen zu teilen und durfte ohne seine Genehmigung keine außerhäuslichen Tätigkeiten ausführen. Der Ehemann war ihr gesetzlicher Vormund, sie durfte ohne ihn keinen Prozeß führen und keine Rechtsgeschäfte abschließen, wodurch ihr irgendwelche Verpflichtungen erwuchsen. Der Gatte war außerdem befugt, ihre Briefe zu öffnen und sie zu züchtigen, wobei ihr kein Recht eingeräumt wurde, sich dagegen zu wehren. Als Gegenleistung für ihr Haushaltsführung und den Verzicht auf eine selbständige Persönlichkeit hatte die Ehefrau Anspruch auf einen standesgemäßen Unterhalt. Obwohl zur Unselbständigkeit erzogen und rechtlich dazu verpflichtet, mußte sie allerdings im Falle einer Krankheit oder Erwerbsunfähigkeit des Mannes selbständige Fähigkeiten entwickeln und ihn erhalten und ernähren[22]. So wie das josephinische Gesetzbuch vermerkt auch das preußische Landrecht, das erst 1900 vom Bürgerlichen Gesetzbuch (BGB) abgelöst wurde, Ansätze zur Sicherung der Frau und ihres Vermögens, doch hatte auch hier die Ehefrau bei wissentlicher oder fahrlässiger Veruntreuung durch den Ehemann in der Praxis wenig Chance, ihren Anteil wiederzugewinnen. Ebenso wurden im Verlauf des 19. Jahrhunderts einige frauenfreundliche Ansätze wie Eigentumsrecht der Frau und ein relativ großzügiges Unehelichenrecht wieder eingeschränkt[23].

Im Vergleich zum französischen Code civil von 1804, der auch in weiten Teilen Deutschlands galt, ist das ALR allerdings tatsächlich als frauenfreundlich zu bezeichnen. Die einschränkenden Bestimmungen gegenüber Frauen, die hier dem Mann ausdrücklich „*Gehorsam*“ schulden, führen die Rechtshistorikerin Marianne Weber in ihrer rechtsvergleichenden Übersicht 1907 zu der Bemerkung, daß das französische Gesetzbuch in bezug auf die Rechte der Frau „*im wesentlichen eine Systematisierung der Rechtsgewohnheiten des französischen Mittelalters*“ darstellt und „*von allen (zu ihrer Zeit) geltenden Gesetzen die Züge des mittelalterlichen Patriarchalismus am reinsten und längsten bewahrt hat*“[24]. Auch das sächsische Recht, das sich vornehmlich auf den mittelalterlichen Sachsenspiegel bezog, bewahrte ein von aufklärerischen Tendenzen weitgehend unbeeinflußtes Eherecht. Noch in dem 1863 in das bürgerliche Gesetzbuch Sachsens aufgenommenen Paragraph 1634 heißt es:

„*Der Ehemann ist berechtigt, von seiner Ehefrau Gehorsam, ingleichen Dienstleistung zur Förderung seines Hauswesens und seines Gewerbes zu verlangen.*“[25]

Das 19. und 20. Jahrhundert

Die Situation der unterprivilegierten Ehefrau setzt sich im 19. ebenso wie im 20. Jahrhundert weiter fort. Auch als um die Mitte des vergangenen Jahrhunderts die erste Frauenbewegung entstand, Frauen des Mittelstandes und teilweise auch des gehobenen Bürgertums erwerbstätig wurden und allmählich ihr eigenes Geld verdienten, blieb die Ehe als Hort patriarchaler Besitz- und Herrschaftsverhältnisse bestehen. Ehegesetze verhinderten oder erschwerten immer noch die Mündigkeit der Frau, ihre Rechtsautonomie, ihre ökonomische Selbständigkeit. Die Alternativen zum Ehestand waren nach wie vor dürftig. Die Bemühungen der Frauenbewegung, vor allem für ledige Frauen Berufsmöglichkeiten zu schaffen, trugen nur langsam Früchte. Bedrohte doch jede Verselbständigung der Frau das Ehe- und Familienleben, und gerade hier fühlte sich der Männerstaat am empfindlichsten getroffen. Weil das freudlose und unnütze Dasein der unversorgten *„alten Jungfer"*, die bei mildtätigen Verwandten das Gnadenbrot bekam, bereits jedem jungen Mädchen als Horrorvision vor Augen stand, galt die Ehe mit allen ihren Nachteilen daher immer noch als die für jede Frau akzeptabelste Lebensform.

Trotzdem begannen die ersten Gehversuche der Frauen im 19. Jahrhundert das Männervolk zu beunruhigen, und der Zerfall der Ehe wurde – wieder einmal – in düstersten Bildern beschworen. Schuld an diesbezüglichen Verfallserscheinungen trug selbstverständlich die Frau, denn da die Institution der Ehe auf ihrer Unfreiheit und Unterordnung beruhte und vielfach noch beruht, kam – und kommt sie nach wie vor – durch die Verselbständigung der Frau ins Wackeln. Natürlich verfiel damals noch weniger als heute irgendjemand auf den Gedanken, auch den Mann zur Verantwortung zu ziehen, ihn dazu anzuhalten, durch Teilung der – unbezahlten – Haushaltsgeschäfte auch der Frau die Möglichkeit zur ökonomischen Unabhängigkeit zu bieten. Vielmehr wurden Haushalt und Mutterschaft nach wie vor als *„natürliche Bestimmung des Weibes"* definiert, der sich alle Frauen unterschiedslos unterzuordnen hatten, gleichgültig, ob nicht möglicherweise andere Begabungen und Interessen sich entwickeln und zum Durchbruch gelangen wollten. Das Recht auf Ausformung einer individuellen Persönlichkeit, so befand man, gebühre nur dem Mann.

Dafür war er ja dann auch verpflichtet, für den standesgemäßen Unterhalt seiner Ehefrau zu sorgen (per Gesetz, realiter war nicht einmal das die Regel), was in seinen Augen die Frau für den Verlust eigener Entwicklungsmöglichkeiten voll entschädigte. Ein Denken, das sehr häufig heute noch in Männerhirnen anzutreffen ist – selbst nach einer jahrhundertelangen Geschichte, in der Naturrecht, Aufklärung und zahlreiche Revolutionen die Freiheit des selbständigen, autonomen Individuums gefordert hatten. Doch diese Strömungen, die den europäischen Menschen geprägt haben, betrafen immer nur den Mann, Frauen waren davon ausgeschlossen. Der einfachste und bequemste Weg, sie weiter auszuschließen, war ihre Fixierung auf das patriarchale Familienmodell, auf ihre Mutterschaft und die Alleinverantwortlichkeit für die Erziehung der Kinder.

Daß Frauen sich immer noch häufig mit dieser Rolle identifizieren, daß sie selbst ihre eigene Unfreiheit und damit verbundene Versorgung dem aufreibenden und anstrengenden Existenzkampf vorziehen, ist keinesfalls verwunderlich und psychologisch erklärbar. Erziehung, Vorbild, die Erwartungshaltung der Gesellschaft und drohender Liebesentzug führen sie zwangsläufig dahin, auch Sklaven haben sich mit ihrer Unterdrückung arrangiert, auch kolonialisierte Völker hatten – und haben – größte Schwierigkeiten, mit der Freiheit umzugehen. Ein unterdrücktes Geschlecht kann sich ebenso wie ein unterdrücktes Volk der Freiheit mit all ihren immanenten Möglichkeiten nicht gewachsen fühlen, was allerdings nichts gegen den objektiven Wert von Freiheit aussagt. Das häufig vorgebrachte Argument, Frauen seien mit ihrer Situation ja ohnedies recht zufrieden, ist daher in keiner Weise stichhaltig. Es übersieht die Tatsache, daß Frauen in einer jahrtausendelangen Geschichte deformiert und verkrüppelt wurden ebenso wie gesellschaftliche Verhältnisse, die nach wie vor auf die Bedürfnisse des Mannes ausgerichtet sind und es Frauen immer noch ungemein erschweren bzw. oft auch unmöglich machen, in den Genuß von Privilegien und Freiheiten zu gelangen, wie sie für Männer selbstverständlich sind.

Der Gehorsamsparagraph

Das ABGB, das Allgemeine bürgerliche Gesetzbuch für Österreich, hat auch noch 1811 das ehemännliche Verfügungsrecht festgeschrieben und damit eine Autonomie der Ehefrau verhindert. „*Der Mann ist das Haupt der Familie*" heißt es da, und „*In dieser Eigenschaft steht ihm vorzüglich das Recht zu, das Hauswesen zu leiten...*"

Die Frau stand jetzt zwar nicht mehr unter der Gewalt des Mannes, sie war persönlich frei, hatte sich jedoch selbst in familiären Angelegenheiten den Entscheidungen ihres Gatten unterzuordnen.

Dieses starre Festhalten am männlichen Führungsanspruch innerhalb der Familie ist insoferne erstaunlich, als im Laufe des 19. Jahrhunderts die Berufstätigkeit verheirateter Frauen stieg. Bei der Volkszählung 1890 gaben in der damaligen österreich-ungarischen Monarchie 61 Prozent der verheirateten Frauen an, einem Erwerb nachzugehen[1] (Ein Prozentsatz, der sich vor allem durch den hohen Anteil der in der Landwirtschaft beschäftigten Personen ergab). Obwohl also die Mehrheit der verheirateten Frauen im 19. Jahrhundert einen Beruf ausübte, besaß der Ehemann trotzdem nach wie vor das Recht, ihr diesen zu verbieten, sollte dadurch Hausarbeit oder Kindererziehung in irgendeiner Form beeinträchtigt werden – ein dehnbarer und leicht manipulierbarer Begriff, wie sich vorstellen läßt. Auch war die Ehefrau verpflichtet, dem Mann in seinen Wohnsitz zu folgen, was in der Praxis oft mit der Aufgabe ihres Berufes verbunden war. Sie mußte weiter den Familiennamen des Mannes annehmen und war nicht berechtigt, ihren Mädchennamen mit dem Namen ihres Mannes zu einem Doppelnamen zu verbinden. Außerdem hatte sie ihrem Ehemann in seinem Betrieb zu helfen, wofür sie kein Entgelt bekam. Auch einen Anteil an dem in der Ehe angesammelten Vermögen besaß sie nicht. Bei grundsätzlicher Gütertrennung galt die Vermutung, daß im Zweifelsfall der Erwerb vom Ehemann stammt, womit der Frau die Beweislast auferlegt wurde, die in der Praxis meist schwer zu erbringen war. Der Mann besaß außerdem die vermutete Verwaltung des Frauenvermögens und durfte sich die Nutzung behalten[2].

Die Ehefrau stützte also weiter als billige Arbeitskraft, die das Vermögen des Mannes mehrte, auch im 19. Jahrhundert das Patriarchat, und sie unterstützt es mit ihrer unbezahlten Hausarbeit bis heute.

Im Vormundschaftsrecht wurde dem weiblichen Geschlecht weiterhin Unfähigkeit zur Vormundschaftsführung bescheinigt. So wie bereits im Josephinischen Gesetzbuch gebührte die Vormundschaft jenem Mann, den der Vater dazu bestimmt hatte, war dieser unfähig oder nicht ernannt, mußte sie dem väterlichen Großvater anvertraut werden, erst dann der Mutter, der väterlichen Großmutter und zuletzt den männlichen Verwandten[3]. Mit der Novellierung des ABGB im Jahre 1914 wurde die Zurücksetzung der Frau im Vormundschaftsrecht gemildert. Reformierungsvorschläge, die das Recht zur Anordnung einer Vormundschaft Vater und Mutter in gleicher Weise einräumen wollten, wurden erst 1967 verwirklicht[4]. Aufschlußreich ist auch jener Paragraph, in dem „*Frauenspersonen*" zusammen mit „*Mitgliedern eines geistlichen Ordens, Jünglingen unter achtzehn Jahren…Sinnlosen, Blinden, Tauben oder Stummen, dann denjenigen, welche die Sprache des Erblassers nicht verstehen*" die Fähigkeit abgesprochen wird, Testamentszeugen zu sein[5]. Daß Frauen in einem Atemzug zusammen mit Debilen genannt wurden, erübrigt einen weiteren Kommentar bezüglich der Einstellung der Rechtsgelehrten hinsichtlich des weiblichen Verstandes.

Das bürgerliche Gesetzbuch (BGB), das im Jahre 1900 in Kraft trat, und eine Vereinheitlichung des in viele Rechtsgebiete zersplitterten Privatrechts in Deutschland darstellt, bot hinsichtlich des Ehe- und Familienrechts ebenfalls kaum Neues. Im Verlauf der 23jährigen Vorarbeiten, an denen keine einzige Frau beteiligt war, stellte zwar die Sozialdemokratische Partei den Antrag, an die Spitze des Eherechts den längst fälligen Satz zu setzen: *„In allen das gemeinschaftliche eheliche Leben betreffenden Angelegenheiten sind beide Ehegatten gleichberechtigt.“* Auch protestierten radikale Frauenvereine scharf im viel verspotteten, aber auch beachteten *„Frauenlandsturm“* gegen die Bestimmungen des BGB. Trotzdem stand hier in schöner alter Tradition neuerlich zu lesen: *„Dem Manne steht die Entscheidung in allen das gemeinschaftliche eheliche Leben betreffenden Angelegenheiten zu“*, eine, wie Marianne Weber es formulierte, nur *„geschmackvollere und mildere Formulierung als die des alten Gehorsamsparagraphen“*[6]. Die Frau blieb also nach wie vor trotz ihrer grundsätzlichen Anerkennung als Rechtsperson laut Ehevertrag mit ihrer Arbeit, ihrem Eigentum, ihrem Körper und ihrer Sexualität (auch die *„eheliche Pflicht“* zum Geschlechtsverkehr war zwingend vorgeschrieben) ihrem Ehemann unterworfen, was von Frauen damals nicht mehr widerspruchslos hingenommen wurde:

„Ihr Frauen, alle, wenn ihr lebenslange Unmündigkeit als eine Schmach für Euer Geschlecht begreift, erhebt auch Eure Stimme für Menschenrecht und Würde deutscher Frauen“,

lautete ein leidenschaftlicher Aufruf einer Protestversammlung von Frauen anläßlich der Verabschiedung des BGB[7]. Die radikale Feministin und Juristin Anita Augspurg äußerte sich in einem offenen Brief unverblümt im Jahre 1905:

„Die legitime Ehe bedeutet für die Frau den gesetzlichen Verzicht auf ihre Rechtsexistenz, umschließt nicht allein die für eine selbständige Individualität unwürdige Aufgabe ihres Namens und ihres Selbstbestimmungsrechtes, sondern in den meisten Fällen völlige pekuniäre Abhängigkeit und in allen Fällen gänzliche Rechtlosigkeit an ihren Kindern.“[8]

Trotzdem blieb ein Gesetzesparagraph, der dem Ehemann in allen strittigen Fragen des Ehe- und Familienlebens das letzte Entscheidungsrecht einräumte, in der BRD bis 1959, in Österreich jedoch bis in die siebziger Jahre bestehen. Er schuf die widersprüchliche Situation, daß im Grunde emanzipierte Frauen, die zu dieser Zeit, wenn auch vereinzelt, bereits Spitzenpositionen erobert hatten, in ihrer Ehe in einem rechtlich verankerten Gehorsamsverhältnis zu ihrem Mann gehalten wurden, worauf etwa eine Abgeordnete der FDP in den fünfziger Jahren während einer Debatte im deutschen Bundestag hinwies:

„Meine Herren, ist es nicht wirklich grotesk, wenn man sich überlegt, daß eine Frau hier im Bundestag durch ihre Stimme über das Geschick einer ganzen Nation

entscheiden kann, während sie zu Hause, wenn sie vielleicht mit ihrem Manne gerade nicht so gut steht, sich dem Votum des Mannes fügen muß? Unter Umständen könnte der Mann dann auch sagen: Du darfst nicht in den Bundestag gehen."

Das Protokoll verzeichnet daraufhin einen männlichen Zwischenruf: „*Das wäre schrecklich! – Es wäre schade, wenn Sie nicht hier wären!*" Des weiteren vermerken die Aufzeichnungen: „*Heiterkeit*"[9]. Frauen mußten es sich auch in den fünfziger Jahren noch gefallen lassen, selbst in der hohen Politik derart der Lächerlichkeit preisgegeben zu werden.

Immerhin wurden im Laufe des 20. Jahrhunderts in Deutschland ebenso wie in Österreich und anderen europäischen Ländern etliche Novellierungen der jeweiligen bestehenden Gesetze angestrebt. Vor allem nach dem Ersten Weltkrieg, als Männer verblüfft feststellen mußten, daß Frauen durchaus fähig waren, sogenannte Männerarbeit zu übernehmen, erscholl ein verstärkter Ruf nach Gleichberechtigung. Nicht nur durften Frauen jetzt als vollwertige Staatsbürgerinnen bei Wahlen ihr Stimmrecht abgeben, auch darüber hinaus wurde in schwungvollen Wendungen absolute Gleichheit versprochen. Vor allem kommunistische Staaten, voran das neue sowjetische Rußland, hatten den Gleichberechtigungsanspruch in ihr Rechtsprogramm aufgenommen. Auch die Weimarer Verfassung des neugestalteten Deutschen Reiches verkündete: „*Alle Deutschen sind gleich. Männer und Frauen haben grundsätzlich dieselben staatsbürgerlichen Pflichten.*" Daneben wurde noch die Beseitigung der Ausnahmebestimmungen gegen weibliche Beamte zugesagt, und die Ehe als eine Institution bezeichnet, die „*auf der Gleichstellung der Geschlechter*" beruht[10].

Die Realität sah vorerst trotzdem anders aus. Im BGB war nach wie vor die Ungleichheit der Geschlechter festgeschrieben, und es bestand vorläufig auch keine Aussicht auf Änderung. Die Ausnahmebestimmungen gegen weibliche Beamte, die vor allem Lehrerinnen betrafen, wurden erst 1920 abgeschafft, wobei der diesbezügliche Erlaß weiterhin ständig unterlaufen wurde[11]. Er bezog sich auf das sogenannte Lehrerinnenzölibat, das aus dem Jahr 1892 stammte und für Lehrerinnen im Fall einer Verheiratung die Kündigung vorschrieb, da nach dem geltenden Landrecht der Ehemann seiner Frau jederzeit die Berufsausübung verbieten konnte und das spätere BGB ebenfalls ein Einspruchsrecht des Ehemannes vorsah, soferne die Frau ihre häuslichen Pflichten vernachlässigte. Um diesbezügliche Risken für die Schulbehörde auszuschließen, wurde per Gesetz ein ganzer – weiblicher – Berufsstand zur sexuellen Enthaltsamkeit verpflichtet, denn außereheliche Beziehungen waren für „*anständige*" Frauen ja damals noch kaum möglich. Ein Gebot, das auch sehr viele Frauen ganz in Ordnung fanden, da ihrer Ansicht nach Mutterschaft und Beruf nicht zu verbinden seien.

Partnerschaft – im Gesetz und in der Realität

Eine Novellierung des BGB setzte in der damaligen BRD dann in den fünfziger Jahren ein. So wurde 1953 das Verwaltungs- und Nutzungsrecht des Mannes am Vermögen der Frau reformiert[12], während eine Entscheidung des Bundesverfassungsgerichts aus dem Jahre 1959 sowohl die alte, patriarchale Formel der Entscheidungsbefugnis des Ehemannes[13] als auch die alleinige „*elterliche Gewalt*" des Vaters aufhob[14]. Das Familienänderungsgesetz von 1961 brachte dann für das uneheliche Kind rechtliche Verbesserungen, das zuvor als mit dem Vater nicht verwandt galt und daher von der Erbschaft ausgeschlossen war. Weitere Reformen, etwa im Namensrecht, brachte die Neuordnung des Eherechts von 1975.

In Österreich gingen die Uhren noch langsamer. Hier wurde nach den bereits erwähnten Reformen im Vormundschaftsrecht und einer Verfügung aus dem Jahr 1914, die die Frau als Testamentszeugin anerkannte, der Mann als das Haupt der Familie erst in den siebziger Jahren abgesetzt. Zwar hatte die Sozialdemokratische Partei in den Jahren 1925 und 1927 Gesetzesanträge zur Gleichstellung der Frau ausgearbeitet, die jedoch im Nationalrat unbehandelt blieben. Auch die nach dem Zweiten Weltkrieg vom Bundesministerium für Justiz 1951 ausgearbeiteten „*Richtlinien für eine gesetzliche Neuordnung des Familienrechts*" wurden von der SPÖ gutgeheißen, von der ÖVP, der katholischen und evangelischen Kirche sowie konservativen Frauenorganisationen jedoch heftig bekämpft. Eine Neuordnung des Scheidungsrechts fand während des Nationalsozialismus statt. So wurde nach 1938 auch in Österreich das einheitliche Recht für das gesamte Deutsche Reich in Kraft gesetzt, demzufolge auch Katholiken die Möglichkeit zur Auflösung der Ehe und zur Wiederverheiratung erhielten. Gleichzeitig hatte die schuldlos geschiedene Ehefrau nur noch insoferne einen Anspruch auf einen Unterhalt, als die „*Einkünfte aus dem Vermögen der Frau und die Erträgnis einer Erwerbstätigkeit, die von ihr den Umständen nach erwartet werden kann, nicht ausreichen*"[15].

Als ein autonomes Individuum wurde die Frau in Österreich erst unter der Regierung Kreisky im Familienrecht verankert. Endlich wurde die Gleichstellung von Mann und Frau auch per Gesetz verkündet und die „*partnerschaftliche Ehe*" geboren. Sie sollte ab nun gemeinschaftlich gestaltet werden, sowohl bei der Haushaltsführung als auch in der Unterhaltsleistung, die Pflicht zur Mitarbeit im Erwerb des anderen Gatten wurde geschlechtsunspezifisch formuliert und im Falle einer Scheidung beiden Ehegatten ein Anteil an den während der Ehe erworbenen Werten zugesichert. Die Verlegung des gemeinsamen Wohnsitzes kann ab nun unter bestimmten Bedingungen von beiden Ehepartnern verlangt werden. Auch in bezug auf die Kinder erhielt die Frau erstmals die volle Rechtsfähigkeit, die väter-

Florentina Pakosta. *Ehepaar*. Feder, Tinte, 1976.
Künstlerinnen der Gegenwart karikieren das Zwangsjoch
der traditionellen Ehe.

liche wurde durch die elterliche Gewalt ersetzt, und die Mutter besitzt ebenso wie der Vater das Recht zur Vertretung des minderjährigen Kindes sowie zur Verwaltung seines Vermögens[16].

Vergegenwärtigt frau sich die kurze Zeitspanne, die zwischen der Gewährung ihrer individuellen Freiheit auch im Ehestand und dem Heute liegt, wird sie sich vielleicht nicht mehr so sehr wundern, daß Männer sich häufig immer noch aufführen, als gehöre ihre Frau zu ihrem Eigentum. Daß Männer über die Berufsausübung ihrer Ehefrauen bestimmten können, gehört ebenso in diese anachronistische Denkweise, wie daß die Gattin jederzeit sexuell verfügbar sei. Auch Gewalt gegen die Ehefrau leitet sich aus einem jahrhundertealten Züchtigungsrecht ab, das dem Mann nicht nur das Recht gab, seine Frau zu schlagen, sondern ihn sogar dazu ermunterte.

Denn die Wurzeln des neuzeitlichen Eherechts, wie es bis hinein in die zweite Hälfte unseres Jahrhunderts bestand, sind in dem männlichen Gewalt- und Herrschaftsverhältnis der römischen patria potestas und der germanischen munt zu suchen. Erst daraus läßt sich der besondere Status der Unfreiheit der Ehefrau, wie er auch in den folgenden Jahrhunderten bestand, in einer logischen Entwicklung erklären und begründen. Und diese Unfreiheit ist keinesfalls zu Ende. Daß die rechtliche Gleichstellung endlich hergestellt wurde, ist zweifellos ein nicht hoch genug einzuschätzender Fortschritt, und daß Frauen für Frauen (kaum je Männer für Frauen) diese Gesetze erkämpft haben, sollte nicht vergessen werden. Aber damit ist noch lange keine wirkliche Gleichberechtigung der Frau erreicht. Denn neben der rechtlichen Ungleichheit bestand immer auch eine wirtschaftliche Ungleichheit, und die besteht in der modernen kapitalistischen Gesellschaft mehr denn je. Wer das Geld hat, hat das Sagen. Und Geld hat nach wie vor der Mann. Die beiden umfangreichen Untersuchungen der UNO, die in dem *„Bericht über die Lage der Frau 1985"* zusammengefaßt wurden, haben immer noch Gültigkeit. Danach leisten Frauen zwei Drittel der auf der Welt erbrachten Arbeitsstunden, erhalten aber nur ein Zehntel des Welteinkommens und verfügen über 1 Prozent des auf der Welt vorhandenen Besitzes. Sie verrichten in vielen Teilen der Welt die gesamte Arbeit im Haushalt, im Garten, auf dem Feld, in der Kinderbetreuung zusätzlich zur Arbeit außer Haus. Sie stellen etwas mehr als ein Drittel des offiziellen Arbeitsmarktes, ihre Arbeitsplätze sind aber meist die schlechtest bezahlten, unsichersten und härtesten. Außerdem verdienen Frauen immer noch durchschnittlich weniger als drei Viertel der Löhne der Männer für die gleiche Arbeit, und sind nach wie vor kaum in politischen Schlüsselpositionen vertreten[17].

Die Macht, der Frauen im Kapitalismus unterworfen werden, ist das Geld. Männer kaufen Frauen heute mehr denn je. Zwar zahlen sie keinen Brautpreis mehr, dafür aber sind sie nach wie vor die Meistbieter, denn sie besitzen und verwalten das große Kapital. Sie kaufen Frauen für einen Abend, für eine Nacht, für ein länger dauerndes Liebesverhältnis, auch für die Ehe. Und sie kaufen nicht nur ihren Sex, sondern auch ihre Seele und ihren Geist. Sie kaufen die tausendfachen Unterstützungen und Hilfestellungen, die Frauen Männern angedeihen lassen, sie erkaufen die Übernahme männlicher Wertvorstellungen, was jeder Frau, die sich in gehobene Positionen hinaufgearbeitet hat, bewußt sein wird, falls es ihr inzwischen nicht gelungen ist, derartiges erfolgreich zu verdrängen.

Die gekaufte Frau, Ergebnis dieser gesellschaftlichen Verhältnisse und daher zwangsläufig mit unterschiedlicher Ausprägung in fast jeder Frau zu finden, verbringt einen guten Teil ihrer Zeit damit, ihren Marktwert zu steigern, indem sie sich äußerlich ebenso wie innerlich auf den Herrn der Schöpfung einstellt. Unterstützt und beraten wird sie dabei von zahlreichen Institutionen, Film, Fernsehen und Printmedien. In der Verleugnung ihrer Individualität gewinnt sie Warencharakter, sie wird geschätzt nicht nach ihrer Persönlichkeit, sondern nach ihrer Verfügbarkeit und ist somit austauschbar. Will die eine nicht, gibt es ein Dutzend andere. Daß für Geld jede Frau zu haben ist, gehört nicht nur zum unerschütterlichen Glaubenssatz der meisten Männer, dem ist darüber hinaus ein gewisser Wahrheitsgehalt nicht abzusprechen. Der Mann mit Geld hat auf jeden Fall mehr Möglichkeiten zu wählen. Die Frau ohne Geld muß nur allzuoft zufrieden sein, wenn sie gewählt wird. Es gibt Männer, die sammeln auf diese Art und Weise Frauen wie Trophäen. Eine Auseinandersetzung mit dem Menschen erübrigt sich, die hat der Mann mit Geld nicht nötig, ist sie doch als entsprechende Gegenleistung von der Frau zu erbringen, die ihre Gefühlsqualitäten dafür in ihn, den Mann zu investieren hat. Sollte der Fall eintreten, daß auch er in dieser Hinsicht investiert, so hat er immer noch den „*Mehrwert*“, wie Elfriede Jelinek es so schön ausdrückt. Hier liegen die Ursachen für jene „*Krankheit zum Tod*“ (Christa Wolf), der sich Frauen in der Liebe so häufig ausgeliefert sehen, für ihre permanente Opferrolle, die in der gesamten patriarchalen Kunst und Literatur verewigt wurde. Frauen geben stets sich selbst, doch geben sie auf Grund ihrer ökonomischen und gesellschaftlichen Unterprivilegiertheit nur sich selbst und müssen daher irgendwann einmal erfahren, daß das zu wenig ist. Eine Erkenntnis, die den Tod bedeuten kann – den psychischen Tod, manchmal aber auch den physischen. Die ökonomische Unabhängigkeit der Frau ist daher nicht nur Voraussetzung für ihre Freiheit, sondern auch für eine lebensfähige Liebe.

Um sich aus ihrer Zwangslage zu befreien, gibt es also nur eins: Auch frau muß an das Kapital. Sie muß sich den Zugang zu den Produktionsmitteln, zu den gesellschaftlichen Arbeitsprodukten sichern. Allerdings nicht im Sinne ökonomischer Gigantonomien, denn das würde eine Weiterschreibung patriarchaler Verhältnisse bedeuten, sondern im Sinn einer vernünftigeren und gerechteren Verteilung der Güter dieser Welt, die eine Selbstversorgung für jede/n gewährleisten, statt einer Anhäufung des Kapitals in den Händen weniger auf Kosten vieler. Ökonomische Macht bedeutet politische Macht. Frauen sind aufgrund ihrer Festschreibung auf Haushalt und Kindererziehung und der daraus sich ergebenden Doppelbelastung diesen Machtverhältnissen besonders unterworfen.

Feministinnen fordern daher schon lange, das Partnerschaftsmodell zwingend im Gesetz festzuschreiben, die wechselseitigen Verpflichtungen und damit auch eine gegenseitige Ablöse in der Hausarbeit und Kindererziehung zu legalisieren, was sich etwa bei einer Inanspruchnahme des Karenzjahres bei mehreren Kindern oder des Pflegeurlaubs im Falle eines erkrankten Kindes relativ leicht realisieren lassen würde. Doch verabschiedet sich hier der Gesetzgeber aus seiner Verantwortung mit dem Hinweis, Ehe und Familie seien Privatsache. Auch bei den Diskussionen um Arbeitszeitverkürzung kommen die Gewerkschaften nicht auf die Idee, die gewonnene Freizeit nicht nur für Vergnügen, sondern ausdrücklich für mehr Familienarbeit der Männer zu fordern.

Das im Gesetz verankerte, in der Praxis jedoch keinesfalls verwirklichte Partnerschaftsmodell hat nämlich einen gravierenden Nachteil: Es wird vor allem von der Frau gewünscht. Männer haben hier keinen besonderen Bedarfsnotstand, sie können sich die Zweisamkeit nur allzuoft auch künftig als das Haupt der Familie vorstellen. Warum auch sollten sie freiwillig auf Privilegien verzichten, die ihnen die Gesellschaft nach wie vor bereitwillig einräumt? Weil Frauen in der Regel immer noch im Alleingang für unbezahlte Hausarbeit und Kindererziehung herangezogen werden bzw. sich dazu verpflichtet fühlen, und darüber hinaus am Arbeitsplatz durchschnittlich schlechter bezahlt sind, bleiben Männer selbst bei einer qualifizierteren Berufsausbildung der Frau in den meisten Fällen nach wie vor die Hauptverdiener. Als solche bestimmen sie dann in alter Gewohnheit nicht nur den gemeinsamen Wohnsitz (was häufig die Berufstätigkeit der Frau verhindert oder erschwert), sie fühlen sich auch keinesfalls verpflichtet, durch Inanspruchnahme des Karenzurlaubs ihre Karriere zu gefährden.

Während also Frauen in der Ehe auf eine eigene Persönlichkeitsentwicklung oft ganz oder teilweise verzichten müssen, können Männer sich hier nach wie vor einer umfangreichen Förderung und Unterstützung erfreuen. Sie bekommen mit der Ehefrau eine unbezahlte Haushälterin, eine Erzieherin für die eigenen Kinder, eine Erfüllerin der sexuellen Wünsche und meist auch noch ein unerschöpfliches Angebot an emotionaler Zuneigung, das sich ständig von neuem füllt, denn dazu wurden Frauen ja erzogen. Immer öfter ist die Frau auch noch Mitverdienerin, sie hilft den gemeinsamen Wohlstand zu mehren und zu sichern, ohne daraus ein allzugroßes Prestige für sich selbst zu ziehen. Nicht zuletzt jedoch erwirbt der Mann sich in vielen Fällen mit seiner Gattin eine Altersbetreuung, denn da sie durchschnittlich jünger ist als er, erfüllt sie auch noch diese Funktion, während sie selbst als Witwe mit keinem männlichen Beistand rechnen kann. Trotzdem beginnen sich gerade auf dem Gebiet Partnerschaft und Ehe gravierende Veränderungen abzuzeichnen, die vornehmlich von jungen, ökonomisch unabhängigeren und daher selbstsicheren Frauen ausgehen. Hier ist geradezu ein Bruch zwischen den Generationen festzustellen. Jungen Frauen – und zum Teil auch Männern – erscheint die Ehe keinesfalls mehr als eine so attraktive Lebensform wie vielfach noch ihren Eltern. Sie ziehen neben dem Single-Dasein häufig lose Paarbeziehungen vor, leben unverheiratet zusammen oder auch getrennt, was vor allem für Frauen den Vorteil besitzt, Forderungen nach Erledigungen eines gemeinsamen Haushaltes zu entkommen.

Auch ist Schwangerschaft für viele Frauen absolut kein Heiratsgrund mehr. In Österreich stieg der Anteil der Frauen, die bei der Geburt ihres ersten Kindes nicht verheiratet waren, in der Zeit von 1970–1990 von 25 auf 40 Prozent, wie eine Studie von 1993 festgestellt hat.[18]

Nach einer Untersuchung, die im Auftrag der österreichischen Wochenschrift „profil“ im Jahre 1991 vom Meinungsforschungsinstitut IFES in Zusammenarbeit mit dem Institut für Soziologie der Wiener Universität an 1700 ÖsterreicherInnen durchgeführt wurde, leben immerhin 33 Prozent der Frauen und Männer zwischen 16 und 29 Jahren in einer getrennten Paarbeziehung. Unter den 30- bis 50jährigen sind es 11 Prozent. Daß der Ausschluß von Alltags-Querelen dem Liebesleben insgesamt gut bekommt, wird ebenfalls aus dieser Untersuchung ersichtlich. So erleben 66 Prozent der Partner ohne gemeinsame Wohnung eine *„intensive und befriedigende Liebesbeziehung“*, jedoch nur 56 Prozent jener Paare, die einen gemeinsamen Haushalt besitzen. Auch können 78 Prozent der getrennt Lebenden offen mit dem Partner über ihre sexuellen Ängste und Probleme sprechen, bei den Zusammenlebenden nur 49 Prozent. Ebenso versuchen 70 Prozent der Paare in verschiedenen Wohnungen die sexuellen Wünsche des anderen zu erfüllen, worum sich in den konventionellen Beziehungen nur 55 Prozent bemühen[19]. Eine gewisse Distanz zum anderen wirkt sich also durchaus vorteilhaft aus. Noch etwas scheint wesentlich: daß sich nur ökonomisch unabhängige Frauen diese Art des Zusammenseins leisten können, weshalb es wohl auch aus diesem Grund hier zu echter Partnerschaft kommt. Die Möglichkeit, eine Beziehung jederzeit und ohne wirtschaftliche Verluste für die Frau oder etwaige Schuldgefühle für den Mann abbrechen zu können, wirkt sicherlich dem Gewöhnungseffekt entgegen und hält die Liebe jung. Ein Besitzanspruch des einen Partners auf den anderen wird damit unmöglich gemacht.

Aber auch in konventionellen Ehen sind Veränderungen festzustellen, die mit der größeren ökonomischen Freiheit der Frau zusammenhängen. Frauen, die ihr eigenes Einkommen haben, sind meist selbstbewußter, sie können sich dem Ehepartner gegenüber besser durchsetzen, und es fällt ihnen auch leichter, eigene Wünsche zu artikulieren. Sie können Männern eher klar machen, daß Beziehungsarbeit für beide Partner bindend ist, und nicht als geschlechtsspezifische Rollenerwartung vornehmlich an die Frau gerichtet wird, während sich der gestreßte Mann durch seine Versorgerrolle weitgehend ausgelastet fühlt. Daß Männer sich durch solche und ähnliche Erwartungshaltungen selbständiger und selbstsicherer Frauen zunehmend verunsichert fühlen, löste eine weitere Entwicklung aus, die getrennt zu behandeln wäre. Schließlich hat der Mann in einer vieltausendjährigen Geschichte es nicht gelernt, mit Gefühlen umzugehen. Noch weniger jedoch hat er gelernt, eine Partnerin tatsächlich als eine solche zu begreifen mit jedem Anspruch, der damit verbunden ist.

Trotzdem zeigt sich auch hier ein Silberstreif am Horizont. Wie eine vom österreichischen Familienministerium und der Katholischen Männerbewegung im Herbst 1993 durchgeführte Untersuchung ergab, bekennen sich immerhin 13 Prozent der Männer zum neuen „Mann“: Sie akzeptieren die Gleichwertigkeit der Frau im Beruf, engagieren sich stärker in der Familie und bekennen sich zu ihren Gefühlen.

Weitgehend ungelöst erscheint in unseren Breiten immer noch die Frage der Kinderversorgung, die solange ein Problem bleiben wird, solange Männer sich nicht zu einer echten Partnerschaft bekennen und/oder staatliche Institutionen nicht die entsprechenden Maßnahmen ergreifen. Als gelungenes Beispiel bietet sich hier Schweden an, wo eine optimale staatliche Kinderbetreuung, großzügige Kindergelder und ein hohes Karenzgeld (auch für den Mann) eine Situation geschaffen haben, in der selbst bei Nachwuchs das Partnerschaftsmodell weitgehend verwirklicht werden konnte. Noch eine weitere, interessante Entwicklung war anhand des schwedischen Modells zu beobachten: es führte nicht nur zu einer steigenden Berufstätigkeit der Frau, sondern auch zu steigenden Geburten. Das beweist, daß der beklagte Geburtenrückgang in anderen europäischen Ländern mit dem damit für viele Frauen zusammenhängenden Verzicht auf Beruf und Selbständigkeit zu tun hat und sich Frauen sehr wohl Kinder wünschen, wenn diese mit dem Recht auf eine eigene Persönlichkeitsentwicklung verbunden werden können.

Die Verhältnisse in Schweden zeigen auch, wie sehr ökonomische Faktoren eine echte Paarbeziehung beeinflussen, und wie weit wir hierzulande noch davon entfernt sind. Zwar entdecken auch in den übrigen europäischen Ländern Männer allmählich, daß der Umgang mit Kindern durchaus bereichernd sein kann. Doch verhindert eine damit verbundene finanzielle Benachteiligung bzw. die ökonomische Abhängigkeit vom Partner doch in den meisten Fällen die notwendige Konsequenz. Auch sollte diese, als *„Männeremanzipation"* bejubelte Entwicklung, nicht darüber hinwegtäuschen, daß sie offenbar einem Bedürfnis des emotional verkümmernden Mannes entspricht und mit einer bewußten Übernahme unbezahlter häuslicher Pflichten wenig zu tun hat. Diese überläßt er nämlich nachweislich in den allermeisten Fällen immer noch seiner Frau.

Die Gründe dafür sind in einem jahrtausendealten geschlechtsspezifischen Rollenverständnis zu suchen, das so fest in uns eingebrannt ist, daß es sich nicht innerhalb weniger Jahrzehnte ausmerzen läßt. So ist es etwa erstaunlich festzustellen, wie viele, auch berufstätige, selbständige Frauen sich nach wie vor einseitig auf die Bedürfnisse des Mannes einstellen, während dieser umgekehrt dazu nicht die geringste Neigung zeigt, wie sie sich ständig für das seelische, geistige und körperliche Wohl des Ehegatten verantwortlich fühlen und mit hingebungsvoller Verständnisbereitschaft auf seine Probleme eingehen, während er das nötige Einfühlungsvermögen vermissen läßt. Frauen verbringen immer noch einen wesentlichen Teil ihrer Zeit damit, sich auf den Mann zu konzentrieren, damit er sich auf sein Geld konzentrieren kann, und sind dann frustriert, wenn die Beziehung nicht mehr klappt, weil die männliche Leistungsmaschine emotional, sexuell und in Beziehungsfragen generell verkümmert. Statt daß sie sich mit ihrem Verstand, ihrer schöpferischen und nicht zuletzt auch emotionalen Kraft verstärkt darum bemühen, weibliche Gegenwelten aufbauen, sind sie damit beschäftigt, das emotionale Defizit des Mannes aufzufüllen und sich über seine diesbezügliche dürftige Ausstattung zu grämen.

Denn das Patriarchat, so muß eindeutig festgestellt werden, wurde immer von beiden Geschlechtern getragen, dem Täter und dem Opfer, das sich mit seiner Opferrolle im Lauf der Jahrhunderte so weit identifizierte, daß sie zu jenem tragenden Fundament wurde, auf dem Männer ihre Strategien aufbauen konnten. Nichts wäre Männern ohne die Mithilfe von Frauen möglich gewesen, ohne ihre Funktion als Quelle ständiger Erneuerung. Und Männer wissen das sehr gut! Die Aushöhlung des Patriarchats mit seinen ständigen Kriegen, seiner Ausbeutungsmentalität, seinen Unterdrückungsstrategien, seiner Industriegigantonomie und seiner damit in einem ursächlichen Zusammenhang stehenden Naturzerstörung ist daher vornehmlich über die Weigerung von Frauen möglich, weiter als unbedanktes, ausgenütztes, verächtlich gemachtes und diffamiertes Reservoir zur Verfügung zu stehen, aus dem der Mann seine Kraft für seinen Machtanspruch schöpft. Daß Männer ihre philosophischen, politischen, wirtschaftlichen Systeme auf ausgebeuteten, unterdrückten Frauen errichtet haben, und die gekaufte Frau moderner Prägung den Fortbestand dieses Systems garantiert, sollte Frauen bewußt sein.

FRAU UND CHRISTENTUM

DAS SÜNDHAFTE GESCHLECHT

Auf eine besondere Art und Weise hat die Kirche den weiblichen Menschen in seinen speziellen Bedürfnissen entweder negiert oder aber verzerrt und verfälscht. Sie hat Frauen nicht nur die Möglichkeit genommen, zu einer weiblichen, oder doch zumindest androgynen Gottheit zu beten, sondern ihnen auch die aktive Beteiligung an den Gottesdiensten verweigert und sie damit an der Entwicklung eigener Symbole, eigener Inhalte, eigener Lehren gehindert. Sie tut es, nach einer gewissen Liberalisierungsphase in den siebziger und achtziger Jahren, unter einem konservativen Papst mit unvermindertem Eifer weiter. Frauen sollen erneut von dem schmalen Betätigungsfeld, das sie sich erobert haben, zurückgedrängt werden, sogar als Ministrantinnen sind sie nicht erwünscht. Die Männer der Patriarchenkirche möchten wieder ganz unter sich sein, selbst als Hilfskraft soll die Frau zunehmend ausgeschlossen werden. Womit sich die Kirche nicht nur neuerlich als reine Männerinstitution profiliert, sondern sich auch endgültig einer Chance beraubt, in der Gegenwart des 20. Jahrhunderts mit seinen vielen offenen Fragen und Problemen überhaupt ernst genommen zu werden. So wie in allen – patriarchalen – Weltreligionen ist das weibliche Element in der christlichen Kirche stark unterrepräsentiert, zum Teil gar nicht vorhanden. Denn Maria, die Magd Gottes, Dienerin des Herrn, ist nicht nur ohne eigene, göttliche Macht, sie ist darüber hinaus auch eine verstümmelte, pervertierte Frau, Produkt männlicher Auslegungen und Interpretationen. Und daran ändert auch ihre spätere Verherrlichung als Himmelskönigin wenig, ihre Apotheose zur siegreichen Herrscherin, mit der Männer ihr schlechtes Gewissen beruhigen und die Frau wenn schon nicht in der Realität, so doch in der Phantasie aufwerten wollten. Frauen sind daher gezwungen, sich mit männlichen Symbolen, einem männlichen Gott, einer männlichen Lehre zu identifizieren. Die gekaufte Frau christlicher Prägung ist die sich selbst entfremdete Frau, die geteilte Frau, auf die der Mann sein eigenes, dualistisches Denken projiziert, und die ihre Minderwertigkeit als gottgewollt verinnerlicht hat.

Das unreine Blut der Frau

Die Verfälschungen, Verkrampfungen und Vergewaltigungen, mit denen sich ein christlich-patriarchaler Mythos bemüht, das Weibliche herabzusetzen, sind beachtlich. Nicht nur der Geburtsvorgang, in matriarchalen Kulturen als freudiges Ereignis gefeiert, wird zur *„Strafe"* umfunktioniert, auch der gesamte, damit im Zusammenhang stehende weibliche biologische Zyklus wie Menstruation und Schwangerschaft wird verächtlich gemacht. Die Menstruierende ist ebenso unrein wie die Wöchnerin, die bis in die sechziger Jahre unseres Jahrhunderts *„ausgesegnet"* werden mußte, bevor sie nach der Geburt eines Kindes die Kirche betreten durfte. Wobei die Reinigungszeit für die Mutter bei der Geburt des – vollwertigen – Knaben 40 Tage, bei jener eines Mädchen jedoch 80 Tage betrug[1]. Das unreine Blut der Menstruierenden erwies sich als besonders hinderlich für das kirchliche Amt, und wurde von Kirchenvätern als Begründung herangezogen, den im frühen Christentum tätigen Diakonissinnen den Altardienst zu verweigern[2].

Mit noch größerem Abscheu als das Mentruationsblut wurde von den heiligen Männern jedoch das Wöchnerinnenblut betrachtet. Die Frau, die ein Kind geboren, also, soferne sie das Jungfräulichkeitsideal nicht verwirklichte, ihren eigentlichen Zweck erfüllt hatte, galt der Kirche nichtsdestoweniger als derart verachtenswert, daß die Synode von Trier im Jahr 1227 von einer notwendigen *„Wiederversöhnung mit der Kirche"* sprach. Starb sie ohne diese *„Aussegnung"*, wurde ihr häufig die Beerdigung auf dem Friedhof verweigert[3].

Auch jener Schöpfungsbericht, nach dem Eva aus der Rippe Adams entsteht, der von Theologen und Schriftstellern über Jahrhunderte hinweg als Beweis für die Unterlegenheit der Frau angeführt wurde, stellt eine lächerliche Verdrehung eigentlicher biologischer Tatsachen dar. Daß der Mann die Frau gebiert – statt umgekehrt die Frau den Mann –, hat ja auch schon der antike Mythos verkündet. Als Kampfansage an die damals noch sehr lebendigen alten Mutterreligionen mußte plötzlich Athene dem Haupt des Göttervater Zeus entspringen, während er Dionysos aus seinem Oberschenkel gebar. Weil die bereits von Aristoteles vertretene Ansicht, daß der männliche Same das allein aktive Zeugungsprinzip ist, auch von der christlichen Scholastik übernommen und weiterentwickelt wurde, geriet damit der Mann in logischer Folge zum eigentlichen Schöpfer allen Lebens, während die gebärende Frau mit einem Acker verglichen wurde, der lediglich austrägt, was der Mann sät.

Dem Bösen näher als der Mann

Im Selbstverständnis der Kirche war die Frau darüber hinaus dem Bösen, dem Teufel, der Sünde immer näher als der Mann, ja sie wurde als Verursacherin und Trägerin der Erbschuld zur Sünde schlechthin. *„Du bist es"* eifert der Kirchenvater Tertullian (um 160–222)

Der Sündenfall. Fresko von Raffael in der „Stanza della Segnatura" im Vatikan. Eva, die Urmutter, wird im christlichen Mythos als vom Teufel leichter verführbar und daher dem Bösen näher als der Mann dargestellt. Der Sündenfall, d. h. der Verlust der paradiesischen Unschuld, wird vor allem ihr angelastet.

„die dem Teufel Eingang verschafft hat, du hast das Siegel jenes Baumes gebrochen, du bist es auch, die denjenigen betört hat, dem der Teufel nicht zu nahen vermochte! So leicht hast du den Mann, das Ebenbild Gottes, zu Boden geworfen. Wegen deiner Schuld, d. h. um des Todes willen, mußte auch der Sohn Gottes sterben.“[4]

Auch Origines (um 185–253/54) verbindet die Frau mit dem Sündenfall. Sie wird als diejenige bezeichnet, die vor Adam sündigte, vor ihr jedoch war es die Schlange als die Verkörperung des Teufels.

„...Dann zuerst begann die Sünde beim Weib, vor jenem bei der Schlange, also beim Teufel, von dem es im Evangelium heißt, weil sie von Anfang an ein Mörder des Menschen war“.

Doch war die Frau bei ihm zu wesenlos, um als Trägerin der Erbsünde in Betracht zu kommen. Denn da die ‚Naturordnung‘ nach Origines so beschaffen war, daß alles Leben aus dem Mann abgeleitet wurde, konnte in logischer Konsequenz auch nur er für die Nachkommenschaft verantwortlich gemacht werden:

„Nicht vom Weib her wird die Nachkommenschaft benannt, sondern vom Mann, wie der Apostel sagte: ‚Denn nicht ist der Mann aus der Frau entstanden, sondern das Weib aus dem Mann‘ ... und darum wird die sterbliche Nachkommenschaft und die leibliche Folge lieber dem Mann als Urheber angelastet und nicht der Frau.“[5]

Zur Strafe für ihre leichte Verführbarkeit und den daraus resultierenden Verlust der paradiesischen Unschuld mußte sich die Frau künftig dem Mann unterordnen und möglichst viele Kinder – und zwar in Schmerzen – gebären:

„Ich will dir viele Schmerzen schaffen, wenn du schwanger wirst, du sollst mit Schmerzen Kinder gebären“,

sagt der Herr zu ihr, und:

„Dein Verlangen soll nach deinem Manne sein, und er soll dein Herr sein“ (1 Mose 3.16).

Sexualaskese und die Frau als Verführerin

Daß die Frau im Christentum zur Personifikation des Bösen und der Sünde stilisiert wurde, hat aber auch noch andere Ursachen. Sie liegen vornehmlich in einer asketischen, leib- und sexualfeindlichen Haltung, die in der Frau immer die Versucherin, die Verführerin gesehen hat, reines Fleisch, das den Mann von seinem rechten Weg der Vergeistigung und Liebe zu Gott abbringen will.

Diese Einstellung ist umso bemerkenswerter, als in der ursprünglichen Lehre Jesu weder ein Hinweis auf Sexual- noch auf Frauenfeindlichkeit zu finden ist. Jesus hat Sexualität nie als gottwidrig bezeichnet, er vertrat keine christliche Askese und hat sich nie für das Zölibat ausgesprochen[6]. Obwohl er in einer streng patriarchalen Umwelt aufwuchs, sind von ihm auch keine frauendiskriminierenden Äußerungen überliefert, seine frauenfreundliche Haltung war ganz im Gegenteil derart unüblich, daß sie sogar seinen Jüngern auffiel: *„Darüber kamen seine Jünger und verwunderten sich, daß er mit einer Frau sprach"*, heißt es in der Geschichte von der Samariterin. Denn der orthodoxe Jude durfte eine Frau weder ansehen noch mit ihr sprechen.

Auch wird viel zu wenig beachtet, daß die Jüngergruppe nicht nur aus den Zwölf bestand, sondern auch aus Frauen. Es waren Frauen, die Jesus an den wichtigsten Stationen seines Lebens begleiteten, die die Bewegung weiterführten, als er gefangengenommen wurde, die bei der Kreuzigung anwesend waren, der Grablegung beiwohnten, das leere Grab entdeckten, und den Auftrag erhielten, die Auferstehung zu verkünden. Die Entwicklung, die die Kirche in den folgenden Jahrhunderten nahm, steht also in einem offensichtlichen Gegensatz zu der ursprünglichen Botschaft Christi, die keinerlei geschlechtsspezifische Wertung erkennen läßt und von gleichen moralischen Anforderungen an Mann und Frau ausgeht. Obwohl die Kirche inzwischen die krassen, frauenverachtenden Äußerungen zurückgenommen hat, bleibt die eigentliche Diskriminierung bestehen: Frauen sind nach wie vor nicht würdig, das Priesteramt auszuüben. Uta Ranke-Heinemann, die erste Frau der Welt, die einen Lehrstuhl für katholische Theologie innehatte, drückt es bündig aus:

„Nimmt man die Repressionen gegen die Frauen, ihre Zurückdrängung, Diffamierung und Verteufelung alles in allem, so bedeutet die ganze Kirchengeschichte eine einzige lange Kette männlicher bornierter Willkürherrschaft über die Frau. Und diese Willkürherrschaft besteht auch heute noch ungebrochen fort. Die Unterordnung der Frau unter den Mann ist ein Postulat der Theologen während der ganzen Kirchengeschichte geblieben, und auch in der Männerkirche von heute ist sie immer noch als gottgewollt dogmatisiert. Die Männerkirche hat niemals begriffen, daß die Wirklichkeit der Kirche sich auf die Menschlichkeit und Mitmenschlichkeit von Mann und Frau gemeinsam gründet…"[7]

Die christliche Askese hat jedoch nicht nur die Frauenverachtung verschärft und vertieft, sie hat darüber hinaus durch die Ausklammerung des Eros die gesamte abendländische Kultur auf unheilvolle Art und Weise geprägt. Agape, die Gott wohlgefällige, christliche Gottes- und Nächstenliebe steht in unversöhnlichem Gegensatz zu Sexus, der geschlechtlichen Liebe, die zum Werk des Teufels verkommt. Der Mensch in seiner unteilbaren Ganzheit wird damit gespalten, und diese Spaltung vollzieht sich vornehmlich an der sexualisierten oder entsexualisierten Frau: sie wird zur Hure oder zur Heiligen, auf jeden Fall aber ihrer Ganzheit entkleidet und damit geschwächt.

Die Geschichte der Kirche liest sich wie die Geschichte einer Sexualneurose, wobei Lust- und Leibfeindlichkeit keinesfalls eine Erfindung des Christentums waren, sondern vornehmlich von der Antike übernommen wurden. Die Vorstellung vom durchwegs erosfreundlichen Altertum stimmt also nicht so ganz, zumindest was die nachchristlichen Jahrhunderte betrifft. Allerdings hatte der Sexualpessimismus der Antike seine Wurzeln nicht in moralischen, sondern vielmehr in medizinischen Überlegungen. Sexuelle Aktivität galt zunehmend als Energieverlust, der Geschlechtsverkehr als schwächend für den Mann, nicht jedoch für die Frau, die ja keinen Samen verlor. Vor allem die Stoiker, Angehörige der größten Philosophenschule der Antike, zeichneten sich durch eine negative Einschätzung der Geschlechtslust aus. Sie trafen sich darin mit den Gnostikern, die in der diesseitigen Welt ein Werk des Dämons zu erkennen glaubten. Die Gnosis, eine Bewegung, die kurz vor der Zeitenwende aus dem Osten, wahrscheinlich aus Persien vordrang, predigte die Enthaltsamkeit von Ehe, Wein und Fleisch, um damit der Wertlosigkeit und Schlechtigkeit des Daseins zu entgehen. Weil einzig der Seele, dem eigentlichen Selbst des Menschen, Bedeutung zugesprochen wurde, mußte der Leib durch Kasteiung vernichtet werden.

Das Christentum, eingebettet in diese Bewegungen, hat viel davon übernommen. Obwohl sich die Apostel und frühen Kirchenväter gegen die von den Gnostikern vertretene Lehre wandten, und auch das Judentum keinesfalls sexualfeindlich gewesen ist, wurde die christliche Lehre doch gerade von gnostischem Sexualpessimismus und gnostischem Daseinsekel beeinflußt. Christliche Männer ebenso wie Frauen verschrieben sich der Selbstpeinigung und Kasteiung, um die Freuden des Daseins abzutöten. Sie zogen in die Wüsteneien Ägyptens – Ende des vierten nachchristlichen Jahrhunderts soll es hier angeblich 24.000 AsketInnen gegeben haben –, lebten in kleinsten Zellen, in Käfigen, in Gräbern oder hohlen Bäumen, hungerten und dürsteten, legten das Schweigegelübde ab und wuschen sich nie. *„Fliehe die Menschen, bleib in deiner Zelle sitzen und beweine deine Sünden“*, lehrt Abt Makarios[8].

Vor allem aber bekämpften sie die verabscheuungswürdige fleischliche Wollust, wobei die Schuld an den sexuellen Versuchungen (die zu Versuchungen des Teufels wurden), immer der Frau zugeschoben wurde. Sie war der Sündenbock, wenn dieses widernatürliche Gebäude von Entsagung, Enthaltsamkeit, Geißelung und Askese zusammenbrach und sich die natürlichen, lustbetonten Bedürfnisse des Mannes Geltung zu verschaffen suchten. Sie, immer als naturnäher definiert, wurde zum verachteten, reinen Fleisch, das überwunden werden mußte.

„...und so wollen wir sagen, daß der Mann in uns einen verständigen Sinn habe, und die Frau, die gewissermaßen seine Gehilfin ist, ist unser Fleisch. Das

Fleisch mag also immer dem Verstand folgen und niemals in irgendeinen Müßiggang geraten, so daß dieser Verstand dann etwa der Fleischeswollust und Üppigkeit verfalle"[9],

meint Origines in seiner Genesis-Homilie.

Und Johannes Chrysostomus (gest. 407), der größte Prediger der morgenländischen Kirche, sagt in seiner Schrift „*Über das Priestertum*":

„*...Das Auge des Weibes berührt und beunruhigt unsere Seele, und zwar nicht nur das Auge des zügellosen, sondern auch das des züchtigen Weibes.*"[10]

Die Frau also ist in ihrem Fleisch eine ständige Bedrohung des Mannes, der den vernünftigen Sinn, den Verstand, auch die Seele für sich gepachtet hat und dem sie gehorchen muß, damit er nicht der Fleischeslust verfalle.

Es ist wichtig, in diesem Zusammenhang festzuhalten, daß ähnliche Ausfälle gottesfürchtig und keusch lebender Frauen in deren Viten fehlen, obwohl der unbefangene Beobachter doch annehmen müßte, daß sie sich vom Fleisch des Mannes ebenso bedroht fühlten. Tatsächlich werden auch die heiligen Frauen von Fleischeslust heimgesucht, doch machen sie dafür nicht den Mann verantwortlich. Dieser jedoch hat seine eigenen sexuellen Impulse stets auf die Frau projiziert. Gleichzeitig versuchte er sie aus seinem Bewußtsein zu eliminieren, mit dem Ergebnis, daß sie sich umso hartnäckiger darin eingenistet hat. Die – weiblichen – Heimsuchungen heiliger Männer sind wesentlicher Bestandteil überlieferter Selbstzeugnisse. Der heilige Augustinus beispielsweise, der, wie er selbst meinte, in seiner Jugend „*in Unzucht und Hurerei*" seine „*Kraft verspritzte*"[11], beschreibt in seinen „*Confessiones*" in glühenden Bildern die (weiblichen) Anfechtungen, denen er ausgesetzt war, und gelobt nach seiner Bekehrung im Jahre 387, „*nach keinem Weib noch sonst einer weltlichen Hoffnung mehr Verlangen*" zu tragen[12]. Auch der heilige Hiëronymus fühlte sich trotz Fasten, Beten und verschiedenster Kasteiungen von tanzenden Mädchen bedrängt: „*Mein Gesicht war bleich vom Fasten, aber der Geist glühte im kalten Körper vor heißen Begierden, und in der Phantasie eines Menschen, der dem Fleisch nach längst gestorben, kochte nur noch das Feuer böser Lust.*"[13]

Diese Sündenbocktheorie des Mannes führte zur Eliminierung der Frau als Mitgestalterin heiliger Handlungen, sie darf nicht lehren, nicht taufen, keinen Altardienst ausüben. Darüber hinaus jedoch führte sie auch zur Auslöschung ihrer Geschlechtlichkeit. Sie ist das Fleisch, das der Mann in Seele umzuwandeln hat. Denn nur das Männliche ist Gott wohlgefällig.

„*Männlich zu sein sei deine Lebensaufgabe, das Weib sollst du nicht ‚erkennen', die Begehrlichkeit verachten, die Schwachheit fliehen und nichts Zügelloses suchen*", mahnt Origines, und weiter: „*Nur der, der die Sünde, das heißt die Schwachheit der Frau, nicht kennt, ist wirklich ein Mann*", oder, „*Wenn einer Werke der Verwirrung und der Sünde begeht, der trägt gleichsam den Schleier des Weibes (muliebria velamina) über seinem Kopf.*"[14]

Die *„unversehrte"* Gottesmutter

Die Verstümmelung der Frau, ihre physische und psychische Zurichtung auf männliche Bedürfnisse läßt sich am Besten am Beispiel Marias, der Mutter Gottes nachweisen, die sämtlicher natürlicher weiblicher Funktionen entkleidet wurde, und der aus diesem Grunde eine Legion gottesfürchtiger Frauenhasser glühende Verehrung zuteil werden lassen konnten. Wie Uta Ranke Heinemann, der aufgrund ihrer Deutung der Jungfrauengeburt der Lehrstuhl für katholische Theologie entzogen wurde, überzeugend ausführt[15], wurde die Frau in Maria nahezu vollständig ausgetrieben und dafür ein Konstrukt geschaffen, das männlichen neurotischen Sexualphantasien entsprach, aber keinesfalls geeignet ist, Identitätsmöglichkeiten für die Frau zu bieten.

Um ihre Jungfernschaft zu retten, wurde Maria die Mutterschaft gestohlen. Weil nur *„unversehrte"* Frauen, das heißt solche mit unbeschädigtem Hymen die Wertschätzung der Kirchenmänner besaßen, mußte die Geburt Jesu auf eine höchst vertrackte und unnatürliche Weise vor sich gehen. Maria soll ihn wie einen Lichtstrahl geboren haben und natürlich ohne Schmerzen, auch dadurch hob sie sich von den gewöhnlichen Weibern ab, denen ja Schmerz zur Strafe für die Erbsünde verordnet worden war. Maria, die Hohe, Reine, Unerreichte hat die sterbliche Mutter nicht rehabilitiert. Für diese galt nach wie vor die Stelle im Psalmvers (50,7): *„Siehe, in Ungerechtigkeit bin ich empfangen, und in Sünde hat mich meine Mutter geboren."* Gewöhnliche Frauen blieben nach wie vor dem Schmutz, der Sünde, und das heißt hier ihrer Sexualität verhaftet. Das Kunststück einer jungfräulichen Geburt war für sie nicht nachvollziehbar, konnte es nicht sein, war doch die geschlechtslos Gebärende ein Produkt pervertierter Männerphantasien, weshalb die sogenannte *„Reinigung"* auch nur in diesen Phantasien stattfinden konnte. Leo der Große drückte es treffend aus:

„Und da die Empfängnis bei allen Müttern nicht ohne den Schmutz der Sünde geschehen kann, so hat Maria eine Reinigung herbeigeführt, von der aus sie empfing."[16]

Wohl hat die Marienverehrung, wie sie etwa ab dem 12. Jahrhundert verstärkt einsetzte, ein Vakuum gefüllt, und der Männerkirche das so dringend benötigte weibliche Element beschert. Sie hat wohl auch – ebenso wie der mit dem Marienkult häufig in einen Zusammenhang gestellte romantische Frauendienst der Troubadours – in gewisser Weise das Ansehen der mittelalterlichen Frau verbessert. Eine wirkliche weibliche Emanzipation hat keines von beiden bewirkt. Denn das Bild Marias war ebenso wie jenes der verehrten *„Dame"* im Minnedienst von Männern entwickelt, es diente männlichen Bedürfnissen und männlichen Sehnsüchten und hatte mit der Wirklichkeit der Frau wenig bis nichts zu tun. Daß die Idealisierung, die *„Überhöhung"* der Frau, mit der der Mann in der gesamten patriar-

Die Verkündigung Mariae. Holzschnitt um 1510.
Maria, die Mutter Jesu, die ihren Sohn vom Hl. Geist empfing,
hat die sterbliche Mutter nicht rehabilitiert,
die weiter „in Sünde“ gebären mußte.

chalen Geschichte sein Gewissen beruhigen wollte, im Grunde immer eine Erniedrigung der Frau war, machen diese Beispiele besonders deutlich. Denn männliche „*Überhöhung*" beweist die Unfähigkeit des Mannes, Frauen in einem positiven Sinn zu sehen, wie sie wirklich sind, vielmehr werden sie wiederum in verfälschender Art und Weise männlichen Denksystemen angepaßt.

Auch Idealisierung bedeutet also im Grunde Vergewaltigung der Frau, ihres ursprünglichen Selbst. Es ist daher nicht verwunderlich, daß etwa die eifrigsten Hexenverfolger die größten Marienverehrer waren. Der Dominikaner Jakob Sprenger beispielsweise, einer der grausamsten Inquisitoren und Mitverfasser des berühmt berüchtigten „*Hexenhammer*", gründete im Jahr 1475 in Köln zu Ehren der Himmelskönigin eine Rosenkranzbruderschaft. In einem 1476 verfaßten Rosenkranzbüchlein, in dem er die Ordnung dieser Bruderschaft festlegt, preist er die Jungfrau in folgenden schwülstigen Worten:

„*...schwören wir als christgläubige Menschen zusammen, das Lob der würdigen Jungfrau Maria zu mehren und auszubreiten in der Gesellschaft... Lasset uns nachlaufen dem wohlriechenden Geschmack der Jungfrau mit so wohlschmeckenden Kränzen bis an den Ort, wo Maria jetzt ist und den Reihen aller reinen Herzen führt, nachfolgend dem Lamm zum Brunnen des lebendigen Lebens.*"[17]

Die reine, weil „*unversehrte*" Gottesmutter wird zur Alibifrau für den zölibatären Gottesmann, die ihn für alle anderen, „*unreinen*", weil „*versehrten*" Mütter entschädigen soll. Daß Frauen diesem Männerbild kein eigenes entgegenzusetzen hatten, daß sie dieses pervertierte Frauenbild vielmehr akzeptierten und verinnerlichten (und daß sie dies auf die eine oder andere Art auch heute noch tun), ist die eigentliche Tragik der jahrtausendelangen Frauenunterdrückung. Die Gründe dafür liegen nach wie vor weitgehend im Dunkeln, wurden immer noch nicht wirklich untersucht. Eine – wesentliche – Ursache dürfte in physischer Gewaltanwendung zu suchen sein, mit der der Mann die Frau unterjochte und sich die Herrschaft sicherte.

Die Domestizierung der Frau

Physische Gewalt des Mannes gegenüber der Frau, im Patriarchat stets nicht nur geduldet, sondern sogar gefördert, führte am Beginn der Neuzeit zu den grausamen Hexenverfolgungen, denen wahrscheinlich Millionen von Frauen zum Opfer fielen. Die Frau sollte jetzt also nicht nur psychisch, sondern auch physisch eliminiert werden. Befaßt frau sich mit der Lektüre der Schriften alter Kirchenväter, wird sie diese Entwicklung gar nicht so besonders wundern. Denn hier wird – ähnlich wie zuvor bereits in der Antike – die Frau häufig als ein zur Fortpflanzung leider notwendiges, anson-

Claude Gillot (1673–1722) *„Hexensabbat"*, Radierung.
Das enthemmte, orgiastische Treiben am Hexensabbat, dargestellt von zahlreichen zeitgenössischen Künstlern, wurde stets mit der enthemmten Sexualität der Frau in Zusammenhang gebracht. Sie zu unterbinden, war eines der Ziele der grausamen Hexenverfolgungen der beginnenden Neuzeit.

sten jedoch ziemlich entbehrliches Wesen betrachtet, wobei ihr selbst als Gebärende eine minderwertige Rolle zugeschrieben wird. Für Thomas von Aquin etwa, einem der bedeutendsten Theologen des Mittelalters, existiert das *„zweite Geschlecht“* lediglich zur Reproduktion der Nachkommen, wobei der Körper der Frau jedoch nur als Gefäß für die Erhaltung der menschlichen Rasse dient, während der männliche Same als das eigentliche Prinzip zur Fortpflanzung gilt. Eine Ansicht, die den Einfluß antiker Philosophen, vor allem jenen des Aristoteles widerspiegelt, der die Frau auch biologisch für ein defektes menschliches Wesen hielt, ein *„arren peperomenon“*, also einen *„verstümmelten Mann“*[18], was auf die männliche Alleinwirksamkeit bei der Zeugung zurückzuführen sei. (Erst 1827 wurde durch K.E. von Baer das weibliche Ei entdeckt und damit der Anteil der Frau an der Zeugung bewiesen). Mit nicht zu überbietender Offenheit jedoch nennt Luther die Mutterschaft und die damit zusammenhängenden Gefahren als einzige Bestimmung des Weibes:

„Ob sie sich aber auch müde und zuletzt tottragen, das schadet nicht, laß sie nur tottragen, sie sind drum da.“[19]

Die Hexenverfolgungen, die sich über mehrere Jahrhunderte erstreckten und erst im 18. Jahrhundert ihr Ende fanden, haben vor allem zweierlei bewirkt: die totale Anpassung der Frau an männliche Denksysteme und die Unterdrückung und Verstümmelung ihrer Sexualität. Denn auch die Hexenjäger fühlten sich in ganz besonderer Weise von der Sinnlichkeit der Frau bedroht. *„Alles geschieht aus fleischlicher Begierde, die bei ihnen [den Frauen] unersättlich ist“*, heißt es im *„Hexenhammer“*[20]. Diese angeblich unersättliche weibliche Sexualität galt es ebenso zu bekämpfen, wie das Geheimnis um Mutterschaft und Geburt, das immer noch von weisen Frauen und Hebammen verwaltet wurde. *„Niemand schadet dem katholischen Glauben mehr als die Hebammen“*[21], steht ebenfalls im Hexenhammer zu lesen. Beides, Sexualität und Mutterschaft, bedeutete Macht von Frauen, und darum mußte beides unter männliche Kontrolle gebracht werden. Hier trafen sich die sexualfeindlichen christlichen Asketen mit den neuen Männern der Wissenschaft. Auch diese forderten die Kontrolle über die als chaotisch empfundenen Naturkräfte, mit denen die Frau immer in besonderer Weise identifiziert wurde. Am Beginn der Neuzeit, zwischen Hexenverfolgung und neu aufkommender Naturwissenschaft, wurde die Frau im Eigentlichen um ihre Identität gebracht. Sie wurde zwischen diesen beiden Mächten zerrieben.

Noch im Mittelalter ist die Situation eine andere gewesen. Zwar war die Frau rechtlich dem Mann untergeordnet, doch besaß sie in einer autarken Wirtschaft als Produzentin lebenswichtiger Güter immer noch ein gewisses Ansehen. Auch waren die sexual- und damit frauenfeindlichen Tendenzen der Kleriker noch nicht völlig ins Volk gedrungen. Zumindest sprechen die

Virgil Solis (1514–1562) „*Badestube*".
Das Ideal der christlichen Sexualaskese konnte in den breiten Volksschichten des Mittelalters vorläufig nicht wirksam werden. In den beliebten Badestuben vergnügten sich Männer und Frauen gemeinsam.

Berichte und Bilder, die uns überliefert sind, eine sehr saftige und keinesfalls lust- und leibfeindliche Sprache. Die Beziehung zu Sexualität und Körperlichkeit scheint eine viel unmittelbarere und natürlichere als in späteren Zeiten gewesen zu sein[22]. Männlein und Weiblein schliefen nicht nur unbekleidet in ihren Betten und bewegten sich auch solcherart zwangslos in der Wohnung, sie badeten auch gemeinsam in den großen Holzbottichen der beliebten Bäder, die erst gegen Ende des Mittelalters in den Ruf gerieten, schamlose *„Freß-, Sauf- und Luderhäuser"* zu sein. Auch gab es damals noch Relikte alter, heidnischer Fruchtbarkeitskulte, die – von der Kirche bekämpft – vor allem auf dem Land praktiziert wurden und in denen Sexualität, und dabei besonders die Sexualität der Frau, einen besonderen Stellenwert besaß. Sie wurden dann in den späteren Hexenprozessen als Sabbatorgien verteufelt und zum Abscheu erregenden Exzeß stilisiert.

Wohl haben Prediger von den Kanzeln herab gegen das sündige, der Fleischeslust verfallene Volk gewettert, aber so eigentlich hat sich dieses zu dem Lust-ist-gleich-Sünde-Ideal erst in der Neuzeit bekehrt. Das heißt, m a n n hat vor allem die Frau dazu bekehrt und sich selbst gewisse sexuelle Freiheiten nach wie vor gesichert. Die Frau allerdings, der durch Luther jetzt auch noch ihre Wertschätzung als Virgo, als Jungfrau genommen wurde, erscheint ab nun zunehmend als die züchtige Hausfrau und Mutter, auf die Ehe fixiert und ihre Sexualität ausschließlich in den Dienst der Fortpflanzung stellend. Doch mußten wiederum mehrere Jahrhunderte vergehen, ehe die Männer mit viel Fleiß und Anstrengung die frigide Frau zustande brachten, die im 19. Jahrhundert ihre eheliche Pflicht nur noch mit Ekel und Abscheu erfüllte und sich schließlich als Hysterikerin zum interessanten Studienobjekt für die – männlichen – Jünger der medizinischen Wissenschaft entwickelte.

Warum, so fragt sich die Zeitgenossin, hat sich die Frau derart manipulieren lassen? Was ist hier schief gelaufen in der weiblichen Sozialisation? Warum haben sich Frauen in einer so selbstschädigenden Art und Weise auf männliche Bedürfnisse ausgerichtet, statt die eigenen zu entwickeln und zu pflegen? Und warum tun sie das mit unvermindertem Eifer auch noch heute? Daß Männer die gekaufte Frau, die permanente Wunscherfüllerin, das Abbild eigener, männlicher Phantasien weitaus höher schätzen als die weibliche Persönlichkeit, das weibliche Selbst, ist bereits einsichtiger: Schließlich werden sie auf diese Art und Weise ständig mit der eigenen Machtfülle konfrontiert und müssen nicht um den Verlust ihrer H e r r - schaft bangen.

Die verstümmelte Große Göttin

Feministinnen, die seit den siebziger Jahren darum bemüht sind, ein verschüttetes weibliches Weltbild zu rekonstruieren, bzw. neu zu schaffen, haben sich auch der alten, matriarchalen Religionen angenommen. Daß Maria, die Halbfrau, die Magd des Herrn eine verstümmelte Große Göttin ist, hat allerdings nicht erst die feministische Forschung herausgearbeitet. Die Ähnlichkeit zwischen der ägyptischen Isis mit dem Horusknaben und Maria mit dem Kinde ist im Gegenteil so auffallend, daß Archäologen im vorigen Jahrhundert häufig meinten, mit den Statuen der Isis frühe Darstellungen der Mutter Gottes entdeckt zu haben. Maria hat zahlreiche Insignien der Großen Göttin vorgeschichtlicher Kulturen übernommen, die, wenn auch ihres Universalcharakters bereits entkleidet, noch in der Antike anzutreffen ist: Die weiße Taube der babylonischen Ischtar, die Ähre der römischen Ceres, und den sternenbesäten Mantel der Aphrodite. Auch wird sie angerufen als der *„elfenbeinerne Turm, das goldene Haus, das Heil der Kranken"*, das sind die gleichen Worte, mit denen die ägyptische Isis gefeiert wurde[23]. Wie sich das Christentum ja überhaupt sehr viel aus den alten Mutterreligionen einverleibt hat, die langen Frauengewänder der Priester etwa, deren Höchstrangige auf dem Kopf die Mitra tragen, die Krone der kleinasiatischen Kybele. Auch das goldene Glöckchen, mit dem die heilige Wandlung eingeläutet wird, verwendeten schon Kybelepriester, das Brot- und Weinopfer entstammt dem Demeterkult[24]. Genommen wurde Maria jedoch nicht nur die universale Schöpferkraft der großen Muttergöttin, deren Schoß alles Lebendige gebar, sie wurde nicht nur zum Gefäß erniedrigt, das durch Gottes Odem gefüllt werden mußte, sondern ihr wurde auch ihr Geschlecht gestohlen. Während die Sexualität der Großen Mutter als heilig galt, wurde jene Marias ausgelöscht. So betrachtet erhält auch das Jungfräulichkeitsideal, wie es von der Kirche propagiert wurde, eine völlig andere Bedeutung als jenes vorgeschichtlicher, matrizentrischer Kulturen. Denn natürlich ist auch die Vorstellung der jungfräulich gebärenden Frau nicht neu. Wenn allerdings die alte Muttergöttin parthenogen, das heißt aus sich selbst heraus gebar, so war dies ein Zeichen von Stärke, weil sie als der Ursprung allen Seins betrachtet wurde. Eine Vorstellung, die sich vor allem darauf zurückführen läßt, daß dem frühgeschichtlichen Menschen der Zusammenhang zwischen Zeugung und Geburt nicht bewußt war. Die christliche Jungfrauengeburt jedoch wurde in einer Zeit allgemeiner Erniedrigung der Frau zu ihrer Schwäche, weil sie realen und bewußten Zusammenhängen nicht entspricht und die Körperlichkeit der Frau leugnet.

Die Verfälschung und Verächtlichmachung matrizentrischer Mythen in der christlichen Symbolik ist eine allgemeine Erscheinung. So etwa wurde die alte matriarchale, Fruchtbarkeit bringende Schlange, die mit ihrer Häutung ein Ewigkeitssymbol darstellt, zum Inbegriff des Bösen umfunktioniert. Schon Apollo tötete in Delphi die Schlange der großen Erdmutter Gaia, und Zeus verwandelte sich in eine Schlange, um seine Mutter zu vergewaltigen. Das Christentum mußte also lediglich auf einen bereits vorhandenen, patriarchalen Mythos zurückgreifen, als es die Schlange, die ursprünglich weibliche, gute Gottheit in Satan verwandelte und die Frau, Eva, zum Werkzeug des Bösen machte.

Der verdrängte Eros in der christlichen Mystik

Das von der Kirche verordnete, asketische und sexualfeindliche Ideal wurde allerdings nicht nur in der Realität des Mittelalters durchbrochen, sondern verhüllt und symbolhaft auch in der christlichen Mystik, die zwar häufig in die Nähe von Ketzerei gerückt und auch als solche betrachtet wurde, im allgemeinen aber doch anerkannt war. Vor allem die sogenannte Brautmystik hat den verdrängten Eros in die geistliche Dichtung hereingeholt. In den Homilien zum Hohen Lied wird das Verhältnis der Kirche zu Christus als jenes der Braut zum Bräutigam aufgefaßt, und in der Symbolik des Origines wird die Braut auch zur Seele des zur unio mystica strebenden Christen.

„*Und wenn der Bräutigam geruht, auch in meine Seele zu kommen, wie schön muß sie sein, um ihn zu sich aus der Höhe des Himmels zu ziehen, um ihn auf die Erde herabsteigen zu lassen, damit er zur Geliebten kommt?*“[25]

Hier spricht die Sprache trotz ihres Symbolcharakters von Eros. Die Anspielungen werden noch deutlicher, wenn sich nicht nur Frauen, sondern auch Männer an eine leibliche Gottheit wandten, wobei es unzutreffend ist, Frauen eines sentimentalen Gefühlsüberschwangs zu bezichtigen, wie dies in der Religionswissenschaft häufig geschieht, denn auch Männer haben in glühenden Bildern ihre mystische Vereinigung beschrieben:

„*Du bist mir Vater, Mutter, Bruder und Schwester, Leben und Heil, in dir bin ich nicht verloren*“

sagt Philipp der Kartäuser in einem Marienlied

„*Du bist mein geliebter Bräutigam. Dir gebe ich meine Jungfräulichkeit, du bist mein Gatte, voll Anmut. Meine Seele sehnt sich immerfort nach dir, mein Geliebter und Freund.*“

Und in der mystischen Schrift „*Buch der Liebenden*“ von Raimundus Lullus aus dem Beginn des 14. Jahrhunderts heißt es:

„*Du bist alles und durch alles und in allem. Ich gebe dir mein ganzes Selbst, damit du ganz mein bist und ich ganz dein ... die Geliebte antwortete: Ich kann nicht ganz dein werden, wenn du nicht ganz mein bist, und der Geliebte sprach: Wohlan, ich werde ganz dein und du wirst ganz mein... Die Liebenden trafen sich, und die Geliebte sagte zum Geliebten: Es ist nicht nötig, daß du zu mir sprichst. Gib mir nur ein Zeichen mit den Augen, denn dies sind Worte zu meinem Herzen – damit ich dir alles geben kann, was du begehrst.*"[26]

Während Mystiker sich also in ihren Visionen nach Vater, Mutter, Bruder, der Frau oder Schwester sehnten, wandte sich die Frau als Braut, Witwe oder auch Mutter vornehmlich an Jesus.

„*Als ich am Kreuze stand, legte ich meine Kleider ab und bot mich ihm selbst dar. Dabei versprach ich ihm, meine Keuschheit zu bewahren und ihn nicht durch eines meiner Glieder zu verletzen.*"[27]

So heißt es in den Visionen der Angela von Foligno. Auch die berühmte Mystikerin Mechthild von Magdeburg dichtete:

„*Eia Herr!*
Liebe mich innig.
Und liebe mich häufig und lang!
Denn je öfter Du mich liebst, desto reiner werde ich."

Und weiter:

„*Gönne es Mir, daß ich die Glut Meiner Gottheit, das Verlangen Meiner Menschheit und die Lust des Heiligen Geistes an dir kühle.*"[28]

Aber nicht nur verdrängte Sexualität, auch verdrängte Mütterlichkeit kommt in der Dichtung von Mystikerinnen zum Ausdruck. Sie konzentriert sich auf das Jesuskind, bei dem die Mystikerin Mutterstelle einnehmen möchte. Margareta Ebner (1291–1351) eine bayerische Dominikanerin, wird in ihren Visionen vom kleinen Heiland aufgefordert:

„*Säugst du mich nicht, so werde ich mich dir entziehen, wenn du mich am allerliebsten hast.*"

Auch zu Elisabeth Becklin kam der junge Jesus „*gar heimlich*", und setzte sich neben sie auf eine Bank.

„*Da sprang sie voll Begier auf wie ein Mensch, der außer sich gekommen und riß ihn an sich und nahm ihn auf ihren Schoß und setzte sich an die Stelle, wo er gesessen war, und tat ihm immer mehr Gütlichstes kund, nur daß sie sich nicht getraute, ihn zu küssen. Da sprach sie in herzlicher Minne: ‚Ach Herztraut, wag' ich's, dich zu küssen?' Da sprach er: ‚Ja, nach deines Herzen Gier, so viel du willst.'*"[29]

Die Verdrängung von Eros und Sexus aus dem christlichen Heilsgeschehen und die Verteufelung der Lust als Todsünde hatte vor allem für die Frau dramatische Folgen. Denn sie war nicht nur als verführende Eva, als Personifikation des Fleisches und damit der Sünde einer besonderen Verachtung ausgesetzt, sie wurde darüber hinaus in ihrer biologischen Funktion als Trägerin sündhaft empfangener Leibesfrucht und als Gebärende diffamiert. Die weibliche Mystik gehört zu den wenigen dichterischen Selbstzeugnissen mittelalterlicher Frauen, in denen sie ihren Sehnsüchten, verdrängten Wünschen und Visionen Ausdruck verliehen.

„DIE DA WEIBER HABEN, SEIEN, ALS HÄTTEN SIE KEINE…“ (Paulus)

Vom christlichen Eheverständnis

Ebensowenig wie das weltliche Eherecht hat das christliche Eheideal, wie es von Kirchenvätern und Klerikern in endlosen Abhandlungen gepredigt wurde, trotz Konsensehe und dem Gebot an den Mann, seine Frau zu lieben (sie selbst hingegen hatte ihn zu fürchten) zur Aufwertung der Frau beigetragen. Vielmehr besaß die Ehefrau innerhalb des Wertesystems, das der Mann bei der Aufteilung der Frau in die Jungfrau, Heilige und Hure ausgearbeitet hatte, einen höchst geringschätzig beurteilten Stand. Obwohl sie sich immer noch achtbar von der Hure abhob, hatte sie doch durch die Beschädigung ihres Hymens den Wert der Unversehrtheit verloren und galt hinfort als ein eher bejammernswertes Wesen, dem Gott der Herr das Gebären als Strafe für den Sündenfall auferlegt hatte. Denn wenn die Ehe schon für den Mann ein sozusagen kleineres Übel darstellte, eine Institution, in der er seine menschliche Schwäche, nämlich die Libido, auf eine einigermaßen ehrbare Art und Weise befriedigen durfte, so war sie für die Frau, die dem Mann in allem untertan zu sein hatte, erst recht ein minderwertiger Zustand.

Die Geringschätzung der Ehe durch die Kirche hat ihre Ursache in der Sexualfeindlichkeit mittelalterlicher Kleriker, die das Virginitätsideal immer höher werteten als den Ehestand. Von Jesus selbst ist, wie bereits erwähnt, diese spätere Entwicklung nicht vorgegeben. Er hat sich an keiner Stelle gegen die Ehe ausgesprochen, was auch Paulus vermerkt (1. Kor. 7, 25). Einige Religionswissenschaftler vertreten sogar die Ansicht, daß Jesus verheiratet gewesen sei[1]. Zumindest aber waren seine Brüder verheiratet, die später der Gemeinde beitraten (und im Neuen Testament zu Vettern und Cousins umfunktioniert wurden, um die nachträglich konstruierte Jungfräulichkeit Marias nicht zu gefährden)[2]. Außerdem hatten alle Apostel Frauen, die sie auch häufig auf ihre Missionsreisen mitnahmen, wie etwa der Apostelfürst Petrus, der allerdings durch sein Martyrium *„den Schmutz der Ehe abgewaschen hat“*, wie der heilige Hiëronymus feststellt[3].

Im Zuge einer zunehmend sexualfeindlichen Entwicklung der Kirche geriet auch die Ehe mehr und mehr in Mißkredit und schließlich wurde als lo-

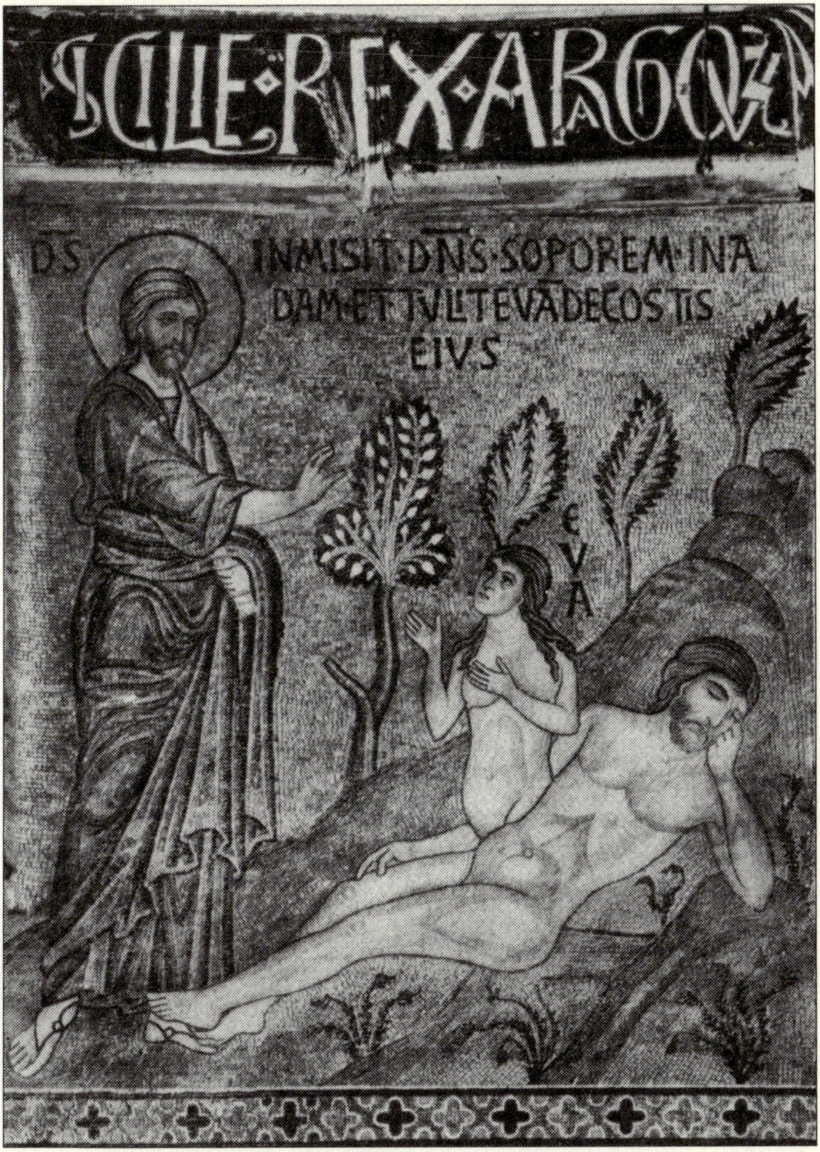

Die Erschaffung Evas. Mosaik des 12. Jh. in der Kapella Palatina (Palazzo Reale, Palermo). Der Mythos von der Entstehung Evas aus der Rippe Adams bedeutet eine lächerliche Verdrehung eigentlicher biologischer Tatsachen. So wie auch im patriarchalen griechischen und späten ägyptischen Mythos gebiert hier der Mann und nicht die Frau.

gische Folge davon der Zölibat für den Gottgeweihten gefordert. Die Ehelosigkeit des Priesters, auch heute wieder heftig diskutiert, ist also keinesfalls Bestandteil des Urchristentums, sondern Ergebnis späterer, sexualfeindlicher Strömungen[4].

Erste Diskriminierungen der Ehe, die mit einer Diskriminierung der Frau immer Hand in Hand gingen, finden sich bereits bei dem – ebenfalls verheirateten – Apostel Paulus. Denn wenn auch moderne Religionsforscher etliche der bekannten Aussprüche des Paulus zu Ehe und Ehelosigkeit, die ständig als Beweis für die Ehefeindlichkeit der frühen Kirche zitiert werden, als Fälschungen entlarvt haben[5], so ist doch hier bereits eine gewisse, bei Jesus nicht vorhandene asketische Tendenz und Misogynie spürbar. So wird von ihm die Ehe vor allem als Heilmittel gegen sexuelle Begierde und die Versuchungen des Teufels angesehen, eine Ansicht, die von den Kirchenvätern in späteren Jahrhunderten ständig wiederholt wurde und auch für Luther ausschlaggebend war. *„Denn es ist besser zu heiraten als sich in Begierde zu verzehren“* heißt es in 1. Kor. 7, 9. Oder an anderer Stelle: *„Bist du frei von einer Frau, so suche keine Frau.“* Ebenso läßt der Ausspruch des Apostels: *„Hinfort gilt es, daß, die da Weiber haben, seien, als hätten sie keine“*[6] auf einen steigenden Einfluß gnostischen Gedankenguts schließen. Paulus spricht auch bereits von *„Brunst“* als einem Werk des Satans, das streng von der geschlechtslosen Agape zu trennen sei. Die zunehmende asketische Tendenz geht daher in eine zunehmende Frauenfeindlichkeit über. Der Mann wird als *„das Haupt der Frau“* (1 Kor.11/3) und als *„Gottes Abbild und Abglanz“* bezeichnet, die Frau jedoch als *„Abglanz des Mannes“* (1 Kor. 11, 7–10).

Das christliche Eheideal fügte sich also nahtlos in bereits in der Antike und im heidnischen Germanien bestehende Vorstellungen von der Gehorsamspflicht der Frau. Sie hatte sich dem Mann demütig unterzuordnen, ihm zu dienen, den Haushalt zu führen und Kinder zu gebären. Der Mann hingegen sollte die Frau leiten und lehren, da er ihr physisch und psychisch überlegen sei. Der erste Petrusbrief fordert: *„Die Frauen [seien] untertan ihren Männern“*[7] und Gratian, der Vater der mittelalterlichen Kanonistik, weist der Frau die *„Stellung sklavischer Unterworfenheit“* zu, *„aufgrund derer sie dem Mann in allem untertan sein muß“*[8].

In den folgenden Jahrhunderten sank dann der Stellenwert der Ehe ganz generell kontinuierlich und immer lauter wurde der Ruf nach dem Zölibat des Gottesmannes erhoben. Einen ersten Schritt in diese Richtung tat das Konzil von Elvira zu Beginn des 4. Jahrhunderts, bei dem offiziell festgelegt wurde,

„daß den Bischöfen, Priestern und Diakonen sowie allen Klerikern, die den Altardienst versehen, zu befehlen sei, sich des ehelichen Verkehrs mit ihren Ehefrauen zu enthalten und keine Kinder mehr zu zeugen. Zuwiderhandelnde sollen aus dem Klerikerstand ausgestoßen werden.“[9]

Obwohl hier die priesterliche Ehelosigkeit noch nicht direkt verlangt wurde, war sie doch bereits angedeutet, und konnten diesbezügliche Forderungen in den kommenden Jahrhunderten verschärft werden. So etwa bestimmt die römische Synode des Papstes Innozenz I. im Jahre 402: „*Die Bischöfe, Priester und Diakone müssen unverheiratet sein.*“ Und in der Synode von Clermont heißt es: „*Wer zum Diakon oder Priester ordiniert wird, darf den ehelichen Umgang nicht fortsetzen. Er wird Bruder seiner bisherigen Frau.*“[10]

Trotz solcher und ähnlicher Beschlüsse scheinen noch um das Jahr 1000 die Mehrzahl der Kleriker verheiratet gewesen zu sein und erst die kirchliche Gesetzgebung Innozenz II., der auf dem zweiten Laterankonzil 1139 nicht nur die Priesterehe offiziell verbot, sondern auch die nach der Weihe geschlossenen Ehen für ungültig erklärte, hat den Priesterstand, trotz zum Teil heftiger Proteste, endgültig zur Ehelosigkeit verdammt.

Das Schicksal der betroffenen Frauen interessierte wenig. Sie wurden verkauft, versklavt, von den Sakramenten und einem kirchlichen Begräbnis ausgeschlossen, es wurden ihnen die Haare geschoren, „*öffentlich in der Kirche am Sonntag oder an einem Feiertag in Gegenwart des Volkes*“ wie die Synode von Rouen 1231 verkündet[11]. (Das Scheren der Haare war im Mittelalter derart diskriminierend, daß nach altburgundischem Gesetz ein Sklave, der einem Freien das Haar abgeschnitten hatte, getötet werden konnte[12].) Im Jahre 1089 bestimmte Papst Urban II. auf der Synode zu Melfi, daß der Fürst die entlassene Frau eines Subdiakon zur Sklavin nehmen darf. Desgleichen erklärte eine von Anselm von Canterbury veranstaltete Synode von London im Jahre 1108 die Frauen der Priester zum Eigentum des Bischofs. Auch Erzbischof Manasse II. von Reims erlaubte 1099 dem Grafen von Flandern, die Frauen der Kleriker gefangenzusetzen[13]. Von persönlichen Rechten der Priesterfrauen wissen die zahlreichen Dekretalen und Konzilskanones nichts zu berichten. Statt dessen wütete der heilige Petrus Damiani in einem haßerfüllten Dekret gegen die Klerikerfrauen, die er zu einem Auswurf des Paradieses, Gift der Geister, Quelle der Sünde, Anlaß des Verderbens und einer Lockspeise des Satans erklärte, zu Blutegeln, Metzen, Buhlerinnen, Lustdirnen, Suhlplätzen fetter Säue (volutabra porcorum pinquium) und so weiter. Noch im 17. Jahrhundert wandte sich der Bamberger Bischof Gottfried von Aschhausen an die „*weltliche Gewalt*“, „*damit sie in die Pfarrhöfe eindringe, die Konkubinen heraushole, öffentlich auspeitsche und in Haft setze*“[14].

Die lustlose Lust bei den Kirchenvätern

Einen bedeutenden Beitrag zur zunehmenden Ehefeindlichkeit leisteten die Kirchenväter, die nicht müde wurden, in umfangreichen Abhandlungen das Lob der Virginität zu preisen und den Schmutz der geschlechtlichen Wollust zu verdammen. Trotzdem waren sich so ziemlich alle darin einig, daß die zwar verwerfliche, aber leider menschliche Lust doch besser innerhalb dieser – im 8. Jahrhundert zum Sakrament erklärten –[15] Institution stattfinden solle als außerhalb, wenn auch nur zum Zwecke der Kinderzeugung, davon abgesehen war sie auch hier verboten. Es ist höchst interessant und aufschlußreich, die komplizierten Denksysteme zu verfolgen, mit denen der klerikale Gottesmann die Wollust, und damit Satan aus seinem religiösen System auszuschalten suchte. So etwa wurden bei der Frage, ob sich Adam und Eva bereits im Paradies durch fleischliche Unzucht vermehrt hätten, die ausgeklügeltsten Theorien entwickelt, um solches verneinen zu können. Gregor von Nyssa (gest. 395) beispielsweise war davon überzeugt, daß die Vermehrung im Paradies engelgleich, also ohne geschlechtliche Fortpflanzung vor sich gegangen sei, was er sich zwar in realiter nicht vorstellen konnte, *„aber sie ist Tatsache"*[16]. Auch Johannes Chrysostomus (gest. 407), der größte Prediger der morgenländischen Kirche, vertritt die Ansicht, daß Adam und Eva im Paradies in reiner Jungfräulichkeit lebten und keinen Geschlechtsverkehr hatten.

„Nach Gottes Willen weilten die Menschen wie Engel im Paradies, von keiner Begierlichkeit entflammt... Es gab keine Begierde nach Beischlaf, es gab weder Empfängnis noch Wehen noch Geburt noch irgendeine Art des Verderbens."

Nachdem die Stammeltern jedoch

„dieses königliche Gewand abgelegt und den himmlischen Schmuck eingebüßt und dafür das Verderben des Todes, den Fluch, die Schmerzen, das mühevolle Leben empfangen hatten, da kam in diesem Gefolge die Ehe, dieses sterbliche und sklavenhafte Kleid."[17]

Hier ist die Ansicht der katholischen Kirche klar ausgedrückt: Die Ehe mit ihrer immanenten Fleischeslust und Begierde stammt aus dem Ungehorsam, dem Tod, und dem Fluch, Jungfräulichkeit hingegen bedeutet ewiges Leben. Ebenso wie Paulus empfiehlt auch Chrysostomos die Ehe lediglich als remedium concupiscentiae, als Heilmittel gegen das sexuelle Begehren. Die Kinderzeugung, bei Augustinus und den folgenden Kirchenvätern zum Hauptzweck aufgerückt, besitzt bei ihm noch untergeordnete Bedeutung. Hingegen legitimierte bereits Ambrosius, Bischof von Mailand (gest. 397) die Ehe vor allem zum Zweck der Kinderzeugung, weshalb er auch mit großem Nachdruck den Verkehr mit einer schwangeren Frau verurteilt. (Noch bis 1983 war Kindersegen als erster Zweck der Ehe im katholischen Kirchenrecht verankert.)[18] Daneben jedoch sieht er im Ehestand ebenfalls ein Heilmittel, ein geringeres Übel sozusagen, um das größere, nämlich außerehelichen Verkehr zu vermeiden. Hiëronymus (gest. 420) schließlich empfindet als einzigen Vorteil der Ehe, daß *„sie Jungfrauen hervorbringt"*. Kinderzeugung ist also nach ihm *„in der Ehe erlaubt, sinnliche Lustgefühle* *aber, wie sie bei den Umarmungen der Dirne empfunden werden, sind bei der Gattin verdammenswert."*

Ehefrauen finden nur dann Gnade vor seinen Augen,

„wenn sie aufgehört haben, Gattinnen zu sein, wenn sie selbst in der Zwangslage, die der Ehestand mit sich bringt, die jungfräuliche Keuschheit nachahmen."[19]

Hier wird also bereits deutlich ausgesprochen, was dann bei Augustinus weiterentwickelt und schließlich zur tragenden Komponente christlicher Sexualfeindlichkeit wurde: Die Angst vor der Lust beim Geschlechtsverkehr, der zwar unglücklicherweise zur Fortpflanzung notwendig ist, trotzdem jedoch wenn möglich ohne Libido stattfinden soll. Eine Forderung, die zu sexualneurotischen Verkrampfungen ganzer Generationen führte, und die gesamte abendländische Kultur maßgeblich beeinflußte.

Die Erbsündelehre des Augustinus

Ausschlaggebend für diese Entwicklung war Augustinus (354–430), der größte Kirchenlehrer des christlichen Altertums, der den Begriff der Erbsünde mit jenem der Fleischessünde in einen unheilvollen Zusammenhang brachte. Die Sünde der Fortpflanzungslust deckt sich bei ihm fast völlig mit der Erbsünde, weshalb diese auch beim Geschlechtsverkehr weitervererbt wird. Diese Verquickung von Erbsünde und Fleischessünde hat sich äußerst verhängnisvoll ausgewirkt und zur allgemeinen christlichen Sexualverachtung auch noch die Sexualangst hinzugefügt, die bis ins 19. Jahrhundert hinein das Sexualverhalten des gläubigen Christen bestimmte. Auch Augustinus, der *„große Schöpfer des weithin bis heute gültigen christlichen Gottes-, Welt- und Menschenbildes"* (Uta Ranke-Heinemann), sah den eigentlichen Zweck der Ehe in der Zeugung von Kindern und war ein fanatischer Verurteiler jeglicher Verhütungsmittel (das Pillenverbot sämtlicher Päpste seit Paul VI. wird auf seinen Einfluß zurückgeführt), wobei sich die Funktion der Frau auf jene der Fortpflanzung reduziert. *„Ich sehe nicht"* meint er dazu *„zu welcher Hilfe das Weib für den Mann gemacht wurde, wenn der Zweck der Zeugung ausgeschlossen wird."*[20]

Daß nach Augustinus die Erbsünde durch die Geschlechtslust beim Zeugungsakt weiter vererbt wird, machte jedoch nicht nur ein normales Geschlechtsleben endgültig unmöglich, es führte auch zur Verdammnis der ungetauften Kinder und damit zu unendlichen Qualen werdender – oder sterbender – Mütter, die oft die Nottaufe des Ungeborenen über sich ergehen lassen mußten, weil das Seelenheil des Kindes höher eingeschätzt wurde als das Leben der Mutter. Zu diesem Zweck wurde eine Taufspritze entwickelt, *„die mit Weihwasser gefüllt, unsteril und oft rostig bis in die Gebärmutter eingeführt wurde, um das Kind zu bespritzen"*[21]. Starb die werdende Mutter in den Wehen bevor das Kind auf diese schmerzhafte und gefährliche Art und Weise getauft war oder starb eine Schwangere, so übertrug sich die Verdammnis des ungetauften Kindes auf die Mutter. Der angesehene Theologieprofessor Johann Beleth (gest. um 1165) verbot, daß tote, schwangere Frauen beim Begräbnisgottesdienst in der Kirche aufgebahrt wurden, weil das ungeborene Kind noch nicht getauft war. Häufig mußte auch, bevor der Leichnam einer Schwangeren in geweihter Friedhofserde bestattet wurde, das Kind aus ihrem Körper herausgeschnitten und außerhalb des Friedhofs begraben werden[22]. Ein neuerliches Beispiel dafür, wohin die Verirrungen christlicher Lust- und Leibfeindlichkeit führen konnten, und welche dramatischen Folgen sie für Frauen hatten, die schon auf Grund ihrer biologischen Funktionen dem asketischen Gottesmann als verächtlich galten.

Die Erbsündenlehre des Augustinus, die von der Kirche erst im vergangenen Jahrhundert endgültig aufgegeben wurde (die Verdammnis ungetaufter Kinder hingegen wird offiziell bis in die jüngste Zeit vertreten), wurde von dem Heiligen in einem ausgeklügelten System entwickelt und entworfen. Auch bei ihm fand vor dem Sündenfall die Fortpflanzung ohne Geschlechtsverkehr statt. Später ändert er seine Ansicht dahingehend, daß es einen Geschlechtsverkehr wohl gegeben habe, jedoch ohne sexuelle Erregung. Die Sexualorgane hätten lust- und daher auch sündenlos dem menschlichen Willen gehorcht. Ein ganzes Kapitel der Civitas Dei verwendet der Heilige darauf, die lustlose Zeugung anschaulich zu beschreiben und die sexuelle Erregung als ein Werk des Satans zu brandmarken.

Auf dieser Konstruktion der Sündlosigkeit der Paradiesehe, die durch den Sündenfall verlorengegangen war, gründet Augustinus dann seine Weisungen für den Vollzug des ehelichen Geschlechtslebens. Weil nun einmal die Lust durch die Sünde in das Dasein des Menschen getreten und eine Fortpflanzung ohne sie unmöglich sei, wird dieses notwendige Übel akzeptiert, wenn auch nur zur Kinderzeugung, davon abgesehen ist sie Sünde. Lediglich Kinderwunsch rechtfertigt also den Sexualverkehr selbst in der Ehe. *„Nur der zur Zeugung nötige Verkehr"* erklärt er in der Schrift *„De bono coniugal"*, *„ist ohne Schuld, und dieser allein ist ehelicher Verkehr. Wer über diese Notwendigkeit hinausgeht, folgt schon nicht mehr der Vernunft, sondern der libido."*[23]

Die für viele christliche Ehen bis heute charakteristische langweilige Lustlosigkeit liegt also ganz im Interesse der Kirche. Ist doch Lust systematisch abzutöten, je vollkommener umso besser. Darum sollte der christliche Ehemann seine Frau, wenn möglich, nicht im nackten Zustand betrachten (daß umgekehrte Regeln genauso galten, ist anzunehmen), weshalb im Mittelalter das sogenannte *„Mönchshemd"* entwickelt wurde, das von Kopf bis Fuß alles verhüllte und nur einen dezenten Schlitz in der Genitalgegend zuließ, um die – lustlose – Zeugung zu ermöglichen[24].

Wie sehr diese sexualneurotische Leibfeindlichkeit die Frau vernichtet hat, beweist eine andere Stelle bei Augustinus: er, der Mann, *„liebt in ihr, daß sie Mensch ist, und haßt, daß sie Weib ist"*[25] *„Mensch"* stand jedoch in der gesamten patriarchalen Geschichte immer für *„Mann"*.

Während also Augustinus den Ehezweck in der Zeugung sieht, betonen vor allem die Frühscholastiker den Heilmittelcharakter der Ehe, wobei die *„eheliche Pflicht"* selbst unter widrigsten Umständen, etwa einem Aussätzigen gegenüber, geleistet werden mußte, damit dieser nicht in Versuchung geriet, außereheliche Befriedigung zu suchen. Erzbischof Langton von Canterbury (gest. 1228) fordert den ehelichen Geschlechtsverkehr sogar unter Lebensgefahr. *„Eher muß die Frau zugeben, daß sie getötet wird, als daß ihr Mann sündigt."*[25] Daß hier die Frau dazu aufgefordert wird, nicht aber umgekehrt ebenso der Mann, ist sicherlich kein Zufall. Denn wenn es auch nicht ausdrücklich ausgesprochen wurde, herrschte doch in der patriarchalen Männerkirche die Ansicht vor, daß die Frau eher dem Mann zu Diensten sein und seine Begehrlichkeit zu stillen hatte, als umgekehrt der Mann jene der Frau, was in einer Bestimmung Odos, des Kanzlers der Universität Paris (gest. um 1165) sehr deutlich zum Ausdruck kommt. Der wackere Gottesmann meint nämlich, falls die Frau zu den heiligen Zeiten den Verkehr verlange, solle der Mann ihren Wunsch nicht erfüllen, sondern vielmehr *„ihre Frechheit durch Fasten und Prügel niederhalten"*. Von einer entsprechenden Verprügelung des Mannes durch die Frau jedoch ist keine Rede[26].

Es hat dann nach Augustinus etliche Theologen gegeben, die versuchten, die Ehe aus ihrer reinen Zweckgebundenheit als Heilmittel zur Begrenzung der Begierde und als Institution, in der die Fortpflanzung stattzufinden hat, herauszulösen und in ein personal-partnerschaftliches Verhältnis von Mann und Frau umzuwandeln. Hugo von St. Viktor (1096–1141) etwa bemühte sich, die Frau zur geistig-seelischen Partnerin des Mannes aufzuwerten. Ein Versuch, der allerdings im Ansatz stecken blieb, weil auch in diesem *„Partnerschaftsmodell"* der Mann als der aktive, gebende, die Frau als der passive, empfangende Teil erscheint. Außerdem blieb auch hier der sexuelle Aspekt als minderwertig und sündhaft ausgeklammert.

Die Frau als „defekter" Mann

Eine weitere Verschärfung erfuhr die tradierte Abwertung der Frau dann in der Hochscholastik vor allem durch die Übernahme der Biologie des Aristoteles in das kirchliche Lehrgebäude. Bereits Albertus Magnus (1193–1280) berief sich auf Aristoteles, wenn er die Frau von Natur aus (und nicht, wie in der christlichen Theologie angenommen, durch den Sündenfall) als minderwertiges, unvollkommenes Wesen bezeichnet, eine Mißbildung der Natur sozusagen, die infolge eines Mangels bei der Zeugung entsteht. Albert vertrat die Ansicht, daß auch eine Frau Samen ausscheidet, der jedoch wässrig, dünn, und *„nicht zur Fortpflanzung geeignet"* sei. Er wird vielmehr durch den männlichen Samen, der immer die vollkommene Mannesform anstrebt, geformt, und nur dann, wenn mißliche Umstände eintreten, entsteht die Frau. Sie wird also als Mängelwesen eingestuft, als unvollkommener Mann sozusagen, eine Vorstellung, die Thomas von Aquin (1225/26–1274), *„doctor angelicus"* und bis heute die Autorität in der kirchlichen Sexualmoral übernahm und weiter ausbaute. Die Frau als Unfall der Natur und als *„mißglückter"* und *„defekter"* Mann sei auf Grund ihrer Unvollkommenheit und ihres begrenzten Verstandes bereits im Paradies dem Mann unterworfen gewesen. Ihre daraus folgende Unterordnung unter den Mann *„als ihrem Gebieter"* begründet Thomas damit, daß sie nicht nur geringere Körperkraft, sondern auch geringere Geisteskraft als der Mann besitze, der über die *„vollkommenere Vernunft"* und *„stärkere Tugend"* (virtus) verfüge. Aus diesem Grund sei sie auch zum Gebären, nicht jedoch zur Erziehung der Kinder befähigt. Außerdem hindern sie diese inferioren Geistesgaben an der Ausübung des geistlichen Amts. Auch die furchtbare Sünde der Wollust erfährt beim Mann auf Grund seiner vollkommeneren Beschaffenheit eine Abschwächung.

„Der Mann hat den edleren Part beim ehelichen Akt"

erläutert Thomas den Unterschied,

„und darum ist es natürlich, daß er weniger zu erröten braucht, wenn er die eheliche Pflicht fordert als seine Frau."

Denn der eheliche Akt

„besitzt immer etwas Schändliches und verursacht Erröten."[27] Die geradezu lächerliche Überheblichkeit des Mann-Menschen, von der die gesamte Männerkirche geprägt ist, erreicht beim heiligen Thomas von Aquin sicherlich einen absoluten Höhepunkt. Ist doch die Frau bei ihm in dreifacher Hinsicht minderwertig, von ihrer Entstehung her, von ihrer geistigen, physischen und ethischen Qualität und auch von ihrer Funktion her. Der ungeheure Einfluß, den dieses extrem frauenfeindliche, die Suprematie des Mannes als gegeben annehmende theologische Denkgebäude in den folgenden Jahrhunderten auf die Kultur des Abendlandes genommen hat, ist noch in der Philosophie eines Schopenhauer, Nietzsche oder Weininger spürbar.

Natürlich ist auch für Thomas der Geschlechtsakt etwas absolut Verabscheuungswürdiges, er behauptet sogar, daß häufiger Geschlechtsverkehr zu *„Geistesschwäche"* (mentem enervat) führe, und zur *„Beschädigung der Vernunft"*. Sein Ekel und seine Verachtung drückten sich in den Wortprägungen aus, mit denen er den Geschlechtsakt geißelt. Er bezeichnet ihn als *„Befleckung"* (macula), *„Entehrung"* (ignomina), *„Schmutzigkeit"* (immundita), *„Abscheulichkeit"* (foeditas), *„Krankheit"* (morbus) und *„Entartung"* (deformitas)[28]. Da bereits der „*normale*“ Geschlechtsverkehr derartige Reaktionen hervorrief, waren die Sündenfolgen bei abweichendem Sexualverhalten natürlich noch viel schrecklicher. Thomas zählt bereits die Abweichung von der „*Normalstellung*“ zu den widernatürlichen Lastern, andere Vergehen, schlimmer als Inzest, Vergewaltigung und Ehebruch sind nach ihm die Selbstbefriedigung, Verkehr mit Tieren, Homosexualität, Anal- und Oralverkehr und sogar coitus interruptus[29]. Die Bußen für derartige Kapitalverbrechen waren dementsprechend hart. Für Homosexualität, damals Sodomie genannt, schreiben die Canones zehn Jahre Buße vor, seit Tertullians Zeit im Büßergewand, davon drei Jahre „*in pane et aqua*“, also bei Wasser und Brot. Dem Sünder wurde das Haar geschoren, er wurde mit Ruten gepeitscht und aus der Gemeinde ausgestoßen[30]. Das 690–710 entstandene angelsächsische Bußbuch des griechischen Mönches Theodor, der Erzbischof von Canterbury wurde, und als eigentlicher Organisator der englischen Kirche gilt, bewertet vorsätzlichen Mord wesentlich milder als Oralverkehr. Während nämlich jener mit sieben Jahren Kirchenbuße davonkommt, werden für diesen sieben bis fünfzehn Jahre oder sogar lebenslange Buße festgesetzt. Auch die Canones Gregorii, als deren Verfasser ebenfalls Erzbischof Theodor angenommen wird, bestimmen für Analverkehr fünfzehn Jahre, für vorsätzlichen Mord jedoch nur sieben Jahre Kirchenbuße. Für coitus interruptus hingegen verlangt das fränkische Bußbuch Hubertense, 680–780 entstanden, zehn Jahre Kirchenbuße[31]. Trieb ein Mönche Ehebruch, verschreiben die frühmittelalterlichen Bußbücher ebenfalls 10 Jahre Buße, davon sechs bei Wasser und Brot. Der Beischlaf mit einer unverheirateten Frau brachte dem Kleriker jedoch „*nur*“ drei Jahre Buße ein.[32]. Lag doch hier keine Störung eines Besitzverhältnisses vor.

Anhand solcher und ähnlicher Verordnungen wird die hysterische Sexualverdrängung der Kirche, die Angst des klerikalen Gottesmannes vor natürlichen geschlechtlichen Funktionen besonders deutlich.

Um möglichst wenig Gelegenheit zu sündhaftem Verhalten zu bieten, wurde daher selbst der eheliche Geschlechtsverkehr rigoros eingeschränkt. Er war untersagt an allen Sonn- und Festtagen, an allen Mittwochen und Freitagen, oder Freitagen und Samstagen, bei manchen Frühscholastikern auch an jedem Montag, Donnerstag, Freitag, Samstag und Sonntag. Außerdem hatten sich gläubige Ehepaare zu enthalten an Buß- und Bittagen, in der Oster- und Pfingstoktav, der vierzigtägigen Fastenzeit, und der Adventszeit.

Vor allem in der Frühscholastik durfte der eheliche Verkehr dann auch noch während der Schwangerschaft, der Menstruation und nach der Niederkunft nicht stattfinden und zwar nach der Geburt eines Knaben oft 36, bei der des (minderwertigeren) Mädchens jedoch 56 Tage[33]. Die Verbotstage sind so zahlreich, daß für eheliche Freuden wenig Gelegenheit blieb.

Natürlich hat es sich keineswegs förderlich auf ein gesundes Geschlechtsleben ausgewirkt, dieses nach Kalendertagen reglementieren zu müssen. Obwohl sich im Mittelalter – wie bereits ausgeführt – offenbar nur ein kleiner Prozentsatz an diese strengen Regeln hielt, dürfen die ständig von den Klerikern geschürten Schuldgefühle in ihrem Einfluß auf das Sexualleben der Bevölkerung doch nicht unterschätzt werden.

Die Ehe als ein „Spital der Siechen": Luther

Wie groß die sexuelle Frustration jedoch im Priesterstand war (sie besteht übrigens ungehindert fort), zeigt das Auftreten Luthers, der insoferne eine Neuorientierung herbeiführte, als er die Ehe als Institution – auch für den Kleriker – aufgewertet hat. Während sie den Theologen und Kirchenvätern des Hochmittelalters sozusagen als Notbehelf galt, der deutlich hinter der religiös motivierten Jungfernschaft zurückstand, erklärte Luther die Ehe zur wichtigen, weil notwendigen Institution, da seiner Ansicht nach der Mensch für das Zölibatsgelübde nicht geschaffen sei.

„So wenig man des Essens und Trinkens entbehren kann, ebensowenig ist es möglich, sich von Weibern zu enthalten",

heißt es in seinen Tischreden[34]. Allerdings ging es Luther, der 1525 demonstrativ die ehemalige Nonne Katharina von Bora geheiratet hatte, dabei lediglich um eine Aufwertung des Ehestands als einer Möglichkeit für den Mann, sich von *„schändlichen Anfechtungen"*, die auch ihn selbst heimsuchten, im erlaubten Rahmen zu befreien. Keinesfalls jedoch ging es ihm um eine Aufwertung der Frau. Diese blieb in der Ehe nicht nur *„Gehilfin"* des Mannes und als solche auf die Funktion des Kindergebärens beschränkt, ihr wurde durch die Abschaffung des Virginitätsideals und die Auflösung der Klöster auch noch eine wichtige Möglichkeit zumindest teilweiser weiblicher Selbstverwirklichung genommen. Luthers Einfluß, der bis in unsere Zeit wirksam blieb, spaltete die Frauen somit in zwei Gruppen: die akzeptierte Ehefrau und die überflüssige Ledige.

Aber Luther war nicht nur die Rehabilitierung der Frau kein Anliegen, es gelang ihm auch nicht, den verdrängten Eros in die zwischengeschlechtliche Beziehung zurückzuholen. Denn auch für ihn war die Ehe lediglich ein *„remedium"*, ein Heilmittel gegen die Sünde außerehelicher *„Hurerei"*. Im Jahre 1519, befaßte er sich in seinem Sermon vom Ehestand mit dem alten Thema der an sich bösen Lust, die lediglich innerhalb der Ehe toleriert werde, aber trotzdem auch hier nicht rein und ohne Sünde sei. Er bezeichnete die Ehe als ein *„Spital der Siechen"*, in dem die Sexualität nicht *„angerechnet"* werde[35], und unterscheidet sich mit dieser Beurteilung der Libido als menschliche Schwäche letztendlich wenig von seinen Vorgängern.

Auch Luther ist nicht zur Erotik vorgedrungen, auch das protestantische Pfarrhaus wird bis heute geprägt durch Tugendbegriffe wie gegenseitige Treue und Dienstbarkeit der Frau, keinesfalls jedoch durch einen befreiten Eros beider Geschlechter.

Luther hat auch nicht die von ihm so wütend bekämpfte Prostitution abgeschafft. Er konnte das gar nicht, weil Männer nach wie vor Erotik (oder was sie dafür halten) außerhalb der Ehe suchten und suchen, die schon durch den Gewöhnungseffekt wenig geeignet scheint, derartige Bedürfnisse zu befriedigen. Für die diesbezüglichen Bedürfnisse der Frau war allerdings stets weniger gesorgt. Sie hatte schlicht keine zu haben. Und natürlich ging es auch Luther bei seinem Kampf gegen die Prostitution weniger um die Probleme der betroffenen Frauen als um jene zölibatär lebenden Männer, die nicht durch „*Unzucht*“ gelöst werden sollten.

Der Zusammenhang von Triebunterdrückung und Frauenunterdrückung

Die Trennung von Körper und Geist, von Eros und Agape hat den abendländischen Menschen um seine leib-seelische Einheit gebracht, wobei vor allem die Frau als Verkörperung sündhafter Fleischeslust das eigentliche Opfer christlicher Sexualangst und Libidofeindlichkeit wurde. Selbst heute noch sind streng religiös erzogene Frauen oft zu keinem Orgasmus fähig, weil sie sexuelle Lust als verabscheuungswürdig verinnerlicht haben.

Ständiger Triebstau und Triebunterdrückung wirken sich aber auch noch anders aus. Nicht nur Wilhelm Reich hat auf den Zusammenhang zwischen Aggressivität und Triebunterdrückung hingewiesen, auch die vergleichende Ethnologie hat festgestellt, daß Kulturen mit einer repressionsfreien Sexualmoral wie etwa die von Malinowski untersuchten Trobriander, die Hopi Indianer, die Montagnais-Naskapi und die Goarjiro ein wesentlich aggressionsfreieres Verhalten zeigen als solche mit unterdrückter, stark reglementierter Sexualität[36]. Wichtig scheint es aber vor allem in diesem Zusammenhang darauf hinzuweisen, daß es sich bei Gesellschaften mit freier Erotik fast durchwegs um matrizentrische bzw. egalitäre Gesellschaften mit matrilokalen, matrilinearen Sozialstrukturen handelt, in denen Frauen die Kontrolle über die Produktionsmittel ausüben und dadurch Macht besitzen, was jedoch nicht bedeutet, daß sie über Männer h e r r schen im Sinne patriarchaler Vorstellungen. In patriarchalen Gesellschaften hingegen wird Sexualität meist als etwas Schmutziges, Verbotenes und Verabscheuungswürdiges betrachtet, was dazu führt, daß bereits die Kinder mit einer rigiden Unterdrückung ihrer Erotik konfrontiert werden.

Daß freie Erotik nur in freien Gesellschaften möglich ist und sich daher in patriarchalen, Frauen unterdrückenden Kulturen niemals entwickeln kann, ist einleuchtend.

Von der sexuellen Freizügigkeit matrizentrisch organisierter Indianerstämme, die in ihrer Symbolik (Schöpfergöttin, große spirituelle Kraft der Frauen, Vaginalsymbole als positive Lebensenergie etc.) dem „*Weiblichen*" eine zentrale Bedeutung zukommen lassen, zeigten sich bereits die Missionare geschockt. Die damit im Zusammenhang stehende liebevolle Beziehung der Väter zu ihren Kindern wurde jedoch keinesfalls als positiv, sondern eher als „*unmännlich*" gewertet. Überliefert ist in diesem Zusammenhang der Ausspruch eines Montagnais (Ost-Kanada), dem von dem Missionar Le Jeun vorgehalten wurde, seiner Frau zu große sexuelle Freiheiten zu „*erlauben*", weshalb er nicht mehr sicher sein konnte, ob sein Kind auch wirklich seines ist.

„*Du hast keinen Verstand*",

antwortete der Indianer,

„*Ihr Franzosen liebt nur eure eigenen Kinder, wir aber lieben alle Kinder unseres Stammes.*"[37]

Die echte Menschenliebe in diesen Worten, die sich nicht auf Besitz beschränkt, sondern umfassend ist, blieb dem Missionar verborgen.

Der Parallelität von Frauenunterdrückung und Triebunterdrückung, wie sie in patriarchalen Gesellschaften zu beobachten ist, entspricht also eine meist höhere Aggressionsbereitschaft. Das Christentum hat diese Zusammenhänge besonders deutlich gemacht. Die blutige Spur, die es im Namen von Liebe und Humanität durch die Geschichte zieht, ist Ausdruck menschenverachtender Heuchelei und hat mit der ursprünglichen Botschaft Christi so gut wie nichts zu tun. Auch der oft beklagte „*Tod der Erotik*" (Werner Ross) in der abendländischen Kultur hat wohl hier seine Wurzeln. Die Forderung nach permanenter Triebunterdrückung, wie sie von der Kirche gestellt wird, verträgt sich im Grunde wunderbar mit den Forderungen eines rationalistischen naturwissenschaftlichen Weltbildes am Beginn der Neuzeit und einer ausufernden Industrialisierung im 19. Jahrhundert. Der sublimierte Trieb führte zu Leistung, spätestens seit Luther gilt Arbeit als Tugend, und inzwischen hat die westliche Leistungsgesellschaft nicht nur die gesamte Menschheit, sondern auch sich selbst versklavt, die Umwelt ausgebeutet und zerstört. Erotik, abgetrennt von der leib-seelischen Ganzheit des Menschen, wurde verdinglicht, sie wurde käuflich, eine Sache, die sich durch Leistung, sprich Geld, erwerben läßt.

Hineinprojiziert in die Frau, die als Verkörperung der Erotik gilt, wird Eros für den Mann zum „*Anderen*", dem er sein Geld, sein Prestige, sein Ansehen entgegensetzt. Mit Leistung will er sich dieses „*Andere*" einverleiben, denn er selbst hat seinen Eros wenig gepflegt, schließlich ist er nicht dafür zuständig, das, so findet er, ist die Sache der Frau. Diese allerdings, zur großen Eros-Verwalterin stilisiert, gleichzeitig jedoch manipulierbares und käufliches Objekt, hat ihn genauso verraten. Der gestorbene Eros unserer westlichen Industriegesellschaft ist das Produkt des Zusammenwirkens eines patriarchalen, frauenverachtenden, lust- und leibfeindlichen Christentums mit einer von Männern entwickelten Naturwissenschaft und einer leistungsorientierten Industriegesellschaft. Er ist, insgesamt betrachtet, das Ergebnis eines Übergewichts des männlichen Prinzips, das das weibliche unter sich begräbt. Wenn Frauen ihr weibliches Weltbild *„verkaufen“*, statt ein eigenes zu entwickeln und auch durchzusetzen, wenn sie ihre weibliche Sexualität manipulieren lassen und ihre weibliche Sichtweise der männlichen unterordnen, verraten sie sich selbst und bringen sich um die eigene Stärke. Sie machen sich damit mitschuldig an dem Desaster, dem unsere einseitig männliche Welt ohne gleichstarken weiblichen Gegenpol unweigerlich entgegenschlittert.

Die verkauften Töchter der Dynastien

KÖNIGS- UND FÜRSTENTÖCHTER ALS GEGENSTAND MACHTPOLITISCHER INTERESSEN

Die Ehen der Fürsten-, Königs- und Kaisertöchter können nicht als repräsentatives Beispiel für die Ehen von Frauen in vergangenen Jahrhunderten generell gewertet werden. Sie waren stets außergewöhnlich in ihrer besonderen, schicksalhaften Dramatik, standen immer im Scheinwerferlicht der Geschichte, sie verdeutlichen Einfluß und Macht und wurden unter diesen Gesichtspunkten geschlossen. Und doch machen gerade sie patriarchale Strukturen besonders deutlich. An keinem Beispiel läßt sich die Unterwerfung der Frau unter männliche Herrschaftssysteme, ihre totale Ausbeutung und Verfügbarkeit besser demonstrieren als an jenem dieser verkauften Bräute. Zwar wurden auch die Söhne bei der Wahl ihrer zukünftigen Frauen kaum um ihre Meinung gefragt, doch hatte für sie dieser Heiratsschacher nicht eine so tiefgreifende Bedeutung wie für die Töchter. Denn während Männer in Ausübung ihrer Herrschaftsrechte meist anderweitig beschäftigt waren, hatten Ehe und Mutterschaft für die Frau eigentlicher Lebensinhalt zu sein. Außerdem stand den Fürsten und Königen jederzeit eine beliebige Anzahl von Mätressen zur Verfügung, bei denen sie ihr Bedürfnis nach Liebe und Sexualität befriedigen konnten. Bei den Gattinnen hingegen wurden viel strengere Maßstäbe angelegt, sie wurden häufig bereits für den geringsten Verdacht eines außerehelichen Liebesverhältnisses vom Hof verbannt, manchmal sogar hingerichtet. So läßt sich an den oft dramatischen und bewegenden Schicksalen von Kaiserinnen und Königinnen besonders klar die allgemeine Situation der Frau in der patriarchalen Ehe herausfiltern: ihre – begrenzte – Fixiertheit auf den Mann und seine Freiheit in der Wahl außerehelicher Möglichkeiten. Ihm zu gefallen, zu dienen und zu Willen zu sein, dazu wurden auch Königstöchter bereits von frühester Jugend an erzogen. Unterwürfigkeit, Demut und Gehorsam wurden zu einer Frage des Überlebens. Einen Stammhalter zu gebären, war oberstes und wichtigstes Gebot, das über ihre Stellung und über ihren Einfluß entschied. Während seine, vom gesamten Hofstaat aufmerksam beobachteten und kommentierten nächtlichen Besuche ihres Schlafzimmers über ihr Schicksal entschieden, waren sie für ihn meist nur eine lästige, dynastische Pflicht.

Die verkauften Töchter der Dynastien waren Spielball mächtiger Männer, manchmal auch Frauen, sie hatten ihr persönliches Wohl, und dabei vor allem ihren intimsten Bereich, nämlich jenen der Liebe und der Sexualität, dem allgemeinen Staatswohl unterzuordnen. Sie waren tapfer im Leid, bewiesen häufig geradezu heroische Fähigkeiten, Demütigungen zu ertragen, und bewahrten ihre Würde selbst in aussichtslosen Situationen. Viele starben im Kindbett. Manchmal gelang es ihnen, in Abwesenheit des Gatten oder für ihre unmündigen Söhne die Regierungsgeschäfte zu übernehmen. Manche schafften es, sogenannte weibliche Eigenschaften einzubringen, andere regierten härter als ein Mann, um dem Vorwurf weiblicher Schwäche zu begegnen. Daß Frauen an der Spitze eines patriarchalen Systems den diesem innewohnenden Strukturen weitgehend gerecht werden mußten, war – und ist auch heute noch – eine Notwendigkeit. Sie könnten sonst nicht bestehen.

Die Schicksale berühmter Frauen sind auch deshalb so aufschlußreich, weil uns vor allem aus frühen Jahrhunderten wenig Authentisches über Leben und Wirken von Frauen überliefert ist. Die Viten einzelner Klosterfrauen und Heiliger und jene hochgeborener Töchter sind oft die einzigen Quellen, die Rückschlüsse auf das damalige Frauenleben zulassen.

Doch sind auch hier die Angaben häufig dürftig und mangelhaft und verblassen hinter den wesentlich ausführlicheren und umfangreicheren Beschreibungen, die die Historiker den männlichen Handlungsträgern der Geschichte widmeten.

Das Leben verheirateter Fürstentöchter erfüllte sich in der Regel an fremden Höfen, nämlich jenen der Gatten, die sie häufig erst zum Zeitpunkt der Hochzeit kennenlernten. Daß sie als halbe Kinder aus ihrer Familie gerissen wurden, die sie oft nie mehr wiedersahen, vermählt einem unbekannten Mann in einer fremden Umgebung mit fremder Sprache unter fremden Menschen, entsprach den patriarchalen Machtstrukturen. Daß ihnen dabei meist auch fast sämtliche vertrauten und geliebten Personen genommen und sie mit einem fremden Hofstaat umgeben wurden, demonstrierte die totale Verfügungsgewalt über die Frau, die, somit allen *„fremden“* Einflüssen entzogen, dem Herrschaftsbereich des Mannes unterstellt wurde.

Gestorben an „Herzeleid“

Wie sehr diese jungen Kaiserinnen und Königinnen darunter gelitten haben, können wir nur ahnen. Gelegentlich gibt es auch zeitgenössische Berichte, die direkt darauf hinweisen. So etwa meinte Aeneas Silvio Piccolomini, späterer Papst Pius II., damals jedoch noch Sekretär und Freund Friedrichs III., daß der portugiesische König Alphons V. gut daran getan hätte, zugleich mit seiner Schwester Eleonore, späterer Gattin Friedrichs III., auch noch eine zweite Schwester in dieses Land zu verheiraten, damit die eine der anderen hätte Trost spenden können[1]. Auch die Ratschläge, wie eine gute Ehe zu führen sei, die Alphons dem wesentlich älteren Friedrich erteilte – sie wurden von diesem mit der Bemerkung beantwortet, er bedürfe weder vom portugiesischen König noch von irgend jemand anderem in dieser Angelegenheit einer Belehrung –, lassen den Schluß zu, daß das portugiesische Königshaus über die Seelenqualen Eleonores unterrichtet war. Tatsächlich dürfte dieses lebhafte, fröhliche Mädchen, das als halbes Kind (einander widersprechende Angaben nennen ein Alter von 14, 15 oder 17 Jahren)[2] 1452 nach vorheriger Prokurationstrauung mit dem 32-jährigen, verschlossenen, mürrischen und geizigen Friedrich vermählt worden war, schrecklich unter Heimweh gelitten haben. Die düstere, von mittelalterlichen Befestigungsanlagen umgebene Wiener Neustädter Burg, die Friedrich zu seiner Residenz gemacht hatte, mag einen zu krassen Gegensatz zu dem bunten Leben am portugiesischen Hof dargestellt haben. Doch der sich ewig in Geldnöten befindende Friedrich war kein Freund von Festen und Lustbarkeiten, und den Tanz, den seine junge Gemahlin so sehr liebte, fand er unmoralisch. Dafür war die Neustadt häufig von Waffengeklirr umgeben, mehrfach mußte sich das Kaiserpaar vor aufständischen Untertanen flüchten, auch die Wiener Hofburg, in die der Hofstaat schließlich übersiedelte, wurde von rebellischen Bürgern belagert.

Umso unverständlicher, daß Eleonore nur eine einzige portugiesische Kammerzofe, Beatrix Lopez, nach Wien mitnehmen durfte, die aber bereits nach einem Jahr aus unbekannter Ursache starb. Wie sehr die Kaiserin diesen Verlust bedauerte, bestätigt der aufwendige Grabstein in der Neuklosterkirche zu Wiener Neustadt, wo später auch Eleonore bestattet wurde. Er zeigt die Verstorbene in voller Lebensgröße mit anmutiger Gestalt und sorgfältig ausgearbeitetem, lächelndem Gesicht.

Sicherlich wurde auch ansonsten wenig getan, das Los der jungen Frau zu erleichtern. Vielmehr machte Friedrich sie für den Tod von drei der insgesamt fünf Kinder, die sie geboren hatte, verantwortlich, weil sie ihnen zu viel portugiesische Süßigkeiten gegeben hätte. Es überrascht daher wenig, daß als Ursache für Eleonores Tod im 31. Lebensjahr von Historikern späterer Jahrhunderte *„Herzeleid"* vermutet wird[3]. Andere machen ein Magenleiden dafür verantwortlich. Offenbar ist ihr die österreichische Kost auch nicht besonders gut bekommen.

Eleonore hinterließ zwei Kinder: die jüngere Kunigunde, die nach unsicherer Quellenlage mit dem Erzfeind der Österreicher, dem türkischen Sultan Mehmed (Mohammed) II., dem Eroberer von Konstantinopel, vermählt werden sollte – ein ungeheuerliches Projekt, das allerdings nicht beweisbar ist[4]. Doch war auch ihre Heirat mit Herzog Albrecht IV. von Bayern abenteuerlich genug. Sie kam durch plumpen Betrug zustande und sollte die Gebietsansprüche des Herzogs über weite Teile Tirols untermauern.

Bevor Friedrich den Verrat erkannte, war die kostbare Braut bereits unter die Haube gebracht und die freie Reichsstadt Regensburg, die der kaiserlichen Oberhoheit unterstand, besetzt worden. Das bereits marschbereite Heer hat Friedrich jedoch, bewogen durch die flehenden Briefe der getäuschten Tochter ebenso wie durch die Vermittlung ihres Bruders Maximilian, dann gegen seinen ungewünschten Schwiegersohn doch nicht abgeschickt. Eine friedliche Lösung konnte allerdings erst nach jahrelangen Verhandlungen erzielt werden[5].

Eine Liebesheirat

Der Sohn Maximilian, der *„letzte Ritter"*, verehrte seine schöne, musisch veranlagte, aber auch fromme Mutter Eleonore sehr und reihte sie unter die Heiligen ein. Er heiratete 18jährig die um zwei Jahre ältere Maria von Burgund, eine Verbindung, die als wirkliche Liebesheirat in die Geschichte einging. Die Vorgeschichte bot sich für eine Romanze geradezu an, und die tatsächliche Verbindung endete früh genug, um den Zauber jugendlicher Verliebtheit nicht zur zerstören.

Die blutjunge Maria, nach dem Tod ihres Vaters, Karls des Kühnen, Vollwaise geworden, mußte sich allein und schutzlos gegen Widerstände im eigenen Land sowie gegen die Eroberungsgelüste Frankreichs behaupten. Zwar fehlte es keinesfalls an Bewerbern um die Hand der schönen und reichen Erbin, vor allem wünschte Frankreichs Ludwig XI. seinen erst siebenjährigen, sowohl körperlich wie geistig unterentwickelten Sohn mit Maria zu verkuppeln. Doch zeigte diese verständlicherweise wenig Ambitionen, sich mit einem Kind verheiraten zu lassen, sie wartete lieber auf Maximilian, dem sie bereits ein Jahr zuvor, also 1476, versprochen worden war. Als der sehnsüchtig Erwartete denn endlich mit einer kleinen, unterwegs zusammengestellten Armee in Gent eintraf, soll er auch von der Bevölkerung mit Jubel empfangen worden sein. Überwältigt vom gegenseitigen Anblick, so weiß die Legende zu berichten, seien die beiden jungen Menschen schweigend aufeinander zugegangen, hätten sich an den Händen gefaßt und wären vor dem nächsten Priester niedergekniet, um ihren Bund segnen zu lassen.

Tatsache ist, daß Maximilian bei ihrem Tod nach nicht einmal fünfjähriger Ehe – sie hatte sich bei einem unglücklichen Sturz vom Pferd tödlich verletzt – untröstlich war und bis an sein Lebensende kleine Verse an die früh Verstorbene richtete.

Stich von Chrispyn de Passe (?) (1564–1637) *Maria von Burgund* (1457–1482) mit Maximilian I. Die Ehe Maximilians I. mit Maria von Burgund gilt als eine der wenigen Liebesheiraten in der habsburgischen Geschichte.

„Der Brautraub von Britannia"

Trotzdem hat Maximilian dann noch zweimal geheiratet. Die erste Ehe mit Anne de Bretagne führte zu einem Eklat, und auch der zweite, aus rein politischen Erwägungen geschlossene Ehebund mit Bianca Maria Sforza, der Tochter des Herrschers von Mailand, war kaum glücklich. Die Erbschaft der knapp 14jährigen Anne, das Herzogtum Bretagne, sollte mit seinen stattlichen Einkünften von einer Million Gulden pro Jahr Maximilian aus seinen ständigen Geldnöten befreien. Doch hatte zur gleichen Zeit bereits ein anderer, nämlich der inzwischen 18jährige Franzosenkönig Karl VIII. ein Auge auf die reiche Erbtochter des letzten Herzogs der Bretagne geworfen. Und obwohl die Trauung mit Maximilian bereits in aller Form *„per procurationem"* vollzogen worden war, fiel Karl mit seinen Truppen in die Bretagne ein, raubte das Mädchen und machte es in aller Schnelle zu seiner Frau. Da der bretonische Adel sich mit den Franzosen verbündet hatte und die Räte allesamt bestochen waren, blieb der jungen Herzogin nichts anderes übrig, als sich mit ihrem eigenen Raub einverstanden zu erklären. Maximilian hingegen war empört, und das war auch die halbe Welt. Galt dieser *„Brautraub von Britannia"*, wie Karls Handstreich von da an genannt wurde, doch nicht nur als frecher, brüskierender Handstreich, sondern ebenso als Verstoß gegen die Kirche. Denn die in Königs- und Kaiserhäusern allgemein übliche Heirat *„per procurationem"*, bei der ein Stellvertreter des Kaisers meist vor versammeltem Hofstaat zu der Braut in das festlich geschmückte Brautbett stieg, um dergestalt symbolisch die Hochzeit zu vollziehen, galt im allgemeinen als bindend. Doch wie die Dinge lagen, hatte der Franzosenkönig die Macht, und darum war auch das Recht auf seiner Seite. Maximilian hingegen, der gerade in Ungarn kämpfte und nicht einmal genug Geld besaß, um seine Söldner zu bezahlen, war im damaligen Kräftespiel von geringerer Bedeutung. Wie in solchen Fällen meist, fand auch die Kirche rasch ein Argument, die Ehe mit Maximilian für ungültig zu erklären, denn das Mädchen, so hieß es, sei mit seinen 14 Jahren noch nicht heiratsfähig gewesen. Daß mindestens die Hälfte aller Fürstenehen in diesem frühen Alter geschlossen wurden, störte dabei niemand.

„Laßt blitzen die glänzenden Schwerter": Margarete

Damit war diese Angelegenheit für Maximilian jedoch keinesfalls erledigt. Denn zu der beschämenden Tatsache, daß ihm die Braut geraubt worden war, kam die nicht minder beschämende, daß seine Tochter Margarete, die er bereits als dreijähriges Kind mit dem damals 13jährigen französischen

Dauphin Karl verkuppelt hatte, jetzt von diesem praktisch vor die königliche Haustür gesetzt wurde. Daß plötzlich die reiche – und ebenso betrogene – Anne de Bretagne begehrenswerter war, wurde Margarete mit mehr oder weniger Schonung mitgeteilt. Sie selbst, damals im Alter von 12 Jahren, hat diese Demütigung allerdings nie vergessen:

„Laßt blitzen die glänzenden Schwerter, steh auf, du herrliches Volk. Hört ihr Flamen, liegt ihr im Schlaf? Schuld trägt ihr an meiner Not – wie könnt ihr Frankreichs Freunde sein? Die Zeit wird kommen, und ich werde Rache nehmen an dir, König Karl,“[6]

schrieb sie, dichterisch begabt, damals in ihr Tagebuch. Die Konfrontation mit Frankreich bestimmte tatsächlich auch ihr späteres Leben als Statthalterin der Niederlande. Allerdings hat sie hier eher als Vermittlerin und Friedensstifterin, denn als Racheengel gewirkt und dabei im berühmten *„Damenfrieden von Cambrai“* auch beachtliche Erfolge erzielt.

Vorerst jedoch war sie noch zweimal Gegenstand von Maximilians Heiratspolitik. Siebzehnjährig wurde sie an den spanischen Thronfolger Juan verheiratet, einen schwachen, zarten Jüngling von 19 Jahren, der eine derart intensive Leidenschaft zu der blonden Habsburgerin entwickelte, daß manche Historiker behaupten, er habe sich an ihr zu Tode geliebt[7]. Tatsächlich starb der Thronfolger bereits ein halbes Jahr nach der Hochzeit an rätselhaften Fieberattacken und ließ eine noch nicht einmal 18jährige Witwe zurück, die, nachdem sie einen toten Knaben geboren hatte, für das spanische Herrscherhaus nicht mehr von Interesse war. Sie wurde daher, immerhin mit einer reichen Witwenpension ausgestattet, wiederum in die Heimat zurückgeschickt. Der dritte, von Maximilian ausgesuchte Heiratskandidat war der Herzog von Savoyen, Philibert, der, um drei Monate jünger als Margarete, ebenfalls bereits Witwer war. Er wurde Margaretes große Liebe, das – wenn auch seltene – Wunder einer politisch motivierten und trotzdem glücklichen Ehe hatte sich neuerlich ereignet.

„Diese Ehe ward zu der zyt unter allen christlichen Fürsten die lustigste und hübscheste geachtet, dann die beiden von Lyb, Gestalt und Tugend ganz wohl geschöpfet waren,“[8]

schreibt ein Historiograph. Als jedoch auch dieser Ehemann nach kurzen, glücklichen Jahren wahrscheinlich an Lungenentzündung starb, brach Margarete zusammen. Sie soll schreiend aus dem Sterbezimmer gerannt sein und versucht haben, sich aus dem Fenster zu stürzen. Dann schnitt sie sich ihre schönen blonden Haare ab, verfiel in Apathie und war tagelang nicht ansprechbar. Ihre Umgebung fürchtete, sie würde den Verstand verlieren. Trotzdem hatte Maximilian die Absicht, sie noch ein viertesmal als Schachfigur für seine Heiratspläne zu benutzen. Sie sollte mit dem ältlichen englischen König Heinrich VII. vermählt werden, um damit das Bündnis gegen Frankreich zu stärken. Diesmal jedoch lehnte sie energisch ab – sie wollte ihrem verstorbenen Gemahl Philibert bis über den Tod hinaus die Treue halten. Das Angebot ihres Vaters, die Regentschaft in den Niederlanden zu übernehmen, akzeptierte sie jedoch sofort. Sie wurde eine beliebte, geschätzte Landesmutter, die außerdem auch noch vier der insgesamt sechs unmündigen Kinder ihres früh verstorbenen Bruders Philipp aus seiner Ehe mit der spanischen Juana, der Wahnsinnigen, großzog. Es waren dies Eleonore, Isabella, Maria und Margaretes Patenkind Karl. Vor allem mit letzterem, dem späteren Karl V., soll sie eine tiefe Zuneigung verbunden haben, die auch von diesem erwidert wurde. Wiederholt wies er in aller Öffentlichkeit auf die Verdienste seiner Tante hin und verlieh ihr bei der Königskrönung zu Frankfurt im Jahre 1520 den Ehrentitel *„Erste Dame des Reiches"*.

Die Verlobung eines Babys mit einem Embryo

Mit den der Obhut Margaretes anvertrauten Enkeln sowie zwei weiteren, Ferdinand und Katharina, die in Spanien geblieben waren, trieb Maximilian nun eine tatsächlich spektakuläre Heiratspolitik. Sie sollte die Macht des Hauses Habsburg im eigentlichen begründen und festigen und machte den dem Ungarnkönig Matthias Corvinus zugeschriebenen Spruch *„Bella gerant alii, tu felix Austria nube"* für die weitere Habsburgpolitik zum geflügelten Sprichwort.

Am bekanntesten und einträglichsten war sicherlich jene Doppelhochzeit im Wien des Jahres 1515, bei der die erst 10jährige Erzherzogin Maria mit dem um ein Jahr jüngeren ungarisch-böhmischen Thronerben Ludwig verehelicht wurde, während der 56jährige Maximilian stellvertretend für einen seiner Enkel die 12jährige Anna, Tochter des Böhmen- und Ungarnkönigs, heiratete. Johann Spießheimer, bekannt unter dem latinisierten Namen Cuspinianus, ein Vertrauter Maximilians, hat uns diese prächtige Hochzeit, bei der Österreich an einem einzigen Tag Ungarn und Böhmen erwarb, bis ins kleinste Detail beschrieben. Den befremdlichen Umstand, daß hier ein Kind mit einem bejahrten Mann verheiratet wurde, erwähnt er mit keinem Wort. Trotzdem war diese Verbindung selbst für damalige Verhältnisse ungewöhnlich, war doch überhaupt nicht sicher, welcher der Enkel, Ferdinand oder Karl, oder ob überhaupt einer für die kindliche Braut in Frage kam. Doch hatte sich bereits die Vorgeschichte dieser Heiraten durch seltsame Spekulationen ausgezeichnet. Denn schon im März 1506, sechs Monate nach Marias Geburt, schloß Maximilian in Wiener Neustadt mit den Bevollmächtigten des Königs von Ungarn und Böhmen, Wladislaw II., einen Vertrag ab, nach dem das werdende Kind im Leib von Wladislaws Gemahlin, soferne es ein Knabe wird, mit Maria zu vermählen sei.

Es wurde also ein Baby mit einem Embryo verlobt – und auch das fand jedermann völlig in Ordnung. Gleichzeitig wurde bereits damals der Enkel des Kaisers, Erzherzog Ferdinand, für Anna, die bereits geborene Tochter Wladislaws bestimmt. Als dann tatsächlich ein Sohn, nämlich Ludwig, geboren wurde, erschien plötzlich Katharina, Marias jüngere Schwester, als passendere Gemahlin, und Maria war nur noch als Lückenbüßerin für den Fall, daß Katharina vorzeitig sterben würde, vorgesehen. Da jedoch Katharina in Spanien aufwuchs und daher für die Familienpolitik Maximilians schwer erreichbar war, blieb es dann doch bei der ursprünglichen Abmachung[9].

Derartig verwickelte und komplizierte Heiratspläne geben einen Einblick in dynastisches Denken, in dem persönliche Schicksale immer dem Staatswohl untergeordnet wurden, was für die Töchter, denen ja relativ selten Gelegenheit gegeben wurde, selbst in die Geschicke des Staates einzugreifen, stets eine doppelte Unterordnung bedeutete: nämlich nicht nur jene unter das Wohl des Staates, sondern auch des Mannes.

Daß bereits ungeborene Kinder miteinander verlobt wurden, war übrigens keine Seltenheit. Auch der Sohn Maximilians, Philipp der Schöne, versprach Ludwig von Frankreich seine mögliche – wenngleich noch nicht geborene – Tochter einem möglichen, aber noch nicht geborenen französischen Kronprinzen[10]. Derartige Abmachungen fanden durchaus im Rahmen des Üblichen statt.

Die Rechnung Maximilians, des Heiratspolitikers par excellence, ist übrigens voll aufgegangen. Denn bereits ein Jahr nach der Doppelhochzeit im Wiener Stephansdom starb König Ferdinand von Aragon, Karls Großvater mütterlicherseits, und der junge Erzherzog brach nach Spanien auf, um das dortige Erbe anzutreten, während sein jüngerer Bruder Ferdinand nach dem Tod Maximilians Österreich in Besitz nahm und damit zugleich auch die ungarische Braut Anna. Diese brachte in 26 Ehejahren insgesamt 15 Kinder zur Welt, darunter die Söhne Maximilian (den späteren Maximilian II.), Ferdinand und Karl. (Die Töchter, die hauptsächlich an italienische Fürsten verheiratet wurden, erscheinen den Historikern stets weniger erwähnenswert.) Die Ehe wird als harmonisch beschrieben, Ferdinand war zufrieden mit seiner fruchtbaren Frau, die ganz ihrer Bestimmung entsprach und sich keinesfalls in die Politik ihres Mannes mischte, obwohl Ungarn und Böhmen, die schließlich nach der denkwürdigen Schlacht bei Mohács 1526 tatsächlich an Österreich fielen, ja schließlich ihre Lande waren.

Maria, Kunigin von Ungarn und Behaim

Nicht ganz so harmonisch fügte sich die eigenwillige Maria, die schon als Kind wilde Spiele geliebt hatte und mit ihrem Großvater Maximilian leidenschaftlich gerne auf Jagd gegangen war, in das gängige Bild von der demütig sich unterordnenden, vor allem aber fruchtbaren Ehefrau. Sie wurde auch ansonsten vom Schicksal nicht eben verwöhnt. Als sie 1521 als Gattin des jungen Ludwig nach Ungarn kam, fand sie völlig chaotische Verhältnisse vor und einen 15jährigen König (Ludwig war bereits 10jährig dem verstorbenen Vater auf den Thron gefolgt), der lediglich Scheinautorität besaß, während tatsächlich die Magnaten und Prälaten des Kronrates regierten. Die energische Maria hat die Situation des jungen Königs, der nur eine jämmerliche Apanage bezog, kaum ausreichend zu essen hatte und keinen *„guten Rockh"*, wie Hanns Schweinpeck aus dem österreichischen Gefolge Marias berichtete[11], entscheidend gebessert. Sie kleidete ihn neu ein, verschaffte ihm mehr Autorität und verjagte die Höflinge aus den Prachtgemächern. Nach dem unrühmlichen Tod des zwanzigjährigen Königs in der vernichtenden Schlacht bei Mohács 1526 – er war bei der Überquerung eines Donauarmes mitsamt seinem ebenfalls schwer gepanzerten Pferd in den reißenden Fluten ertrunken – und der Flucht der jungen Königin nach Preßburg, war ihre diesbezügliche Mission für das Haus Habsburg beendet. Ihr Bruder Ferdinand und seine Gattin, die ungarische Königstochter Anna, machten ihre Recht geltend und wurden 1527 zum ungarischen Königspaar gekrönt.

Den zahlreichen Heiratsplänen, die ihre beiden Brüder für Maria in der Folge schmiedeten, hat sie allerdings eine dezidierte Absage erteilt und die schwarze Witwentracht nie mehr abgelegt. Die Gründe dafür sind nicht völlig erforscht. Vielleicht hat sie wirklich ihren liebenswürdigen und entschlußlosen Gatten so geliebt, daß kein anderer mehr für sie in Frage kam. Vielleicht aber hielt sie sich auch für unfruchtbar, ein Schicksal, das jede Regentin zu einem unnützen, häufig auch verstoßenen Anhängsel ihres Mannes machte. Immerhin war ihre fünfjährige Ehe kinderlos geblieben, und einige ihrer Äußerungen deuten darauf hin, daß sie sich selbst die Schuld daran gab[12].

Gedemütigt und mißhandelt: Isabella

Vielleicht aber schreckte sie auch das Schicksal ihrer Schwestern davon ab, einen neuen Ehebund einzugehen. War doch etwa die blasse, schüchterne, erst 13 Jahre alte Isabella von ihrem Großvater Maximilian kaltblütig an einen Mann verschachert worden, der schon zur damaligen Zeit als Wüstling galt, und dem später die Geschichte den Beinamen *„Der Böse"* verlieh: Christian II. von Dänemark, der sich bereits als Halbwüchsiger zum Anführer jugendlicher Banden machte, die Bürger terrorisierte,

Mädchen vergewaltigte und dann als 21jähriger in einem Rachefeldzug gegen Norwegen Schuldige und Unschuldige gleichermaßen grausam niedermetzeln ließ. Als Isabella am Kopenhagener Hof eintraf, wurde sie sogleich mit Christians Mätresse Dyveke konfrontiert, Tocher der aus Holland eingewanderten Kneipenwirtin Sigbrit Willems, deren gesamte Verwandtschaft wichtige Regierungsstellen besetzt hatte und die ihr von Christian als Gesellschafterin aufgezwungen wurde. Die Stellung der jungen Königin als geduldetes Übel war in Kürze derart skandalös, daß sie zum beliebten Klatschthema an Europas Höfen wurde und sich ihr Bruder Karl auf Ansuchen Maximilians veranlaßt sah, seinen Schwager diesbezüglich zur Rede zu stellen. Darauf wurde Isabellas Hofmeisterin, die einzige Person, zu der die Königin Zuneigung und Vertrauen gefaßt hatte, vom Hof gejagt und an deren Stelle die Mutter der Mätresse des Königs eingesetzt. Als schließlich Dyveke, eine weißblonde, üppige Schönheit, starb, beschuldigte Christian die Königin des Verrats und ließ ihr die drei Kinder wegnehmen, die ab nun von Dyvekes Mutter erzogen wurden. Die Haltung der erst vierzehnjährigen Königin war so, wie sie ihr von Kindesbeinen an eingelernt worden war: sie bewies absolute Disziplin, hat sich niemals beschwert, niemals ihren Angehörigen gegenüber geklagt. Nachdem die Dänen ihren gewalttätigen Herrscher gestürzt und dessen Vetter Frederik zum König gemacht hatten, hielt Isabella mit geradezu selbstmörderischer Treue zu ihrem sie mißhandelnden Gatten. Sie floh mit ihm und ihren drei Kindern in die Niederlande, lehnte eine Einladung des neuen dänischen Königs, mit den Kindern zusammen nach Kopenhagen zurückzukehren, ab und setzte sich sogar mit großer Entschlossenheit auf dem Reichstag zu Nürnberg für ihren Gatten ein. Schließlich trat sie mit ihm zusammen zum neuen Glauben über, was einen Bruch mit der eigenen Familie zur Folge hatte, worauf sich ihre Tante Margarete genötigt sah, dem in völliger Armut lebenden abgesetzten dänischen Königspaar die Kinder wegzunehmen, um sie im rechten Glauben im niederländischen Mecheln zu erziehen[13].

Es ist heute nicht mehr nachvollziehbar, inwieweit Isabella hier aus eigenem Entschluß handelte oder inwieweit sie unter dem Druck ihres Gatten und der Verhältnisse stand. Fest steht, daß die absolute Gehorsamspflicht der Frauen und dabei insbesondere der Fürstentöchter, die von der Gesellschaft, von der Familie, vom Volk erwartet wurde, ihnen meist gar keine andere Möglichkeit ließ, als zu ihrem Gatten zu stehen. Auch wenn sie von diesem auf die furchtbarste Art und Weise mißbraucht, gedemütigt und gequält wurden, wie dies an zahlreichen Schicksalen verheirateter Fürsten- und Königstöchter deutlich wird. Viele dieser Frauen sind daran zugrunde gegangen, erschöpft, ausgezehrt, zerbrochen. Auch Isabella siechte dahin, und eines Tages im Jänner 1526 wurde die erst Fünfundzwanzigjährige tot in ihrem Bett aufgefunden.

Ebenso dürften die Heiratsgeschäfte, die die älteste Schwester Marias, Eleonore, über sich ergehen lassen mußte, nicht eben dazu beigetragen haben, Maria eine neue Heirat als erstrebenswert erscheinen zu lassen. Nachdem Eleonore ihre Liebe zu einem jungen Lehrer ihres Bruders Karl, dem Pfalzgrafen Friedrich, Ritter vom Goldenen Vlies, untersagt worden war und der schöne, stattliche Mann mit Schimpf und Schande vom Hof gejagt wurde, mußte sie den fast 30 Jahre älteren Manuel, König von Portugal, heiraten, der jedoch bereits nach zwei Jahren starb.

Dann sollte sie mit dessen 18jährigem Stiefsohn und Vetter, dem Infanten Juan, verheiratet werden, eine praktische Allianz, weil sich dadurch die Mitgift erübrigt hätte. Schließlich jedoch, nachdem dieser Plan trotzdem verworfen wurde (Juan bekam Eleonores 15jährige Schwester Katharina), wurde sie mit dem Erzfeind des Hauses Habsburg, dem französischen König Franz I., vermählt und mußte ihre einzige Tochter in Portugal zurücklassen. Sie hat sie bis kurz vor ihrem Tod nicht wiedergesehen.

Welche Gründe für Marias Entschluß, unverheiratet zu bleiben, auch immer ausschlaggebend gewesen sein mögen, Tatsache bleibt, daß sie sich den Heiratsplänen ihrer Brüder heftig widersetzte. Als sie jedoch Karl V. 1531 aufforderte, die Nachfolge der inzwischen verstorbenen Tante Margarete in den Niederlanden anzutreten, stimmte auch sie – nach einigem Zögern – zu. Ihr einziges Lebensziel, ließ sie den Kaiser, ihren Bruder, wissen, sei, ihm zu dienen und zu gehorchen. Denn das Gebot der Treue und Gefolgschaft, zu dem Frauen ihren Gatten gegenüber aufgefordert wurden, setzte sich gegenüber ihren Brüdern fort. Karl wußte also genau, warum er Maria die Regentschaft übertrug: Er konnte ihrer absoluten Loyalität sicher sein.

Obwohl Maria politische Begabung, Initiative und Verantwortungsbewußtsein besaß, ist sie als Regentin bei der Bevölkerung nicht so beliebt gewesen wie ihre verstorbene Tante, die Tochter der verehrten Maria von Burgund. Sie verfügte auch nicht über deren Handlungsfreiheit, sondern wurde durch drei Beratungsausschüsse ihres Bruders Karl bevormundet.

Die bedingungslose Liebe und Verehrung, die sie ihm entgegenbrachte, hatte sie allerdings mit ihrer Tante gemeinsam. Sie war es auch, die den Streit zwischen den Brüdern Karl und Ferdinand und ihren Söhnen Philipp und Maximilian wegen der Reihung der Nachfolge schlichtete. Als der Kaiser krank wurde, an Gicht, Atemnot und Depressionen litt, war sie die einzige, die zu jeder Tages- und Nachtzeit zu ihm Zutritt hatte und die nötigen Entscheidungen fällte. Schließlich wurde ihr auch der letzte, sehnlichste Wunsch erfüllt: den Lebensabend zusammen mit dem kranken, abgedankten Kaiser verbringen zu dürfen. Er hat sich dann allerdings in dem gemeinsamen Refugium in Spanien, das auch noch die Schwester, die verwitwete Königin von Frankreich, mit ihnen teilte, wenig um sie gekümmert, sondern vor allem für seine kostbare Uhrensammlung gelebt. Erst als neue Unruhen in den Niederlanden den Sohn Philipp in schwere Bedrängnis brachten, bat er Maria noch einmal, nach Brüssel zurückzukehren. Wieder war die jetzt bereits Dreiundfünfzigjährige nach anfänglicher Weigerung bereit, diese Bitte des geliebten Bruders zu erfüllen. Da starb der Exkaiser, Maria erlitt zwei schwere Herzanfälle und folgte ihm nach knapp einem Monat in den Tod.

Eine exzentrische Prinzessin

Daß sich die Töchter hoher Fürsten- und Königshäuser den Heiratswünschen ihrer Vormünder gelegentlich auch widersetzten, kam also durchaus vor. Besonders, wenn sie bereits einmal oder mehrmals verheiratet gewesen waren, hatten die Mächtigen oft ein Nachsehen.

Ausgesprochen ungewöhnlich jedoch war das Verhalten jener Marguèrite-Louise von Orléans, einer Cousine des französischen Königs Ludwig XIV., die 16jährig gegen ihren Willen mit Cosimo III., dem Sohn des Großherzogs Ferdinando II. des Hauses Medici, verheiratet wurde[14]. Denn dieses eigenwillige, intelligente und selbstbewußte Mädchen fügte sich nicht, sondern setzte Himmel und Hölle, vor allem aber ihren mächtigen Cousin in Bewegung, bis sie nach 12jährigem Eheleben eine Trennung durchgesetzt hatte – ein für die damalige Zeit ungeheures Unterfangen, das für entsprechendes Aufsehen sorgte.

Arrangiert hatte diese Verbindung Kardinal Mazarin, und der König, der nach dem Tod von Marguèrites Vater, des Herzogs von Orléans, die Vormundschaft über seine nur um 7 Jahre jüngere Cousine übernommen hatte, war damit einverstanden. Bitten, Flehen, selbst verzweifelte Szenen der Prinzessin, die sich eben in den etwa gleichaltrigen Prinz Charles von Lothringen verliebt hatte, ebenso wie Fürsprachen ihrer Mutter änderten nichts am gefaßten königlichen Beschluß, der das Bündnis Bourbon-Medici festigen sollte. Weil ein königlicher Befehl nicht zu umgehen war, heiratete Marguèrite schließlich im Jahre 1661 den 18jährigen, ungeliebten, plumpen und bigotten Cosimo und gebar ihm im Laufe von 12 Jahren auch drei Kinder. Doch verliefen diese erzwungenen Ehejahre derart unerquicklich, daß nicht nur Ludwig XIV. mehrmals Gesandte schickte, um die widerspenstige Prinzessin zur Raison zu bringen, sondern sogar der Papst persönlich sie unter Androhung der Exkommunikation aufforderte, sich in das Unvermeidliche zu fügen.

Doch das Unfaßbare geschah: Marguèrite fügte sich nicht. Das Verhalten der Prinzessin, die eine freie Erziehung genossen hatte und zumindest nicht völlig in das Anstandskorsett ihrer Zeit gepreßt worden war, erschien den Zeitgenossen höchst ungebührlich. Daß sie mit ihren Köchen und Lakaien scherzte, sich während eines Landaufenthaltes mit der Bevölkerung abgab und mit Dorfburschen im Freien tanzte, sorgte für entsprechenden Gesprächsstoff in aristokratischen Kreisen. Daß sie schließlich einen Fluchtversuch plante und zu diesem Zweck sogar mit einer Zigeunertruppe Verbindung aufgenommen haben soll, erhitzte endgültig die Gemüter. Schließlich floh sie in ein Kloster, worauf Ludwig XIV. zur Vermeidung weiterer Skandale nichts anderers übrig blieb, als seiner Cousine diesen einzigen Weg, der einer Frau in solchen Situationen offen stand, zu gewähren.

Das Leben, das sie anschließend in einem Pariser Kloster führte, war allerdings ganz so gottesfürchtig nicht. Sie war am frommen Ort nur selten zu sehen, dafür umso öfter in Versailles, wo Ludwig ihr eine zweite Bleibe gestattete. Dort genoß sie, ausgestattet mit einer ansehnlichen Rente und mit Billigung des nunmehr nachsichtig reagierenden Königs, das langvermißte Leben der Pariser Gesellschaft. Sie galt als exzentrische Frau, die sich nicht nur ein Dutzend Reitpferde, sondern auch mehrere Liebhaber hielt. Schließlich kaufte sie sich nach dem Tod des Sonnenkönigs, und nachdem sie mehrmals das Kloster gewechselt hatte, ein Haus am Place Royale, wo sie auch, siebenundsechzigjährig, an einem Schlaganfall starb.

Solche Ausnahmefrauen hat es also sicherlich gegeben, doch waren sie nicht die Regel. Um ein Leben in weitgehender Freiheit verwirklichen zu können, bedurfte es nicht nur einer starken Persönlichkeit, sondern darüber hinaus auch glücklicher Umstände. Sie waren am Hof des von Mätressen umgebenen vierzehnten Ludwig, wo sich eine weitgehend freie Auffassung von Liebe auch in gewisser Weise günstig auf die Stellung der Frau ausgewirkt haben mag, sicherlich noch am ehesten gegeben.

Die Heiratspolitik der letzten Medici

Die drei Kinder Marguèrites – Ferdinando, Gastone und Anna Maria – waren die letzten Medici. Trotz einer geradezu verzweifelten Heiratspolitik ihres Vaters Cosimo und allen nur erdenklichen fruchtbarkeitsfördernden Kuren, denen sich vor allem die Tochter Anna Maria, Kurfürstin von der Pfalz, unterzog, wollte sich der ersehnte Nachwuchs nicht einstellen. Weder der homosexuelle, syphiliskranke Thronfolger Ferdinando, der mit der Prinzessin Violante von Bayern, Tochter des Kurfürsten Ferdinand von Bayern, verheiratet worden war, noch Gian Gastone, der mit der matronenhaften, dicklichen Anna Maria Franziska, der Witwe des Pfalzgrafen Philipp Wilhelm und Erbin des Hauses Sachsen-Lauenburg verkuppelt wurde, waren in der Kinderzeugung erfolgreich. Auch Anna Maria mühte sich, wie schon gesagt, vergebens.

Erwähnenswert ist in diesem Zusammenhang vor allem das Schicksal

Gastones, weil hier einmal einem Mann das Los zugedacht wurde, das ansonsten Frauen erwartete: mußte er sich doch verpflichten, nach seiner Verheiratung auf die Güter seiner Frau in Böhmen zu ziehen, wo sich der kunstsinnige Medici aus der südlichen Stadt Florenz derart langweilte, daß er das trostlose Böhmen kurzerhand verließ und sich auf ein unstetes Wanderleben einließ. Es führte ihn unter anderem nach Paris, Prag und Leipzig – eine Möglichkeit, die verheirateten Frauen in solchen Situationen nicht offenstand. Schließlich kehrte er alleine nach Florenz zurück, wohin ihm seine Frau ihrerseits unter keinen Umständen nachfolgen wollte. Um sein Geschlecht vor dem Aussterben zu retten, kam dann Großfürst Cosimo auf die selbst für damalige Verhältnisse geschmacklose Idee, seinen Bruder Francesco Maria, einen fettleibigen, genußsüchtigen und unglaublich häßlichen Kardinal, mit der schönen, 24jährigen Prinzessin Eleonora, Tochter von Vincento Gonzaga, zu vermählen. Aber obwohl diese zuvor genau auf ihren Fruchtbarkeit versprechenden Gesundheitszustand untersucht worden war, blieb auch diese Ehe kinderlos. Die junge Frau, die als gut gewachsen beschrieben wird, mit einer zarten Haut und vollen Brüsten, weigerte sich, für Zuchtzwecke zur Verfügung zu stehen: Sie hat sich einem Beischlaf mit dem alternden Lebemann aus Gründen eines nicht zu unterdrückenden Widerwillens standhaft verweigert[15].

Katharina, die schwarze Königin

Natürlich waren nicht alle Heiratsbemühungen der Medici so glücklos verlaufen wie jene der letzten Vertreter dieses Geschlechts. Eine Vorfahrin, Katharina Maria Romola, Tochter des Lorenzo de Medici, Herzog von Urbino, brachte es durch Heirat sogar zur Königin von Frankreich, was allerdings ursprünglich gar nicht vorgesehen war. Erst durch den Tod des erstgeborenen Sohnes von Franz I., Franz von Angoulême, wurde Katharinas Gatte, der jüngere Sohn Heinrich von Orléans, zum Thronanwärter bestimmt. Katharina, die „*schwarze*" Königin, wird vielfach für das blutige Gemetzel der Bartholomäusnacht verantwortlich gemacht, das Tausenden von Hugenotten das Leben kostete. Sie wurde vor allem bei den Historikern des 19. Jahrhunderts zur verschlagenen, grausamen Königin, einer raffinierten biblischen Isebel, die ihre Untertanen verfolgen und töten ließ. Hier wurde eine ähnliche Legende zur historischen Wahrheit umfunktioniert wie etwa 200 Jahre später anhand des Schicksals Marie Antoinettes, die ebenfalls als Sündenbock für allgemeine Mißstände herhalten mußte. Beide Königinnen waren Ausländerinnen, beide standen willensschwachen Königen zur Seite, und beide luden den Haß des Volkes als angebliche Verursacherinnen von Krieg, Chaos und Elend auf sich.

Die moderne Geschichtsschreibung hat dann derartige Verzerrungen korrigiert, und im Fall der Katharina das Bild einer ungwöhnlich intelligenten Frau von hoher politischer Begabung geschaffen, die, zweifellos intrigant, auch skrupellos, trotzdem unermüdlich für das Wohl ihrer königlichen Söhne und damit jenes Frankreichs gekämpft und gestritten hat. 30 Jahre lang wurden die Geschicke Frankreichs von ihr entscheidend mitbestimmt. 1560–1563 hat sie für den minderjährigen Sohn Karl die Regentschaft übernommen, und nach dessen Tod ist sie ihrem Liebling Heinrich eine unverzichtbare Stütze gewesen. Kriege hat sie nie gewollt, dafür war sie im Verhandeln groß, eine „*ewige Unterhändlerin*", die sich noch im hohen Alter, krank und von Schmerzen geplagt, auf beschwerliche Reisen begab, um in den unseligen Religionsfehden, in die das Land verstrickt war, vermittelnd einzugreifen. Ihre Rolle bei der blutigen Bartholomäusnacht ist umstritten. Tatsache ist, daß Karl den Befehl zum Angriff auf die Hugenottenführer gab, inwieweit sie daran beteiligt war, läßt sich nicht mehr genau feststellen. Irene Mahoney vertritt in ihrer Biographie die Ansicht, daß es dem Charakter der Königin widersprochen hätte, diesen mörderischen Angriff zu planen[16].

Von ihren zehn Kindern hat sie fünf überlebt. Nach dem Tod ihres Gatten bestiegen drei ihrer Söhne den Thron, alle kränklich, von einem unglücklichen Naturell und für das Regieren wenig geeignet: Zuerst der 16-jährige Franz II., der bereits ein Jahr nach Regierungsantritt starb. Als sie daraufhin für den erst 10jährigen Karl IX. die Regentschaft übernahm, schrieb sie an ihre Tochter Elisabeth: „*Es ist mein erstes Bestreben, Gottes Ehre vor Augen zu haben und meine Autorität zu wahren, nicht für mich selbst, sondern um dieses Königreich zum Nutzen aller Deiner Brüder zu erhalten.*"[17] Damit hatte sie ihr Credo ausgesprochen, einen Glaubenssatz, dem sie Zeit ihres Lebens treu blieb. Über ihren Lieblingssohn Heinrich meinte sie: „*Er ist mein ganzes Leben, ohne ihn möchte ich weder leben noch sterben.*"[18] Doch als er nach dem schwächlichen, an einem Lungenleiden verstorbenen Karl als Heinrich III. den Thron bestieg, erwiderte er die demütige Liebe seiner Mutter nicht. Nur wenn sich der exzentrische, homosexuell veranlagte junge König in den Regierungsgeschäften nicht mehr zu helfen wußte, suchte er den Rat Katharinas. Seinen Tod mußte sie nicht mehr erleben – er wurde keine 8 Monate nach ihrem Hinscheiden von einem religiösen Fanatiker erstochen.

Aber auch den Töchtern Katharinas, für die sie – ebenso wie für ihre Söhne – unermüdlich Heiratspolitik betrieb, war ein glückloses, und, ausgenommen Margot, auch kurzes Leben beschieden: Elisabeth, die vierzehnjährig an den spanischen König Philipp II. verheiratet worden war, starb bereits mit 23 Jahren im Wochenbett. Ihr Schicksal teilte Claudia, Gemahlin des Herzogs von Lothringen im Frühjahr 1575. Die schöne, eigenwillige

Katharina von Medici (1519–1589) Königin von Frankreich. Stich.
Katharina von Medici hat im „Dienst des Königs“ vornehmlich
für ihre Söhne gelebt.

Margot hingegen, die den Hugenottenführer Heinrich von Navarra heiraten mußte, um damit zur Versöhnung von Katholiken und Hugenotten beizutragen, rächte sich für dieses sinnlose Opfer (die Verbindung hatte nicht den Frieden, sondern das Gemetzel der Bartholomäusnacht zur Folge) auf ihre Weise: Sie nahm sich nicht nur Liebhaber, sondern soll sogar versucht haben, ihren Gatten durch gedungene Mörder vergiften oder erschießen zu lassen. Darüber hinaus verbündete sie sich mit ihrem Bruder Alençon, dem schwarzen Schaf der Familie, und schloß sich schließlich aus Protest der katholischen Liga an, worauf sie für den Rest ihres Lebens in der Festung Usson eingekerkert wurde.

Daß Katharina, die große Medici, *„im Dienst des Königs“* vornehmlich für ihre Söhne gelebt hat, ist nicht verwunderlich. Wurde ihr doch in ihren ersten 10 kinderlosen Ehejahren mit aller Deutlichkeit bewußt, was es bedeutet, eine unfruchtbare Königin zu sein und den erwarteten Thronerben schuldig zu bleiben. Im Schatten der schönen, eleganten Mätresse ihres Ehemannes, Diana von Poitier, war sie eine wenig geachtete Unperson, ständig von der Auflösung ihrer Ehe bedroht, worüber bereits gemunkelt wurde. Erst, nachdem sie in den Jahren 1544–1556 insgesamt 10 Kinder geboren hatte, von denen 7 ein reifes Alter erreichten, war ihre Position gefestigt und ihre Würde wieder hergestellt.

Im Sohn Bestätigung gefunden:
Anna

Nur für ihren Sohn lebte auch eine andere Ausländerin am französischen Königsthron, Anna von Österreich, Tochter Philipps III. von Spanien und Margaretes, Schwester Kaiser Ferdinands II., die sich das französische Staatswohl so sehr zu eigen gemacht hatte, daß sie in den Augen ihrer habsburgischen Verwandten als Verräterin galt. Daß eine Vierzehnjährige dem Erzfeind Frankreich ausgeliefert worden war und nach Jahren einer demütigenden Ehe in dem endlich geborenen Sohn Bestätigung und Erfüllung fand, wurde dabei nicht berücksichtigt. Denn ähnlich wie jene Katharinas war auch Annas Ehe vorerst unfruchtbar. Erst 1638, in ihrem 37. Lebensjahr, gebar die Königin nach 2 Fehlgeburten den ersten gesunden Sohn, den späteren Ludwig XIV., und ein Jahr darauf einen weiteren, Philipp. Wie gleichgültig, um nicht zu sagen brutal das Verhalten des homosexuellen, als Weiberfeind verschrieenen Königs gegenüber seiner jungen, als warmherzig beschriebenen Frau gewesen ist, zeigt seine Reaktion, als sie 1619 eine Fehlgeburt erlitt: Er verbot ihr, nach Spanien zu reisen, als ihr schwer erkrankter Vater gestorben war, und gestattete ihr auch nicht, an der Inthronisation ihres Bruders, Philipp IV., teilzunehmen.

Die Schikanen, denen sich Anna am französischen Königshof ausgesetzt sah, waren aber auch noch anderer Art. So wurde sie auf Schritt und Tritt bewacht und bespitzelt. Nachdem eine aufkeimende Zuneigung der Königin zu dem englischen Gesandten George Villiers Lord Buckingham bekannt geworden war, machte der König, der selbst in leidenschaftliche Liebesaffären mit jungen Männern verwickelt war, fast eine Staatsaffäre daraus. Auch ihre angebliche Beteiligung an einem Komplott gegen den König, die ihr vom intriganten Kardinal Richelieu angedichtet worden war, diente dazu, ihre Überwachung auszuweiten. Als sie schließlich verzweifelt an ihren Vater nach Spanien schrieb: *„Ich bin die verlassenste und unglücklichste Frau der Welt“*[19], anwortete ihr dieser mit dem Ratschlag, sie möge sich um einen Thronerben bemühen.

Söhne als Träger des Namens und Erben der Dynastie waren in Fürsten- und Königshäusern stets so wichtig, daß ihr Leben häufig über jenes der Mutter gestellt wurde. *„Ich wäre froh, wenn man das Kind retten könnte“*[20], war alles, was Ludwig XIII. zu sagen hatte, als seine Frau bei der komplizierten Geburt des Sohnes Ludwig tagelang in den Wehen lag und bereis alle um ihr Leben fürchteten.

Doch brachen erst, als Ludwig gestorben war und Anna die Regentschaft für den vierjährigen Sohn übernommen hatte, für die Königinmutter bessere Zeiten an. Acht Jahre lang ist sie ihrer Aufgabe durch alle bürgerkriegsähnlichen Unruhen gerecht geworden. Mit dem leitenden Minister Mazarin, der auch Taufpate Ludwigs XIV. war, soll sie später ein Liebesverhältnis gehabt haben. Ihren Sohn hat sie abgöttisch geliebt, und – anders als die Söhne der unglücklichen Katharina – Ludwig hat seiner Mutter auch Liebe, Zärtlichkeit und Respekt entgegengebracht.

„Heurath seindt wie der tod“: Liselotte von der Pfalz

Am Hofe Ludwigs XIV., des Sonnenkönigs, hat auch eine Frau gelebt, der wir jene amüsanten, aufschlußreichen und freimütigen Zeitdokumente verdanken, durch die sie bekannt und berühmt geworden ist: Liselotte von der Pfalz, Tochter des Kurfürsten Karl Ludwig von der Pfalz, Gattin des Herzogs von Orléans und damit Schwägerin Ludwig XIV., hat in geschätzten 60.000 Briefen, von denen allerdings kaum ein Zehntel erhalten ist, das Leben am französischen Hof mit Scharfblick und erstaunlicher Offenheit beschrieben und kommentiert. Eine Fundgrube für jeden Historiker, die noch lange nicht ausgeschöpft ist[21]. Diese ungeheure Schreibleistung ist auch deshalb so bemerkenswert, weil sie aus der Feder einer Frau stammt und weibliche schriftliche Zeugnisse aus dieser Zeit sehr selten sind.

Auch Liselotte, die eigentlich Elisabeth-Charlotte hieß, war keinesfalls begeistert, den Bruder Ludwigs XIV., Philipp, heiraten zu müssen. Ging doch das Gerücht um, er habe seine erste Gattin vergiften lassen. Auch über seine homosexuellen Neigungen, die am französischen Hof bereits Tradition besaßen, wußte sie sicherlich Bescheid. Aber das werden nicht die einzigen Gründe gewesen sein, warum sie diese Ehe höchst ungern einging, denn eigentlich, so entnehmen wir ihren Aufzeichnung, wollte sie überhaupt nicht heiraten:

„Heuraht seindt wie der tod",

schreibt sie an ihre Halbschwester Ameliese,

„stundt undt zeit ist dazu bestimbt; daß kan man nicht entgehen; wie es von unßerm herrgott verhengt ist, so muß es geschehn."

Und in einem Brief an die Halbschwester Louise heißt es:

„Were ich mein eygner herr geblieben, hette ich mich ebenso wenig geheuraht, alß ihr, liebe Louise."[22]

Auch in einer Zeit, in der die Ehe als eigentliche weibliche Daseinserfüllung gepriesen wurde, gab es also durchaus Frauen, die nicht diese Ansicht vertraten. Vor allem mächtige Herrscherinnen, obwohl von ihren Untertanen meist gedrängt, fanden die Ehe nicht immer erstrebenswert. Wie etwa Elisabeth von Rußland, die zwar Liebhaber, aber keinen Ehemann hatte. Oder Elisabeth I., Königin von England, die so bedeutende Bewerber wie Erzherzog Karl von Innerösterreich, Sohn Kaiser Ferdinand I., nach elfjährigen Verhandlungen eine abschlägige Antwort erteilte. Ebenso wurde Heinrich, der spätere Heinrich III. von Frankreich, nach jahrelangen, von seiner Mutter Katharina von Medici eingefädelten Heiratsverhandlungen von der englischen Königin abgewiesen.

Auch Liselotte von der Pfalz war recht froh, daß sich eine Heirat über damalige Gebühr hinauszögerte, wobei die Tatsache, daß sämtliche Bewerber vor ihr nicht bestehen konnten, wohl geringeres Gewicht besaß als die Bedenken ihrer Familie. Prinzessinnen hatten ja bei der Wahl des Zukünftigen bekanntlich wenig zu sagen. Die Vorteile, die sich durch eine Eheschließung mit dem Bruder des Sonnenkönigs für das kurpfälzische Haus ergaben, waren jedoch so offenkundig, daß hier keinesfalls eine abschlägige Antwort gegeben werden konnte. Noch dazu, da die Prinzessin weder besonders schön noch reich war, Eigenschaften, die normalerweise das Schicksal heiratsfähiger Fürstentöchter bestimmten. Und so war es – zumindest in den Augen der Verwandtschaft – ein Glück für die Prinzessin, daß diese Heirat Ludwigs Expansionsplänen ebenfalls entgegenkam. Und es war auch ein Glück für die Nachwelt, denn auf diese Art und Weise kam sie in den Besitz tausender Briefe, die die heimwehgeplagte Prinzessin vornehmlich an ihre deutschen Verwandten schrieb. Sie schrieb täglich viele Stunden, oft nur von den Mahlzeiten unterbrochen, das Schreiben, so scheint es, war ihr zum lebensnotwendigen Bedürfnis geworden. Sie schrieb über Kabale und Liebe am französischen Königshof, über die Mätressenwirtschaft, politische Intrigen, über Freundschaften und Feindschaften, Geburt und Tod. Dabei ist diese Briefflut der umfassend gebildeten „*Madame*", wie sie am französischen Hof genannt wurde, keinesfalls ohne literarische Qualität, was bereits dem deutschen Abenteurer und Memoirenschreiber Karl Ludwig Pöllnitz aufgefallen war: „*Ich habe einige zu Gesicht bekommen, die es wert wären, veröffentlich zu werden*", schreibt er in seinen „*Nouveaux mémoires*". „*Nie habe ich etwas besser auf deutsch geschriebenes gesehen.*"[23] Auch Polier hat sie mit den großen Prosaschriftstellern des 17. Jahrhunderts verglichen, was Madame jedoch in äußerste Verwirrung stürzte. Für sie waren diese Briefe lediglich ein Mittel der Kommunikation, literarische Ambitionen hat sie damit nie verbunden. Als eine ihrer liebsten Brieffreundinnen, Louise, ebenfalls dahingehende Bemerkungen machte, antwortete sie mit wohl nicht gespielter Bescheidenheit:

„*Ach liebe Louise, Ihr flattiert mich zu sehr zu sagen, daß meinesgleichen nicht mehr in der Welt ist.*"[24]

Das Familienleben des „Soldatenkaisers"

Zu den seltenen weiblichen Selbstzeugnissen dieser Zeit gehören auch die Memoiren der preußischen Königstochter Wilhelmine, älteste Schwester Friedrichs des Großen, die ein gutes halbes Jahrhundert nach Liselotte geboren wurde[25]. Auch Wilhelmine betonte, sie schreibe ihre Erinnerungen lediglich zu ihrem Vergnügen und keinesfalls für die Nachwelt. Galt doch ein Hervortreten an die Öffentlichkeit für eine Frau der damaligen Zeit als ausgesprochen unschicklich, weibliche geistige Produkte hatten unter Verschluß zu bleiben und waren lediglich für die engste Verwandtschaft bestimmt. Tatsächlich hat Wilhelmine ihr Memoirenbuch vor ihren Zeitgenossen versteckt, und erst über 50 Jahre nach ihrem Tod, zu Beginn des 19. Jahrhunderts, gelangte es an die Öffentlichkeit.

Historiker haben es damals vielfach wegen mangelnder Quellentreue und Ungenauigkeit der Daten kritisiert. Erst in unserem Jahrhundert wurde dieses Werk in seiner eigentlichen Bedeutung erkannt als eine ungemein lebendige Schilderung des Alltags der Aristokratie aus der Perspektive einer klugen, scharf beobachtenden Frau. Mit Recht hat Ingeborg Weber-Kellermann in ihrem Vorwort darauf hingewiesen, daß hier eine andere Ebene der Geschichtsschreibung deutlich wird, ein erweiterter Kulturbegriff sozusagen, der sich nicht nur auf bekannte Daten und Fakten konzentriert, sondern darüber hinaus den gesamten Bereich des Alltagsgeschehens umfaßt.

Wilhelmine, Markgräfin von Bayreuth, beschreibt ihre Kindheit am streng patriarchalisch strukturierten preußischen Königshof. Sie schildert König Friedrich Wilhelm als brutalen, die Familie schikanierenden und seine Ehefrau ebenso wie die erwachsenen Kinder körperlich züchtigenden Despoten, dessen Gewalttätigkeiten des öfteren in sentimentale Rührseligkeiten umkippen und der, obwohl sie ihn verurteilt, gleichzeitig zu akzeptieren war als ein vom Herrgott auferlegtes Schicksal. Sie beschreibt die Mutter, gebürtige Prinzessin des Hofes zu Hannover, im ständigen Zustand der Schwangerschaft – sie hat insgesamt 14 Kinder geboren, die Fehlgeburten nicht inbegriffen – und, in *„höllischer Angst"* vor dem Gatten, als unterwürfig, intrigant, listig und rachsüchtig. Viel Raum ist Wilhelmines Liebe zu dem jüngeren Bruder Friedrich, dem späteren Friedrich II., gewidmet (die anderen Geschwister erwähnt sie kaum), der sich den väterlichen Quälereien durch Flucht entzog, jedoch gefangengenommen und als Staatsverbrecher vom König beinahe eigenhändig umgebracht worden wäre, hätten ihn seine Getreuen nicht daran gehindert. Diese Gewalttätigkeiten des Vaters ebenso wie die Tatsache, daß der 18jährige, feinsinnige Friedrich, ein Freund der Wissenschaften und schönen Künste, schließlich gezwungen wurde, der Hinrichtung seines treuen Freundes Katte beizuwohnen, wird allgemein für die spätere Verdüsterung seines Charakters, seine Menschenscheu und seinen Zynismus verantwortlich gemacht. Kaum ein Beispiel kann die zerstörerischen Folgen patriarchaler Familienstrukturen besser verdeutlichen als jenes des Soldatenkaisers Friedrich Wilhelm. Natürlich war auch das Schicksal Wilhelmines als Spielball zwischen den politischen Verheiratungsstrategien der Eltern dadurch geprägt. Von den zahlreichen Bewerbern, unter denen beinahe der 50jährige, verlebte, von Syphilis zerfressene und mehreren Mätressen umgebene August der Starke das Rennen gemacht hätte, ging schließlich der Erbprinz von Bayreuth als Sieger hervor. Wilhelmine hat den gut aussehenden, ein wenig oberflächlichen Gatten aufrichtig geliebt und versucht, in dieser Beziehung ein beinahe bürgerlich-romantisches Eheideal zu verwirklichen, das gar nicht zu ihrer Zeit und ihrer Schicht passen wollte. Die Realisierung dieses Ideals scheiterte dann auch an der durchaus üblichen, von niemandem als anstößig betrachteten Mätresse ihres Gatten. Diesen Verrat ihrer Liebe – als solchen hat sie ihn sicherlich empfunden – konnte sie dann nicht mehr verkraften. Daß ihr Gesundheitszustand immer schlechter wurde und sie, von einer schweren Melancholie befallen, im 49. Lebensjahr starb, wird auf diese letzte große Enttäuschung in ihrem Leben zurückgeführt, das von Kindheit an jede Zuwendung, Zärtlichkeit und Liebe entbehren mußte.

Die Heiratsgeschäfte Maria Theresias

Auch Maria Theresia, die Landesmutter, die sich so gerne innerhalb ihrer Kinderschar abbilden ließ, stellte die Staatsraison immer über ihre mütterlichen Gefühle. Sie sah in der eigenen Fruchtbarkeit in erster Linie ein Mittel, die Macht des Hauses Habsburg zu erweitern und zu festigen, ihre Kinder, die sie sicherlich auf ihre Art liebte, waren immer gleichzeitig auch ein Politikum, was diesen durchaus bewußt war und in alter Tradition auch akzeptiert wurde. „*Ich liebe die Kaiserin*", meinte Marie Antoinette, selbst schon Königin von Frankreich, „*aber ich fürchte sie sogar aus der Ferne.*" Und Marie Karoline, Königin von Neapel, nannte ihre Mutter die „*erhabene Maria Theresia, die ihre Kinder hochverehrten, aber denen sie doch große Angst machte*"[26].

Maria Theresia verkuppelte ihre Kinder ebenso, wie alle ihre Vorfahren das taten, denn solches wurde von einem/er HerrscherIn zum Wohl des Staates erwartet. Maria Amalia, die den Bayernherzog liebte, mußte den neurotischen Herzog von Parma heiraten, an dessen Seite sie selbst schwer nervenkrank wurde. Die Trostbriefe, die ihr die Mutter schrieb, dürften wenig geeignet gewesen sein, ihr Schicksal zu erleichtern:

„*Ihr wißt, daß wir uns unseren Ehemännern unterzuordnen haben. Wir schulden ihnen Gehorsam, unser einziges Ziel soll in allem unser Gatte sein…wir wollen aus ihm unseren besten Gefährten machen und in ihm unseren Herrn und Meister sehen.*"[27]

Das war der Grundsatz, nach dem Maria Theresia ihre Töchter erzog – erstaunlich angesichts der Tatsache, daß sie ihren eigenen Mann bei aller persönlichen Liebe aus den Staatsgeschäften weitgehend ausschaltete.

Die drei auf Amalia folgenden Schwestern sollten dann hintereinander denselben Mann, und zwar den mißgestalteten, ungebildeten und kindischen Ferdinand IV. von Neapel-Sizilien heiraten. Während jedoch Johanna Gabriele und Maria Josepha ihrem Schicksal durch Tod entgingen – sie starben beide an der „*Geißel des Hauses*", den schwarzen Blattern –, mußte Marie Karoline ihr Los auf sich nehmen und bis zum bitteren Ende tragen. Dabei wußte Maria Theresia sehr wohl, was sie ihren Töchtern damit zumutete:

„*Ich (erkenne) die Vorteile dieser Verbindung, aber mein Mutterherz ist doch…auf's äußerste beunruhigt. Ich betrachte die arme Josepha als ein Opfer der Politik. Wenn sie…nur die Pflichten gegen Gott und ihren Gatten erfüllt und für ihr Seelenheil sorgt, dann würde ich zufrieden sein, selbst wenn sie unglücklich würde.*"[28]

„Die Welt muß glauben, daß Du nur nach dem Geschmack Deines Gatten denkst und handelst“: *Marie Karoline*

Diesem Gebot einer Verleugnung persönlichen Glücks zugunsten des Staatswohls ist dann die dritte Auserwählte, Marie Karoline, auch ergeben gefolgt. Was sie über ihr Ehe dachte, schrieb sie an Gräfin Maria Lerchenfeld, nachdem sie die Nachricht erhalten hatte, daß ihre Schwester Marie Antoinette dem französischen Thronfolger Ludwig XVI. versprochen worden war:

„Ich weiß jetzt, was die Ehe ist, und habe tiefes Mitleid mit Antoinette, der die Ehe noch bevorsteht. Ich gebe offen zu, daß ich lieber sterben würde, als all das noch einmal erleben zu müssen. Wenn ich nicht durch meine Religion gelernt hätte, an Gott zu denken, hätte ich mich umgebracht, denn es war die Hölle.“[29]

Sie vertraute sich also ihrer Religion an und hielt treu zu einem schwachen, tölpelhaften König, den sie mit großer Beharrlichkeit zu erziehen begann, bis er immer tiefer in ihre Abhängigkeit geriet. Auch hierbei unterstützt durch die Briefe ihrer Mutter, die ihr das klassische Rezept empfahl, durch – weibliche – Unterwürfigkeit in den Genuß – männlicher – Macht zu gelangen: *„Du mußt das Vertrauen Deines Gatten gewinnen“*, heißt es da, *„aber...Du kannst es nur erwerben, wenn Du Dich ihm durch Sanftmut und Liebenswürdigkeit angenehm machst, ohne ihm jemals Überlegenheit fühlen zu lassen...die Welt muß glauben, daß Du nur nach dem Geschmack Deines Gatten denkst und handelst.“*[30]

„Die Welt“ hingegen sah im Gegenteil sehr richtig, wer im eigentlichen die Geschicke des Königreichs lenkte. *„Der König ist bei der Armee“*, meinte etwa Nelson, als Napoleon bereits Neapel-Sizilien bedrohte. *„Sie ist die einzige Regentin. Sie ist tatsächlich ein großer König.“* Und der französische Gesandte berichtete in Paris:

„Es ist die Königin, die hier willkürlich regiert...Sie ist es, die alle Gnaden austeilt, die Minister ernennt oder stürzt.“[31]

Auch die stellenweise pornografischen Schmähschriften, die der verhaßte Feind Frankreich gegen sie veröffentlichte, sprechen in verzerrter und gehässiger Weise von einer *„Furie“*, einer *„Messalina“*, einer *„Megäre“*, die das Szepter führe und ihren Mann zugrunde richte. Hier zeigt sich jene brutale sexistische Verunglimpfung, wie sie ihre Schwester Marie Antoinette als Königin von Frankreich noch in ganz anderer Weise zu spüren bekommen sollte.

Der Haß auf Frankreich und vor allem auf Napoleon, der Order gegeben hatte, *„die Schurkin endlich zu züchtigen...das verbrecherische Weib vom Thron zu stoßen“*[32], bestimmte Karolines weiteres Leben. Sie gehörte zu jenen

Marie Karoline von Österreich (1753–1814) im 18. Lebensjahr.
Diese Tochter Maria Theresias mußte den mißgestalteten, ungebildeten und kindischen Ferdinand IV. von Neapel heiraten.

FürstInnen Europas, die Napoleon am längsten standgehalten hatten. Als ihre Lieblingsenkelin Marie Louise an ihn verschachert wurde, schrieb sie in leidenschaftlicher Empörung:

„Der Kaiser wagt es, seine Tochter als eheschänderische Konkubine einem mit allen Verbrechen und Greueln besudelten Mann zu geben."[33]

Schließlich jedoch mußte auch sie, krank, erschöpft und ausgezehrt, vor den französischen Truppen nach Wien fliehen, wo sie im September 1814, fünf Monate nach der Abdankung Napoleons im 61. Lebensjahr starb.

Die „Hure" Marie Antoinette

Ein noch schlimmeres Schicksal als Marie Karoline hatte bekanntlich ihre Schwester Marie Antoinette. Auch die Einschätzung ihrer Persönlichkeit hat sich im Lauf der Zeit geändert. Während etwa Stefan Zweig von einem *„mittleren Charakter"* spricht, einer *„eigentlich gewöhnliche(n) Frau"*[34], weisen spätere Autoren vor allem auf die Schwierigkeiten hin, denen sich dieses junge, noch nicht 15jährige Mädchen am französischen Hof gegenübersah: Als Vertreterin eines Landes, das von den Franzosen in jahrhundertelanger Tradition gehaßt wurde, vom jungen Dauphin zumindest zu Beginn ihrer Ehe mit Argwohn betrachtet und von der Hofkamarilla bespitzelt, erforderte es von dem halben Kind viel Geschick und Einfühlungsvermögen, sich in dieser feindlichen Umwelt zu behaupten. Antoinette hat sich bei ihrem Mann Achtung, vielleicht sogar Liebe verschafft, sie hat sich – dem Rat ihrer Mutter folgend – gehorsam aus politischen Angelegenheiten herausgehalten. Doch mußte sie hilflos erleben, wie die steigende Wut des Volkes sie, die verhaßte Ausländerin, die autrichienne, zum eigentlichen Sündenbock stempelte, während der König als gutmütiger Schwächling galt, der von seiner Frau beherrscht wurde. Die Flugblätter, Pamphlete und Schmähschriften, die damals über Marie Antoinette kursierten, verdunkelten und verzerrten ihr Bild für viele Jahrzehnte oder sogar Jahrhunderte. In ihnen wurde die Königin als verschwenderische und machtgierige Verräterin, vor allem jedoch als Nymphomanin hingestellt, die ihre sexuelle Unersättlichkeit sogar mit dem letzten Stallburschen befriedigte. Die Bösartigkeit und Gemeinheit dieser Pamphlete wird zum Teil dafür verantwortlich gemacht, daß schließlich in dem Schauprozeß, der gegen sie angestrengt wurde, die ungeheuerliche Behauptung aufgestellt werden konnte, sie habe ihren eigenen Sohn sexuell mißbraucht.

Das Schicksal Marie Antoinettes, vielfach beschrieben und kommentiert, ist nicht nur das einer unglücklichen Königin, die zwischen aufkommenden Gegenkräften zerrieben wurde. Es ist außerdem das einer Frau, der keine Beleidigung und Demütigung erspart blieb. Die Hure Marie Antoinette meinte im Grunde die Hure in jeder Frau. Die Sexualisierung, die Reduzierung auf ihre Körperlichkeit, der Frauen unterzogen wurden, machte selbst vor einer Königin nicht halt.

Daß Frauen wegen ihrer tatsächlichen oder angedichteten Liebschaften verurteilt wurden, während die Mätressen und Geliebten der Männer toleriert waren, entsprach dem Selbstverständnis dieser Zeit. So etwa wurden Anne Boleyn, die 2. Gattin Heinrichs VIII. und Mutter Elisabeths I., wegen angeblicher und Anna Howard, die 5. Frau Heinrichs, wegen tatsächlicher Liebschaften sogar hingerichtet, während er selbst zur gleichen Zeit Dutzende Mätressen besaß. Andere Herrscher haben ihre leichtsinnigen Frauen auf entfernte Burgen verbannt, um dann selbst umso besser den verschiedensten Liebschaften frönen zu können.

Neben Hurerei wurde Marie Antoinette noch Ungehorsam gegenüber ihrem Mann vorgeworfen. Ähnlich wie Marie Karoline soll auch sie eigentlich geherrscht und ihren Mann zu verschiedenen Verbrechen angestiftet haben. Beide Frauen wurden für die Tatsache, daß sie ihre Ehemänner an Intelligenz übertrafen, bestraft. Verstießen sie damit doch gegen ein allgemeines Naturgesetz, das den geringeren Verstand der Frau sozusagen festgeschrieben hatte. Daß intelligente Frauen jahrhundertelang keine *„richtigen Frauen“* waren, wirkt auch heute noch nach: Männer akzeptieren immer noch eher einen intelligenteren Mann als eine intelligentere Frau.

Getroffen werden sollte Marie Antoinette auch in ihrer Mutterschaft: daß ihr schließlich bereits als Gefangene und nach der Hinrichtung ihres Gatten auch noch ihre Kinder weggenommen wurden, gehört wohl zum Erschütterndsten im Leben dieser schwer geprüften Frau. Sie wehrte sich, weinte und schrie, als der kleine, 8jährige Ludwig von ihr gerissen und ein Stockwerk tiefer der Obhut eines ungehobelten Flickschusters übergeben wurde, wo sie ihn zwei Tage lang weinen hörte. Später ist dieser sensible, kränkelnde Junge in einer verschmutzten, stinkenden Zelle, gequält von schmerzhaften Hautausschlägen, ohne ausreichende Nahrung und ohne jeden menschlichen Beistand elend gestorben. Andere Berichte sprechen von einem gewaltsamen Tod durch Gift. Zuvor jedoch war er einer regelrechten Gehirnwäsche unterzogen und gegen seine Mutter aufgehetzt worden, so daß das verängstigte Kind schließlich jenes skandalöse Dokument unterschrieb, das seine Mutter der Blutschande bezichtigte.

Völlig unverständlich ist in diesem Drama auch die Haltung des Wiener Hofes, der nichts unternahm, die Tochter Maria Theresias zu retten. Als die 16jährige Marie-Thérèse, die überlebende Tochter Marie Antoinettes, im Austausch gegen französische Gefangene der österreichischen Regierung übergeben werden sollte, wollte sie Minister Thugut in ein Kloster stecken, da sie *„nichts Anderes als Verlegenheit bereiten wird“*[35].

Marie Antoinette (1755–1793).
Gemälde von Elisabeth Vigée-Le Brun in Versailles.
Eine weitere Tochter Maria Theresias wurde mit dem glücklosen Ludwig XVI. von Frankreich vermählt.
Sie starb kurz nach ihm unter dem Schafott.

„Der Dauphin von Frankreich, Ludwig XVII., wird seiner Mutter Marie Antoinette weggenommen“, Punktierstich und Aquatinta von Luigi Schiavonetti nach Zeichnungen von Domenico Pellegrini 1794.

Die Töchter der Dynastien waren politisches Kapital, das zur Festigung und Erweiterung von Machtinteressen eingesetzt wurde. Ihr persönliches Schicksal interessierte kaum. Das galt für alle europäischen Königs- und Kaiserhäuser. Auch Ferdinand von Aragon kümmerten die verzweifelten Bettelbriefe seiner Tochter, Katharina von Aragon, herzlich wenig. Sie hatte Arthur, den ältesten Sohn des englischen Königs Heinrich VII., geheiratet, war jedoch bereits nach 4 Monaten Witwe geworden. Sieben Jahre, bis zu ihrer Hochzeit mit dem um 6 Jahre jüngeren Bruder Arthurs, Heinrich, lebte sie in äußerster Not, krank und mittellos am englischen Königshof, weil ihr der geizige Schwiegervater die Zuschüsse derart gestrichen hatte, daß sie nicht einmal ausreichend Nahrung bekam. Der spanische Botschafter berichtete, er habe auf Katharinas Tisch einen *„stinkenden Fisch“* gesehen, *„wie er ihn nicht seinem Pferdebuben geben würde“*[36]. Doch wollte der Papa keine Schwierigkeiten mit Heinrich VII., das Los der Tochter rangierte hier an zweiter Stelle.

„Höre den Schrei eines Opfers“: Leopoldine

Von noch größerer Tragik war das Schicksal Leopoldines, Tochter Franz I., deren Hilferufe aus dem fernen Brasilien ebensowenig Gehör fanden. Leopoldine war neunzehn, als sie an den um ein Jahr jüngeren Dom Pedro aus dem Hause Braganza verheiratet wurde. Dom Pedros Vater, König Joao VI. war 1807 vor Napoleon aus Portugal in die Kolonie Brasilien geflüchtet, die er zu einem mit Portugal assoziierten gleichberechtigten Reich erhob. Für Kaiser Franz eröffneten sich durch diese Heirat ungeahnte wirtschaftliche Möglichkeiten, immerhin waren dort große Gold- und Edelsteinvorkommen entdeckt worden. Außerdem schien es ihm wichtig, den konservativ-monarchischen Gedanken auf diesem Kontinent, der zunehmend demokratisch unterwandert wurde, zu festigen. Leopoldine wurde nicht gefragt. Doch soll sie an dem Bildnis des gut aussehenden Thronfolgers Gefallen gefunden haben. Über seine zahlreichen Amouren, die bei ihm bereits in frühester Jugend einsetzten, wußte sie nichts.

Das Schicksal Leopoldines zeigt sehr deutlich, welch verheerende, zuweilen tödliche Folgen der Einfluß einer königlichen Mätresse auf die Königin selbst haben konnte. Doch vorerst ging alles recht gut. Die junge Habsburgerin mußte sich zwar völlig veränderten, vor allem durch ständigen Geldmangel geprägten Verhältnissen anpassen, da ihr Mann ihr das im Heiratsvertrag zugesicherte Nadelgeld verweigerte, um es für sich selbst zu verwenden. Auch wurde sie bald mit dem launischen, herrischen Charakter des Prinzen, ebenso wie mit dessen Mätressenwirtschaft konfrontiert. Doch

Mätresse war nicht unbedingt gleich Mätresse, und solange es sich um eher flüchtige, wechselnde Liebschaften handelte, konnte dies von einer Königin toleriert werden – dazu wurde sie erzogen. Zur wirklichen Katastrophe jedoch kam es, als Dona Domitila Pinto, die von ihrem Ehemann, einem Offizier, verstoßen worden war, in Dom Pedros Leben trat.

Der Aufstieg Domitilas zur ungekrönten Königin Brasiliens und der Untergang der rechtmäßigen Herrscherin wurde zu einem Drama, an dem das gesamte Volk teilnahm. Allerdings vollzog er sich nicht rasch und übergangslos, sondern dauerte etliche Jahre. Zu groß war Leopoldines Popularität vor allem bei den kleinen Leuten, für die sie sich stets verwendet hatte. Außerdem wußte das Volk um ihren beispiellosen, persönliche Wünsche hintanstellenden Einsatz für dieses Land. Sie war es gewesen, die, bereits Kaiserin von Brasilien, ihren Gatten überredet hatte zu bleiben, statt das krisengeschüttelte Land zu verlassen und in das sichere Portugal zurückzukehren. Sie hatte als Regentin in Abwesenheit ihres Mannes die Unabhängigkeitserklärung Brasiliens, die Loslösung von Portugal, unterschrieben. Sie war es schließlich, die in langen, ausführlichen Briefen sowohl ihren Vater als auch Metternich davon überzeugte, daß es für Brasilien keinen anderen Weg gab, die Einheit des Landes und die Monarchie zu retten. Österreich gelang es dann auch, Lissabon von der Notwendigkeit zu überzeugen, Brasilien nicht als Kolonie, dafür aber als wichtigen, wirtschaftlichen und politischen Partner anzuerkennen.

Daneben hatte Leopoldine ihrem Gatten noch sechs Kinder geboren, die Fehlgeburten nicht eingerechnet. Sie müssen durch die „*Hilfe*" des unglaublich groben und unfähigen portugiesischen Chirurgen Picano, den Dom Pedro statt des entlassenen österreichischen Arztes zum Geburtshelfer ernannt hatte, einer Schlächterei gleichgekommen sein.

„*Selbst zwei Monate später war die Roheit des portugiesischen Wundarztes, der mich mit seinen lieben Händen abscheulich zerfleischte, zu spüren*",

bemerkte sie selbst dazu, und weiter:

„*Ich finde, hier ist es fast besser, wie die wilden Tiere im Walde sich seiner Last zu entledigen.*"[37]

Dom Pedro jedoch vergalt seiner Frau ihre Verdienste schlecht. Die Demütigungen, die er ihr zufügte, waren vielmehr beispiellos. Zuerst ließ er seiner Geliebten einen prunkvollen Palast errichten, in den er seinen Hofstaat fast zur Gänze verlagerte. Dann machte er Domitila zur ersten Hofdame der Kaiserin und beförderte ihren ganzen Familienclan in bedeutende Positionen. Schließlich wurde die Mätresse auch noch zur Vicomtesse von Santos gemacht, das war der höchste Adelstitel, der zu vergeben war. Außerdem wurde die illegitime Tochter offiziell zur kaiserlichen Prinzessin erhoben und zusammen mit den ehelichen Kindern erzogen, was Leopoldine als ungeheuerlichen Affront empfand.

Leopoldine, Erzherzogin von Österreich (1797–1826).
Punktierstich von Blasius Höfel (1792–1863) nach Gemälde von Natale Schiavoni. Diese Tochter Franz II. (I.) wurde an Dom Pedro I., späteren Kaiser von Brasilien, verkuppelt. So wie alle Fürstentöchter zu absolutem Gehorsam gegenüber ihrem Gatten erzogen, starb sie an dessen Demütigungen und Mißhandlungen in ihrem 29. Lebensjahr.

Versteinert ertrug sie diese öffentlichen Demütigungen, sie ertrug es, daß die Erzieherin eines ihrer Kinder, mit der sie eine tiefe Freundschaft verband, vom Hof gewiesen wurde, daß sie unter Hausarrest gestellt wurde, als sie sich dem Verbot widersetzt hatte, alleine auszureiten. Kaum je hat sie sich in ihren Briefen an den Vater beschwert, lediglich an ihre Lieblingsschwester Marie Louise schickte sie verzweifelte Briefe:

„Höre den Schrei des Opfers, das von Euch nicht Rache…sondern Mitleid für unschuldige Kinder verlangt, die als Waisen in den Händen von Personen bleiben werden, die die Urheber meines ganzen Unglücks sind…das zweifelsohne die Ursache meines Todes sein wird."[38]

Leopoldine sah klar: Nach einem furchtbaren Auftritt, in dessen Verlauf sie der Kaiser wahrscheinlich schwer zusammenschlug, verließ sie kaum noch das Zimmer, kränkelte dahin, vernachlässigte sich und klagte über Schmerzen in der Hüfte, die wohl von den Schlägen herrührten. Doch obwohl Kaiser Franz durch seinen Botschafter über die brasilianischen Zustände informiert war – einen der Berichte hat er mit der Randbemerkung versehen: „*Weh mir, jetzt weiß ich, was für ein miserabler Kerl mein Schwiegersohn ist*"[39], unternahm er nichts. Auch Leopoldine, in absolutem Gehorsam gegenüber dem Gatten erzogen, weigerte sich bis zu ihrem Ende, den geliebten Pedro schuldig zu sprechen. Es war die „*verdammte Hexe*", das „*verführerische Ungeheuer*", die Mätresse, auf die sich ihr ganzer Haß entlud. Am 11. Dezember 1826 starb sie, erschöpft und geschwächt, an einer weiteren Fehlgeburt, nicht ohne zuvor ihrem Pedro einen Ring mit zwei kleinen Brillanten zu schenken, der sich öffnen ließ und im Inneren zwei Herzen mit ihrer beider Namen aufwies. Sie ist in dem imposanten brasilianischen Nationaldenkmal begraben, das an jener Stelle errichtet wurde, an der Dom Pedro die Mitteilung seiner Frau über den Unabhängigkeitsbeschluß erhalten hatte. In Brasilien wird sie heute noch als Freiheitsheldin verehrt.

„Man muß sie opfern":
Marie Louise

Daß Marie Louise, Leopoldines Schwester, nicht über deren Intelligenz, dafür aber eine große Anpassungsfähigkeit und ein gewisses gutmütiges Phlegma verfügte, war für sie ein Glück. Denn mit dieser Veranlagung verkraftete sie ihre beispiellose Opferrolle sicher besser. Daß sie Napoleon, den Erzfeind des Hauses Habsburg, heiraten mußte, den sie seit frühester Kindheit als absoluten Bösewicht hassen gelernt hatte, als Ursurpator, Antichrist, vor dem die kaiserliche Familie mehrmals fliehen mußte und der für das Unglück des ganzen Landes verantwortlich gemacht wurde, hat nicht nur halb Österreich, sondern die halbe Welt empört. „*Man muß sie*

Marie Louise (1791–1847) von Österreich als Kaiserin.
Repräsentationsbild in Öl, Francois Gerard (1770–1837) zugeschrieben. Daß eine weitere Tochter Franz II. (I.) an den Erzfeind des Hauses Habsburg,
Napoleon, „geopfert" wurde, hat selbst damals an vielen europäischen Fürstenhöfen Empörung ausgelöst.

Moreau Jean Michel (gest. 1811) *„Die österreichischen Hofdamen nehmen in Braunau Abschied von Erzherzogin Marie Louise.*

opfern", schrieb der österreichische Botschafter in Paris, Fürst Schwarzenberg, an Metternich und beschwor im Falle einer Ablehnung in den düstersten Farben Österreichs Untergang. „*Und wäre es*", so fügte er hinzu „*etwa nicht ruhmvoll für eine Prinzessin, ihr Vaterland zu retten, selbst wenn sie dabei zugrunde gehen sollte?*"[40] Die zu derart großen Taten Auserkorene war „*achtzehn Jahre alt, groß und wohl gewachsen, sie hat eine edle Haltung, eine angenehme Physiognomie, Grazie und zeigt einen Ausdruck von Sanftmut und Leutseligkeit, der Vertrauen einflößt*",[41] wie der französische Gesandte Graf Otto nach Paris berichtete. Noch wichtiger als ihr Aussehen jedoch war, daß sie einer außerordentlich fruchtbaren Familie entstammte: Ihre Urgroßmutter, die Kaiserin Maria Theresia, gebar sechzehn Kinder, desgleichen ihre Großmutter väterlicherseits, die spanische Maria Luisa, Gattin Kaiser Leopolds II. Die Großmutter mütterlicherseits, Marie Karoline, Königin von Neapel und Sizilien, hingegen brachte es sogar auf achtzehn Nachkommen, und deren Tochter Marie Therese, die Mutter Marie Louises, bekam immerhin dreizehn Kinder, bevor sie bei der Geburt des letzten starb. Dieser Reigen ungewöhnlich gebärfreudiger Frauen war für Napoleon ausschlaggebend, denn er wünschte sich nichts so sehnlich wie Nachkommenschaft, genauer gesagt: einen Sohn!

Daß die derart verschacherte und verkuppelte Prinzessin dem 22 Jahre älteren Mann im Verlauf ihrer Ehe trotzdem so etwas wie Liebe, auf jeden Fall aber Anhänglichkeit entgegenbrachte (auch er war in sie verliebt), gehört zu jenen Ungereimtheiten der Geschichte, die immer wieder verblüffen. In diesem Fall scheint Marie Louises labiler, leicht zu beeinflussender und liebebedürftiger Charakter ausschlaggebend gewesen zu sein. Doch wurde ihr später von – hauptsächlich französischen – Historikern der Vorwurf gemacht, sie sei nicht zu ihrem auf Elba und später St. Helena verbannten Gatten gestanden. Tatsächlich ist ihr Stimmungsumschwung erstaunlich. Nachdem Napoleon das Glück verlassen hatte, rettete sie sich wie ein kleines Mädchen in die Arme des „*lieben Papa*" und brachte ihrem „*lieben Freund*", wie sie Napoleon in ihren Briefen zu nennen pflegte, weitgehende Gleichgültigkeit entgegen. Berücksichtigt werden muß hier allerdings ihre Situation, die äußerst prekär und verworren war. Als ihr Mann und ihr Vater sich zu bekriegen begannen, wurde sie zur Schachfigur, die in einem politischen Verwirrspiel zwischen die Fronten geriet. Daß sie sich zusammen mit ihrem Kind schließlich auf die Gewinnerseite schlug, ist der jungen Frau kaum zum Vorwurf zu machen.

Vielleicht war ihr späteres Leben als Herzogin von Parma in gewisser Weise ein Protest gegen die ihr auferlegte Rolle als treue Pflichterfüllerin zum Wohl des Staates. Biographen haben so etwas vermutet, und die Bettgeschichten der alternden Herzogin, von denen hinter vorgehaltener Hand getuschelt wurde, so interpretiert. Tatsache ist, daß die stets liebes- und schutzbedürftige Marie Louise kurz nach dem Tod Napoleons nicht nur ihren langjährigen Berater und Geliebten, General Graf Adam Neipperg, heiratete, sondern daß sie nach dessen Tod zahlreiche Liebschaften mit Untergebenen hatte, die von ihrem dritten Gemahl, Graf Charles-René Bombelles, offenbar geduldet wurden. Und auch die „*Nymphomanin*" Marie Louise ist in die Skandalchronik eingegangen. „*Während...Joséphine nach dem Maßstab bürgerlichen Anstands als Dirne begann, endete Marie Louise als solche*", meint der Napoleon-Biograph Jacques Presser[42]. Daß sie sich nahm, was sie brauchte, war tatsächlich ein Skandal. Denn anständige Prinzessinnen hatten keine eigenen Wünsche zu haben, sie hatten diese stets dem Wohl des Staates einerseits, und dem Wohl des Gatten andererseits zu opfern.

VOM „GANZEN HAUS“ ZUR FAMILIE

„DAß ICH MEINEN WILLEN BRECHE/UND IHM UNTERTHÄNIG SEIE“ (DAS „*GANZE HAUS*“)

Die strenge Fixierung der Frau auf den Innenraum, das Haus, die Familie, die später zu so folgenschweren Entwicklungen wie dem Ausschluß des weiblichen Menschen aus dem gesamten öffentlichen, politischen und wirtschaftlichen Bereich führte, setzte eigentlich am Beginn der Neuzeit, genauer gesagt bei Luther, ein. Denn dieser hat dem Ehestand und damit dem häuslichen Leben eine neue Bedeutung verliehen, er hat die Frau verstärkt auf ihre biologische Funktion als Kindergebärerin eingeengt und ihre Abhängigkeit vom Mann eindeutig festgelegt. Damit waren die Voraussetzungen für jenes streng patriarchalisch organisierte Hauswesen geschaffen, wie es uns später in den Predigten über den christlichen Hausstand und der Hausväterliteratur entgegentritt. Diese beiden Hauslehren, die im 16., 17. und 18. Jahrhundert in Deutschland weite Verbreitung fanden, geben uns ein anschauliches Bild von Aufbau und Ökonomie des sogenannten „*Ganzen Hauses*“, das als grundlegendes Sozialgebilde der damaligen adelig-bäuerlichen Welt zu gelten hat.

In diesem Haus lebten die verschiedensten Gruppen zusammen: das Hauselternpaar mit seinen Kindern, nähere oder weitläufige Verwandte, aber auch Außenstehende wie Knechte, Mägde oder Gesellen. Sie bildeten eine Wirtschaftsgemeinschaft, in der produziert, konsumiert und auch verkauft wurde, und in der jedem einzelnen Mitglied sein fester Aufgabenbereich zugewiesen war. Im Brennpunkt standen Hausvater und Hausmutter, wobei die Hierarchie eindeutig feststand: Die Ehefrau war ihrem Ehemann stets absoluten Gehorsam schuldig, selbst dann, wenn er sich offensichtlich im Unrecht befand.

Trotzdem hatte die Frau in dieser Produktionsgemeinschaft einen wesentlichen Aufgabenbereich, sie produzierte überlebenswichtige Güter wie Nahrung und Kleidung, sie war für die Weiterverarbeitung des Getreides zu Mehl mit den schweren, anstrengend zu bedienenden Handmühlen ebenso zuständig wie für die Konservierung von Fleisch und Obst. Daneben oblag ihr die gesamte Textilherstellung von der Gewinnung der Rohstoffe bis zum fertigen Gewand, und auch die Verarbeitung von Rindertalg zu Kerzen und die Seifenherstellung waren Frauenarbeit. Sie wird sich ihrer Unentbehrlichkeit und einer gewissen Machtposition also durchaus bewußt gewesen sein, – die Klagen über mangelnden Gehorsam der Ehefrau, wie sie die gesamte Hausväterliteratur durchziehen, sprechen eine deutliche Sprache.

Im Grunde ist diese Art der Arbeit ja schon immer Frauenarbeit gewesen. Seit der Erfindung des Ackerbaus, der Töpfer- und der Webkunst (es hat sich dabei um weibliche Erfindungen gehandelt) haben Frauen für den Eigenverbrauch und später für den Tauschhandel produziert, während der Mann eher für die Jagd und die Viehzucht zuständig war. Doch taten sie es in den matrilinearen und matrilokalen Sippengesellschaften in Eigenverantwortlichkeit, d. h., sie besaßen die Kontrolle über die Produktionsmittel. Erst mit beginnender Patriarchalisierung wurde der Frau diese Eigenverantwortung aus der Hand genommen, sie wurde dem Mann unterstellt und in seinen Dienst gezwungen. Künftig produzierte sie nicht mehr für sich selbst bzw. für ihre Blutsverwandten (Sippe), sondern sie produzierte für den Mann, dem die Verteilung der Güter oblag.

Die Hausväterliteratur, die den Aufgabenbereich des *„Ganzen Hauses"* anschaulich beschreibt, ist im übrigen keine Schöpfung der Neuzeit, sondern läßt sich in ihren Wurzeln auf die griechische Ökonomik und die römische Agrarlehre zurückführen, die dann durch den Humanismus wieder belebt wurde[1]. Es handelt sich dabei meist um dickleibige Werke, zum Teil in Folio- oder Quartformat, die sich vornehmlich an den Hausvater, zuweilen aber auch an die Hausmutter wenden und ein umfangreiches Wissen vermitteln, wie es zur Führung des *„Ganzen Hauses"* nötig war. Angefangen von Wirtschafts- und Wetterregeln über die Technik verschiedener Wirtschaftszweige wie Ackerbau, Weinbau und Gartenbau, Tierhaltung, Waldbau und Jagd bis zur Hauswirtschaft, die der Frau ebenso oblagen wie die Kranken-, Säuglings- und Schwangerenpflege, ist hier alles vereint, was ein bäuerliches Landhaus oder ein Gutshof an Wissen benötigte. Neben einer strengen Arbeitsteilung wird vor allem die patriarchale Autorität des Hausvaters betont, er ist für das Funktionieren des Hauswesens verantwortlich, und ihm haben sich sämtliche Familienmitglieder und Hausangestellte zu unterwerfen.

Die streng patriarchale Organisationsform des *„Ganzen Hauses"*, die bis in das 18. Jahrhundert hinein existierte, stellt also lediglich eine Weiterentwicklung antiker und altgermanischer Familienmodelle dar, in denen dem Familienvater absolute Herrschafts- und Verfügungsgewalt eingeräumt wurde. Allerdings erfährt das willkürliche Herrschaftsrecht des Mannes jetzt Einschränkungen durch das christliche Gebot der Nächstenliebe, das dem Mann Verkauf und Tötung seiner Untergebenen untersagte, ihn jedoch dazu verpflichtete, diese zu einem religiösen und sittlichen Leben zu erziehen. Körperliche Züchtigung war erlaubt, doch sollte sie, dem Gebot der Liebe folgend, möglichst schonend und nur im Notfall angewendet werden, während die Frau dazu angehalten wurde, sich aus Liebe, d. h. freiwillig und freudig dem Mann als ihrem Gebieter unterzuordnen und ihm zu gehorchen. Diese Unterordnung wurde im Sinne des Naturrechts als naturbedingt hingestellt, sie galt also nicht nur als göttliches, sondern auch als ein natürliches Gesetz. Weil Frauen von sich aus zu einem verantwortungsvollen religiösen und sittlichen Leben nicht fähig sind, benötigen sie die Führung des Mannes. Dieser wiederum ist aufgrund seiner höheren physischen und psychischen Begabung dazu prädestiniert, das weibliche Geschlecht zu lenken und zu leiten. Selbst zur Führung des Hauswesens ist sie weniger geeignet als der Mann, weshalb sie auch in dieser Hinsicht beaufsichtigt werden muß. Bonif Stöltzlin läßt die Frau in seinem 1672 erschienenen „*Catechismus*“ sagen:

„*Gott hat mir diesen [Mann] bescheret/daß er mein Herr und Haupt sein solle/darumb bin ich schuldig/daß ich meinen Willen breche/und ihm unterthänig seie.*“[2]

Diese Brechung des weiblichen Willens und die daraus folgende Entpersönlichung der Frau scheint den Autoren der Hausväterliteratur ein besonderes Anliegen gewesen zu sein. Ausführlich hat sich dazu auch der niederösterreichische Landadelige Wolff Helmhard von Hohberg in seinem umfangreichen Werk: „*Georgica Curiosa Aucta*“ geäußert, das 1682 erschien und mehrmals nachgedruckt wurde. Es fordert den absoluten Gehorsam der Ehefrau und ihre bedingungslose Anpassung an ihren Mann. Sie habe sich, so heißt es hier u. a., in allem und jedem nach ihrem Herrn und Meister zu richten, und wenn es ihr nicht gelinge, ihn mit Liebe, Bitten und guten Worten zu ändern, so solle sie endlich

„*wie der Echo die Stimme von sich geben...oder wie ein guter Spiegel die Gestalt/die man ihm vorstellt/wieder gegenweisen*“.

Auch die Töchter, meint der Autor weiter, seien

„*absonderlich zum Gehorsam und Brechung ihres Willens und eingebildeter Freyheit darum desto emsiger [zu] erziehen...damit es sie...desto leichter ankomme, ihres Mannes Willen und Meynungen unbeschwert nachzuleben.*“[3]

Denn daß ohne entsprechenden Druck die erwünschte Wirkung schwerlich zu erwarten sei, war dem Autor wohl bewußt. War es doch

„*...fast nicht möglich/daß eine Tochter/die ihres freyen Muthwillens/von der zarten Kindheit an/aus Vernachlässigung ihrer Mutter/genossen/hernach im Ehestand/sonderlich bey einem eigensinnigen und hartmuthigen Mann/ein vergnügtes und glückseeliges Leben führen sollte oder könnte*“[4],

wobei mit „*glückseelig*“ wohl eher der Gemütszustand des zufrieden gestellten Gatten, als jener der zugerichteten Frau gemeint war. Die an Selbstherrlichkeit kaum zu überbietende Vorstellung, daß es ihr gut gehen muß, wenn es ihm gut geht, wurde dann allerdings auch von Frauen übernommen.

Eine besondere Ablehnung entwickelten die in der christlichen Tradition stehenden Autoren der Hausväterliteratur gegenüber der Liebe in ihrer ganzheitlichen Form. Gestattet war nur Agape, die christliche Gottes- und Nächstenliebe, hingegen sollten Eros und Sexus aus einer ehelichen Beziehung herausgehalten werden. Auch hier macht sich der Einfluß Luthers bemerkbar, der in der *„fleischlichen Liebe“* eher ein notwendiges Übel als eine bereichernde Erfahrung sah. Die negativ als *„Trieb“* oder *„Brunst“* definierte erotische Liebe wurde als Gefahr empfunden. Der Mann, so mutmaßten die Autoren der Hausväterliteratur, könne allzuleicht der Verführungskunst eines Weibes erliegen und damit seiner Vormachtstellung verlustig gehen. Darum wurde ihm auch immer wieder geraten, sich keinesfalls von *„blinder Liebe“*, sondern eher von Vernunft leiten zu lassen und die Gattin möglichst gleich nach der Eheschließung seinem Willen zu unterwerfen. Ganz generell kam der gegenseitigen Neigung als Grundlage für eine gute Ehe wenig Bedeutung zu, wichtiger schienen ökonomische Gesichtspunkte und die Zeugung einer möglichst zahlreichen Nachkommenschaft. Damit unterscheidet sich die Eheauffassung, wie sie von der Hausväterliteratur vertreten wurde, von späteren Anschauungen, in denen die Liebe als eine notwendige Voraussetzung für die Heirat und ein funktionierendes Eheleben betrachtet wird. Eine Entwicklung, die parallel zu jenen großen ökonomischen Umwälzungen stattfand, in deren Verlauf im 18. Jahrhundert die Struktur des *„Ganzen Hauses“* aufgelöst und durch die Kernfamilie ersetzt wurde. (Bei Taglöhnern, Kleinbauern und einkommensschwachen Handwerkern war allerdings schon zuvor die Kleinfamilie üblich, weil in diesen Unterschichten die Mittel für ein umfangreiches Gesinde fehlten.)

Mit zunehmender Industrialisierung wurde das *„Haus“* als Produktionsstätte überflüssig, Männer wanderten nicht nur in die entstehenden Fabriken ab, sie begannen sich in einem erstarkenden Bürgertum auch andere Berufe zu suchen oder zu schaffen. Frauen, von den höheren Bildungsstätten ebenso wie von der Erlernung eines qualifizierten Handwerks nach wie vor ausgeschlossen, fielen, soferne sie nicht zum unqualifizierten Arbeiterstand zählten, in ein Vakuum. Waren sie doch von eigenständigen Produzentinnen mit einem großen Aufgaben- und daher auch gewissen Machtbereich zu bloßen Konsumentinnen geworden, die das fertige Produkt jetzt am Markt kaufen konnten.

Dieser Funktionsverlust der Frau hat in der Folge Philosophen, Literaten und Pädagogen in zunehmendem Maße beschäftigt. Weil es aufgrund der geschlechtsspezifischen Rollenverteilung immer vornehmlich aktive, gebildete Männer waren, die über passive, ungebildete Frauen ein Urteil abgaben, sind auch in dieser Phase (weiblicher) Geschichte überwiegend Männerworte zu hören, die über Frauen befinden, referieren, räsonnieren.

In kaum einer Epoche haben Männer so ausführlich über Frauen nachgedacht wie gegen Ende des 18. Jahrhunderts. Galt es doch, der Frau einen neuen Aufgabenbereich zu erschließen, der sich bequem männlichen Bedürfnissen unterordnen ließ. Dieser war dann auch bald gefunden, indem die Frau als zuständig für Emotionalität, Liebe und Beziehungsarbeit innerhalb der Familie erklärt wurde, was einen dringend benötigten Ausgleich für den immer härter werdenden Konkurrenzkampf darstellte, der dem Mann oblag. Denn die neue ökonomische Entwicklung hatte die ursprüngliche Einheit des „*Ganzen Hauses*“ zweigeteilt in einen „*Innenraum*“, die Familie, und in einen „*Außenraum*“, der Arbeit hieß. Die geschlechtsspezifische Aufteilung dieser Arbeitsbereiche erfolgte nach dem Grundsatz, daß die Frau für das „*drinnen*“, der Mann jedoch für das „*draußen*“ zuständig sei. Dieses, auf den ersten Blick beinahe partnerschaftlich anmutende Modell hatte allerdings den Nachteil, daß es keinesfalls gleichwertig war, wie die Protagonisten beteuerten, sondern die bestehende Ungleichheit nur noch weiter festigte. Die Freistellung der Frau von häuslicher Plackerei und Mühe, wie sie die fortschreitende Industrialisierung ermöglichte, diente nämlich nicht ihrer Befreiung, sondern brachte sie im Gegenteil noch tiefer in die Abhängigkeit des Mannes. Der Freiraum wurde nicht gefüllt durch einen zunehmenden Einfluß im politischen, wirtschaftlichen und gesellschaftlichen Bereich, was einer zunehmenden weiblichen Selbständigkeit und Autonomie förderlich gewesen wäre, sondern vielmehr durch unbezahlte Liebesarbeit, zu der die Frau jetzt verpflichtet wurde.

Wohl gab es Bemühungen, den partnerschaftlichen Gedanken im Zuge der Aufklärung ebenso wie in der Romantik hervorzuheben, doch blieben sie im Ansatz stecken, womit eine große historische Chance wieder einmal vertan worden war. Die finanzielle, emotionale und rechtliche Abhängigkeit der Frau vom Mann machte Partnerschaft im eigentlichen Sinn von vornherein unmöglich. Die „*gekaufte Frau*“ des erstarkenden Bürgertums im 18. Jahrhundert hatte sich ab nun um die Liebe innerhalb der Familie zu kümmern, wofür ihr als Gegenleistung eine gewisse finanzielle Sicherheit geboten wurde. An ihrem Status als unmündige Person änderte diese Entwicklung allerdings wenig.

WEIBLICHKEITSTHEORIEN ZEITGENÖSSISCHER PHILOSOPHEN

Die neue Familienideologie des 18. und 19. Jahrhunderts, die den Innenraum der Familie (weiblicher Bereich) zur Idylle verklärte, während im Außenraum (männlicher Bereich) der eigentliche Macht- und Existenzkampf stattfand, wurde von dem Frauenbild, das Philosophen und Pädagogen des 18. Jahrhunderts ausgearbeitet hatten, entscheidend geprägt. An erster Stelle zu nennen wäre hier Jean Jacques Rousseau (1712–1778), der die Objektrolle der Frau, ihre Hinorientierung zum Mann erneut bestätigte und verfestigte. Seine fortschrittliche Pädagogik, die den Gedanken einer kindgemäßen, freien und individuellen Erziehung vertrat, bezog sich ausschließlich auf den Mann. Für die Frau, so befand der Philosoph, hätten andere Kriterien zu gelten. Etwa solche, wie sie jene bekannte Stelle in seinem Erziehungsroman *„Emile oder von der Erziehung"* unmißverständlich ausdrückt:

„Die ganze Erziehung der Frauen muß sich also auf die Männer beziehen, ihnen gefallen, ihnen nützlich sein, sich von ihnen lieben und ehren lassen, sie aufziehen, solange sie jung sind, sie umsorgen, wenn sie groß sind, ihnen raten, sie trösten, ihnen das Leben angenehm und süß machen, das sind die Pflichten der Frauen zu allen Zeiten, und das muß man sie von ihrer Kindheit an lehren."[5]

Daß Frauen zu einer derart selbstlosen, eigene Wünsche und Neigungen völlig auslöschenden Haltung nur durch Zwang gebracht werden können, war dem Philosophen bewußt:

„...sie müssen beizeiten an Zwang gewöhnt werden...Sie werden ihr ganzes Leben lang dem beständigsten und strengsten Zwang unterworfen sein, nämlich dem der Wohlanständigkeit. Man muß sie gleich anfangs üben, sich Zwang anzutun, damit es sie niemals schwer ankomme, alle ihre Launen zu bezähmen, um sie dem Willen anderer zu unterwerfen. ...Man lasse nicht zu, daß sie einen einzigen Augenblick in ihrem Leben keinen Zaum mehr kennen. Man gewöhne sie daran, sich mitten in ihren Spielen ohne Murren unterbrechen zu lassen und sich anderen Aufgaben zu widmen...aus diesem zur Gewohnheit gewordenen Zwang entsteht eine Folgsamkeit, welche die Frauen ihr ganzes Leben hindurch nötig haben, weil sie niemals aufhören, entweder einem Manne oder den Urteilen der Menschen unterworfen zu sein, und es ihnen niemals erlaubt ist, sich über diese Urteile hinwegzusetzen."[6] Diese Haltung ist umso bemerkenswerter, als sie Rousseaus Erziehungskonzept grundsätzlich widerspricht. War er sich doch sehr wohl über die ursächlichen Zusammenhänge von Unfreiheit und Unterdrückung bewußt:

„...Es muß einem jeden in die Augen leuchten, daß die Fesseln der Knechtschaft nicht anders als durch die Abhängigkeit der Menschen voneinander und durch ihre gegenseitigen Bedürfnisse haben geschmiedet werden können, und daß wir unmöglich einen Menschen untertänig machen können, wenn wir ihn nicht dahin gebracht haben, daß er eines anderen nicht entbehren kann. Hat es also in dem Stande der Natur niemals einen solchen Zustand gegeben, so müssen die Menschen darin von allem Joch befreit und das Gesetz des Stärkeren muß kraftlos gewesen sein.“[7]

Rousseau hat bei seiner Untersuchung über die Entstehung von Herrschaftsstrukturen die spezielle Hierarchie zwischen den Geschlechtern völlig negiert. Er sah wohl, daß Herrschaft und Unterwerfung nicht naturbedingt, sondern das Ergebnis sozialer Strukturen sind, doch hat er diese Erkenntnis nicht auf das Verhältnis Mann-Frau ausgedehnt. Sein neuer Denkansatz, der versuchte, Biologisches vom sozial Gewordenen zu trennen, hat die Beziehung zwischen den Geschlechtern ausgeklammert. Auch bei Rousseau, dem fortschrittlichen Denker, der wesentlich zu einem neuen Menschenbild beigetragen hat, bleibt die Frau ohne eigene Individualität, eine bloße Ergänzung des Mannes und diesem in jeder Hinsicht untergeordnet, wobei auch er die Unterlegenheit der Frau mit dem Naturgesetz begründet. Bereits ihr mögliches Aufbegehren, so führt er aus, sei unstatthaft, verstößt es doch allein schon durch den formulierten Protest gegen ihre von der Natur festgelegte Bestimmung.

„Durch das Gesetz der Natur selbst sind die Frauen, sowohl für sich als auch für ihre Kinder dem Urteil der Männer überlassen –“

Oder an anderer Stelle:

„...So ist das liebenswürdige Naturell ihres Geschlechts beschaffen, dem Manne nachzugeben und sogar eine Ungerechtigkeit zu ertragen. Dahin wird man die Knaben niemals bringen können...“[8]

Jean Jacques Rousseau, Schriftsteller, Pädagoge, Philosoph, bietet ein anschauliches Beispiel dafür, wie Frauen aus männlichen Philosophien und damit zugleich welthistorischen Entwicklungen ausgeschlossen wurden. In seiner richtungweisenden Pädagogik, die spätere Jahrhunderte maßgeblich beeinflußt hat, kommt die Frau im eigentlichen gar nicht vor, das heißt, sie nimmt einen abseitigen Sonderplatz ein, der nur insoferne Erwähnung findet, als er der Ergänzung und Komplementierung des männlichen Standpunktes dient. Sophie, das Mädchen, rückt im Roman „*Emile*“ erst dann in den Mittelpunkt des Interesses, als die männliche Hauptfigur eine Gefährtin benötigt. Aus dieser Rolle der Gefährtin und Gehilfin kann sie sich auch nicht mehr lösen, ist sie selbst doch nur, was sie in Bezug zum Mann ist. Wie Heidemarie Bennent in ihrer fundierten Analyse beschreibt[9], entspricht Rousseaus Konzept der Mädchenerziehung damit in keiner Weise jenem, das er für den Knaben – als vollwertigen Menschen – fordert. Es empfiehlt Nachgiebigkeit, devote Pflichterfüllung, vor allem aber Anpassung an die Bedürfnisse des Mannes und Unterdrückung der eigenen.

Weibliche Selbstaufgabe als Zeichen einer „reifen" Persönlichkeit: Fichte

Mit dieser Ansicht stand Rousseau auch im aufgeklärten 18. Jahrhundert keinesfalls allein. Vielmehr haben gerade die namhaftesten Denker und Philosophen ähnliche Anschauungen vertreten. Abweichler gab es wohl – davon wird später noch die Rede sein –, doch verfügten sie nicht über einen ähnlichen Einfluß wie etwa Johann Gottlieb Fichte (1762–1814), Professor in Jena, dann in Erlangen, schließlich erster frei gewählter Rektor der Universität Berlin, dessen Frauenbild von besonderer Geringschätzung und Verachtung geprägt ist. Kaum ein neuzeitlicher Denker hat das Wort „*Liebe*" so oft im Munde geführt und zur gleichen Zeit die Selbstachtung, Würde und Persönlichkeit des weiblichen Menschen so sehr mißachtet. Sein gesamtes Ehekonzept, dem er sich sehr ausführlich widmet, zielt auf eine völlige Auslöschung weiblicher Individualität. Dabei geht er so weit, weibliche Selbstaufgabe als Zeichen einer eigentlichen, reifen (weiblichen) Persönlichkeit zu interpretieren, die erst im Zustand der Unterwerfung zu ihrem weiblichen Selbst findet:

„*Ihre eigene Würde beruht darauf, daß sie ganz, so wie sie lebt, und ist, ihres Mannes sei, und sich ohne Vorbehalt an ihn und in ihm verloren habe.*"

Dieser Verzicht auf eine eigene Persönlichkeit bedingt nach Fichte auch einen Verzicht auf Rechtsfähigkeit und Vermögen:

„*Das Geringste, was daraus folgt, ist, daß sie ihm ihr Vermögen und alle ihre Rechte abtrete, und mit ihm ziehe. Nur mit ihm vereinigt, nur unter seinen Augen, und in seinen Geschäften, hat sie noch Leben und Tätigkeit. Sie hat aufgehört, das Leben eines Individuums zu führen; ihr Leben ist ein Teil seines Lebens geworden...*"[10]

Fichte hat die Diskussion um objektive Ehezwecke beendet und die Liebe – bzw. was er darunter verstand – endgültig zur Voraussetzung und zum Wesen der Ehe gemacht. Doch ist bei ihm von vornherein klar, wer für diese „*Liebe*" verantwortlich ist:

„*Nur in Verbindung mit einem liebenden Weibe öffnet das männliche Herz sich der Liebe, der sich unbefangen hingebenden und im Gegenstand verlorenen Liebe.*"[11]

Ebenso selbstverständlich ist, daß der Frau aus dieser Verantwortlichkeit keinerlei Selbstwertgefühl erwachsen darf, ist sie doch gar nicht fähig, eigene Wünsche zu artikulieren. Dafür erwartet sie weitere Pflichterfüllung und Entsagung. So etwa wiegt der Ehebruch der Frau, der die Ehe „*notwendig vernichtet*", wesentlich schwerer als jener des Mannes, der sehr wohl ein

Fortführen des Ehebundes erlaubt. Auch ist ihre Selbstaufgabe in der Ehe eine totale, während er, wenngleich seiner Frau in Liebe verbunden, dabei die aktive Führung behält:

„In dem Begriffe der Ehe liegt die unbegrenzteste Unterwerfung der Frau unter den Willen des Mannes; nicht aus einem juridischen, sondern aus einem moralischen Grunde. Sie muß sich unterwerfen um ihrer eigenen Ehre willen...Der Mann tritt ganz an ihre Stelle; sie ist durch ihre Verheiratung für den Staat ganz vernichtet...Der Mann wird ihre Garantie bei dem Staate; er wird ihr rechtlicher Vormund; er lebt in allem ihr öffentliches Leben; und sie behält lediglich ein häusliches Leben übrig...“[12]

Daß bei Fichte die Frau darüber hinaus zu einem asexuellen Wesen wird, dessen Geschlechtlichkeit lediglich zur Befriedigung des Mannes dient, ergibt sich fast von selbst. Während ihr Geschlechtstrieb sie jedoch in seinen Augen erniedrigt, darf der Mann den seinigen sehr wohl behaupten, was auch seiner Würde keinen Abbruch tut:

„Der Mann kann, ohne seine Würde aufzugeben, sich den Geschlechtstrieb gestehen, und die Befriedigung desselben suchen...Das Weib kann sich diesen Trieb nicht gestehen. Der Mann kann freien; das Weib nicht. Es wäre die höchste Geringschätzung ihrer selbst, wenn sie es täte.“[13]

Die entsexualisierte, einer eigenen Geschlechtlichkeit entkleidete Frau besteht aus „*reiner*“, hingebungsvoller Liebe, die ihr einziges Ziel darin sieht, einen Mann zu befriedigen:

„Im unverdorbenen Weibe äußert sich kein Geschlechtstrieb, und wohnt kein Geschlechtstrieb, sondern nur Liebe; und diese Liebe ist der Naturtrieb des Weibes, einen Mann zu befriedigen. Es ist allerdings ein Trieb, der dringend seiner Befriedigung heischt; aber diese seine Befriedigung ist nicht die sinnliche Befriedigung des Weibes, sondern die des Mannes; für das Weib ist es nur Befriedigung des Herzens.“[14]

Die Ovationen, die Fichte dem durch selbstlose Liebe zu seiner eigentlichen Bestimmung gelangenden Weibe bereitet, hindern ihn jedoch nicht daran, im Grunde sehr genau derartige Verherrlichungen als – kompensatorischen – Ausdruck tiefster Geringschätzung zu erkennen:

„...der galante Ton gegen dieses Geschlecht – er am meisten zeigt es eben an, wie sehr wir sie verachten...“[15]

Daß derartige Ausflüsse einer monströsen männlichen Selbstbeweihräucherung auf die heutige Generation geradezu komisch wirken, darf nicht darüber hinwegtäuschen, daß sie das Bild der Frau nicht nur im 19., sondern teilweise auch noch im 20. Jahrhundert entscheidend geprägt haben. Wie sehr diese zunehmende Entpersönlichung zu einem Identitätsverlust führte, zeigt die sprunghaft anwachsende Zahl hysterischer Frauen im 19. Jahrhundert, die, zum absoluten „*nichts*“ (Weininger) deformiert, Identität nur noch in Krankheit finden konnten.

Natürlich war es keinesfalls so, daß Frauen diesen männlichen Wunschphantasien immer entsprachen, doch wurden sie, mangels entsprechender weiblicher Gegenentwürfe, daran gemessen und bei abweichenden Tendenzen gerügt, getadelt und verworfen. Auch gegenwärtig werden Frauen einem weiblichen Tugendkatalog verpflichtet, in dem Selbstaufopferung, Selbstlosigkeit, Friedfertigkeit und Bescheidenheit enthalten sind. Charakterzüge, die im allgemeinen Selbstverständnis zwar als edel und gut, trotzdem jedoch als wenig gewinn- und machtbringend erscheinen. (Weibliche Dienstleistungsberufe wie Krankenschwester und Kindergärtnerin beispielsweise sind zwar gefragt, aber anstrengend und immer noch schlecht bezahlt.) Da liegen die Männer schon besser: Sie setzen auf Egoismus, Durchschlagskraft, Karriere und Profit und somit auf Eigenschaften, die in unserer Gesellschaft sehr wohl mit Macht und Geld verbunden sind. Die Annahme, daß eine gegenseitige Befruchtung und Durchdringung geschlechtsspezifischer Rollenbilder durchaus dazu beitragen konnten, unsere Welt im positiven Sinn zu verändern, ist also nicht von der Hand zu weisen.

„Die Weiblichkeiten heißen Schwächen“: Kant

Fichtes restaurative Weiblichkeitstheorien, die gegen Ende des 18. Jahrhunderts konzipiert wurden, unterscheiden sich nur unwesentlich von jenen des fast 40 Jahre älteren, noch in der Tradition der Frühaufklärung stehenden Immanuel Kant (1724–1804). Auch er weicht in seinem Konzept einer idealen Weiblichkeit grundsätzlich von seinen aufklärerischen Theorien ab, die dem Menschen zum „*Ausgang aus seiner selbstverschuldeten Unmündigkeit*“ verhelfen wollen. Während jedoch der junge Kant das weibliche Geschlecht auf eine gewisse galante Art ideologisch aufwertet – ohne dabei an dessen Zweitrangigkeit den geringsten Zweifel zu lassen –, sind seine späteren Schriften von eindeutiger Geringschätzung geprägt. „*Die Weiblichkeiten heißen Schwächen*“ heißt es etwa dezidiert in seiner „*Anthropologie*“[16] aus dem Jahre 1798. Lediglich die Feststellung, daß die Unmündigkeit der Frau nicht im Naturgesetz verankert, sondern gesellschaftlich bedingt sei, weist ihn hierbei als einen Vertreter der Aufklärung aus. Alle übrigen Charakteristika, die Kant dem weiblichen Menschen zuteil werden läßt, verkünden das übliche, geschlechtsspezifische Unterwerfungsmodell. Auch bei ihm wird die Frau auf ihre physische Attraktivität reduziert, „*sie ist schön und nimmt ein, und das ist genug*“[17], auch ihr Verstand ist lediglich „*schön*“, während jener des Mannes als „*tief*“ bezeichnet wird. Ebenso ist die „*Tugend des Frauenzimmers*“ eine „*schöne Tugend. Die des männlichen Geschlechts soll eine edle Tugend sein*“. Was Kant von diesem „*schönen Verstand*“ hält, sagt er einige Sätze weiter:

„Mühsames Lernen oder peinliches Grübeln, wenn es gleich ein Frauenzimmer darin hoch bringen sollte, vertilgen die Vorzüge, die ihrem Geschlecht eigentümlich sind, und können dieselbe wohl nur der Seltenheit willen zum Gegenstand einer kalten Bewunderung machen, aber sie werden zugleich die Reize schwächen, wodurch sie ihre große Gewalt über das andere Geschlecht ausüben."[18]

Auch Kant findet also, eine gescheite Frau sei keine richtige Frau, weshalb Frau-sein ganz offensichtlich mit geringeren Geistesgaben verbunden bleibt.

Obwohl Kant die Unterlegenheit der Frau nicht in dem Maße ausformuliert wie Fichte und Rousseau, wird sie auch bei ihm, wenngleich teilweise verschlüsselt und verklausuliert, quasi vorausgesetzt. Auch für Kant bleibt die Frau dem Mann nicht nur unterworfen – in der „*Anthropologie*" erklärt er sie eindeutig als „*bürgerlich-unmündig*", sie ist auch der reinen Erkenntnis unfähig, die dem Manne vorbehalten ist. Wobei auch Kant die Idealisierung des Weiblichen als männliche Projektion erkennt:

„...Das schöne Geschlecht übt viele Illusionen aus. Ein jeder muß es anfänglich für tugendhaft halten, in den folgenden Jahren aber verlöscht diese Verblendung, und man kommt hinter die Schwächen dieses Geschlechts; aber doch ist hier die Illusion, welche die Natur ins männliche Geschlecht gelegt hat, sehr heilsam,...denn obgleich die Achtung gegen das schöne Geschlecht immer auf Illusionen beruhen mag, so ist sie doch stets angenehm und verbessernd; wenn ein Liebhaber seine Schöne für so achtungswerth, oder anbetungswürdig hält, so muß er sich gewiß bemühen, sich selbst Besserung in seiner Denkart zu erwerben."[19]

Die Glorifizierung der Frau dient also letztendlich wiederum dem Mann, sie ist für ihn „*angenehm und verbessernd*". Über den tatsächlichen Status der Frau sagt sie wenig bis nichts.

Auch die Weiblichkeitsentwürfe anderer Philosophen und Denker, die im 18. und am Beginn des 19. Jahrhunderts entwickelt wurden, förderten in ihrer Ausrichtung auf den Mann einerseits und den häuslichen Innenraum andererseits die Verfestigung des etwa zur gleichen Zeit entstehenden Familienmodells. Selbst Johann Gottfried Herder (1744–1803), der sich von der rationalistisch orientierten Frühaufklärung ab und der dem Gefühlsleben einen neuen Raum widmenden Periode des Sturm und Drang zuwendet, hat bei aller Wertschätzung der als weiblich klassifizierten Eigenschaften wie Feinfühligkeit, Empfindsamkeit und Seelengröße die Frau aus ihrer Position der Unterlegenheit nicht befreit. Weibliche Kreativität, wenngleich wohlwollend betrachtet, wird auf nachahmende und nachempfindende Tätigkeiten beschränkt, während das männliche Genie Grenzen sprengt. Liegt doch auch für Herder die eigentliche Bestimmung der Frau jenseits von Wissenschaft und Kunst im häuslichen Bereich:

„Das Frauenzimmer gehört ohne Zweifel nicht in die Hörsäle und Studierzimmer der Gelehrten, wenn es sich bilden will zu seiner Bestimmung..."[20]

Auch die fundamentale Verschiedenheit der Geschlechter wird bei Herder erneut betont:

„Des Weibes Natur ist eine andere als des Mannes: sie empfindet anders, sie wirkt anders...“[21]

„Daß das Weib ganz eingehe in den Mann“: Humboldt

Hier trifft er sich mit den Ansichten Friedrich Humboldts, nach dem die Natur die Differenz der Geschlechter

„...zu einer so unverkennbaren Eigentümlichkeit eines jeden für sich, und einer sich so scharf entgegengesetzten Verschiedenheit bestimmt“

habe,

„daß vernünftiger Weise auch nicht einmal der Gedanke entstehen kann, den Charakter des einen mit dem des anderen zu vertauschen...“[22]

Während Humboldt einerseits dem weiblichen Denken Abstraktionsvermögen und die nötige Distanz zu emotionalen Regungen abspricht, verherrlicht er andererseits den natürlichen weiblichen Mutterinstinkt als eigentliche weibliche Welterfahrung. Das hindert ihn allerdings nicht daran, der Frau gleichzeitig die charakterlichen Fähigkeiten zur Erlangung der Freiheit abzusprechen und sie zu Gehorsam und Unterwerfung zu verpflichten:

„...daß das Weib ganz aufgehe in dem Mann und gar keine Selbständigkeit mehr habe als seinen Willen, keinen Gedanken, als den er verlangt, keine Empfindung, als die sich ihm unterwirft; und daß er vollkommen frei und selbstkräftig bleibe und sie ansehe als einen Theil von sich, als bestimmt für ihn und in ihm zu leben.“[23]

Diese Aufgabe des eigenen Selbst prädestiniert die Frau auch nach Humboldt zur völligen Hingabe an den Mann:

„Den Mann, der durch seine Tätigkeit leicht aus sich selbst herausgerissen wird, wieder in sich zurückzuführen, was sein Verstand trennt, durch das Gefühl zu verbinden;...ist die schöne Bestimmung dieses Geschlechts.“[24]

Die männliche Sehnsucht nach der verlorenen Einheit, der ursprünglichen Idylle soll also von der Frau befriedigt werden, und während er in einem tätigen, konflikt- und abwechslungsreichen Leben die Welt neu schafft, wird sie zu einem Stillstand ihrer schöpferischen und intellektuellen Fähigkeiten verurteilt.

Das Weib ist zum Dulden geschaffen

Neben tiefschürfenden philosophischen Abhandlungen und Traktaten wurde der Literaturmarkt vor allem um die Jahrhundertwende auch noch von populärwissenschaftlichen Betrachtungen über Wesen und Bestimmung der Frau geradezu überschwemmt. Ungemein kurios wirkt auf den/die heutigen/e Zeitgenossen/in die 1798 in Bremen erschienene und 1799 in Wien nachgedruckte pädagogische Schrift J. L. Ewalds mit dem Titel: „*Die Kunst, ein gutes Mädchen, eine gute Gattin, Mutter und Hausfrau zu werden*", in der nicht nur das übliche, geschlechtsspezifische Rollenmodell propagiert, sondern dieses auch noch durch die biologische Ausstattung der Frau begründet und untermauert wird. So etwa ist „*Das Zartere, Feinere, Rundere*" des weiblichen Körperbaus „*offenbar zum Gefallen gemacht*"[25]. Auch ist am weiblichen Körper alles „*weicher, schlaffer, nachgiebiger*", was sogleich zum Anlaß genommen wird, die besondere Eignung der Frau zum stillen Dulden hervorzuheben:

„*Daher empfindet der weibliche Körper den Schmerz nicht so heftig wie der männliche; jeder Muskel giebt nach, weicht aus, drückt sich zusammen. Wink, daß das Weib mehr zum stillen Dulden gemacht ist, daß in der Kraft zu dulden, seine große Kraft liegt; daß es mehr als der Mann dulden kann, und sich durch Ausweichen, Nachgeben, Zusammenziehen in sich selbst, durch Verschließen in sich selbst, seine Leiden erleichtern soll.*"[26]

Daß nicht nur die weibliche Psyche, sondern offenbar auch der weibliche Körper dazu geschaffen ist, Diskriminierung jeder Art problemlos zu ertragen, macht auch folgende Bemerkung deutlich:

„*Die Rippenknorpel des Weibes sind biegsamer, daher beweglicher, die Brust ausdehnbarer, wie bey uns. Sie können tiefer athmen, mehr Luft auf einmal einsaugen. Alles ist eingerichtet, um ohne großen Schaden in der Stubenluft zu leben.*"[27]

Auch ist Körpersprache jene Sprache, die der Autor der ansonsten zur Sprachlosigkeit verurteilten Frau gestattet:

„*Dem Weibe ist oft nicht zu reden erlaubt. Ihr hochgehobener Busen solls nur ahnden [sic!] lassen, was in ihr vorgeht. Das ist die einzige Sprache, die sie reden darf, und darum nur darf, weil sie in dieser Sprache nicht schweigen kann.*"[28]

Die körperliche Konstitution der Frau wurde im übrigen häufig dazu herangezogen, um ihre Diskriminierung zu rechtfertigen. So etwa heißt es in der „*Allgemeinen Deutschen Realencyklopädie für die gebildeten Stände*" des Jahres 1785 u. a.:

„*Das Nahrungsbedürfnis des Weibes ist geringer, sein Stoffwechsel nicht so energisch, es ist weniger zu großen Kraftleistungen befähigt...*"[29]

Sogar die Fähigkeit, Kinder zu gebären, wird der Frau nicht als Stärke, sondern als Schwäche ihrer körperlichen Konstitution ausgelegt:

„*Die Fasern einer Frauensperson sind bestimmt, nachzugeben, wenn sie durch die völlige Größe des Kindes und der die solches umgebende Theile so beträchtlich ausgedehnt werden sollen. Sie durften mithin nicht so steif und nicht so stark als die Fasern der Mannsperson seyn und dieses macht, daß bey ihnen der Kreislauf mit geringerer Kraft geschieht, daß ihr Blut nicht so dick ist...In der mütterlichen Bestimmung muß also der Hauptgrund ihrer* k ö r p e r l i c h e n S c h w ä c h e (Hervorhebung der Autorin) *aufgesucht werden, weil sie sich ohne jede Geschmeidigkeit und ohne jedes nachgeben der Fasern nicht zur Kindbetterin geschickt haben würde*"[30],

meint etwa Carl Friedrich Pockels, der in den Jahren 1797–1802 ein voluminöses Werk von vier Bänden über das schöne Geschlecht schrieb. Diese konstruierte weibliche Schwäche ist Voraussetzung für männlichen Schutz, bzw. männliche Vorherrschaft und weibliche Unterwerfung. Hingebungsvoll widmet sich Pockels seinen männlichen Wunschträumen, denen die Frau entsprechen soll:

„Sie schmiegt sich mit unbeschreiblicher Zärtlichkeit in seinen Willen, wenn er auch noch so sonderbar, noch so despotisch seyn sollte; sie pflegt und wartet ihn in seinen Krankheiten und nach den Arbeiten des Tages; sie bestreut sein Lager mit duftenden Blumen, sie verkürzt ihm die Zeit mit Liebkosung und naiven Plaudereien; sie küßt ihm Zorn und Gram von der Stirn und entwaffnet seinen Zorn durch ein liebevolles Zuvorkommen, durch freundliche Sanftheit, durch jene unnachahmliche Milde des Ausdrucks, die so unwiderstehlich auf unser Herz wirket, weil sie aus dem Herz des Weibes kommt. Dem zarteren Geschlecht ist Alles daran gelegen, den stärkeren muthvollen Mann zu seinem Busenfreunde zu haben und zu behalten...das ganze Leben des Weibes ist auf diese Absicht, auf diesen ersten und letzten Wunsch berechnet. Sie kann nicht ohne ihn leben..."[31]

Der Erziehung des unmündigen Weibes nahm sich auch der Schriftsteller und Pädagoge Joachim Heinrich Campe an. In seinem 1790 veröffentlichten, vielgelesenen Buch mit dem Titel: „*Väterlicher Rat für meine Töchter*" widmet er sich besonders der für die Frau notwendigen „*Gewöhnung an Abhängigkeit*":

„Dazu bist du nun einmal gebohren – dazu bist du nun einmal von der Natur sowohl als auch von der menschlichen Gesellschaft bestimmt, und alles Sträuben und Sperren dagegen würde dir wahrlich nichts dienen, als die sanften Bande der Liebe, welche diese Abhängigkeit leicht machen sollen, in drückende Ketten der Knechtschaft zu verwandeln. Sey also weise, junge Weltbürgerin, und lerne dich willig in eine Ordnung fügen, welche die Natur selbst...und die ganze menschliche Gesellschaft, so weit wir sie kennen, aufgenommen hat. Thue Verzicht auf einen unabhängigen Willen, vornehmlich auf eigene Launen und auf jede Art der Widersetzung. Lerne dich als das zweite Glied in der Kette deines künftigen Hauswesens denken."[32]

Der Lohn für diesen Verzicht folgt nach Campe auf dem Fuß:

„Ihr seyd wahrlich nicht dazu bestimmt, nur große Kinder, tändelnde Puppen, Närrinnen oder gar Furien zu seyn; ihr seyd vielmehr geschaffen – o vernimm deinen ehrwürdigen Beruf mit dankbarer Freude über die große Würde desselben

– um beglückende Gattinnen, bildende Mütter und weise Vorsteherinnen des inneren Hauswesens zu werden..."[33]

Auch die zahlreichen Frauen- und Familienzeitschriften des ausklingenden 18. Jahrhunderts sind bemüht, das Polaritätsdenken zu fördern und Frauen durch moralisierende Belehrungen auf ihre Hausfrauen-, Mutter- und Gattinnenrolle vorzubereiten. Zu Beginn des 19. Jahrhunderts sind dann endgültig jene aufklärerischen Bemühungen, wie sie noch um die Mitte des 18. Jahrhunderts die moralischen Wochenschriften kennzeichneten, aus dem Zeitschriftenangebot verschwunden. Das vorsichtige Konzept der Frühaufklärung, das dazu tendierte, eine gleiche Verstandeskraft von Männern und Frauen anzunehmen, wich einer neuerlichen Festschreibung der Frau auf ihren zukünftigen „*Beruf*" als Hausfrau, Gattin und Mutter, wie sie für die Familienideologie des 19. Jahrhunderts notwendig war. Um Frauen auf ihre ganz auf den Mann hingeordnete, und daher ökonomisch, rechtlich und emotional abhängige Rolle einzuschwören, wurden sie erneut vom Bildungsangebot ausgeschlossen bzw. drastisch eingeschränkt. Was Frauen als Lesestoff zu gestatten sei und was nicht, war stets ein beliebtes und häufiges Thema diverser, von Männern verfaßter pädagogischer Schriften, daß ein Zuviel an Bildung ihrer Dienstfertigkeit dem Mann gegenüber, ihrer Gebärfreudigkeit und Mutterschaft abträglich sei, ebenso. Die Frau blieb also auch in der Familienideologie des 19. und des beginnenden 20. Jahrhunderts im Grunde Eigentum des Mannes, was auch offen formuliert wurde:

„*Bist Du nicht Eigenthum Deines Mannes, gehörst Du ihm nicht allein? Hast Du nicht Deine ganzen Verhältnisse in seine Obhut gegeben, hast Du nicht den Schutz unter seinem Dach genossen? Hast Du Dich ihm nicht ganz hingegeben...Jetzt beharrt er freylich auf seinem Rechte...*"[34]

Auch gegenwärtig hat die Diskussion um Gewalt in der Familie und Kindesmißbrauch erneut ins Bewußtsein gerufen, wieviel von diesem Besitzdenken immer noch in so manchem Mann vorhanden ist. Die Hartnäckigkeit derartiger Vorstellungen wird genährt durch die ökonomische Abhängigkeit der Frau, die wiederum ein Resultat ihrer unbezahlten Familienarbeit ist, zu der Frauen nach wie vor verpflichtet werden. Daß Frauen in so manchen unglücklichen Ehen immer noch gezwungen sind, ihren Körper, ihre Arbeitskraft, ihre Liebesfähigkeit zu verkaufen, um sich das bißchen finanzielle Sicherheit zu erhalten – so manche hat sich auch aus Bequemlichkeit verkauft –, ist Ergebnis dieser gesellschaftlichen und ideologischen Zurichtung, der Frauen durch Jahrhunderte hindurch ausgeliefert waren.

DIE FAMILIE

Das lateinische *„familia"* war Luther noch nicht geläufig, dürfte aber seit dem späten 16. Jahrhundert als Ausdruck für *„Hausgenossenschaft"* in den deutschen Sprachschatz eingegangen sein. In Zedlers Universallexikon von 1735 ist dieser Begriff der altrömischen *„familia"* bereits angeführt, und schon fünfzig Jahre später verzeichnet Krünitz' *„Oeconomisch-technologische Encyklopädie"* den eingedeutschten Begriff *„Familie"*, der jetzt nur noch *„Eheleute und ihre Kinder"* umfaßt[35]. Damit war jene Entwicklung vollzogen, die vornehmlich für die Frau entscheidende Veränderungen brachte. Die produzierende Hausmutter wurde zur reproduzierenden Familienmutter, deren Hauptaufgabe darin gesehen wurde, sich um das Wohl des Gatten und der Kinder zu kümmern. Diese Umschichtung bewirkte vor allem dreierlei: eine größere Abhängigkeit der Frau vom Mann, eine Emotionalisierung des häuslichen Bereichs – die Beziehung der Familienmitglieder untereinander gestaltete sich inniger und gefühlsbetonter – und die Entstehung einer speziellen Kinderkultur, die in neuen Anschauungen von der Persönlichkeit des Kindes gipfelte. Waren doch bislang Kinder wie kleine Erwachsene behandelt und auch gekleidet worden, von einer kindgerechten Lebenswelt hielten man/frau wenig, Kinder wurden vor allem in den ärmeren Schichten häufig bereits mit fünf oder sechs Jahren in den Arbeitsalltag integriert. Auch jetzt fand sich die neue Auffassung vom Kindeswohl vornehmlich im gut situierten Bürgertum, arme Leute konnten sich den *„Luxus"* einer Kinderwelt nach wie vor nicht leisten.

Doch hat sich auch die Frau der entstehenden Biedermeierkultur nicht immer ausschließlich selbst um ihre Kinder gekümmert, wie es die neuen Erziehungswissenschaften forderten, sondern häufig ein Kindermädchen damit betraut. Wie ja diese von Literaten gepriesene und von Malern verherrlichte häusliche Idylle überhaupt ihre Risse und Sprünge besaß. Daß die mit der Trennung von Erwerbs- und Familiensphäre einhergehende geschlechtsspezifische Arbeitsteilung eine verstärkte Abhängigkeit der Frau vom Mann zur Folge hatte, ist bereits gesagt worden. Doch wurde die Frau darüber hinaus als Bewahrerin und Verwalterin dieser Idylle zu einer Art Schein-Dasein verpflichtet, weil sie ständig etwas vorstellen mußte, das eigentlich nicht der Realität entsprach. Denn natürlich mußte auch die Biedermeierfrau unermüdlich tätig sein. Obwohl die schwere Hausarbeit wie Waschen, Scheuern, Brotbacken und Bügeln meist Dienstboten übertragen und auch die wichtigen Verbrauchsgüter nicht mehr selbst produziert wurden, mußte doch die gekaufte Ware im roh- und halbfertigen Zustand ein-

Franz Steinbücher, *Familienbildnis* (1810).
Die Entwicklung von der produzierenden Hausmutter zur reproduzierenden Familienmutter führte einerseits zu einer größeren ökonomischen Abhängigkeit der Frau vom Mann, andererseits aber auch zu einer Emotionalisierung des Familienlebens. Die von Biedermeiermalern verherrlichte Idylle besaß allerdings ihre Sprünge und Risse, in der die Frau zu einer Art Schein-Dasein verpflichtet wurde.

gelagert und entsprechend weiterverarbeitet werden, was immer noch sehr viel Zeit in Anspruch nahm. Noch um die Mitte des 19. Jahrhunderts nennt das „*Bayerische Kochbuch*“ Brotbacken, Fleischräuchern, Würste-Zubereitung, Bereitung von Obstweinen und Essig, Obsteinmachen, Einmachen von Gemüse sowie Seifensieden, Waschen und Bleichen der Wäsche als vornehmliche Arbeiten der Hausfrau[36]. Trotzdem sollte ständig der Eindruck von Harmonie, Beschaulichkeit und Entspannung vermittelt werden, denn Frauenarbeit – das war die allgemein propagierte Ansicht – ist keine Arbeit, entspricht die häusliche Tätigkeit doch der Natur der Frau. Eigentlich kann sie gar nicht anders, als ständig in selbstloser, aufopfernder Liebe für die anderen tätig sein. Das – wichtigere – Geld bringt dafür der Mann.

Diese unbezahlte Liebesarbeit der Frau, die mit einer mehr oder weniger gesicherten Existenz erkauft wird, ist der eigentliche Kernpunkt des neuen Familienmodells. Sie ist es – mit einigen Abstrichen – bis heute. Genau hier liegen aber auch die Unzulänglichkeiten traditioneller Ehebeziehungen, liegen die Wurzeln für eine Legion frustrierter Frauen, die einerseits auf Selbstverwirklichung verzichtet haben, sich andererseits jedoch in ihrer Selbstlosigkeit nicht genug gewürdigt fühlen und auch das entsprechende Feedback des Gatten vermissen. Vertritt dieser doch meist die Ansicht, als Geld-Beschaffer sein Plansoll erfüllt zu haben. So entsteht die paradoxe Situation, daß sich der Ehemann, gestreßt, knapp vorbei am Herzinfarkt und emotional verkrüppelt, abschuftet für seine am Hausfrauensyndrom leidende Ehefrau und das den Vater vermissende Kind. Wahrscheinlich noch gravierender ist, daß diese Vorstellung von der für die Liebesarbeit zuständigen Frau auch auf die berufstätige Gattin und Mutter übertragen wird, und dann die überforderte Alleinerzieherin (und im Grunde ist das fast jede Mutter) für das Fehlverhalten kommender Generationen verantwortlich gemacht wird, statt daß endlich Männer an ihre diesbezügliche Verantwortung erinnert werden. Diese – die Männer – hingegen sitzen dafür in ihren Pädagogen-, Soziologen- und Psychologensesseln und sprechen Pauschalverurteilungen aus. (Siehe dazu das Kapitel: „Ausverkauf der Frau heute“, „Die männliche Sündenbocktheorie“, S. 526ff.) Denn das weiß ja die – männliche – Wissenschaft spätestens seit Freud, daß Kinder und vornehmlich Söhne eine tiefe, das gesamte Leben beherrschende Angst vor der Allmacht einer alleinerziehenden Mutter entwickeln und so den Teufelskreis erfolgreich aufrechterhalten. Ebenso, daß sich diese Angst später auf sämtliche Frauen überträgt und leicht in Frauenhaß umkippen kann. Die praktischen Konsequenzen aus diesen theoretischen Überlegungen sind allerdings nach wie vor dürftig. Selbst wenn Männer jetzt schon ab und zu Babys am Bauch spazieren führen – was generell zu begeisterten und gerührten Reaktionen Anlaß gibt –, werden nach wie vor Frauen für die Kindererziehung verantwortlich gemacht.

Arbeit aus Liebe

In einer sich entwickelnden kapitalistischen Gesellschaft wurde die der Frau zugeschriebene „*Arbeit aus Liebe*" der Arbeit für Geld entgegengestellt, für die der Mann zuständig war. Die Überhöhung der Frau zur selbstlos schuftenden Liebesbringerin bot das notwendige Korrelativ zur immer härter und un-menschlicher werdenden Konkurrenz im – männlichen – Berufsleben. Als Verwalterin und Bewahrerin des häuslichen Glücks innerhalb der Familie diente sie außerdem der Rechtfertigung für zunehmende Entbehrungen und Frustrationen am Arbeitsplatz.

Die Vorstellung, daß das Geld des Mannes innerhalb der Familie in Liebe zu verwandeln und somit seines schnöden Zwecks enthoben sei, ließ sich vor allem deshalb schwer verwirklichen, weil gerade das, worum es ging, die Liebe nämlich, unter den Verhältnissen mehr und mehr auseinanderdriftender Lebensbereiche – Idylle hier, ständig härter werdender Existenzkampf und Konkurrenz dort – immer schwieriger geworden war. Diese so innig in zahllosen Abhandlungen und pädagogischen Schriften beschworene Liebe war also wohl eher das Produkt sehnsüchtiger Wunschphantasien als realer Verhältnisse. Ist doch im Gegenteil anzunehmen, daß die Arbeitsgemeinschaft in vergangenen Jahrhunderten, in denen nicht so viel von Liebe die Rede war, zumindest ein besseres Gemeinschaftsgefühl ermöglichte. Hingegen wurden sich jetzt Mann und Frau in ihrem eigentlichen Arbeitsbereich immer fremder. Während er jedoch aus seiner Arbeit Ansehen, Geld und Macht bezog, hatte ihre Arbeit, da aus Liebe geleistet, unsichtbar zu sein. Frauenarbeit, immer geschätzt und gewürdigt als notwendiger Beitrag zu einem funktionierenden Hauswesen, durfte jetzt nicht mehr als solche erscheinen, sie geriet zu „*angenehmen Geschäften, von Frohsinn und heiterem Mädchengeplauder gewürzt*"[37], wie die Schriftstellerin und Begründerin der deutschen Frauenbewegung, Louise Otto-Peters, meinte. Auch Goethe beschreibt Frauenarbeit keinesfalls als Leistung, sondern als einen ästhetischen, das Männerauge begeisternden Genuß:

„*Mit der rechten Hand dreht sie [die Spinnerin] die Scheibe und langt aus, so weit und so hoch sie nur reichen kann, wodurch schöne Bewegungen entstehen und eine schlanke Gestalt sich durch zierliche Wendungen des Körpers und runde Fülle der Arme gar vorteilhaft auszeichnet; die Richtung besonders der letzten Spinnweise gewährt einen sehr malerischen Kontrast, so daß unsere schönsten Damen an wahrem Reiz und Anmut zu verlieren nicht fürchten dürften, wenn sie einmal anstatt der Gitarre das Spinnrad handhaben wollten.*"[38]

Die Scheinheiligkeit und Verlogenheit des 19. Jahrhunderts (wie sie sich auch auf dem Gebiet der öffentlichen Moral feststellen läßt – die steigende Prostitution bietet hier ein beredtes Beispiel) hat sicherlich in diesen idealisierenden Weiblichkeitsentwürfen eine Wurzel. Sie wird verstärkt dadurch, daß diese Weiblichkeitstheorien immer nur für die Frauen des Bürgertums konzipiert wurden, von den Unterschichten und Arbeiterfrauen aber, obwohl angestrebt, nie realisiert werden konnten. Weder die Klein- noch die Großbäuerin konnte sich einem gemütvollen Familienleben widmen. Auch die mehrfach ausgebeutete Arbeiterin, die ihr Heim in der Morgendämmerung verließ, um spät abends zurückzukehren, die ihre Kinder irgendwelchen Verwandten oder fremden Leuten übergeben mußte oder aber gänzlich unbeaufsichtigt zurückließ, konnte das popagierte Familienidyll nicht einmal im Ansatz verwirklichen. Aus Armut und Not oft bereits als Kind zur Fabrikarbeit gezwungen, hatte das junge Mädchen keine Möglichkeit, selbst die einfachsten Hausarbeiten zu erlernen. So blieb das Bild der in trauter Häuslichkeit stickenden, häckelnden, hausarbeitenden und ihre Kinder beaufsichtigenden Frau nur einer relativ schmalen Elite vorbehalten, denn die Mehrheit der Bevölkerung lebte auch im 18. und 19. Jahrhundert in Armut und Bedürftigkeit.

Einen bedeutenden Beitrag zur Familienideologie des 19. Jahrhunderts lieferte Georg Wilhelm Friedrich Hegel (1770–1831) in seiner 1821 erschienenen Rechtsphilosophie. Trotz großer, das Familiengefüge grundsätzlich ändernder ökonomischer, technischer und sozialer Entwicklungen greift er in seinem Familienrecht erneut auf überkommene Formen zurück und läßt den Hausvater des „*Ganzen Hauses*“ als Haupt der Familie wiederauferstehen:

„Die Familie als rechtliche Person gegen andere hat der Mann als ihr Haupt zu vertreten. Ferner kommt ihm vorzüglich der Erwerb nach außen, die Sorge um die Bedürfnisse sowie die Disposition und die Verwaltung des Familienvermögens zu...“[39]

Die Position der Frau ist neuerlich klar: In ihrer totalen Abhängigkeit vom Mann und ihrer Fixierung auf den – unpolitischen – Innenraum besitzt sie auch nicht die gleichen staatsbürgerlichen Rechte:

„Während so das Weib hauptsächlich das innere Familienverhältnis begründet, der Mann mehr das äußere, ist er zugleich das Verbindungsglied zwischen Familie und Familie, er hauptsächlich begründet den Staat.“[40]

Auch bei Hegel wird der Mann als ein in sich selbst gespaltenes Wesen geschildert, das zu seiner Vereinheitlichung des versittlichenden Einflusses der Familie bedarf:

„Der Mann hat daher sein wirkliches, substantielles Leben im Staate, der Wissenschaft und dergleichen, und sonst im Kampfe und der Arbeit mit der Außenwelt und mit sich selbst, so daß er nur aus seiner Entzweiung die selbständige Einigkeit mit sich erkämpft, deren ruhige Anschauung und die empfindende subjektive Sittlichkeit er in der Familie hat, in welcher die Frau ihre substantielle Bestimmung und in dieser Pietät ihre sittliche Gesinnung hat.“[41]

Derartige idealisierende Beschreibungen des Weiblichen führen jedoch

Ferdinand Georg Waldmüller: *„Mutter und Kind"*, 1855.
Die versorgte Ehefrau und Mutter hatte ihre finanzielle Sicherheit mit Liebesarbeit abzugelten. Als Ersatz für den Verlust ihrer finanziellen Unabhängigkeit wurde sie als Mutter idealisiert.

auch bei Hegel nicht dazu, der Andersartigkeit der Frau eine Gleichwertigkeit zu bescheinigen. Während das Männliche mit *„Selbstheit, Selbständigkeit,...Kraft und Energie“* assoziiert wird, finden wir als Attribute des Weiblichen *„Abhängigkeit, Unbestimmtheit, Verschmelzung, Hingebung...“*[42]

Die Zweitrangigkeit der Frau wird von Hegel eindeutig formuliert:

„...sie sind bestimmt, nicht ein Böses zu sein, aber ein Unvollkommenes, nicht als ein Gleichgültiges, sondern als ein solches, daß bei ihm nicht stehenzubleiben sei, daß sie selbst aufgeopfert werden, und jener absoluten Richtung und Einheit keinen Eintrag tun sollen.“[43]

Auch in der von Hegel entworfenen Geschlechterdialektik wird die Frau völlig auf die Persönlichkeit ihres Ehemannes hinorientiert, durch den sie im eigentlichen erst zum weiblichen Menschen wird:

„Sie liebt ihn,...weil er ihr Mann werden, sie zur Frau machen soll; sie von ihm als Mann ihre Würde, Wert, Freude, Glück als Ehefrau erhalten soll – und diese ist, daß sie Frau wird.“[44]

Wie wenig derartige männliche Wunschbilder geeignet waren, ein tatsächliches, auf realen Möglichkeiten basierendes, gegenseitiges Verständnis und beiderseitige Liebe herbeizuführen, hat Hegel selbst sehr gut erkannt. Er hat die Ernüchterung und Einsamkeit dessen, der im anderen ständig nur eigene Wünsche und Vorstellungen realisieren will, treffend formuliert:

„...die Frau steht der Haushaltung vor, Kinder bleiben nicht aus, das angebetete Weib, das erst die Einzige, ein Engel war, nimmt sich ungefähr ebenso aus wie alle anderen, das Amt gibt Arbeit und Verdrießlichkeiten, die Ehe Hasenkreuz, und so ist der ganze Katzenjammer der übrigen da.“[45]

Daß dieses konstruierte und idealisierte Familienbild mit der Wirklichkeit kaum übereinstimmte, zeigen auch neuere Untersuchungen der viktorianischen Familie, wie sie etwa Louise De Salvo anhand des Familienlebens Virginia Woolfs durchgeführt hat. Sie zeichnet darin ein erschreckendes Bild seelischer Deformation und Vernachlässigung, aber auch körperlicher Mißhandlungen bis zum sexuellen Mißbrauch.

„Unbewunderte, einsame Heldin“ (Die „alte Jungfer“)

Um Frauen möglichst vollständig in die patriarchale, jede weibliche Eigenständigkeit erstickende Ehe einzubinden, wurde ihnen das Leben außerhalb der Eheinstitution gründlichst verleidet. Nicht nur, daß es außer Lehrerin und Gouvernante für die höhere Tochter kaum eine Berufsmöglichkeit gab, war die ledige Frau darüber hinaus (ungeachtet ihres tatsächlichen Alters) die *„alte“* Jungfer, ein Mängelwesen und ohne Mann nur ein halber Mensch. Sie war, selbst wenn sie Vermögen besaß, in ihrer Bewegungsfreiheit stark eingeschränkt, konnte nicht alleine reisen, ein Restaurant aufsuchen oder gar Liebesbeziehungen zu Männern aufnehmen. Die wenigen Frauen, die aus diesen Konventionen ausbrachen, galten als Skandalnudeln der Epoche und sind auch als solche in die Geschichte eingegangen. Für die sittsame – ledige – Bürgersfrau hingegen galt es vor allem, ihre Tugend zu wahren, wie „*Der Deutsche Horizont*" 1832 fordert:

„*Unbewunderte, einsame Heldin! In Deiner letzten Stunde wirst Du über Dein ausgeleertes Leben hinschauen. Es werden zwar keine Kinder, kein Gatte, kein nasses Auge darin stehen, aber in der leeren Dämmerung wird einsam eine große, holde, engelstrahlende und lächelnde, zum Göttlichen aufsteigende Gestalt schweben und dir winken, mit ihr aufzusteigen; o steige auf mit ihr, die Gestalt ist deine Tugend.*"[46]

Kein Wunder, daß Frauen den Ehestand derart dürftigen Aussichten immer noch vorzogen, selbst wenn die bürgerliche Frau (Frauen der Unterschichten waren von derartigen Ideologien immer ausgenommen) gegen Ende des Jahrhunderts endgültig zum „*schönen Eigentum*", zum Repräsentationsgegenstand des Gatten geriet, der sein Prestige zu mehren und zu erhöhen hatte. Wurde doch die Gründerzeit geprägt durch ein zunehmendes Repräsentationsbedürfnis, dem der gute „*Salon*" ebenso entsprach wie die dem Müßiggang huldigende Ehefrau, die sich ein Mann „*leisten*" konnte. Dieser Schein mußte unter allen Umständen gewahrt bleiben – auch wenn das Dienstpersonal nicht so umfangreich war und gelegentlich zur Aufbesserung der Haushaltskasse sogar Heimarbeit angenommen werden mußte –, streng geheim natürlich, manchmal sogar vor dem Ehemann. Die Bürgersfrau, eingezwängt nicht nur in ihr Korsett, sondern auch in den muffigen Plüsch der Jahrhundertwende, verbrachte ihre Zeit also nach wie vor mit umfangreichen Haus- und Handarbeiten und der Zubereitung repräsentativer, den Geschäftsinteressen des Hausherrn dienender Abendessen, bis ihr die vorerst vielfach mißtrauisch bis feindselig betrachtete Frauenbewegung einige Bewegungsfreiheit verschaffte.

Frühsozialisten und Saint-Simonisten

Natürlich hat es auch in dieser Zeit Gegenströmungen zum gängigen Familienmodell gegeben – und sie kamen nicht nur aus den Reihen bewegter Frauen, die, soferne sie dem konservativen Lager angehörten, eher für die Erhaltung der traditionellen Familie eintraten. (Berufsmöglichkeiten wurden vorerst nur für die „*überflüssige*" Ledige angestrebt.) Gegenläufige Tendenzen gab es hingegen vor allem im Frühsozialismus, der nicht nur Kritik an der damaligen Ehe- und Familienform übte, sondern auch die Emanzipation der Frau forderte. Die Namen in diesem Zusammenhang sind allerdings nicht so klingend wie jene der bedeutenden Philosophen, die das konservative Ehemodell unterstützten: Gracchus Babeuf (1760–1797) und Ètienne Cabet (1788–1856) befürworteten die Gleichberechtigung der Frau, und Robert Owen (1771–1858) wandte sich gegen die Unauflöslichkeit der Ehe. Auch Saint-Simonisten (französische Sozialistenschule, gegründet von Amand Bazard und Barthélemy Enfantin in der Nachfolge von Claude Henri de Saint Simon) traten für die Gleichberechtigung der Frau ein und kritisierten die Ehe als eine Institution, die eher aus wirtschaftlichen Überlegungen denn aus Liebe geschlossen wurde. Zu nennen ist in diesem Zusammenhang auch der französische Sozialphilosoph Charles Fourier (1772–1837), der die Verlogenheit des bürgerlichen Familienidylls durchschaute, freie Liebesbeziehungen forderte und Ehe und Familie rundweg abschaffen wollte, wobei ihm die Emanzipation der Frau ein besonderers Anliegen war. Doch konnten derart utopisch-radikalen Konzepten nur wenige folgen, ebenso wie die Ideale der sogenannten Jungdeutschen von einer nur kleinen Schicht des Bildungsbürgertums vertreten wurden. Sie propagierten in einer sehr modern anmutenden Art und Weise bereits in den 30er und 40er Jahren des 19. Jahrhunderts die Auflösung des patriarchalen Familienmodells, die Befreiung der Frau, größere Freiheit in erotischen Beziehungen und Erleichterung der Ehescheidung[47]. Auch die Romantik ließ um die Jahrhundertwende Anzeichen zur Aufwertung der Frau vor allem im Gefühlsbereich erkennen. Doch profitierte davon lediglich eine schmale, elitäre Schicht von Frauen, die allerdings zu herausragenden, weiblichen Persönlichkeiten ihrer Zeit wurden.

Fluchtburg Familie

Die Forderungen der Frühsozialisten und Saint-Simonisten in ihrer – für damalige Verhältnisse – radikalen Ausprägung konnten weder im 18. noch im 19. Jahrhundert realisiert werden, sie fanden erst in der zweiten Hälfte unseres Jahrhunderts ihre weitgehende Verwirklichung.

Zuvor jedoch erlebte die *„Fluchtburg Familie"*, als *„das letzte stabile Gebilde der Gesamtgesellschaft"* und als *„letzte Grundlage der sozialen Zuflucht und Sicherheit"*[48] eine neue, ideologische Aufwertung. Als nach dem Zweiten Weltkrieg ein Land in Trümmern lag, familiäre Bindungen zerbrochen oder schwer beschädigt waren, beschworen Soziologen und Pädagogen neuerlich die Familienidylle als letzten, einzigen Hort der Stabilität und Sicherheit. Wieder war es die Frau, zu deren Lasten die neue alte Familie modelliert wurde, wieder sollte sie auf ihre während des Krieges errungene Selbständigkeit verzichten, sich erneut in die Abhängigkeit des Mannes begeben und ausschließlich dem Haushalt und der Kindererziehung widmen.

Viele Frauen schlossen sich damals diesen Forderungen an. Erschöpft, zermürbt von den harten Kriegsjahren und einer unbedankten Arbeit am Wiederaufbau (die selbstlose Arbeit der *„Trümmerfrau"*, die eigentlich das Wirtschaftswunder ermöglichte, wurde bislang nur von der feministischen Geschichtsschreibung gewürdigt) schlüpften sie willig in die abermals mit viel Pathos verkündete Rolle der Hausfrau und Mutter, wobei die wenigsten erkannten, daß die propagierte Kameradschaftsehe der fünfziger Jahre keinesfalls gleiche Entscheidungsfreiheiten und Lebensentwürfe für beide Geschlechter ermöglichte, sondern wiederum in die Abhängigkeit der Frau vom Mann mündete. Kirchen, Wissenschaftler, Politiker und nicht zuletzt zahlreiche Frauenzeitschriften überboten sich darin, der Frau ihre eigentlichen Aufgaben und Pflichten möglichst eindringlich vor Augen zu halten. Während in den Kriegs- und Nachkriegszeiten die Selbständigkeit, Tüchtigkeit und Unabhängigkeit der Frau gepriesen worden waren, genoß jetzt wiederum das Mann und Kinder umsorgende Heimchen am Herd die allgemeine Wertschätzung. Die ständige Manipulation der Frau im Sinne veränderter wirtschaftlicher, politischer und gesellschaftlicher Verhältnisse interessierte dabei wenig. Und wieder waren es vor allem Männer, die in ausgefeilten Theorien über Frauen, ihre physische und psychische Konstitution befanden, allen voran der Soziologe Helmut Schelsky, der die moderne weibliche Emanzipation quasi als Fehlentwicklung interpretiert, ist doch nach ihm

„diese Verselbständigung der Frau aus der Leistungsunerfülltheit und Unbefriedigtheit in ihrer familiären Rolle"[49]

erwachsen, hingegen sie eigentlich

„in die Ehe hineinstrebt und nicht heraus",

da doch

„die erstrebte Gleichstellung in der Berufstätigkeit mit dem Mann…sich langfristig für die Frau gerade als eine Entindividualisierung und Nivellierung zum geschlechtlich neutralen Produzenten oder Funktionär der industriell-bürokratischen Gesellschaft"[50]

erwies.

Schelsky greift also lediglich auf die alten, bereits im 18. Jahrhundert ausgearbeiteten Theorien zurück und ignoriert 100 Jahre Frauenbewegung, wenn er Ehe und Familie als einzige, der Frau angemessene Verwirklichungsmöglichkeit preist. Nur innerhalb der Familie, so Schelsky weiter, könne sich die Frau ihren geschlechtsspezifischen Anlagen entsprechend entwickeln, denn

„die Autorität der Mutter und Hausfrau ist ‚natürlicher', aus der Erziehungs- und Fürsorgeleistung für die Familie erwachsend, ist rein binnenfamiliär begründet."[51]

Das restaurative Ehe- und Familienmodell der fünfziger Jahre, das die

Frau also neuerlich durch ihre persönliche Einengung und Verunselbständigung ermöglichen sollte und das von Schelsky wesentlich gefördert wurde, zeigte auch bald entsprechende Folgen: die Berufstätigkeit der Frauen ging zurück – während 1939 noch fast jede dritte Frau berufstätig war, arbeitete 1950 in der damaligen Bundesrepublik nur noch jede vierte. Frauen, die aufgrund des kriegsbedingten Männermangels keine Ehe eingehen konnten, wurden als bedauernswerte Geschöpfe betrachtet, denen die eigentliche Lebenserfüllung versagt geblieben war, sie wurden ebenso wie die Geschiedenen und die Witwen zu überflüssigen Randfiguren, die es in keiner Weise mit der verheirateten Vollblutfrau aufnehmen konnten.

Wer sich einigermaßen mit Frauengeschichte auseinandergesetzt hat – und die Aufarbeitung dieses Stücks einer verdrängten, immerhin die Hälfte der Menschheit betreffenden Vergangenheit wurde erst in den siebziger Jahren unseres Jahrhunderts in Angriff genommen –, ist immer wieder verblüfft über die Langlebigkeit dieser polaren Geschlechterfixierung, die allerdings durchaus zu erklären ist: Diente sie doch der Festigung patriarchaler Verhältnisse, die nur dann Auflösungserscheinungen zeigen, wenn sie sich einem partnerschaftlichen Verhalten anzunähern beginnen. Darüber hinaus wird die Familienidylle stets in politisch instabilen, krisenhaften Zeiten beschworen – wie sich gegenwärtig wieder feststellen läßt. Doch ist gerade innerhalb der Familie das geschlechtsspezifische Beharrungsvermögen immer noch am stärksten ausgeprägt. Von einer gleichberechtigten Aufteilung der Hausarbeit und Kindererziehung sind wir nach wie vor weit entfernt, wenngleich eine Entwicklung in diese Richtung nicht zu übersehen ist. Sie ist darum so wichtig, weil genau hier der Hebel zu einer Freisetzung der Frau und ihrer vollen Integration im gesellschaftlichen, politischen und wirtschaftlichen Leben anzusetzen ist.

Vielleicht aber ist dieses von PolitikerInnen und Frauenbewegten so hoffnungsvoll gemalte Bild einer partnerschaftlichen Ehe überhaupt Utopie, vielleicht sind Männer nie – oder nur in Ausnahmefällen – bereit, wenigstens die Hälfte dessen zu übernehmen, wozu sie Frauen als ganzes Geschlecht über Jahrhunderte hinweg verpflichtet haben. Vielleicht werden sie nie in einer Aufgabenteilung auch einen Gewinn für sich selbst sehen, eine Bereicherung ihres einseitig auf Erfolg, Profit und Effizienz ausgerichteten Denkens durch die vernachlässigte Komponente von Mitmenschlichkeit und Personenbezogenheit. Dann werden sich in einer multikulturellen Gesellschaft andere Formen einer Partnerschaft, eines Zusammenlebens, auch andere Möglichkeiten der Kindererziehung ergeben müssen, um Frauen den Weg zu einer autonomen, für die Gestaltung dieser Welt in gleicher Weise mitverantwortlichen Persönlichkeit zu erleichtern. Denn daß diese – patriarchale – Gesellschaftsform keinesfalls die einzige in der Jahrmillionen alten Menschheitsgeschichte war, darf nicht aus den Augen verloren werden. Eine – notwendige – Veränderung unserer ökonomischen Strukturen im Sinne einer geringeren Ausbeutung natürlicher Ressourcen, ein Abbau technischer und industrieller Gigantonomien und eine Entwicklung zu kleineren, überschaubaren Einheiten könnte – ebenso wie flexiblere Arbeitszeiten, Teilzeitmöglichkeiten und mehr Freizeit – diese Entwicklung durchaus begünstigen.

MÜTTERLICHKEIT ALS BERUF

Daß bürgerliche Frauen aufgrund ihrer geschlechtsspezifischen Sozialisation schließlich gegen Ende des Jahrhunderts, als die Berufsfrage immer dringlicher geworden war, gerade mit diesen sogenannten weiblichen Eigenschaften den ersten Vorstoß in das Berufsleben wagten, kann nicht verwundern. Selbstloses Helfen, uneigennützige Aufopferung, wenig oder überhaupt nicht bezahlte Liebesarbeit – das waren die Eigenschaften, mit denen sie langsam in das öffentliche, das gesellschaftliche Leben einzudringen begannen. Was sich an Berufsmöglichkeiten hier anbot, wies vor allem in den sozialen und erzieherischen Bereich, und in diesen Sparten waren Frauen auch bald weit in der Überzahl. Nur durch die Übernahme tradierter Weiblichkeitsideale war es der bürgerlichen Frauenbewegung überhaupt möglich, ihren Ausbruch aus dem Familienverband zu rechtfertigen.

„Die Natur hat das Weib zur Mutter erschaffen, diesen Ausspruch setzen die Gegner der Emancipationsbestrebungen den Frauen entgegen, und sie haben Recht;"

meinte Henriette Schrader-Breymann in ihrer Schrift „*Zur Frauenfrage*" im Jahre 1868,

„aber hat man sich auch die ganze Bedeutung, die ganze Tragweite des Mutterberufes klar gemacht? Ist dieses Berufes geistige Bedeutung verstanden, ist innerhalb dieser Sphäre der Geist in seine Rechte gesetzt, welche die Jetztzeit fordern muß?...so, daß die geistige Mütterlichkeit mit ihrer pflegenden Kraft, ihrer wärmenden Liebe sich nicht allein an die eigene Kinderstube, nicht allein an die physische Mütterlichkeit bindet; sondern daß überall, wo Hilfsbedürftige sind an Leib und Seele, die Frau auch außerhalb des Hauses zum mütterlichen Wirken berufen ist..."[52]

Damit war ein Modus gefunden, eine Bresche geschlagen worden, um auch der Bürgersfrau (die Unterschichtenfrau war stets gezwungen, mit unqualifizierter, niedrigst entlohnter Arbeit ihr Leben zu fristen) eine Alternative zu ihrem häuslichen Dasein zu schaffen, wobei diese „*geistige Mütterlichkeit*" durchaus als kulturverändernder Faktor begriffen wurde:

„*Die ganze Frauenbewegung [ist] eine Bewegung zur Mütterlichkeit*", schreibt Agnes von Zahn-Harnack in ihrer Schrift „*80 Jahre Frauenbewegung*" anfang der 30er Jahre unseres Jahrhunderts „*...bestimmt durch den Wunsch, die vom Manne aufgebaute Welt zu durchdringen mit dem dem Manne ewig entgegengesetzten, aber doch von ihm selbst immer wieder gesuchten zweiten Prinzip*"[53].

Daß sich dieser Wunsch nach Durchdringung der männlichen Welt mit dem weiblichen Prinzip und einer daraus resultierenden verbesserten „*Menschenwelt*" auf diese Art und Weise nicht verwirklichen ließ, mußte die Frauenbewegung spät, zu spät erfahren. Vorerst jedoch stieß selbst dieser Versuch, „*geistige Mütterlichkeit*" über die Grenzen der eigenen Familie hinaus wirken zu lassen, bei der Männerwelt auf Mißtrauen.

„*Ein unbestimmtes Gefühl beschleicht die größere Zahl der Männer, daß es sich da wieder um Emanzipationsbestrebungen, um ein Heraustreten der Frauen aus der Sphäre des häuslichen Lebens, kurz, um etwas sehr Unweibliches handele...Das ist aber, selbst vom Standpunkt entschiedener Gegner der Ausschreitungen der Frauenbewegung, zu denen ich gezählt sein möchte, ganz und gar unrichtig*",[54]

schrieb ein Herr Münsterberg in einer Abhandlung über Armenpflege 1897. Die (männlichen) Gemüter schienen also trotz grundsätzlicher Skepsis im großen und ganzen beruhigt, und frau durfte mit allgemeiner Billigung ihr selbstlos-mütterliches Wesen auch Menschen außerhalb des Familienkreises zuteil werden lassen. Das geschah vorerst auf ehrenamtliche Art und Weise, denn Geld für Liebesarbeit anzunehmen galt im höchsten Maße als unweiblich. Pionierinnen auf diesem Gebiet waren Amalie Sieveking, die bereits 1830 versuchte, einen Kranken- und Besuchsverein für die Armen zu gründen, und die 1816 geborene Malvida von Meysenburg. Beide arbeiteten, von einem hohen sozialen Ethos bestimmt, in Hamburger Armenvereinen, beide fühlten sie sich leidenschaftlich dem Dienst am Nächsten verpflichtet, beide waren – wie unter diesen Umständen in der damaligen Zeit nicht anders möglich – unverheiratet.

„*Der ledige Stand kann verherrlicht werden, wenn er die Ausübung christlicher Liebe zu seinem Beruf macht*",[55]

schreibt Amalie Sieveking in einem Brief und an anderer Stelle „*Mein Lohn ist, daß ich dienen darf.*"[56] Indem Sieveking in selbstverleugnender, dem Mann stets untergeordneter Liebe karitativ tätig war, entsprach sie voll und ganz den Anforderungen ihrer Zeit.

Emanzipatorischer gab sich bereits die etwas jüngere und politisch gebildete Demokratin Malvida von Meysenburg, die kurze Zeit die Frauenhochschule in Hamburg besucht hatte. Klar erkannte sie beispielsweise bei dem Besuch eines Prostituiertenviertels (ein für eine bürgerliche Frau ungeheuer kühnes Unterfangen) die doppelte Moral der bürgerlichen Gesellschaft:

„*...ein unnennbares Mitleid mit den Unglücklichen, welche die Armuth und die Sitten der Gesellschaft in den Abgrund stürzen, überfluthete mein Herz. Wie empört aber wurde ich, als ich hörte, daß diese Unseligen der Stadt eine Taxe bezahlen müssen, um ihre scheußliche Bestimmung ausüben zu können. Also profitiert der Staat von der Erniedrigung der Frau...Mich ergriff ein glühender Wunsch, meine Anstrengungen nach dieser Seite hin zu wenden, und jenen Ar-*

men die neue Moral: daß die Arbeit den Menschen ehrt, statt ihn zu erniedrigen – zu predigen. Aber ich sah ein, daß auch für diese Reform der Boden erst bereitet werden müßte durch die Verwirklichung des Prinzips der ökonomischen Unabhängigkeit der Frau mittels einer besseren Erziehung."[57]

Der leidenschaftliche Wunsch zu helfen, dem eigenen Leben helfend einen Sinn zu geben, ist bei beiden Frauen spürbar, wobei Malvida allerdings eine deutliche sozialkritische Tendenz erkennen läßt.

Gegen Ende des Jahrhunderts begann sich die weibliche Wohlfahrtspflege zu professionalisieren, „*Mütterlichkeit*" wurde sozusagen „*verwissenschaftlicht*", in speziellen Kursen vermittelt und als praktizierte soziale Arbeit von der Frauenbewegung organisiert. Der soziale Beruf wurde zum Frauenberuf. Eine Vorreiterrolle besaß hier Alice Salomon, die bereits 1899 einen ersten Jahreskurs für Frauen zur beruflichen Ausbildung in der Wohlfahrtspflege einrichtete. 1908 gründete sie dann in Berlin die erste zweijährige überkonfessionelle soziale Frauenschule, womit der Sprung von der karitativen Liebestätigkeit des 19. Jahrhunderts zu einem sozialen Frauenberuf getan worden war. Trotzdem beabsichtigte auch Salomon ursprünglich nicht, aus sozialer Arbeit einen existenzsichernden Beruf zu machen, fürchtete sie doch bei finanzieller Entlohnung einen Verlust des sozialen Ethos. Worum es ihr im eigentlichen ging, war die Synthese von Frauenbewegung und sozialer Arbeit, wobei sie von der Überzeugung getragen war, daß Frauen aufgrund ihres spezifischen weiblichen Wesens dazu prädestiniert seien, zu einer Verbesserung der gesellschaftlichen Verhältnisse beizutragen. Frauen sollten ihre

„*aus häuslichen Pflichten entstandenden Fähigkeiten, ihre Mütterlichkeit...die Mutterliebe vom Haus auf die Gemeinde...übertragen, auf die Welt, die dieser Kräfte so dringend bedarf.*"[58]

Diese „*Mütterlichkeit als Beruf*" war also durchaus visionär als weltumspannende, von einem großen Engagement getragene Liebesarbeit gedacht, die dem einen und einzigen Ziel selbstlosen Helfens zu dienen habe. Daß diese Fürsorgerinnen unter meist unbeschreiblichen Arbeitsbedingungen, schlecht bezahlt und mit unzureichender Altersversorgung oft bis an die Grenzen ihrer physischen und psychischen Belastbarkeit im Einsatz standen, interessierte Alice Salomon dabei sonderbarerweise weniger. So etwa hat sie sich am Ende der Weimarer Republik darüber beklagt, daß der idealistische Pioniergeist der ersten, unbezahlt arbeitenden Frauen durch eine zunehmende Besoldung gelitten habe[59]. Die totale Ausbeutung von Frauen aufgrund tradierter Weiblichkeitstheorien wurde hier völlig übersehen.

Eine Situation, die bis in die Gegenwart wirksam ist. Auch heute wird weibliche Arbeit häufig mit Liebesarbeit, und, da der weiblichen Natur entsprechend, mit keiner Arbeit assoziiert. Ein Denken, aus dem die Ausbeutung der Frau, ihre Doppel- und Dreifachbelastung, resultiert.

Zu Beginn unseres Jahrhunderts waren derartige Verhältnisse noch viel krasser. Die schlechte Bezahlung und unzureichende Versicherung – Wohlfahrtspflegerinnen waren zwar kranken-, jedoch nicht unfallversichert, und nur etwa die Hälfte von ihnen verfügte über eine feste, wenn auch oft keinesfalls ausreichende Altersversorgung – wurden immer noch mit dem Argument gerechtfertigt, daß Frauen ja ohnedies durch die Ehe oder Familie abgesichert seien, was den realen Verhältnissen keinesfalls immer entsprach. Vielmehr waren viele bürgerliche Töchter nicht nur auf eine Berufstätigkeit angewiesen, sondern ernährten darüber hinaus meist auch noch Angehörige. 1928 gaben bei einer Untersuchung in Deutschland 82 Prozent der Fürsorgerinnen an, mit ihrem geringen Lohn auch noch Familienmitglieder unterstützen zu müssen, eine Hilfeleistung, die von ihnen als sozial gesinnte Frauen auch erwartet wurde. Der Verschleiß im Beruf, der tägliche Umgang mit Elend und Not hatte natürlich gesundheitliche Folgen, was von den Berufsverbänden häufig beklagt wurde:

„*...so müssen wir tief betrübt feststellen, daß der Gesundheitszustand unserer Mitglieder ein erschreckend schlechter ist*“,

heißt es in der Zeitschrift „*Soziale Berufsarbeit*“ im Jahre 1925,

„*...daß viele aus Gründen der Erschöpfung und Unterernährung, der Tuberkulose langen Krankheitsurlaub nehmen mußten. Viele Erkrankungen wären bei einem normalen Maß an Arbeit zu vermeiden gewesen. Aber die Besorgnis der Fürsorgerinnen, ihre Stellen evtl. zu verlieren, verhindert sie meistens, entsprechende Schritte zu tun, veranlaßt sie vielmehr, über jede Grenze hinaus ihre Kräfte anzuspannen.*“[60]

Trotz totalem, engagiertem Arbeitseinsatz waren Frauen aber auch in dieser Berufssparte keinesfalls gleichberechtigt. So etwa waren – männliche – Sozialbeamte und Leiter weiterhin für Geld- und Sachleistungen zuständig, selbst in den 20er Jahren unseres Jahrhunderts durften Frauen nicht, oder wenn dann nur mit beratender Stimme, an den Wohlfahrtskommissionen teilnehmen.

Obwohl gerade sie es waren, die über Elend und Not in ihrem Bezirk am besten Bescheid wußten, blieben sie auf ihre Kontaktarbeit beschränkt, „durften“ vielleicht über ihre Fälle berichten, besaßen jedoch kein entscheidendes Mitspracherecht in den obersten Gremien.

Natürlich wurde diese selbstlose Frauenarbeit als besonders kostengünstig an höchster Stelle geschätzt. So etwa konnten sich Fürsorgerinnen während der Demobilmachungsphase nach dem Ersten Weltkrieg, als viele Frauen aus erkämpften Positionen wiederum entlassen und an den heimatlichen Herd zurückverwiesen wurden, weitgehender Schonung erfreuen, da sie, wie die Demobilmachungsausschüsse 1919 verkündeten, „schwer zu ersetzen“ seien[61].

Insgesamt jedoch zeigt gerade die Situation der Fürsorgerinnen um die Jahrhundertwende, welchen Ausbeutungsstrategien Frauen aufgrund ihres geschlechtsspezifischen Rollenverständnisses ausgesetzt waren. Der Mißbrauch weiblicher Liebesfähigkeit, die immer wieder als geschlechtsspezifische Pflicht eingefordert wurde, ist eklatant. Dieser Mißbrauch ist im übrigen im gesellschaftlichen, im öffentlichen Leben von Frauen bis heute wirksam. Auch die heutigen, sogenannten weiblichen, überwiegend von Frauen besetzten Berufe sind häufig als eine Fortschreibung familienorientierter Liebesarbeit zu verstehen, in denen die Frau stets dem Mann zu- bzw. untergeordnet wird: als Assistentin ebenso wie als Arzthelferin oder Sekretärin, während das ihr zugeschriebene soziale Engagement als Krankenschwester oder Sozialarbeiterin beruflichen Ausdruck findet. Die monotone Hausarbeit mit den ständig gleichen Verrichtungen macht Frauen angeblich besonders für geduldige Fingerarbeit geeignet, und ihr Umgang mit Kindern und Jugendlichen prädestiniert sie für den Beruf der Kindergärtnerin und Lehrerin. Ganz generell sind es bezeichnenderweise hauptsächlich Dienstleistungsberufe, in denen Frauen anzutreffen sind – denn zum Dienen wurden sie seit Jahrtausenden erzogen. Noch ein Bereich steht ihnen im Berufsleben offen: jener nämlich, der sich auf ihre Körperlichkeit bezieht, wobei Frauen ihren Körper nicht nur als Fotomodell, Mannequin u. ä. verkaufen, sondern auch als Verkäuferin, Sekretärin und Bankbeamtin. Das Hübschsein, der Glamour, ist zusätzliches, gefordertes ästhetisches Moment, womit gleichzeitig die Stellung der Frau in unserer Gesellschaft hinlänglich umschrieben wäre: Sie wird geschätzt entweder in dienender Funktion oder als Sexualobjekt. Als selbstbewußte und selbständige Persönlichkeit bietet sie zwar keinen Einzelfall mehr, doch hat sie sich diese stets hart, gegen viele Widerstände und unter großem persönlichen Verzicht erkämpft.

Dem Gebärzwang unterworfen

Die Vereinnahmung der Frau bezog sich jedoch nicht nur auf ihre Liebes- und Arbeitsfähigkeit, sondern auch auf ihren Körper. In der Kontrolle ihrer Gebärfunktion liegt eine der wichtigsten Ursachen für ihre Ent-Eignung, ihre Abhängigkeit vom Mann, ihre ökonomische Unselbständigkeit.

„Jeder Kampf um Würde und Selbstbestimmung hat seine Wurzeln im Kampf um die Kontrolle über den eigenen Körper“,

schreibt Andrea Dworkin[1].

Die Verwaltung weiblicher Körperfunktionen bildete die Voraussetzung für die Etablierung und Ausweitung aller patriarchalen Gesellschaften. Gebärfreudige Frauen mußten Soldaten für die Kriege liefern und Beamte für den Staat, sie hatten dafür zu sorgen, daß sich ein Volk entsprechend vermehrt, um im Wettkampf mit anderen Völkern bestehen, diese besiegen und Herrschaft errichten zu können. Während die matrilinearen und matrilokalen Stammesgesellschaften über Jahrzehntausende hin eine gleichbleibende Dichte der Population gewährleisteten, angepaßt an ökonomische und ökologische Bedingungen, schaffte das Patriarchat in wenigen tausend Jahren eine ungeheure, bereits lebensbedrohende Bevölkerungsexplosion. Solange Frauen selbst darüber verfügen konnten, wieviele Kinder sie in die Welt setzen und aufziehen wollen, solange blieb die Bevölkerungsdichte annähernd konstant. Lag es doch in ihrem eigenen Interesse, sich das mühsame und lebensgefährliche Geschäft des Kindergebärens nur so oft zuzumuten, so oft sie es je nach Konstitution und Gesundheit vor sich verantworten konnten. Erst der Verlust dieses Selbstbestimmungsrechtes führte zur Ausbeutung ihrer Gebärfunktion und als Folge davon zu einem katastrophalen Bevölkerungsüberschuß.

Eine den Lebensumständen und der Nahrungsversorgung angepaßte Geburtenkontrolle war für die vorgeschichtlichen Stammesgesellschaften überlebenswichtig. So haben sich fast alle Naturvölker Tabus auferlegt, die mindestens über einige Monate, häufig jedoch über ein bis vier Jahre nach der Geburt den Geschlechtsverkehr untersagen[2]. Darüber hinaus besaßen Frauen als Sammlerinnen, Pflanzerinnen und Erfinderinnen des Ackerbaus schon immer gute Kenntnisse, nicht nur über die Heilkraft von Pflanzen, sondern auch über Rauschgetränke, Gifte und damit im Zusammenhang über abortive Mittel. Alle sogenannten primitiven Völker verfügten – und verfügen – über ein umfangreiches Verhütungswissen. So etwa wurden bei nordamerikanischen Indianern an die 210 Wurzeln und Kräuter gefunden, denen Empfängnisverhütung oder Aborteinleitung zugeschrieben wurde, und ein Großteil davon hat sich bei klinischen Überprüfungen als weitgehend oder partiell wirksam erwiesen[3]. Versagten derartige Mittel und Methoden, zu denen stets auch der Coitus interruptus gehörte, so gab es noch die Möglichkeit der Kindestötung, die zur notwendigen Beschränkung der Population allgemein praktiziert wurde. Eine Methode, die immer noch mehr Ethik und Verantwortung beweist als das spätere, vor allem vom Christentum gepredigte, blinde Drauflosproduzieren von Nachkommen, deren Leben, deren Zukunft durch die Eltern häufig nicht gesichert werden konnte und deren massenhaftes, furchtbares Sterben wir jetzt tagtäglich in der Dritten Welt erleben, wo die Missionare das ursprüngliche Stammeswissen um Verhütung und Bevölkerungsdezimierung erfolgreich ausgerottet haben.

Die alten Stammesgesellschaften hingegen haben immer nur so viele Kinder aufgezogen, wie sie ernähren konnten. Einiges von dieser Verantwortung hat sich auch in der späteren patriarchalen Kultur, bei den Griechen, Römern und bis ins Mittelalter hinein erhalten. Wie die Universitätprofessoren Heinsohn und Steiger in umfangreichen Untersuchungen belegen[4], hat sich die Bevölkerungszahl bis zum Beginn der Neuzeit nicht so sehr aufgrund einer enormen Säuglingssterblichkeit in Grenzen gehalten (wie bislang angenommen), sondern eher infolge eines bewußt praktizierten Verhütungswissens. Heinsohn und Steiger versuchen auch die bisherige Annahme zu widerlegen, eine gesteigerte Nahrungsmittelproduktion habe zu dem Menschenüberschuß geführt. Vielmehr sei, so meinen die Autoren, die Säuglingssterblichkeit noch nie so hoch gewesen wie in den Zeiten angeblichen Nahrungsüberschusses, weshalb hier nicht gesündere und daher überlebensfähigere Kinder für den Bevölkerungsanstieg verantwortlich zu machen seien, sondern eine steigende Geburtenrate. Denn diese, vor allem von den Merkantilisten geforderte, zunehmende Menschenproduktion (der Merkantilismus vertrat die Ansicht, mehr Menschen würden einen größeren Wohlstand zur Folge haben) führte nicht nur zu einer totalen Ausbeutung weiblicher Gebärfähigkeit, sondern auch zu einer Vernachlässigung der Nachkommenschaft[5]. Hingegen ließen Stammesgesellschaften, die ihre Nachkommen bewußt beschränkten, jenen wenigen Kindern, die sie aufzogen, eine besondere Sorgfalt zukommen und konnten damit die Kindersterblichkeit relativ niedrig halten. Dies bestätigte auch die Engländerin Katherine Routledge, die zu Beginn unseres Jahrhunderts in Afrika wissenschaftliche Studien betrieb. Sie entdeckte dabei nicht nur, daß die durchschnittliche Geburtenzahl der Mütter der Akukuyu weniger als vier war, sondern daß die Kindersterblichkeit nur 84 auf tausend Geburten betrug, während im England ihrer Zeit 138 auf tausend Geburten starben[6].

Holzschnitt mit Miniaturen aus der Wenzelsbibel (1390–1400).
Oben: *eine gebärende Frau.* Darunter: *Reinigungsopfer.*
Bis in unser Jahrhundert hinein mußte die „unreine" Wöchnerin „ausgesegnet" werden, bevor sie nach der Geburt eines Kindes die Kirche betreten durfte.

Mögen die Ansichten über die Gründe des enormen Anstiegs der Weltbevölkerung in wenigen tausend Jahren auch differieren, eines ist unumstritten: Die Überpopulation hängt ursächlich mit der Entstehung des Patriarchats zusammen, mit der Entrechtung der Frau, der Verwaltung ihres Körpers, ihrer Gebärfunktion durch den Mann, dem weniger an ihrer Gesundheit, ihrer Freiheit, ihrem Wohlergehen lag als an der Festigung des Staates, an der Erweiterung von Herrschaft und Macht und einer Steigerung des Wohlstandes, der sich inzwischen, wie wir wissen, als Bumerang erwies. Führte er doch einerseits in die totale Ausbeutung der Natur, andererseits zu einem Überfluß in wenigen, Hunger und Not in vielen Ländern.

Frauen haben sich – nicht ohne Widerstand, wie Chroniken berichten – dieser Selbst-Enteignung vor allem nach den furchtbaren Hexenbränden schließlich nicht nur gefügt, sie haben dieses neue Frauenbild auch angenommen und verinnerlicht.

Trotzdem hat sich spezifisches Frauenwissen im Untergrund sehr lange gehalten. Es bezog sich vor allem auf die elementaren weiblichen Erlebniswelten der Geburt, die von Frauen bis in das Mittelalter hinein, als Gebären schon lange als ein zwar anbefohlenes, im Grunde aber schmutziges und unreines Geschäft betrachtet wurde, mit orgiastischen Freudenfesten gefeiert wurden. Es ist bezeichnend, daß gerade diese Festlichkeiten der Obrigkeit stets ein Dorn im Auge waren, weshalb sie schließlich auch verboten wurden. Um weibliche Macht zu brechen, mußte der Mann die Frau in diesem Mysterium der Geburt verächtlich machen, darum auch mußte sie durch Geburt und vorhergehenden Geschlechtsverkehr unrein werden, und darum wurden die verschiedensten Reinigungszeremonien vorgeschrieben, bevor die Wöchnerin wiederum in der Gesellschaft Aufnahme fand. Im Mittelalter war es die Aussegnung durch die Kirche, und auch in der Antike durfte sie das Heiligtum erst nach einer 40tägigen Tabuzeit und anschließendem Reinigungsbad wieder betreten[7].

Sexualität und speziell weibliche Sexualität, in den alten Mutterkulturen als lebenserhaltende Kraft und daher als heilig verehrt, wurde vor allem im Christentum zu einer schmutzigen, anrüchigen Angelegenheit, der Geburtsvorgang, wenngleich notwendig für das Fortbestehen des Menschengeschlechts, war doch mit Unreinheit behaftet. In patriarchalen Kulturen wurden und werden Frauen zwar auf das oft lebensgefährliche Geschäft des Gebärens fixiert, doch galten (und gilt in vielen Ländern immer noch) das eigene, das weibliche Leben, die eigene Gesundheit dabei meist wenig. Das bekannte Lutherwort hat es schonungslos ausgedrückt:

„Ob sie sich aber auch müde und zuletzt tottragen, das schadet nicht, laß sie nur tottragen, sie sind drum da."[8]

Die männliche *„Verehrung"*, die Frauen in patriarchalen Gesellschaften gelegentlich für ihre Mutterschaft zuteil wird, dient niemals ihrer wirklichen Befreiung und damit ihrer Aufwertung als Mensch, sondern stets als Kompensation für ihre eigentliche Entrechtung. In der Realität wurden – und werden – Frauen für ihre Gebärleistung diffamiert, diskriminiert, eingeschlossen in das Haus, den Familienverband und in ökonomischer und rechtlicher Abhängigkeit gehalten. Marie Louise Janssen-Jurreit hat es treffend ausgedrückt:

„Frauen besitzen in ihrer Fähigkeit, die Art in ihrem Körper zu reproduzieren, das einzige Monopol in der Welt, das nicht zu irgendeiner Form wirtschaftlicher und politischer Macht geführt hat, sondern zu Ohnmacht und Unterwerfung."[9]

DIE REDUZIERUNG DER FRAU AUF IHRE GEBÄRMUTTER IN DER ANTIKE

In der griechischen Antike wurde die Frau „*Gynai*", das heißt „*die Gebärende*", genannt. Ihr Status war also festgelegt, unabhängig von ihrem Alter und ihrem Stand: Sie war jene, die Kinder gebar, vor allem in dieser Funktion war sie wichtig. Da die sozialen Stellungen von Frauen über ihre Beziehungen zu Männern definiert wurden, besaß die Gynai, die gebärfreudige bürgerliche Ehefrau, das höchste Ansehen. Die Alternativen im griechischen Frauenleben, die Konkubine, die Prostituierte und auch die Hetäre, galten keinesfalls als gleichwertig, weshalb die Ehe mit all ihren Nachteilen als attraktivste Möglichkeit von jedem griechischen Mädchen angestrebt wurde. Dabei war es gar nicht die Heirat, die sie zur Person machte, sondern die Geburt eines Kindes – denn erst damit ging sie definitiv in den „*oikos*", den Familienverband ihres Ehemannes, über. Weil Kinderlosigkeit immer der Frau angelastet wurde, entschied ihre Fruchtbarkeit über ihre Existenz: Unfruchtbare Frauen konnten jederzeit verstoßen werden, sie wurden geächtet und verdammt. Hypereidos (390 bis 322), ein Schüler des Plato, etwa forderte, Kinderlosen die Teilnahme an Volksfesten oder sakralen Feierlichkeiten zu verbieten. Eine kinderlose Frau, so meinte er, sollte ignoriert werden, damit sie ihre Schande deutlich fühle. Erst dann solle eine Frau gegrüßt werden, wenn sie nicht Tochter des Soundso oder Gattin des Soundso, sondern Mutter des Soundso genannt werden könne. Auch nach Plato sollten Ehelose und Kinderlose ihrer Bürgerrechte verlustig gehen, „*denn nur die Erzeugung von Nachkommen kann den Bestand eines Staates sichern*"[10]. Im Lateinischen heißt „*eine Frau heiraten*", sie „*in die Mutterschaft führen*", und die römische Matrone bezog ihre Wertschätzung aus der Bedeutung der römischen Familie, die als ein autarkes Organ, als „*Staat im Staate*" verstanden wurde.

Die Fixierung der Frau auf ihre Gebärmutter findet einen deutlichen Ausdruck in den Schriften des Hippokrates. Anja Huovinen und Gaby Sutter haben das sogenannte Hippokratische Corpus, eine Sammlung von Ärzteschriften aus dem 5. und 4. vorchristlichen Jahrhundert, die sich sämtlich auf Hippokrates beziehen, daraufhin untersucht[11] und kommen dabei zu der interessanten Feststellung, daß in der altgriechischen Medizin die Gebärmutter generell für sämtliche Frauenkrankheiten verantwortlich gemacht wurde. Sie war entweder der Sitz von Krankheiten oder löste diese aus, weshalb auch als wichtigste Krankheiten solche angesehen wurden, die in irgendeiner Weise mit Schwangerschaft und Geburt zu tun hatten, wie etwa Ausbleiben der Menstruation, Schwangerschafts- und Wochenbettleiden, Fehlgeburten und diverse Gebärmutterverschiebungen. Selbst Kinderlosigkeit wurde als Krankheit eingestuft. Aber auch Beschwerden, die nicht als frauenspezifisch bezeichnet werden können, wie etwa Kieferstarre und kalte Beine, wurden mit der Gebärmutter in Zusammenhang gebracht. Als Heilmittel empfahlen die Ärzte meist Geschlechtsverkehr und anschließende Schwangerschaft. Die Frau wurde also auf ihre Geschlechtsfunktionen regelrecht reduziert, wobei dem Ehemann (denn nur einem solchen war die Schwängerung erlaubt) die Funktion eines Arztes zugesprochen wurde, der seine Frau durch Hinführen zu ihrer eigentlichen Bestimmung des Gebärens gesund zu machen hat. Einen deutlicheren Hinweis auf die Rolle der (Ehe)-Frau in der griechischen Gesellschaft kann es kaum geben: Sie war der Acker, den der Mann zu befruchten hatte. Natürlich war sie auch noch geschätzt als nützliche Arbeitskraft. Darüber hinaus war sie wenig bis nichts.

Durchschnittlich 4,6 Geburten hatte eine Frau im Laufe ihres Lebens zu bestehen, wie J. Lawrence Angel anhand von Untersuchungen an Knochenbefunden feststellt. Nach seinen Berechnungen muß dabei eine Sterberate von 1,6 Kindern berücksichtigt werden, weshalb jede Frau durchschnittlich 3 Kinder großzog[12], was, gemessen an den Kinderscharen der Neuzeit, noch verkraftbar erscheint. Daß die Zahl der Nachkommenschaft im Altertum einigermaßen in Grenzen gehalten werden konnte, wird auf eine gezielte Geburtenkontrolle zurückgeführt, die sich von pflanzlichen Verhütungs- und Abtreibungsmitteln über mechanische Mittel wie Pessare und Coitus interruptus bis zum Tötungsrecht des Vaters am Neugeborenen erstreckte. Auch scheint trotz ständig propagierter Gebärpflicht der Ehefrau die Struktur der griechischen Gesellschaft mit ihrer allgemein anerkannten Homosexualität, dem häufig praktizierten Analverkehr, den üblichen und auch geförderten Beziehungen zu Hetären und Prostituierten einer Bevölkerungsexplosion, wie sie in der Neuzeit stattfand, entgegengewirkt zu haben.

Die Geburten waren gefährlich, die Frauen, als halbe Kinder verheiratet und den Belastungen des Reproduktionsgeschäftes meist noch gar nicht gewachsen, starben früh – im Durchschnitt fünf bis zehn Jahre vor den Männern. Grabsteine bezeugen einen deutlichen Anstieg der Sterberate im gebärfähigen Alter, also bei den 15–29jährigen Frauen. Weil das weibliche Durchschnittsalter jedoch – wiederum nach Angel – im klassischen Griechenland bei 36,2 Jahren lag (Männer erreichten nach diesen Berechnungen 45 Jahre)[13], mußte die Spanne zwischen dem Einsetzen der Menstruation und der Geburt des ersten Kindes möglichst kurz gehalten werden, um die gebärfähigen Jahre der Frau optimal zu nutzen. Wieviele Kinder geboren werden sollen, bestimmten allerdings im gesamten griechisch-römischen Altertum die Väter, nicht die Mütter. Sicherlich haben sich Frauen auch damals des vor allem von den Hebammen und Ärztinnen verwalteten Verhütungswissens bedient, doch geschah dies vornehmlich unter Aufsicht des Ehemannes, der nicht nur die Zahl der Kinder festlegte, sondern durch sein Tötungsrecht auch über das Geschlecht entschied. Auch Abtreibungen waren nur dann straflos, wenn sie das männliche Entscheidungsrecht in punkto Nachkommenschaft nicht antasteten. Frauen, die gegen den Willen ihrer Ehemänner abtrieben, wurden streng bestraft. Cicero etwa berichtet über die Verurteilung einer Mileserin zum Tode, *„weil sie sich selbst mit Giftmitteln ihre Frucht abgetrieben hatte"*. Auch ein Fragment des Stadtrechtes von Gortyn (zwischen 450 und 400 v. Chr.) weist auf Bestrafung hin, wenn die Abtreibung ohne Einwilligung des Familienoberhauptes geschah[14].

Während die Verfügung über den eigenen Körper der bürgerlichen Ehefrau verwehrt blieb, war sie der Hetäre, der Konkubine und der Prostituierten im Sinne der männlichen Doppelmoral gestattet. Dienten doch diese Frauen dem männlichen sexuellen Vergnügen, Kinder waren hier nicht erwünscht, für sie war die eingesperrte Ehefrau zuständig. So hatte es sich der Mann trefflich eingerichtet auf Kosten von Frauen: Wo er Bedürfnisse verspürte, mußten sie geben. Ihre Bedürfnisse interessierten nicht.

Die Römerin hat sich allerdings in der späten Kaiserzeit ihre sexuelle Freiheit zumindest zum Teil zurückerobert, was die Moralisten nicht nur in Rom, sondern auch im späteren Abendland stets mit großer Entrüstung berichteten. Daß Frauen für sich beanspruchten, was für jeden Mann selbstverständlich war, erregte die Gemüter. (Und das tut es – in verschiedensten Aspekten – auch noch heute.)

Frauen wurden also zum Gebären angehalten, doch bestimmten die Männer, welches Kind sie behalten durften und welches nicht. Vor allem bei Mädchen waren die Chancen gering, durch die väterliche Geste des Hochhebens und den anschließenden feierlichen Umzug um den Herd als legitimes Mitglied der Familie aufgenommen zu werden. Denn Söhne waren die Erben des Besitzes, die Träger des Namens, sie waren die Verteidiger und Eroberer, außerdem starben viele im Krieg. Frauen hingegen waren nur aufgrund ihrer Gebärfähigkeit interessant, weshalb auch eine Tochter pro Familie als ausreichend erschien. Der englische Wissenschafter W. W. Tarn vertritt in den siebziger Jahren unseres Jahrhunderts die Ansicht, daß Familien mit einem oder zwei Söhnen ab dem Zeitraum von 230 v. Chr. am häufigsten gewesen seien, Familien mit vier oder fünf Kindern eher Seltenheitswert besaßen und kaum mehr als eine Tochter aufgezogen wurde[15]. Aber auch noch andere Faktoren scheinen bei diesem *„weiblichen Genozid"* eine Rolle gespielt zu haben:

„Jede Wegnahme oder Tötung eines Neugeborenen mußte die innere Wider-

standskraft der Mutter brechen. Die Aussetzung der weiblichen Neugeborenen beraubte sie außerdem jeder Hilfe bei der Arbeit und auch einer eventuellen weiblichen Verbündeten, die ihr in einer Tochter erwachsen konnte"[16],

meint Louise Jannsen-Jurreit.

Die Tötung der weiblichen Nachkommenschaft scheint tatsächlich beachtlich gewesen zu sein. Nach Tarn besaßen 79 Familien, die zwischen 228 und 220 das milesische Bürgerrecht erhielten, 118 Söhne, aber nur 28 Töchter. Ebenso bezeugen delphische Inschriften von 600 Familien im zweiten Jahrhundert, daß nur ungefähr ein Prozent mehr als eine Tochter aufzog[17]. Auch in Johannes Kirchners klassischem Werk „*Prosopographica Attica*" steht zu lesen, daß von insgesamt 346 Famlien 217 mehr Söhne als Töchter hatten und das Verhältnis von Knaben zu Mädchen dabei ungefähr mit fünf zu eins anzusetzen ist[18].

Doch mehren sich angesichts eines derart bedrückenden Zahlenmaterials auch die Zweifel. Vielfach wird angenommen, daß die unwichtigen Töchter gar nicht als solche registriert wurden. Herodot etwa berichtet, ein gewisser Kleomenes sei kinderlos gestorben, obwohl er in Wirklichkeit eine Tochter hinterließ, und auch im heutigen Griechenland kann es noch vorkommen, daß ein Bauer, gefragt nach der Zahl seiner Kinder, nur die Söhne nennt.

Wollte der Familienvater sein Kind nicht durch eigene Hand töten, so wurde es ausgesetzt. Die Armen Athens verkauften Knaben häufig heimlich an solche Frauen, die bislang keine Söhne geboren hatten, Mädchen hingegen wurden an Kupplerinnen abgegeben, die sie zu Prostituierten oder Sklavinnen erzogen. In Rom wurden die Kinder im sogenannten „*Foro Olitorio*" und in Velabrum, nahe des „*Aventinischen Berges*" ausgesetzt, wo sie entweder starben oder demjenigen gehörten, der sie fand. Sie waren fast ausschließlich zum Sklavendasein oder zur Prostitution verurteilt.

Wie sehr nicht nur Knaben, sondern auch deren Müttern bevorzugt wurden, zeigt sich u. a. auch daran, daß ionische Frauen im Jahre 489 v. Chr. in Persepolis nach Knabengeburten genau doppelt soviel Wein, Bier und Getreide zugeteilt bekamen wie Mütter von Mädchen[19].

Daß Söhne generell besser verpflegt werden als Mädchen, war allerdings nicht nur eine Erscheinung im klassischen Altertum, es ist auch noch heute in den Ländern der sogenannten Dritten Welt üblich. Eine dadurch bedingte höhere Sterblichkeit der weiblichen Bevölkerung läßt sich deutlich an einem Frauendefizit erkennen, das besonders in Ländern mit einer extrem patriarchalen Struktur auffallend ist. So etwa betrug der Frauenanteil nach Untersuchungen aus den siebziger Jahren unseres Jahrhunderts in Libyen nur 48 Prozent, im Iran 46,92 Prozent und in Kuwait 43,19 Prozent. In den Vereinigten Arabischen Emiraten wurde er gar nur mit 38,14 Prozent angegeben[20]. Zahlen, die bei der bekannten höheren Sterblichkeit von Jungen im Säuglingsalter nur zwei Schlüsse zulassen: Entweder gelten Frauen als so unbedeutend, daß sie bei Volkszählungen nicht erwähnt werden, oder aber ihre Sterblichkeitsrate liegt, bedingt durch eine schlechtere Ernährung und Pflege vor allem im Säuglingsalter, signifikant über jener der Männer. Daß eine derartige Verschiebung im Geschlechterverhältnis unweigerlich eine größere Aggressions- und Ausbeutungstendenz zur Folge hat, wird von Biologen und Genetikern kaum noch bestritten.

Trotz Kindesaussetzung und -tötung, anerkannter Homosexualität, zahlreicher Auswanderungen nach Asien und Afrika und hoher, durch Seuchen und Kriege verursachten Verluste ist die Bevölkerung im alten Griechenland langsam, aber kontinuierlich angewachsen. Städte wurden zu Metropolen wie Alexandria, Ephesos und Milet. Aber auch die Mütter des frühen Rom hatten fleißig Soldaten zu produzieren, fünf Kinder forderte das älteste römische Recht, und zwar nach Möglichkeit vier Jungen und nur eine Tochter. (Ein Gebot, das sich in späterer Zeit auf durchschnittlich drei Kinder für eine freie Römerin einpendelte[21].)

Das Ergebnis dieser Bevölkerungspolitik ließ nicht lange auf sich warten: Rom unterjochte dank der Gebärfreudigkeit seiner Frauen bald die halbe damalige Welt. Umso größer war dann die Beunruhigung, als plötzlich in den ersten nachchristlichen Jahrhunderten die Geburtenrate zu sinken begann, was vornehmlich der sittenlosen, Verhütung praktizierenden und Freude am Sex entdeckenden Römerin angelastet wurde, die ihre Gebärmutter zunehmend der staatlichen Kontrolle entzog. Tatsächlich jedoch war die Bevölkerungsschrumpfung auf die Monopolisierung des Grundeigentums und dessen Bewirtschaftung durch Sklaven zurückzuführen, worauf sich die ruinierten freien Bauern gezwungen sahen, ihre Nachkommenschaft durch Verhütung, Abtreibung, Kindesaussetzung und -tötung drastisch zu reduzieren[22].

Aus diesem Grunde auch konnten sämtliche staatliche Bemühungen, in deren Mittelpunkt vor allem die Restauration der Ehe stand, nicht wirklich erfolgreich sein. Bereits Kaiser Augustus hatte um die Zeitenwende die Ehe von einer Privatsache zu einer Angelegenheit des staatlich-öffentlichen Rechts gemacht, indem er für die gesamte männliche Bevölkerung zwischen 25 und 60 Jahren und die weibliche zwischen 20 und 50 Jahren, soferne diese dem Stand der Freigeborenen angehörten, die Heiratspflicht einführte. Ehelose wurden mit dem Entzug ihres Erbes bestraft, auch konnten sie keine Schenkungen erwerben und Kinderlose nur die Hälfte dessen, was ihnen normalerweise zugefallen wäre[23]. Auch sonstige staatliche Bemühungen, wie etwa die Aufhebung der Geschlechtsvormundschaft für Frauen mit mehreren Kindern, eine familienbegünstigende Wohnpolitik oder eine bevorzugte Vergabe von öffentlichen Ämtern an verheiratete und kinderreiche Bürger, sollten den Gebärwillen der Frauen steigern. Schließlich jedoch wurde während der Regierungsperiode des Septimius Severus

(193–211) Ehebruch ebenso wie der abortive Akt durch die Ehefrau neuerlich unter strenge Strafe gestellt. Nach Martian drohte ihr bei einer Abtreibung ohne Zustimmung des Ehegatten die Verbannung ins Exil, und die Verordnungen des Kaisers Leo bestimmten ebenfalls die Vertreibung, *„weil dies das deutlichste Zeichen der Feindschaft der Frau gegen den Mann sei"*[24]. Als besonders einschneidend jedoch wurden die Verfügungen des ersten christlichen Kaisers Konstantin (280–337 n. Chr.) empfunden, nach der Kindesaussetzung und -tötung nunmehr als *„Verwandtenmord"* eingestuft und strengstens bestraft wurde. Diese Beschneidung des väterlichen Willkürrechts, seine Nachkommenschaft zu bestimmen und regulieren zu können, führte zu heftigem Widerstand, wurde sie doch als Einmischung in das Herrschaftsrecht des Paterfamilias verstanden. Trotz grausamster Strafsanktionen – der *„Verwandtenmörder"* sollte *„mit Schlangen in einen Sack genäht und ins Meer oder in einen Abgrund gestürzt"* werden[25], wurde dieses Verbot jahrhundertelang mißachtet. Selbst noch aus dem Mittelalter sind uns Beispiele von Kindestötung bekannt.

„GOTT MACHT KINDER, DER WIRD SIE AUCH WOHL ERNÄHREN“ *(LUTHER)*

Die Furcht vor einem Nachlassen der Menschenproduktion war so groß, daß sie selbst die Abneigung gegenüber der neuen Religion des Christentums überwinden half. Kam doch die Familien- und Fortpflanzungsethik, wie die christlichen Gemeinden sie predigten, den Interessen des römischen Staates sehr entgegen. Daß Leben unter allen Umständen zu schützen sei, ohne Berücksichtigung der jeweiligen Ernährungslage, wurde jetzt zum neuen Gebot. Die Verantwortung für den Kindersegen trugen nach dieser Auffassung nicht mehr so sehr die irdischen Eltern, sondern sie wurde dem himmlischen Vater überlassen. Er, der die Kinder gegeben hatte, würde sie auch ernähren, wenn nur der rechte Glaube und die rechte Gottesfurcht vorhanden sei.

Die christliche Fortpflanzungslehre mußte für das sich vom Aussterben bedroht fühlende Römische Reich (in Wahrheit war der Bevölkerungsschwund nicht so dramatisch, er wird von der modernen Forschung in der Zeit vom 1. bis 3. nachchristlichen Jahrhundert auf etwa eine halbe Million für ganz Italien geschätzt[26]) tatsächlich bestechend gewesen sein. Wurden hier doch nicht nur sämtliche Verhütungs- und Abtreibungspraktiken und natürlich auch der Kindesmord rigoros verworfen, sondern auch die unbedingte Gebärpflicht innerhalb der Ehe propagiert, die als einzige Rechtfertigung sexueller Betätigung galt.

Während also in der Antike die – allerdings bereits hauptsächlich vom Mann verwalteten und durchgeführten – verschiedensten Verhütungsmethoden üblich und gesellschaftlich sanktioniert waren, wurden sie jetzt von einer sexualfeindlichen Kirche streng verboten. Geschlechtsverkehr mußte jedesmal zum Kind führen, soferne er nicht völlig zu unterlassen war.

Es ist bezeichnend, daß ein derart widernatürliches, dem Menschen in seiner Gesamtheit zutiefst widersprechendes Gebot viele Jahrhunderte benötigte, bis es sich – und auch dann nie völlig – durchsetzte. Auf jeden Fall ist uns das Mittelalter als eine durchaus sinnenfreudige Epoche bekannt, in der die Menschen ein wesentlich natürlicheres Verhältnis zu ihrem Körper besaßen als in der späten Neuzeit, in der sie Freude hatten an Späßen, Schwänken und üppigen Gelagen und in der sie sich trotz Hungersnöten, Seuchen und Kriegen eine spontane Lebenslust bewahrten. Erst am Beginn der Neuzeit, als unter dem Eindruck eines drastischen, durch Seuchen, Naturkatastrophen und Kriege hervorgerufenen Bevölkerungsrück-

Gebärende auf Gebärstuhl wird von Frauen gehalten.
Aus einer Medizinischen Sammelhandschrift, 1. Hälfte 13. Jh.

ganges neuerlich rigorose behördliche Verordnungen das Menschenwachstum ankurbeln sollten, begannen auch die kirchlichen Gebote zu greifen.

Eingeleitet hatte diese Entwicklung bereits Luther, indem er das Ideal der keuschen, gebärfreudigen und tugendsamen Hausfrau verfestigte und der ledigen, unverheirateten Frau die Existenzberechtigung nahm. Luther war es auch, der die Arbeit zur Tugend erklärte, da nur der fleißige Familienvater eine möglichst große Kinderschar ernähren könne. Also jener, der *„etwas schaffe und zu arbeiten habe"*, alles übrige, gibt sich der Reformator überzeugt, werde der liebe Herrgott regeln, denn *„Gott macht Kinder, der wird sie auch wohl ernähren"*[27]. Hier ist die Geburtsstunde des leistungsbewußten, rationalen, triebfeindlichen und autoritätsgläubigen Menschen der Neuzeit anzusetzen, der mit einer ungeheuren Menschenflut die Erdteile überschwemmte und Völker und Kulturen ausrottete, um sein Leistungs- und Fortpflanzungsideal zu etablieren. Das Ergebnis ist bekanntlich die bereits existenzbedrohende Überbevölkerung, die unseren Planeten verschmutzt und verseucht und überlebensnotwendige Ressourcen zerstört.

Im Mittelalter war die Situation noch eine andere. Noch immer verwalteten weise Frauen und Hebammen das von einer Generation auf die andere mündlich weitergegebene Verhütungswissen, das sich vor allem auf die Verwendung von pflanzlichen Stoffen bezog, die als Teeaufgüsse und Badezusätze Verwendung fanden und aus deren Extrakten Salben oder Pessare hergestellt wurden. Trotz strengem Verbot der Kirche, Beschwörungen von der Kanzel und von den Beichtvätern auferlegte Bußübungen wurde dieses Wissen praktiziert und konnte ein einigermaßen verantwortungsvolles Fortpflanzungsverhalten der Bevölkerung nicht verhindert werden. Was sicherlich zu Gewissenskonflikten geführt haben mag, wurden doch Verhütung und Abtreibung von den Kirchenvätern mit Mord gleichgesetzt: *„Eine Geburt verhindern, heißt eine Tötung vorverlegen"*, meinte bereits Tertullian (160–nach 220) und sieht weiter keinen Unterschied darin, *„ob einer eine Seele nach der Geburt hinwegrafft, oder eine, die geboren wird"*[28]. Ganz unverblümt spricht es Burchard von Worms etwa 800 Jahre später aus: *„...so oft eine Frau eine Empfängnis verhütet hat, so vieler Morde ist sie schuldig"*[29]. Auch das ökumenische Konzil von Elvira (305) hatte eine lebenslängliche Exkommunikation auf Abtreibung festgesetzt, was später jedoch als zu hart empfunden und auf der Synode von Akyra (314) in eine zehnjährige Kirchenbuße umgewandelt wurde[30]. Daß die Kirche in einer inzwischen fast zweitausendjährigen Geschichte nichts dazugelernt hat, beweist der gegenwärtige Papst Johannes Paul II., der bekanntlich Abtreibung mit dem Holocaust gleichsetzte.

Ausschlaggebend für die Höhe der Kirchenbußen war der Zeitpunkt der Abtreibung. Erhielten männliche Föten doch nach Ansicht der offiziellen Kirchenlehre (die sich auf Aristoteles stützte) bereits am vierzigsten Tag nach der Zeugung eine Seele, weibliche hingegen erst nach drei Monaten, weshalb auch ein Abortus vor dem vierzigsten Tag etwa in den Poenitalien von Theodor, dem Erzbischof von Canterbury (9. Jh.), eine einjährige Fastenzeit bei Wasser und Brot nach sich zog. Hingegen wurden für eine später vorgenommene abortive Handlung im Bußkatalog von Regino und im ersten römisch-deutschen Penital von Fulbert aus dem 10. Jahrhundert höhere Kirchenstrafen von drei, bzw. zwölf Jahren festgelegt[31]. Es gab aber auch Kirchenlehrer, die unabhängig vom Zeitpunkt ganz generell von Mord sprachen wie etwa Basilius (4. Jh.), der erklärte:

„Ein Weib, das absichtlich die Leibesfrucht abtreibt, macht sich des Mordes schuldig. Eine spitzfindige Unterscheidung zwischen ausgebildeter und gestaltloser Leibesfrucht gibt es bei uns nicht.“[32]

Weil das Verbot von Abtreibung und Verhütungsmitteln Frauen wesentlich härter als Männer traf, galt seine Übertretung auch als eine ausgesprochen weibliche Sünde, obwohl die Kirche hier grundsätzlich keinen Unterschied zwischen Frau und Mann machte. Doch wurden Beichtväter dazu angehalten, jede Frau besonders eindringlich darüber zu befragen, um einer möglicherweise verheimlichten Sündhaftigkeit auf die Spur zu kommen.

Obwohl sich also die Kirche von ihren Anfängen an vehement gegen jede Verhütungs- und Abtreibungspraxis ausspricht, finden sich in den weltlichen Rechtsquellen dieser Zeit kaum Hinweise auf Abtreibung oder Kindestötung. Vielmehr hat sich die Vorstellung vaterrechtlicher Geburtenkontrolle ziemlich lange, am ungebrochensten in der Lex Frisionium (um 800) und in vermindertem Maß in dem am Beginn des 11. Jahrhunderts entstandenen Langobardengesetz erhalten[33]. Wenn sich germanisches Recht mit der Abtreibung befaßt, dann im Zusammenhang mit gewalttätigen Handlungen Sippenfremder gegen eine schwangere Frau, die dadurch entweder verletzt oder getötet wird[34]. Auch im Schwaben- und Sachsenspiegel[35] wird weder Abtreibung noch Verhütung oder Kindestötung besonders vermerkt[36].

Das strikte Verbot von Verhütung und Abtreibung, wie es die Kirche stets und bis zum heutigen Tag verfolgt, ist nur aus ihrer Einstellung gegenüber Sexualität zu erklären. Wenn etwa der heilige Augustinus (354–430) die *„wollüstige Grausamkeit oder grausame Wollust“* geißelt, die so weit gehe, *„daß sie sich sogar Gifte für die Unfruchtbarkeit beschaffen und, wenn diese unwirksam sind, den Fötus auf irgendeine Weise im Mutterleib ersticken und vernichten“*[37], dann entsteht der Eindruck, daß es dem Kirchenmann in diesem Fall gar nicht so sehr um die *„Heiligkeit des Lebens“* als vielmehr um die Verteufelung der Lust ging. Die Vorstellung, daß Sex um des Sex willen praktiziert wird, weil er Wohlbefinden, Lust und Freude schafft, hatte in der christlichen Lehre nicht nur keinen Platz, das Empfinden von Lust wurde zur Sünde. Hier liegen wohl die Wurzeln für die wütende Verur-

„Kindmahl" und „Kindbettvisiten" bei einer einfachen Bürgersfrau (oben) und einer vornehmen Dame (unten).

Anonyme Kupferstiche aus „Bildergalerie weltlicher Mißbräuche – ein Gegenstück zur Bildergalerie katholischer Mißbräuche" von Pater Hilarian, Frankfurt und Leipzig 1785. Wie schon der Titel des Werks anzeigt, werden die aus dem Mittelalter stammenden Feste bei Geburten jetzt bereits als „Mißbräuche" bezeichnet.

teilung und Verfolgung all jener, die Verhütung und/oder Abtreibung ermöglichten. „*Gefahrloser*“ Sex durfte nicht sein, er mußte stets entsprechende Folgen haben, die ohne einschränkende Maßnahmen zur Bürde wurden und damit Freude an Sexualität wirksam verhinderten.

In dieser Haltung der Kirche, in der sexuelle Enthaltsamkeit immer den höchsten Stellenwert besaß, liegt allerdings einer der Gründe, warum sich die Bevölkerung auch des Mittelalters vorläufig noch in Grenzen hielt. Sorgten doch die vielen, zölibatär lebenden Nonnen und Mönche dafür, daß ein gewisses Gleichgewicht gewahrt blieb. Auch die Heiratsbeschränkungen, die Angehörigen mittelloser Unterschichten auferlegt wurden, haben einem Bevölkerungsüberschuß entgegengewirkt. Arme, unfreie Bauern, Knechte und Mägde durften erst heiraten, wenn sie die Mittel zur Gründung eines eigenen Hausstandes vorweisen konnten, weshalb etwa die Hälfte der mittelalterlichen Bevölkerung unverheiratet war[38]. Vor allem in diesen Schichten, ebenso wie bei den Prostituierten wurde auch Verhütungswissen praktiziert, denn Ehelosigkeit bedeutete damals nicht unbedingt sexuelle Enthaltsamkeit, vielmehr lebten Angehörige der Unterklassen häufig im Konkubinat. Trotzdem hat es, hauptsächlich in den ländlichen Gebieten, uneheliche Kinder gegeben. Eine Untersuchung anhand von Aufzeichnungen des Gutsgerichts von Halesowen bei Birmingham in England zeigt, daß in der ersten Hälfte des 14. Jahrhunderts 7,6–10,85 Prozent aller Neugeborenen aus ländlichen Gebieten ledige Mütter hatten[39].

Daß trotz all dieser geburtsbeschränkenden Maßnahmen der Bevölkerungsanteil stetig, wenn auch keinesfalls kontinuierlich zunahm, ist auf die auch im Mittelalter propagierte Gebärpflicht der verheirateten Frau zurückzuführen. Infolge einer hohen Säuglings- und Kindersterblichkeit (nach wissenschaftlichen Berechnungen starben 50–60 Prozent der bürgerlichen Bevölkerung vor Ablauf des zehnten Lebensjahres)[40] erschien ein ununterbrochenes Produzieren von Nachkommenschaft als eine Notwendigkeit. Zwar wurden in Untersuchungen etwa für das frühmittelalterliche Norditalien und Hessen eine durchschnittliche Zahl von „*nur*“ bis zu drei Kindern pro Ehepaar nachgewiesen, darüber hinaus legen Schätzungen über die Familiengröße der Lehensbauern in einer Reihe englischer Dörfer einen Durchschnitt von 3,35 lebenden Kindern im 10. und 4,85 im 11. Jahrhundert nahe[41]. Doch bedeutet das nicht, daß Frauen lediglich diese Anzahl von Kindern geboren haben. Ihre eigentliche Gebärleistung, Fehlgeburten bzw. Totgeburten inbegriffen, lag wesentlich, sicherlich oft um das doppelte oder dreifache, darüber.

Die Pflicht der ehelichen Beiwohnung ist auch regelmäßig in den Weistümern vermerkt. Das Weistum von Buenzen im Aargau etwa meinte: Versagte die Frau ihrem Mann den Beischlaf, so konnte er ihr den Lebensunterhalt entziehen und sie damit völlig mittellos machen. Im umgekehrten Fall jedoch verlor der Mann lediglich die Nutznießung des Frauengutes. Der hohe Stellenwert von Nachkommenschaft ist auch daraus ersichtlich, daß verschiedene niedersächsische Weistümer bei Versagen der männlichen Zeugungspflicht der Frau sogar den außerehelichen Beischlaf gestatteten[42].

Umso mehr muß auffallen, daß die Frau als Mutter im Mittelalter kein besonderes Ansehen genoß. Nicht dem Kind sollte ihre totale Hingabe gelten, sondern ihrem Mann. Die treue Griselda in Chaucers „*Canterbury-Erzählungen*" etwa besteht alle Proben, die ihr auferlegt werden, und ist schließlich bereit, sogar ihre Kinder zu opfern, um ihre eheliche Gehorsamspflicht nicht zu verletzen[43]. Auch die Verfasser der Ständeliteratur ebenso wie jene lehrhafter Werke geben ausnahmslos den Pflichten der Gattin Vorrang gegenüber jenen der Mutter. Darüber hinaus wurden Frauen ständig von Priestern und Geistlichen ermahnt, sich mehr um das Himmelreich als um so irdische Dinge wie Haushalt und Kindererziehung zu kümmern. In seinen Frauenpredigten tadelt der Dominikaner Humbert de Romans heftig jene Frauen, die sich zu sehr auf weltliche Angelegenheiten einlassen, das Haus besorgen, sich mit den Kindern beschäftigen und sie liebten „*allein um des Fleisches willen*"[44]. Denn Gott wohlgefällig sei vor allem das Anstreben des ewigen Seelenheils. Die widersprüchliche Situation, daß (Ehe)Frauen einerseits auf das Gebären festlegt, andererseits aber dafür verachtet wurden, kommt hier klar zum Ausdruck.

Auch im Mittelalter wurden die Frauen zwecks Nutzung ihrer gebärfähigen Jahre meist früh, häufig mit Einsetzen der Menarche, verheiratet. (Das kanonische Recht erlaubte Heiraten für Mädchen ab dem 14. und für Jungen ab dem 16. Lebensjahr.) Ihre Beanspruchung durch die ständigen Geburten war allerdings enorm. Vor allem nach der Vernichtung der weisen Frauen und Hebammen, die einen Rückgang eines bereits erreichten medizinischen Standards in der Geburtshilfe zur Folge hatte, mußten Frauen bei jeder Geburt um ihr Leben bangen. Über ihren Tod im Kindbett gibt es keine zuverlässigen Untersuchungen, doch muß er, aus der allgemeinen Lebenserwartung zu schließen, häufig gewesen sein. Untersuchungen zeigen trotz ständiger Kriege einen deutlichen Männerüberschuß der 14–50jährigen, was auf eine erhöhte Sterblichkeit der Frauen im gebärfähigen Alter zurückgeführt wird[45].

DIE ENDGÜLTIGE AUSROTTUNG DES VERHÜTUNGSWISSENS UND DIE VERNICHTUNG DER WEISEN FRAUEN

Während also im Mittelalter die weltliche Gerichtsbarkeit Geburtenkontrolle in jeder Form weitgehend duldete, kam es hier am Ende der Neuzeit, unter dem Eindruck eines durch Seuchen und Kriege verursachten dramatischen Bevölkerungsrückganges zu tiefgreifenden Veränderungen. Bereits in der Peinlichen Gerichtsordnung Kaiser Karls V. (Carolina) aus dem Jahre 1523 werden Kindestötung und Abtreibung als todeswürdige Verbrechen geahndet und grausam bestraft. Die Kindesmörderin wurde lebendig begraben und mit einem Pfahl durchbohrt oder in jenem Gerichtsbezirk, wo *„die bequemlichkeit dess wassers darzu vorhandenn ist"*, ertränkt. Aber auch für *„Unfruchtbarmachung"* und Abtreibung wurde die Todesstrafe festgesetzt: *„Wer auch mann oder weibe vnfruchtbar macht, so sollich vbell fursatzlicher vnnd bosshafftiger weise beschicht, soll der man mit dem schwert, alls ein todtschleger, vnnd die fraw, so sy es auch ann jr selbs thet, ertrenckt oder sunst zum tod gestrafft werden."*[46]

Gleichzeitig wurde der Geschlechtsverkehr vor und außerhalb der Ehe, der nun *„Hurerei"* bedeutete, ebenso wie jede Form von geschlechtlicher Betätigung, die unter dem Begriff *„Unkeuschheit wider die Natur"* zusammengefaßt wurde, mit dem Tod bestraft[47]. Als *„unkeusch"* und damit verwerflich galt jedoch vor allem jenes Verhalten, das nicht unbedingt zur Fortpflanzung führte, weshalb von der Kirche beim Geschlechtsverkehr ja auch lediglich die sogenannte *„Missionarsstellung"* (Frau unten, Mann oben) gestattet war, weil sie nach gängiger Ansicht am besten eine Schwängerung gewährleistete. Der sächsische Jurist Carpzow hat 1695 in seinem Werk *„De poena sodomia"* das *„Sexualverbrechen"* der Sodomie (unter dem zu seiner Zeit alle sogenannten *„Sexualabweichungen"* zusammengefaßt wurden) in drei besonders verabscheuungswürdige Formen eingeteilt: Erstens die Masturbation, von der er meint:

„Wer die Liebe heimlich an sich selbst übt, soll durch Verbannung oder eine andere außergewöhnliche Strafe bestraft werden."

Zweitens der widernatürliche Beischlaf, zu dem er den homosexuellen Geschlechtsverkehr ebenso wie den heterosexuellen zählt, soferne letzterer nicht in der rechten Stellung absolviert wird. Diese Vergehen sollen mit dem Tod durch das Schwert bestraft werden. Und drittens die Vermischung von Mensch und Tier, für die er den Feuertod vorschlägt[48].

Hart wurde auch der Ehebruch geahndet, war Geschlechtsverkehr jetzt doch auch nach weltlicher Gesetzgebung nur mehr innerhalb des Ehebundes erlaubt. Die Nassauische Polizeiordnung von 1666 etwa verfügte die Todesstrafe bei Ehebruch, wenn die Frau verheiratet war. War sie ledig, lag also keine Störung eines Besitzverhältnisses vor, wurde der Ehebrecher lediglich *„mit Ruthen gestäubt und des Landes verwiesen“*[49]. Hingegen sah das kurfürstlich-sächsische Patent des Jahres 1644 für *„unehelichen Beischlaf zwischen Ledigen“* selbst, wenn sie schon verlobt waren, beim erstenmal eine 4–8tägige *„Thurmstraffe“*, eventuell Zwangsarbeit und einjährige Ausweisung aus der Stadt bzw. dem Amtsbezirk vor, im Wiederholungsfall wurde die doppelte Strafe verordnet, beim zweiten Rückfall wurde ein unbegrenzter Landesverweis verfügt[50].

Staat und Kirche begannen also im 17. Jahrhundert, ein lückenloses Überwachungssystem hinsichtlich des Geschlechtslebens der Untertanen aufzubauen, die künftig in diesem intimsten persönlichen Bereich nicht mehr konnten, wie sie wollten, sondern nur noch durften, was ihnen die Obrigkeit gestattete. Nach Unterbindung des nicht ehelichen Geschlechtsverkehrs war nur noch der eheliche Geschlechtsverkehr, dieser jedoch nur dann, wenn er ohne Verhütung stattfand, gestattet, was notgedrungen zu einem ungeheuren Geburtenanstieg führen mußte.

Um die ungehemmte Menschenproduktion zu sichern, wurden nicht nur strenge Gesetze, sondern auch ein lückenloses Überwachungssystem für schwangere Frauen ausgearbeitet. Sogar Frauen, die lediglich in den Verdacht gerieten, heimlich an einer Schwangerschaft manipuliert zu haben, mußten sich vor der Strafjustiz verantworten. So etwa bestimmte die Landgerichtsordnung Ferdinands III., (1656), daß besonders ledige Frauen auf bloße Verdachtsmomente hin verhaftet, untersucht und gefoltert werden konnten:

„Wenn ein ledige Person / die für ein Jungfrau gehet / in verdacht wäre / daß sie heimblich ein Kind gehabt / und ertödtet / soll ein Landesgerichts-Herr sonderlich erkundigen.

Erstlich / ob sie mit einem großen ungewöhnlichen Leib gesehen? Anderrtens / ob ihr der Leib kleiner geworden?

Drittens / und sie bleich und schwach gewest seye?“

Auch bei Frauen, die

„sich selbsten an die Seiten / oder Bauch mit Fäusten / oder sonsten gestossen / dieselbe zusammengedruckt / oder eingefäscht“

haben, schien eine peinliche Examierung, also Folter, angebracht. Das Auffinden eines toten Kindes hingegen mußte große Unruhe und Angst bei der weiblichen Bevölkerung eines Ortes hervorgerufen haben. Erging doch in diesem Fall die Order, daß *„ein ohne diß verdächtiges / und übel beschryenes Weibsbild“* aus der Gegend an den Brüsten *„gemolken“* werden müsse, um herauszufinden, ob sie die Mutter sei.

Hebammen und Schwangere. Holzschnitt aus „Der Swangeren Frauen und Hebammen Rosengarten." 1. Auflage 1513 von Eucharin Rösslin. Im Mittelalter war die Hebamme noch angesehen und geachtet.

Richard Brakenburgh (1650–1702) *Besuch der Hebamme*, Sign. 1701.
Zu dieser Zeit wurde die Hebamme bereits verächtlich gemacht.
Sie ist zur Karikatur verkommen.

War über die Folter ein Geständnis erreicht, wurden die gefangenen Frauen zum Tode verurteilt. Besonders grausam verfuhr die Gerichtsbarkeit dabei mit solchen, die zugaben, mehrmals schuldig geworden zu sein. Ihnen wurde vor dem Schwerttod entweder die Hand abgehauen, oder sie wurden mit glühenden Zangen gezwickt *„so vielmal / als sie Kinder umgebracht“*[51].

Selbst noch im Preußischen Edikt von 1720 wurden Frauen, selbst *„wann kein Unglück oder Mord erfolget wäre“*, nach einer heimlichen Geburt mit *„Staupen-Schläge und Landes-Verweisung“* bestraft[52]. Und ein Edikt von 1765 ordnet an, daß *„In Unehren schwanger gehende Weibspersonen“* sich von einer *„ehrbaren und verständigen Frau“* überwachen lassen müssen. Unterläßt sie dies,

„so soll sie bloß um deswillen mit Zuchthausarbeit, und zwar, wenn das Kind am Leben bleibt auf 6 Jahr, sonst aber, es mag todt zur Welt gekommen oder nach der Geburt erst verstorben seyn, auf 10 Jahr bestrafet werden ...“

Eine zehnjährige Zuchthausstrafe drohte auch jener, die

„zwar ihre Schwangerschaft geoffenbaret, jedoch hernach vorsetzlich, oder geflissentlich, heimlich geboren habe.“[53]

Weil mit grausamen Strafen bei Übertretung des Fortpflanzungsgebots und einem umfangreichen Überwachungs- und Bespitzelungssystem, das schwangere Frauen über sich ergehen lassen mußten, das Gebot der ungehemmten Ankurbelung der Menschenproduktion offenbar noch immer nicht voll erfüllt wurde, schritt die Obrigkeit schließlich zur Vernichtung und Auslöschung jener Frauen, die das Verhütungswissen seit undenklichen Zeiten verwalteten und an die kommenden Generationen weitergaben. Sicherlich sind die Hexenverfolgungen, wie sie am Beginn der Neuzeit einsetzten und hunderttausenden, vielleicht aber auch Millionen Frauen das Leben kosteten, nicht nur unter dem Aspekt der Bevölkerungspolitik zu verstehen. Für diesen beispiellosen weiblichen Genozid, der in seinen Ursachen immer noch nicht völlig erforscht, dessen Nachwirkungen immer noch spürbar sind, hat es verschiedene Gründe gegeben, die einer gesonderten Betrachtung bedürften[54]. Tatsache allerdings bleibt, daß die Selbstbestimmung der Frau über ihren eigenen Körper, und damit eine Beschränkung ihrer Ausbeutbarkeit den Zielen eines expandierenden Männerstaates im Wege stand, weshalb ihr das Wissen um Verhütung unter allen Umständen und wenn nötig mit brutaler Gewalt genommen werden mußte. Ein weiteres Faktum, das sich durch zahlreiche Beispiele belegen läßt, bleibt die besondere Beachtung und Verfolgung der Hebammen und weisen Frauen durch die Hexenjäger. Sie, die bis in die Neuzeit hinein für die Geburtenregelung zuständig waren, die das Mysterium der Schwangerschaft und Geburt kontrollierten und überwachten, waren ihnen ebenso wie den Männern der aufstrebenden Wissenschaften ein Dorn im Auge. Die Verfolgung, die Diskriminierung und Entrechtung der Hebammen, deren Macht als

Verwalterinnen letzten Frauenwissens gebrochen werden mußte, wird in zahlreichen Verfügungen und Gesetzen deutlich. Unbestritten ist auch, daß die Bevölkerungszahlen nach den Hexenverfolgungen, als Frauen gefügig gemacht worden waren im Sinne männlicher Ideologien, explosionsartig anstiegen und erst zu jenem Zeitpunkt, als sich die Frau dieses Wissen in unseren Breiten wieder aneignete, zumindest hier annähernd stabil gehalten werden konnten. Hingegen schnellen in anderen Erdteilen, die sich nach wie vor durch eine Entrechtung und rigorose Unterdrückung der Frau auszeichnen, die Geburtenzahlen immer noch ungehindert in die Höhe, und der scheinheilig propagierte „*Wert des Lebens*" ist längst zu einem geradezu unfaßbaren „*Unwert*" verkommen.

Die Diffamierung und schließlich Vernichtung der Geburtshelferin und Hebamme, wie sie etwa ab dem 16. Jahrhundert verstärkt einsetzt, hatte für Frauen aber auch noch weitere dramatische Folgen. Denn jetzt waren sie nicht nur ihrer Gebärfunktion schutzlos ausgeliefert, sondern auch noch den auf diesem Gebiet meist völlig unkundigen Ärzten, die die Hebamme mehr und mehr zu verdrängen begannen. Während die weisen Frauen und Hebammen aus einem uralten Wissen heraus schonende Geburtshilfe praktizierten, haben seit dem 16. Jahrhundert Chirurgen wie etwa Ambroise Paré, der sich „*Geburtshelfer*" nannte, mit allen möglichen Instrumenten wie Zangen und Zerstückelungsinstrumenten in den Leibern der Frauen herumgestochert, was bei dem damaligen Stand der Medizin eine Tortur für die Gebärende bedeutete, soferne sie nicht überhaupt dabei ihr Leben ließ.

Das Wissen der Hebammen hingegen war für damalige Verhältnisse sehr hoch, weshalb sich Ärzte ja auch ursprünglich von ihnen unterweisen ließen und für jede geburtshilfliche Operation eine Bewilligung der Hebammen notwendig war[55]. Sie kannten den Dammschutz und jene Handgriffe, mit welchen das Kind in die richtige Kopflage gewendet wurde, sie verwendeten den Gebärmutterspiegel und führten Räucherungen zur Erleichterung des Geburtsvorganges ebenso wie zur behutsamen Lösungen etwaiger Plazentareste durch. Hebammen stellten die nötigen Arzneien und Heilgetränke selbst her und salbten den Körper und die Geschlechtsteile der Gebärenden mit wohlriechenden Ölen ein. Auch waren sie neben der Geburtshilfe noch für diverse gynäkologische Erkrankungen zuständig, für Menstruationsstörungen, Hysterie und pathologische Lageveränderungen des Gebärorgans. Sogar das Brustkarzinom haben sie behandelt[56].

Die Verächtlichmachung der Hebamme durch die katholische Kirche und die Ärzteschaft, ihr Ausschluß aus den Stätten neuer Gelehrsamkeit wie etwa den entstehenden Universitäten, ihre mangelhafte fachliche Ausbildung und schließliche Unterstellung unter männliche Ärzte wirkte sich auf den gesamten Vorgang der Schwangerschaft und Geburt verheerend aus. Nicht nur nahmen geburtsbedingte Krankheiten an Häufigkeit zu und starben mehr und mehr Frauen im Wochenbett (wobei der absolute Höhepunkt an Todesfällen im 18. und 19. Jahrhundert erreicht wurde, als Frauen massenhaft infolge mangelnder Hygiene am Kindbettfieber starben), auch die Säuglingssterblichkeit war im Zunehmen begriffen. Ende des 17. Jahrhunderts schätzte eine Hebamme in England, daß zwei Drittel der damaligen Abtreibungen, Totgeburten und Kindbettodesfälle auf den Mangel an Sorgfalt und Wissen ihrer Kolleginnen zurückzuführen sei[57].

Wie bereits erwähnt, haben moderne Autoren die bislang übliche Ansicht von der enormen Säuglingssterblichkeit in der Antike und im Mittelalter widerlegt und kommen aufgrund eigener Forschungsergebnisse zu dem Schluß, daß die Säuglingssterblichkeit der Neuzeit bei weitem jene früherer Jahrhunderte übertroffen hat. Für die Zeit vor der eigentlichen Bevölkerungsexplosion – die Periode ab 1750 also – wird nach diesen Berechnungen für Westeuropa eine Säuglingssterblichkeit zwischen 15,4 und 28,3 Prozent ermittelt, für die Zeit danach, die eigentliche Periode des Bevölkerungszuwachses jedoch, eine bis zu 38,8 Prozent ansteigende Säuglingssterblichkeit, die um die Mitte des 19. Jahrhunderts Spitzenwerte bis zu 50 Prozent erreichte[58]. Während also Frauen einerseits dazu angehalten wurden, einen immer größeren Nachwuchs zu produzieren, wurde es andererseits immer weniger möglich, lebensfähige Kinder aufzuziehen, wofür neben mangelnder Zuwendung und Versorgung auch der vielfach schlechte und geschwächte Gesundheitszustand der Frauen ausschlaggebend war.

Ein Vergleich mit der von einer Männergesellschaft ausgebeuteten Natur drängt sich geradezu auf. Auch hier werden laufend Überschüsse aus einem – bereits kranken – (Natur)Körper heausgepreßt, die – qualitativ minderwertig – dann teilweise verderben und verrotten, während anderswo Menschen an Hunger sterben.

Die Auswirkungen der radikalen Bevölkerungspolitik am Beginn der Neuzeit ließen trotz höherer Sterblichkeit, Seuchen und ständigen Kriegen nicht lange auf sich warten. Nachdem vor allem die großen Pestepidemien die europäische Bevölkerung zwischen 1300 und 1400 von knapp 73 auf 45 Millionen schrumpfen ließen, ist ab der Mitte des 15. Jahrhunderts ein steiler Bevölkerungsanstieg zu verzeichnen. Während etwa auf dem Gebiet des heutigen Deutschland im Jahre 1480 knappe 8 Millionen Menschen lebten, sind es heute, über ein halbes Jahrtausend später, 80 Millionen[59]. Eine noch atemberaubendere Entwicklung verzeichnet die Weltbevölkerung insgesamt: Sie hat sich von 378 Millionen im Jahre 1340 auf 5.120 Millionen im Jahre 1988 gesteigert[60]. Dieses geradezu beklemmende Wachstum nahm im fortpflanzungsfreudigen Europa seinen Anfang, um von hier aus die übrige Welt mit Menschen zu versorgen. Allein zwischen 1820 und 1920 sind 35 Millionen Europäer in andere Erdteile ausgewandert[61], um dort nicht nur das vorhandene Fortpflanzungsverhalten zu verbreiten, sondern auch das vorgefundene Verhütungswissen auszurotten. Denn auch die nichteuropäischen Völker betrieben Geburtenregelung, ehe sie von christlichen Missionaren *„aufgeklärt"* und in das Zwangskorsett eines undifferenzierten Fortpflanzungswillens gepreßt wurden.

Daß die Welt derart von Menschen überflutet werden konnte, ging – und geht – auf Kosten der Gesundheit, des Lebens, der Bewegungsfreiheit und der geistigen Entwicklung von Frauen, die den weitaus größten Teil ihres Lebens mit Gebären und Kinder aufziehen hinbrachten, soferne sie nicht schon früh daran starben. Zwischen 5 und 6,5 Kinder hat durchschnittlich jede verheiratete Frau Westeuropas bis gegen Ende des 19. Jahrhunderts großgezogen, also wesentlich mehr als in der Antike und im Mittelalter, wobei mehr als fünf Prozent der Frauen sogar über 10 und manche sogar bis zu über 20 Kinder hatten[62].

Da Ehen in der Neuzeit meist erst nach dem 20. Lebensjahr geschlossen wurden, bedeutete dies Schwangerschaft in Intervallen von maximal 20 bis 30 Monaten. Wie ungeheuer lebens- und gesundheitsbedrohend diese Geburten für Frauen waren, beschreibt der Universitätsprofessor Edward Shorter in seinen fundierten Untersuchungen. Danach endeten von 1800 an etwa 1 bis 1,5 Prozent aller Geburten mit dem Tod der Mutter. Bei einer durchschnittlichen Zahl von 6 Kindern ergäbe das sechsmal 1,3 oder 8 Prozent, weshalb auch in den europäischen Herrscherdynastien des 17. und 18. Jahrhunderts ein Todesfall von vieren bei fruchtbaren Frauen auf das Kindbett fiel[63].

Häufigste Todesursache war das sogenannte Kindbettfieber, eine Infektion, die etwa um den dritten Tag nach der Geburt einsetzte und häufiger als Krebs vorkam. Laut Shorter lag das Risiko einer schweren Infektion bei einer Frau, die 45 Jahre alt wurde und im Durchschnitt sechsmal geboren hatte, bei ungefähr 25 Prozent[64]. Diese Infektionen führten zu verschiedenen gefährlichen Krankheiten, die jedoch nicht unbedingt tödlich sein mußten. Sie hatten ihre Ursachen nicht nur in mangelnder Hygiene bei der Untersuchung der Wöchnerinnen – meist wurden weder Hände noch Instrumente gewaschen –, sondern auch in Verletzungen, die dem Körpergewebe durch Operation zugefügt wurden und die einen idealen Nährboden für Keime schafften. Aus diesem Grund waren auch um die Mitte des 19. Jahrhunderts Krankenhausgeburten etwa sechsmal so gefährlich wie Hausgeburten[65]. Auch an der von männlichen Gynäkologen geführten Klinik in Wien verstarben durchschnittlich dreimal so viel Wöchnerinnen als an der Hebammenklinik[66], was auf die Gewohnheit der Ärzte zurückgeführt wird, unmittelbar nach dem Sezieren von Leichen ohne Desinfektion Geburtshilfe zu leisten. Insgesamt starben zwischen 1841 und 1846 auf der Wiener Gebäranstalt 2.680 Frauen – das waren sieben Prozent. In der berüchtigten

Station 1 des Krankenhauses lag der Durchschnitt bei 10 Prozent, in besonders katastrophalen Monaten stieg er auf 14, manchmal sogar auf 18 Prozent an[67].

Aber auch nachdem Semmelweis die Ursachen des Kindbettfiebers entdeckt hatte, wollte sich vorerst kaum jemand die Hände in einer desinfizierenden Lösung waschen. Die Vorstellung, daß sie selbst die Todeskeime auf die Mütter übertrugen, war für die Ärzte so ungeheuerlich, daß sie sie lieber verdrängten.

Weitere Ursachen für den schlechten Gesundheitszustand und die hohe Sterblichkeitsrate von Frauen im gebärfähigen Alter sind in der unzureichenden Ernährung und der harten Arbeit auch während der Schwangerschaft zu suchen. Wurden doch Frauen vor allem der Bauern- und Arbeiterschichten nicht nur bei der Nahrungsverteilung benachteiligt, sondern sie hatten auch meist bis kurz vor der Geburt schwerste Arbeiten zu verrichten. Einem Bericht des Arztes Edward Smith aus dem Jahr 1863 zufolge aß der Arbeiter

„fast täglich Fleisch und Schincken, während Frau und Kinder solche Nahrungsmittel möglicherweise nur einmal in der Woche bekommen, und beide, er selbst und seine Familie, sind der Überzeugung, daß er das braucht, damit er seine Arbeit tun kann"[68].

Daß Frauen, zusätzlich belastet durch ständige Schwangerschaften und Geburten, ebensolche Arbeit verrichteten, hatte in diesem patriarchalen Denken, dem sich auch Frauen unterwarfen, keinen Platz. Doch erlaubte die wirtschaftliche Notlage meist keinerlei Schonung, schwangere Frauen hoben und schleppten Lasten wie die Männer, verrichteten harte Arbeit auf den Feldern, wo sie häufig von den Wehen überrascht wurden. So berichtet der Arzt Dr. Louis Caradec im Jahre 1860 von Frauen im bretonischen Departement Finistère, daß sie häufig während der Feldarbeit niederkamen:

„Sie mußten sich in das nächstgelegene Haus begeben und ihre Entbindung der erstbesten Frau überlassen."[69]

Der auffallend kleine Wuchs von Frauen in der Zeit einer allgemeinen wirtschaftlichen Rezession vom 14. bis zum 18. Jahrhundert in Europa wird daher auch vielfach mit ihrer unterprivilegierten Ernährungssituation und ihrer körperlichen Überbeanspruchung begründet[70]. Besonders die durch Ernährungsfehler verursachte Rachitis, die Beckenverformungen zur Folge haben konnte, führte bei Geburten häufig zu erheblichen Schwierigkeiten.

Daß Männer jedoch eine geradezu erschreckende Gleichgültigkeit gegenüber der Gesundheit und dem Wohlergehen ihrer Frauen an den Tag legten, kommt in zahlreichen Sprichwörtern zum Ausdruck, in denen das Vieh höher eingeschätzt wird als die Frau: *„Kühverrecke, großer Schrecke, Weibersterbe kein Verderbe"*[71], heißt es etwa in Hessen. In Franken werden ähnliche

Vergleiche angestellt: „*Weiber sterben, kein Verderben, Gaul verrecken, das macht Schrecken.*“[72] Die Zweitrangigkeit der Frau gegenüber dem Vieh in der bäuerlichen patriarchalen Gesellschaft kommt auch noch bei anderen Gelegenheiten zum Ausdruck. So etwa meinte 1775 ein Arzt in Soissons:

„*Zur großen Zahl der fatal endenden Geburten tragen zu einem gut Teil die Männer durch ihre Nachlässigkeit bei...Bei der Pflege ihres Viehs lassen sie es an nichts fehlen, aber bei Angelegenheiten, die ihrem Herzen sehr viel näher stehen sollten, handeln sie mit törichter Sturheit: die erfolgreiche Entbindung ihrer Frau kommt entschieden erst an zweiter Stelle.*“[73]

Es erübrigt sich beinahe, auch noch die Brutalität zu erwähnen, der Frauen im Geschlechtsleben unterworfen wurden. Denn während es im Mittelalter durchaus noch eine sexuell selbstbewußte Frau gab, wird sie in der Neuzeit mit ihren sexualfeindlichen und triebunterdrückenden Verordnungen und Geboten zunehmend zur Beute des Mannes. Physischer Widerwille und Ekelgefühle der Frau bis über die viktorianische Zeit hinaus sind die Folge. Bereits der Geburtshelfer de la Motte schrieb im 17. Jahrhundert über Frauen, die Orgasmusschwierigkeiten hatten oder „*sich beim Koitus übergeben*“. In den folgenden Jahrhunderten mehren sich die Berichte über sexuell frustrierte, den ehelichen Verkehr ablehnende und von Ekelgefühlen erfüllte Frauen. „*Schaffen sie ihn fort*“, schrie nach dem Bericht einer Hebamme eine Einwandererfrau in New York, als sich ihr Mann ihr während der Wehen nähern wollte: „*Lassen Sie das Schwein nicht in meine Nähe kommen – ich bringe ihn um.*“ Aber auch andere Frauen, denen diese Hebamme bei der Geburt half, nahmen ihr Schicksal als Gebärmaschine keinesfalls demütig auf sich: „*Während der Wehen verfluchten einige Frauen Gott und die Menschheit, besonders ihre Männer.*“[74]

Die unglaubliche Vernachlässigung und Verachtung weiblicher Körpervorgänge, die dazu führte, in der Frau lediglich eine Produktionsmaschine für den Nachwuchs und ein Organ für die männliche Befriedigung zu sehen, hatte schwere, sogenannte Frauenkrankheiten zur Folge, die manche Frauen für den Rest ihres Lebens mit sich herumschleppten. So etwa litt ein hoher Anteil an schweren Beckenentzündungen, Eierstockentzündungen oder Infektionen der Gebärmutter. Ein weiteres Viertel laborierte unter den langfristigen Folgen traumatischer Geburten, an Zervixrissen, Dammrissen, Fisteln, großen Tumoren und Zysten. Vor allem die Eierstockzysten gehörten zu den schlimmsten Plagen der Frau. Sie schwollen durch Flüssigkeitsansammlung zu monströsen Ausmaßen an und mußten in regelmäßigen Abständen durch die Bauchwand punktiert werden. Während jedoch die Zahl der Fisteln im Laufe der Jahre zurückging, nahm während des 19. Jahrhunderts infolge häufiger Zangenanwendung die Zahl der Dammrisse zu – Verletzungen, die kaum als solche beachtet wurden. Während Dammrisse von den Hebammen der frühen Neuzeit noch genäht worden waren, geriet diese Selbstverständlichkeit später in Vergessenheit: Jacques Mesnard, ein Chirurg aus Rouen, erklärte 1753, er nähe nur Risse, die bis zu den Aftermuskeln reichten. Und 1884 berichtete ein Frankfurter Arzt, Hebammen würden sich um Dammrisse überhaupt nicht kümmern, denn dann müßten sie ja ihren Erzfeind – den Arzt – herbeirufen, weil sie selbst dazu nicht imstande seien[75].

Frauen mit Dammrissen litten oft ihr ganzes weiteres Leben an unfreiwilligem Stuhlgang oder auch an Fisteln, Geschlechtsverkehr wurde zum Teil unmöglich. Vor allem aber kam es häufig vor, daß zugleich mit dem Damm auch ein Muskel des Beckenbodens gerissen war, was nach einer schwierigen Geburt dazu führen konnte, daß Blase, Harnröhre, Dünn- und Dickdarm in die Scheide drängten. Besonders häufig und unangenehm war dabei der sogenannte „*Gebärmuttervorfall*", der dann entsteht, wenn der Gebärmutterkörper beginnt, den Geburtskanal hinabzugleiten. Infolge ungenähter Dammrisse kam es damals häufig vor, daß die Gebärmutter völlig zum Scheidenausgang hinaustrat, was so aussah, als trüge die Frau einen Elefantenrüssel zwischen den Beinen. Viele Frauen schleppten sich damit ein Leben lang herum. Sie konnten kein Pessar anlegen und hatten Schwierigkeiten beim Geschlechtsverkehr, was keinesfalls von allen Männern berücksichtigt wurde. So strengte 1886 eine Frau in Los Angeles, die unter Gebärmuttervorfall litt, eine Scheidungsklage an, weil ihr Mann sich weigerte, „*seine unkeuschen Begierden*" und „*unnatürlichen Ausschweifungen*" einzuschränken. Laut Gerichtsprotokoll war sie

„*häufig wochenlang gezwungen, eine mechanische Vorrichtung zu tragen, die ihre Organe an Ort und Stelle hielt, aber sogar während sie diese Vorrichtung trug, zwang er sie, ihm zu Willen zu sein.*"[76]

Geradezu erschütternd ist die Unfähigkeit Außenstehender – auch von Ärzten –, sich eine Vorstellung von den Schmerzen zu machen, unter denen Frauen litten. Sie galten häufig als übertrieben oder hysterisch bedingt, und es wurde empfohlen, ihnen nicht allzuviel Bedeutung beizumessen. Hunter Robb etwa, ein Chirurg aus Baltimore, empörte sich darüber, daß Patientinnen wegen „*unklarer Unterleibsschmerzen*" Morphium haben wollten. Handle es sich doch dabei lediglich um „*leichtere(n) Beckenverletzungen*", für die „*sie unter allen Umständen sofortige Erleichterung zu verlangen scheinen*", obwohl doch „*in der Regel...in diesen Fällen nervöse Symptome*" vorherrschen[77]. Auch Frauen akzeptierten oft ihre lebenslangen Schmerzen als schicksalhaft, als unabänderliches Los der Frau, das, wie bereits der Bibelspruch verkündete, ergeben zu ertragen war.

Auch als Ende der vierziger Jahre des vorigen Jahrhunderts James Simpson das Chloroform einführte, kam es zu einem heftigen Widerstand nicht nur der Ärzteschaft. Daß Frauen in Schmerzen gebären müssen, galt sozusagen als Naturgesetz, das nicht verletzt werden dürfe.

„Es wäre ein empörender Verstoß gegen die elementarsten Gesetze der Anpassung“,

schrieb 1850 ein Robert Barnes in der Zeitschrift *„Lancet“*,

„wenn man glauben wollte, ein wohltätiger Schöpfer habe ohne einen weisen und notwendigen Zweck den Vorgang des Gebärens mit Schmerzen verbunden.“

Auch wurde dem Chloroform eine die Gesundheit schädigende Wirkung nachgesagt, außerdem solle es *„die Erregung der Geschlechtsleidenschaft“* bewirken, was unter anderem daraus ersichtlich sei, daß Frauen unter der Chloroformmaske lüsterne und lästerliche Reden führten[78]. Hier aber haben sich Frauen mit ihrem mehrheitlichen Wunsch nach Schmerzlinderung durchgesetzt: Bald wurde die Anwendung von Chloroform üblich, das dann gegen Ende der dreißiger Jahre unseres Jahrhunderts durch synthetische Narkotika ersetzt werden konnte.

ABTREIBUNG UND KINDESMORD

Eine weitere, enorme Gefährdung des weiblichen Gesundheitszustandes bewirkten die heimlich und meist laienhaft duchgeführten massenhaften Abtreibungen, die zu Beginn unseres Jahrhunderts einen Höhepunkt erreichten. Angesichts einer verheerenden wirtschaftlichen Situation, angesichts von Hunger, Wohnungsnot und steigender Säuglings- und Kindersterblichkeit waren Frauen immer weniger bereit, Kinder in die Welt zu setzen. Es kam zu einem leichten Geburtenrückgang in vielen Ländern Westeuropas, der Anlaß zu heftigen Diskussionen bot. War doch der Anspruch des Staates auf den Fötus im Mutterleib unmißverständlich formuliert worden, wie etwa von Sebastian Jenull in seinem Kommentar zum österreichischen „*Strafgesetz über Verbrechen und schwere Polizei-Übertretungen*" im Jahre 1837:

„*Der Staat bauet seinen fortwährenden Bestand auf den Nachwuchs, zu welchem die Hoffnung in der Leibesfrucht der Mutter heranwachset.*"

Weshalb auch

„*das Recht des Staates, sich in dem Embryo einen werdenden Bürger zu schützen, keinem gegründeten Zweifel unterliege. Hieraus erhellet die Strafbarkeit des Verbrechens der Abtreibung der Leibesfrucht.*"[79]

Die signifikante Zunahme von Aborten zu Beginn unseres Jahrhunderts führte zu einer verstärkten Verfolgung von Abtreiberinnen, die in ihrer Not entweder zur Selbsthilfe griffen oder sich Kurpfuschern und Hebammen anvertrauten. Die Folge davon war, daß im 19. Jahrhundert allein in Deutschland jährlich viele tausend Frauen an den Folgen des illegalen Eingriffes starben und sehr viel mehr daran erkrankten. Schätzungen sprechen von jährlich 20.000 toten und viermal so viel kranken Frauen im 19. Jahrhundert[80], die sich in den zwanziger Jahren unseres Jahrhunderts auf durchschnittlich 50.000 Todesfälle steigerten[81]. Für das Jahr 1929/30 wird sogar eine unglaubliche Mortalitätsziffer von 80.000 angegeben[82].

Die Praktiken, mit denen sich verzweifelte Frauen, denen die Möglichkeit einer schonenden Verhütung verwehrt wurde, einer ungewünschten Leibesfrucht zu entledigen versuchten, reichten von – meist unwirksamen – heißen Sitzbädern über Sprünge von Tischen und Dachböden, abtreibenden Massagen und oral einzunehmenden Abtreibungsmitteln bis zu der instrumentellen Abtreibung, die häufig schwerwiegende Verletzungen nach sich zog. Aber auch medizinische Abtreibungsmittel, die neben traditionellen Kräutern wie Mutterkorn, Gartenraute und Sadebaum, später auch anorganische Substanzen wie Arsen, Blei, Chinin und Apiol umfaßten, gefährdeten Gesundheit und Leben der Schwangeren. Arsen, dessen freier Verkauf in Deutschland und Schweden 1876 untersagt wurde, war für ein Drittel der versuchten Abtreibungen in Schweden zwischen 1851 und 1880 verantwortlich, und fast alle endeten mit dem Tod der Schwangeren. Auf Arsen folgte Phosphor, den sich die Frauen von Streichhölzern verschafften, dessen Köpfe sie abkratzten, in Kaffee auflösten und dann tranken. Zwischen 1851 und 1903 wurden in Schweden mehr als 1400 Fälle von Phosphorvergiftungen registriert, wobei nur zehn der Opfer überlebten[83]. Blei, das eine lange Tradition in der Geschichte der Abtreibung hat und schon bei den alten Griechen Verwendung fand, wurde in England als „*schwarze Klebe*" in Apotheken in großen Klumpen verkauft, von den Frauen zu kleinen Pillen gerollt und so geschluckt. Es führte vor allem in größeren Dosen zu einer Schädigung des Zentralnervensystems und häufig auch zum Tod, kleinere Dosen hingegen brachten oft die gewünschte Wirkung, wobei zwar die Mutter ebenfalls vergiftet wurde, sich jedoch häufig davon wieder erholte. Auch Chinin, das vor allem nach dem Ersten Weltkrieg als Abortivmittel benutzt wurde, durfte nur in kleinen Dosen verwendet werden, in größeren Dosen wirkte es lähmend auf die Gebärmutter. Auch hier wurden Vergiftungserscheinungen bei den Müttern festgestellt. Am ungefährlichsten erschien Apiol, das sich in Petersilienöl fand und ebenfalls nach dem Ersten Weltkrieg zu den beliebtesten Abortivmitteln zählte. Hier lag die Zahl tödlicher Vergiftungen relativ niedrig[84].

Einer mindestens ebenso großen Gefährdung setzten sich Frauen jedoch bei einer instrumentellen Abtreibung aus. Gebräuchlich waren hier vor allem die verschiedensten Techniken zur Punktion der Fruchtblase mit einem scharfen Gegenstand, wobei es nicht nur häufig zu Verletzungen der Gebärmutter und des Gewebes, sondern auch zu Infektionen kam. Als dann nach der Entdeckung der Kautschukvulkanisation etwa ab Mitte des vorigen Jahrhunderts Gummikatheder erzeugt wurden, verlor diese Methode etwas von ihrer Gefährlichkeit, weil jetzt der stumpfe Katheder nicht mehr so leicht zu inneren Verletzungen führen konnte. Barbarisch genug hört es sich trotzdem noch an, wenn der Arzt James F. Scott 1895 dazu folgende Beschreibung gibt:

„*Ein schmutziger Katheder wird ungeschickt in die Gebärmutter eingeführt und solange herumbewegt, bis das Ovum zerissen ist. Die Vagina wird mit Baumwolle ausgestopft, und die Frau wird, wenn sie bezahlt hat, aufgefordert zu gehen.*"[85]

Daß es genug mittellose Frauen gab, die sich den/die Kurpfuscher/in nicht leisten konnten und daher zu Hause mit der Stricknadel abtrieben, ist bekannt. Ebenso, daß viele daran starben.

Sehr beliebt war vor allem in der 2. Hälfte des 19. Jahrhunderts die sogenannte „*Mutterspritze*". Dabei wurde mit einem großen Gummiball durch eine dünne Kanüle ein kräftiger Wasserstrahl in die Gebärmutter gespritzt, und durch diese Reizung eine Fehlgeburt hervorgerufen. Diese Art der Abtreibungstechnik konnte selbst bzw. durch eine Hilfsperson durchgeführt werden, doch hatte auch sie oft schwere gesundheitliche Schäden, unter Umständen den Tod zur Folge. War der Druck nämlich zu kräftig, konnte er ein nicht ganz steriles Wasser durch die Eileiter in das Bauchfell drücken und hier eine Entzündung verursachen. Oder aber es gelangten durch Unachtsamkeit Luftblasen in den Ball der Spritze und von dort in die Venen der Frau, um in Herz und Lunge eine tödliche *„Luftembolie"* hervorzurufen[86]. Häufig angewandt wurde auch der sogenannte *„Seifenabort"*, bei dem eine Seifenwasserlösung unter Verwendung der *„Vaginaldusche"* eingeführt wurde, was allerdings wiederum zu Nierenstörungen und verminderter Harnabsonderung führen konnte[87].

Halfen alle diese Mittel nicht, und wurde das Kind trotzdem geboren, kam es in vielen Fällen zur Kindestötung. Während bis zum Ausgang des Mittelalters Kindesmord weitgehend unbekannt war bzw. auch kaum mit der Todesstrafe geahndet wurde[88], mehren sich die Kindermorde im 18. Jahrhundert in geradezu erschreckender Weise. Eine Entwicklung, die allgemein als Indiz für die weitgehende Ausrottung des Verhütungswissens sowie die rigorosen Strafmaßnahmen für Verhütung und Abtreibung gewertet wird. Darüber hinaus bewirkten die Propagierung der Ehe als einzig erlaubte Institution zum Zweck der Kinderzeugung und die zunehmende Ächtung der ledigen Mutter, der trotzdem die volle Verantwortung für ein gemeinsam gezeugtes Kind angelastet wurde, daß immer mehr Frauen der Schande, dem Elend, dem Ausgestoßenwerden entgehen wollten, indem sie sich eines unerwünschten Kindes auf diese Art und Weise entledigten.

Denn die Lage der unverheirateten Mutter im 18. Jahrhundert war tatsächlich verzweifelt. Sie wurde wie eine Aussätzige behandelt, für ihr Vergehen im Hurenkarren durch die Stadt gefahren, sie mußte schwere Steine tragen oder wurde dafür sogar öffentlich ausgepeitscht. Das kurfürstlich-sächsische Patent von 1644 bestimmt, daß *„offentliche Huren"* mit *„gefänglicher Einziehung"*, *„Auspauken"*, Pranger und Ausweisung zu bestrafen seien. In derselben Weise sollten heimlich in Unkeuschheit lebende ledige Weibspersonen behandelt werden[89].

In manchen Gegenden der Monarchie durften unverheiratete Mütter nicht durch den Haupteingang die Kirche betreten, sondern mußten den Gottesdienst über einen Nebeneingang besuchen[90]. Vor allem aber stand das ledige, schwangere Mädchen häufig vor dem finanziellen Nichts, weil es vom Dienstgeber entlassen oder vom Grundherrn vertrieben wurde. Zahlreiche Verordnungen und ständige Ermahnungen an die Grundherrschaft, für Unterkunft und Verpflegung lediger Mütter und ihrer Kinder aufzukommen, nützten wenig. Die Grundherrschaft war weder bereit, die Kosten zu tragen, noch auf eine lukrative Geldquelle zu verzichten, die sich aus den kräftigen Geldstrafen wegen Unzuchthandlungen ergaben, weshalb den völlig mittellosen und finanziell ruinierten Frauen daher häufig nur der Weg in den Freitod blieb. Viele verheimlichten auch ihre Schwangerschaft so lange wie möglich, um dann irgendwo unbemerkt niederzukommen und das Kind in Pflege zu geben, was jedoch wiederum eine kaum zu bewältigende finanzielle Belastung darstellte.

Daß der entrechteten, von qualifizierten Berufen ausgeschlossenen Frau nicht nur meist die volle Verantwortung für das Kind übertragen wurde (etwaigen Zahlungsverpflichtungen haben sich Männer häufig erfolgreich entzogen), sondern daß darüber hinaus einzig und allein sie für den *„Fehltritt"* gebrandmarkt und geächtet wurde und nicht auch der in gleicher Weise daran beteiligte Mann, zeigt die krasse Doppelmoral eine patriarchalen Gesellschaft besonders deutlich. Auch heute noch wird bei Kindesmord- oder Weglegung vor allem die Mutter zur Verantwortung gezogen, das Verhalten des Vaters in dieser oft ausweglosen Situation ist von sekundärer oder überhaupt keiner Bedeutung. Wie verzweifelt die Lage dieser Frauen auch noch im 19. Jahrhundert oft war, und wie wenig sie mit einer Unterstützung oder wenigstens dem Mitleid ihrer Umgebung rechnen durften, zeigt das Schicksal der Magd Anna Katharina Stuhlmann in Oberhessen, die der Kindestötung angeklagt worden war. Zwischen den Zeilen der trockenen Aufzeichnung des Gerichtsprotokolls aus dem Jahre 1865, hier in aller Ausführlichkeit wiedergegeben, läßt sich das Elend einer Unterprivilegierten, Ausgestoßenen herauslesen, das gerade in seiner unsentimentalen Selbstverständlichkeit erschütternd wirkt.

Die Frau, die seit früher Jugend in wechselnden Dienstverhältnissen lebte, beschreibt Schwangerschaft und Tod ihres dritten unehelichen Kindes. Das zweite war in der bekannten Marburger Entbindungsanstalt geboren worden, die der Landgraf von Hessen-Kassel 1791/92 für ledige Mütter gegründet hatte. Diese wurden bei Strafe verpflichtet, dort niederzukommen. Die Einrichtung besaß einen denkbar schlechten Ruf, nahm sie doch die Ärmsten der Armen, Ehrlose und Unbehauste auf. Wie sie behandelt wurden, zeigt das Schicksal dieser Frau, die man nach ihrer Geburt mitten im kalten Winter zusammen mit dem Kind mehr als 20 km zu Fuß nach Halsdorf wandern ließ, wobei sich das Neugeborene anscheinend tödliche Erfrierungen zuzog:

„Ich bin in Halsdorf geboren, wann kann ich nicht sagen. Ich meine, ich wäre jetzt 30 Jahre alt. Ich habe meine Eltern früh verloren, meinen Vater habe ich gar nicht gekannt, meine Mutter ist gestorben, wo ich kaum zwei Jahre alt gewesen bin. Nach meiner Mutter Todes bin ich bei meinem Großvater, dem Vater meiner Mutter, gewesen, dann bin ich etwa 11 Jahre in dem Hause des Ökonomen Peter gewesen. Ich habe den Schulunterricht in Halsdorf besucht...Nachher bin ich noch in Halsdorf geblieben und habe erst bei dem Bruder des...(aus Ockers-

hausen, der in Halsdorf wohnt – dessen Vornamen ich nicht weiß) – sowie bei Conrad Theiß dort selbst gedient. Dann habe ich seither in Kirchhain bei Georg Maus aus dem Hofacker, dem Metzger Heinrich Daube und ferner bei Mittlers gedient. Dann habe ich viel hier in Kirchhain auf Taglohn gearbeitet. Ich habe schon zwei uneheliche Kinder gehabt, eines vor 8 Jahren, das zweite vor etwa 2 Jahren. Beide sind gestorben, das älteste war etwa 1/4 Jahr, das zweite 5 Wochen alt. Das älteste ist zu Hause in Halsdorf, das zweite in Marburg in der Anstalt geboren. Das älteste Kind hatte einen Ausschlag, das zweite einen wunden Arm, es mußte wohl Erkältung sein, da ich im Winter im Schnee von Marburg gekommen war. Ich kann weiter nichts speziell angeben, woran das Kind starb.

Im vorigen Jahre, nachdem ich erst hier auf Tagelohn gearbeitet hatte, habe ich mich vier Wochen vor Michaelis bei Mittlers vermietet. Sieben Wochen nach Weihnachten habe ich mit dem Niederwälder Bursch in der Mühle, wie ich bereits früher angegeben habe, zu tun gehabt. In der ersten Zeit danach habe ich nicht gewußt, daß ich schwanger sei, mein Geblut habe ich früher schon häufig unregelmäßig gehabt, und ist mir dasselbe manchmal mehrere Monate ausgeblieben, deshalb konnte ich in den ersten Monaten nicht sagen, ob ich schwanger sei...Ich habe nun nachher, als ich mich schwanger fühlte, gerechnet, daß ich sieben Wochen nach Michaelis, was von der Zeit, wo ich mit dem Bursch zu tun gehabt hatte, dann 9 Monate waren, niederkommen würde. Ich dachte daran und wollte mit der Frau Mittler sprechen, indem ich zu meiner Entbindung in die Anstalt nach Marburg gehen wollte...Durch den Vorfall, daß ich an dem Tage beim Seilaufziehen fiel, ist es nun anders geworden. Ich hatte der Frau Mittler nichts von meiner Schwangerschaft gesagt, weil ich dies verschob bis zur letzten Zeit. Bei Mittlers hatte ich so lange denn auch noch mein Unterkommen, was ich so lange als möglich behalten wollte, indem ich anders wo nicht unterkommen konnte. Die Sache war nun so, wie ich bereits früher angegeben habe. Beim Aufziehen des Seiles war ich gefallen und hatte seitdem starke Schmerzen im Rücken gespürt, doch dachte ich noch an nichts Arges. Ich habe nachher noch wie gewöhnlich meine Arbeit getan. Gegen Abend, als es bereits nahe der Dämmerung war, wollte ich das Aschetuch an dem Wasser auswaschen und stand auf den untersten Schwellen der Treppe, die zu dem Wasser führt. Während ich mich, um das Tuch im Wasser hin und her zu schwenken, so bückte, spürte ich heftige Schmerzen und empfand bald mit Schrecken, daß das Kind zur Welt kam. Ich setzte mich nun auf den hinter mir befindlichen Treppentritt und fühlte, daß das Kind bereits aus der Geburt hervor stand, worauf ich mit der rechten Hand danach griff. Ich war so erschrocken und bestürzt, daß ich gar nicht wußte, was ich tat. Während ich nun das Kind an den Kopf faßte, wobei ich jedoch zur Schonung des Kindes nicht hart drückte, schoß es dann mit einem Ruck aus der Geburt hervor, wobei es so einen Ton von sich gab, es kam mir wenigstens so vor. Doch nun wurde es dadurch hinten schwerer, ich wollte es jedoch an dem Kopf, obwohl ich es etwas härter faßte, nicht zu hart fassen, und da schoß mir das Kind aus der Hand ins Wasser. Ich trat alsbald auch in das Wasser und suchte nach dem Kind, konnte es jedoch nicht auffinden, da es schon dunkel war. Ich habe dann noch in der Küche etwas gearbeitet, war dabei jedoch ganz betrübt und wußte mir nicht zu raten und helfen. Nachher bin ich mit dem Kindermädchen hinauf gegangen, um mich zu Bett zu legen. Das Mädchen fragte noch, wann ich etwa wieder Zahnweh bekäm, was schon mal der Fall gewesen war, dann wollte sie lieber in einem anderen Bett schlafen, worauf ich noch sagte, das könne sie machen wie sie wolle. Ich habe mich darauf allein ins Bett gelegt. Im Hinaufgehen war etwas Blut aus meinen Geschlechtsteilen gekommen, ich sah das am anderen Morgen auf dem Gang. Beim Hinauf- oder Heruntergehen hatte ich mit den nackten Füßen in dieses Blut getreten. Ich hatte nämlich keine Strümpfe, weil sie dadurch, daß ich in das Wasser gegangen war, naß geworden waren, noch im Haus...Am Morgen bin ich wieder bei dem Wasser gewesen, ich habe aber das Kind darin nicht bemerkt."

Das Gericht hatte kein Verständnis für die Situation der Frau, die nirgendwo Hilfe und Unterstützung fand, und verurteilte sie zu 15 Jahren Zuchthaus, wo sie dann auch starb[91].

Die signifikante Zunahme der Kindermorde begann natürlich auch die Behörden zu beunruhigen, wobei die Nutzlosigkeit einer brutalen Gesetzgebung teilweise sehr wohl erkannt wurde:

„*Steck' ein das Schwert deiner Henker, Europa!*"

meinte etwa emphatisch H. Pestalozzi bereits 1780 in seiner Schrift: „*Über Gesetzgebung und Kindermord*":

„*Es zerfleischt die Mörderinnen umsonst! Ohne stilles Rasen und ohne innere verzweifelnde Wut würgt kein Mädchen sein Kind und von den rasenden Verzweifelnden allen fürchtet keine dein Schwert!*"[92]

Auf die Idee, mangelndes Verhütungswissen zur Verantwortung zu ziehen, kam jedoch weder er, noch haben sich andere fortschrittliche Philosophen und Juristen damit auseinandergesetzt. Denn dieses Thema war tabu. Hauptsächlich die Angst vor Menschenverlust wurde zum Anlaß genommen, sich über die spezielle, bedrückende Situation auch lediger Mütter Gedanken zu machen. Durch einen starken Ausbau staatlicher Gebär-, Findel- und Waisenhäuser sollte diese Situation entschärft und einigermaßen unter Kontrolle gebracht werden. Unter Joseph II. etwa wurde 1789 das Wiener Gebärhaus eröffnet, in dem auch arme ledige Mütter anonym und unengeltlich ihre Kinder zur Welt bringen konnten. Die Anonymität, die „*die verschämte bessere Menschclasse*" vor Schande bewahren sollte[93], diente jedoch nicht nur dem Schutz dieser Frauen, sondern sie erleichterte es den Ärzten auch, Forschungen und Experimente ungehindert durchzuführen. Ihren kostenlosen Aufenthalt hatten arme Frauen nämlich dadurch abzuzahlen, daß sie sich als Forschungsmaterial zur Verfügung stellten und außerdem nach ihrer Geburt noch einige Zeit als Ammen für das Findelhaus zur Verfügung stehen mußten[94].

Interieur einer Säuglingsbewahranstalt, 1. Hälfte des 19. Jh.
Im 18. und 19. Jahrhundert wurden in Europa zahlreiche Gebär- und Findelhäuser errichtet, die die vielen weggelegten, ausgesetzten oder nicht versorgten Säuglinge aufzunehmen hatten.

Gebär- und Findelhäuser wurden auch in anderen Städten errichtet. So entstand bereits 1670 in Paris das „*Hospital für gefundene Kinder*“, das sich der ausgesetzten, weggelegten Säuglinge annahm, die auf der Straße, auf Kirchentreppen und in Spitälern gefunden wurden. Während im 18. Jahrhundert dann die Zahl der Findelkinder zurückging, steigerte sich jene der ehelichen Kinder, die aufgenommen werden mußten. Etwa 500 Findlinge waren es in den ersten Jahren, die hier gesammelt wurden, aber um die Mitte des 18. Jahrhunderts hatte sich diese Zahl bereits verzehnfacht. Allein für das Jahr 1772 werden 7.672 Kinder genannt, von denen ein großer Teil entweder in der Anstalt oder bereits auf dem Weg dorthin verstarb. Haben doch viele Neugeborene den Transport, der häufig mehrere Tage dauerte und von spezialisierten Trägern ausgeübt wurde, nicht überlebt, was bei den barbarischen Methoden keinesfalls verwundert: Sie wurden zu dritt in eine Kiste gepfercht, die sich der Träger auf den Rücken schnallte, und mit unverträglicher Kuhmilch ernährt[95].

Die so sehr propagierte „*Heiligkeit des Lebens*“ bezog sich also damals wie heute lediglich auf das ungeborene Kind. Das – ungewünscht – geborene konnte keinesfalls mit dem nötigen Schutz und der nötigen Sorgfalt bei seiner Aufzucht rechnen. Auch im Wiener Findelhaus war die Sterblichkeit enorm: In den Jahren 1785–1854 sind hier allein 228.818 Kinder verstorben, während aus der Gebäranstalt im selben Zeitraum 211.021 Neugeborene entlassen wurden[96]. Manchmal, wie etwa im Jahr 1812, wurde hier eine Sterblichkeit von 69 Prozent festgestellt[97].

Insgesamt hat sich in der österreichischen Monarchie (ohne Ungarn) in den Jahren zwischen 1820–1840 die Zahl der aufgenommenen Findlinge verdoppelt und betrug im jährlichen Durchschnitt während dieses Zeitraums 49.317. 1837 gab es in der österreichischen Monarchie (ohne Ungarn) über 34 solche Findelhäuser. Waisenkinder und uneheliche Kinder wurden aber auch in Zucht- und Arbeitshäusern zusammengefaßt, die das notwendig gewordene Arbeitspotential für die neu entstehenden Manufakturen stellen sollten. So etwa wurde die Errichtung des Waisenhauses in Stuttgart im Jahre 1716 ganz offen mit der Notwendigkeit begründet, Arbeitskräfte für die Textil-, Papier- und Stahlwarenmanufaktur zu benötigen[98].

DER „STREIK DER BÄUCHE"

Bevölkerungsexplosion, Massenelend und das Leid der Frauen führten in den zwanziger Jahren unseres Jahrhunderts zu den ersten massiven Widerständen gegen die staatliche Bevölkerungspolitik. Zweifel an der positivistischen Fortschrittsgläubigkeit der Merkantilisten, die sich unter der Formel „je mehr Menschen, desto mehr Reichtum" zusammenfassen läßt, waren allerdings schon früher aufgetaucht. Bereits dem Nationalökonom Adam Smith (1723–1790) war ein in der Realität stattfindender, offensichtlicher Widerspruch aufgefallen, und Thomas Robert Malthus (1766–1834) fand dafür auch offene Worte: Die Bevölkerung, so formulierte er klar und deutlich, wachse schneller als die vorhandenen Mittel zu ihrer Ernährung, weshalb dieses Anwachsen durch bewußte Einschränkungen zu kontrollieren sei. Als akzeptables Mittel erschien ihm dabei allerdings lediglich *„sittliche Enthaltsamkeit"*, da

„...alle anderen Verfahren, seien sie verhütend oder positiv...in Laster oder Elend"

enden würden. Als verhütende und daher lasterhafte Verfahren nennt er:

„Jede Art von Geschlechtsverkehr, welche etliche Frauen in den großen Städten unbefruchtet läßt – ein allgemeiner Verfall der Sexualmoral, welcher ähnliche Wirkungen aufweist –, unnatürliche Leidenschaften und unanständige Kunstfertigkeiten, welche die Folgen illegitimer Verbindungen verhindern..."[99]

Natürlich konnte sich das Gebot nach sexueller Enthaltsamkeit nicht durchsetzen, weshalb Malthus' Nachfolger, die sogenannten Neomalthusianer, hier bereits etwas weniger zimperlich vorgingen. Sie empfahlen Geburtenkontrolle und riefen zum *„Streik der Bäuche"* auf, was insoferne relativ erfolgversprechend war, als jetzt mehr und mehr moderne Verhütungsmittel auf den Markt und damit auch in die Hände interessierter Paare gelangten. Wie aus den Interviews hervorgeht, die der Arzt Max Marcuse 1912 mit 100 verheirateten Berliner Arbeiterfrauen und 1917 mit 300 Soldaten im Lazarett durchführte[100], scheint die Initiative dazu primär von Frauen ausgegangen zu sein.

Das Kondom, obwohl teuer und unpraktisch, aus Schafdärmen oder Fischhaut hergestellt, war bereits im 18. Jahrhundert im Gebrauch, vorerst als Schutz gegen die Syphilis, später aber auch als Verhütungsmittel. Einen Durchbruch erzielte es aber erst in der zweiten Hälfte des 19. Jahrhunderts, als nach der Erfindung der Vulkanisation von Kautschuk ziemlich zuverlässige Kondome in den Handel kamen. Ein neuartiges Verhütungsmittel für Frauen hingegen war das sogenannte Mensinga-Diaphragma, das von dem deutschen Arzt Mensinga um 1870 entwickelt worden war, aus einem papierdünnen Gummiblatt mit einem versteiften runden Rand bestand und der Länge nach in die Vagina eingepaßt wurde. Darüber hinaus jedoch wurden zu Beginn unseres Jahrhunderts weitere Verhütungsmittel speziell für Frauen entwickelt: Sicherheitsschwämmchen aus Naturschwamm, in desinfizierende Lösungen getaucht, Cervixkappen, Stifte, Irrigatoren und eine Vielzahl von Tabletten und Tubenpräparaten. Zwar wurde die freie Anwendung dieser Mittel durch den sogenannten „*Unzuchtparagraphen*" erschwert, der, wenn auch nicht die Herstellung, so doch den Handel und die öffentliche Reklame mit Gefängnis bis zu einem Jahr bestrafte. Vor allem für Angehörige der bürgerlichen Mittelschicht war es allerdings trotzdem nicht schwer, sich mit entsprechendem Material einzudecken.

Arbeiterfrauen hingegen, für die Verhütung besonders wichtig gewesen wäre, waren meist weiterhin ungeschützt ihrer Gebärfähigkeit ausgeliefert, weil sie weder das nötige Geld noch die entsprechenden Informationen besaßen. Das lag damals ganz im Interesse der Sozialdemokratie, die in ihren Anfängen wütend gegen Verhütungspraktiken zu Felde zog, weil ihrer Ansicht nach eine Stärkung der proletarischen Kampfkraft nur durch einen Kinderreichtum der Arbeiterklasse zu erreichen war. Bereits 1844 empörte sich Engels über eine anonym erschienene Aufklärungsschrift, in der die Arbeiter zur Verhütung ermutigt wurden:

„Soll ich diese infame, niederträchtige Doktrin, diese scheußliche Blasphemie gegen die Natur und Menschheit noch mehr ausführen...? Hier haben wir endlich die Unsittlichkeit des Ökonomen auf ihre höchste Spitze gebracht."

Und 1883 empfahl er Karl Kautsky, Empfängnisverhütung innerhalb der Partei so zu diskutieren, daß neben den Arbeiterführern nur bürgerliche Familien, nicht jedoch „*unsere Proletarier*" davon erfahren, damit diese „*nach wie vor durch zahlreiche proles (= Nachkommenschaft) ihrem Namen Ehre machen werden*"[101]. Auch Rosa Luxemburg sprach sich gegen Empfängnisverhütung aus.

„Als Kampfmittel für das Proletariat muß die Kinderbeschränkung mit Entschiedenheit zurückgewiesen werden. Durch die Kinderbeschränkung werden wir niemals unser Endziel erreichen."

Und Clara Zetkin vertrat die Ansicht, daß „*das Proletariat...darauf bedacht sein*" müsse, „*möglichst viele Kämpfer zu haben*"[102].

Die Erkenntnis, daß es für den Klassenkampf günstiger sei, weniger, dafür aber gesündere Kinder an die Front zu schicken, setzte sich erst später durch, dann jedoch umso gründlicher. So etwa meinte Karl Kautsky jun. am 1. 11. 1919 in der Zeitschrift „*Kampf*", dem theoretischen Organ der Sozialdemokratie, daß es unsinnig sei,

„...die vom Krieg gerissenen, durch die Auswanderung täglich größer werdenden Löcher in der Bevölkerung mit halbverhungerten Säuglingen zu stopfen, die

nicht einmal die Milch zum Leben haben“, und plädiert weiter in schönem Ökonomendeutsch dafür,

„*wie auf allen Gebieten der Volkswirtschaft*“ auch hier bemüht zu sein,

„*den bisher geübten, mit ungeheurer Verschwendung an lebendem Material arbeitenden Raubbautypus der Fortpflanzung durch weitestgehende Rationalisierung zu ersetzen. Nicht Geburtenvermehrung*“,

so redet er seinen Genossen ins Gewissen,

„*sondern intensive Geburtenausnützung tut not, haushalten mit dem vorhandenen Material, nicht stete, mit über 50 Prozent Verlust arbeitende Neuinvestitionen*“.

Zu einer ähnlichen, Frauen wieder einmal vor den Karren macht- und bevölkerungspolitischer Ziele spannenden Forderung kommt auch Franz Lill in demselben sozialdemokratischen Organ:

„*In einer Zeit, in der die Aussichten wohl auf lange hinaus verschlossen sind, daß das Niveau der allgemeinen Lebenshaltung eine gewisse, den Zukunftsbestrebungen des Proletariats förderliche Kulturhöhe erreicht, hat die Arbeiterklasse kein Interesse an der Aufzucht eines in den Niederungen einer allgemeinen Versumpfung vegetierenden Lumpenproletariats.*“[103]

Daß der Kampf gegen den (Abtreibungs)Paragraphen 144 und damit für das Selbstbestimmungsrecht der Frau, der bereits damals eingesetzt hat, für die Verfechter dieser „*Menschenökonomie*“ gar kein Anliegen war, sondern daß es ihnen ausschließlich um bevölkerungspolitische Interessen ging, zeigt in aller Deutlichkeit das Konzept des Mitbegründers der Österreichischen Gesellschaft für Bevölkerungspolitik, Professor der Anatomie und Stadtrat für Soziales im „*Roten Wien*“, Julius Tandler. Seine Befürwortung der sozialen, medizinischen und eugenischen Indikation zielt auf eine Entmündigung der Frau und „*Zwangsbewirtschaftung des weiblichen Körpers*“[104], womit er kommende, nationalsozialistische Tendenzen bereits vorwegnahm. Tandlers Modell sieht im Falle einer von der Frau gewünschten sozialen Indikation (Schwangerschaftsabbruch bei wirtschaftlichen Schwierigkeiten) eine Kommission vor, die „*Amtserhebungen über das soziale Milieu*“ anstellen soll und nach entsprechenden Ermittlungen über „*die Existenzbedingungen der Mutter, der schon vorhandenen Kinder*“ zu beschließen hat, ob ihrem Antrag stattzugeben sei oder nicht[105]. Denn da laut Tandler der Embryo nicht Teil der Mutter, sondern Teil der Gesellschaft sei, stehe es auch dieser zu, darüber zu bestimmen. Abtreiben durften nach diesem Konzept also nur arme, kranke, überarbeitete und unterernährte Frauen, von denen „*minderwertiger Nachwuchs*“ zu erwarten ist und natürlich auch solche, die aller Voraussicht nach „*lebensuntüchtige und erblich schwer belastete Kinder*“ gebären würden. Hingegen hatten gesunde, starke und in für die Nachkommenschaft günstigen wirtschaftlichen Verhältnissen lebende Frauen für die Sozialdemokratische Partei möglichst fruchtbar zu sein. Wie sehr derartige, Frauen entmündigende Vorstellungen auch von diesen selbst verinnerlicht wurden, zeigt das Beispiel der Ärztin Margarete Hilferding, die den § 144 deshalb ablehnte, weil dieser allen Frauen die Abtreibung verbot und keinen Unterschied zwischen jenen machte, die gebären, und jenen, die nicht gebären sollten:

„Es gehört zu den Unbegreiflichkeiten einer veralteten, leider heute noch gültigen Gesetzesauslegung und Bevölkerungspolitik, daß auch schwer geschädigte Früchte sich ausnahmslos der Wohltaten des § 144 erfreuen."

Gesunden Frauen hingegen sei nach Hilferding klar zu machen,

„daß sie Kinder wollen müssen, als ein Geschenk für sich selbst und als eine Pflichterfüllung gegen die Gesellschaft"[106].

Es gab aber auch noch andere Stimmen innerhalb der Sozialdemokratischen Partei. Unter anderem sorgte die sogenannte „*Gebärstreik*"-Debatte, die von den deutschen sozialdemokratischen Ärzten Julius Moses und Alfred Bernstein 1913 initiiert worden war, für ungewöhnliches Aufsehen. Sie platzte in eine Zeit erneuter Bemühungen, den Handel und Verkauf von Verhütungsmitteln durch Gesetzesverschärfungen zu unterbinden, und löste eine Diskussion auf breiter Front aus. Rasch distanzierte sich die SPD von dieser provokanten Wortschöpfung, hatte doch kurz zuvor Jean Bornträger in seiner verbreiteten Publikation „*Der Geburtenrückgang in Deutschland, seine Bewertung und Bekämpfung*" nicht nur die Frauenbewegung, sondern auch die Sozialdemokratie für den besorgniserregenden Geburtenrückgang verantwortlich gemacht, was sich weniger auf das Parteiprogramm als vielmehr auf die Tatsache stützte, daß vornehmlich in den Arbeiterbezirken die Geburtenrate stark rückläufig war. Begannen doch zu Beginn unseres Jahrhunderts, als Verhütungsmittel billiger und leichter zu bekommen waren, auch Arbeiterfrauen von dem Angebot Gebrauch zu machen. Der „*Gebärstreik*", zu dem die Frauen von Moses und Bernstein aufgefordert wurden, sollte vor allem den Staat zu Verbesserungen im Bereich der Gesundheits- und Familienpolitik zwingen. In der – männlich dominierten – Führungsschicht jedoch setzte er uralte Männerängste frei, da eine Gebärverweigerung der Frauen als Bedrohung männlicher Macht empfunden wurde. Wie provozierend das öffentliche Auftreten von Frauen innerhalb dieser Debatte wirkte, zeigt das Schicksal Alma Wartenburgs, einer sozialdemokratischen „*Schlosserfrau*" aus Hamburg, die als einzige Frau öffentlich in die Diskussion eingriff. Daß sie sich nicht nur für das Selbstbestimmungsrecht der Frau aussprach, sondern dieses im Hinblick auf die Geburtenkontrolle auch gegen einen Einspruch des Ehemannes durchsetzen wollte, galt dabei als besonders schockierend. Es führte dazu, daß sich nicht nur die Partei von ihr distanzierte, sondern daß sie auch wegen eines Lichtbildervortrages über Verhütungsmethoden zu einer mehrmonatigen Gefängnisstrafe verurteilt wurde[107].

DER KAMPF GEGEN DEN „MORDPARAGRAPHEN“

Nach dem Krieg ging der Kampf gegen den 1803 in Österreich erlassenen Abtreibungsparagraphen 144 und den in Deutschland seit 1871 existierenden Paragraphen 218 weiter.

Die Strafbestimmungen verfügten bis zu fünf Jahren Zuchthaus im Deutschen Reich[108] und bis zu 6 Jahren in den Ländern der Monarchie. Was bereits eine spürbare Erleichterung darstellte, war doch noch in der Theresiana ebenso wie im Allgemeinen Landrecht für Preußen (1791) Abtreibung mit dem Tod bestraft worden, wobei unter Maria Theresia sogar das Weitergeben von Informationen, die der Verhütung oder Abtreibung dienten, unter Androhung des Schwerttodes verboten war. Erst das Josephinische Gesetzbuch von 1787 hat die Todestrafe endgültig abgeschafft und durch schweren Kerker ersetzt[109].

1927 wurde dann in Deutschland Abtreibung nicht mehr mit Zuchthaus, sondern „*nur*“ noch mit Gefängnis bestraft, auch in Österreich galt Abtreibung nicht mehr als Verbrechen, sondern nur noch als Vergehen. Trotzdem nahm die Zahl der Verurteilten ständig zu. Während nach der amtlichen Kriminalstatistik des Jahres 1882 im Deutschen Reich 191 Personen verurteilt wurden, waren es im Jahr 1925 bereits 7.193[110]. Auch in Österreich wurden im Zeitraum zwischen 1919 bis 1933 ungefähr 7.000 Personen gemäß § 114 bestraft[111]. Die Dunkelziffer jährlicher Abtreibungen in den zwanziger Jahren lag nach Schätzungen des Ärztetages in Deutschland jedoch jährlich über einer Million[112]. Jedes Jahr wurden hier über 100.000 Frauen mit zum Teil schweren, durch laienhafte Abtreibungen verursachte Folgen in die Kliniken eingeliefert, ein großer Teil trug bleibende gesundheitliche Schäden davon, durchschnittlich 50.000 starben[113].

Wie verzweifelt die Lage vieler Frauen war, zeigt sich auch an den weiblichen Selbstmordraten. Schon zu Beginn der zwanziger Jahre hatte Deutschland die höchste Zahl an weiblichen Selbstmorden zu verzeichnen, die während der Wirtschaftskrise ab 1928 noch weiter anstieg[114].

Angriffe gegen den „*Mordparagraphen*“ gab es bereits zu Beginn unseres Jahrhunderts. Schon 1919 forderte Johann Ferch, prominentestes Mitglied des neomalthusianischen Bundes in Wien, Straffreiheit bei Abtreibungen bis zum dritten Schwangerschaftsmonat und den Zugang zu Verhütungsmitteln vor allem für arme Frauen. 1920 stellten dann die österreichischen Sozaildemokratinnen Adelheid Popp und Gabriele Proft einen Antrag auf Abänderung des § 144, der jedoch von der Christlichsozialen Partei boykottiert wurde und im Justizausschuß nie zur Beratung kam. In Deutschland verlangte die USPD (Unabhängige Sozialdemokratische Partei Deutschlands) 1920 im Reichstag die ersatzlose Streichung des § 218. Einige Wochen später forderten die Sozialdemokraten, die inzwischen mehrheitlich einen Schwenk in diese Richtung unternommen hatten, die Legalisierung der Abtreibung in den ersten drei Schwangerschaftsmonaten. Beide Anträge blieben unerledigt, wurden 1922 und 1924 noch einmal gestellt, aber auch diesmal nicht zur Debatte angenommen[115].

Neben SozialdemokratInnen und KommunistInnen wandten sich vor allem Frauen aus dem radikalen Flügel der bürgerlichen Frauenbewegung gegen den Abtreibungsparagraphen. Viele von ihnen engagierten sich in der aufkommenden Sexualreformbewegung, viele waren in den entstehenden Sexualberatungsstellen und Fürsorgeeinrichtungen tätig. 1919 eröffnete das Berliner Institut für Sexualwissenschaft eine Sexualberatungsstelle, in der seit 1930 auf Antrag der sozialdemokratischen Stadtärztin Käthe Frankenthal auch Verhütungsmittel ausgegeben wurden. Aber auch der seit 1923 bestehende „*Verein für Sexualhygiene und Lebensreform*“ sowie der 1928 gegründete „*Reichsverband für Geburtenregelung und Sexualhygiene*“ setzten sich für eine größere Verbreitung von Verhütungswissen ein.

Ab der Jahrhundertwende trauten sich auch mehr und mehr Frauen in dieser ureigensten Sache an die Öffentlickeit. Als ungeheuer mutig erwies sich hier Gertrud Gräfin von Bülow-Dennewitz (Pseudonym Gisela von Streitberg), die bereits 1904 in ihrer Schrift „*Das Recht zur Beseitigung des keimenden Lebens*“ die Strafandrohung als einen unwürdigen „*Eingriff in die allerintimste Privatangelegenheit eines Weibes*“ bezeichnet hatte. Scharfsinnig analysierte sie die frauenunterdrückende Gesetzgebung des Männerstaates:

„*Wenn das Weib um seiner Wehrlosigkeit willen für schutzbedürftiger erachtet wird als der Mann, so müßte dies doch noch in erhöhtem Maße von der werdenden Mutter gelten. Und in diesem Sinne sollte nun mindestens die gesetzliche Zusicherung gleichen Rechtsschutzes für alle Reichsangehörigen an ihr zur Wahrheit gemacht werden. Aber weit davon entfernt, hat die Gesetzgebung im Bunde mit der gesellschaftlichen Moralanschauung die Satzung aufgestellt, daß das Weib für jegliche Pflichtverletzung auf dem Gebiete der Lebenserzeugung mit größter Strenge zu bestrafen sei, weil die Natur ihr zugleich mit der damit verbundenen schweren und meistens leidensvollen Aufgabe eine bedeutend höhere Verantwortung für das Zustandekommen der Menschwerdung auferlegt hat als dem Manne. Dies wäre vollkommen begründet, wenn der Frau dieselbe geschlechtliche Freiheit zustände als diesem. Da sie jedoch erstens nur durch die Eheschließung das staatlich verbriefte Recht zur Mutterschaft erlangt, und da ihr zweitens im Ehestande hinsichtlich des Mutterwerdens keine freie Selbstbestimmung, keine Berücksichtigung ihrer individuellen Wünsche und Bedürfnisse, ja nicht einmal die Abwehr mißbräuchlicher Ausnutzung ihrer Lebenskraft gesetzlich gewährleistet ist, so ergibt sich der auffallende Widerspruch, daß die Frau von rechts wegen behandelt*

Helene Stöcker (1809–1943) Gründerin des Deutschen Komitees für Geburtenregelung und Aktivistin des „Bundes für Mutterschutz" setzte sich für eine Abschaffung des Abtreibungsparagraphen ein.

wird wie eine Sache, aber verantwortlich gemacht und eventuell bestraft wird wie eine zurechnungsfähige Person."[116]

Etwa um dieselbe Zeit, nämlich im Jahre 1908, hielt die Rechtsexpertin Camilla Jellinek, die in die Rechtskomission des Bundes deutscher Frauenvereine gewählt worden war, einen Vortrag über die Reform des § 218. Außerdem forderte sie eine Strafrechtsänderung des § 217, der Zuchthaus nicht unter drei Jahren für eine Kindestötung durch die ledige Mutter vorsah. Vor allem sollte der mittelbare Urheber, nämlich der Vater des Kindes, zur Verantwortung gezogen weden.

Auch Helene Stöcker, Gründerin des Deutschen Komitees für Geburtenregelung und Aktivisten des „*Bundes für Mutterschutz*", setzte sich für eine Abschaffung des Abtreibungsparagraphen ein. Ebenso Adele Schreiber, Mitbegründerin des „*Bundes für Mutterschutz*", 1928–1932 Mitglied des Reichstages und Vorsitzende des bevölkerungspolitischen Ausschusses, weiters die Ärztin und Leiterin einer Eheberatungsstelle in Frankfurt, Hertha Riese, und in Österreich die Ärztin und Psychoanalytikerin Annie Reich, Frau von Wilhelm Reich. Martha Ruben-Wolf verfaßte ein Pamphlet über Verhütung und Abtreibung, das in den ersten Wochen bereits eine Auflage von 100.000 erreichte, jedoch 1929 beschlagnahmt wurde, weil einige der angegebenen Mittel allein der Empfängnisverhütung dienten und nicht der Verhütung von Geschlechtskrankheiten. Fast alle diese Frauen mußten sich später durch Emigration den Verfolgungen des NS-Regimes entziehen.

Die erste Volks- und Massenbewegung zur Streichung des § 218 entstand im Jahre 1931, als sich einige Organisationen unter dem Druck des drohenden Faschismus zum Reichsverband für Geburtenregelung und Sexualhygiene zusammengeschlossen hatten. Den Auftakt dazu gab die Verhaftung des Arztes Friedrich Wolf, der durch sein Abtreibungsstück „*Cyankali*" bekannt geworden war, und der Ärztin Else Kienle, Leiterin einer Sexualberatungsstelle in Stuttgart. Die Folge davon waren spontane Protestkundgebungen und Massenveranstaltungen, zu denen neben Frauengruppen auch die Sozialisten und Kommunisten aufriefen. Schon zuvor hatten sich namhafte Wissenschaftler und Künstler wie Albert Einstein, Sigmund Freud, Berthold Brecht, Erich Kästner und Kurt Tucholsky gegen den Abtreibungsparagraphen ausgesprochen. Die Grafikerin Alice Lex-Nerlinger, Mitglied der „*Assoziation Revolutionärer Bildender Künstler Deutschlands*", entwarf das bekannte Spritzbild „*§ 218*", und Käthe Kollwitz schuf für die KPD Auftragsplakate unter dem Titel „*Nieder mit dem Abtreibungsparagraphen*". Auch Lion Feuchtwanger unterzeichnete einen Aufruf für ein Selbstbezichtigungskomitee. Schließlich brachte der satirische „*Eulenspiegel*" 1931 eine Sondernummer über den Abtreibungsparagraphen heraus, und im selben Jahr konnte die große Berliner Ausstellung „*Frauen in Not*" tausende Besucher anlocken[117].

Nach einer spektakulären Kundgebung in Kliems Festsälen in Berlin im März 1931, bei der prominente SchriftstellerInnen und PolitikerInnen zu Wort kamen und die von 2.500 Leuten besucht wurde, kam es schließlich zu eine Massenveranstaltung im Berliner Sportpalast mit 15.000 Besuchern. Unter ihnen befanden sich auch die inzwischen freigelassenen Ärzte Else Kienle, die ihre Entlassung mit einem Hungerstreik erkämpfen mußte, und Friedrich Wolf.

Dieser Massenprotest, der weite Teile des Volkes erfaßt hatte, wurde allerdings bald durch den aufkommenden Nationalsozialismus unterdrückt, der erneut die Gebärpflicht der Frau forderte und auf Abtreibung 1943 sogar die Todesstrafe setzte. Wieder wurden Frauen im Sinne eines totalitären Regimes mißbraucht, wobei der Zynismus, mit dem die Hitler-Diktatur Bevölkerungspolitik betrieb, wohl alles Vorangegangene übersteigt. Während „*arische*" Frauen, denen Schwangerschaftsabbruch nachgewiesen werden konnte, mit hohen Freiheitsstrafen zu rechnen hatten, im Falle eines bevölkerungspolitischen Wohlverhaltens jedoch mit dem Mutterkreuz belohnt wurden, konnten erbkranke oder rassisch „*minderwertige*" Frauen zur Zwangsabtreibung oder Sterilisierung gezwungen werden. Auch bei „*rassenschänderischem Verkehr*" war es ab 1940 durch Geheimerlaß gestattet, die „*Leibesfrucht auch gegen den Willen der Schwangeren zu vernichten*". Die Entscheidung über diese Eingriffe wurden „*Erbgesundheitsgerichten*" und speziellen „*Gutachterstellen*" übertragen[118].

Nach 1945 gingen dann wohl die Verurteilungen zurück – 1966 sind es in Österreich 287 Personen, die nach § 144 verurteilt wurden, 1970 nur noch 84, und 1974 wurden lediglich 24 Personen bestraft[119] –, doch stiegen die Abtreibungen weiter an und mit ihnen Leid, Krankheit und Tod tausender Frauen. Schätzungen gehen bis zu vier Millionen Abtreibungen und bis zu 40.000 Toten pro Jahr in der alten Bundesrepublik[120].

Da endlich entschlossen sich die Regierungen zu handeln:

Unterstützt durch die autonome Frauenbewegung und Selbstbezichtigungskampagnen u. a. in der deutschen Zeitschrift „*Stern*", an der sich 374 Frauen, darunter viele Österreicherinnen beteiligten, wurde auf Initiative der SPÖ-Frauen am Villacher Parteitag 1972 der parteiinterne Beschluß über die sogenannte „*Fristenlösung*" gefällt, die im Jänner 1975 trotz des massiven Widerstandes konservativer und kirchlicher Kräfte gesetzeskräftig wurde. Sie bestimmt Straffreiheit für einen Schwangerschaftsabbruch bis zum Ende des dritten Schwangerschaftsmonats nach vorhergehender Beratung, wobei es Ärzten und Krankenhausvorstehern frei steht, ob sie die Abtreibung durchführen wollen oder nicht. Eine Regelung, die dazu führte, daß in den meisten Bundesländern bis heute nur dann eine Abtreibung durchgeführt wird, wenn Gefahr für Mutter und/oder Kind besteht. In der Bundesrepublik hatte sich das 5. Strafrechtsreformgesetz von 18. Juni 1974 ebenfalls für die Fristenlösung entschlossen, doch wurde diese auf Antrag der Länder Bayern und Baden-Württemberg vom Bundesverfassungsgericht durch Urteil vom 25. Februar 1975 als grundgesetzwidrig erklärt. Worauf Marielouise Janssen-Jurreit folgenden offenen Brief an den damaligen Bundespräsidenten des Bundestages, Karl Carstens, verfaßte, der klar und deutlich das Anliegen der Frauen ausgedrückt hat:

„Wir bejahen die Mutterschaft, aber ausschließlich in Freiheit und Selbstbestimmung.

Wir werden jedoch niemals die befruchtete Eizelle als Mensch anerkennen, dessen Rechte und Verantwortung über unseren eigenen stehen.

Wir lehnen es ab, aus bevölkerungspolitischen Gesichtspunkten Kinder zu gebären.“[121]

Trotzdem wurde nach langem Tauziehen im Mai 1976 die Indikationslösung beschlossen, und zwar die medizinische, kriminologische (Vergewaltigung), eugenische und soziale Indikation (Notlage). Bereits ab dem Jahr 1971 jedoch hatten sich Aktionsgruppen und -verbände gebildet, die teils dem katholischen, teils aber auch dem rechtsextremen Lager angehörten, überwiegend von Männern dominiert waren und sich für den *„Schutz des werdenden Lebens“* einsetzten.[122]

In Österreich kam es kurz nach Inkrafttreten der *„Fristenlösung“* im Jahre 1975 zu einem u.a. von der *„Aktion Leben“* organisierten Volksbegehren, bei dem über 900.000 Unterschriften gesammelt wurden (das entspricht einem Anteil von fast 18 Prozent aller wahlberechtigten Österreicher), was allerdings an der Gesetzesreform nichts mehr ändern konnte.

Die Gegner der Abtreibung haben jedoch nach wie vor eine starke Lobby. In Deutschland wäre nach der Wiedervereinigung der Antrag der SPD und Grünen, die in der ehemaligen DDR praktizierte Fristenlösung landesweit zum Gesetz zu erheben, beinahe am Einspruch der CDU/CSU gescheitert. Schließlich setzte sich jedoch eine Kompromißlösung – die Fristenlösung mit Beratungspflicht – durch, die allerdings nach einer Klage von 249 Unionsabgeordneten und dem Land Bayern beim Bundesverfassungsgerichtshof wie schon 1975 relativiert wurde. Neben einer Aufforderung an den Bundestag zu einer Neuregelung wurde eine Übergangslösung vereinbart, nach der Abtreibungen rechtswidrig bleiben, aber nicht unter Strafe gestellt werden. Eine der Konsequenzen dieses Urteils: Schwangerschaftsabbrüche dürfen künftig – von wenigen Ausnahmen abgesehen – nicht mehr von der Krankenkasse bezahlt werden (Stand vom Juli 1993). Auch in anderen europäischen Ländern sowie in den USA ergab sich eine ähnliche Entwicklung. In der UDSSR war Abtreibung bereits seit 1920 straffrei, doch wurde die Gesetzeslage nach einem darauffolgenden Geburtenrückgang 1936 wieder verschärft. 1955 wurde dann die Fristenlösung eingeführt. In Ungarn gibt es seit 1956 eine sehr frei auslegbare Indikationslösung, die jedoch ebenfalls durch ein Gesetz im Jahre

1973 wieder eingeengt wurde. Auch in der ehemaligen Tschechoslowakei und im einstigen Jugoslawien war die Abtreibung seit 1957 und 1960 legalisiert, doch wurden in beiden Ländern die Möglichkeiten des Schwangerschaftsabbruchs 1973 wieder eingeschränkt. Wobei in der Tschechoslowakei 1986 eine neuerliche Reform die Fristenlösung einführte[123]. In Polen wurde ein liberales Abtreibungsgesetz durch Verfügungen zu Beginn des Jahres 1993 wieder rückgängig gemacht. Ein rigoroses Abtreibungsverbot gestattet jetzt den Schwangerschaftsabbruch lediglich bei Vergewaltigung und „schwerer" Gesundheitsgefährdung[124].

Die freizügigste Gesetzgebung Europas in dieser Hinsicht besitzt England. Sie stammt aus dem Jahr 1968 und erlaubt Abtreibungen auch noch bis zum Ende des 2. Trimesters. In Dänemark ist seit 1956 die Indikation, seit 1973 die Fristenlösung erlaubt, auch in Schweden wird seit 1963 eine großzügige Indikationslösung angewandt, die 1974 weiter reformiert wurde. In Japan ist der Schwangerschaftsabbruch aus sozialen und ökonomischen Gründen bereits seit 1948 freigegeben, 1952 wurde das Gesetz weiter liberalisiert. Weil hier nach wie vor weitgehende Unkenntnis über Verhütungsmittel besteht, ist die Abtreibungsrate unverhältnismäßig hoch. Sie wurde für das Jahr 1967 mit 1,170.000 angegeben.

Auch in den USA hat der „Supreme Court" 1973 die Abtreibung bis zur zwölften Woche zu einem konstitutionellen Recht der Amerikanerin gemacht. Erst nach der zwölften Woche sind die einzelnen Bundesstaaten berechtigt, eigene Gesetze hinsichtlich des Schwangerschaftsabbruches zu erlassen. Bei Lebensgefahr für die schwangere Frau im letzten Drittel ihrer Schwangerschaft muß jedoch jeder Staat die Schwangerschaftsunterbrechung auch in diesem Stadium erlauben[125].

Das Selbstbestimmungsrecht über den eigenen Körper, die Möglichkeit, die Zahl der Kinder nach eigener Verantwortung zu regeln, bedeutet wahrscheinlich die größte Revolution in der Geschichte der Frauenbefreiung. Die Entlastung von ständigen Schwangerschaften und Geburten hat nicht nur zu einem besseren Gesundheitszustand, sie hat auch zu einer größeren ökonomischen Selbständigkeit der Frau und damit zu einer geringeren Abhängigkeit vom Mann geführt. Darüber hinaus hat sie in der westlichen Welt zu einer weitgehenden Stabilisierung der Bevölkerungszahl beigetragen, hingegen in den Ländern der sogenannten Dritten Welt, in der Frauen dieses Selbstbestimmungsrecht noch immer vorenthalten wird, steigt die Bevölkerung weiterhin ins Astronomische. Die Entrechtung der Frau, ihre Verfügbarkeit und die Ausbeutung ihrer Gebärfunktion im Sinne machtpolitischer Männerinteressen muß daher als eine wesentliche Ursache der Bevölkerungsexplosion betrachtet werden. Weshalb ein Eindämmen dieses für Mensch und Natur bereits lebensbedrohenden Wachstums auch nur über das Selbstbestimmungsrecht der Frau möglich ist.

Die vereinnahmte Frau

Die in ihrer Arbeits- und Liebesfähigkeit sowie in ihrer Gebärfunktion vereinnahmte Frau wird zur ökonomisch abhängigen Frau, die ihre diversen Dienstleistungen gegen finanzielle Absicherung eintauscht. Die solcherart gekaufte Frau verzichtet auf die Entwicklung eigener Anlagen und Talente (diese wird nur dem Mann zugestanden) und verwirklicht sich in anderen. Hier liegt der Grund, warum die Zeugnisse einer eigenen Frauenkultur so spärlich sind, warum die treibenden Kräfte im politischen und wirtschaftlichen Geschehen männlich waren und sind und die Geschicke dieser Welt nach wie vor von Männern bestimmt werden. Selbstlose Liebe, Engagement für den Nächsten (und dabei vornehmlich für den Mann) und aufopferungsvolle Hingabe – das war der einzige Bereich, in dem Frauen Größe zeigen durften. Die große Liebende ist Gegenstand der abendländischen Literatur und Kunst, in ihr darf die Frau sich entfalten, Profil zeigen, Heroismus, allerdings immer in der Rolle der Schenkenden, Dienenden, sich Opfernden. Das Frauenopfer ist wesentlicher Bestandteil männlicher literarischer Phantasien, Frauen opfern sich und werden geopfert im Sinne patriarchaler Ideologien. Während Männer die breite Palette des Lebens für sich beanspruchen konnten, Erfinder, Philosophen, Wissenschaftler, Künstler und natürlich auch Liebende waren, wurden Frauen auf den Bereich der Liebe, der Hingabe, des Selbstopfers eingeengt. Sie haben ihre Lektion so gut gelernt, daß von der eigenen weiblichen Persönlichkeit oft kaum noch was übrig blieb. Viele haben sich damit abgefunden, viele sind daran zerbrochen, so manche hat das Leben des anderen – und das war fast immer ein Mann – zu ihrem eigenen erklärt. Um die eigene Selbstverwirklichung betrogen, haben sich Frauen für ihre Vereinnahmung – bewußt oder unbewußt – durch eine weitere Vereinnahmung gerächt, sich vampirhaft am Leben eines anderen gemästet, die Caritas, die Fürsorge zur erstickenden Umarmung gemacht. Begabte, geschickte Frauen haben versucht, sich ihren erfolgreichen oder berühmten Ehemännern, Brüdern, Vätern unentbehrlich zu machen – eine Fessel, die Männer sehr wohl als solche empfanden und deren sie sich häufig auf eine recht brutale Art und Weise zu entledigen suchten. Dadurch wurde die Frau, die sich nur noch in anderen Leben wiederfand, endgültig ins totale Nichts gestoßen.

Die Neigung, sich im Leben eines Partners verwirklichen zu können, ist auch heute noch bei vielen Frauen vorhanden. Und Männer nehmen zwar die angebotenen Dienstleistungen gerne entgegen, empfinden die Erwartungshaltung, die vielfach damit verbunden ist, jedoch als einschränkend und bedrückend: *„Ich fühle mich bedrängt, du drückst mich an die Wand, du nimmst mir die Luft"*, so beschreibt der Psychologe Michael Mary die Gefühle mancher Männer, um sie im weiteren mit der Unfähigkeit der Frau zu erklären, *„die Sicherheit einer weiblichen Identität"* in sich selbst zu suchen und zu finden.

„Weil die Frau diese Sicherheit nicht aus sich selbst, sondern aus der Zuwendung des Mannes schöpft, ist sie ständig auf Beweise seiner Liebe angewiesen. Sie will der Mittelpunkt seines Lebens sein."[1]

Den Schluß, daß Frauen aus ihrer jahrhunderte- bzw. jahrtausendelangen Zurichtung auf den Mann als ihren Mittelpunkt mit einer ähnlichen Erwartungshaltung reagieren, zieht er nicht. Er kommt auch nicht auf die Idee, die Frustration von Frauengenerationen aus diesen Wurzeln heraus zu erklären. Männer, die diesen Anspruch von Frauen als lästig empfinden, ziehen kaum je die Konsequenzen, indem sie sich z. B. tatkräftig dafür einsetzen, daß Frauen aus ihren *„Frauennischen"* befreit und als gleichberechtigte Mitgestalterinnen dieser Welt gefördert werden. Da machen sie lieber die Frau neuerlich zum Sündenbock – das ist bequemer und enthebt der eigenen Verantwortung. Denn Frauen sind zwar nach wie vor als Zuträgerinnen geschätzt und als Kolporteurinnen – männlichen – Ideenguts geduldet, aber nicht bei der Realisierung eigener, weiblicher Ideen, sobald diese über den Frauen gesteckten engen Rahmen hinausgreifen und gesellschaftlich und weltpolitisch wirksam werden möchten. Daß daher die Selbstachtung der Frau immer noch weitgehend von der Zuwendung des Mannes als dem eigentlichen Machtträger abhängt, ist ebenso einsichtig wie die Tatsache, daß viele ehrgeizige Frauen ihre Karrierewünsche nach wie vor über den Mann verwirklichen. *„Das Weibliche"*, meint dazu Luce Irigaray,

„bestimmte sich niemals anders als durch und für das Männliche...Außerdem mußte die Frau auf dem Markt des Austausches – insbesondere oder exemplarisch auf dem sexuellen – das bewahren und unterhalten, was man die ‚Weiblichkeit' nennt...In dieser Maskerade der Weiblichkeit verliert sich die Frau, und sie verliert sich darin, gerade weil sie die Weiblichkeit spielt."[2]

Und Christa Wolf meint:

„Das lebendige Gedächtnis wird der Frau entwunden, ein Bild, das andere sich von ihr machen, wird ihr untergeschoben: der entsetzliche Vorgang der Versteinerung, Verdinglichung am lebendigen Leib. Zu den Sachen gehört sie nun."[3]

Die vereinnahmte, um ihr eigenes Leben betrogene Frau tritt uns am deutlichsten sicherlich dort entgegen, wo eine begabte, schöpferische Frau mit eigenen Vorstellungen und Ideen vom begabten, schöpferischen Mann für seine Ziele mißbraucht wird bzw. sich mißbrauchen läßt.

„Du hast von nun an nur einen Beruf – mich glücklich zu machen! Verstehst Du, was ich meine, Alma? Die Rolle des ‚Komponisten' fällt mir zu – Deine ist die der liebenden Gefährtin und verständnisvollen Partnerin",

schrieb Gustav Mahler seiner späteren Frau, der begabten, komponierenden und schreibenden Alma Schindler. Auch Oskar Kokoschka, mit dem Alma ebenfalls liiert war, verfügte mit geradezu überwältigender Selbstverständlichkeit über weibliche, schöpferische Kraft:

„Du bist die Frau und ich der Künstler...Ich muß Dich bald zur Frau haben, sonst geht meine große Begabung elend zugrunde. Du mußt mich in der Nacht wie ein Zaubertrank neu beleben...Am Tage brauche ich Dich nicht von Deinen Kreisen wegzunehmen. Da sammelst Du! Ich begreife es vollkommen, daß es so gut und richtig ist. Und ich kann den ganzen Tag ausgeben, was ich in der Nacht eingesogen habe...Ich habe es heute an der Arbeit am roten Bild gesehen, wie stark Du mich machst und was ich sein werde, wenn die Kraft stetig wirkt."[4]

Die Vereinnahmung des Weiblichen durch das Männliche stützt und sichert das Patriarchat. Die – überlieferten und dokumentierten – Beispiele dafür sind so zahlreich, daß sie Bände füllen könnten. An dieser Stelle sollen einige wenige herausgegriffen werden, um exemplarisch für das Schicksal der vielen, ungenannten zu stehen. Wobei sich das vornehmliche Interesse auf die letzten zwei bis drei Jahrhunderte beschränkt, ist doch die Auswahl davor zu dürftig bzw. kaum vorhanden, so daß aus dieser Zeit auch wenig gültige Aussagen gemacht werden können.

Von einer Männerkirche verfälscht: Das Leben der hl. Elisabeth von Thüringen (1207–1231)

Aus dem hohen Mittelalter soll hier lediglich das Leben der hl. Elisabeth von Thüringen angeführt werden, das in dieser Hinsicht gut bearbeitet und analysiert wurde. Daß es sich dabei um eine Angehörige des hohen Adels handelt, ist ebensowenig ein Zufall wie die Tatsache, daß weibliche Selbstverwirklichung in der Religion stattfand. Sind doch aus dieser frühen Zeit nur die Viten hochgeborener Damen überliefert, Frauen aus dem Volk fanden noch weit weniger als niedriggeborene Männer den Weg in die Geschichtsbücher. Auch bot sich die Zuflucht zur Kirche, in das Kloster damals für Frauen als einzige Alternative zum Eheleben an, und die damit verbundene, aus christlicher Nächstenliebe entsprungene Armenfürsorge war eine der wenigen Möglichkeiten vor allem für adelige Frauen, sich mit einem persönlichen Anliegen einzubringen.

Wie sehr ein derartiges weibliches Engagement jedoch von einer Männerkirche häufig verzerrt, verfälscht und im Sinne männlicher Denkmuster uminterpretiert wurde, zeigt das Beispiel der hl. Elisabeth. Hier wurde eine gefühlsstarke, liebesfähige Frau, deren vordringlichster Wunsch es war, unter die Armen zu gehen um ihnen tatkräftig zu helfen, zum Verzicht auf alles bewegt, was ihr lieb und teuer war: ihre Kinder, ihre Freunde wurden ihr genommen, sie wurde den brutalsten Kasteiungen unterworfen und nach ihrem frühen Tod in einer Weise idealisiert, die dem patriarchalen Machtanspruch der Kirche, weit weniger jedoch ihrem eigenen Anliegen entsprach: Bei der Heiligsprechung wird sie als gehorsame Dienerin Gottes gerühmt, die ihrer Weiblichkeit entsagt und ihren Willen aufgegeben hatte, um diesen durch den Willen Gottes zu ersetzen. Sie erscheint als Magd, die sich peinigt und sich peinigen läßt. Daß sie bei ihrem leidenschaftlichen Wunsch, den Armen zu helfen, die Grenzen mittelalterlicher Konventionen überschritt und daß sie an ihrer Passion auch litt, wird nicht erwähnt[5].

Elisabeth, Tochter Andreas II. von Ungarn und seiner Gemahlin Gertrud von Andechs, lebte bis zum Tode ihres Gatten, Landgraf Ludwig IV. von Thüringen, als angesehene Fürstin am prächtigen thüringischen Hof, der für seine Feste, Turniere und als Aufenthaltsort berühmter Minnesänger bekannt gewesen ist. Sie war bereits als einjähriges Kind aus politischen Erwägungen heraus verlobt worden und kam vierjährig an den Hof des zukünftigen Gatten, wo sie zusammen mit diesem erzogen wurde. Geheiratet hat sie dann mit vierzehn, und mit fünfzehn war sie das erste Mal Mutter. Wie in den überlieferten Berichten eigens erwähnt wird, soll sich die herzliche Liebe, die bereits die Kinder verband, auch in ihrer späteren kurzen Ehe fortgesetzt haben und Elisabeth bei der Nachricht vom Tode ihres Gatten – er war bei einem Kreuzzug getötet worden – völlig fassungslos gewesen sein. Wie anders sich ihr zukünftiges Leben gestalten sollte, mußte sie bald erfahren: Sie wurde nicht nur ihres Wittums beraubt, sondern mußte auch zusammen mit ihren drei Kindern die Burg verlassen. Als immer schon fromme Frau flüchtete die Fürstin in den Schoß der Kirche – eine andere Möglichkeit bot sich ihr auch nicht. Nachdem Konrad von Marburg, Inquisitor und strenger Beichtvater, ihr doch noch eine Abfindung in Geld und Gütern verschafft hatte, wurde es ihr möglich, ein Franziskushospital zu erwerben, wo sie sich dem aufopfernden und entsagenden Dienst für die Armen widmete. Wie Marianne Hege eindrucksvoll herausgearbeitet hat[6], ist es dem für seine Grausamkeiten berüchtigten und schließlich von aufgebrachten Rittern auch deswegen ermordeten Konrad von Marburg perfekt gelungen, eine tief religiöse und bei der Kirche Schutz suchende Frau für seine Ziele zu mißbrauchen. Nachdem er vom Papst als ihr Vormund und Vermögensberater eingesetzt worden war, versuchte er einerseits ihre rückhaltlose Hilfsbereitschaft für die Armen einzuschränken, unterwarf sie jedoch andererseits einer totalen Kasteiung und einem vollständigen Verzicht. Befremdet über die Art und Weise, wie sie sich den Armen näherte, ihnen half, als Gleichgestellte unter ihnen leben und all ihren Besitz verschenken wollte, erhob er Einspruch. (Moderne Forscher vertreten auch die Ansicht, daß es seine Idee war, das Marburger Spital zu bauen, und

Elisabeth es vorgezogen hätte, im Sinne eines mönchischen Armutsideals auf der Straße betteln zu gehen.) Gleichzeitig verlangte er von ihr, daß sie sich von ihren Kindern trennte, zuerst von den zwei älteren, später auch von dem jüngsten, eineinhalbjährigen. Elisabeth, in Ermangelung einer anderen Lebensperspektive und erzogen im absoluten Gehorsam gegenüber Gott und den Menschen, willigte ein. Ihre Freundin Irmingard berichtet:

„Und weil Magister Konrad ihr die Nichtachtung aller zeitlichen Werte anbefohlen hatte, bat sie Gott inständig, daß er ihrem Herzen die Verachtung aller Güter lehre, daß er die Liebe zu ihren Kindern von ihr nehme und daß er ihr den Mut verleihe, die Verleumdungen zu verachten.“

„Und sie sagte zu ihrer Dienerin: ‚Der Herr hat mein Gebet erhört und alle weltlichen Güter, welche ich ehemals geliebt habe, sind jetzt Dreck für mich. Ebenso rufe ich Gott zum Zeugen an, daß ich meine Kinder nicht mehr liebe als irgendein fremdes Kind. Ich habe sie Gott übergeben; er möge mit ihnen machen, was ihm gut dünckt‘.“

Eine erschütterndere Manipulation natürlicher weiblicher Gefühle im Sinne eines harten, asketischen Männergottes läßt sich kaum vorstellen. Aber nicht nur auf ihre Kinder, auch auf andere Menschen, die sie liebte, mußte sie verzichten:

„Darauf, damit er sie noch mehr betrübe, schickte er diejenigen von ihrem Freundeskreis, die sie besonders liebte, fort, damit sie dadurch Schmerz empfände. So entfernte er auch noch mich…“[7]

Um sie in der richtigen Entsagung zu üben und ihre Demut zu vermehren, durften hinfort nur drei Personen in ihrer Nähe bleiben: ein Geschäftsführer, ein frommes, dabei aber besonders abstoßendes Mädchen und eine taube, sehr strenge adelige Witwe. In dieser Umgebung, sadistisch gepeinigt und gequält durch körperliche Züchtigungen, die von Konrad wegen Ungehorsam angeordnet und in seinem Beisein durchgeführt wurden, starb sie schließlich, erschöpft und ausgezehrt, im Alter von 24 Jahren. Daß ein Teil ihrer Gebeine nach der Heiligsprechung in Gold gefaßt wurde, ist eine weitere Verzerrung, Verfälschung und Verhöhnung dessen, was sie in ihrem Leben, das dem Armutsideal verpflichtet war, eigentlich angestrebt hat.

„Geschickte Helferin“ ihres Mannes: Luise Kulmus-Gottsched (1713–1762)

In den folgenden Jahrhunderten der Hexenverbrennung und damit Frauenausrottung sind herausragende, geschichtlich dokumentierte Frauengestalten selten anzutreffen. Das ändert sich erst wieder im 18. Jahrhundert, euphemistisch als *„Jahrhundert der Frau“* bezeichnet, als langsam und allmählich Frauen nicht nur vereinzelt als Herrscherinnen aus dem Geschichtsdunkel treten, sondern teilweise auch als berühmte Mätressen, Künstlerinnen und Schriftstellerinnen auf sich aufmerksam machen. Aber obwohl in der Zwischenzeit in politischer, wirtschaftlicher und geistesgeschichtlicher Hinsicht sehr viel geschehen war, hielt selbst das Jahrhundert der Aufklärung unvermindert am traditionellen Frauenbild fest. Die Verwirklichung eigener Interessen wurde Frauen nur in Ausnahmefällen gestattet, und diese setzten besonders günstige Umstände wie etwa eigenes Vermögen oder einen besonders verständnisvollen Gatten voraus. Daß jedoch selbst der aufgeklärteste Ehemann seine Frau für eigene Ziele einzuspannen wußte, zeigt das Beispiel des Ehepaars Gottsched. Luise, geborene Kulmus, und Johann, Gelehrter, Schriftsteller und Literaturprofessor, galten in der damaligen Zeit als Paradebeispiel einer harmonischen Beziehung, in der es gelungen war, das aufklärerische Ideal der Gleichheit aller Menschen mit der eingeschränkten traditionellen Rolle der Frau zu verbinden. Wie sehr diese „*Partner*" – Beziehung jedoch auf Luises Kosten ging, machte diese selbst gegen Ende ihres Lebens deutlich, als sie erbittert an ihre Freundin Dorothea Runckel schrieb:

„Fragen Sie nach der Ursache meiner Krankheit? Hier ist sie: Achtundzwanzig Jahre ununterbrochene Arbeit, [und] Gram im verborgenen..."

Und an anderer Stelle:

„Ich bin überladen mit Arbeit und untüchtig zu arbeiten; gleichwohl hängt die wenige Zufriedenheit meines Lebens, die mir das Leben noch übrig läßt, ganz davon ab."[8]

Trotzdem war Luise Gottsched, die als gelehrteste Frau ihrer Zeit galt, davon überzeugt, daß die eigentliche Aufgabe einer Frau in der Ehe und in Kindern zu suchen sei. Und da ihr Kinder verwehrt geblieben waren – was sie als großes Unglück betrachtete –, machte sie die Ehe zu ihrem eigentlichen Anliegen. Daß die Frau sich dabei ihrem Ehemann unterzuordnen habe, war ihr eine Selbstverständlichkeit. Schon in ihrer Verlobungszeit kommt dieses Lehrer-Schülerinnenverhältnis deutlich zum Ausdruck: *„Durch alle meine Handlungen"*

schrieb sie an ihren Verlobten,

„suche ich mir Ihren Beyfall zu erwerben, und immer suche ich, Sie zu überzeugen, daß ich bloß für Sie lebe."

Und dann, noch deutlicher:

„Alles, was Sie mir gefälliges in Ihrem Schreiben sagen, ist eine Vorschrift wie ein tugendhaftes Frauenzimmer seyn soll, und auch zugleich ein Beweis, wie viel mir, und den meisten meines Geschlechts, an dieser Vollkommenheit fehlt."[9]

Luise Kulmus, die nicht nur eine bekannte Schriftstellerin, sondern auch Übersetzerin und Herausgeberin war, hatte eine für ihre Zeit erstaunlich gute Bildung genossen. Privat natürlich, von verschiedenen Familienmitgliedern, denn die öffentlichen Stätten der Gelehrsamkeit waren den Knaben vorbehalten. Sie war ungewöhnlich begabt, schrieb etliche Lustspiele und Satiren und wird von der modernen Literaturwissenschaft als Begründerin der sächsischen Komödie bezeichnet[10]. Umso bemerkenswerter, aber aus den damaligen Zeitverhältnissen durchaus verständlich, daß sie nie ein wirkliches Selbstvertrauen, ein Selbstverständnis auch gegenüber ihrer Dichtkunst entwickeln konnte. Geriet sie doch aus der Abhängigkeit ihres Vaters, dem sie ihre Bildung verdankte, in jene ihres Ehemannes, der sie weiterzubilden hatte, wobei sie sich ganz den Anschauungen ihrer Zeit fügte, wonach Frauen aufgrund ihrer eigenen Unfähigkeit von Männern zu belehren seien. Und Johann Gottsched nahm seine Erziehungsfunktion ernst. Er schrieb seiner Gattin nicht nur vor, was, sondern auch wie sie zu dichten habe, wobei er sich als aufgeklärter Geist erwies, denn „normalerweise" sollten Frauen auch noch in diesem Jahrhundert überhaupt nicht dichten, sondern den Haushalt besorgen und für den Mann da sein. Auch Luise hat, wie bereis erwähnt, ihren häuslichen Pflichten immer Vorrang vor der geistigen Arbeit gegeben, was ihr Ehemann durchaus zu schätzen wußte:

„Ihre Wirtschaftsangelegenheiten an Küche, Wäsche und Kleidungen besorgt sie ohne alles Geräusch aufs ordentlichste",

meinte er lobend.

„Ihre Ausgabe und Einnahme hat sie die ganze Zeit ihres Ehestandes durch, von Häller zu Pfennig aufgeschrieben, und jedes Jahr richtig geschlossen. Ja von allen Arbeiten mit der Nadel, die in einem Hauswesen vorkommen können, hat sie sehr wenig durch fremde Hände besorgen lassen...Oft hat sie sogar Meinen Briefwechsel in meinem Namen geführt, und sehr vielen Gelehrten das Nöthige geantwortet, wenn ich mit Geschäfften zu sehr überbauet war."[11]

Diese von Luise akzeptierte Rolle als Mädchen für alles und *„geschickte Helferin"* ihres Mannes führte zu einer totalen Überlastung, die besonders in späteren Jahren zunehmend in Melancholie und Bitterkeit mündete. Denn auch wenn sie in ihren Briefen an die Freundin Dorothea Runckel, die erst nach ihrem Tod veröffentlicht wurden, Gottsched nie offen kritisierte – das wäre ihr, der Schülerin und gehorsamen Ehefrau, sicherlich als vermessen erschienen –, geben doch auch verschleierte Hinweise deutlich Auskunft über ihren Seelenzustand. Weil sie, in Übereinstimmung mit der Zeit, ihre Gelehrsamkeit im Grunde als anormal betrachtete und sie quasi mit ihrer Kinderlosigkeit entschuldigte, konnte sie auch nie ein wirkliches Selbstbewußtsein daraus ziehen. Und Johanns Untreue, mit der er sich für ihre aufopferungsvolle Haltung bedankte, tat ein übriges, um ihr auch in der Ehe die eigentliche Selbstverwirklichung und Erfüllung zu verwehren.

„Bey den lautersten Absichten finden sich oft unvermeidliche Übel, die einer vernünftigen Frau viel geheimen Gram verursachen"[12],

äußerte sie sich 1756 über den Ehestand in einem Brief an Wilhelmine

Schulze. Diese *„lautersten Absichten"*, die darin gipfelten, es immer anderen recht zu machen, haben sie am eigenen Leben gehindert. Und so kann die moderne Literaturwissenschaft wieder einmal Überlegungen darüber anstellen, was aus dieser Frau geworden wäre, hätte sie nicht nur mehr an sich selbst geglaubt, sondern sich damit auch durchgesetzt:

„Sie hätte",

meint ihr Biograph Gustav Waniek,

„eine deutsche Dichterin mit nachhaltiger Geltung werden können, wenn sie den Spuren und dem Mahnen ihrer Natur mehr gefolgt wäre..."[13]

Für den Bruder gelebt: Dorothy Wordsworth (1771–1855)

Die vereinnahmte Frau, auf deren opfervolle Hingabe und Selbst-Verlust sich sämtliche kulturellen und zivilisatorischen Leistungen unserer Gesellschaft gründen, ist jedoch nicht nur als Ehefrau, sie ist auch als Tochter und Schwester anzutreffen[14].

Als berühmtes Beispiel für geschwisterliche Liebe werden hier häufig die Wordsworth genannt. William, der berühmte Dichter, und Dorothy, sein zweites Ich. Aber während die Schwester nach dem frühen Tod der Eltern bei unfreundlichen Großeltern Dienstmädchenarbeiten verrichten mußte, erhielt der Bruder eine gründliche Ausbildung an einer *„Grammar School"*, die als Vorbereitung auf eine akademische Laufbahn als Jurist oder Theologe gedacht war. Später besuchte er die Universität Cambridge. Allerdings scheint die tiefe, innige Beziehung, die Dorothy mit dem um zwei Jahre älteren Bruder verband, zumindest vorläufig unter dem Bildungsgefälle nicht allzusehr gelitten zu haben. Verstand sie sich doch als seine eifrige, lernwillige Schülerin, deren einziger großer Wunsch es war, mit dem geliebten Bruder zusammen wohnen und an seinem Leben Anteil nehmen zu dürfen. Es war die für sie schönste, reichste Zukunftsperspektive, wohl auch deshalb, weil sie als mittelloses Mädchen auf eine Heirat kaum hoffen konnte.

Es geht hier also nicht nur um blinde Aufopferung, vielmehr wußte Dorothy genau, daß dies das beste war, was sie unter den damaligen Verhältnissen aus ihrem Leben machen konnte. Eine kleine Erbschaft ermöglichte schließlich die Verwirklichung des Traums, das Geschwisterpaar zog zusammen, vorerst mit der Absicht, beiden das Schreiben zu ermöglichen – denn auch Dorothy zeigte dichterische Ambitionen –, später war nur noch von ihrer Hilfestellung für den dichtenden Bruder die Rede. Sie galten als *„ideales Paar"*, als gegenseitige *„Ergänzung"*, unternahmen tagelange gemeinsame Wanderungen – ein vor allem für Dorothy mutiges Unternehmen, weil Fußmärsche für eine Dame als äußerst unschicklich galten –, lasen sich gegenseitig vor und pflegten einen innigen Gedankenaustausch. Dorothy erfüllte die Funktion der Haushälterin, der Mutter (sie hatte ein Pflegekind aufgenommen) und der Muse. Es ist belegt, daß William Eintragungen aus Dorothys Tagebüchern wortwörtlich in seine Gedichte übernommen hat – und dafür waren sie auch gedacht.

Dorothy hat sich selbst nie als Schriftstellerin begriffen und ihre Tagebücher, die als *„eines der schönsten Stücke romantischer Prosa"* bezeichnet werden[15], lediglich als Anregung für das dichterische Werk des Bruders betrachtet. Sie selbst hat sich mit der üblichen weiblichen Selbsteinschätzung so charakterisiert:

„Ich habe keine Herrschaft über die Sprache, keine Kraft, meine Vorstellungen auszudrücken, und niemand war je ungeschickter als ich, Worte in ein regelmäßiges Metrum zu pressen."

Der Bruder jedoch profitierte zweifellos von der begabten Schwester, sagte er doch selbst, Dorothy habe ihm „*Augen*" gegeben, und er habe von ihr sehen gelernt, ohne ihre Fähigkeiten darin je ganz zu erreichen[16].

In den kommenden Jahren jedoch kam es, wie es kommen mußte: Sei es, daß William diese innige Geschwisterbeziehung, die auch inzestuös gewesen sein soll (was allerdings nicht beweisbar ist), als schuldbeladen und drückend empfand, sei es, daß er sich wirklich Hals über Kopf verliebte. Auf jeden Fall heiratete er 1801 Mary Hutchinson, womit Dorothy auf den zweiten Platz verwiesen wurde. Weil sie ihr eigenes Leben so untrennbar mit jenem des Bruders verknüpft hatte, weil sie nur für ihn und durch ihn lebte, verlor sie damit auch ihre Identität. Zwar lebte sie noch im gemeinsamen Haushalt des Ehepaares, und als Kinder geboren wurden, nannte sie jedes *„unser süßes Kind"*. Doch ihr eigentlicher Lebensmut hatte sie verlassen, sie war häufig krank, und ein Freund und Bewunderer der Williams konstatierte bei einem Besuch, daß die nun 37jährige Dorothy *„heftig stotterte"*. Zwar hatte auch Williams auf das Zerreißen des geschwisterlichen Bandes mit Krankheit reagiert, unter der liebevollen Betreuung von nunmehr zwei Frauen fand er aber bald wieder zu seiner ursprünglichen Schaffenskraft zurück. Dorothy hingegen, der ihr Lebensnerv genommen worden war, siechte dahin. Im 64. Lebensjahr erkrankte sie schwer, erholte sich jedoch wieder und lebte noch weitere 20 Jahre in zunehmender geistiger Umnachtung. Lediglich jene Zeit, in der sie mit ihrem Bruder alleine gelebt hatte, war in ihrem Gedächtnis haften geblieben, auch konnte sie noch seine Gedichte rezitieren und sogar die Stelle nennen, woher sie stammten.

„Sie können sich gar keine Vorstellung machen von dem Grade meiner Unpersönlichkeit": Betsy Meyer (1832–1912)

Ein weiteres Beispiel schwesterlicher Aufopferung bietet Betsy Meyer, die Schwester des berühmten Conrad Ferdinand. Auch sie wohnte die entscheidenden Jahre ihres Lebens mit dem Bruder zusammen, der in der Familie als Sonderling galt und zeitweise in eine psychiatrische Anstalt eingewiesen wurde. Betsy sollte für den schwächlichen, verträumten und unpraktischen Conrad vor allem nach dem Tod der Mutter – diese hatte 1856 Selbstmord begangen – einen neuen Lebensplan erstellen. Ihre Hauptaufgabe sah sie dabei darin, ihn von sämtlichen Unannehmlichkeiten zu entlasten, damit er sich voll und ganz auf seine Arbeit konzentrieren konnte. Sie wurde also Conrads Managerin, regelte den gesamten geschäftlichen Verkehr mit dem Verleger, kümmerte sich um Honorarfragen, forderte zu Rezensionen auf, organisierte die Verteilung von Freiexemplaren und besorgte die Korrekturen. Daneben wirkte sie aber auch anregend auf Conrads Dichtung, er besprach seine Arbeit mit ihr und holte gelegentlich auch ihre Meinung ein, was sie mit größter Bescheidenheit kommentierte. So etwa wollte er Änderungen nicht vornehmen, ohne, wie sie meint,

„auch meiner Gefühlskritik ein Recht dabei einzuräumen, da ich doch seine Arbeit besser als irgend wer kenne, sagte er mir zu meiner Beschämung"[17].

Die Unterordnung Betsys beflügelte Bruder Conrad und stärkte seine intellektuelle Überlegenheit. Er nannte sie *„liebes Kind"* und wurde *„über die gelähmten Flügel der kleinen Schwester zu zeiten ungeduldig"*[18]. Betsy hat die negative Einschätzung von sich selbst rasch verinnerlicht:

„Davon bekam das törichte kleine Schwesterchen viel zu hören."[19]

Die Zurücksetzung der eigenen Person, die von Betsy Meyer immer wieder betont wird, übertrifft noch jene Dorothy Wordsworths. *„Sie können sich gar keine Vorstellung machen von dem Grade meiner Unpersönlichkeit"*,

lehnte sie beispielsweise eine Aufforderung ab, sich für eine *„Galerie bekannter Schweizer Persönlichkeiten"* malen zu lassen.

„Ohne unsere geliebte Mutter, ohne meinen Bruder, ohne meinen Herrn im Himmel – bin ich mir selbst, bin ich überhaupt als Persönlichkeit gar nicht denkbar..."[20]

Dabei hatte auch Betsy, Tochter des Erziehungsrats Ferdinand Meyer und seiner der pietistischen Bewegung nahestehenden Frau Elisabeth, einmal durchaus eigene Pläne: Sie wollte sich entweder als Malerin ausbilden lassen oder einen karitativen Beruf ausüben. Außerdem trat sie als Übersetzerin einer religiös orientierten französischen Vortragsreihe hervor, die 1865 unter dem Titel *„Der himmlische Vater. Sieben Reden"* in Leipzig erschien. Alle diese Lebensentwürfe traten jedoch zurück, als Conrad sie brauchte. Und er brauchte sie sehr. Als ein Baron Bettino Ricasoli Betsy einen Heiratsantrag machte, fühlte er sich getroffen. Er fürchtete den Verlust seiner wertvollen Mitarbeiterin. Und Betsy, durch die Reaktion ihres Bruders verunsichert und verstört, gab dem Heiratskandidaten einen Korb. Umgekehrt jedoch wurde eine derartige Rücksichtnahme von keinem von beiden auch nur in Erwägung gezogen: Conrad heiratete 1875 Luise Ziegler, eine Millionenerbin. Das ursprünglich geplante Leben zu dritt scheiterte an Luises Einspruch. Unter ihrem Einfluß scheint Conrad auch jenen Brief geschrieben zu haben, der vorangegangenen Beteuerungen brüderlicher Liebe widerspricht:

„*Meine Schwester ist kein Glücksstern auf meinem Lebenswege. Dies ist eine zu delikate Sache, um sie der Welt zu offenbaren. Ich finde mein einziges Glück in meiner Frau, die durch Glück und Unglück zu mir hält und nur für mich lebt.*"[21]

Daß er den Verlust seiner treuen Mitarbeiterin trotzdem als schmerzlich empfand, zeigen seine zahlreichen vergeblichen Versuche, entsprechenden Ersatz zu finden.

„*Wußte ich doch, daß er zum Gedeihen seines Geisteslebens, seiner Künstlerarbeit, ein ‚Du', eine verständnisvolle Widerspiegelung brauche*"[22],

meinte seine Schwester.

Sie widmete sich später vor allem einer religiös motivierten, karitativen Tätigkeit, verkehrte aber auch in Malerzirkeln. Als Conrad 1892 erneut in eine psychiatrische Klinik eingeliefert wurde und sechs Jahre später in geistiger Umnachtung starb, sah sich Betsy als legitime Erbin und Verwalterin des C. Meyerschen Werkes. Besorgt um Conrads Nachruf, konstruierte sie ein geschöntes Bild des Bruders und einer intakten Bruder-Schwester-Beziehung. Sie hielt Briefe zurück oder verstümmelte sie und vernichtete weitgehend den Briefwechsel zwischen Conrad und seiner Geliebten Cécilie Borrell. In ihrem Buch „*Conrad Ferdinand Meyer. In der Erinnerung seiner Schwester Betsy Meyer*" wird alles, was das heroische Bild des Bruders trüben könnte, ausgespart.

Betsy, die nach eigener Interpretation erst durch den opfervollen Dienst am Bruder so etwas wie Persönlichkeit erlangen konnte, hat sich schließlich – auf diese Art und Weise – dann auch verwirklicht. Die Vereinnahmung der Frau durch ursprünglich männliche Ideologien, die sich schließlich – rückwirkend – in eine Vereinnahmung des Mannes umkehrt, läßt sich kaum deutlicher darstellen.

Betsy hatte lediglich verinnerlicht, wozu Frauen erzogen wurden. Und sie wurde von ihrer calvinistisch-frommen Mutter in ganz besonderer Weise zu Bescheidenheit, Hingabe, zum Selbstopfer angehalten. Wie sehr diese Erziehung das Leben der Töchter prägte und beeinflußte, wird gerade am Beispiel der Schwestern berühmter Männer deutlich, deren Schicksal meist in einem krassen Gegensatz zu jenem der erfolgreichen, wohlhabenden und geachteten Brüder stehen.

Virginia Woolf hat am fiktiven Beispiel einer Schwester Shakespeares namens Judith die leidige und im übrigen heute noch gestellte Frage beantwortet, warum es keine weiblichen Genies gäbe. Ihre Judith, die, von gleicher Begabung wie William, mit der Absicht von zu Hause wegzieht, Erfolg zu haben und die Welt kennenzulernen, muß kläglich scheitern, weil ihr nicht annähernd die gleichen Möglichkeiten geboten werden. Zum einen hat sie im Unterschied zum Bruder keinerlei Bildung genossen, zum anderen wird sie lediglich aufgrund ihrer Zugehörigkeit zum weiblichen Geschlecht wegen ihrer künstlerischen und sonstigen Ambitionen nicht einmal ernst genommen. Sie wird gedemütigt, diskriminiert und ausgelacht. Der reiche Gönner, der sich ihrer schließlich mitleidig annimmt, macht ihr ein Kind und läßt sie anschließend sitzen, worauf sie sich das Leben nimmt.

Virginia Woolf hat bereits zu Beginn unseres Jahrhunderts mit der ihr eigenen Klarsicht festgestellt, daß

„...eine Frau, die im 16. Jahrhundert mit einer großen Begabung geboren wurde, ganz sicher verrückt werden mußte, sich erschießen mußte, oder ihre Tage in einer einsamen Hütte außerhalb des Dorfes hätte beschließen müssen, halb Hexe, halb Magierin, gefürchtet und verhöhnt. Denn es bedarf nur weniger Kenntnisse in Psychologie, um sicher zu sein, daß hochbegabte Mädchen, die versucht hätten, ihre Gabe für Poesie zu gebrauchen, von anderen Leuten so viel in den Weg gestellt bekommen hätten, so gehindert worden wären, so gepeinigt und von ihren eigenen entgegengesetzten Instinkten hin und her gerissen worden wären, daß sie Gesundheit und Verstand mit Sicherheit verlieren mußten.“[23]

„Tödlich verlaufende Rebellion gegen die Weiblichkeit“: Cornelia Goethe (1750–1777)

Die fiktive Schwester Shakespeares wird von der Realität eingeholt. Knapp 200 Jahre später starb eine Cornelia Goethe mit 27 Jahren an einem verpfuschten Leben. Sie sei durch den genialen Dichter-Bruder für einen *„normalen“* Ehestand verdorben worden, meinen etliche Biographen, er sei ihr halt nicht gut bekommen, dieser Blick in die andere Welt des Geistes und der Freiheit, das habe sie für die Bestimmung der Frau, zu dienen und zu gehorchen, untauglich gemacht.

Ohne hier unbedingt von einer ähnlichen Begabung der Schwester sprechen zu wollen, lassen die ungleichen Möglichkeiten, denen sich die Geschwister gegenübersehen, die bewußte Förderung des Sohnes durch Elternhaus und Gesellschaft und die einschränkenden, restriktiven Normen, de-

Cornelia Goethe (1750–1777).
Die Schwester Goethes, in ihrer Kindheit und Jugend unzertrennliche Gefährtin ihres Bruders, starb mit 27 Jahren an einem verpfuschten Leben.

Mozart Maria Anna (Nannerl) (1751–1829).
Gemälde von Joh. Nepomuk della Croce.
Auch Maria Anna Mozart, genannt „Nannerl", stand im Schatten ihres Bruders. Während Wolfgang Amadeus von seinem Vater systematisch auf den Beruf eines Compositeurs vorbereitet wurde, beschränkte sich die Ausbildung seiner Schwester auf das Klavier spielen.

nen die Tochter unterworfen wurde, doch entsprechende Schlüsse zu. In ihrer Kindheit waren die Geschwister unzertrennlich und in ihren Interessen sehr ähnlich. Beide rebellierten gegen das Elternhaus, besonders gegen den Vater, beide vertieften sich in die Literatur und bauten sich eine Welt aus Imagination und Phantasie jenseits realer Verhältnisse. Doch während Johann Wolfgang mit 16 Jahren Frankfurt verließ, um in Leipzig Jura zu studieren, blieb Cornelia in der bedrückenden Enge der Familie. Zwar war sie auch jetzt noch seine engste Vertraute – lediglich sie wußte, daß er gegen den Willen des Vaters nicht Jus studierte, sondern sich seinen eigentlichen Neigungen, *„den Sprachen, den Altertümern, der Geschichte und allem, was daraus hervorquillt"*[24], widmete. Doch begann bereits in dieser Zeit eine gewisse Entfremdung zwischen den Geschwistern, Johann Wolfgang gefiel sich zunehmend in der Rolle des Lehrers, der seine zurückgebliebene und ihm bildungsmäßig bald unterlegene Schwester belehrt und sie darüber hinaus mit dem Argument, daß sie mit *„männlichem Wissen"* ohnedies nichts anfangen kann, auf ihre zukünftige weibliche Rolle vorbereiten möchte. Jetzt sollte sie sich vor allem bemühen, den Männern zu gefallen, und *„das vernünftigste, artigste, angenehmste, liebenswürdigste Mädchen, nicht nur in Frankfurt, sondern im ganzen Reiche"* sein[25]. Johann Wolfgang hat bewußt die gleichberechtigte Lebensgemeinschaft zwischen sich und der Schwester, die sich einst auf kühne Gedankenentwürfe, auf phantasievolle Spiele und einen lebendigen Gedankenaustausch gründete, zerbrochen und Cornelia in die perspektivelose Enge des Ehestandes verwiesen.

Natürlich wußte die Schwester, daß ihr kein anderer Weg offenstand. Es ist bei Durchsicht ihrer Lebensgeschichte erschütternd zu erkennen, mit welcher gesetzmäßigen Notwendigkeit hier ein junges, leidenschaftliches, intelligentes Mädchen in seiner Begabung gehemmt, in seinen Anlagen verkrüppelt und schließlich zu einer stillen, verhärmten, depressiven Frau umgeformt wurde, die jede Lebensfreude und jeden Lebensmut verloren hatte. Ihre *„tödlich verlaufende Rebellion gegen die Weiblichkeit"* (Ulrike Prokop) hat sie in dem *„Tagebuch in Briefen"* festgehalten, dessen einziges Thema ihre Auseinandersetzung mit Rolle und Bestimmung der Frau ist. Es zeigt den Versuch Cornelias, Selbstbewußtsein als Liebende und als Schreibende zu gewinnen, und es zeigt ihr Scheitern. Die vom Bruder *„verdorbene"*, weil an seinen geistigen Höhenflügen Anteil nehmende Schwester kann im engen Rahmen einer Vernunftehe mit dem um 11 Jahre älteren Juristen Johann Georg Schlosser, einen Freund Johann Wolfgangs, keine Erfüllung finden. Unmittelbar nach der Eheschließung und dem Umzug in den einsamen Landort Emmendingen zwischen Straßburg und Colmar verfällt sie in Apathie und wird krank. Die Ehe ist unglücklich. *„Ihr ekelt vor meiner Liebe"*, schreibt Ehemann Schlosser an seinen Bruder. Und beklagt weiter ihr Desinteresse an Haushaltsangelegenheiten. Nach der Geburt ihres ersten Kindes, einer Tochter, ist sie zwei Jahre lang bettlägerig, mit Symptomen wie Gliederschmerzen, Müdigkeit, Melancholie. In einem ihrer wenigen erhaltenen Briefe beklagt sie ihre Unfähigkeit, sich um das Kind zu kümmern, äußert sie Schuldgefühle:

„Mein Mägden würde mir sehr viel Freude machen, wenn ich mich mit ihm abgeben könnte, aber so muß ich es fremden Leuten überlassen, welches nicht wenig zum Druck meines Gemüths beyträgt."

Sie beschreibt ihre Einsamkeit:

„Wir sind hier ganz allein, auf 30–40 Meilen weit ist kein Mensch zu finden, – meines Mannes Geschäffte erlauben ihm nur sehr wenige Zeit bey mir zuzubringen, und da schleiche ich denn ziemlich langsam durch die Welt, mit einem Körper, der nirgend hin als ins Grab taugt."[26]

Eine neuerliche Schwangerschaft – der Ehemann wünschte sich einen Sohn (daß Cornelia bei der Geburt ihres ersten Kindes fast gestorben wäre, kümmerte ihn offenbar wenig) – kostete ihr das Leben. Sie starb im Kindbett, 4 Wochen nach der Geburt der zweiten Tochter, am 8. Juni 1777.

Die biographische Goetheforschung plagt sich bis heute mit Erklärungsversuchen über ihren rätselhaften Tod. Starb sie an Vereinsamung, an Depression, an einer ererbten Gemütskrankheit, an einer allgemeinen Lebensunfähigkeit oder

„weil ihr klarer Geist das Mangelnde in ihrem eigenen Wesen und den Abstand von ihrer Umgebung allzu klar erkannte",

weshalb sie dann

„die Fähigkeit verlor, das bescheidene Maß von Glück, das ihr zuteil geworden war, zu würdigen",

wie der Biograph Georg Witkowski im Jahre 1903 meint[27].

Das naheliegendste, daß hier eine begabte und intelligente Frau in ein Korsett gepreßt wurde, das ihr den Lebensatem nahm, daß sie, die ein Zipfelchen jener anderen, freien Welt zu spüren bekam, an der Beschränktheit eines konventionellen Frauenbildes zerbrach, hat erst die feministische Frauenforschung in die Diskussion eingebracht.

„Ich habe mich recht verwundert, daß du so schön Componiren kannst": Maria Anna Mozart (Nannerl) (1751–1829)

Im Schatten des berühmten Bruders stand auch Maria Anna Mozart, genannt Nannerl, die zweifellos nicht nur die Begabung für eine erfolgreiche Pianistin besaß, sondern sich auch aufs Komponieren verstand. *„Ich habe mich recht verwundert, daß du so schön Componiren kannst"*, schrieb ihr Wolfgang im Jahre 1770[28].

Doch der Vater, Leopold Mozart, hatte für seine Tochter weder eine Ausbildung als Pianistin noch als Komponistin vorgesehen. Sie sollte lediglich bis zu ihrer Verheiratung Schülerinnen im Klavierspiel unterrichten können – damit war sein diesbezüglicher Ehrgeiz erschöpft. Während also Wolfgang systematisch auf den Beruf eines Compositeurs mit guter Besoldung vorbereitet wurde, beschränkte sich Nannerls Ausbildung auf die Interpretation. Wie sehr Nannerl zurückgedrängt wurde, zeigt sich deutlich, als sie mit 16 Jahren nicht mehr bei den gemeinsamen Konzertreisen mitfahren durfte, die Wolfgang jetzt mit dem Vater alleine unternahm. Es ist bewiesen, daß Nannerl darunter litt. War doch die um vier Jahre ältere Schwester Wolfgangs von der Kritik stets mit den gleichen Lorbeeren bedacht worden wie der Bruder, und auch Vater Mozart berichtete stolz,

„daß mein Mädl eine der geschicktesten Spilerinnen in ganz Europa ist, wenn sie gleich nur 12 Jahr hat…“[29]

Trotzdem wurde sie mit zunehmendem Alter mehr und mehr in die Haushaltsführung abgedrängt, die sie nach dem Tod der Mutter 1778 völlig zu übernehmen hatte. Als sich Wolfgang bereits als Komponist profilierte, verdiente Nannerl mehr schlecht als recht ihren Lebensunterhalt mit Klavierunterricht. Daß sie dabei ungeheuer fleißig und diszipliniert war und den Haushalt mit der Kunst zur Zufriedenheit des Vaters zu verbinden wußte, geht aus dessen Aufzeichnungen hervor. Während es jedoch Wolfgang gelang, sich aus dem übermächtigen Einfluß des Vaters zu befreien, blieb ihm Nannerl zeit ihres Lebens verhaftet. Sogar eine Liebesheirat hat der Vater unterbunden und ihr zur – sicheren – Vernunftehe geraten. Sie hat, bereits 33jährig, den verwitweten 48jährigen hochfürstlichen Rat und Gerichtspfleger von St. Gilgen, Johann Berchtold von Sonnenburg, geheiratet, der bereits fünf Kinder in die Ehe brachte. Nach beschwerlichen Ehejahren zog sie nach dem Tod ihres Mannes im Jahre 1798 wieder nach Salzburg, wo sie Andenken und Ruhm des inzwischen verstorbenen Bruders zu mehren versuchte. In ihren *„Mittheilungen der Schwester Mozart's“* berichtet sie über Leben und Arbeit des Bruders, ihre eigenen künstlerischen Leistungen hat sie dabei fast völlig unterschlagen. Statt dessen betont sie ihre *„schönen Pflichten der Gattin und Mutter“* und erwähnt nur nebenbei, daß sie *„einigen jungen Frauenzimmern Unterricht im Clavier-Spiel“* beigebracht hätte, wobei sich ihr ganzer Stolz darauf bezieht, daß man noch

„heut zu Tag … der Nannette Mozart Schülerinnen aus allen anderen heraus [kennt] an Nettigkeit, Präzision und wahrer Applicatur im Spiele“[30].

Spätere Biographen haben der Schwester Mozarts eine *„beinah penetrante Farblosigkeit“* unterstellt[31], ohne zu untersuchen, wie es dazu kam. Nannerl entsprach lediglich den Erwartungen ihrer Zeit, sie lehnte sich nicht auf gegen das weibliche Rollenbild, sie war eine gehorsame Tochter und Ehefrau und wurde aus diesem Grund auch weder verrückt noch starb sie in Depression und Verzweiflung, sondern sie beschloß ihr Leben als freundliche, friedvolle Greisin im respektablen Alter von 78 Jahren. Welche große weibliche Begabung hier wieder einmal verlorenging, was aus dieser Frau, die Eva Rieger *„eine der bedeutendsten, wenn nicht die bedeutendste Pianisten ihrer Zeit“* nennt[32], bei entsprechender Förderung und unter anderen Umständen hätte werden können, kann nur vermutet werden.

Die Tatsache, daß Söhne häufig mit den letzten Mitteln, über die Eltern verfügten, gefördert wurden, während Töchter dabei meist leer ausgingen, hat eine weibliche Gegenkultur wirksam verhindert. Die wenigen grenzüberschreitenden Frauen, die es trotzdem wagten, bestehende Weiblichkeitsvorstellungen zu sprengen, mußten – und müssen vielfach immer noch – mit rigiden gesellschaftlichen Sanktionen rechnen. Die bösen Satiren einer Elfriede Jelinek beispielsweise wurden vor allem am Beginn ihrer schriftstellerischen Laufbahn nicht deswegen angegriffen, weil sie böse sind – derartiges gab und gibt es in der Literaturgeschichte inzwischen genug –, sondern weil sie von einer Frau geschrieben wurden, die damit auf eine sehr verstörende und provozierende Weise gegen Weiblichkeitsklischees verstieß[33]. Frauen, die in ihrer Originalität, ihrer intellektuellen und kreativen Leistung Grenzen sprengen (der – männlich definierte – Geniebegriff soll hier mit Absicht ausgespart werden), haben heute noch wesentlich größere Schwierigkeiten, anerkannt zu werden, als Männer. Denn während letztere hier auf eine jahrhundertelange Tradition verweisen können, verstoßen Frauen damit im allgemeinen Selbstverständnis immer noch gegen ihre (mittelmäßige) Natur.

Wie wenig *„Genie“* etwas Angeborenes ist und wie sehr es von äußeren Umständen beeinflußt wird, hat Virginia Woolf richtig erkannt:

„Intellektuelle Freiheit hängt von materiellen Dingen ab. Dichtung hängt von intellektueller Freiheit ab. Und Frauen sind immer arm gewesen, nicht nur seit zweihundert Jahren, sondern seit aller Zeiten Anfang. Frauen hatten weniger intellektuelle Freiheit als die Söhne der Sklaven aus Athen.“[34]

Frauen, so meint sie weiter, hatten nicht einmal ein *„Zimmer für sich allein“*. Daß neben diesen materiellen Schwierigkeiten die *„immateriellen“* mindestens ebenso gravierend sind und daß es zu den schlimmsten Erfahrungen einer begabten Frau gehört, in ihrem Anliegen – im Gegensatz zum Mann – nicht einmal ernst genommen zu werden, beschreibt sie ungemein treffend:

„Die Indifferenz der Welt, die Keats und Flaubert und andere geniale Männer als so unerträglich empfanden, war in ihrem Fall (Anmerkung der Autorin: im Fall der Frau) *nicht Indifferenz, sondern Feindseligkeit. Zu ihr sagte die Welt nicht wie zu jenen, Schreib, wenn es dir gefällt; mir ist es gleich. Die Welt sagte mit brüllendem Gelächter, Schreiben? Wozu soll deine Schreiberei gut sein?“*[35]

Das Trauma des sexuellen Mißbrauchs: Virginia Woolf (1882–1941)

Virginia Woolf, die große Schriftstellerin und eine der herausragenden Leitfiguren der neuen Frauenbewegung, wußte, wovon sie sprach: Sie entstammte einer streng viktorianischen Familie und hat sich den Weg in die intellektuelle Freiheit durch viele Traumen erkämpft. Daß sie diese trotzdem letztendlich eingeholt haben, zeigt ihr Freitod im Jahre 1941: Sie hat sich in der Oise, einem Fluß in der Nähe ihres Hauses, ertränkt.

Was die Biographen bislang nicht oder eher am Rande erwähnten, hat Louise De Salvo in einer sehr umfang- und detailreichen Analyse[36] herausgearbeitet und zu einem Angelpunkt in Leben und Werk der Schriftstellerin gemacht: Virginia Woolf war über viele Jahre hinweg, und zwar ungefähr von 1888, als sie sechs oder sieben Jahre alt war, bis 1904 von ihren beiden Halbbrüdern Georg und Gerald Duckworth sexuell mißbraucht worden. Zu diesem bis jetzt völlig vernachlässigten, traumatischen Erlebnis in Virginias Leben gibt es zahlreiche Hinweise nicht nur von ihr selbst, sondern auch von nahen Verwandten. Die Autorin zeichnet ein Bild von Virginias Familienverhältnissen, nach dem die weiblichen Familienmitglieder ständiger physischer und psychischer Gewalt durch die Männer ausgesetzt waren. Sie beschreibt den Vater, den Biographen Leslie Stephen, als einen unausgeglichenen, zu Wutanfällen neigenden Charakter, despotisch, suizidgefährdet, auf eine sonderbar ambivalente Art von seinen Kindern aber auch geliebt. Die Mutter, Julia Stephen, die nach ihrer Heirat mit Leslie innerhalb von fünf Jahren vier Kinder zur Welt brachte und, ständig überlastet und chronisch erschöpft, im Alter von 48 Jahren starb. Laura, Virginias um 12 Jahre ältere Halbschwester, eine Tochter aus Leslies erster Ehe, die 21jährig in eine psychiatrische Anstalt in New York eingeliefert wurde und zeitlebens als geisteskrank galt. Sie wird als trotziges, eigenwilliges Kind geschildert und ihre Krankheit auf Vernachlässigung, Liebesentzug und gewalttätige, brutale Erziehungsmethoden zurückgeführt, mit denen versucht wurde, sie unter den elterlichen Willen zu zwingen. Weiters Stella, eine Tochter aus Julias erster Ehe, das „*Aschenbrödel*" der Familie, die ungeschützt den sexuellen Attacken des Sohnes von Leslies Bruder ausgesetzt war. Sie mußte nach dem frühen Tod Julias für die Kinder nicht nur die Mutterrolle übernehmen, sondern den verwitweten Stiefvater auch noch sexuell trösten, ehe sie drei Monate nach ihrer Hochzeit mit Jack Hills im siebenundzwanzigsten Lebensjahr unter noch nicht völlig geklärten Umständen starb. Voneinander unabhängige Berichte sprechen von einer „*Bauchfellentzündung*", einer „*Operation*", aber auch davon, daß Jack ein „*unermüdlicher Liebhaber*" gewesen sei, der Stella „*während der Flitterwochen sehr weh getan habe*"[37]. Deshalb äußert die Autorin die Vermutung, daß Stellas Krankheit und ihr Tod durch Jacks aggressives Sexualverhalten verursacht worden sei.

Weiters lebten in dieser großen Familie noch Gerald und George, ebenfalls Kinder aus Julias erster Ehe, die nicht nur Virginia, sondern auch deren ältere Schwester Vanessa, die nach Stellas Tod den Haushalt zu führen hatte, sexuell belästigten. Schließlich Thoby, der aber bereits 1906 starb, und der jüngere Sohn Adrian. Zusammengerechnet hatten die Stephens also acht Kinder zu versorgen.

In ihrem Jugendroman *„The Experiences of a Paterfamilias"*, den die erst 10jährige Virginia verfaßt hatte, schildert sie

„die Geschichte brutaler Gewalttätigkeit gegenüber einem Kind von seiten eines schwer gestörten Vaters, der sich hinter der Figur eines kindischen, harmlosen Narren verbirgt, und einer Mutter, die sich zwiespältig und widersprüchlich zu ihrem Kind stellt und nicht verhindert, daß die Geschichte des Mißbrauchs väterlicher Gewalt sich wiederholt."[38]

Es spricht alles für die Annahme, daß es sich hier um biographische Details handelt und daß die bereits in früher Jugend auftretenden Depressionen Virginias, ihre Nervenzusammenbrüche, Selbstmordneigungen und schließlich ihr Freitod damit in einem ursächlichen Zusammenhang stehen, auch wenn gewisse Erbanlagen ebenfalls eine Rolle gespielt haben mögen.

Nach diesen neuesten Forschungen hat also Virginia Woolf keinesfalls in einer intakten Familie gelebt, *„umgeben von Liebe und Fürsorge"*, wie noch ihre Biographin Lyndall Gordon meinte[39], sondern in schwer gestörten, neurotischen Verhältnissen, in denen die Frauen ohne Ausnahme zu Opfern von Mißbrauch und sexueller Gewalt von Männern wurden. Sie selbst hat in ihren letzten Lebensjahren versucht, ihre eigene Vergangenheit und vor allem das Trauma ihres sexuellen Mißbrauchs aufzuarbeiten, wobei sie sich als Pionierin erwies, weil Mißbrauch an Minderjährigen als Familiendelikt damals noch nicht als solches thematisiert wurde.

Interessanterweise nennt De Salvo als einen der Faktoren, die damals zur völligen Aufgabe Virginias und schließlich zum Selbstmord führten, deren Beschäftigung mit Freud, den Virginia Woolf auch persönlich kannte und mit dem sie sich sehr intensiv auseinandersetzte. Denn nach Freuds Version bestand sexueller Mißbrauch an Kindern, von dem er von seinen Patientinnen auf der Couch erfahren hatte, lediglich in deren Einbildung. Für Virginia Woolf, die sich auf der Suche nach Erklärungsmodellen für ihren psychischen Zustand befand und dabei stets um ihren Verstand fürchtete, mußte eine derartige Interpretation tatsächlich wie die völlige in Frage Stellung und schließlich Vernichtung ihrer eigenen Bemühungen erscheinen.

Virginia Woolf hat dem Lebensgefühl einer neuen, kritischen Frauengeneration Ausdruck verliehen, die nicht mehr gewillt war, die eigene Unterdrückung und Vereinnahmung widerstandslos hinzunehmen, die auch nicht mehr die eigene Person im Selbstopfer erfuhr, sondern die sich auf die Suche nach dem weiblichen Ich begab. Das Frauenopfer, in vergangenen Jahrhunderten als „*Natur*" der Frau interpretiert, wurde jetzt langsam und allmählich als das empfunden, was es im eigentlichen ist: als Vergewaltigung, Verkrüppelung, Beschädigung einer autonomen Persönlichkeit.

Wie ungeheuer lebens- und existenzbedrohend die Verabschiedung von der traditionellen Weiblichkeit für diese Frauen der ersten Stunde war, zeigt die erschreckend hohe Zahl von außerordentlich begabten Frauen, die in eine psychiatrische Klinik eingewiesen wurden oder aber Selbstmord begingen. Sie können an dieser Stelle keinesfalls vollständig aufgezählt werden. Das Schicksal einer Alice James (1848–1892) etwa, Schwester des Schriftstellers Henry James und des Philosophen William James, die, selbst ungewöhnlich begabt, als schwere Hysterikerin ein Leben in Leid und Schmerz verbrachte[40], muß ebenso ausgespart bleiben wie jenes der Malerin und Schriftstellerin Unica Zürn (1926–1970), die lebenslang unter Depressionen litt, schließlich als schizophren in eine Klinik eingeliefert wurde und sich 54jährig aus dem Fenster stürzte[41]. Selbstmord beging auch Carla Mann, Schwester des berühmten Thomas, nicht nur, weil eine Liebesbeziehung gescheitert war, sondern auch, weil sie sich in ihrem Beruf als Schauspielerin nicht durchsetzen konnte. „*Mittelmäßigkeit im Beruf*", meinte dazu ihre Biographin Marianne Goch, „*für Männer die Norm, ist für Frauen lebensgefährlich.*"[42] Zelda Fitzgerald endete ebenso in einer psychiatrischen Klinik (siehe Seite 263ff.) wie die außerordentlich begabte Camille Claudel, Bildhauerin und Schwester des Paul.

„*Das ist die Ausbeutung der Frau, die Vernichtung der Künstlerin*": Camille Claudel (1864–1943)

Das ungewöhnliche Talent Camilles zeigte sich bereits früh, schon als Kind verbrachte sie ihre Zeit damit, Hunderte von Figuren zu modellieren, und mit siebzehn besuchte sie Kurse an der privaten Akademie Colarossi in Paris, weil an der Ecole des Beaux Artes Studentinnen nicht zugelassen waren. Mit achtzehn lernte sie den damals 42jährigen Rodin kennen, der nicht nur von der besonderen Begabung des jungen Mädchens überzeugt war, sondern in ihren Werken auch sofort eine innere Verwandtschaft zu eigenen Arbeiten erkannte. Er gewann sie als seine Mitarbeiterin – sie hat ihm jahrelang ihre Arbeitskraft zur Verfügung gestellt, was sie wertvolle, eigene Zeit kostete –, sie stand ihm für einige seiner wichtigsten Skulpturen Modell, und später wurde sie auch seine Geliebte, womit ihr Schicksal bereits besiegelt war. Sie konnte sich aus dem Schatten des berühmten Mei-

Camille Claudel (1864–1943).
Das Werk der ungemein begabten Bildhauerin Camille Claudel wurde erst in den letzten Jahren rehabilitiert. Zu ihren Lebzeiten stand es im Schatten ihres Lehrmeisters und Liebhabers Auguste Rodin und ihres berühmten Bruders Paul.

sters nicht mehr befreien, galt zeitlebens als dessen Schülerin, ein Eindruck, der durch die Ähnlichkeit von Claudels und Rodins Werken verstärkt wurde. Ihr Ringen um Anerkennung ihrer Kunst als eigenständige Leistung hat etwas Verzweifeltes und führte schließlich in jenen Verfolgungswahn, der sie dreißig Jahre lang hinter die Mauern einer psychiatrischen Anstalt brachte, wo sie im 79. Lebensjahr auch starb.

Das Leben Camille Claudels ist geprägt von all jenen Schwierigkeiten und Unzulänglichkeiten, denen sich eine Künstlerin damals gegenübersah (und die das Leben des weiblichen Künstlers auch heute noch vielfach hemmen und erschweren). Weil eine Frau, die den *„männlichen"* Beruf eines Bildhauers ausübte, als Provokation empfunden wurde, mußte diese Ungeheuerlichkeit in das – vertrautere – Lehrer-Schülerinnen-Verhältnis eingebunden werden. Obwohl Rodin ihre Eigenständigkeit immer betonte und diese auch kräftig protegierte, hielt die öffentliche Meinung am einmal geschaffenen Bild fest: Selbst in wohlmeinenden Besprechungen wurde ihr Werk nicht nur zu jenem des berühmten Rodin, sondern auch noch zu jenem des inzwischen ebenfalls berühmten Bruders in Beziehung gesetzt:

„Mlle. Camille Claudel ist eine der interessantesten Künstlerinnen unserer Zeit. Auguste Rodin kann stolz auf seine Schülerin sein, der Verfasser von ‚Goldhaupt' auf seine Schwester."[43]

Diese Sicht setzte sich auch nach ihrem Tod fort, sie blieb die Schwester Paul Claudels und die Schülerin Rodins, und ihre Arbeiten wurden im Hinblick zu jenen des Meisters interpretiert. Erst 1984 wurde ihr Werk in einer großen Pariser Ausstellung zusammengefaßt und endgültig rehabilitiert in einer umfassenden Retrospektive im Pariser Musée Rodin im Jahre 1991, die besonders der Betonung ihrer Eigenständigkeit gewidmet war, *„der es gelingt, mit filigranen Skulpturen voll emotionaler Tiefe die monströsen Plastiken ihres einstigen Lehrers in den Schatten zu stellen"*[44].

Doch hatte Camille nicht nur gegen Vorurteile hinsichtlich ihrer Kunst zu kämpfen, sondern auch gegen die Moralvorstellungen ihrer Zeit, unter denen Frauen damals noch standen und die dazu führten, daß sie in die gesellschaftliche Isolation geriet, als ihr Liebesverhältnis zu Rodin bekannt wurde. Sie mußte ihr Elternhaus verlassen und Bruder Paul, der die Schwester verehrt und verherrlicht hatte, reagierte mit Ablehnung und Eifersucht. Aber auch in ihrer Liebe zu Rodin war sie schweren Konflikten ausgesetzt. Vor allem mußte sie ihn ständig mit anderen Frauen teilen, besonders Rose Beuret, einer ehemaligen Wäscherin, die ihn in seinen mühsamen Anfängen unterstützt hatte, fühlte er sich zeitlebens verbunden – er hat sie kurz vor ihrem und seinem Tod auch geheiratet.

Als sich Camille nach dreizehn Jahren intensiver Künstler- und Liebesgemeinschaft im Jahre 1898 von Rodin trennte, begab sie sich damit wohl in die Freiheit, doch war es eine Freiheit, die für Künstlerinnen gefährlich werden konnte. Abgeschnitten von allem, was sie gebraucht hätte, um sich zu profilieren, und was die große Werkstatt Rodins mit seinen zahlreichen Mitarbeitern und Kontakten zur Außenwelt reichlich geboten hatte, blieb ihr nur der Rückzug auf sich selbst. Wohl beteiligte sie sich noch an einer Austellung im Jahre 1905 mit 13 Skulpturen, dann wurde es still um sie. Sie kapselte sich immer mehr von ihrer Umwelt ab, geriet in einen verwahrlosten Zustand und entwickelte einen fanatischen Haß auf Rodin, in dem sie den eigentlichen Verursacher ihrs Unglücks sah. Sie fühlte sich um ihre eigenen Ideen, um ihre eigene schöpferische Potenz betrogen: „*Das ist die Ausbeutung der Frau, die Vernichtung der Künstlerin*“[45], beschrieb sie ihre Situation.

Schließlich wurde sie 49jährig in die Irrenanstalt in Montdevergues eingeliefert, von wo sie verzweifelte Hilferufe an ihre Familie richtete:

„*Ich kann die Schreie all dieser Geschöpfe nicht mehr ertragen, es bricht mir das Herz...Ich habe nicht all das getan, was ich getan habe, um mein Leben anonym im Irrenhaus zu beschließen, ich habe etwas anderes verdient...Ich gehöre nicht hierher in dieses Milieu, man soll mich herausholen, nach vierzehn Jahren eines solchen Lebens fordere ich lautstark die Freiheit.*“[46]

Aber obwohl eine Entlassung aus der Anstalt bzw. Überweisung in eine Pflegeanstalt von den Ärzten befürwortet wurde, wollten weder ihre Mutter noch ihr Bruder dazu ihre Einwilligung geben. Doch hatte im Gegensatz zur Mutter – „*...sie hat alle Laster, ich will sie nicht wiedersehen, sie hat uns zu viel Leid zugefügt*“ – Bruder Paul sehr wohl ein schlechtes Gewissen. War doch die Schwester für ihn einmal die Verkörperung der „*genialen Frau*“ gewesen, „*ein herrliche(s) junge(s) Mädchen im sieghaften Glanz der Schönheit und des Genies*“. Jetzt suchte er nach „*jener Schwester, unserer Seele*“, die „*wir im Stich gelassen haben, wann eigentlich? Was ist aus ihr geworden?*“[47] Camille Claudel starb nach 30jährigem Aufenthalt 1943 in der Anstalt Montdevergues.

Die Geschichte eines Selbstverlusts: Zelda Fitzgerald (1900–1948)

In eine psychiatrische Klinik eingeliefert wurde auch eine weitere, außerordentlich talentierte Frau: Zelda Fitzgerald, der Kritiker zuweilen eine größere Begabung zuerkennen als ihrem Gatten Scott. Trotzdem ist Francis Scott Fitzgerald als der berühmte Schriftsteller in die Geschichte eingegangen und Zelda lediglich als schillernde Figur, als Skandalum, als exzentrische, launische Person, die zwar auch schreibend an die Öffentlichkeit trat, in erster Linie aber auf Scott inspirierend wirkte.

Die Geschichte Zeldas ist die Geschichte eines totalen Selbstverlusts.

Der Prozeß ihrer Ent-Eignung läßt sich schrittweise zurückverfolgen: Während das Kind Zelda sich durch eine besondere Aktivität und ein gesteigertes Selbstbewußtsein auszeichnete und das junge Mädchen durch ein großes literarisches Interesse sowie eine besondere tänzerische Begabung auffiel, tritt uns die reifere Zelda als unsicherer, verwirrter, mit sich selbst zerfallener Mensch entgegen, der sich selbst als *„ein kindisches, schwankendes Wrack"*[48] bezeichnet.

Die Ursachen für diese Metamorphose versuchten etliche Biographen aufzudecken. Zelda, das umschwärmte Skandalmädchen des sogenannten *„Jazz Age"* in den zwanziger Jahren unseres Jahrhunderts, das so offensichtlich und vielseitig begabt war, hatte es nicht vermocht, sich aus den Erwartungshaltungen, die einer jungen Frau entgegengebracht wurden, zu befreien. Sie schaffte es nicht, zu einer eigenen Persönlichkeit zu finden, den Konflikt, der sich aus ihrer Rolle einer begehrten *„femme fatale"* und einer Frau mit eigenen Ambitionen ergab, zu lösen. An diesem Konflikt ist sie schließlich auch zerbrochen.

Als Scott Zelda kennenlernte, sah sie wie so viele Frauen in vergleichbarer Situation in der Verbindung zu ihm, dem Mann, eine Möglichkeit, eigene künstlerische Interessen durchsetzen zu können. Scott jedoch betrachtete sie als Muse, die sein Genie zu bereichern hatte.

„Ich möchte, daß Du an meine Interessen denkst. Das ist deine Hauptaufgabe, weil ich derjenige bin, der den Kurs steuert, der Lotse."[49]

Zelda hat vor allem in den ersten Jahren ihrer Beziehung versucht, diesen Vorstellungen zu entsprechen. Erst spät – zu spät – fühlte sie sich irritiert, ausgebeutet und um das eigene Leben betrogen. Denn Scott ließ sich nicht nur von dem extravaganten Leben Zeldas inspirieren, er verarbeitete – teilweise sogar wörtlich – ganze Passagen aus ihren Tagebüchern, ebenso große Teile aus ihren Briefen, die sie aus der psychiatrischen Anstalt schrieb, für seinen späteren Roman *„Zärtlich ist die Nacht"*. Auch Artikel und Geschichten, die von Zelda entweder allein oder aber mit Scott zusammen geschrieben wurden, trugen häufig seinen Namen. Ebenso wurden Kurzgeschichten Zeldas unter dem Namen beider Fitzgerald gedruckt[50].

Ihrer zunehmenden Selbstentwertung hat Zelda in dem Roman *„Schenk mir den Walzer"*, in dem sie ihre eigene Geschichte verarbeitete, deutlich Ausdruck gegeben:

„Je mehr sie den Mann liebte, um so näher fühlte sie sich ihm, so daß sie schließlich ein verzerrtes Bild von ihm sah – als hätte sie die Nase gegen den Spiegel gepreßt und sich selbst in die Augen geblickt. Sie spürte, wie ihr eigenes Wesen feiner und feiner ausgezogen wurde, wie Fäden gesponnenen Glases, die sich dehnen und strecken, bis zuletzt nichts als eine schimmernde Illusion übrig bleibt."[51]

Die Methoden, mit denen Zelda entmutigt und um ihr Selbstgefühl gebracht werden sollte, waren heimtückisch und brutal: Als sie 1928 nach einigen wenigen Lehrstunden in ihrer Kindheit wieder Ballettunterricht nahm, um sich damit über ihre Leere, den Alkohol und einen steigenden Identitätsverlust hinwegzuretten, reagierte Scott verärgert auf ihre „*Ballettbesessenheit*". Irritiert von der Intensität und Entschlossenheit, mit der sich Zelda dieser Aufgabe widmete, arbeitete er zusammen mit dem behandelnden Arzt ein Schreiben an die Ballettlehrerin Madame Egorova aus, in dem dieser klargemacht werden sollte, daß es besser wäre, Zelda hinsichtlich ihrer Begabung zu entmutigen, selbst wenn dies ein klarer Betrug sei[52]. Und als Zelda das Manuskript zu ihrem Roman „*Schenk mir den Walzer*" an Max Perkins bei Scriber's schickte, schrieb Scott einen wütenden Brief an den Verleger, in dem er diesen bat, ein mögliches Lob für Zelda „*in zurückhaltendem Ton*" zu äußern. Ihre Ärzte, so meinte er weiter, würden davon abraten, Zelda Anlaß zu Tagträumen von „*Ruhm und Geld*" zu geben, weil das ihre labile Psyche zu sehr belaste[53]. Abqualifizierende Äußerungen Scotts wie: „*Du bist eine drittklassige Schriftstellerin und eine drittklassige Tänzerin*"[54] galten offenbar nicht als belastend. Neid und Eifersucht auf die schriftstellerische Tätigkeit seiner Frau gehen auch deutlich aus einem Protokoll hervor, das die Ärzte über ein Gespräch mit Zelda und Scott geführt haben (auch dem Ehemann war inzwischen eine Therapie empfohlen worden). Hier verlangt er nämlich von seiner Frau, daß sie mit dem Schreiben aufhören soll, andernfalls er alle ihre Manuskripte vernichten würde. Lediglich das Verfassen von Theaterstücken soll ihr gestattet sein, aber auch nur unter der Voraussetzung einer Zensur durch Scott, den Ehemann.

In dieser mörderischen Konkurrenzsituation, die auch Scott zeitweise an den Rand des Wahnsinns trieb, mußte Zelda unterliegen. Ihre Versuche, dieser Konkurrenz auszuweichen, indem sie andere Möglichkeiten des persönlichen Ausdrucks wie den Tanz, später auch das Malen suchte, scheiterten wahrscheinlich deshalb, weil ihre stärkste Begabung zweifellos das Schreiben war. Noch im Wahnsinn, der von den Ärzten als eine „*Reaktion auf ihre Minderwertigkeitsgefühle (primär gegenüber dem Gatten)*"[55] interpretiert wurde, gelang es ihr, Gedanken von luzider Klarheit zu formulieren, die alle auf einen Punkt hinausliefen: an etwas Eigenständigem zu arbeiten.

Schließlich ist sie in einer jener psychiatrischen Kliniken, in denen sie seit 1930 nach einem Selbstmordversuch ihr Leben verbrachte, auch gestorben. Genauso spektakulär, wie sie gelebt hat: Sie kam durch Feuer um, ihr völlig verkohlter Körper konnte lediglich durch einen Pantoffel, der unter ihr lag, identifiziert werden.

„Du kannst mich zum Fürsten machen": Marie Andersen-Hamsun (1881–1969)

Um ihre Selbstverwirklichung gebracht wurde auch Marie Andersen, verheiratete Hamsun. Als sie Knut kennenlernte, war sie 26 Jahre alt, er 48. Er schrieb glühende Liebesbriefe an die begabte Schauspielerin, die am Nationaltheater in Kristiania spielte und mit dem Schauspieler Dore Lavik zusammenlebte. Sein Ziel war von Anfang an klar: Er wollte sie von allem entfernen, woran ihr Herz hing, sie sollte einzig und allein für ihn leben und für ihn da sein.

„Ach Marie, sei lieb und halt mit mir aus",

schrieb er in der Zeit erster Verliebtheit,

„Du kannst mir so großartig helfen, wenn Du willst, Du kannst mich zum Fürsten machen, ich werde überströmen von Dichtung und Büchern."[56]

Und Marie fand sich – nicht ohne innere Kämpfe – dazu bereit. Es gelang Knut, der sich als ein *„Verächter des Theaters"* bezeichnete, sie zu überreden, nicht nur ihren Geliebten zu verlassen, sondern auch den Schauspielberuf aufzugeben. Gleichzeitig jedoch fühlte er sich von Zweifeln und Gewissensbissen geplagt:

„...und ich werde Deine Sehnsucht zurück nach der ‚Kunst' in Deinen Augen lesen, wenn Du eine Zeitung aufschlägst. Ich sage Dir: Du wirst nicht imstande sein, das zu verbergen, meine Liebe, selbst wenn Du stumm bist wie das Grab... Und wenn Du als verantwortungsbewußter erwachsener Mensch [nicht wieder als ‚Künstlerin' aus Stavanger und dänischen Kleinstädten und vom Komödienstadel] – wenn Du als verantwortlicher Mensch, als Frau meinst: nein, Du wagst es nicht, einen solchen Mann zu heiraten, der die ‚Kunst' bis zum letzten Atemzug und Blutstropfen verhöhnt, mit der Du drei, vier Jahre lang Deinen Charakter und Deine Unschuld entwürdigt und besudelt hast...dann brauchst Du nicht zu glauben, daß das für mich besser wird...Und ich bin leider überhaupt nicht sicher, daß ich nicht eines Tages komme und Dich auf meinen Knien anflehe, mich zu heiraten – trotz Deiner Theaterlust."

Knut Hamsun, ganz leidenschaftlicher Liebhaber, malt der Geliebten ihre eigentliche Bestimmung in glühenden Farben. Es ist ein *„tüchtiges und reiches und redliches und verantwortungsbewußtes Familien- und Menschenleben..."*,

für das sie als

„eine reife Frau mit Bildung, Studentin, unschuldig, geschaffen für das Leben einer Hausfrau und Mutter, ohnegleichen in allen Anlagen als Hausfrau und Mutter!"[57] prädestiniert sei.

Und Marie ist durch seine Beschwörungen und leidenschaftlichen Ausbrüche bereits so weit gebracht, daß sie ihn selbst in seinem Ansinnen ermutigt:

Marie-Andersen-Hamsun (1881–1969).
Die um ein eigenes Leben betrogene Frau und ehemalige Schauspielerin Marie Andersen-Hamsun rächte sich auf besondere Weise: Sie mißbrauchte in späteren Jahren den berühmten Namen ihres Gatten für eine umfangreiche NS-Propaganda.

„Ich kenne Deine Ansichten über das Theater und die Leute vom Theater, möchtest Du denn wirklich im tiefsten Innern, daß ich dabeibleiben soll? Dann liebst Du mich nicht, nicht fürs Leben. Du hast andere Saiten in mir zum Klingen gebracht, als Du schriebst, ich solle Dich zum Fürsten machen. So will ich denn lieber Fürstin sein und mit dem Theater Schluß machen.“[58]

Erst viel später mußte sie erkennen, daß sie Mittel zum Zweck gewesen war, daß es seine Arbeit ist, die ihm über alles ging: *„Zu jener Zeit begann es mir zu dämmern“*,

schreibt sie in ihrem 1953 veröffentlichten Erlebnisbericht *„Der Regenbogen“*,

„daß er nur eben in dieser Schreiberei die tiefe Freude fand, die man Glück nennen kann. Meine Liebe gehörte wohl auch zu der Atmosphäre, die er haben mußte, um das eigentliche Glück zu erlangen. Aber ich begriff, daß es durch nichts aufgewogen werden konnte...Das Glück, das ich ihm vielleicht gab, war nur ein Mittel, aber kein Zweck. Aber hatte er etwas anderes gesagt? Nur so poetisch, daß ich ihn zu einem Fürsten machen könnte.“[59]

Aber Knut Hamsun nahm Marie nicht nur ihren Beruf, er formte die junge, lebenslustige Frau, die das Künstlerleben gewohnt war, auch noch zur Bäuerin um, weil die erdhafte Romantik seinem Werk förderlich war. Doch bald, nachdem er sie aus ihrem Leben herausgerissen und in die Einschicht verpflanzt hatte, wurde er selbst der ländlichen Idylle überdrüssig. Er sehnte sich in die Stadt zurück, verkaufte den Hof Skogheim, der Marie inzwischen Heimat geworden war, und verfrachtete sie mitsamt den drei Kindern in eine Luxusvilla. Aber auch hier hielt es ihn nicht lang, es wurde neuerlich ein Hof gekauft, Nörholm, wo beide mit Unterbrechungen – in seinen letzten Lebensjahren hatte Knut seine Frau verstoßen, um sie jedoch kurz vor seinem Tod wieder zurückzuholen – den Rest ihres Lebens verbrachten.

Die langsame Erkenntnis der Vergeblichkeit ihres Opfers machte Marie verbittert, verhärmt und hart. Die einstige große Liebe verwandelte sich in Haß, die gefeierte Theaterschönheit wurde zur spießig wirkenden Ehefrau eines berühmten Mannes, von der der schwedische Schriftsteller Albert Engström meinte, sie sehe *„so scheußlich bürgerlich aus“*[60]. Weil Knut ihr alles genommen hatte, woraus sie ihre Selbstachtung zog, konzentrierte sie sich mit ängstlicher, krankhafter Eifersucht auf die letzte Selbstbestätigung, die ihr geblieben war: Knut Hamsuns Liebe zu ihr bot die einzige Rechtfertigung für ihr Selbstopfer. Was bei ihm zu gereizten Reaktionen führen mußte, denen er sich schließlich durch ständige Flucht entzog.

Die um ihr eigenes Leben Betrogene hat sich allerdings in späteren Jahren gerächt: Als Hitler an die Macht kam, verschrieb sie sich voll und ganz der Nazi-Ideologie und mißbrauchte den berühmten Namen ihres Gatten für ihre NS-Propaganda. Denn obwohl auch Knut vor allem zu Beginn mit dem Nazi-Regime sympathisiert hatte, hielt er doch einen gewissen Abstand davon – eine Mitgliedschaft zur Partei ist bis heute nicht nachweisbar. Marie jedoch feierte als *„erste Dame Norwegens“* und *„hervorragender Botschafter norwegischer Kultur“*[61] auf ihren Vortragsreisen durch Deutschland Triumphe. Bis zu 20.000 Menschen kamen angereist, um sie zu hören und zu sehen, überall wurden ihr zu Ehren Empfänge veranstaltet, und in Königsberg überreichte man ihr die Kant-Medaille. Sie hat diesen späten Erfolg als Genugtuung für erlittene Demütigungen genossen, jetzt konnte der bereits greise Hamsun sie nicht mehr an einem eigenen Lebensplan hindern. Trotz Haftstrafe nach 1945 und Wiedergutmachung (Hamsun, dem der Prozeß gemacht wurde, hatte hohe Geldstrafen zu entrichten) ist sie dem nationalsozialistischen Gedankengut bis zu ihrem Tode treu geblieben.

Liebevolle Gattin, treusorgende Mutter und dämonischer Vamp: Wanda Sacher-Masoch

Eine eher amüsante Variante der vereinnahmten Frau bietet Wanda Sacher-Masoch, Frau jenes berühmten Leopold, der den *„Masochismus“* erfand. Eigentlich hieß sie Aurora Rümelin und war ein ziemlich mittelloses Fräulein, das allerdings von den Romanen und mehr noch von der Person des Schriftstellers offenbar so beeindruckt war, daß es ihm als *„Wanda von Dunajew“* folgenden bedeutungsvollen Brief schrieb:

„Doktor! – ein Dämon rast in mir! Ich weiß nicht, ist es Liebe oder Haß, was mich zwingt, Sie zu meinen Füßen zu sehen, vergehend vor Lust und Weh. Sterben möchte ich Sie sehen vor Verlangen...Aber schenken Sie mir nicht Ihr Herz, hüten Sie sich; ich würde es zertreten, denn ich lege keinen Wert auf Ihre Liebe. Sie lieben Pelze, ja sie sollen einen finden, glänzend, schön, flaumenweich. Sie sollen Reize finden, die Sie auf den Knien anbethen und nicht zu berühren wagen.“[62]

Sacher-Masoch schien äußerst angetan von dieser Anspielung auf seinen Roman *„Venus im Pelz“*, in dem eine Wanda einen Severin von Kusiemski lustvoll quält. Auf jeden Fall läßt die Tatsache, daß er mit Rümelin-Wanda einen Briefwechsel begann, der bald zu geheimnisvollen Treffen führte, darauf schließen. Bald darauf erfolgte die private Trauung, die ein Jahr später, Ende 1873, durch eine offizielle Eheschließung besiegelt wurde. Über Folgendes sind wir bestens unterrichtet, weil Wanda, wie sie sich nun nannte und nennen ließ, Memoiren hinterließ, die in allen Einzelheiten ihr Leben an der Seite Sacher-Masochs beschreiben[63].

Ihr Los als Ehefrau des bewunderten Schriftstellers war auf jeden Fall kein leichtes, denn zu ihren hausfraulichen, ehelichen und mütterlichen Pflichten – sie hatte kurz hintereinander zwei Söhne geboren – mußte sie auch noch den Stoff zu Sacher-Masochs Werken liefern, was keine einfache Aufgabe gewesen zu sein scheint. So etwa wurde sie von ihm in extravagante Roben eingekleidet, die sie, wie sie meint, *„zur Verzweiflung brachten“*. Natürlich durfte auch der Pelz nicht fehlen, *„so weit wie ein Kleid“* und *„so schwer, daß mich die Schultern schmerzten, wenn ich ihn eine Zeitlang anhatte“*. Doch waren derartige Maskeraden lediglich als Vorspiel für kommende Höhepunkte gedacht, in denen Wanda den Gatten zwecks Inspiration auspeitschen und quälen mußte. Weil ihr die nötige Begeisterung dazu fehlte, erinnerte Sacher-Masoch sie an ihre ehelichen Pflichten:

„Du meinst wohl, ich könnte Novellen schreiben, wie du Strümpfe strickst? Ich brauche zu meinen Arbeiten Stimmung, Aufregung. Was mich anregt, weißt du. Wenn du willst, daß ich für dich und deine Kinder Brot verdiene, dann kannst du doch auch etwas dazu tun.“[64]

Und Wanda fügte sich. Sie gehorchte ihrem Gatten auch, als dieser sie mit einem Dritten verkuppelte, um seine schriftstellerischen Sensationen zu haben. Widerstrebend, aber doch willigte sie in ein Rendezvous ein, daß er per Zeitungsanzeige arrangiert hatte. Die Begebenheit schildert sie nicht ohne Humor:

„Als Antwort darauf kam ein Brief von einem Grafen Attems...Ich mußte ihm ein Rendezvous geben und zwar in dem zu dem Pachthof, in dem wir wohnten, gehörigen Wald; denn mein Mann wollte uns dort versteckt beobachten, ‚um die Qualen der Eifersucht zu empfinden‘. Ich fand den Grafen an der bezeichneten Stelle im Wald. Er hatte mein Kommen nicht bemerkt, so sehr war er damit beschäftigt, ein Monokel ins Auge zu drücken, das davon nichts wissen wollte. Endlich saß es, und jetzt sah er auf, gewahrte mich und sofort fiel es ihm vor Schreck wieder herunter...‚Lassen Sie's, Sie sind ohne das viel schöner‘ sagte ich, und da ließ er es...Ich hätte ihn am liebsten gleich wieder da hingeschickt, woher er gekommen, aber ich dachte an meinen Mann, der uns irgendwo belauerte, und wollte diesem den Genuß der Qualen der Eifersucht nicht zu sehr verkürzen.“

Das Rendezvous endete dann mit einem unfreiwilligen Kniefall des Verehrers – er war über eine Baumwurzel gestolpert – und dem Versprechen, sich bald wiederzusehen.

„Gleich darauf kam mir mein Herr Gemahl im Wald entgegen. Die erlittenen Qualen der Eifersucht schienen ihm sehr gut bekommen zu sein, denn er war in ganz ausgelassener Stimmung.“[65]

Obwohl sich also Wanda durchaus als Muse begriff und sich ihrer Verantwortung für das schriftstellerische Werk des Gatten auch bewußt war, scheint sie dessen diesbezügliche Ambitionen nicht allzu ernst genommen zu haben. Trotzdem wurde ihr Leopolds Anspruch, zugleich liebevolle Gattin, treusorgende Mutter und dämonischer Vamp zu sein, schließlich dann doch zu viel:

„Immer wieder versuchte er mir die Seele auszusaugen, um sich zu bereichern. Nun aber war es anders geworden mit mir – ich wehrte mich gegen die Vergewaltigung, und in diesem Kampf erstarkte ich...“[66]

Sie ging mit einem anderen Mann auf und davon, worauf Masoch seine Sekretärin heiratete und schließlich die letzten 10 Jahre seines Lebens in einer psychiatrischen Anstalt verbrachte. Die pikante Geschichte der Wanda von Sacher-Masoch, die sie uns selbst so überliefert hat, mag amüsant und unterhaltsam wirken, doch zeigt auch sie sehr deutlich, in welchem Ausmaß Frauen zum Material für männliche Phantasien verformt und vereinnahmt wurden.

„Ich glaube, daß ich ein ebenso guter Physiker wäre wie meine männlichen Kollegen“: Mileva Marić-Einstein (1875–1947)

Auch Mileva Marić-Einstein wurde um eigene Verwirklichungsmöglichkeiten gebracht. Das tragische Schicksal der ersten Frau Albert Einsteins, einer hochbegabten Physikerin und Mathematikerin, ist ebenfalls wenig bekannt.

Sie lernte den um 4 Jahre jüngeren Albert an der Eidgenössischen Polytechnischen Schule in Zürich kennen, wo beide Mathematik und Physik studierten, Mileva als einzige Frau in ihrem Jahrgang. Vor einer Ehe schreckte sie damals noch zurück:

„Ich zweifle, ob ich je heiraten werde. Ich glaube, daß eine Frau eine Karriere machen kann wie ein Mann.“[67]

Daß Einstein sie zu Beginn ihrer Beziehung als gleichberechtigte Partnerin akzeptierte, zeigen seine Briefe. Nicht akzeptiert jedoch wurde sie von seiner Mutter, die sie zu alt fand und zu gescheit:

„Sie ist ein Buch wie Du – Du solltest aber eine Frau haben“. Bist Du 30, ist sie eine alte Hexe.“[68]

Trotzdem fühlten sich beide mehr und mehr zueinander hingezogen – aus einer intensiven Arbeitsbeziehung wurde eine intensive Liebesbeziehung.

Zur Katastrophe für Mileva jedoch kam es, als sie schwanger wurde: Sie mußte ihre bereits begonnene Diplomarbeit zurückziehen, das Polytechnikum mit einem einfachen Abgangszeugnis verlassen und das Kind zur Vermeidung eines Skandals heimlich bei ihren Eltern zur Welt bringen, weil ihr der mittellose Albert zu dieser Zeit noch keine Existenz bieten konnte. Das bedeutete das Ende einer eigenen wissenschaftlichen Laufbahn, Mileva verstand sich ab nun nur noch als Mitarbeiterin Einsteins, den sie etwas später heiratete. Auch mußte sie sich von diesem ersten Kind, einer Tochter, trennen. Es ist nicht bekannt, ob dieses bei den Eltern Milevas blieb

Mileva Marić-Einstein (1875–1947).
Die begabte Physikerin und Mathematikerin, der ein wesentlicher Anteil an Einsteins Relativitätstheorie zugeschrieben wird, verbrauchte sich in der Pflege für ihren jüngsten, schizophrenen, suizidgefährdeten und teilweise auch gewalttätigen Sohn.

oder in Pflege gegeben wurde. Auf jeden Fall wird das *„Lieserl"*, wie Einstein das Kind in frühen Briefen nannte, später nicht mehr erwähnt. Der Anteil Milevas an Einsteins Arbeiten, die bald zu einer internationalen Karriere führten, läßt sich nicht mehr feststellen. Es wird vermutet, daß sie zu seiner Relativitätstheorie entscheidend beigetragen hat. Sicher jedoch ist, daß die ersten Ehejahre zu den produktivsten in Einsteins Leben zählten und auch der Nobelpreis, den er 1921 erhielt, auf eine Veröffentlichung aus dieser Zeit zurückgeht.

Mileva allerdings wurde vor allem nach der Geburt eines zweiten Sohnes, eines schwachen, kränklichen Kindes, das viel Zuwendung benötigte, mehr und mehr in die Mutter- und Hausfrauenrolle abgedrängt. Sie konnte nicht mehr wie früher an der Arbeit ihres Mannes mitwirken, auch fühlte sie sich für die Aufgabe einer weltgewandten Gastgeberin, wie sie der nun zu Ruhm und Ansehen gelangte Gatte benötigte, nicht geschaffen. Schließlich trennte der Krieg die beiden – Mileva befand sich bei Kriegsausbruch mit den Kindern zu Besuch in der Schweiz, Albert in Berlin, wo er eine Professur angenommen hatte. Sie geriet immer mehr in das gesellschaftliche und wissenschaftliche Abseits, mußte sich und die Kinder kümmerlich mit Klavier- und Mathematikunterricht durchbringen, da finanzielle Unterstützungen unregelmäßig und selten kamen. Ihre Situation verbesserte sich erst, als ihr Einstein 1922 das mit der Verleihung des Nobelpreises verbundene Geld persönlich überbrachte – möglicherweise, um sich damit für ihre Mitarbeit zu revanchieren. Trotzdem entfernten sich die beiden innerlich immer mehr voneinander. Albert war inzwischen Direktor des Kaiser-Wilhelm-Instituts in Berlin geworden und hatte ein zweitesmal geheiratet, während sie ihre Zeit mit aufopfernder Pflege für ihren jüngsten, suizidgefährdeten, schizophrenen und teilweise auch gewalttätigen Sohn verbrachte. Weil dessen Bewachung und zeitweise Aufenthalte in Heilanstalten Unsummen verschlangen, war sie gezwungen, die zwei Häuser, die sie von Alberts Geld erworben hatte, wieder zu verkaufen und erneut Klavier- und Mathematikstunden zu geben. Sie starb im Jahre 1947, sieben Jahre vor Albert, erschöpft, allein und von allen verlassen.

Auf den Vater fixiert: Eleanor Marx (1855–1898)

In ihrer Substanz aufgesogen wurde auch Eleanor, Tochter des Karl Marx. Diesmal jedoch von einem autoritären, ganz nach bürgerlich patriarchalen Vorstellungen handelnden Vater, der sie als Mitarbeiterin an sich band, ihr eine Liebesheirat untersagte und auch ihrer – bereits spät erfolgten – Ausbildung als Schauspielerin ablehnend gegenüberstand. Die schwärmerische Verehrung Eleanors für ihren Vater, von vielen Zeitgenossen bezeugt, wurde durch seine restriktive, vereinnahmende Haltung jedoch nicht beeinträchtigt. Erst 12 Jahre nach seinem Tod, als ihr Friedrich Engels am Sterbebett das Geständnis machte, nicht er, sondern Karl Marx sei der Vater des Sohnes der Marx'schen Haushälterin Helene Demuth, brach für sie eine Welt zusammen. Der über alles verehrte, idealisierte Vater, dem sie ihre Liebe zu dem Journalisten Olivier Lissagaray, dem sie ihren Beruf geopfert hatte und dessen Werk sie sich nach seinem Tod voll und ganz widmete, hatte nicht nur in einer intimen Liebesbeziehung mit der treuen Haushälterin gelebt, er hatte auch noch den gemeinsamen Sohn verleugnet. Um dem Freund Unannehmlichkeiten zu ersparen, hatte Engels die Vaterschaft auf sich genommen, doch vor seinem Tod wollte er nicht länger schweigen.

Das Kind Freddy war Hausangestellten gleichgesetzt worden, es mußte, wenn es die Familie Marx besuchte, den Dienstboteneingang benutzen, der Junge erhielt auch keinerlei Ausbildung und fristete als ungelernter Arbeiter ein kümmerliches Dasein. Daß Eleanor drei Jahre später ihrem Leben ein Ende setzte, ist sicherlich zu einem großen Teil auf diese Erschütterung zurückzuführen.

Eleanor Marx blieb – so wie etwa auch eine Anna Freud – trotz einer starken eigenen Begabung zeitlebens auf das Bild des übermächtigen Vaters fixiert, und als dieses Bild zerbrochen war, hatte auch ihr eigenes Leben jeden Sinngehalt verloren. Schon das aufgeweckte, intelligente Mädchen war der Liebling des Vaters, sie durfte ihm bei der Arbeit zusehen und wurde früh mit Geschichten und Märchen, aber auch Homer und Shakespeare vertraut gemacht. Trotzdem blieb ihre Ausbildung unsystematisch, bruchstückhaft und eher auf die vom Vater vermittelten Inhalte angewiesen. Der Vater wurde zum Überbringer der Wahrheit, und tatsächlich entwickelte sich Eleanor für Karl Marx zur unentbehrlichen Assistentin und wissenschaftlichen Hilfskraft. Doch was sie anfangs mit Freude und Stolz erfüllte, erwies sich bald als Bürde. Die Einsicht, ihr eigenes Leben zu versäumen, wurde immer drückender, ihre Suche nach einer „*Aufgabe*“ immer hektischer, bis die jetzt bereits Siebenundzwanzigjährige verzweifelt an ihre Schwester schrieb:

„*Es macht mich halb wahnsinnig, hier zu sitzen, während vielleicht meine letzte Chance, etwas zu tun, dahingeht.*“[69]

Marx hat die Ursachen der nun folgenden Krankheit und Nervenzusammenbrüche Eleanors nicht erkannt, er bezeichnete sie als „*Zustände*“, als typisch weibliche Hysterien. Auch für ihn, den eigentlichen Urheber des kommunistischen Programms, den Verfechter sozialer Gerechtigkeit und gleicher Möglichkeiten für alle Menschen, waren Frauen vor allem dazu da, um für Männer da zu sein. In diesem Sinne hat er seine ganze Familie vereinnahmt, die Vorstellung, daß weibliche Familienmitglieder sich ihm und seiner Arbeit zu widmen haben, war ihm selbstverständlich. Seine Frau Jenny, geborene Westphalen, klug, tapfer, auch gebildet, war in unermüdlicher, aufopfernder Arbeit für ihn tätig, bis sie, aufgerieben im „*täglichen Leben*" der Frauen, in dem es „*viel schrecklichere Kämpfe und Leiden gibt als in den Kampfarenen der großen Politik*"[70], in einen desolaten psychischen Zusand geriet, der sich bis zu Selbstmordgedanken steigerte. Auch die älteste Tochter Jenny hat sich stark in der politischen Arbeit für den Vater engagiert, ehe sie, erschöpft durch sechs Schwangerschaften und den Tod von zweien ihrer Kinder im 38. Lebensjahr an Blasenkrebs starb. Daß schließlich Laura, die zweitälteste Tochter, zusammen mit ihrem Mann mit Zyankali Selbstmord beging, wird ebenfalls nicht nur auf extreme familiäre Belastungen zurückgeführt – von ihren drei Kindern überlebte keines das Kleinkindalter –, sondern auch auf eine Überforderung durch vielfältige politische Aktivitäten für den Vater[71].

Keine der Marx-Töchter jedoch hat sich so bedingungslos für das Lebenswerk des Vaters eingesetzt wie Eleanor. Nach dem Tod von Karl Marx und gescheiterten Schauspielplänen sah sie ihren Lebensinhalt in der Verwaltung des väterlichen geistigen Erbes. Sie schrieb Artikel, organisierte Streiks, unternahm Vortragsreisen und leitete sozialistische Bildungskurse. Ihre Aktivitäten hatten etwas Hektisches, sie führten bis an den Rand der physischen und psychischen Erschöpfung. Doch gelang es ihr in relativ kurzer Zeit, zu einer anerkannten und verehrten Persönlichkeit innerhalb der internationalen Arbeiterbewegung aufzusteigen.

Ihr privates Leben teilte sie mit Dr. Edward Aveling, der sich unter anderem als Leiter einer wandernden Schauspielertruppe versuchte und als Vortragender und Freidenker eine gewisse Popularität genoß. Als intelligent und charmant, deneben aber auch als skrupellos und moralisch fragwürdig beschrieben, wird ihm unter anderem nachgesagt, er habe sich nur deshalb mit Eleanor verbunden, um aus dem Nachlaß von Karl Marx einen finanziellen Gewinn zu ziehen. Tatsächlich hat die Person Avelings der von Eleanor angestrebten Einheit der marxistischen Bewegung geschadet, sie fand in ihm keinesfalls jenen Halt und jene Stütze, die sie sich erhoffte. Statt dessen ließ er sich von ihr nicht nur seine Schulden bezahlen, in seiner bescheidenen Karriere als Stückeschreiber unterstützen und wegen seiner chronischen Nierenentzündung pflegen, sondern erwartete auch, daß sie seine Liebschaften und Saufgelage tolerierte. Ihre Demütigungen und Leiden erfuhren einen Höhepunkt, als Aveling sie um Geld erpreßte mit dem Hinweis, er werde im Falle einer Weigerung das Geheimnis um Freddy Demuth der Öffentlichkeit preisgeben. Als sie schließlich erfuhr, daß Aveling hinter ihrem Rücken eine heimliche Ehe eingegangen war, bat sie ihn, mit ihr zusammen Selbstmord zu begehen, denn „*Ich habe nichts, und ich sehe nichts, wofür es sich zu leben lohnt.*"[72] Seine Einwilligung war eine scheinbare, denn zum gegebenen Zeitpunkt verließ er fluchtartig das Haus und ließ Eleanor diesen letzten Weg alleine gehen.

Die Frage, wie es dazu kam, daß eine kluge und ungewöhnlich begabte Frau sich für einen derart dubiosen Charakter in selbstschädigender Art und Weise aufopferte, hat inzwischen mehrere Biographen beschäftigt. Inge Stephan hat ein interessantes Erklärungsmodell ausgearbeitet, indem sie feststellte, daß alle von ihr untersuchten weiblichen Biographien, die durch eine besondere Neigung auffielen, sich von ihren Ehemännern vereinnahmen zu lassen, *„Vater-Töchter"* betrafen, also Töchter, die von ihren Vätern auffällig bevorzugt und auch entscheidend gefördert wurden, während sie zu ihren Müttern oft ein sehr schlechtes Verhältnis hatten. Das große Selbstwertgefühl und hohe Anspruchsniveau dieser Frauen bezeichnet Stephan allerdings als *„ambivalente Mitgift"*, weil die Identifizierung mit dem Vater und die gleichzeitige Ablehnung der Mutter sie zwar einerseits zu erstaunlichen Leistungen befähige, andererseits aber auch in einen unlösbaren Konflikt mit ihrem weiblichen Selbstverständnis treibe. Diese Frauen neigen nach Stephan dazu, die Liebe und Verehrung, die sie dem Vater gegenüber empfanden, auf den Partner zu übertragen, was sie in besonderer Weise ausbeutbar macht[73].

Eleanor Marx hat auf jeden Fall die aufopfernde Rolle, die sie ihrem Vater gegenüber innehatte, auch Aveling gegenüber eingenommen, sich damit um den letzten Rest von Selbstachtung, um ihren letzten Lebenswillen gebracht. Es war die weibliche Rolle der Selbstverleugnung, die Frauen auch deshalb so sehr verinnerlicht haben, weil sie ihnen zumindest ein gewisses Maß an Anerkennung, an Liebe und emotionaler Wärme sichert.

Die „Fröste der Freiheit": Marieluise Fleißer (1901–1974)

Jene Frauen hingegen, die konventionelle Normen sprengen und sich auf der Suche nach ihrem Selbst begeben, erfahren jene *„Fröste der Freiheit"*, die die Schriftstellerin Marieluise Fleißer eindringlich beschrieb. Fleißer gehört zu den wenigen unter den Frauen um Bert Brecht, die sich seinem vampirhaften Zugriff entzogen – ob zu ihrem Vorteil, darüber gehen die Meinungen heute noch auseinander. Sie selbst meinte in einem Interview nach dem Krieg auf die Frage, ob sie Brechts Rücksichtslosigkeit nicht besser hätte schlucken und bei ihm bleiben sollen: *„Doch, das hätt ich eben sollen. Bin mir vollkommen klar darüber. Das hätte ich müssen."*[74]

Immerhin jedoch war Marieluise Fleißer die einzige unter all den *„Mitarbeiterinnen"* Brechts, welche ein eigenständiges Werk von Bedeutung hinterließ. Doch der Preis war hoch: ein jahrzehntelanger Stillstand ihrer literarischen Produktion, ein vollkommenes Vergessen nach vielversprechenden Anfängen in den zwanziger Jahren, ein totaler Nervenzusammenbruch und Monate in einer psychiatrischen Anstalt. Fleißer, durch die Hitler-Diktatur und einen despotischen Ehemann zum Schweigen verurteilt, verschlagen in die provinzielle Enge einer bayerischen Kleinstadt, fand auch nach dem Krieg keinen Anschluß an die literarische Öffentlichkeit. *„Was soll ich über die verlorenen Jahre sagen?"* meinte sie selbst dazu. *„Ich bin in die Grube gefallen und wurde in der Grube verbraucht."*[75]

Und an Brecht schrieb sie am 20. 1. 1949:

„Ich bin so unsicher geworden, daß ich nicht den Mut habe, an eine neue Arbeit zu denken."[76]

Ihr Comeback fällt erst in die sechziger Jahre, erst dann trat sie mit neuer Prosa und überarbeiteten alten Stücken hervor und wirkte auf eine neue Generation befruchtend. Ihre Schaffenskraft war dennoch gestört.

„Es war zuviel, zu lang hat es gedauert, es hat sie in der Wurzel versehrt, sie will nichts mehr wissen."[77]

Und gegen Ende ihres Lebens die erschütternden Worte:

„Ich bin mir bewußt, daß ich nur Trümmer geben kann, weil mir mein eigenes Leben zertrümmert wurde."[78]

Marieluise Fleißer, 1901 im bayerischen Ingolstadt als Tochter eines Geschmeidemachers und Eisenwarenhändlers geboren, besuchte vorerst eine Klosterschule, wo sie zu Demut und Gehorsam erzogen wurde:

„Ich wußte bloß,...daß alles, was ich dort gelernt habe, für mein Leben falsch ist."[79]

Das anschließende Studium der Germanistik, Theaterwissenschaft und Philosophie in München brach sie ab und begann zu schreiben, ein kühner Entschluß, zu dem die Begegnung mit Lion Feuchtwanger und Bert Brecht wesentlich beigetragen hatte. Ihr erstes Stück, *„Fegefeuer in Ingolstadt"*, durch die Vermittlung Brechts 1926 uraufgeführt, wurde von der Kritik überwiegend positiv aufgenommen. Daß Frauen Theaterstücke schreiben, war allerdings auch damals noch so ungewöhnlich, daß der bekannte Theaterkritiker Alfred Kerr die Autorenschaft bezweifelte: *„Begabt-naturalistisch ist die Fleißer – wenn's die gibt...und so sie nicht ein Pseudonym für den Brecht ist."*[80]

Die Fleißer selbst beschreibt ihr Stück als

„aus dem Zusammenprall meiner katholischen Klostererziehung...und meiner Begegnung mit Feuchtwanger und den Werken Brechts entstanden...Es ist katholische Kleinstadt, aus der Sicht durch Großstadt gebrochen"[81],

womit zugleich nicht nur Werk, sondern auch Leben der Fleißer charakterisiert ist, die den Aufbruch in die großstädtische Unabhängigkeit zwar gewagt, aber nicht zu Ende geführt hatte, der der eigene Theaterskandal über den Kopf gewachsen war und die schließlich in den sicheren Ehehafen mit einem unbedarften Tabakhändler flüchtete, der seine geistige Unterlegenheit durch Despotismus wettzumachen suchte. Er zwang sie, in seinem Tabakladen zu arbeiten, obwohl er damit ein zuvor gegebenes Versprechen, ihre Unabhängigkeit zu wahren, brach.

Wie jedoch sollte sich eine junge Frau aus kleinbürgerlichen, provinziellen Verhältnissen in der Großstadt als Schriftstellerin behaupten in einer Zeit, in der sogar ihre weibliche Autorenschaft in Zweifel gezogen wurde? Wie sollte sie sich gegen die zahllosen Anfechtungen wehren, vor allem jedoch gegen die Vereinnahmung Brechts, der den Theaterskandal ihres zweiten Theaterstückes „*Pioniere in Ingolstadt*" provoziert hatte und sie dann im Regen stehen ließ?

Die „*Pioniere*", ein Stück „*über Soldaten und Dienstmädchen*", löste in einer Zeit des zunehmenden Militarismus nicht nur einen Theaterskandal aus, es wurde zu einem Politikum. Vor allem die Ingolstädter Bürgerschaft und die national-konservativ gesinnten Kräfte der Weimarer Republik betrachteten das Theaterstück als einen Angriff auf die Ehre des deutschen Soldaten. Daß hier in der provokanten Inszenierung Brechts Militarismus mit deutscher Kultur gleichgesetzt wurde, empörte das Publikum ebenso wie schonungslose Sexszenen, in denen die sexuelle Ausbeutung der Dienstmädchen durch Soldaten dargestellt wurde. Die Kritik überschlug sich in gehässigen Bemerkungen, es war von einem „*Dreckdrama*" und einem „*dicksten sexuellen Ur- und Affenwald*" die Rede, ebenso von einem verhöhnten Militär, das „*euch eure literarischen Nacktspäße schon vertreiben*" werde. Besonders lautstark gebärdete sich die NSDAP-Presse, die in dem Stück einen weiteren Beweis für die Entartung der von „*jüdischer Geilheit*" dominierten Großstadtkultur sah, und noch 1933 hieß es im „*Völkischen Beobachter*": „*Holdem Frauenmund entschlüpfen hier roheste erotische Gemeinheiten.*"[82] Nach der Machtergreifung Hitlers wurden Fleißers Bücher auch verbrannt, sie selbst war ständig vom KZ bedroht. Denn obwohl sie nicht als politische Autorin im eigentlichen Sinne galt, war sie doch als eine Frau, die die Grenzen des traditionellen Weiblichkeitsbegriffs überschritten und mit Brecht zusammengearbeitet hatte, in höchstem Maße suspekt.

Daß Brecht sie in diesem Augenblick einer tiefen Lebenskrise allein gelassen hatte, verzieh sie ihm nie. In der Erzählung „*Avantgarde*", mit der sie sich in den sechziger Jahren ihr Trauma von der Seele schrieb, zeichnet sie ein Porträt Brechts, des „*Dichters*", das darum so bemerkenswert ist, weil es die starke Faszination, die Brecht ausübte, ebenso wiedergibt wie seine bedenkenlose Vereinnahmung:

„*Der Mann unterminierte und der Mann faszinierte. Es war merkwürdig: wer mit ihm brach, würde es nie ganz verwinden.*"

Oder an anderer Stelle:

„*Der Mann war eine Potenz, er brach sie sofort. Es würde sich zeigen, ob sie es überstand. Wenn nicht, war sie es eben nicht wert...Er war der Mann, der schon was konnte. Sie spürte tief, wie er über ihr stand, und war sie bei ihm, faßte sie doch einen Zipfel vom starken, vom glühenden Leben. Sie machte die ersten Schritte. Sie lernte schreiben an der Art, wie er schrieb. Natürlich war es gefährlich, der Mann saugte sie auf. Sie hätte sich widersetzen müssen, dafür war sie zu jung...Mit ihm war es eben doch herrlich, das gab es sonst nirgends...*"[83]

Frauen um Brecht

Hier ist zusammengefaßt, was so viele begabte, gescheite Frauen in Brechts „*Werkstatt*" trieb, was sie veranlaßte, sich ihm für einen „*Liebeslohn*" als Mitarbeiterinnen zu Verfügung zu stellen, ohne die er alle seine Werke wohl nie geschrieben hätte. Es war die Möglichkeit, sich auch als Frau künstlerisch und intellektuell in irgendeiner Weise einzubringen, es war die inspirierende Freiheit eines unkonventionellen Künstlerlebens, und es war die Aussicht auf ein wenig Liebe und ein wenig Anerkennung. Es war – noch in dieser Zeit – für eine Frau genug, um sich bis zur totalen Erschöpfung ausbeuten zu lassen. Brecht verstand es außerordentlich gut, Frauen dieses Nötigste zu geben, und sie im übrigen für sein Werk einzuspannen.

Was der literarischen Welt bereits bekannt war, hat der Brecht-Forscher John Fügi komplementiert und erweitert: Nach ihm gibt es kaum ein Werk Brechts, das von ihm allein verfaßt wurde, und kaum ein Buch, das er allein zu Ende schrieb. Aber es gibt auch keine Frau in seinem Umkreis, die es verdient, lediglich „*Mitarbeiterin*" genannt zu werden, statt dessen seien Frauen häufig als Hauptautorinnen zu titulieren. So etwa habe seine „*Sekretärin*" Elisabeth Hauptmann 85 Prozent des Textes zur „*Dreigroschenoper*" geschrieben, ebenso „*zu 100 Prozent*" das Lehrstück „*Der Jasager*". Das Drama „*Die Tage der Kommune*" sei ebenfalls in enger Kooperation mit Ruth Berlau und Margarete Steffin entstanden, auch seien die Dialoge für „*Mutter Courage und ihre Kinder*" größtenteils seiner Freundin Steffin zuzuschreiben[84].

Es war diese Art der Vereinnahmung, die Marieluise Fleißer gespürt und beschrieben hat, und der sie sich schließlich auch entzog. Die Folge war ein fast völliges Verstummen. Sie hat im weiteren Verlauf ihres Lebens nur noch zwei Stücke von geringerer Bedeutung („*Karl Stuart*" und „*Der starke Stamm*") sowie etwa 200 Seiten Prosa verfaßt. Ihre eigenwillige Begabung war zu wenig geschmeidig, um sich den Bedingungen, die für Frauen galten, anzupassen. Weil sie sich die Mittelmäßigkeit versagte, mußte sie gebrochen werden.

Die übrigen Frauen um Brecht wurden nicht gebrochen – sie wurden aufgesogen. Zwar haben auch sie eigene Werke veröffentlicht – Elisabeth Hauptmann etwa publizierte Kurzgeschichten, Margarete Steffin schrieb Geschichten und Theaterstücke für Kinder, und Ruth Berlau brachte den Novellenband *„Jedes Tier kann es"* heraus. Doch sind diese eigenen Arbeiten ohne wirkliche Resonanz geblieben, haben sich die Autorinnen doch mit ihrer eigentlichen Begabung für Brecht verausgabt. Dieser hat ihnen dafür zwar Anerkennung gezollt und sie auch als Mitarbeiterinnen genannt, Honorare hingegen wurden kaum gezahlt, und die Tantiemen waren spärlich. Dafür durften sie sein Liebesleben bereichern, jeweils zusammen mit anderen Frauen, versteht sich. Denn während er seine polygame Veranlagung stets als selbstverständlich voraussetzte und auch betonte, betrachtete er seine Geliebten als seinen Besitz und quälte sie mit wilden Eifersuchtsszenen. Als eine seiner Freundinnen, die Schauspielerin Käthe Reichel, Brechts Untreue und Unterwerfungsbedingungen nicht akzeptierte, wurde er ausfallend:

„Ich warf ihr vor, sie schmiere sich an ihrer Arbeitsstätte mit den nächstbesten Männern herum...Ich finde, daß ich die Achtung für sie verloren habe; sie kommt mir billig vor. Nicht ohne Erleichterung konstatiere ich das völlige Verschwinden meiner Verliebtheit."[85]

Ein ebensolcher Stimmungsumschwung vollzog sich, als er erfuhr, daß die Opernsängerin Marianne Zoff ein Kind von ihm abtreiben ließ. Aus der *„schönsten Frau Augsburgs"*, der *„Maorifrau"*, wurde das *„Mensch,"* die *„schwangere Hure"*. Er zeigte sich

„erschüttert...daß sie mein Kind verläßt, weil sie kein reines Herz hat"... die Hure sollte kein Kind haben, mein Kind ging von ihr, da sie kein reines Herz hatte".

Daß er ihr nicht nur keine Sicherheit durch eine Ehe bieten wollte, sondern sie auch emotional alleine ließ –

„Was soll ich mit der schwangeren Frau...Es ist häßlich, wenn ich weggehe, aber was soll ich bei ihr, ich verdiene kein Geld und bin nicht gut und will mein Hemd auf dem Leib haben und mag Verträge nicht", spielte dabei keine Rolle.

Sein Besitzrecht verletzt hat auch die dänische Schauspielerin und Fotographin Ruth Berlau (Bi), als sie sich mit einem Musikanten in einem Gastgarten traf:

„Ich konnte nachts nicht schlafen, so traf es mich: Hier ist mein Zentrum, schießt nicht hinein! Sie ist mir mehr wert als alles zusammen..."

Er verbot ihr Männerbesuche und war empört, als sie ihren Vetter empfing:

„Denn ich hatte dagegen gesprochen, daß sie Männerbesuche empfange. Ich sagte ihr also, sie habe mich nicht mehr lieb, denn sie will immer frei sein jetzt und nicht mehr g e h o r c h e n" (Hervorhebung der Autorin).

Erst ein neuerlicher Unterwerfungsakt „Bi's" kann ihn besänftigen:

„...sie sehe ein, daß sie, so wie sie jetzt sei, nichts für mich sei, und sie wolle ein halbes Jahr lang allein versuchen, wieder zu werden wie früher."[86]

Es erscheint notwendig, in diesem Zusammenhang festzustellen, daß Brecht während dieser Zeit neben seiner Beziehung zu Paula Banholzer auch noch ein intensives Liebesverhältnis zu Hedda Kuhn und schließlich auch Marianne Zoff unterhielt. Was Brecht ansonsten von Frauen hielt, geht aus seinen Tagebüchern und *„autobiographischen Aufzeichnungen"* hervor:

„Die Frauen reichen nicht über ihr Bett hinaus, sie sind nicht gut inszeniert...",

heißt es hier. Oder:

„Für einen starken Gedanken würde ich jedes Weib opfern, beinahe jedes Weib. Es gibt viel weniger Gedanken als Weiber."[87]

Und wenn eine Frau ihre Grenzen durchbricht und eigene sexuelle Bedürfnisse äußert, wird sie zum *„Geschlechtsweibchen"*, das sich *„geilhaft"* benimmt, zum *„Allerweltslöchlein"*, in dem *„herumzustochern"* sich nicht lohnt[88].

Lediglich die selbstlose, sich aufopfernde *„Mitarbeiterin"*, die Zuträgerin brauchbaren Gedankenguts hat Brecht in zahlreichen Gedichten und Nachrufen gewürdigt und geschätzt. Und manchmal auch die Frau als attraktives Sex-Objekt:

„Bi hat so hübsche, weiße Beine, die etwas Aufmerksamkeit unbedingt beanspruchen können."[89]

Die Frauen um Brecht haben auf diese Abwertung und Ausbeutung entsprechend reagiert: Nicht nur Marieluise Fleißer, auch die Schauspielerin Carola Neher trennte sich von ihm. Elisabeth Hauptmann, seit 1924 seine engste Mitarbeiterin, unternahm einen Selbstmordversuch (den Brecht als Beweis für die Unechtheit ihres Gefühls zu ihm interpretierte, weil sie ihm damit ihren Dienst verweigerte.) Ruth Berlau begann zu trinken und wurde mit Nervenkrisen in eine psychiatrische Klinik eingeliefert. Margarete Steffin schließlich, die seit vielen Jahren an Tuberkulose litt und ihm als KPD-Mitglied – so wie auch Ruth Berlau und Helene Weigel – in das dänische Exil gefolgt war, starb 1941 in einem Sanatorium in Moskau, wo sie von Brecht in vollkommen geschwächtem Zustand und unfähig zur Weiterreise nach Amerika zurückgelassen wurde[90].

Lediglich Helene Weigel, die Brecht in zweiter Ehe nach Marianne Zoff 1929 heiratete, die während der Zeit im Exil jahrelang auf ihre Schauspielarbeit verzichtete, statt dessen Brecht den Haushalt führte und die gemeinsamen Kinder großzog, die sämtliche Liebesbeziehungen Brechts stillschweigend tolerierte und sich zur idealen Brecht-Interpretin entwickelte, lediglich sie hat es geschafft, für Brecht zur idealen Lebensgefährtin zu werden. *„Schauspielerin müßte man sein"*, schrieb Marieluise Fleißer in *„Avantgarde"*,

„daß er sich unmittelbar durch die Frau ausdrücken konnte. Das war die wahre Ergänzung für so einen Mann, das brauchte er wesentlich. Damit fing er wirklich was an, und das brachte ihn fort, denn dann konnte er sich körperlich sehn."[91]

Paradebeispiele entfremdeten weiblichen Lebens: Marlen Haushofer (1920–1970)

Während also einem Künstler-Mann wie Brecht die Ehefrau das Essen kocht und die Kinder versorgt und zahlreiche „*Mitarbeiterinnen*" unbezahlt Liebesarbeit verrichten, muß eine Künstler-Frau wie Marlen Haushofer ihre Werke in der Nacht oder in den frühen Morgenstunden am Küchentisch schreiben, eingezwängt in die Pflichten der Hausfrau, Mutter und Zahnarztgehilfin ihres Mannes. Ein Kontrast, wie er größer gar nicht sein kann und – siehe Virginia Woolf – Auskunft darüber gibt, warum wir auf einen weiblichen Shakespeare verzichten mußten.

Über das Leben Marlen Haushofers, die im oberösterreichischen Frauenstein geboren wurde, mit einem Zahnarzt in Steyr verheiratet war und in einer Wiener Klinik an Knochenkrebs verstarb („*sie ist daran gestorben, daß sie eine Frau ist*", meinte dazu die Schriftstellerin Jeannie Ebner, die mit ihr befreundet war)[92], gibt es demnach auch nichts Spektakuläres zu berichten. Sie hat einige Semester Germanistik studiert, zwei Söhne großgezogen und ihrem Mann in der Arztpraxis geholfen.

Ihr eigentliches Leben spielte sich in ihren Romanen ab, für die sie mehrere Preise erhielt und die von der feministischen Bewegung in den achtziger Jahren wieder entdeckt wurden. Sie schildern allesamt Frauenschicksale, in die Marlen Haushofer ihre eigenen Erfahrungen einbringen konnte.

„Alle meine Personen sind Teile von mir, sozusagen abgespaltene Persönlichkeiten, die ich recht gut kenne"[93],

meinte sie dazu in einem Interview im Jahre 1968.

Die Haushofer'schen Frauen erscheinen als vordergründig angepaßt und eingegliedert in einen „*normalen*" Ehealltag, während sie diesen innerlich verweigern. Sie reagieren auf die ihnen zugeschriebene Rolle mit einem Rückzug nach Innen, Verlust der Lebensfreude, Verlust der Liebesfähigkeit. Sie werden zu „*verhuschten grauen Mäusen*", wie sie ein Rezensent nennt[94], zu Paradebeispielen entfremdeten weiblichen Lebens, dem sie sich schließlich nur durch eine radikale Flucht entziehen können. Einsamkeit und Isolation wird für Marlen Haushofer die einzige Möglichkeit, die Autonomie der Frau zu retten, radikal durchgespielt in ihrem bedeutendsten Roman „*Die Wand*", in dem die letzte überlebende Frau den letzten überlebenden Mann tötet, um sich selbst zu retten. Eine Freiheit neben dem Mann er-

Marlen Haushofer (1920–1970).
Die Schriftstellerin Marlen Haushofer, Mutter von zwei Kindern und Zahnarztgehilfin ihres Mannes, mußte ihre Werke in der Nacht und in den frühen Morgenstunden am Küchentisch schreiben.

scheint der Autorin mehr als ein Jahrzehnt vor den von der Frauenbewegung gestellten Forderungen nach einer partnerschaftlichen Beziehung noch nicht möglich.

Auch Marlen Haushofer beschreibt die „*Fröste der Freiheit*", die Isolation, das Außenseitertum jener Frauen, die den Sprung in die Freiheit gewagt hatten, die „*unvergleichlich härter zu ertragen war als die Gefangenschaft*"[95], wie die Hauptfigur Elisabeth in ihrem Roman „*Eine Handvoll Leben*" meint.

Vor allem aber beschreibt sie den Identitätsverlust dieser jungen orientierungslosen Frauen, ihre Ausrichtung auf den Mann, die dazu führt, „*sich selbst aufzugeben und die Beute eines Stärkeren zu werden*", um schließlich „*matt und friedlich*" zu sein. „*Er gibt mir das Gefühl, daß ich lebe...*", meint Anette in dem Roman „*Die Tapetentür*" von Gregor, dem Rechtsanwalt, den sie schließlich heiratet. Er ist

„*das Brot, das mich am Leben hält...Er gibt mir das einzige, was ich wirklich brauche, und ich habe ihm dafür nichts zu geben...*"[96]

Die Frauen Haushofers können sich auch nicht als autonome Sexualpartnerinnen begreifen, sie erfahren keine erfüllte Sexualität, sondern unterwerfen sich einer gewalttätigen, von einem männlichen Machtanspruch getragenen Erotik.

Elisabeth aus dem Roman „*Eine Handvoll Leben*", die sich durch einen fingierten Selbstmord der inneren Leere und Fremdbestimmtheit entziehen möchte, meint von ihrem Liebhaber, daß „*für ihn Liebe neben dem körperlichen Rauschzustand gesteigertes Machtgefühl bedeutete*"[97].

Und Stella aus der gleichnamigen Novelle stellt fest, daß sie ihrem Geliebten nur jenes Vergnügen geben kann, „*das jedes Straßenmädchen Richard hätte bieten können*"[98]. Die Frauen Haushofers reflektieren also ihre Abhängigkeiten. Der Leidensdruck macht sie hellsichtig.

„*Immer hat mich die Blindheit und Ungeschicklichkeit der Männer gerührt, jetzt bekomm ich langsam Angst davor. In dieser scheinbar so liebenswerten Tolpatschigkeit steckt etwas Entsetzliches und Unmenschliches, ein Nichtinteressiertsein am organischen Leben...männliche Grausamkeit aus Gedankenlosigkeit und Kontaktunfähigkeit macht mir Angst.*"[99] In dem Roman „*Die Wand*", in dem eine Frau mittleren Alters zusammen mit einigen Tieren als einzige des Menschengeschlechts überlebt, unternimmt Marlen Haushofer den Versuch, ein Gegenbild zur zerstörerischen, ausbeuterischen und tötenden männlichen Welt zu entwerfen:

„*Solange es im Wald ein Geschöpf gibt, das ich lieben könnte, werde ich es tun; und wenn es einmal wirklich nichts mehr gibt, werde ich aufhören zu leben. Wären alle Menschen meiner Art gewesen, hätte es nie eine Wand gegeben...Lieben und für ein anderes Wesen sorgen, ist ein sehr mühsames Geschäft und viel schwerer als zu töten und zu zerstören. Ein Kind aufzuziehen dauert zwanzig Jahre, es zu töten zehn Sekunden.*"[100]

Dieser Rückzug auf die Natur ist jedoch als Entwurf für ein neues, positives Lebensgefühl zu kurz gefaßt. Den Frauen Haushofers gelingt es ebensowenig, als gesellschaftspolitisch denkende Wesen in die Geschehnisse einzugreifen, wie ein positives, auf Freiheit und Unabhängigkeit basierendes Emanzipationsmodell zu entwickeln.

Hier liegen die Grenzen der Autorin, die sich aus ihrer Zeit, Jahrzehnte vor der feministischen Bewegung, ergeben: Eingeschlossen in die provinzielle Enge einer Kleinstadt war für sie weibliche Identität nicht lebbar. Sie existierte lediglich in der Utopie.

Vielleicht schrieb deshalb Marlen Haushofer auch kurz vor ihrem Tod in einem Brief an einen befreundeten Psychoanalytiker, sie habe „*das Gefühl, daß mir diese Krankheit zusteht*"[101].

Ihre eigentliche Bedeutung liegt allerdings darin, ein zeitgenössisches weibliches Bewußtsein artikuliert zu haben, das sich aus seiner Perspektivelosigkeit und Identitätslosigkeit zu befreien sucht. Sie hat wie kaum eine andere etwas von der zermürbenden Kleinarbeit des weiblichen Alltags vermittelt, mit all seiner Einsamkeit, Verdrängung und Selbstdisziplin, und damit den Mythos von der zufriedenen, ausgefüllten Hausfrau, wie er in den fünfziger Jahren propagiert wurde, unterhöhlt. Dabei sieht sie Frauen durchaus nicht nur als Opfer, sondern auch als Täterinnen, als „*Ja-Sagerin und Nicht-Nein-Sagerin, als Zustimmende oder Wegsehende*", wie es in der Novelle „*Wir töten Stella*" heißt[102]. Sie sind also durch eigene Mitwirkung oder Passivität mitverantwortlich an den sie unterdrückenden Verhältnissen. Eine Sicht, die auch in dem Roman „*Die Wand*" zum Ausdruck kommt: Als Beobachterinnen und passive Zuschauerinnen haben sich auch Frauen an dem Krieg, der atomaren Bedrohung und der Umweltzerstörung mitschuldig gemacht.

„Ich werde ein weiblicher Sänger sein": Sylvia Plath (1932–1963)

Mit den Beschränkungen und Begrenzungen, die Frauen auferlegt werden, wollte sich auch Sylvia Plath nicht zufriedengeben. Doch wie so viele Frauen ist auch sie an diesem grenzüberschreitenden Anspruch gescheitert.

„Ich habe alles im Leben, was ich mir je gewünscht habe: einen großartigen Ehemann, zwei anbetungswürdige Kinder, ein schönes Heim und mein Schreiben"[103],

sagte Sylvia zu ihrer Mutter, als diese sie im Sommer 1962 in ihrem Haus in Devon, einem kleinen Ort unweit von London, besuchte. Ein gutes halbes Jahr später drehte die knapp Einunddreißigjährige den Gashahn auf und setzte ihrem Leben ein Ende.

Derartige Ungereimtheiten waren charakteristisch für Sylvia Plaths Leben. Nach außen hin, für ihre Umgebung, versuchte sie als die strahlende Erfolgsfrau zu erscheinen, die allen Anforderungen, die das Leben an sie stellt, mühelos gerecht wird, die perfekt ihre Dreifachrolle als Mutter, Hausfrau und anerkannte Lyrikern bewältigt. Ihre tatsächliche Gemütslage hingegen verraten ihre schmerzhaften, bestürzenden und verstörenden Gedichte, in denen sie ihre Todessehnsucht artikuliert, ihre Tagebücher und ihre zum Teil autobiographische Prosa.

„Für den Menschen in der Glasglocke, leer und eingeschlossen wie ein totes Baby, ist die Welt selbst der schlechte Traum. Ein schlechter Traum...“[104],

heißt es in dem Roman *„Die Glasglocke“*. Und ihre letzten Gedichte, posthum herausgegeben von ihrem Mann Ted Hughes unter dem Titel *„Ariel“*, beschreiben Tod und Todessehnsucht:

„...Fliegengroß
kriecht das Todeszeichen
die Wand hinunter.
Das Herz fällt zu
Das Meer gleitet zurück,
Die Spiegel sind verhangen.“[105]

Oder:
„...Sterben
Ist eine Kunst, wie alles.
Ich kann es besonders schön.
Ich kann es so, daß es die Hölle ist, es zu sehn.
Ich kann es so, daß man wirklich fühlt, es ist echt.
Sie können, glaube ich, sagen, ich bin berufen zu diesem
Ziele...“[106]

Und ihr erschütterndes letztes Gedicht:
„Die Frau ist vollendet.
Ihr toter
Körper trägt das Lächeln des Erreichten...“[107]

Sylvia Plath, die gebürtige Amerikanerin, die entscheidende Jahre ihres Lebens in England verbrachte, und nach ihrem Tod mit dem Pulitzerpreis ausgezeichnet wurde (1982), konnte ihren großzügig angelegten Lebensentwurf, in dem sie sich als weiblicher Mensch in seiner Ganzheit verwirklichen wollte, nicht ausleben. Sie ist an ihren Bemühungen, ihre Existenz als Ehefrau und Mutter mit jener einer Dichterin und Schriftstellerin zu verbinden, zerbrochen. Daß die junge Sylvia trotz einer grundsätzlich unkonventionellen Lebensweise und einem großen Bedürfnis nach Freiheit nicht frei war von traditionellen Vorstellungen, beweisen folgende Eintragungen der Dreiundzwanzigjährigen:

„Mein Gott, ich würde so gern kochen und haushalten, Kraft in die Träume meines Mannes fluten lassen und schreiben, wenn er reden, gehen und arbeiten könnte und leidenschaftlich seine Laufbahn verfolgen wollte. Ich ertrage es nicht, daran zu denken, daß diese Fähigkeit zu lieben und zu geben in mir braun und welk wird...“[108]

Sie wollte eine positive Haltung zu ihrer weiblichen Existenz einnehmen, die für sie – ganz im Stil der fünfziger Jahre – untrennbar mit Ehe und Kindern verbunden war:

„Ich werde eine der wenigen Dichterinnen auf der Welt sein, die es von ganzem Herzen bejaht, Frau zu sein“,

schrieb sie etwa ein Jahr später an ihre Mutter,

„nicht eine bittere, frustrierte oder verschrobene Männernachahmerin – das macht die meisten am Ende kaputt. Ich bin eine Frau und ich bin froh darüber, und in meinen Liedern werde ich von der Fruchtbarkeit der Erde singen und den Menschen auf ihr in Leid, Tod und Verfall. Ich werde ein weiblicher Sänger sein...“[109].

Etliche Jahre später, als sie verheiratet war, Kinder hatte und in dem großen Haus in dem Dorf Devon wohnte, liest sich das bereits anders:

„Es ist meine Tragödie, als Frau geboren zu sein“, schreibt sie in ihr Tagebuch[110].

Auch Sylvia erlebte den Frust der verheirateten Schriftstellerin und Mutter, ihr Wunsch, die perfekte all-round Frau zu sein, erweist sich als Eigentor.

„Daß ich eine Geschäftsfrau und Bäuerin sein mußte – siebzig Apfelbäume abernten, alle Zwiebel zusammenflechten, Kartoffeln ausgraben und schrubben, den Honig schleudern und abfüllen etc. – und Mutter, Autor und ein Rundum-die-Uhr-Desperado, hat mich so absolut plattgemacht, daß ich alles dafür geben würde, allein zu sein.“[111]

Die Erschöpfungszustände und Depressionen, unter denen sie bereits als ehrgeizige, in finanziellen Nöten lebende und um ihr Stipendium bangende College-Studentin gelitten hatte (Sylvia war bereits damals nach einem Selbstmordversuch knapp dem Tod entronnen), verstärkten sich. Sie litt unter Schlaflosigkeit und war häufig krank.

Zur Katastrophe jedoch kam es, als ihr Mann Ted sie mit einer anderen Frau betrog. Zutiefst getroffen in ihrem eigenen Selbstwertgefühl, unterschrieb sie das Scheidungsgesuch und verließ zusammen mit ihren zwei kleinen Kindern, der noch nicht 2jährigen Frieda und dem Baby Nicholas das Haus in Devon, um sich in London eine Wohnung zu mieten. Obwohl sie um diese Zeit bereits Erfolg hatte und als Lyrikerin und Schriftstellerin Anerkennung fand, obwohl sie in ihrer üblichen, überschwenglichen Art noch unmittelbar nach dem Umzug an ihre Mutter schrieb:

„...Ich kann ehrlich sagen, daß ich in meinem Leben noch nicht so glücklich

gewesen bin. Ich sitze nur und denke vor mich hin, Puh! Ich hab's geschafft!"[112], scheint sie der folgende, extrem kalte Winter mit teilweisen Strom- und Gassperren, ständigen Krankheiten der Kinder – auch sie selbst lag häufig fiebernd zu Bett – und der Aussicht, künftig allein für ihre Kleinen sorgen zu müssen, völlig zermürbt und entmutigt zu haben.

In den Jahren nach ihrem Selbstmord am 10. Februar 1963 erlebt ihr Werk eine Renaissance. Bislang unveröffentlichte Gedichte wurden von Ted Hughes herausgebracht, andere neu aufgelegt. Ein Teil der Plath'schen Papiere wurden bis zum Jahr 2013 im Auftrag des Nachlasses verschlossen, 130 Seiten vom Entwurf ihres letzten Romans „*verschwanden*", einige Tagebücher, unter ihnen auch ihr letztes, wurden von Ted Hughes vernichtet.

Während der begabte Mann also von Frauen stets jede nur mögliche Unterstützung erfuhr, konnte und kann die begabte Frau umgekehrt mit keinerlei Hilfeleistung rechnen. Entweder ihr eigenes schöpferisches Potential wird von Männern aufgesogen, oder aber sie wird damit allein gelassen. „*Vogel, friß oder stirb*" waren die wahrscheinlich letzten Worte, die Marieluise Fleißer kurz vor ihrem Tod im Krankenhaus niederschrieb[113]. Wer das gebotene Futter verschmäht, soll verhungern. Eine Metapher nicht nur für ihr persönliches Schicksal. Dem Vogel wird die Freiheit zwar zugestanden, aber wenn er davon Gebrauch macht, wenn er die gezogenen Grenzen überschreitet, erfährt er die Feindseligkeiten und Aggressionen jener, die diesen Schritt mißbilligen. Frauen, die die traditionellen Hilfestellungen und Dienstleistungen für den Mann verweigern und statt dessen ihr eigenes Selbst entwickeln möchten, haben dabei in der Regel nicht nur keine Unterstützung durch den Mann zu erwarten, sie haben auch mit einer – offen oder unterschwellig geäußerten – feindseligen Haltung ihrer Umgebung zu rechnen. Sie werden mit Liebesentzug und Isolation bestraft. Denn während die Frau am Mann die selbstbewußte, eigenständige und erfolgreiche Persönlichkeit liebt und schätzt, liebt und schätzt umgekehrt der Mann die Frau vor allem insoweit, als sie für ihn selbst da ist. Die Entwicklung einer weiblichen Persönlichkeit, eines weiblichen Talents interessiert ihn meist wenig, vor allem dann, wenn sie seinen eigenen Interessen zuwider läuft. Das ist eine Konstellation, der jede Frau in unserer Gesellschaft auch heute noch gegenübersteht. Diesbezügliche Bewußtseinsveränderungen, vor allem von der Frauenbewegung in den siebziger Jahren angestrebt, erreichen die eigentlichen Adressaten immer noch äußerst selten. Starke Frauenpersönlichkeiten, die sich mehr und mehr durchzusetzen beginnen, haben nach wie vor mit diesen Problemen zu kämpfen.

Eine Geschichte der Prostitution

Die Prostitution ist wahrscheinlich der deutlichste Ausdruck von Heuchelei und Doppelmoral, den das Patriarchat hervorgebracht hat. Damit die *„ehrbaren"* Frauen ihre *„Tugendhaftigkeit"* bewahren konnten, mußten die *„liederlichen"* Frauen ihren Körper verkaufen. Diese Zurichtung der Frau im Sinne pervertierter männlicher Moralvorstellungen ist über Jahrtausende hinweg zu beobachten, und auch heute noch besonders in streng patriarchalen Gesellschaften anzutreffen. Damit Männer sich einerseits den *„Besitz Frau"* sichern können, machen sie andererseits die Frau zur käuflichen Ware. Voraussetzung dafür ist der Verlust der sexuellen Autonomie der Frau und die Anhäufung von Kapital in den Händen der Männer. Aber während zumindest in den Ländern Europas und in den USA Frauen inzwischen über ihre eigene Sexualität weitgehend selbst bestimmen können, ist ihr Zugang zum Kapital nach wie vor stark eingeschränkt. Und weil die sexuelle mit der ökonomischen Abhängigkeit eng verflochten ist, verkaufen Frauen sich heute wie eh und je. Vor allem arme Frauen, Frauen aus der Dritten Welt und den sogenannten unterentwickelten Ländern sehen im Verkauf ihres Körpers oft die einzige Möglichkeit, um zu überleben. Aber auch Frauen aus dem wohlhabenden Westen glauben den Weg zum großen Geld, der ihnen im Vergleich zu Männern wesentlich schwerer gemacht wird, auf diese Art und Weise relativ problemlos zu schaffen. Interessanterweise kommt die gekaufte Frau den – heimlich oder offen – geäußerten Wünschen des Mannes häufig sehr entgegen, enthebt sie ihn doch den mühsamen und zeitraubenden Anstrengungen, die beim Aufbau einer Beziehung investiert werden müssen. Bezahlung ist ihm da oft lieber, ein sauberer *„deal"*, Gefühle sind ihm lästig, denn dem Mann, der Frauen kauft, geht es nicht um Liebe, sondern um Macht. Er möchte sich dabei in erster Linie gut bedienen lassen, daß die Frau bestenfalls heuchelt, ist für ihn von sekundärer Bedeutung. Oft auch betrügt er sich selbst, indem er sich etwas vormacht. So etwa ist die Vorstellung, daß Frauen aus lauter Geilheit und sexueller Unersättlichkeit das Gewerbe der Prostitution ausüben, wie sie vor allem im vergangen Jahrhundert anzutreffen war, völlig falsch. Keine Frau hat so wenig Freude am Sex wie die gekaufte Frau, denn ihr geht es nicht um Lust, sondern ausschließlich um Geld. Vielmehr handelt es sich hier wieder einmal um Wunschphantasien des Mannes, der sein schlechtes Gewissen auf diese Art und Weise beruhigen möchte: Die erniedrigte Frau soll noch aus ihrer Erniedrigung Lustgewinn ziehen, um den erniedrigenden Mann zu rehabilitieren. Ebenso falsch ist aus diesem Grund die Gleichstellung einer sexuell aktiven und sexuell selbstbewußten Frau mit einer Hure, wie sie heute noch vielfach üblich ist. Sie sagt lediglich etwas aus über männliches Denken, nicht über weibliches Befinden.

Daß die großen Hetären und Mätressen stets so etwas wie „*Kultfiguren*" (Gisela Breitling) gewesen sind, an denen sich die erotische Phantasie der Männer entzündete, hat also nicht nur damit zu tun, daß diese Frauen die Illusion einer „*freien*" Liebe verschafften (eine wirkliche freie Liebe, zu der auch eine freie Frau gehört, hat der patriarchale Mann nie verkraftet), sondern paradoxerweise gerade damit, daß diese Frauen gekauft und bezahlt waren. Denn damit wurden sie zu Wunscherfüllerinnen, die sich ganz nach dem Mann zu richten hatten, und deren eigene sexuelle Bedürfnisse nicht zählten. Diese, auf den Mann zugerichteten, auf ihn hin orientierten Frauen waren und sind zu allen Patriarchenzeiten jene Frauen, die vom Mann geschätzt waren. Für sie ist er bereit, auch hohe Summen auszugeben, wenn ihm dafür die Auseinandersetzung mit dem weiblichen Menschen in seiner Ganzheit erspart bleibt. Die Prostituierte, der geteilte weibliche Mensch, der sein Gefühl von seinem Verstand abgespalten hat, ist daher im eigentlichen Wertspiegel des Mannes und seiner Unfähigkeit, die Frau als ganzheitliches Wesen anzuerkennen und zu akzeptieren.

IM DIENST DER GROSSEN GÖTTIN (DIE TEMPELPROSTITUTION)

Die Prostitution, wie sie gegenwärtig in der westlichen Welt, vor allem aber im Austausch mit Dritte-Welt-Ländern floriert, ist also vor allem auf die Macht des Geldes in der Hand von Männern zurückzuführen. Frauen hätten es nicht nötig, sich zu prostituieren, wenn ihnen der direkte Zugang zum Kapital, zum Vermögen dieser Welt nicht nach wie vor weitgehend verschlossen bliebe und lediglich über den Mann – und auch dann meist nur in relativ geringem Ausmaß – geöffnet wird. Hier liegen die eigentlichen Ursachen zu jenem *„ältesten Gewerbe"*, das es keinesfalls gab, seit die Menschheit existiert, wie uns Historiker ständig glauben machen wollen, sondern das es lediglich gibt, seit das Patriarchat existiert. Es wird auch mit keinen noch so restriktiven, brutalen, Frauen zusätzlich diskriminierenden und ins Abseits drängenden Reglementierungen abzuschaffen sein, sondern lediglich mit der sexuellen und ökonomischen Gleichberechtigung der Frau. Denn eines läßt sich mit Bestimmtheit sagen: In den alten Mutterkulturen hat es den Verkauf des weiblichen Körpers nicht gegeben, denn die Sexualität der Frau war damals heilig, und das Geld war noch nicht erfunden.

Es ist auch bezeichnend, daß die frühesten Zeugnisse von *„Prostitution"*, die uns überliefert sind, gar nicht unter diesem Ausdruck subsumierbar sind, sondern von der patriarchalen Geschichtsschreibung, im patriarchalen Selbstverständnis verfälschte sakrale Handlungen waren, die im Dienst der Großen Göttin durchgeführt wurden. Die Rede ist von der sogenannten Tempelprostitution, wie sie noch bei den alten Griechen anzutreffen war, deren Ursprünge aber weit in vorgeschichtliche Zeit zurückreichen. Sie bildete einen integrierenden Bestandteil des Kults der Großen Göttin, in dem weibliche Sexualität nicht diffamiert war, sondern als fruchtbringend verehrt wurde. Der Geschlechtsverkehr mit einer der Göttin geweihten Frau, also Priesterin, hat nichts mit weltlicher Prostitution zu tun, sondern machte den Gläubigen oder Priester über die Priesterin teilhaftig an der Gnade der Großen Göttin. Die Tempelmädchen waren also ursprünglich Mittlerinnen zwischen Mensch und Gottheit, und erst in der Verfallsphase diente das Geld, das dabei gelegentlich gegeben wurde, nicht mehr dem Aufbau des Tempels, sondern es wurde zum persönlichen *„Hurenlohn"*.

Die Hauptstätten dieser sogenannten Tempelprostitution waren in griechischer Zeit dort zu finden, wo die vorgeschichtlichen matrizentrischen Kulturen ihre wahrscheinlich höchste Blüte und Ausbreitung fanden: im

Bereich der heutigen Türkei, Syriens, Irans und Iraks und des Libanon, in Ephesos, dem heutigen Izmir, am Hellespont, den heutigen Dardanellen, und auf den Inseln Kreta, Kos, Kythera, Aigina und Zypern. Aber auch in Griechenland, in Korinth, Kalydon und am Alphaios wurde dieser Kult praktiziert. Er läßt sich nach Borneman in drei Erscheinungsformen einteilen:

Erstens das sogenannte Hieros Gamos, die Paarung zwischen Priester und Priesterin, Priesterin und Gläubigen oder Priester und gläubiger Frau, wodurch die Fruchtbarmachung von Feldern und Tieren erreicht werden sollte. Es handelt sich hier um die älteste Form, die vor allem in Griechenland und Vorderasien üblich war.

Zweitens die atropäische „*Prostitution*", die in einer einmaligen Hingabe der unverheirateten Frau vor der Eheschließung bestand. Sie sollte in einer bereits patriarchalen Gesellschaft die Göttin versöhnen, deren Gesetze mit der monogamen Ehe verletzt worden waren. Nach Bachofen ist sie „*ein Opfer an die stoffliche Naturmutter, um diese mit der späteren ehelichen Keuschheit zu versöhnen...Um das Weib dauernd zu besitzen, muß es der Mann erst anderen überlassen*".

Eine Art Buße des Mannes also, die allerdings der Frau auferlegt wurde, um ihm vor der Göttin das Recht einzuräumen, sie für ihr weiteres Leben in Besitz nehmen zu dürfen. Herodot beschreibt diesen Ritus aus dem assyrischen Babylonien, wo er in seiner reinsten Form bestand:

„*Einmal im Leben muß sich jede einheimische Frau im Tempelbezirk der Aphrodite niedersetzen und sich einem Fremden zur Verfügung stellen...Wenn eine Frau sich einmal hingesetzt hat, dann steht sie nicht mehr auf, bis einer der Fremden ihr zum Zeichen seiner Wahl eine Münze in den Schoß geworfen hat, so daß sie sich mit ihm außerhalb des Heiligtums vereinigte...Er wird nie zurückgewiesen, denn das ist vom Gesetz verboten. Das Geld gehört nicht der Frau, sondern der Gottheit. Wenn sie sich dem Fremden hingegeben und dadurch die heilige Pflicht gegenüber der Göttin erfüllt hat, kehrt sie nach Hause zurück und ist nie wieder käuflich...*"

Die dritte Form der Tempel-„*Prostitution*" war die Hierodulenpaarung, bei der sich die Dienerin der Göttin mit dem Gläubigen verband, um diesem damit die Verbindung mit der Göttin zu ermöglichen. Sie wurde vor allem in Ephesos, Korinth, Abydos und Kalydon in Aitolien, aber auch auf den Inseln Kos, Zypern, Aitina und Kythera ausgeübt, wobei es spätestens zu jenem Zeitpunkt, als die Griechen die Gottesbräute durch ausländische Sklavinnen ersetzten, zu starken Verfallserscheinungen kam. Diese sogenannten Tempelsklavinnen werden von Autoren wie Strabo, Pausanias und Pindar ausführlich beschrieben und zum Teil auch bereits verächtlich gemacht[1].

Je mehr die Große Göttin aus den Kulthandlungen verdrängt wurde, und die kriegerischen, räuberischen, vergewaltigenden Vatergötter ihre Stelle einnahmen, umso mehr wurde auch die Frau als Beute empfunden, als ein Ding, das geraubt oder gekauft werden kann und das nicht mehr einer großen, allmächtigen Göttin, sondern jetzt dem Usurpator Mann zur Verfügung zu stehen hat. Der Abstieg der Priesterin zur gemeinen Hure bzw. deren gegenseitige Durchdringung zeigt sich bereits in einer Verfügung des babylonischen Königs Hammurapi, der einem Tempelmädchen bei Todesstrafe den Besuch von Schenken verbot. Hier hatte sich nämlich inzwischen die weltliche Prostitution breitgemacht, Gaststätten und Herbergen wurden mit Bordellen gleichgesetzt und jede Gastwirtin mit einer Kupplerin.

VON DER PRIESTERIN ZUR PROSTITUIERTEN (ANTIKE)

Noch im alten Griechenland war dieser Übergang von der Priesterin zur bezahlten Dirne fließend. Die Liebesgöttin Aphrodite, einst universale Schöpfergöttin, wurde hier bereits zum Objekt lüsterner Männerphantasien und mit Beinamen wie *„Hetaira"* (Hetäre), *„Porne"* (Hure), *„Pandemos"* (Allerwelthure) und *„Peribaso"* (Straßenmädchen) versehen[2]. Wobei allerdings berücksichtigt werden muß, daß diese Bezeichnungen noch nicht jenen verächtlichen Beigeschmack besaßen, der ihnen heute anhaftet.

Die Vermischung von Prostitution und Religion ist auch daraus ersichtlich, daß manche Liebhaber die Statuen großer Hetären in die Tempel setzten und Solon aus dem Ertrag der ersten Bordelle der Aphrodite einen Tempel gebaut haben soll. Auch ließen sich manche Hetären, wie etwa die berühmte Phryne bei religiösen Festen in strahlender Nacktheit als Göttin feiern, was allerdings vielen Griechen doch zu weit ging: Sie wurde aus diesem Grunde der Gotteslästerung angeklagt und vor ein Gericht gestellt.

Doch bildeten die Hetären, von der Geschichtsschreibung euphemistisch als die klügsten und natürlich schönsten Frauen Griechenlands gefeiert, lediglich die dünne, elitäre Schicht der griechischen Prostituierten. Wesentlich zahlreicher war die *„Porne"*, die kleine Hure, die in den durch eine Laterne oder ein Phallussymbol gekennzeichneten Bordellen vornehmlich im Hafen Piräus, im Karameikos, dem Töpferviertel, im Leokoreion und im Heróon des Kalamites am Alten Markt ihrem Gewerbe nachging[3]. Auch in den Wirtshäusern und Schenken des Hafenviertels arbeiteten Prostituierte. Sie wurden ebenso wie die Bordellhuren von den *„Agoranomon"*, den Hurenaufsehern, kontrolliert, die auch ihren Höchst- und Mindestlohn festsetzten, während der *„Pornotelones"*, der Hurenzinspächter, jährlich den Hurenzins einhob. Er war bei den Dirnen verhaßt, weil er durch immer neue Verordnungen die Geldstrafen zu vermehren verstand oder neue vorschrieb. Erpressungen der Steuerbehörde gehörten zur Tagesordnung, und weil die Abgaben so ertragreich waren, zeigte sich die Steuerbehörde durchaus daran interessiert, die Zahl der Prostituierten möglichst hoch zu halten bzw. diese am Abwandern zu hindern[4]. Auch um einen Gewerbeschein mußten Dirnen und Bordellwirte ansuchen, wie sich ja überhaupt die Organisation dieses Gewerbes wenig von der heutigen unterschied. Das wußte schon der weise Solon, wie sich aus dem Geschäft mit der Liebe Geld schlagen ließ, auch wenn die ersten, von ihm gegründeten Staatsbordelle im sechsten vor-

Liebespaar.
Solche und ähnliche erotische Darstellungen sind häufig in der griechischen Vasenmalerei anzutreffen.

christlichen Jahrhundert nach offizieller Version dazu dienten, die ehrbaren Athenerinnen vor den Nachstellungen fremder Seefahrer und Händler zu schützen, die damals in großer Zahl Athen überschwemmten.

Bald jedoch war die gewerbliche Prostitution allgemein anerkannt und bildete einen integrierten, unverzichtbaren Bestandteil der griechischen Gesellschaft. (Interessant ist, daß es in Sparta keine Prostitution gab, wofür erstens die Gleichberechtigung der Frau, zweitens jedoch das weitgehende Fehlen von Privateigentum verantwortlich gemacht wird.)

Die Mädchen waren meist landfremde Sklavinnen, Freigelassene oder Töchter von Nichtbürgern. Immerhin war im griechischen Staat, der sich um die Tugend seiner Frauen so sehr sorgte, daß er sogar eigene Frauenaufseher, Gynäkonomen, bestellte, die aufzupassen hatten, daß keine Frau ohne Begleitung einer Dienerin das Haus verließ, gleichzeitig jeder verarmte Vater berechtigt, seine Töchter in die Prostitution zu verkaufen[5]. Auch Findelkinder, die ja besonders häufig Mädchen waren, wurden von Kupplerinnen aufgenommen und zu Prostituierten ausgebildet. Überliefert ist hier etwa die Geschichte einer gewissen Nikarete, einer ehemaligen Sklavin, die Kinder entweder auf dem Sklavenmarkt kaufte oder aber Findelkinder vom Altar des Mitleids holte, um sie zu Hetären auszubilden. Demosthenes schreibt über sie:

„Nikarete, eine Freigelassene des Eleers Charisius, Gattin seines Kochs Hippias, kaufte sieben Mädchen in zarter Kindheit, denn sie hatte ein ausnehmendes Talent, die Eigenschaften und Reize solcher Kleinen zu erforschen, und war nicht weniger geschickt, sie zu erziehen und heranzuziehen, indem sie dies förmlich als eine Kunst betrieb und von diesem Gewerbe ihren Unterhalt bezog.“[6]

Später hat sie die Mädchen allesamt verkauft und sich ein ansehnliches Vermögen dadurch verschafft. Bekannt wurde dabei vor allem Neira, die von zwei Männern gemeinsam erworben wurde, sich jedoch später freikaufen konnte, worauf sie einem Zuhälter in die Hände fiel, der sie zusammen mit ihren vier Kindern zum Geschlechtsverkehr anbot, um die Freier nachträglich zu erpressen. Doch glang es ihr, abermals zu entkommen, nachdem sie ihre Tochter Phano an einen einflußreichen Athener verkuppelte, der sie aus dieser Zwangslage befreite.[7]

Ganz so glanzvoll war also auch das im allgemeinen vielbeneidete Hetärenschicksal nicht. Noch viel schlechter jedoch hatten es die Mädchen in den staatlichen Bordellen. Sie wurden entweder nackt oder in durchsichtigen Gewändern dem Besucher vorgeführt, der sich dann für eine von ihnen entscheiden konnte. Der Komödiendichter Xenarchos ist von dieser Fleischbeschau recht angetan:

„Man kann sie anschauen, wie sie mit entblößten Brüsten in Florgewändern der Reihe nach aufgestellt sich in der Sonne vorführen. Jeder kann sich die aussuchen, die ihm am besten gefällt – eine Dünne, eine Dicke, eine Runde, eine Lan-

ge, eine Krumme, eine Gerade, eine Junge, eine Alte, eine Unreife, eine Reife..."[8]

Im allgemeinen war der Grieche mit dieser Lösung seines Sexualproblems also durchaus einverstanden, bezahlte Dirnen sollten ihn für die verbotene Liebe mit der „*anständigen*" Frau entschädigen:

„*Wer verstohlen nach verbotenem Bette ausspäht, ist der nicht von allen Menschen der unglücklichste?*" heißt es im Lustspiel „*Nannion*"[9]. Die Zufriedenheit des griechischen Mannes ist auch verständlich angesichts des diesbezüglichen Angebots, das ihm zur Verfügung stand. Bereits die Prostituierten ließen sich in drei verschiedene Gruppen aufteilen: Erstens die Dikteriaden, wie die Insassinnen der Bordelle genannt wurden. Sie bildeten die niedrigste Gattung der käuflichen Frau, hatten keine Möglichkeit der Wahl, sondern mußten jedem Bewerber gefällig sein, waren steuerpflichtig und hatten um eine besondere Erlaubnis zu bitten, wenn sie die Grenzen Athens überschreiten wollten. Etwas Besseres waren bereits die Auletriden, Flötenspielerinnen, Tänzerinnen und Schauspielerinnen, die bei Gelagen und Festen aufspielten und großen Wert darauf legten, unter ihrem Berufsstand registriert zu werden, um damit der Dirnensteuer zu entgehen. Und drittens die Hetären, die das erträumte und ersehnte Ziel jeder Prostituiertenlaufbahn darstellten. Aber damit war die Auswahl, die dem griechischen Mann geboten wurde, keinesfalls erschöpft. Denn daneben hatte ihm noch jede Haussklavin sexuell zur Verfügung zu stehen, außerdem konnte er sich eine Konkubine nehmen, die er, sobald sie ihm lästig war, weiter verschachern durfte, und natürlich gab es noch eine große Auswahl schöner Knaben, deren er sich nur zu bedienen brauchte.

Die Knabenliebe im alten Griechenland verdient eine gesonderte Betrachtung, ist sie doch auffälliger Ausdruck der Misogynie, der Frauenfeindlichkeit, wie sie für die griechische Gesellschaft charakteristisch ist. Der Liebe zu einem Knaben kam demnach meist eine höhere Bedeutung zu als jener zu einer Frau, sie war es vor allem, der nicht nur sexuelle, sondern auch geistig-seelische Bedeutung beigemessen wurde. Xenophon etwa erklärt im ersten Kapitel seines „*Hiero*" ausdrücklich, daß die Knabenliebe der Liebe zu Frauen vorzuziehen sei. Auch bei Plato ist die Liebe als körperliche und geistige Gemeinschaft ausschließlich die Liebe des Mannes zum Knaben[10], eine Auffassung, die nicht nur das gesamte Sexualverhalten, sondern auch die Kunst maßgeblich beeinflußt hat. Die Statue des griechischen jungen Helden wirkt erotisierend, sie verkörpert in gewisser Weise ein androgynes Ideal, während umgekehrt die Frauendarstellungen dem männlichen Schönheitsideal angeglichen werden. Der Kunstforscher H. Lechat etwa behauptet, die griechischen Frauenskulpturen seien „*Männer mit weiblichen Gesichtern und Genitalien*"[11], und auch bei den archaischen Statuen geben oft nur Kleidung und Frisur darüber Auskunft, ob es sich um eine Frau oder einen Mann handelt. Auffallend ist vor allem bei Männerstatuen die häufig starke Modellierung der Hinterpartien, war doch das Hinterteil vor allem für den Päderasten interessant. Eine besondere Betonung der Hinterbacken finden wir jedoch nicht nur bei männlichen, sondern auch bei weiblichen Skulpturen. Weil nämlich ihr Geschlechtsorgan im Selbstverständnis der Griechen noch weit minderwertiger erschien als der Anus des Mannes, war Analverkehr auch die mit der Frau häufig durchgeführte Form der geschlechtlichen Vereinigung. Tatsächlich finden wir etwa auf Vasenmalereien auffallend viele derartige Darstellungen, und das Hinterteil der Frau wurde von ihrem Liebhaber oft besonders euphorisch besungen. *„Ganz unsagbar schön ist ihr Popo"*, meint in der *„Lysistrata"* des Aristophanes der Lakonier begeistert, und im *„Frieden"* sagt der Knecht: *„Das Mädchen ist gebadet, schön und blank ist ihr Popo."*[12]

Worüber uns die griechische Literatur und Kunst aber sicherlich am besten informiert, ist das Leben und Treiben der Hetäre. Sie ist in die Geschichte eingegangen als strahlende Verkörperung der nicht nur schönen, sondern auch klugen griechischen Frau. Sie ist es gewesen, die etwa ab dem vierten vorchristlichen Jahrhundert den weiblichen Akt salonfähig machte (bis zu diesem Zeitpunkt war Nacktheit ein männliches Privileg, gab es doch keine ehrbare Athenerin, die einem Künstler unbekleidet Modell gesessen hätte), und sie hat in den zahlreichen Statuen überlebt, die wir heute in den Museen bewundern. Hetären waren auch die einzigen Frauen, die frei über ihr Vermögen verfügen durften. Daß viele von ihnen wirklich reich waren, steht außer Frage. Ihre in der griechischen Literatur häufig beklagte Habsucht ist jedoch wohl auf Existenzangst zurückzuführen: Im Alter, wenn die Schönheit dahin war, sank oft selbst die berühmteste Hetäre in Armut und Not.

Prostituierte kleideten sich im allgemeinen exquisit. Sie bevorzugten bunte, duftige Gewänder, die den ehrbaren Frauen verboten waren. Außerdem färbten sie ihre Haare blond oder trugen eine blonde Perücke, liebten kräftige, weiße und rote Schminke und untermalten die Augen mit verschiedenen schwarzen Tönungen. Schmuck zu tragen, war ihnen hingegen verboten, auch Goldschmuck, der lediglich auf Kleider gesetzt war, wurde ihnen häufig untersagt[13].

Es gibt eine Fülle zeitgenössischer Hetärenliteratur, und es sind uns zahlreiche Namen von Hetären überliefert. Hetärenschicksale erwecken heute noch historisches Interesse, wobei jedoch nur allzuoft eine kluge Aspasia schlechter abschneidet als etwa die rein sinnliche, vornehmlich auf die Wirkung eines schönen Körpers bauende Phryne.[14] Der Verstand der Aspasia, noch von modernen Autoren vielfach heruntergespielt[15], war erst recht den alten Athenern ein Dorn im Auge. Der Ruf einer Hetäre, einer *„milesischen Hure"*, wurde ihr möglicherweise angedichtet, weil eine Frau, die einen Kreis von Philosophen um sich gebildet hatte, als deren Schüler sich der um 30 Jahre ältere, berühmte Perikles bezeichnete, und zu deren Füßen ein Sokrates saß, als so ungeheuerlich betrachtet wurde, daß hier entsprechende Gegenmaßnahmen dringendst geboten schienen. Aspasia, die zweifellos die bedeutendste Frau dieser Zeit war, wurde der Gotteslästerung und Kuppelei angeklagt und außerdem das Gerücht in Umlauf gesetzt, sie habe den Krieg zwischen Samos und Athen angestiftet. Ihre Ehe mit Perikles, der große Mühe hatte, sie vor dem Ansturm ihrer Feinde zu schützen, wurde als Konkubinat dargestellt und allenthalben auf den schlechten Einfluß verwiesen, den sie auf ihn ausüben würde. Vor Gericht hat sie kein geringerer als Sokrates verteidigt, an dessen Grab sie dann zum Dank die Leichenrede gehalten haben soll[16].

Ganz anders veranlagt scheint die nicht weniger berühmte, ehrgeizige Phryne gewesen zu sein, auch sie angeklagt der Gotteslästerung und von dem berühmten Rhetor Hypereides, einem ehemaligen Liebhaber, verteidigt. Daß Phryne weniger auf ihren Verstand als auf ihre körperlichen Reize setzte, war ihr Schaden nicht. Nachdem Hypereides vergeblich versucht hatte, die versammelte Geschworenengruppe von ihrer frommen, priesterhaften Einstellung zu überzeugen, riß er ihr in aller Öffentlichkeit die Kleider vom Leib und zeigte sie in *„göttlicher"* Nacktheit dem Kollegium. Es ist bezeugt, daß dieses sich davon so sehr beeindrucken ließ, daß Phryne freigesprochen wurde. Damals herrschten eben andere, heute schwer verständliche Gesetze. Schönheit hatte offenbar mit Unschuld zu tun, und daß Phryne sich bei religiösen Festen wie den Eleusinischen Mysterien ebenso wie bei den Feiern für Neptun und Venus den Gläubigen nackt gezeigt hatte, schien damit gerechtfertigt. Der Ehrgeiz dieser Frau, die, in Armut und Elend hineingeboren, später mit den berühmtesten Männern ihrer Zeit Umgang pflegte – Praxiteles soll nach ihr die Aphrodite von Knidos gestaltet haben –, wird vor allem an ihrem Angebot deutlich, die von Alexander dem Großen zerstörten Stadtmauern von Theben aus eigenen Mitteln aufbauen zu lassen. Allerdings sollten sich die Stadtväter verpflichten, eine Tafel anbringen zu lassen mit der Inschrift *„Zerstört von Alexander, wiederaufgebaut von Phryne, der Hetäre"*. Dieses Ansinnen der ruhmessüchtigen Phryne scheiterte jedoch am Widerstand der Stadväter: Sie warteten lieber zwanzig Jahre, bis ihnen 315 der Diadoche Kassandros, der später die Stadt Saloniki gründete, mit athenischer Hilfe eine neue Stadtmauer baute[17].

Zahlreiche weitere Namen von Hetären sind uns überliefert, die teilweise auch schriftstellerisch hervorgetreten sind, wie etwa Leontion, die Geliebte des Philosophen Epikur, oder Philainis, die das erste Lehrbuch der Liebe verfaßt haben soll. Auch einer Elephantis wird ein derartiges Lehrbuch zugeschrieben, das allerdings verloren gegangen ist. Viel häufiger jedoch wurden Hetären von ihren Liebhabern verewigt, in den *„Hetärengesprächen"* des Lukian beispielsweise, den Hetärenbriefen des Alkiphron, den „*Erotischen Briefen*" des Aristainetos und den „*Mimjamben*" des Herondas. Daneben begegnen wir Hetären in zahlreichen Lustspielen, Komödien und „*operas*"[18].

Ursprünglich stammten die Hetären aus Kleinasien und den benachbarten Inseln, wo der Einfluß alter Mutterkulturen noch stärker war als im vaterrechtlichen Griechenland und daher die Frauen auch noch Reste ihrer einstigen Freiheit und Selbständigkeit bewahrt hatten. Später hat sich das Hetärenwesen auch in Attika entwickelt. Aus dem ägyptischen Xanthos kam die älteste bekannte Hetäre Doricha, die eigentlich Rhodopis hieß und die Geliebte von Sapphos Bruder gewesen war. Sie wurde durch die erbitterten Klagen Sapphos berühmt, die Doricha heftig angriff, weil der Bruder Unsummen für deren Freilassung bezahlt hatte. Aus Milet stammte neben Aspasia auch Plangon, die Archilochos in einem Epigramm für ihre Großmut und Freigiebigkeit pries. Berühmte Hetärenschulen gab es in Korinth, so jene der bereits erwähnten Nikarete. Eine weitere Nikarete kam aus Megara, sie war eine Schülerin des Philosophen Stilpon und gehörte zu den wenigen Hetären, die adeliger Herkunft waren[19]. Auch Glykera, die Geliebte des Dichters Menander, war in Megara geboren, wo sie Harpalos, der ehemalige Schatzmeister Alexander des Großen, kennenlernte. Er entführte sie nach Tarsos, wo er sie in die Königsburg einschloß und als Königin verehren ließ. Noch zu ihren Lebzeiten wurde dann für sie in der syrischen Stadt Rhossos eine bronzene Bildsäule errichtet[20]. Eine ebensolche Unsterblichkeit bereitete Harpalos einer weiteren Geliebten, Pytionike, der er nach ihrem Tode nicht weit von Eleuis, dem bedeutendsten Heiligtum der Griechen, ein riesiges Grabmal in Form eines Tempels erbauen ließ[21]. Auch König Ptolemaeus Philadelphas von Ägypten errichtete seiner Mätresse Belistiche in Alexandrien Heiligtümer und Tempel mit der Inschrift: „*Der Aphrodite Belistiche heilig.*"[22]

Die Prostitution in Griechenland spiegelt also deutlich jene seltsame Mischung von vaterrechtlicher Misogynie und alten Mutterkulten wider, wie sie für die griechische Gesellschaft charakteristisch war. Diese Verbindung von Sex und Religion, die Frauen, die ihre Liebe verkauften, zu einem Ansehen verhalf, wie sie es später nie mehr erreichten, hat es im späteren Rom nicht mehr gegeben.

Die Huren Roms

Hier besuchte der Mann die Bordelle bei einsetzender Dunkelheit und mit verhülltem Haupt. Denn Prostitution war in Rom ein wesentlich anrüchigeres Gewerbe als in Griechenland, in der späteren Kaiserzeit war sie

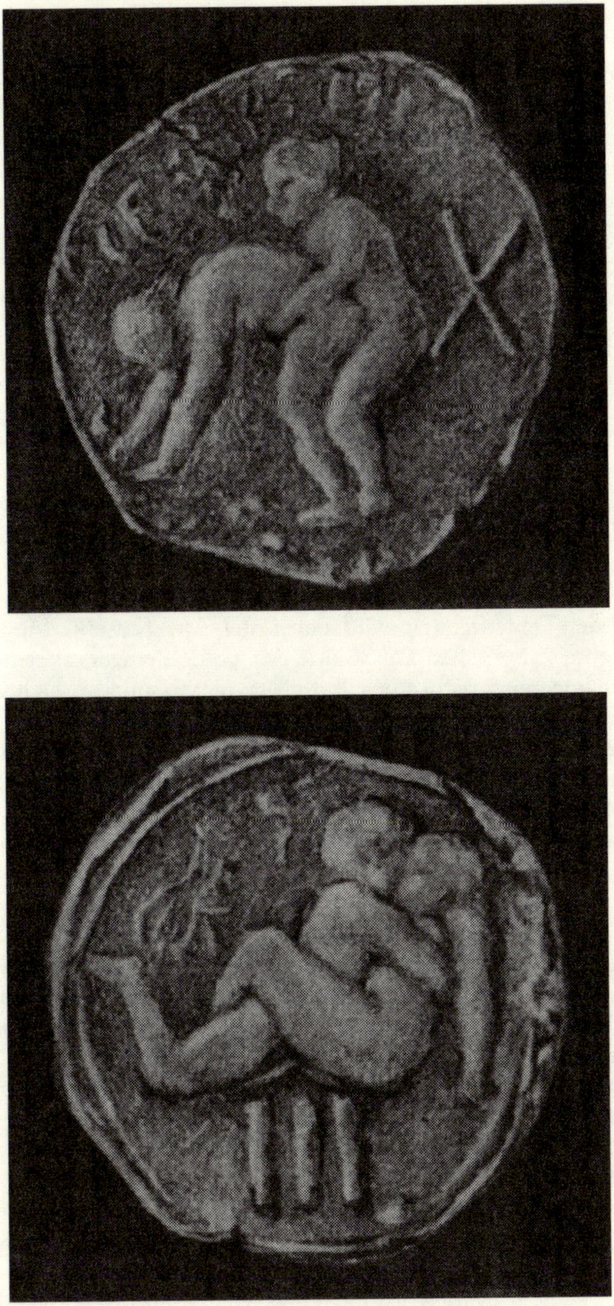

Zwei altrömische Bordellmarken mit Darstellung des Coitus.

auch verboten. Die Prostituierten mußten sich strengeren Reglementierungen unterwerfen, wie etwa einer Kleidervorschrift, die es in Griechenland nicht gegben hat. Sie hatten die Stola der ehrbaren Frau mit der kürzeren Tunica zu vertauschen, über die eine dunkle Toga angelegt wurde – interessanterweise eine Kleidung ähnlich jener, die die Männer trugen. Auch einen neuen Namen mußte die römische Prostituierte annehmen, der dann über die Türe der Bordellzelle angeschrieben wurde, wie wir von Ausgrabungen in Pompei wissen. Die engen, höhlenartigen Räume im *„Vicolo del Lupanare"* mit ihren gemauerten Betten geben einen erschütternden Einblick in die Bedingungen, unter denen diese Mädchen zu arbeiten gezwungen waren. Sie hatten den Spitznamen *„Wasseruhr"*, weil ihre Kunden nur so lange bleiben durften, bis die Wasseruhr abgelaufen war[23]. Überwacht wurden die Prostituierten durch die Aedilen, bei denen sich die Dirnen auch melden mußten, um die sogenannte *„licentia stupri"*, die Konzession zur Ausübung dieses Gewerbes, zu erlangen. Daß sich auch freie Römerinnen bei den Aedilen eintragen ließen, um für ihr Liebesleben nicht verfolgt zu werden, wurde bereits erwähnt. Auch, daß die Römerin vor allem der späteren Kaiserzeit generell eines sittenlosen Lebens angeklagt wurde. Als Ausbund der Liederlichkeit wird dabei stets die Kaiserin Messalina genannt, die im kaiserlichen Palast eine Art Bordell eingerichtet haben soll, wo sie sich angeblich nicht nur selbst prostituierte, sondern auch vornehme Patrizierfrauen verkuppelte.

Um die noch nicht reglementierten Prostituierten ausfindig zu machen, wurden auch häufig Razzien durchgeführt. Die heutige Organisationsform geht also auf römisches Recht zurück. Männliche Prostituierte, die es – ebenso wie in Griechenland – auch in Rom gegeben hat, waren von diesen Gesetzen ausgenommen[24].

Auch die römische Prostitution war anfangs völlig auf Sklaverei aufgebaut. Die Sklavenmärkte befanden sich meist im Zentrum einer Stadt, wo Mädchen, aber auch Knaben in schmierigen Buden öffentlich ausgestellt und feilgeboten wurden, wie Dion von Prusa ausführlich schildert[25]. Die bessere Menschenware konnte dabei in geschlossenen Verkaufsabteilungen besichtigt werden, das gewöhnliche Sklavenmaterial jedoch wurde auf einem drehbaren Gestell, der *„catasta"*, oder auch auf einer Steinplatte ausgestellt, um eine eingehende Besichtigung zu ermöglichen[26].

„Nackt stand sie auf dem Sklavengestell, so daß die Käufer sie inspizieren konnten. Alle Teile ihres Köpers wurden besichtigt und angefühlt",

schreibt der ältere Seneca[27] (54 v. Chr. bis 39 n. Chr.). Dieser berichtet auch, daß die Prostitution in seiner Zeit von drei Gruppen von Frauen ausgeübt wurde: von Bürgerinnen, die von ihren Vätern und Gatten in die Sklaverei verkauft worden waren, von Sklavinnen, die Bordellbesitzern, und von Ausländerinnen, die auf dem öffentlichen Sklavenmarkt in Rom

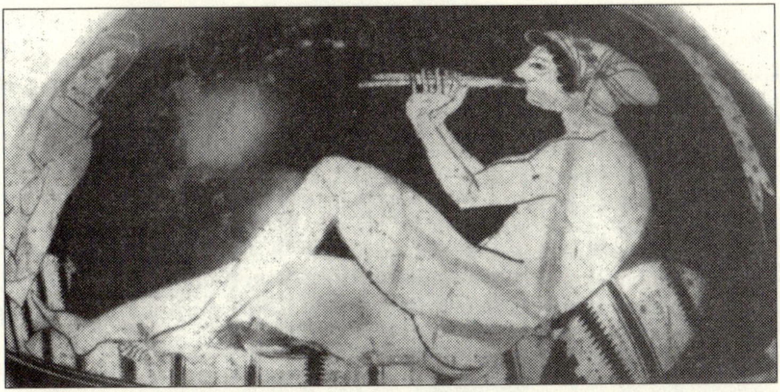

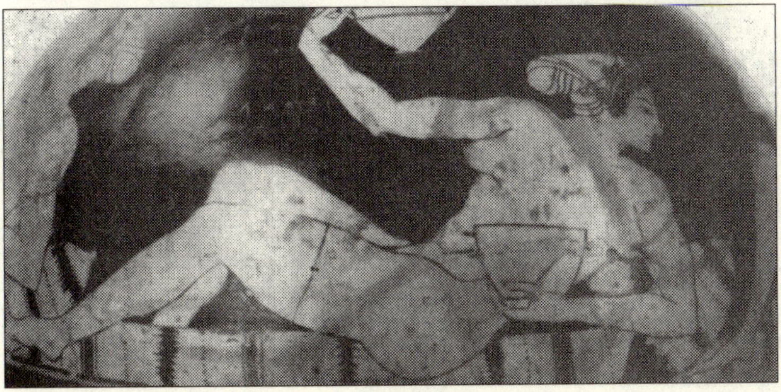

Hetären beim Symposion, Vasenmalerei.
Die Hetäre, die griechische Edelprostituierte, ist in die Geschichte eingegangen als nicht nur schöne, sondern auch kluge und relativ freie Frau. Ihr verdanken wir auch die zahlreichen weiblichen Aktbilder der griechischen Antike, denn eine ehrbare Athenerin wäre niemals unbekleidet Modell gesessen.

angeboten wurden. Unter Kaiser Trajan (98–117 n. Chr.) soll es in Rom 32.000 Dirnen gegeben haben[28]. Sie wurden eingeteilt in die meretrices, die eigentlichen Bordellhuren, die sich um 5 Uhr nachmittag in die lupanare (Bordelle) begaben, Steuern zahlten und, wenn möglich, nicht mit der Polizei in Konflikt kommen wollten. Weiters die famosae, häufig Frauen aus besseren Familien, die mehr oder weniger zufällig in dieses Gewerbe geraten waren. Die delicatae, meist hübsch und jung, hatten die größte Chance, einen vermögenden Liebhaber zu finden. Hingegen waren die doriden dafür bekannt, daß sie sich nackt vor ihren Türen anboten. In den alicariae werden die letzten Nachkommen der sogenannten Tempelprostituierten vermutet: Sie verbanden Prostitution mit der Herstellung und dem Verkauf von Opferbroten für den Dienst an Venus und Priapus, den beiden ursprünglich griechischen Liebes- und Fruchtbarkeitsgöttern. Den Totengöttern verbunden fühlten sich jedoch die bustuariae, die ihr Gewerbe auf den großen römischen Friedhöfen ausübten[29].

Es lassen sich also auch in der römischen Prostitution noch Spuren zu ursprünglichen, religiösen Wurzeln zurückverfolgen. Interessanterweise verkleideten sich Dirnen in der christlichen Zeit häufig als Nonnen, so daß die Kaiser Theodosius (379–395 n. Chr.) und Honorius (395–423 n. Chr.) einen Erlaß formulierten: „*Schauspielerinnen und solche, die aus dem Körper Geschäft machen im Kleid solcher Jungfrauen, die Gott geweiht sind, dürfen diese Kleidung nicht benutzen.*“[30]

Etwas früher, zur Zeit der Christenverfolgung des Diokletian (303 n. Chr.) hingegen, wurden Frauen, die zum Christentum übergetreten waren, häufig zur Strafe in ein römisches Bordell gesteckt. Georgios Kedrenos berichtet über eine christliche Jungfrau, die ihre Kunden mit der Behauptung verscheuchte, sie müsse auf die Abheilung eines Genitalulkus warten.

Allgemein üblich war in Rom auch die Badeprostitution. Sie erreichte ihren Höhepunkt mit der Einführung des Familienbades, das Frauen und Männern das gemeinsam Baden gestattete. Die Ruhezellen waren extra für diesen Zweck eingerichtet, käufliche Mädchen und Knaben standen zur Verfügung oder wurden von den Badegästen mitgenommen. Auch Frauen war es erlaubt, sich von Bediensteten „*massieren*“ zu lassen[31].

Natürlich gab es in Rom ebenso wie in Griechenland eine Kinderprostitution. Vor allem bejahrte Besucher der lupanare bevorzugten vielfach kleine Mädchen. Daß Prostituierte häufig schon als Kinder diesem Gewerbe nachgingen, beweist der Bericht des römischen Welt- und Lebemannes Petronius, eines Günstlings Neros, den die Anpreisung eines siebenjährigen Mädchens empört haben soll, worauf die Kuppelmutter Quartilla antwortete:

„So? Ist sie etwa jünger, als ich es war, als ich den ersten Mann auf mich nehmen mußte? Der Zorn der Juno komme über mich, wenn ich mich drauf besinnen

kann, jemals Jungfrau gewesen zu sein. Schon als Kleinkind wurde ich von Knaben und älteren Männern mißbraucht."[32]

Das sadistische Ritual der Entjungferung, das auch im 19. Jahrhundert einen besonderen Stellenwert besaß, wurde in den römischen Bordellen als Fest gefeiert. Jungfräuliche Mädchen wurden von den Bordellwirten geschmückt, schön gekleidet und zu höheren Preisen angeboten. Ein Kranz oder Lorbeerzweig, der außen am Haus angebracht war, sollte dieses Ereignis jedem Vorbeikommenden bekanntmachen. Der Entjungferer hingegen wurde als großer Held gefeiert und mit diesem Lorbeer bekränzt[33].

Nach Plantus und dem älteren Seneca soll es im alten Rom auch zahlreiche lesbische Frauen gegeben haben, die zum Teil lesbische Prostitution ausübten. Doch wurde die homophile Prostitution in Rom bereits im dritten vorchristlichen Jahrhundert durch die „*Lex Scantinia*" bekämpft[34].

Cato, der strenge Sittenwächter, betrachtete ebenso wie Solon Prostitution trotzdem als durchaus nützliche Einrichtung, um die Tugendhaftigkeit der Ehefrauen zu wahren. Spätere Kaiser hingegen versuchten sie durch Verfügungen zu erschweren bzw. einzudämmen. Vespasian etwa hob das Recht des Herrn auf, seine Sklavin in die Prostitution zu schicken, um auf diese Art und Weise für ihn Geld zu verdienen, und Augustus verbot die Verkuppelung der Ehefrau durch den Ehemann. Tiberius (19 n. Chr.) untersagte allen Frauen die Prostitution, deren Großvater, Vater oder Mann zu den Equites gehörten. Ihnen drohte die Verbannung. Weitere Verordnungen späterer Kaiser schränkten die Rechte der Dirnen ein, so etwa durften sie keine Erbschaften antreten, wurde ihnen die Sänfte entzogen und ihr Name öffentlich bekanntgegeben. Die christlichen Kaiser Theodosius der Jüngere und Valentinian verfügten körperliche Züchtigung, Verbannung und Zwangsarbeit für jede Art der Kuppelei, und noch später wurde die Prostitution generell verboten. Jede Prostituierte des niedrigen Standes sollte mit Verbannung und Zwangsarbeit gestraft werden, gehörte sie dem höheren Stande an, wurde ihr Vermögen eingezogen[35].

Daß alle Verbote kein Ergebnis zeigten, sondern diese Frauen lediglich neuerlich ins Abseits drängten und ihre Lage wiederum verschlechterten, ist bekannt. Die Wirkungslosigkeit und Ergebnislosigkeit dieser Verordnungen liegt in der Struktur einer vaterrechtlichen Gesellschaft, die Männern Macht und Geld gab – und gibt –, um damit über die Sexualität von Frauen zu verfügen. Ob sich auch Frauen bei geänderten Geld- und Machtverhältnissen Männerbordelle einrichten und Männer für sich auf den Strich schicken würden, bliebe abzuwarten.

ZWISCHEN ÄCHTUNG UND ANERKENNUNG (MITTELALTER)

Unter dem zunehmenden Einfluß des Christentums wurde die Prostitution also nicht abgeschafft, sie wurde lediglich in den Untergrund gedrängt mit elenden, die Prostituierten diskriminierenden Bedingungen. Die große Hetäre der Antike, die einen bestimmten Lebensstil verkörperte und zumindest in Ansätzen eine freie Frau war, gab es nicht mehr. An ihre Stelle trat die kleine, dreckige und bejammernswerte Hure, die zwar verachtet wurde, für das Funktionieren der Gesellschaft aber trotzdem notwendig war. Denn wer sollte sonst dem unverheirateten Mann die zwar verwerfliche, nichtsdestoweniger aber notwendige Triebentladung ermöglichen, für die die ehrbare Frau, ob verheiratet oder nicht, keinesfalls zur Verfügung stand.

Die Duldung der Prostitution als kleineres Übel durch die katholische Kirche stützte sich auf Augustinus, der in mehreren, bildhaften Aussprüchen seine diesbezügliche Ansicht kundtat. Die Prostitution, so meinte er, besitze eine gewisse Reinigungsfunktion, denn

„Dirnen in der Stadt gleichen den Abwasserrinnen im Palast, nimmst du sie heraus, so stinkt das ganze Schloß."[36]

Diese Einstellung, die später von anderen Kirchenvätern übernommen wurde, prägte nicht nur das gesamte mittelalterliche Prostitutionswesen, sondern ist ganz generell für die Einstellung gegenüber Prostitution charakteristisch, die stets jenes sonderbare Stigma eines einerseits notwendigen, andererseits jedoch verächtlichen Gewerbes besaß.

Aus der germanischen Frühzeit sind uns nur wenige Hinweise bekannt. Ein organisiertes Prostitutionswesen gab es damals nicht, doch dürften die Frauen des fahrenden Volkes, Tänzerinnen, Gauklerinnen, Schauspielerinnen, die im allgemeinen als rechtlos und unehrlich galten, den diesbezüglichen Bedarf befriedigt haben. Schon in der „*Constitutio*" des Frankenkönigs Childebert um 554 n. Chr. wird den Tänzerinnen verboten, an heiligen Tagen wie Ostern, Weihnachten und anderen Festtagen sowie am Sonntag öffentlich aufzutreten[37]. Trotzdem wurden diese Schaustellerinnen bald zu einem unverzichtbaren Bestandteil von Hochzeiten, Gastmählern und Volksfesten, was als eine direkte Bedrohung der Sittlichkeit der dabei anwesenden honorigen Gäste, insbesondere des geistlichen Stands, aufgefaßt wurde. Das Konzil zu Aachen erließ daher im Jahr 816 eine Order, der zufolge Geistliche bei Hochzeiten nur so lange bleiben durften, bis die Tänzerinnen und Musikerinnen kamen, dann sollten sie aufstehen und das Haus

Hurnweibel mit Dirne. (Holzschnitt von Hans Döring für des Graf Reinhart zu Solms

Hurenweibel und Dirne.
Holzschnitt von Hans Dörin für des Graf Reinhart zu Solms
Kriegsbeschreibung 1545.

verlassen. Ähnliche Warnungen vor den Verlockungen der Spieldirnen enthalten die Kapitularien der königlichen Satzungen Karls des Großen (768–814)[38].

Die ersten Strafbestimmungen gegen öffentliche Huren finden sich aber bereits im westgotischen Gesetzbuch „Leges Visigothorum":

„Wenn ein freigeborenes Mädchen oder eine verheiratete Frau in der Stadt öffentlich Unzucht treibt und als Prostituierte festgestellt...wird...so soll ein derartiges Weib vom Stadtgrafen festgenommen und mit dreihundert Geißelhieben öffentlich ausgepeitscht werden."

Bei Rückfall wurden abermals dreihundert Stockhiebe angeordnet, worauf sie einem Armen als Sklavin übergeben und auf ewig aus der Stadt vertrieben werden sollte[39].

Derartig schwere Bestrafungen zeigen deutlich das Ausmaß der Verachtung und Verfolgung, dem eine Frau, die freien Geschlechtsverkehr oder Prostitution betrieb, im frühen Mittelalter ausgeliefert war. Noch unter Karl dem Großen und seinen Nachfolgern war Prostitution verboten. In der Zeit der Babenberger standen Prostituierte außerhalb des Gesetzes: Jedermann durfte sie beleidigen, schlagen, notzüchtigen und auch ermorden, ohne daß er dafür zur Rechenschaft gezogen wurde[40].

Später sollte dann das Konkubinat, das sich aus der Antike erhalten hate, abgeschafft werden. (Der Konkubine, vor allem aber den Konkubinenkindern wurden von Justinian im 6. nachchristlichen Jahrhundert weitgehende Rechte eingeräumt.) Das erwies sich allerdings als nicht durchführbar, handelte es sich dabei doch um eine anerkannte Einrichtung, die erst durch die kirchliche und weltliche Gesetzgebung des 16. Jahrhunderts verboten wurde[41].

Während mittelalterliche Gesetzbücher wie Sachsen- und Schwabenspiegel Ehebruch durch Enthauptung bestraften[42], ordnete Friedrich I. Barbarossa 1158 bei seinem zweiten Zug nach Italien an, daß jedem, der *„ein Weib in seinem Quartier"* habe, die Rüstung weggenommen und er selbst exkommuniziert werden solle. Der Frau sollte die Nase abgeschnitten werden[43]. Dessen ungeachtet wurden die Heere der Kreuzfahrer bereits von einem Dirnentroß begleitet, wie er in dieser Form bis zum Ende des 30jährigen Krieges bestand. Bei der Belagerung von Neuß (1474/75) durch Karl den Kühnen sollen 4.000 Dirnen im Heer gelebt haben, die auf Befehl des Herzogs auch zu Schanzarbeiten herangezogen wurden. Es wird berichtet, daß sie ein Fähnlein bekamen, auf dem eine Frau gemalt war, und täglich unter Pfeifen- und Trommelwirbel auszogen. Wöchentlich hatten sie einen Pfennig dem sogenannten Hurenweibel zu entrichten, dem die Aufsicht übertragen war.

Im 12. Jahrhundert scheinen dann in Italien und Frankreich die ersten, amtlich registrierten sogenannten Frauenhäuser auf, in Deutschland und

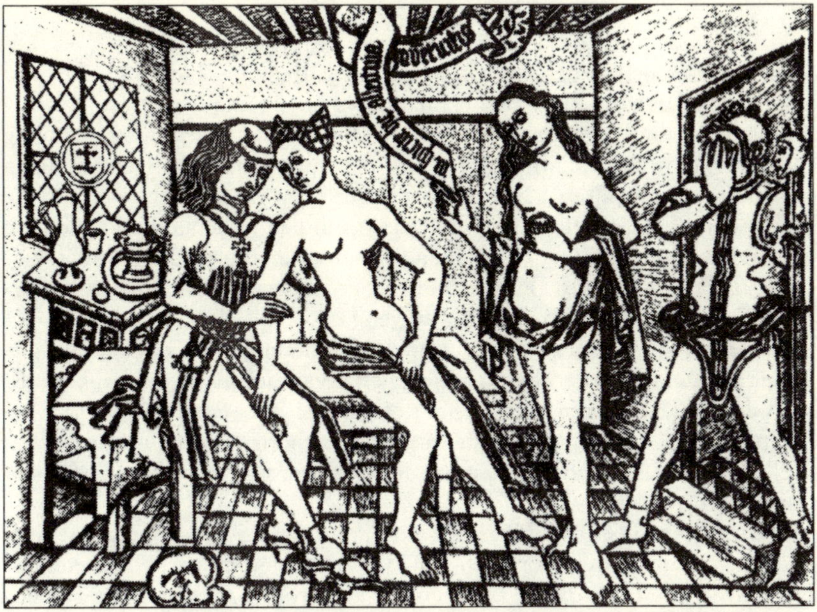

Meister der Bandrollen: Mittelalterliches Frauenhaus.
Holzschnitt 15. Jh. Im hohen und späten Mittelalter galten die Bordelle, die sogenannten Frauenhäuser, als befriedete Orte. Die Prostitution war zünftisch organisiert, die Prostituierten waren mit einem Gewerberecht ausgestattet und besaßen eine gewisse Alters- und Krankenversorgung.

Italien gibt es sie erst ab dem 13. Jahrhundert. In Wien findet sich die erste urkundliche Erwähnung eines Frauenhauses im Freiheitsbrief von Herzog Albrecht III. am Ende des 14. Jahrhunderts, und zwar im Zusammenhang mit einer wohltätigen Stiftung für Dirnen, die ihrem bisherigen sündigen Leben entsagen wollten[44]. Neben diesen offiziellen gab es auch noch private Frauenhäuser, außerdem wurde Prostitution in den Schenken und auch auf der Straße betrieben. Im allgemeinen jedoch waren die Städte bestrebt, keine freie Prostitution zu dulden und die Frauen möglichst in den steuerpflichtigen Frauenhäusern unterzubringen.

Diese waren meist Eigentum der Städte, manchmal auch ein Lehen weltlicher Fürsten. Bisweilen bereicherten sich sogar Geistliche an den Einnahmen der Huren wie etwa jener Mainzer Bischof, der sich 1422 darüber beklagte, daß die Bürger der Stadt ihn als Stadtherrn um diese Einnahmen prellen wollten[45]. Auch in Wien wurden mit dem Pachtzins Nonnenklöster unterstützt[46].

Die Aufsicht über die Prostituierten hatten die Ratsknechte, manchmal auch der Scharfrichter. Vor allem im 15. Jahrhundert erlassene Frauenhausordnungen schützten die Insassinnen vor Übervorteilung durch die Frauenwirte und sorgten für eine gewisse Kranken- und Altersversorgung. Weitere wichtige Punkte in diesen Frauenhausordnungen waren: striktes Verbot der Zulassung von verheirateten Personen, sei es unter den Dirnen, sei es unter den männlichen Klienten; Verbot des Zutritts für Kleriker, Nichtchristen und Kinder; Bevorzugung stadtfremder Mädchen bei der Aufnahme ins Frauenhaus; Verbot einer allzugroßen Freiheitsbeschränkung; Rücksichtnahme auf die Gesundheit der Mädchen und ihrer Klienten durch Verbot des Verkehrs während der Schwangerschaft, der Menstruation und bei Krankheiten; Sorge für Ordnung und Ruhe im Haus und Maßnahmen, die eine Rückkehr zum ehrbaren Leben erleichtern sollten[47].

Die Prostitution war also inzwischen zu einem gut organisierten Gewerbe geworden, von dem viele Leute und Institutionen profitierten: neben den Stadtvätern vor allem die Frauenwirte/innen, denen die Leitung des Frauenhauses oblag und die Angestellte des Rates waren. Sie mußten einen Eid schwören, das Frauenhaus zur Ehre und zum Nutzen der Stadt zu führen, und Schaden und Unehre zu vermeiden[48]. Weiters die *„schönen Frauen"*, *„Hübschlerinnen"* oder *„gelüstigen Fräulein"*, wie sie auch genannt wurden, die sich ihrerseits eines besonderen Schutzes von seiten der Behörden erfreuten. Frauenhäuser galten als befriedete Orte, d. h., wer hier auffällig wurde, verfiel einer doppelten Strafe. Daß es trotzdem häufig zu Tätlichkeiten, Raufereien, Skandalen und auch Mord kam, wird aus den Chroniken ersichtlich[49]. Schließlich und vor allem profitierten davon die männlichen Kunden, die auf diese durchaus respektierte Art und Weise ihre sexuellen Probleme lösen konnten.

Einerseits also galt die Prostitution im Mittelalter als eine legitime Zunft, die Prostituierten waren mit einem Gewerberecht ausgestattet und übten ihr Gewerbe in eigenen Zunfthäusern, eben den Frauenhäusern, aus. Andererseits jedoch wurde die Dirne geächtet und diffamiert und in eine Reihe mit den ehrlosen Leuten, den Juden, Ketzern, Fahrenden, Aussätzigen und Henkern, gestellt, was sich u. a. darin zeigt, daß sie in manchen Städten dem Scharfrichter untergeordnet und zinsbar war oder in der Nähe des Scharfrichters wohnen mußte[50].

Diese ambivalente Haltung Prostituierten gegenüber drückt sich in Bräuchen und gesellschaftlichem Übereinkommen aus. So etwa durften die Dirnen des späteren Mittelalters so wie andere Zünfte auch an öffentlichen Festlichkeiten und Empfängen der Fürsten teilnehmen, wobei sie häufig Blumen überreichten und „*Ehrengaben*" erhielten. Bei den Empfangsfeierlichkeiten für Kaiser Sigismund in Wien im Jahre 1435 nahmen die Insassinnen der Frauenhäuser teil und bekamen dafür von der Stadt Samt für Kleider, Kränze und freie Bewirtung mit Wein. Auch als im Fasching desselben Jahres Kaiser Sigismund in Begleitung des Königs von Bosnien in Wien war, wurden die freien Töchter auf Kosten der Stadt mit Kränzen, Gold, Perlen und Seide geschmückt, um ihm einen festlichen Empfang zu bereiten. Ebenso empfingen die Hübschlerinnen den 1452 in Wien einziehenden zwölfjährigen habsburgischen Erben Ladislaus Posthumus auf Anordnung des Bürgermeisters und Rates am Wienerberg. Und als zu Ehren König Maximilians 1489 in Frankfurt ein Fest veranstaltet wurde, tanzten junge Gesellen und Prostituierte für den König bis spät in die Nacht.

Doch wurden die Frauenhäuser auch ganz offiziell von hohen Gästen besucht und dort rauschende Feste veranstaltet. Als die österreichische Gesandtschaft zur Empfangnahme der Braut König Friedrichs IV. nach Portugal geschickt wurde, hielten sich die Dirnen der Frauenhäuser bereit,

„*durfte keine kein Pfennig nicht nehmen, schnittens nur auf ein Rabisch [Kerbholz], zahlets alles der Hof. Da fand einer Mörin [Mohrinnen] und sonst schöne Frauen, was ein lustet*"[51].

Dieser sozialen Anerkennung stand die soziale Ächtung gegenüber, die sich u. a. in einer eigenen Kleidertracht oder diversen Erkennungszeichen ausdrückte. Dirnen mußten gekennzeichnet sein, indem sie z. B. Schleifen an den Ärmeln oder rote Hüte trugen. Auch waren ihnen die wattierten, mit Pelzen geschmückten Gewänder der Edelfrauen[52] ebenso verboten wie die Hauben, Kapuzen oder Schleier ehrbarer Frauen. In Arles durfte eine anständige Frau, die einer verschleierten Prostituierten begegnete, dieser den Schleier wegreißen[53].

Die ständige Trennung in ehrbare und liederliche Frauen entsprach nicht nur dem Moralkodex der Kirche, sondern des Patriarchats ganz allgemein und diente der Teilung und damit Schwächung von Frauen zwecks besserer Kontrollausübung. Die Hure war mit dem Makel käuflicher Liebe behaftet, die ehrbare Frau lebte entweder geschlechtslos oder als Eigentum eines Mannes. Dazwischen gab es nichts. Um diese Trennung waren auch zahlreiche Gesetze besorgt. So etwa wurde die Bezeichnung „*Hure*" einer ehrbaren Frau gegenüber als schwere Beleidigung bestraft[54], und die Gesetze Roderichs I. und Friedrichs von Schwaben verboten das Zusammenleben von Prostituierten und ehrbaren Frauen. Auch in der Öffentlichkeit sollten Dirnen es vermeiden, dort zu erscheinen, wo sich ehrbare Frauen zum Spiel oder Tanz versammelten. Die Ächtung der Hure ging aber noch viel weiter: In den Kirchen wies man ihr einen eigenen Platz an, und auch nach ihrem Tod mußte sie auf eigenen Begräbnisplätzen bestattet werden, die nicht selten auf dem Schindanger lagen[55].

Trotzdem waren viele Prostituierte sehr fromm und beteten zu eigenen Heiligen: der Maria von Ägypten, einer Dirne in Alexandria, die nach ihrer Bekehrung in die Wüste ging und dort angeblich 422 n. Chr, nach 47 Jahren des Einsiedlerlebens, starb; der heiligen Afra und heiligen Pelagia, die sich ebenfalls als reumütige Dirnen den Heiligenschein erworben hatten, und natürlich zur Büßerin Maria Magdalena.

Ein besonderes Augenmerk richtete der fromme französische König Ludwig IX., der bald nach seinem Tod heilig gesprochen wurde, auf das liederliche und unkeusche Treiben der Prostituierten. Nachdem die Häuser für bußfertige Dirnen, die er in Paris, aber auch in anderen Städten seines Reiches errichtet hatte, nicht den gewünschten Erfolg gebracht hatten, erließ er 1254 sein berühmt gewordenes Huren-Edikt, in dem er jede Dirne, die nach dem ersten Verweis ihr Gewerbe nicht aufgab, mit dem Einzug ihres Vermögens bedrohte und aus dem Gemeindebereich vertreiben ließ. Vermietete jemand eine Wohnung an eine Prostituierte, mußte er zur Strafe eine ganze Jahresmiete zahlen[56]. Aber auch Ludwig scheiterte mit seinem Eifer kläglich. Bereits zwei Jahre später mußte er einen Rückzieher machen. „*Der heilige Ludwig*", schreibt Parent-Duchatelet 1836 in seinem berühmten Werk über die Prostitution in Paris:

„duldet sie [die Prostitution], weil ihm die Erfahrung beweist, daß er sie nicht ausrotten kann;..."

Kurz vor seinem Tode hat der König dann noch einmal seinen Standpunkt revidiert und in einem Brief an den Abt Matthias von Saint-Denis und den Grafen Simon von Nesle neuerlich „*die vollkommene Unterdrückung aller sichtbaren und deutlichen Prostitution*" angeordnet. Doch ist er vor dem Erlaß neuer Strafbestimmungen gestorben[57].

Um die „*Unreinheit*" der Hure zu betonen, wurden auch Gesetze erlassen, die ihnen das Berühren von Waren verbot. In Avignon schrieben die Statuten aus der Mitte des 13. Jahrhunderts vor, daß die Juden und die Prostituierten auf dem Markt keine Lebensmittel berühren durften; hielten sie sich nicht daran, wurden sie zum Kauf jener Waren gezwungen, die sie durch ihre

Berührung „*verunreinigt*" hatten[58]. Am nachhaltigsten und bis zum heutigen Tage wirksam waren jedoch jene Gesetze, die Prostituierte in eigene Sperrbezirke verbannten, um sie damit von der Gemeinschaft der übrigen Stadtbewohner auszuschließen. Diese Prostituiertenghettos sollten ebenso wie die Judenghettos den unreinen und verächtlichen Charakter ihrer Bewohner deutlich machen, ihren Außenseiterstatus, der sie vom wohlgefälligen Leben der übrigen Stadtbewohner trennte. Auch war es verboten, Frauenhäuser in der Nähe von Kirchen, Friedhöfen und Klöstern zu errichten.

Allerdings wurden in der Praxis derartige Vorschriften häufig übertreten, Prostituierte sickerten oft in sämtliche Stadtteile ein, in manchen Städten, wie etwa in Paris, kleideten sie sich, wie es ihnen beliebte, und auch die Berührungsverbote wurden nicht immer eingehalten. So war es in etlichen Städten des Languedoc üblich, daß die Insassinnen der Frauenhäuser mit eigenen Händen einen großen Kuchen herstellten, den sie dem Konsul übergaben, worauf er an die Armen der Stadt verteilt wurde[59]. Ebenso ist der Grundsatz, daß keine Prostituierte das städtische Bürgerrecht erwerben konnte, in der zweiten Hälfte des 15. Jahrhunderts in einigen Städten durchbrochen worden. Im großen und ganzen jedoch hatten derartige Regelungen und Gebote zur Folge, daß die Prostituierte auch in der mittelalterlichen Gesellschaft als Paria betrachtet wurde – einerseits respektiert in ihrer Ventilfunktion, andererseits geächtet.

Natürlich gab es auch im Mittelalter den Zuhälter, den „*amicus*", „*caro uomo*" oder „*lieben Mann*". Er profitierte – im Gegensatz zu heute – nicht nur von der freien Prostituierten, sondern auch von der Bordelldirne, mit der zusammen er manchmal sogar im Frauenhaus wohnte. Wie wenig sich jedoch im allgemeinen das damalige Verhältnis des Zuhälters zu seiner Dirne von dem heutigen unterschied, schildert der durch seinen lockeren Lebenswandel berühmt-berüchtigte Dichter François Villon in der „*Ballade von Villon und der dicken Margot*": Wenn sie gut verdient, so meint er offen, sei er zärtlich zu ihr und würde sie beschützen, aber wenn sie kein Geld bringt „*da schelt ich, schimpf und martre sie zu Tod*"[60].

Meist recht gute Verdienstmöglichkeiten boten sich den Prostituierten auf den Kaiserfahrten und Reichstagen, die regelmäßig von einem riesigen Gefolge von Dirnen begleitet wurden. König Albrecht soll 1289 auf seiner Fahrt nach Straßburg 800 Huren mitgeführt haben. Auf dem Reichstag in Regensburg 1471 war das Dirnenwesen generalstabsmäßig organisiert: Jede Hure mußte sich dem Profosen vorstellen, ihm einen Gulden und ein Paar Handschuhe und seinem Steckenbuben sechs Batzen geben. Besonders reichhaltig muß das Angebot von Dirnen auf dem Konzil zu Konstanz 1414–1418 gewesen sein. Nach Ulrich von Richenthal deckten 1.400 Dirnen den allgemeinen Bedarf. Auf dem Konzil von Basel 1431 sollen es sogar 1.800 gewesen sein.

Verrufen waren auch die Wallfahrten und Pilgerzüge, auf denen zahlreiche Dirnen *„die schmerzvolle oder schüchterne Tugend des Pilgers"* bedrohen würden, wie Ferdinand Gregorovius in seinem Monumentalwerk aus dem Jahre 1859 meint[61]. Daß es sich dabei mehrheitlich um *„gefallene"* Nonnen und Pilgerinnen handelte, geht aus einem Brief des Erzbischofs San Bonifazion von Mailand hervor, in dem er Gutbert von Canterbury bittet, die Synode möge den Frauen und Nonnen die Pilgerreise nach Rom untersagen, da sie fast alle als Huren in den Bordellen der Lombardei und Frankreichs enden würden[62]. Von der gewalttätigen Gesellschaft des Mittelalters ausgehend, läßt sich wohl mit ziemlicher Sicherheit behaupten, daß diese *„gefallenen"* Frauen selten freiwillig ihren guten Ruf verloren haben, sondern dazu genötigt wurden.

Gewalt und sexuelle Nötigung als Ursache der Prostitution

Jacques Rossiaud, der in einer sehr umfangreichen Abhandlung die Lage der öffentlichen und heimlichen Prostituierten in Dijon zwischen 1440 und 1540 untersuchte[63], analysiert die Bedingungen, unter denen Mädchen in die Prostitution getrieben wurden. Danach waren die meisten 17 Jahre, als sie damit begannen, etwa ein Drittel noch nicht fünfzehn. Die Hälfte von ihnen wurde mit Gewalt zur Prostitution gezwungen, rund ein Viertel war von der eigenen Familie dazu gedrängt oder aber im Stich gelassen worden, bei 27 Prozent der Fälle handelte es sich um Opfer offener Vergewaltigung. Nur 15 Prozent der Mädchen hingegen hatten sich freiwillig dazu entschieden. Diese stammten hauptsächlich aus dem Taglöhner- und Handwerkermilieu. Nur eine von fünf kam aus wohlhabenderen Schichten[64].

Rossiaud beschreibt aufgrund seiner Untersuchungen anschaulich das Klima der Gewalt und sexuellen Nötigung, dem Frauen und Mädchen insbesondere dann, wenn sie sich ein wenig vom vorgeschriebenen Weg der *„ehrbaren Frau"* entfernt hatten, unterworfen waren. Er kommt im Zeitraum zwischen 1436 und 1486 im damaligen Dijon (die Einwohnerzahl wird leider nicht angegeben) auf durchschnittlich mindestens 20 Fälle von offenen Vergewaltigungen pro Jahr, wobei bis zu 80 Prozent dieser Übergriffe kollektive Angriffe von bis zu 15 Mitglieder zählenden Gruppen waren, die dabei nach einem genauen Plan vorgingen: Sie drangen bei Dunkelheit und mit vermummten Gesichtern in das Haus einer Frau ein, vergewaltigten sie oft vor den Augen der Familienmitglieder oder zerrten sie über die Straße in das Haus eines Komplizen, wo sie das Opfer die ganze Nacht hindurch mißbrauchten. Hilfe hatte solch ein Mädchen nur selten zu erwarten: In vier von fünf Fällen griffen die Nachbarn aus Angst nicht ein.

Dieses Ritual, das sich mit Regelmäßigkeit über das ganze Jahr verteilte und den Charakter eines Mannbarkeitsritus hatte, wurde zu etwa 85 Prozent von jungen, unverheirateten Burschen im Alter zwischen 18 und 24 Jahren ausgeführt. Sie gehörten jedoch keinesfalls irgendwelchen Randgruppen oder landfremdem Gesindel an, sondern kamen überwiegend aus der Handwerkerschicht der Stadt[65]. Das Ziel dieser Bandenüberfälle war klar: Sie dienten der Einschüchterung der Frauen und Mädchen des Ortes und der Bestätigung eigener, gewalttätiger Männlichkeit, sie sollten die Frauen entwürdigen, beleidigen und demütigen und ihnen ihren Unterlegenheitsstatus deutlich machen.

Der brutale Charakter, der auch im Mittelalter das Geschlechtsleben kennzeichnet, wird im Sprachgebrauch deutlich. Im Französischen etwa *„ritt“* man ein Mädchen (chevaucher), man *„röstete“* oder *„stampfte“* es (rotir), man beackerte es oder ritt ein Turnier mit ihm[66].

Opfer waren vor allem Witwen, zeitweise alleingelassene Ehefrauen, Dienstmägde und junge, unverheiratete Mädchen, also alle jene, die sich nicht als Eigentum eines Mannes deklarieren konnten. Darüber hinaus waren derartigen Angriffen besonders ausgesetzt die *„bonnes dames“*, die Konkubinen der Priester, Verlobte am Vorabend der Hochzeit und Mädchen, denen ein unehrenhafter Lebenswandel angelastet wurde. Bei letzteren handelte es sich häufig um arme, zugewanderte Frauen, die sich als Taglöhnerinnen an verschiedenen Orten ihr Brot verdienen mußten und auf diese Art und Weise ganz automatisch in schlechten Ruf gerieten.

Die Folgen derartiger Vergewaltigungen hatten die Opfer zu tragen: sie waren entehrt, diffamiert, wurden häufig vom Ehemann verlassen, aus der Familie, aus der Gesellschaft ausgestoßen. Physisch und psychisch verletzt und verwundet, wurden sie durch die Gesellschaft zusätzlich noch in die Nähe von Prostituierten gerückt – bei denen sie dann häufig auch landeten. Die Kupplerinnen und Kuppler (von den 83 privaten Bordellen, die Rossiaud in Dijon untersuchte, wurden 75 von Frauen geleitet) nahmen sich dieser Vergewaltigungsopfer an, daneben aber auch noch jener Frauen, die von ihren Ehemännern mißhandelt worden waren, und armer, alleingelassener Mädchen, die sie oft selbst von den Armenhäusern abholten[67].

Nachdem sie aufgenommen worden waren, mußten sie den Behörden einen Eid leisten, dem/der Pächter/in des Bordells wöchentlich die Miete für das Zimmer und der Stadtwache einen Obolus für nächtlichen Schutz zu zahlen und sich auch an den Heizkosten zu beteiligen[68]. Manchen gelang eine Karriere als Frauenwirtin, andere endeten in Elend und Armut. Für jene, die ihren Lebenswandel bereuten, wurden teilweise auch Reuerinnen- und Magdalenenklöster errichtet, die allerdings in kürze total überlaufen waren. Als in Paris im Jahr 1490 der Franziskaner J. Tisserand die *„Freistatt der Mädchen/Töchter von Paris“*, später *„Freistatt der bußfertigen Mädchen“* genannt, gründete, gab es arme Frauen, die sich nur deshalb prostituierten, um dort aufgenommen zu werden. Deshalb trat die paradoxe Situation ein, daß die Kandidatinnen einen Eid schwören mußten, nicht liederlich geworden zu sein, um auf diese Art und Weise versorgt zu werden[69].

Den Ruf eines Bordells hatten teilweise auch die Badehäuser, die sich als beliebter Ort der Geselligkeit aus der Antike in das Mittelalter herübergerettet hatten. Sie dienten keinesfalls nur der Reinlichkeit, sondern auch der Unterhaltung und dem Vergnügen, es wurden Speisen und Getränke serviert, und die Bademädchen in ihren hauchzarten Gewändern, wie sie so anmutig in der Wenzelsbibel abgebildet sind, erfüllten meist auch noch andere Wünsche ihrer – männlichen – Kunden. Daran änderten auch verschiedene, gegen die Prostitution in den Bädern gerichtete Verbote äußerst wenig.

AUSGEPEITSCHT UND HINAUSGETROMMELT (NEUZEIT)

Erst die Ausbreitung der Syphilis hat im späten Mittelalter und in der Renaissance dem Volk das Baden gründlich verleidet, weil Ansteckung befürchtet wurde. Noch viel schlimmere Auswirkungen hatte die *„Lustseuche"* allerdings auf das Liebesleben. Eine allgemeine Angst, die durch Übertreibungen noch geschürt wurde, bereitete der bis dahin doch relativen Unbekümmertheit in geschlechtlichen Dingen ein jähes Ende. Sogleich traten die Priester auf den Plan und interpretierten die Krankheit als Strafgericht Gottes, das der sündigen Menschheit als Buße auferlegt worden war (eine ähnliche Version ist auch heute nach dem Auftreten von AIDS zu beobachten). Natürlich wurden in erster Linie die buhlerischen Dirnen dafür verantwortlich gemacht, sie mußten als Sündenböcke herhalten, auf die sich die Verzweiflung und Wut des Volkes konzentrieren konnte. Es kam zu einer regelrechten Prostituiertenhatz, Huren wurden öffentlich gedemütigt, eingesperrt, in Spitäler zwangsverwiesen und, soferne sie die *„Franzosenkrankheit"*[70] übertragen hatten, gefoltert, manchmal auch hingerichtet.

„Fürchte die Prostituierten und halte dich fern von ihnen", rät der deutsche Humanist Jakob Wimpfeling den jungen Männern:

„Fürchte dich, sage ich, daß du durch sie nicht mit Lepra oder Syphilis angesteckt werdest. Wie viele Jünglinge, wie viele erwachsene Männer haben sich durch sie diese Franzosenkrankheit zugezogen."[71]

Natürlich war es nicht nur die Syphilis, die eine bis dahin immerhin respektierte Zunft ins verbotene Abseits drängte. Auch die Reformation, die den Ehestand als *„remedium"* (Heilmittel) gegen die *„Hurerey"* empfahl, hatte an dieser Entwicklung wesentlichen Anteil, ebenso wie eine allgemeine, durch Pest, Kriege und Türkenbedrohung unsicher gewordene Lebenslage. Sind doch Krisenzeiten immer Zeiten gewesen, die liberalen Tendenzen entgegenwirkten, in denen der Ruf nach neuer Zucht und Ordnung laut wurde und in denen verunsicherte Menschen neuer Autoritäten und strengerer Gesetze bedurften.

Bereits Maximilian I. (1493–1519) der *„letzte Ritter"* schränkte die Verdienstmöglichkeiten der Dirnen empfindlich ein, indem er ihnen verbot, des nachts ihr Gewerbe auszuüben. Die Gesetzgebung seines Enkels, Karls V., versuchte dann zumindest die unkontrollierte Prostitution abzuschaffen. Auch wurde in der nach ihm benannten *„peinlichen Halsgerichtsordnung"*, der *„Constitutio Criminalis Carolina"* gewöhnliche Unzucht zwar nur von geistlichen Richtern nach den Geboten der Kirche geahndet, schwere Kuppelei jedoch mit Landesverweisung, Pranger stehen, Abschneiden der Ohren und Auspeitschen mit Ruten bestraft[72]. Endgültig abschaffen wollte die Prostitution dann Karls Bruder, Ferdinand I, in Spanien geboren und tief religiös erzogen. Schon beim Einzug in die neue Hauptstadt brach er mit einer alten Tradition, indem er sich nicht von blumengeschmückten Hübschlerinnen empfangen ließ, sondern lediglich von sittsamen Knaben. Ebenso untersagte er den *„Tanntz (der Handwerksburschen) mit den gemainen Frawen"*[73]. 1550 wurden dann die drei Frauenhäuser Wiens, von denen sich zwei im Raum des heutigen Naschmarkts und eines am Tiefen Graben befand, geschlossen. 1560 setzte Ferdinand eine besondere Kommission ein,

„die öffentliche Lastern unnd sündtlichen Pracht belanngendt nachspüren soll"[74]

und somit als Vorläuferin der berühmt-berüchtigten *„Keuschheitskommission"* Maria Theresias gelten kann.

Auch in anderen Städten wurden die Frauenhäuser aufgelöst. In Ulm wurde auf Betreiben der Reformatoren Frecht und Sam das Frauenhaus bereits 1537 aufgehoben, 1553 erlitt das Frauenhaus in Regensburg ein ähnliches Schicksal, 1570 folgten dann die Frauenhäuser in Frankfurt nach, 1591 wurde auf Betreiben der Kirche auch in Köln ein öffentliches Haus durch Ratsbeschluß geschlossen und 1597 das Frauenhaus in München zugesperrt[75].

Daneben sorgten weitere Verordnungen dafür, daß die Prostitution zwar nicht abgeschafft, dafür aber in den Untergrund gedrängt wurde, wobei derart drakonische Maßnahmen, wie etwa jene von Hannover aus den Jahren 1536 und 1544, nach denen *„der uneheliche Beischlaf gänzlich abgeschafft"* werden sollte, einen geradezu an Besessenheit grenzenden sittlichen Eifer verraten. Auf die *„gemeinen Weibspersonen"* hingegen konzentrierte sich eine Verordnung des Kurfürsten August von Sachsen I. vom 21. April 1572, die bestimmte, daß

„...die, so ledig und nicht ehelich seyend, Unzucht getrieben...öffentlich verwiesen und der Mann, so mit ihr zu thun gehabt, mit Gefängnis oder mit Geldes-Straffe beleget werden soll"[76].

Die Bestrafung des Mannes fiel also, soferne sie überhaupt stattfand, stets milder aus als jene der Frau. Denn Landesverweis war beinahe gleichbedeutend mit dem Verlust der Existenz. Eine Heimatlose gehörte in die unterste Kategorie der ehrlosen Leute, sie besaß keinerlei Schutz und war praktisch vogelfrei. Auch in der *„Straff-Ordnung"* von Zweibrücken vom 13. Mai 1605 soll die *„ledige Manns-Person"*, die mit

„einer leichtfertigen und verleumbten ledigen Weibs-Person...Unzucht geübt" habe,

Orazio Riminaldi, gest. 1630, zugeschrieben. *Kupplerszene*.

Jan Georg van Vliet (um 1610) *Das Bordell*, Radierung.

Henrik Goltzius (1558–1617) *Ein alter Mann küßt eine junge Frau* und gibt ihr einen Geldbeutel. Entwurf, wiedergegeben im Stich von Adriaen Matham.

„etlich Tag im Gefängnuss enthalten, und mit Wasser und Brod gespeiset oder sonst mit einer Straff angesehen“

werden, aber

„die leichtfertige verleumbte Weibs-Person, nach Gelegenheit der Umständ, und Vielheit der geübten Unzucht, entweder mit zeitliche Gefängnuss gestrafft, oder auch öffentlich an Pranger gestellt und zeitlich oder ewig unsers Fürstenthums verwiesen und daraus geschafft werden“[77].

Meistens jedoch richteten sich die Maßnahmen ausschließlich gegen die Huren. So etwa wurden in Frankfurt viele Dirnen geschnellt[78] und aus der Stadt vertrieben. In Berlin wurden im 16. Jahrhundert die „*Stadtjungfern*“ und „*fahrenden Weiber*“, die sich der Unzucht schuldig gemacht hatten, ausgepeitscht und vom Scharfrichter hinausgetrommelt. Sogenannte „*gefallene Mädchen*“ mußten sich im Rathaus das Haar scheren lassen, worauf sie mit einem Schleier bekleidet wurden, den sie ihr Leben lang nicht mehr ablegen durften. Ebensolche Strafen hatten die Witwen zu dulden, die sich während ihres Witwenstandes mit einem Mann eingelassen hatten[79].

In Frankfurt wurde aufgrund der Reichspolizeiverordnung von 1530 das „*Sentenamt*“ ins Leben gerufen, ein aus 6 Ratspersonen bestehendes Sondergericht, dem die Untersuchung und Aburteilung aller „*Fleischesverbrechen*“ sowie der Übertretungen der Kleiderordnungen oblagen[80]. Und in Freiburg wurde 1577 beschlossen, „*ein hölzern Gitter auf den Markt*“ zu setzen,

„und die Hurenmaiden hineinsperren und eine Stunde darin sitzen lassen; darnach soll man ihnen eine Schnitte Stroh aufbinden und sie damit nauspauken“.

Die Strohbedeckung galt als Zeichen der Schande und verlorenen Ehre und findet sich auch im französischen Strafrecht. So wurden in Bésançon um 1550 eine Kupplerin und 1573 fünf Dirnen mit Strohhüten aus der Stadt vertrieben[81].

Im 17. Jahrhundert wurden dann in Frankreich Dirnen, denen zuvor die Haare geschoren worden waren, zwangsweise in die berühmt-berüchtigte Salpétrière (Spital nur für Frauen) eingeliefert, wo sie harte Arbeit zu leisten hatten. Hier zeigt sich allerdings bereits der Geist einer neuen Zeit, in der langsam das Spital statt das Gefängnis die mit Geschlechtskrankheiten infizierten Frauen aufzunehmen begann. Ludwig XIV., der Sonnenkönig, wählte einen Mittelweg: Er ließ die Huren, bevor sie in das Spital zwangseingewiesen wurden, noch auspeitschen. Ebenso verfügte der Herrscher, der durch seine Mätressenwirtschaft berühmt-berüchtigt wurde, daß allen Soldatendirnen die Nase und Dirnen, die sich in und um Versailles blicken ließen, die Ohren abgeschnitten werden sollen[82].

Vor der Regierungszeit Ludwigs XIV. wurde im Jahre 1622 in Hamburg das Werk- und Zuchthaus und 1669 das Spinnhaus gegründet, wo aufgegriffene Huren kaserniert und

„zur Gottesfurcht und Arbeit angewiesen und vor ihrem zeitlichen und ewigen Verderb errettet werden möchten"[83].

Die Aufsicht über die Prostituierten hatten in Hamburg die *„Prätoren"*, die durch Gerichtsdiener auf Straßendirnen und Winkelbordelle *„fleißig Acht"* zu geben hatten. Ebenso wie die *„Prätoren"* hatten die Jahrverwalter des Zuchthauses das Recht, durch die ihnen unterstellten *„Prachervögte"* Dirnen aufgreifen zu lassen. Zu demselben Zweck wurden die hundert von der Stadt unterhaltenen bewaffneten Nachtwächter eingesetzt[84].

In Wien steckte man die Dirnen zusammen mit den Irren in das *„Narrenkötterl"*, das vor der Schranne, dem Stadtgericht, aufgestellt war. In schweren Fällen wurde neben Pranger eine Geldstrafe von einem halben Schilling verordnet. Rückfällige Prostituierte hingegen wurden ausgepeitscht, ausgewiesen oder verloren ebenfalls ihre Ohren – Strafbestimmungen, die noch unter Maria Theresia Geltung hatten. Die um die Moral ihrer Untertanen so sehr besorgte Herrscherin sah sogar die Tortur vor, wenn das Mädchen dem Freier etwas entwendet oder ihn mit der Syphilis angesteckt hatte[85]. Einige Jahrzehnte zuvor, am 24. September 1723, wurde eine rückfällige Hübschlerin namens Anna Maria in Wien sogar mit dem Schwert gerichtet[86].

Maria Theresias „Keuschheitskommission"

Schrank schildert in seinem umfangreichen Werk: *„Die Geschichte der Prostitution in Wien"* aus dem Jahr 1886 den Verlauf einer ganz normalen Exekution, wie sie zu Zeiten Maria Theresias üblich war und sich in Wien und anderen Orten bis in die zwanziger Jahre des 19. Jahrhunderts hinein gehalten hat:

„Sie [die Delinquentin] wurde bis auf das Hemd entkleidet, barfuß nach der Kirche geführt, wo sie in einen Sack, der unter dem Knie zugebunden ward, gesteckt wurde; hierauf schnitt und rasirte ihr der Henker die Kopfhaare bis an die Haut ab, und der nackte Schädel wurde dann mit Kienruss oder Theer bestrichen und so sodann den Insulten des Pöbels ausgesetzt, welcher dieselbe mit Strassen- und andern Koth bewarf. Angebunden im Sacke blieb sie in diesem Zustand am Sonntag während des ganzen Vormittagsgottesdienstes, dann aber als die Leute nach beendigtem Gottesdienste aus der Kirche kamen, wurde sie vom Sack befreit, auf eine Bank gebunden, wo sie vom Henker gestäupt, d. h., auf den nackten Leib mit Ruthen gepeitscht wurde; war dies vorüber, so lud man sie oder mehrere, meist wurde die Procedur an mehreren ausgeführt, auf den Schubwagen und führte sie aus der Stadt bis zum nächsten Grenzstein. Dort angelangt, gab ihr der Henker noch einen letzten Fußtritt und der Pöbel sandte ihr noch einen Koth- oder Kieselsteinhagel nach..."[87]

Maria Theresia versuchte das sündige Wien aber auch noch auf andere Art und Weise vom Laster der Prostitution zu reinigen. Ihre zu diesem Zwecke eingesetzte *„Keuschheitskommission"*, die bald sogar in den Schlafzimmern ehrbarer Wiener BürgerInnen herumzuschnüffeln begann, erregte jedoch nicht nur den Unmut der Wiener, sondern wurde zum Gespött halb Europas. Erfolge konnte sie ebensowenig verbuchen wie all die zahlreichen Ver- und Gebote vor und nach ihr. *„Man muß wirklich erstaunen"*, schreibt der Berliner Buchhändler, Schriftsteller und Freund Lessings, Friedrich Nikolai,

„daß Herr von Sonnenfels diese unnatürliche Sittenkommission hat empfehlen können. Eine solche Untersuchung von Seiten des Staates muß notwendig die übelsten Folgen haben, und wird kein Laster, aber wohl den Anschein des Lasters verhindern, wie die Erfahrung auch in Wien genugsam gezeigt hat."[88]

Tatsächlich verfolgten die zu diesem Zweck eingesetzten Agenten ihnen verdächtig erscheinende junge Leute nicht nur bis zu ihren Häusern, sondern sie waren auch berechtigt, jederzeit dort einzudringen, um etwaige unerlaubte Liebespaare in flagranti zu ertappen. Da diese zur Aufrechterhaltung der Moral berufenen Ordnungshüter selbst jedoch keinesfalls über den nötigen Moralkodex verfügten, kam es laufend zu Erpressungen und Bestechungen. Denn welcher wohlhabende Herr war nicht gerne bereit, selbst eine beträchtliche Summe zu zahlen, wenn er damit verhindern konnte, daß sein Fehltritt bekannt wurde und sein guter Ruf verloren war. Außerdem lief er Gefahr, das Mädchen unverzüglich heiraten zu müssen, soferne er als Vater eines zu erwartenden oder schon geborenen Kindes angegeben wurde. Bestraft wurden also lediglich die Armen, die nicht genug Geld besaßen, um sich loszukaufen, und das waren in den meisten Fällen die Frauen. Manche aber waren so gewitzt, mit den Sittenspionen Verträge abzuschließen, nach denen sie die Männer in ihr Zimmer zu locken hatten, worauf sie dann, von den Ordnunghütern prompt in flagranti ertappt, die Beute mit der Amtsperson teilten.

Weitere flankierende Maßnahmen der von nicht zu bremsendem Sitteneifer beseelten Maria Theresia waren die sogenannten Temesvárer Wasserschübe, die die *„öffentlichen mentscher"* per Schiff donauabwärts ins Banat transportierten, wo sie einem ungewissen Schicksal überlassen wurden[89]. Außerdem ließ die Monarchin *„incorrigible Weibspersohnen"* zwecks Besserung ins Zucht- oder Spinnhaus stecken, wo sie zur moralischen Gesundung ein hartes Arbeitsprogramm zu bewältigen hatten.

Trotz solcher und ähnlicher Verfügungen noch im 18. Jahrhundert begann die allgemeine Einstellung der Prostitution gegenüber langsam und kontinuierlich toleranter zu werden. Aus der gewonnen Einsicht heraus, daß Verfolgung und Bestrafung zu keinerlei Erfolg führen, entwickelte sich das verbotene Gewerbe wieder zu einem notwendigen und tolerierten Übel. Aber auch unter Joseph II. setzte sich keine humanere Behandlung der Dir-

Johann Hieronimus Löschenkohl (1753–1807)
„*Die Züchtlinge von Wien*". Noch unter Joseph II. wurden Dirnen die Haare geschoren und sie zum Reinigen der Straßen verpflichtet.

nen durch, auch er bezeichnete sie als *„politische Verbrecher"*, ließ ihnen die Haare scheren und sie zur Zwangsarbeit auf den Straßen verpflichten. Als Vertreter einer lockeren Einstellung der Prostitution gegenüber die Errichtung von Bordellen forderten, soll er geantwortet haben:

„Wozu Bordelle? Die Wollust wird in Wien ohnedies schon in allen Ständen so unregelmäßig betrieben, daß ich es für unnötig halte, eigene Ableiter für sie anzulegen. Man müßte in diesem Fall auch die ganze Stadt mit einem Dach überbauen."[90]

Auch in Frankreich wurden Soldatendirnen etwa zur gleichen Zeit zum Spießrutenlaufen verurteilt, auf einem hölzernen Pferd ausgestellt und anschließend aus der Stadt vertrieben.

Gleichzeitig jedoch mehrten sich die Stimmen, die das Prostitutionsgewerbe eher vom gesundheitlichen, denn vom kriminellen Aspekt her betrachten wollten. So etwa forderten der Jurist Aulas und der französische Schriftsteller Rétif de la Bretonne die gesundheitliche Reglementierung der Prostitution. Vor allem Aulas verlangte 1762 die fortlaufende ärztliche Untersuchung der Dirnen. Im gleichen Jahrzehnt wurde dann die von Aulas und Rétif de la Bretonne angeregte Präventiv-Untersuchung für Soldatendirnen durchgeführt[91]. Auch in Berlin mußten sich seit 1769 die gewerbsmäßigen Prostituierten periodischen ärztlichen Untersuchungen unterziehen. Der fuldische Leibarzt Melchior Adam Weikard verlangte statt Verfolgung der Prostitution die Bordellierung, und der Jurist Johann Jakob Cella sah in dem Besuch des Bordells das geringere Übel, denn es sei besser,

„wenn der junge Mann seine Unschuld mit einer Bordellschwester verbuhlt, als wenn er bey irgend einer Gassen-Hure mit seiner Unschuld zugleich seine Gesundheit verlohren, oder um sein Bedürfnis mit mehrer Sicherheit zu befriedigen, ein braves Mädchen verführt, ein ehrliches Weib treulos gemacht hat"[92].

Bekannte Töne also, die bereits im Mittelalter zu hören waren und die die verachteten Huren zu Sittenwächterinnen über die Tugend der ehrbaren Bürgerinnen bestellten.

In Wien kam es unter Josephs Nachfolger Leopold II. zu einer Milderung des Strafvollzugs. 1790 wurde die öffentliche Züchtigung mit einem Ochsenziemer, die sogenannte Karbatschen-Exekution, eingestellt, sie fand jetzt nur noch im kleinen Rahmen statt und wurde von der Profosin (Strafvollstreckerin) im Beisein eines *„exquirierenden Kriminalrathes"* und eines Arztes im Hof des Kriminalgerichtshof-Gebäudes vorgenommen, was nicht nur vom um sein Spektakel gebrachten Mob bedauert wurde. Von Zeitgenossen wird behauptet, daß so mancher feine Herr der Frau Profosin einen oder mehrere Dukaten zahlte, um, heimlich hinter einem Vorhang versteckt, dabei zusehen zu dürfen[93].

Die Haftbedingungen, denen die Dirnen ausgesetzt waren, glichen jenen von Verbrechern. Die Zellen, in die sie zusammen mit Dieben und anderem

Gesindel gepfercht wurden, waren teilweise so überfüllt, daß die Insassen im „*Schichtbetrieb*" schlafen mußten, weil sie sich nicht alle gleichzeitig niederlegen konnten. So etwa war das für 200 Menschen angelegte Leopoldstädter Haus oft mit 1.000 und mehr Häftlingen vollgestopft, was die Aufsichtsbehörden allerdings nicht daran hinderte, sich an den weiblichen Sträflingen sexuell zu vergreifen, worauf diese durch die „*Veranstaltungen einer löblichen Polizey und ihrer mannhaften Diener in gesegnete Umstände versetzt*" wurden, wie ein Zeitgenosse meint[94].

Etwas besser hatten es die Huren im alten Polizeigefangenenhaus in der Sterngasse, das ursprünglich ein Teil des Siebenbüchnerinnenklosters war. Hier wurden ihnen zumindest eigene Zellen zugewiesen, wo sie zur Hebung ihrer Moral jede Woche ein paar Strümpfe stricken mußten und zumindest einmal wöchentlich im „*Holzhof*" Ausgang hatten. (Die männlichen Arrestanten hingegen besaßen das „*Privileg*", täglich im Hof ihre Runden drehen zu dürfen.) Dieser „*Spaziergang*" der Dirnen wurde von dem Lokalschriftsteller Johann Rautenstrauch zum Anlaß genommen, sich über das „*frechste Coquettiren*" der Insassinnen „*mit den Arrestanten*" zu mokieren, die den „‚*Holzhof*' *zu einer Arena für ihre Gemeinheit*" machen würden[95].

Die Stubenmädchen von Wien

Insgesamt betrachtet wird dieses 18. Jahrhundert von seltsamen Gegensätzen geprägt: Auf der einen Seite ist Prostitution ein schändliches Gewerbe, das nach wie vor bekämpft und bestraft werden muß, auf der anderen Seite handelt es sich um die Zeit der großen Mätressen, des galanten, üppigen Liebeslebens und einer ständig steigenden Zahl öffentlicher oder geheimer Freudenmädchen. Zeitgenossen sind sich auf jeden Fall darin einig, daß die moralische Verkommenheit einen absoluten Höhepunkt erreicht habe. Johann Rautenstrauch nennt für Wien mit den Vorstädten mit seinen damals etwa 210.000 Einwohnern eine Zahl von mindestens 10.000 Prostituierten,

„*die jedem Preis sind und ungefähr viertausend, die, weniger frech, unterhalten werden und (nur) von Zeit zu Zeit in andere Hände kommen*"[96].

Und Lord Malhesbury entrüstet sich über die Berliner Unsittlichkeit:

„*Berlin ist eine Stadt, wo es weder einen ehrlichen Mann, noch eine keusche Frau gibt. Völlige Sittenverderbnis beherrscht beide Geschlechter in allen Gesellschaftsklassen...Die Frauen sind Harpyen, denen Zartgefühl und wahre Liebe unbekannt sind und die sich jedem preisgeben, der sie bezahlt.*"[97]

Von der Armut, dem Elend, der wirtschaftlichen Not, die diese Frauen zur Prostitution zwangen, ist in diesen Berichten ebensowenig die Rede wie in den pikanten Beschreibungen Friedrich Nikolais, in denen er die Wiener Stubenmädchen auf eine Stufe mit Prostituierten stellt. Sie sind nach ihm:

„...eine Art von schönen Dienstmädchen, die Wien ganz eigen sind, sämtlich hübsch anzusehen und von zarter Haut; sie schminken sich wohl noch dazu, haben niedliche Füßchen und gestickte Schuhe, halten sich sehr sauber und gehen beständig in Seide."[98]

Diese appetitlichen Mädchen mit ihren *„gefährlichen Reizen"* hätten es auf die ehrbaren Bürger und Bürgerssöhne der Stadt abgesehen, die sich diesem Ansturm weiblicher Raffinesse hilflos ausgeliefert fühlten:

„Wenn Söhne im Haus sind, wo sie dienen, so werfen sie ihre Angel nach diesen am ersten aus. Wo nicht, so suchen sie sich ihre Herren ergeben zu machen, und so stellen sie öfters Vicefrauen vom Hause vor. Wie manche Frau muß sich Grobheiten von ihren Stubenmädchen gefallen lassen, weil der Herr des Hauses ihr Protektor ist..."[99]

Hier kommt die zeitgenössische Einschätzung der Frau als sinnliche und daher gefährliche Verführerin des Mannes ebenso zum Ausdruck wie die allgemeine Geringschätzung des Dienstboten, die eine lange Tradition besaß. Schon Luther bezeichnete das Gesinde als eine *„Plage von Gott"*, als die *„Allerunwürdigsten"*, als *„Unflat"* und *„Madensack"*, als Wesen außerhalb der menschlichen Ordnung sozusagen, für die Zuchthaus- und Prügelstrafe die einzig richtigen Erziehungsmittel seien[100]. Als gegen Ende des 19. Jahrhunderts die ersten Versuche gemacht wurden, Lebens- und Arbeitsbedingungen der Dienstmädchen zu erforschen, stieß dies zumeist auf erbitterten Widerstand und wurde als Aufhetzung der Dienstboten gegen die Herrschaft bezeichnet.

Tatsächlich war die Prostitution nicht nur unter den Stubenmädchen, sondern auch im übrigen, elend gehaltenen und schlecht bezahlten Dienstpersonal wie Köchinnen oder deren Hilfskräften, in Wien *„Küchenmentscher"* genannt, sehr verbreitet. Vor allem im 19. Jahrhundert, als Scharen junger Mädchen vom Land in die städtischen Haushalte strömten, wurde sie zu einem wirklichen sozialen Problem (siehe dazu nächstes Kapitel), das allerdings in den zumeist schlüpfrigen, die Koketterie des adretten Stubenmädchens preisenden Schilderungen zeitgenössischer ebenso wie moderner Autoren[101] wenig Beachtung findet.

Bordelle als Kasernierungsstätten

Auch in London soll es um die Mitte des 18. Jahrhunderts an die 50.000 Prostituierte und 2.000 öffentliche Häuser gegeben haben[102]. Georg III. (1760–1820) hatte sich sogar ein Hofbordell eingerichtet, das aus mehreren Häusern bestand, in dem die streng kasernierten und speziell ausgewählten Mädchen nur Angehörigen des Hofes zur Verfügung standen. Eine weitere Londoner Spezialität waren die sogenannten Flagellationsbordelle, in denen der diesbezüglich veranlagte Kunde die Wonnen der Qual erleben durfte. Berühmt waren in diesem Zusammenhang das Haus der Mrs. Collett in Tavinstock Court (Covent Garden) und jenes der Theresa Berkley in der Charlotte Street, die über ein ganzes Arsenal von Folterinstrumenten verfügten und damit selbst die ausgefallensten Wünsche perverser Kunden befriedigen konnten.

Besonders üble Auswirkungen hatte die vor allem gegen Ende des 18. und zu Beginn des 19. Jahrhunderts in England ihren Höhepunkt erreichende sogenannte Deflorationsmanie. Wie bereits im Mittelalter auch wurde die Entjungferung eines jungen Mädchens zu einer besonders delikaten Angelegenheit, die den mit einem gewissen Sadismus verbundenen Eroberungstrieb des Mannes befriedigte. Es gab Bordelle, die sich auf Jungfrauen, für die ein besonders hoher Preis gezahlt werden mußte, spezialisiert hatten. Was sich dabei in diesen halben Kindern, die durch Zuhälter und Kuppler an die Bordelle verkauft und, soferne sie nicht willig waren, durch Schläge oder Drogen gefügig gemacht wurden, abgespielt haben mag, kann nur geahnt werden. An diesen Methoden hat sich im übrigen bis heute nicht viel geändert: Auch im gegenwärtigen internationalen Frauenhandel werden die verschacherten Mädchen ähnlich behandelt.

Die widersprüchliche Situation, wie sie das Prostitutionswesen dieses Jahrhunderts kennzeichnet, wird auch in Berlin deutlich. Obwohl das Verbesserte Landrecht von 1721 die Errichtung von Bordellen untersagt, gab es hier bereits um die Mitte des Jahrhunderts mehrere öffentliche Häuser, und 1782 spricht der *„geniale, unstete Schauspieler und sehr fruchtbare Schriftsteller Johan Friedel"* in seinen *„Briefen über die Galanterien von Berlin"* von *„beynahe hundert Tabagian"* (Ausdruck für Bordell)[103].

Eines der berühmtesten Bordelle war jenes der Schuwitzin, wo nur gebildete Mädchen aufgenommen wurden und Leute des Adels bis hinauf zu Prinzen verkehrten. Die Schuwitzin selbst galt als geachtete Persönlichkeit mit eigener Kutsche, livrierten Dienern und eigener Loge im Theater[104].

Im allgemeinen jedoch waren die Bordelle des 18. und 19. Jahrhunderts reine Kasernierungsstätten, die die Unmenschlichkeit und Brutalität des Prostitutionswesens am deutlichsten aufzeigten. Die Mädchen wurden hier häufig wie Leibeigene behandelt, ihrer Freiheit und Menschenwürde beraubt und lediglich unter dem Aspekt des Profits betrachtet. Anders als im Mittelalter, wo das Frauenhaus einen gewissen Schutz gewährte und der Ausbeutung durch die FrauenwirtInnen durch strikte Kontrollen entgegengewirkt wurde, waren die auf privatwirtschaftlicher Basis organisierten Bordelle jetzt durch keinerlei derartige Maßnahmen behindert. Die Folge war eine nahezu schrankenlose Ausbeutung der Prostituierten, die entweder aus Unwissenheit und Hilflosigkeit an Bordelle geraten waren, oder aber von Kupplern und Mädchenhändlern verschachert wurden. Um sie abhängig und gefügig zu machen, wurden sie in Schulden oder in den Alkohol getrieben, so daß sie aus eigenem Antrieb unfähig waren, das Bordell zu verlassen. Mit völlig untergrabener physischer und psychischer Gesundheit wurden sie dann auf die Straße gesetzt. Um das meist ahnungslose, in Armut aufgewachsene und vom Flitter und Tand des Bordells geblendete Mädchen finanziell von sich abhängig zu machen, gaben ihm die Wirtin oder der Wirt schöne, glänzende Kleidung und Schmuck auf Kredit, den die Prostituierte, die ihre Einnahmen oft zur Gänze abzuliefern hatte, niemals mehr zurückerstatten konnte. Eine weitere Art der Entmündigung war der Zwang zum Alkoholkonsum, der das zu Animierzwecken eingesetzte Mädchen häufig süchtig machte und damit endgültig an die Bordellexistenz fesselte. Anders als die freie Prostituierte hatte die Bordelldirne auch nicht die geringste Möglichkeit, zwischen den Freiern zu wählen, sondern mußte in jedem Fall akzeptieren, wer ihr zugeteilt wurde. Die Massenabfertigung reduzierte den Geschlechtsakt endgültig auf eine schnelle, mechanische Angelegenheit, die in einer Art Fließbandarbeit erledigt wurde. Nach den Angaben in der „*Zeitschrift für Criminal-Anthropologie*“ aus dem Jahr 1907 war es keine Seltenheit, daß die Mädchen der öffentlichen Häuser an einem Abend sieben bis acht Mal den Beischlaf mit verschiedenen Männern ausüben mußten[105].

STRASSENSTRICH UND REGLEMENTIERUNG (19. JAHRHUNDERT)

Vor allem in der zweiten Hälfte des 19. Jahrhunderts ist die Zahl der Bordelle im Abnehmen begriffen. Dafür entwickelte sich der Straßenstrich in noch nie dagewesenem Ausmaß. Die Umwandlung der kasernierten in die freie Prostitution erschien vielen Sozialreformern ein Gebot der Stunde, die freie Verfügung über den eigenen Körper wurde propagiert. Doch waren die Unterdrückungsmechanismen jetzt anderer Art. Sie bezogen sich auf ein dichtmaschiges Netz von sogenannten Reglementierungen, in das die Prostituierte eingefangen und von der übrigen Bevölkerung abgesondert wurde. Eine auch nur annähernd freie Lebensführung war unmöglich. Diese Entwicklung fand ihre volle Ausprägung erst gegen Ende des Jahrhunderts, die Zeit davor war vor allem durch Verbote geprägt.

In Berlin trat 1846 das Verbot der Bordelle in Kraft. Außerdem wurde durch das Strafgesetzbuch für die preußischen Staaten von 1851 die gewerbsmäßige Unzucht für strafbar erklärt:

„Weibspersonen, welche der polizeilichen Anordnung zuwider gewerbsmäßige Unzucht treiben, werden mit Gefängnis bis zu 8 Wochen bestraft.“

Nach Verbüßen der Haft konnte die Delinquentin in ein Arbeitshaus eingeliefert werden[106]. Auch in Köln mußten 1852 die Bordelle schließen, und in Sachsen, Württemberg, Bayern und Hannover wurde die *„gewerbsmäßige Unzucht“* unter Strafe gestellt[107]. In anderen Städten wiederum waren Dirnen geduldet, die sich den polizeilichen Anordnungen fügten. Hamburg etwa hat 1807 die Prostitution nach dem Vorbild des Berliner Bordell-Reglements von 1792 und der französischen Gesetzgebung geregelt und damit eine teilweise Tolerierung erreicht. Auch die preußische Regierung erteilte bald wieder Konzessionen an Bordellwirte.

In Österreich reiht das Strafgesetzbuch von 1803 die Prostitution unter die Polizei-Delikte ein:

„Die Bestrafung derjenigen, die mit ihrem Körper unzüchtiges Gewerbe treiben, ist der Polizei überlassen. Wenn jedoch die Schanddirne durch die Öffentlichkeit auffallendes Ärgernis veranlaßt, junge Leute verführet, oder, da sie wüßte, daß sie mit einer venerischen Krankheit behaftet war, dennoch ihr unzüchtiges Gewerbe fortgesetzt hat, ist sie mit strengem Arreste von einem bis zu drei Monaten zu bestrafen.“[108]

Trotz solcher und ähnlicher Unterdrückungsmaßnahmen war die Prostitution ständig im Zunehmen begriffen. Nach Schätzungen der Berliner

Jahrbücher, die auch die Geheimprostitution berücksichtigten, verdoppelte sich die Zahl der Prostituierten in Berlin zwischen den Jahren 1859 und 1871, obwohl die Bevölkerung nur etwa um die Hälfte zunahm. 1871 gab es in Berlin etwa 15.000 Prostituierte auf 800.000 Einwohner, am Anfang des 20. Jahrhunderts werden bereits 50.000 genannt[109]. Die Zahlenangaben über die Prostituierten im gesamten Deutschen Reich gegen Ende des Jahrhunderts differieren. Es werden zwischen 100.000 und 200.000 geschätzt, vor dem Ersten Weltkrieg sollen es über 300.000 gewesen sein[110].

In Wien haben sich in der Zeit des Wiener Kongresses 1814/15 bei einer Bevölkerung von rund 225.000 Einwohnern etwa 20.000 Freudenmädchen eingefunden[111]. Gleichzeitig nahm die Zahl der Bordelle kontinuierlich ab. Paris hatte 1841 bei 1,2 Millionen Einwohnern 235 Bordelle mit 1.450 reglementierten Prostituierten aufzuweisen, 1900 waren es bei 3,6 Millionen Einwohnern nur noch 40 Bordelle mit 514 Prostituierten. Auch in Hamburg ist die Zahl der Bordelle in den Jahren 1850–1867 von 124 auf 96 zurückgegangen[112].

Die Verlagerung von der Bordell- zur freien Prostitution und ihr gleichzeitiger Anstieg wurde durch die fortschreitende Industrialisierung und die damit verbundene Marktwirtschaft mit ihrem speziellen Konsumverhalten begünstigt, in das jetzt auch die Sexualität eingebunden wurde. Im 19. Jahrhundert begann jene Entwicklung in der westlichen Zivilisation, deren Höhepunkt wir vielleicht schon überschritten haben: eine zunehmende Verdinglichung der Welt, in der sich die Glücksgüter und damit auch „*Liebe*“ käuflich erwerben lassen, in der Geld als geeignet erscheint, sich alle Wünsche zu erfüllen, und in der die Frau, nach wie vor ausgeschlossen vom immer mächtiger werdenden Kapital, in einem noch nie dagewesenen Ausmaß käuflich wird. Die Prostitution, früher so etwas wie ein Luxusartikel für die begüterten Bevölkerungsschichten, wird jetzt zu einer Massenerscheinung. Die zunehmende Verarmung eines weiblichen Proletariats, die Scharen beschäftigungsloser Dienstboten, die dem Animierbetrieb nahestehenden oder in ihn involvierten Kellnerinnen und schließlich auch die kleinen Schauspielerinnen und Varietekünstlerinnen bildeten das Potential, aus dem das Prostitutionswesen seinen Zuwachs bezog. Ein hoher Prozentsatz von Prostituierten kam aus Handwerkerfamilien, und nach einer Statistik aus dem Jahre 1873 stammten in Berlin 55 Prozent vom Land[113].

Obwohl in der ersten Hälfte des 19. Jahrhunderts die Industriearbeiterinnen den höchsten Prozentsatz unter den Prostituierten gestellt hatten[114], nahm ihr Anteil gegen Ende des Jahrhunderts fast um die Hälfte ab, während jener der Dienstboten sich versiebenfachte[115]. Die Dienstmädchen, meist halbe Kinder vom Land, waren aufgrund ihrer sozialen Situation den Gefährdungen der Großstadt besonders ausgesetzt. Die Familien, in die sie eintraten und mit denen sie ab nun Tag und Nacht zusammenwohnten,

Anton Kölbel, gest. 1843, Aquarell, „*Grabennymphen*".
Der Wiener Graben war im 19. Jahrhundert ein beliebter Tummelplatz
der etwas besser gestellten Prostituierten.

konnten ihre emotionalen Bedürfnisse kaum befriedigen und keinen Ersatz für den Verlust der gewohnten zwischenmenschlichen Beziehungen in der Heimat bieten. Aus der eigentlichen familiären Intimsphäre ausgeschlossen, besaß das Dienstmädchen trotzdem keine Freiräume, um eine gewisse Selbständigkeit zu entwickeln. Es mußte rund um die Uhr zur Verfügung stehen, hatte oft nicht einmal ein eigenes Zimmer, sondern lediglich ein Bett in irgendeiner Besenkammer, auf dem Korridor, in der Küche, im feuchten Keller oder im Badezimmer. Manchmal wohnte es auf sogenannten Hängeböden, niedrigen Räumen, die auf halber Höhe über der Küche, dem Flur oder aber dem Klosett angebracht und über eine steile Leiter zu erreichen waren. Dienstboten besaßen keine gesetzliche Begrenzung ihrer Arbeitszeit, keinen Kündigungsschutz und keinen Schutz vor Mißhandlung. Ausgang wurde ihnen häufig nur alle zwei Wochen gewährt, durchschnittlich etwa vier Stunden[116]. Diese minimalen Freiräume verhinderten das Selbständigwerden des Mädchens, eine soziale und politische Bewußtwerdung. Sie fesselten es an das Haus ohne Möglichkeit, sich in einer fremden, großstädtischen Umgebung zu orientieren. Seine Verfügbarkeit und Verführbarkeit machten es nicht nur besonders anfällig gegenüber den sexuellen Annäherungsversuchen des Hausherrn und seiner Söhne, sondern trieben es häufig auch in die Prostitution. Mit den Lebensrealitäten wenig vertraut, dafür aber vollgestopft mit den Inhalten sentimentaler und rührseliger Dreigroschenromane, leisteten sie in der Hoffnung auf eine bessere Zukunft den schmeichlerischen Einflüsterungen ihnen nachstellender Herrn meist wenig Widerstand. Wurde die Affäre bekannt, hatte dies häufig die fristlose Entlassung zu Folge, das Mädchen stand mit oder ohne Kind auf der Straße und von dort war der Weg auf den Strich oder in das Bordell nicht weit. Erschwerend wirkten auch die zahlreichen Kündigungen zur Reisezeit im Sommer, wenn das Dienstmädchen nicht gebraucht wurde, ebenso wie vor Weihnachten, um das Weihnachtsgeld einzusparen. Dem stellenlosen, häufig auch obdachlosen Mädchen blieb oft gar nichts anderes übrig, als sich zu prostituieren, wenn es überleben wollte.

Einer ähnlichen Ausbeutung wie das Dienstmädchen war auch die Kellnerin ausgesetzt, die ebenfalls einen hohen Prozentsatz unter den Prostituierten bildete. Ein Zwanzigstundentag war keine Seltenheit, die Kündigungszeiten waren extrem kurz und wurden manchmal überhaupt nicht eingehalten, und die Entlohnung war miserabel. Häufig bekamen Kellnerinnen nur Wohnung und Kost im Haus des Wirtes, ihre sonstigen Einnahmen bezogen sie lediglich aus Trinkgeldern. Nach der Berufsstatistik von 1895 erhielt in Norddeutschland nur die Hälfte der Kellnerinnen Bargeld, in Mittel- und Süddeutschland hingegen waren es 88 bzw. 91 Prozent. In den Animierlokalen, in denen Kellnerinnen mit Methoden arbeiteten, die der Prostitution ähnlich waren, hatten sie fast nie Anspruch auf ein Bargehalt. Demnach war der Prozentsatz entlohnter Kellnerinnen in den Großstädten, wo die Animierkneipen eine große Rolle spielten, entsprechend gering: in Berlin z. B. betrug er 0,5 Prozent, in Hannover 8 Prozent[117]. Auch die Kellnerinnen in den Animierlokalen waren oft alkoholsüchtig. Ihr täglicher Alkoholkonsum soll *„bis zu 20–30 Glas Bier oder Wein am Tage"* betragen haben, dazwischen noch Sekt, Likör und Kognak[118].

Neben der Heimarbeiterin, die zu den am schlechtesten entlohnten Arbeitskräften zählte, und der Verkäuferin, deren Verdienst ebenfalls nicht zum Unterhalt ausreichte, waren es vor allem Schauspielerinnen, Tänzerinnen und Artistinnen, die einen weiteren Anteil der Prostituierten ausmachten. Schauspielerinnen wurden schon immer in die Nähe von Prostituierten gerückt, seit sie etwa ab der Mitte des 17. Jahrhunderts die bislang von Männern und Knaben gespielten weiblichen Rollen übernommen hatten. Häufig waren sie auch direkt aus dem Bordell engagierte Prostituierte. Auf jeden Fall aber hatten sie einen oder mehrere Liebhaber, die ihnen die teure Theatergarderobe bezahlten, für die sie selbst aufkommen mußten, was bei der geringen Gage schlicht unmöglich war. Vielfach wurde daher auch ein Engagement von der Existenz eines Liebhabers abhängig gemacht. Vor allem bei den Varietekünstlerinnen, Ballettmädchen und Cabarettistinnen, die in den zahlreichen, gegen Ende des 19. Jahrhunderts entstehenden Vergnügungslokalen beschäftigt wurden, war erotische Attraktivität ein Teil des Abendprogramms und für den finanziellen Erfolg ausschlaggebend. Die Schauspielerin war immer zugleich Sexualobjekt, für diesbezügliche Wünsche verfügbar und gleichzeitig verachtet, der Übergang zur Prostitution war fließend. Ihre Pariastellung wurde auch durch die Haltung der Kirche bestätigt, die bis ins 19. Jahrhundert hinein Schauspielerinnen ebenso wie Prostituierten die Sakramente und den Friedhof verweigerte.

Die Ventilfunktion der Prostitution, bereits im Mittelalter und dann auch wieder im 18. Jahrhundert betont, wurde kaum je so sehr diskutiert wie im prüden 19. Jahrhundert. Was der Mann bei seiner *„reinen"*, engelgleichen, in erotischen und sexuellen Dingen unerfahrenen und daher *„anständigen"* Gattin nicht fand, suchte er bei der schmutzigen, erfahrenen und daher *„unanständigen"* Hure. Der Gang zur Prostituierten war für den jungen, heranwachsenden Mann sozusagen obligatorisch, hier sollte er sich unterweisen lassen für sein späteres Eheleben, was diesem jedoch meist überhaupt nicht bekam. Ließen sich doch die Liebeskünste der Prostituierten so gar nicht mit dem vereinbaren, was den Mann im Ehebett mit seiner jungen, unschuldigen Angetrauten erwartete. Das unerfahrene Mädchen mußte behutsam *„genommen"* werden, damit sein Ekel, seine Abscheu, sein Schock nicht allzu große Ausmaße annahm. Niemals, in keinem Zeitalter, wurde die Aufspaltung des einheitlichen Eros in den *„schmutzigen"* Trieb und die „*reine*", spirituelle Liebe so deutlich wie im 19. Jahrhundert. Daß sich erst in der Erniedrigung der Frau zum Sexualobjekt die Sinnlichkeit des Mannes frei äußern konnte, während ihre Überhöhung jede Sinnlichkeit verbot, bewirkte eine Diskreditierung, eine Verächtlichmachung des gesamten Liebeslebens.

„*Wo sie lieben, begehren sie nicht, und wo sie begehren, können sie nicht lieben*",

hat Freud diese schizophrene Haltung des Mannes treffend charakterisiert[119].

Das Thema Geschlechtskrankheit im Dienste der Festigung herrschender Ideologien

Die Einstellung dieser Zeit zu Liebe und Sexualität wird auch an der Haltung deutlich, die dem Problem der Geschlechtskrankheiten gegenüber eingenommen wurde. Ursprünglich ein Tabuthema – jede Erörterung, die mit Sexualität zu tun hatte, galt als unschicklich – wurden die Diskussionen über Geschlechtskrankheiten später zum Anlaß genommen, sich – häufig auf medizinischer Basis – mit dem heiklen Gegenstand Sex auseinanderzusetzen. Noch um die Jahrhundertwende galten öffentliche Vorträge über Geschlechtskrankheiten als sittlich gefährdend, erst im frühen 20. Jahrhundert begann sich die Wissenschaft systematisch damit zu befassen, wobei die moralisierende Tendenz allerdings im Vordergrund stand. Wurde doch das Faktum der Geschlechtskrankheit ständig als Beweis angeführt, daß der außereheliche Geschlechtsverkehr unnatürlich sei, eine durch die Zivilisatin bedingte Perversion, weshalb er sozusagen zwangsläufig die Rache der Natur (oder die Strafe Gottes) zur Folge habe.

„*Redet aber die Natur in den venerischen Krankheiten nicht eine entsetzlich deutliche Sprache? Ist das noch nicht genug, um zu verstehen, daß die Natur Keuschheit außer der Ehe und Ausschließlichkeit in der Ehe will? Wer kann noch ihre Absichten mißdeuten?*"

meint etwa Albert Heim, eine zentrale Figur in der Züricher Sittlichkeitsbewegung in einem Vortrag im Februar 1900 an der Universität Zürich und empfiehlt dem Ehemann, der sich bei einer „*verführenden Dirne*" infiziert hat, als beste Lösung den Selbstmord[120]. Wie sehr das Thema Geschlechtskrankheit zur Festigung der herrschenden Ideologie benutzt wurde, zeigen auch die allgemeinen Übertreibungen über das Ausmaß der Krankheit, die tiefsitzende Ängste schüren und die Menschen für derartige Botschaften empfänglich machen sollten. Obwohl ständig von einer gewaltigen Zunahme der Geschlechtskrankheiten gesprochen wurde und in einem 1930 hergestellten Aufklärungsfilm von 400.000 Neuinfektionen die Rede war, gab es tatsächlich zwischen 1910 und 1920 nur geringfügige Schwankungen in der Häufigkeit der Erkrankungen, die dann gegen Ende dieser Zeitspanne eine leichte Zunahme, keinesfalls jedoch ein dramatisches Ansteigen erkennen ließen. Eine vom 1. Oktober 1920 bis zum 30. September 1921 durchgeführte Enquete in der Schweiz, an der führende Ärzte, Spezialisten sowie Kliniken und Polikliniken für Haut- und Geschlechtskrankheiten beteiligt waren, stellte fest, daß sich 1920/21 lediglich 0,13 Prozent der Bevölkerung mit Tripper und 0,04 Prozent mit Syphilis infiziert hatten, wobei in den folgenden Jahren ein kontinuierliches Sinken der Krankheitsfälle zu beobachten war[121].

Das derart aufgeschaukelte Problem der Geschlechtskrankheiten wurde immer mit einer Verfolgung der Prostituierten verknüpft, und die infizierten Männer als deren Opfer hingestellt. Es wurde nie danach gefragt, wer die Dirne angesteckt hatte, sondern immer nur, wer durch sie angesteckt worden war. Die groß angelegte Reglementierung des Prostitutionswesens, wie sie vor allem in der zweiten Hälfte des Jahrhunderts einsetzte und in Deutschland mit dem Reichsstrafgesetzbuch von 1871 einen vorläufigen Höhepunkt fand, ist unter diesem Gesichtspunkt zu verstehen. Mit der Neufassung von 1876, die eine Anmeldung der Prostituierten bei der Gesundheits- oder Sittenpolizei, eine regelmäßige gesundheitliche Überwachung und eine Befolgung der von den Behörden erlassenen Reglementierungen vorsah, wurde jenes System geschaffen, das in seinen Grundzügen heute noch besteht. Ab nun gab es die erlaubte Prostitution, die von den sogenannten Kontrolldirnen ausgeübt wurde, und die unerlaubte Prostitution durch Huren, die sich keiner polizeilichen Aufsicht unterwarfen. Die Stigmatisierung der Prostituierten, die sich für ein öffentlich sanktioniertes und damit strafloses Gewerbe entschloß, war allerdings enorm. Huren mußten sich nicht nur einer bis zu zweimal pro Woche durchgeführten Untersuchung unterziehen, sie wurden auch in ihrem persönlichen Lebensbereich derart eingeengt, daß es beinahe unmöglich war, mit der Polizei nicht in Konflikt zu kommen. So etwa durften sie nach den sittenpolizeilichen Vorschriften für München aus dem Jahre 1903 keine Wohnungen in belebten Straßen und Häusern beziehen, in denen sich gleichzeitig Wirtschaften befanden. Ebenso war ihnen das Wohnen im Parterre untersagt. Sie durften keine auffällige Kleidung tragen, nicht Rad fahren, keine Teesalons besuchen und während des Oktoberfestes die Theresienwiese nicht betreten. Ebenso war ihnen der Besuch einer Kunst- oder anderen Ausstellung untersagt, auch der Aufenthalt auf Bahnhöfen ohne Reisegenehmigung sowie das Betreten öffentlicher Anlagen und der meisten wichtigsten Straßen nach Ausbruch der Dunkelheit war nicht gestattet. Nach den Berliner Polizeivorschriften mußte die Prostituierte u. a. einem Polizeibeamten zu jeder Tages- und Nachtzeit Einlaß in ihre Wohnung gewähren und einen Wohnungswechsel innerhalb von drei Tagen bei der Sittenpolizei melden. Außerdem durfte sie sich nicht in der Nähe von Schulen, Kirchen, königlichen und öffentlichen Gebäuden aufhalten, sich nicht an den Fenstern der eigenen oder einer fremden Wohnung zeigen und in Lokalen keine Männer anlocken[122].

Diese Vorschriften, die vor allem durch die Gefahr von sich weiter ausbreitenden Geschlechtskrankheiten legitimiert wurden, machten die Prostituierte zur total verwalteten Person, deren Freiräume eingegrenzt und deren Intimsphäre eine der Polizei jederzeit zugängliche, öffentliche wurde. Sie war eine kriminelle Person, notwendig zwar, aber auszugrenzen, einzugrenzen und unter polizeiliche Aufsicht zu stellen, damit sie das gesellschaftliche Klima nicht vergifte. Der prominente Turiner Psychiater und Kriminalanthropologe Cesare Lombroso (1836–1909) rechtfertigte diese Überwachung der Dirnen nicht nur als Maßnahme gegen die Verbreitung der Geschlechtskrankheiten, sondern auch mit den angeborenen Charakteranlagen der Prostituierten, die nach ihm bösartig, moralisch minderwertig und degeneriert waren. Unter völliger Negierung wirtschaftlicher und milieubedingter Faktoren sind für ihn in seinem Werk *„Das Weib als Verbrecherin und Prostituierte“* bei der *„geborenen Dirne“* einzig Erbanlagen ausschlaggebend,

„ein besonderer Fall der frühzeitigen Neigung zu allem Bösen, der von Kindheit auf bestehenden Lust, Verbotenes zu tun, die den moralisch idiotischen Menschen charakterisiert“[123].

Die abolitionistische Bewegung

Völlig anderer Meinung waren die Abolitionisten, die sich ab 1875 um die Liverpooler Pfarrersfrau Josephine Butler (1828–1906) geschart hatten und bald zu internationaler Bedeutung gelangten. Sie sahen nicht Vererbung, sondern Schädigung durch das soziale Milieu als wesentliche Ursache der Prostitution. Sie wiesen darauf hin, daß ein hoher Prozentsatz der Prostituierten bereits in der Kindheit von Familienangehörigen sexuell mißbraucht worden war, daß die engen Wohnverhältnisse in den Arbeiterfamilien, wo teilweise auch noch Schlafstellenmieter und Kostgänger untergebracht wurden, den Mißbrauch auch mit anderen Personen ungemein begünstigen und viele Kinder auf diese Art und Weise bereits vor Eintritt in die Schule geschlechtskrank waren[124].

Der Abolitionismus, der vor allem von Frauenvereinen unterstützt wurde, forderte die Freistellung der Prostituierten von allen Vorschriften, Überwachungen und Registrierungen, weil derartige Maßnahmen zu keinem wirklichen Erfolg in der Bekämpfung der Geschlechtskrankheiten geführt hätten. Statt dessen verlangten sie Untersuchungen der gesamten geschlechtskranken Bevölkerung einschließlich der Männer.

Besonders für die Prostituierten eingesetzt hat sich auch Gertrud von Guillaume-Schack, später als *„rote Gräfin“* verschrien, die 1882 wegen eines Vortrags zu diesem Thema in Darmstadt vor Gericht gestellt wurde, schließlich jedoch freigesprochen werden mußte. Die allgemeine Empörung, die Frau von Schack entgegenbrandete, ist vor allem durch den Umstand zu erklären, daß sie ihre Angriffe vornehmlich gegen Männer richtete, die sich bislang bei diesem Kesseltreiben gegen die Prostituierten hauptsächlich als Zuschauer betätigt hatten:

„Ihr [der Prostituierten] Leben wird zu Grunde gerichtet, weil sie Krankheiten verbreiten könnte und Niemand fragt danach, wer sie krank gemacht hat“,

meinte sie in ihrer Rede.

„Sie, die aus der Gesellschaft ausgestoßen ist, wird zur Verantwortung gezogen, während doch den Mann allein die Verantwortung für das Elend trifft, das er in den Familienkreis trägt, während er genau ebenso die Schuld an den Störungen des öffentlichen Anstandes und der öffentlichen Ordnung trägt. Der Unterschied ist nur der, daß die eine zu schwach ist, um sich zu verteidigen, während der andere sich eine so tiefe Verletzung seiner Ehre und seiner Freiheit nie gefallen lassen würde.“[125]

Die Tendenz der abolitionistischen Bewegung, die von zahlreichen Medizinern, Soziologen und Juristen unterstützt wurde, ging vor allem dahin, die polizeilichen durch fürsorgerische Maßnahmen zu ersetzen, um den Prostituierten die Rückkehr in das bürgerliche Leben zu erleichtern. 1916 wurde ein bevölkerungspolitischer Ausschuß gebildet, der sich besonders mit der medizinischen und soziologischen Seite des Problems befaßte. Nach Kriegsende und Erringung des Frauenwahlrechts forderten weibliche Abgeordnete sämtlicher Parteien in der deutschen Nationalversammlung die Aufhebung der Reglementierung und die Ersetzung der Sittenpolizei durch Organe der Gesundheitsfürsorge. Nach mehreren weiteren Anträgen wurde 1925 ein neuer Entwurf ausgearbeitet, der als Reichsgesetz zur Bekämpfung der Geschlechtskrankheiten 1927 in Kraft trat und als Kompromißlösung angesehen werden kann. Einerseits fanden die Forderungen der abolitionistischen Bewegung Eingang, indem der Bekämpfung der Geschlechtskrankheiten Vorrang gegenüber der Bekämpfung der Prostitution eingeräumt wurde. Andererseits jedoch war Prostitution nach wie vor strafbar, wenn sie in bestimmten Formen oder an bestimmten verbotenen Orten ausgeübt wurde[126].

DIE NEUE HURENBEWEGUNG

Auch gegenwärtig müssen sich Prostituierte in allen Ländern bestimmten Vorschriften unterwerfen. So etwa dürfen sie häufig in ausgewiesenen Sperrbezirken ihr Gewerbe nicht ausüben, sie werden als ungeeignet betrachtet, ein eigenes Kind aufzuziehen, und müssen einer regelmäßigen polizeilichen Registrierung und Pflichtuntersuchung zustimmen. Ebenso machen sie sich vielfach strafbar, wenn sie durch Annoncen sexuelle Dienstleistungen für Geld anbieten, für gewisse pornographische Zeitschriften als Modell arbeiten oder sich alleine oder zu zweit eine Wohnung mieten, um dort ihren Beruf auszuüben[127].

Vor allem aber sind sie nach wie vor aufgrund ihres Gewerbes massiven Demütigungen, Diskriminierungen und Behinderungen ausgesetzt, die sich vor allem dann besonders deutlich zeigen, wenn sich die Prostituierte wieder eingliedern, einen anderen Beruf ergreifen möchte. Auch im Falle einer Vergewaltigung ist es für sie sehr schwierig, einem Polizeibeamten klar zu machen, daß Geschlechtsverkehr in diesem Fall nicht auf der Basis gegenseitiger Übereinkunft, sondern durch Gewalt stattgefunden hat[128].

Die Gesetzeslage hinsichtlich der Prostitution ist gegenwärtig genauso undurchsichtig, wie sie in den vergangen Jahrhunderten gewesen ist. Bestehende Verordnungen werden übergangen, oder ihre Übertretung wird von den Behörden stillschweigend toleriert, neue Gesetze werden negiert oder in irgendeiner Form unterwandert. So etwa existiert in Wien ein Bordellverbot, das auf die verschiedenste Art und Weise umgangen wird. Auch die Zuhälterei ist nach dem Bundesgesetz vom 1. August 1984 offiziell verboten[129], was auf die tatsächliche Situation nicht die geringsten Auswirkungen hat: Es gibt nach wie vor Zuhälter jeden Typs. Ebenso herrschen in Wien einigermaßen unklare Verhältnisse, was die Wohnungsprostitution betrifft: Sie ist einerseits verboten, andererseits unter bestimmten Auflagen, wie etwa einem getrennten, von den übrigen Hausbewohnern nicht zu benutzenden Eingang gestattet[130].

Auch hat die jahrhundertelange Erfahrung, daß eine Unterdrückung und Kriminalisierung der Prostitution Frauen lediglich unter miesen Bedingungen in den Untergrund treiben und das Zuhältertum und die Gewalt in diesem Milieu verstärken, immer noch nicht völlig gegriffen. In jüngster Zeit sind hier im Gegenteil rückschrittliche Tendenzen zu beobachten. So etwa trat im Februar 1992 in Wien ein Gesetz in Kraft, nach dem im Umkreis von 150 Metern von Aus- und Eingängen von Kirchen, Schulen, Schüler-

und Jugendheimen, Jugendzentren, Kinder- und Jugendspielplätzen, Heil- und Pflegeanstalten und Kasernen ebenso wie auf Bahnhöfen und Stationsgebäuden die Prostitution nicht ausgeübt werden darf[131]. Eine Verordnung, die nicht nur im Hurenmilieu, sondern auch bei Gesundheitsämtern und Sicherheitspolizei Unmut hervorrief. *„Wir hätten uns eine individuelle Regelung eher gewünscht als diese Pauschalverurteilung"*, meinte zum Beispiel Johanna Ehmsen-Neudecker vom Wiener Gesundheitsamt in einem Interview[132]. Die Folgen waren abzusehen: Die etwa 60 registrierten Etablissements innerhalb der verbotenen Zone – gut die Hälfte sämtlicher einschlägiger Wiener Lokalitäten – rüsteten auf einen konventionellen Barbetrieb um, in dem die Prostitution jetzt heimlich und damit außerhalb jeder Kontrolle durchgeführt wird, was die Zahl der Geheimprostituierten erhöht und im Zeitalter von AIDS damit auch das Gesundheitsrisiko. Nach einer Untersuchung aus dem Jahr 1991 waren von den etwa 3.000 Wiener Prostituierten lediglich 800 registriert[133], die anderen arbeiteten im Untergrund, wobei die Geheimprostitution durch den starken Zustrom von Frauen aus den ehemaligen Ostblockländern weiter ständig im Steigen begriffen ist.

Neue Impulse kamen auch für die Frauen vom Strich aus der Frauenbewegung. Endlich – so scheint es – hat frau auch hier begriffen, daß sie ihre Situation selbst in die Hand nehmen und selbst ändern muß. Das größte Hindernis bei dem Kampf um Selbstbehauptung ist die damit verbundene Angst der Prostituierten, aus der schützenden Anonymität herauszutreten und sich zum Strich als Beruf zu bekennen. Manche schaffen es, bezeichnen sich demonstrativ als Hure, halten Kongresse ab, gründen Vereine, geben Zeitschriften heraus. Doch handelt es sich dabei um eine Minderheit, die Mehrheit wagt es aus Angst vor Anfeindungen und Repressalien immer noch nicht, mit ihrem Anliegen an die Öffentlichkeit zu treten. Trotzdem hat die Hurenbewegung, etwa 20 Jahre jung, das Selbstbewußtsein dieser Frauen insgesamt gestärkt. Sie beginnen ihren Opferstatus mehr und mehr abzulegen und sich als das zu begreifen, was sie eigentlich sind, nämlich Arbeiterinnen, die eine gewünschte Dienstleistung erbringen und denen dafür auch die nötigen Rechte eingeräumt werden müssen. Gleichzeitig jedoch hat gerade dieser Mut zur Selbstbehauptung sie in Konflikt mit Feministinnen gebracht, ein scheinbares Paradoxon, das erklärbar ist. Betrachtet doch der Feminismus Prostitution als einen Auswuchs patriarchaler Moralvorstellungen, den es abzuschaffen, nicht aber zu festigen gilt. Er sieht im Verkauf des weiblichen Körpers eine Entwürdigung der Frau und in der Abspaltung weiblicher Sexualität vom ganzheitlichen Selbst, wie sie in der Prostitution am deutlichsten zum Ausdruck kommt, das Ergebnis männlicher Ideologien.

Daß es im Grunde nicht gelingt, den Körper als Ware zu betrachten, der sozusagen eigenständig für Dienstleistungen zur Verfügung steht, während das übrige Selbst der Frau abgeschaltet hat, beweisen viele Interviews mit Prostituierten[134], beweist der hohe Prozentsatz an Alkohol-, Tabletten- und Rauschgiftsüchtigen unter ihnen und die Tatsache, daß sie sehr häufig nur unter dem Einfluß von Drogen imstande sind, ihrer Arbeit nachzugehen. Die Abspaltung der Sexualität von Herz und Hirn, wie sie von Prostituierten als Überlebenstraining propagiert wird –

„in einer solchen Situation mußt du abschalten, darfst an nichts denken und mußt alles vergessen",

meinte eine von ihnen in einem Interview[135] –,

führt meist zu tiefen psychischen Schäden, die in irgendeiner Form ihre Wirkung zeigen und selbst bei einer noch so euphemistischen Einschätzung nicht geleugnet werden können.

Daß Prostituierte, die ein Bedürfnis dieser Gesellschaft befriedigen, auch einen Anspruch auf gleiche Rechte haben und von jeder Diskriminierung ausgenommen werden müssen, ist die eine Seite. Die andere Seite jedoch ist, daß sie gleichzeitig dieses patriarchale System mit all seinen Mechanismen stärken, wobei Prostitution ja nur die Spitze eines Eisbergs darstellt, denn die gekaufte Frau findet sich in jedem Lebensbereich, als Ehefrau ebenso wie als Sekretärin, Assistentin oder auch in höherer Position. Die Hure trägt das Stigma der gekauften Frau lediglich öffentlich, sie verkauft ihren Sex offen, während andere Ähnliches auf versteckte Art und Weise tun.

Die Diskriminierung, der die Prostituierte deswegen nach wie vor ausgesetzt ist, zeigt immer noch in voller Deutlichkeit die Verlogenheit und Heuchelei einer patriarchalen Gesellschaft, die durchaus bereit ist, Derartiges zu tolerieren, solange es in abgesicherten Formen, wie etwa der Ehe, verläuft, es aber zu verurteilen, sobald es sich außerhalb dieser Normen bewegt. Aus diesem Grund muß auch das Patriarchat die Prostitution in abgesonderte Sperrbezirke verbannen, weil sie den eigentlichen, offenen Ausdruck patriarchaler Moral darstellt, der in seiner Unverblümtheit so nicht ertragen wird. Die gekaufte Frau ist nur verschleiert verkraftbar.

Gegen dieses *„Hurenstigma"* kämpft die neue *„Hurenbewegung"*, die sich Anfang der siebziger Jahre formierte und 1975 mit dem *„Streik"* der Lyoner Prostituierten, der europaweit Schlagzeilen machte, einen ersten Höhepunkt erreichte. Um gegen mehrere unaufgeklärte Morde an Kolleginnen und zunehmende polizeiliche Repressalien zu protestieren, besetzten Prostituierte eine Kirche, verteilten aufklärende Flugblätter an die Bevölkerung, schrieben viele Briefe an zuständige Politiker und traten couragiert in den Medien auf. Die Empörung unter den Huren griff auf andere französische Städte über, bis sich die französische Regierung gezwungen sah, einen *„Bericht über die Lage der Prostituierten"* abzugeben, wodurch es Huren erstmals in der Nachkriegszeit gelungen war, politisch ernst genommen zu werden[136]. Zuvor jedoch hatte die *„National Organisation for Women"* (NOW) zum Thema Prostitution bereits einen Kongreß organisiert, an dem sich die Frauenbewegung erstmals mit Prostitution auseinandersetzte und es zwischen Dirnen und Frauenbewegten zu einem harten Schlagabtausch kam. 1973 gründete dann die Ex-Prostituierte Margo St. James in San Francisco den Verein *„Call Off Your Old Tired Ethics"* (COYOTE), eine Interessenvertretung der Prostituierten, die Anlaufstellen in vielen nordamerikanischen Städten und gute internationale Kontakte besaß. Etwa zur gleichen Zeit entstand in Rom die *„Liga zum Schutz der Prostituierten"* (PPP), die sich vornehmlich für Kranken- und Pensionsversicherung der Huren einsetzte. In der Folge wurden dann zahlreiche Prostituierte-Selbsthilfegruppen in der BRD, Schweden, Dänemark, Kanada, Australien und der Schweiz gegründet. In Österreich war es der *„Verein der Prostituierten Österreichs"* in Linz, der viele Jahre von sich reden machte und auch eine eigene Vereinszeitschrift herausgab, die im Verlauf des Jahres 1990 jedoch eingestellt wurde.

Der erste internationale Hurenkongreß fand im Februar 1985 in Amsterdam, der zweite Anfang Oktober 1986 in Brüssel statt. Dabei wurde die *„Welt Charta für die Rechte der Prostituierten"* verabschiedet, die u. a. eine Entkriminalisierung der Prostitution und einen Anspruch der Prostituierten auf alle Menschenrechte und zivilen Freiheiten forderte. Weiters eine Entkriminalisierung der Arbeitsbedingungen, freiwillige Gesundenuntersuchung, Besteuerung wie andere unabhängige Unternehmer oder Arbeiter ohne zusätzliche Belastungen und Erstellung von Strafgesetzen gegen Zwang, Gewalt, sexuellen Mißbrauch an Kindern, Vergewaltigung und Rassismus ganz allgemein. Gezielt an die Öffentlichkeit trat auch der in der alten BRD 1980 von Sozialarbeiterinnen gegründete Verein *„Hydra"*, der die Prostituierten in eigener Sache beriet, Aussteigerinnenprogramme entwickelte und für die Anerkennung ihrer Tätigkeit als Beruf kämpfte. Schließlich kam es zu weiteren Hurenkongressen, bei denen vor allem die neu entstandene Situation durch das Auftreten von AIDS erörtert wurde, die auch einen Schwerpunkt bei den diversen Beratungsstellen, Vereinen und Gesundheitsämtern bildet[137]. Ein besonderes Anliegen der Prostituierten ist nach wie vor eine staatliche Kranken- und Pensionsversicherung, die trotz regelmäßiger Besteuerung bislang aussteht, was die ohnedies gesundheitlich gefährdete, ins Abseits gedrängte und unregelmäßig verdienende Prostituierte zusätzlich auf eine oft geradezu lebensbedrohende Art und Weise belastet.

Inzwischen ist auch eine sehr umfangreiche Huren-Literatur entstanden, die sich mit den Lebensbedingungen dieser Frauen, ihrem Außenseitertum, ihrer Sozialisation und Herkunft auseinandersetzt. Eingehende Milieustudien am Wiener Strich hat in diesem Zusammenhang der Universitätsprofessor Roland Girtler betrieben. Besonders ausführlich hat er sich dabei mit der Person des Zuhälters und seinen Methoden auseinandergesetzt, Mädchen in die Prostitution zu bringen. Seine Beschreibung des *„Strizzi"*, wie der Zuhälter im Wiener Jargon genannt wird, weicht in einigen Punkten von der Klischeevorstellung des brutalen Gewaltmenschen ab, wie sie sich, genährt durch Medien, Film und Fernsehen, in den Gehirnen so mancher Normalverbraucher eingenistet hat. Er erscheint hier eher als eine notwendige Bezugsperson für die gesellschaftlich diskriminierte und von der eigenen Familie meist verachtete Prostituierte, die von ihr lebt, in die sie auch investiert, die den nötigen Schutz im Unterweltmilieu gewährt und bei der die Frau nicht nur erlebte und empfundene Sexualität, sondern auch so etwas wie menschliche Wärme erfahren kann. Ein Bild, dessen Brüchigkeit allerdings auch von Girtler erkannt und analysiert wird, denn selbst wenn Gewaltausübung des Zuhälters gegenüber seiner *„anschaffenden"* Frau in den letzten Jahren als Folge eines zunehmenden Selbstbewußtseins der Prostituierten abgenommen haben mag, bleibt noch immer genug davon übrig. Vor allem erscheint Gewalt notwendig und gerechtfertigt, wenn gegen die Gesetze im Hurenmilieu verstoßen wurde, so etwa wenn die Frau zu wenig Geld nach Hause bringt, trinkt, sich von ihrem Zuhälter trennen oder nicht mehr für ihn auf den Strich gehen will.

Die Behauptung vieler Zuhälter, die Frauen würden ihre Mißhandlungen als Zeichen der Zuneigung und *„Liebe"* sogar schätzen, entbehrt nicht einer gewissen Glaubwürdigkeit, zeigt sie doch das ganze Ausmaß einer masochistischen Unterwerfungshaltung und psychischen Abhängigkeit, durch die die Beziehung vieler Huren zu ihren Zuhältern bestimmt wird.

Abhängig ist allerdings auch der *„Strizzi"* von seiner Frau, abhängig von ihrem Geld, ihrem regelmäßigen Einkommen. Die Verhältnisse spiegeln also hier umgekehrte bürgerliche Verhältnisse wider: Er lebt von ihrem Geld, das er sich allerdings häufig mit Gewalt zu beschaffen weiß. Tatsächlich ist eine wirkliche, echte Zuneigung des Zuhälters zu seiner Prostituierten äußerst selten anzutreffen. Sie ist für ihn Mittel zum Zweck, um ein möglichst angenehmes Leben führen zu können, und wenn er klug ist, wird er sie sorgfältig behandeln wie einen Arbeitsgaul, der eine bessere Leistung erbringt, wenn er gut gefüttert ist. Welcher infamer Methoden er sich dabei häufig bedient, wird in Interviews deutlich, in denen Zuhälter offen und recht zynisch beschreiben, wie sie sich ein Mädel *„einbraten"* (für sich gewinnen, von sich abhängig machen). Am vorteilhaftesten sei es, zu einer *„fertigen Hure"* zu kommen, also einer Frau, die bereits längere Zeit als Prostituierte tätig ist und die Kontrollkarte, den sogenannten *„Deckel"*, schon hat. Ebenso einfach sei es, Frauen für sich arbeiten zu lassen, die in irgendeiner Weise psychische Probleme haben oder alkohol- bzw. tablettensüchtig sind. Heroinsüchtige Frauen sind nicht gefragt, sie machen *„es"* zu billig, um zum benötigten Stoff zu kommen – an ihnen ist ein Zuhälter wenig interessiert. Hingegen sucht er sich gerne Mädchen aus schlechten sozialen und familiären Verhältnissen, die wurzel- und orientierungslos sind, aus Heimen oder von Pflegefamilien stammen und keine Freunde haben. Zu ihnen bemüht er sich, ein psychisches und sexuelles Abhängigkeitsverhältnis aufzubauen, das ihm erlaubt, sie auf den Strich zu schicken.

„Als erstes mußt du schauen, daß niemand von ihren Freundinnen und ihrer Familie ihr dreinredet. Es darf ihr niemand als ich ins Ohr reden. Sie darf nur auf mich hören...Das ist nicht so schwer. Wenn einmal kein Kontakt mehr zu der Familie besteht, das ist gerade bei denen der Fall, die vom Land kommen, dann braucht man nur mehr die Freunde und die Freundinnen unterbinden",

beschreibt ein Zuhälter offen seine Methoden[138]. Vom „*Schmäh*", wie ein Mädel reingelegt wird, berichtet auch ein anderer:

„Wenn sie vom Land oder aus dem Heim kommt, kann man sie besser am Schmäh halten. Der versprech ich alles. Der sage ich: ‚Mauserl, willst nicht auf den Strich gehen? Wir stellen uns eine Wohnung auf und alles mögliche'. Wenn die einmal mit ins Bett geht, ist sie schon gelegt...Man raunzt sich also bei ihr ein: ‚Mauserl hin und Mauserl her. Von mir kriegst du alles, bei mir hast du alles'...Wenn du einen guten Schmäh hast, kannst du jede packen und dazu bringen...Zuerst denkt sie noch nicht daran, daß es so weit kommt. Zuerst läßt man sie einmal durch die Freunde rennen. Freilich wehrt sie sich am Anfang. Ein bisserl spritzt man sie mit Alkohol. Alle steigen aber nicht darauf ein. Denen gibt man den Stecken."[139]

Die Frau wird aber nicht nur durch Schläge gezwungen, auf den Strich zu gehen – sie muß auch dort bleiben:

„Wenn das Madl einmal für dich auf den Strich gegangen ist, dann will ich nicht, daß sie sich zurückzieht. Sie hat da kaum eine Chance. Irgendwie bringt man sie wieder auf den Strich, auch wenn sie aus Wien weg ist. Man findet sie wieder."[140]

Die Wichtigkeit einer sexuellen Abhängigkeit ist Zuhältern dabei durchaus bewußt:

„Man bratet sich die Frau ein und geht mit ihr ein paarmal schlafen. Man macht sie ganz verliebt und narrisch. Die erste Zeit schustert man sie, bis sie deppert ist. Und dann hängt sie meistens schon an einem. Dann wird sie schon fast sexuell abhängig. Wenn man sie einmal so weit hat, hat man schon 90 Prozent gewonnen."[141]

Tatsächlich wurden nach Angaben des Wiener Gesundheitsamtes etwa zwei Drittel der Prostituierten in ihrer Kindheit oder frühen Jugend sexuell mißbraucht[142]. Es sind also auch zum großen Teil diese frühen, negativen Erfahrungen mit Sex, die sie den Zuhältern gegenüber gefügig machen.

Die ausgefeilten psychologischen Strategien der Zuhälter spekulieren mit dem großen, durch Jahrhunderte aufgebauten Liebesbedürfnis der Frau, das durch ihre Abhängigkeit und die Vorstellung vom Mann als dem einzigen und alleinigen Glückbringer genährt wird und einsame, entwurzelte, aus geschädigtem Familienmilieu stammende Frauen in die Arme gewissenloser Ausbeuter treibt. Das Erwachen kommt sicher, doch meist zu spät – auch darüber geben zahlreiche Interviews Auskunft[143]. Die etwas ältere Prostituierte ist sich über derartige Mechanismen im klaren und hat auch meist gelernt, den Zuhälter richtig einzuschätzen und sich seiner zu bedienen, so wie er sich ihrer bedient.

Am wichtigsten ist ihr bei der Ausübung ihres Gewerbes das Geld, die Hoffnung auf einen guten und schnellen Verdienst. Tatsächlich können Prostituierte zwischen 30.000 und 100.000 öS pro Monat verdienen. Doch sind die Ausgaben für Wohnung, Kleidung, Kosmetika, Auto, vor allem aber den meist aufwendigen Lebensstil des Zuhälters relativ hoch, nur wenige Prostituierte legen sich Geld auf die Seite. Daß es mehr und mehr Frauen gibt, die ohne Zuhälter arbeiten, ist ebenfalls ein Beweis ihrer zunehmenden Selbständigkeit. Sie haben es allerdings in vielen Dingen schwerer, müssen häufig Schutzgelder zahlen und sind auch ansonsten gefährdet.

Selbstbewußte Huren verkaufen nicht nur ihren Sex, sie sehen sich auch als eine Art Sozialarbeiterin, die ebenso für die seelischen Probleme ihrer Kunden zuständig ist. Insgesamt jedoch machen sie sich über den Mann und seine häufig abartigen, perversen Wünsche eher lustig.

Tatsächlich ermöglicht die Frage, was Männer zu einer Prostituierten treibt, einen tiefen Einblick in die männliche Psyche. Denn während die Motive der Hure offen und klar auf der Hand liegen – nämlich der Wunsch nach einem möglichst guten Verdienst –, sind die seinen keineswegs so einsichtig. Es ist zumindest aus Frauensicht ziemlich unverständlich, welche Befriedigung es einem Mann verschaffen mag, seinen Schwanz im Eiltempo durch den Hosenschlitz in die Vagina einer Frau zu stecken und dort möglichst rasch abzupumpen. Natürlich darf er Sonderwünsche äußern, soferne er über eine entsprechende Geldbörse verfügt. Ein bißchen mehr nacktes Frauenfleisch ist allerdings bereits wesentlich teurer, der nackte Busen muß ebenso wie der nackte Unterleib mit klingender Münze bezahlt werden. Oralverkehr (Französisch) mit Schutz ist noch das billigste, mehr muß der Kunde dann schon für kombinierte Stellungen inklusive Analverkehr berappen, und am meisten haben jene Masochisten zu zahlen, die sich in der *„strengen Kammer“* foltern und demütigen lassen oder als besondere Spezialität vom Kot und Urin der Prostituierten übergossen zu werden wünschen. Es sind Untersuchungen zufolge meist Männer in gehobenen Führungspositionen, die gewohnt sind, Befehle und Anweisungen zu erteilen, und die zur Abwechslung den Sklaven oder Underdog spielen möchten. Vor allem ihnen bereitet es eine tiefe Befriedigung, von der als Domina verkleideten Hure ausgepeitscht, mit Nadeln gespickt, an Händen und Füßen aufgehängt oder sonstwie gequält zu werden.

Über die Motive dieser Männer, die Gründe, warum sie Prostituierte aufsuchen, gibt eine Zusammenstellung Auskunft, die unter dem Titel *„Die neue Liebesunordnung"* 1979 erschien[144]. Danach begeistert es Männer nicht nur, allen jenen perversen Praktiken, zu denen Ehefrauen nicht bereit sind, bei der Prostituierten hemmungslos frönen zu können, sie empfinden es auch als angenehm, Geld statt Gefühle geben zu können, ein gewisses Machtgefühl zu genießen und insgesamt keinerlei Verpflichtungen eingehen zu müssen.

Hier zeigt sich die Angst vieler Männer vor dem Gefühl, vor einer emotionalen Bindung, die ihnen käufliche Liebe akzeptabler erscheinen läßt als eine echte Beziehung. Es ist interessanterweise gerade die Unverbindlichkeit, die den Mann zur Hure treibt, die es dem gestreßten Karrieristen ermöglicht, Sex zu praktizieren, ohne sich dabei dem mühsamen Unterfangen einer Auseinandersetzung mit dem weiblichen Menschen unterziehen zu müssen. Geld, das zur Ausstattung eines richtigen Mannes gehört, verschafft Sex und Macht. Liebe, Verständnis, Beziehungsfähigkeit erscheinen unwesentlich. Der gekaufte Sex einer gekauften Frau reduziert die menschlichen Berührungspunkte zwar auf den minimalen Ausschnitt des Geschlechtsteils, aber dafür muß „Mann" sich nicht um den übrigen Menschen bemühen. Und das ist ihm gerade recht.

Mätressen. Die sexualisierte Frau

Was die Hetäre in der Antike gewesen ist, war die Mätresse in späteren Jahrhunderten: eine Art Edelprostituierte, eine meist gescheite, natürlich schöne, häufig auch mutige Frau, die es gewagt hatte, aus Konventionen auszubrechen und in einer häufig recht abenteuerlichen Gratwanderung als Geliebte eines reichen und angesehenen Mannes an dessen Ansehen und Reichtum zu partizipieren.

Die ersten Mätressen an den europäischen Fürsten- und Königshäusern registriert die Geschichtsschreibung in der frühen Neuzeit, als das Kurtisanenwesen weit verbreitet war. Ihren größten Einfluß erlebten sie aber zweifellos im 18. Jahrhundert vor allem am französischen Königshof, wo es einer Reihe von begabten Frauen gelungen war, über die Schlafzimmer der Herrscher sogar in weltpolitischen Fragen mitzumischen. Sie sind die großen, glanzvollen Ausnahmeerscheinungen, die ihr meist kurzes Intermezzo im Licht der Öffentlichkeit häufig mit anschließender Verbannung in ein Kloster oder auf ein entferntes Schloß bezahlten.

Die Mätresse, die attraktive, erotische, käufliche Frau ist das Produkt eines neuerlichen Sexualisierungsprozesses, wie er etwa ab dem Ende des 17. Jahrhunderts eingesetzt hatte. Während am Beginn der Neuzeit die sinnliche Frau als gefährlich galt und ihre Sexualität als unheimliches, die allgemeine Ordnung destabilisierendes Element (die Hexenverfolgungen sind brutalster Ausdruck dieses Kampfes gegen eine vielfach noch ungebrochene weibliche Sexualität), wurde jetzt die inzwischen domestizierte, von kulturellen Prozessen ausgeschlossene Frau als passives und formbares Objekt wiederum einer Sexualisierungswelle unterworfen. Es handelt sich also bei dieser „*neuen*" erotischen Frau keinesfalls um weibliche Identitätsfindung, es ist nicht ihre eigene Sexualität, die sie ausleben darf, sondern es sind wiederum Männerideologien, die Frauen übergestülpt wurden.

Der furchtbare Prozeß der „*Verdinglichung am lebendigen Leib*", von dem Christa Wolf spricht, hat vornehmlich in diesen Jahrhunderten nach den großen Hexenverfolgungen eingesetzt, als Frauen mehr und mehr begannen, unter Verleugnung der eigenen nach fremden Identitäten zu leben.

Die Frau als Libertine, als erotisch reizvolles Wesen, wie sie durch das 18. Jahrhundert geistert, ist eine Schöpfung des Mannes zur Befriedigung eigener Wünsche. Mit einer wirklich emanzipierten Frau hat sie wenig gemein. Obwohl die Seitensprünge verheirateter Frauen aus der Aristokratie durchaus üblich und an der Tagesordnung waren, fühlte sich der gehörnte

Ehemann nach wie vor berechtigt, zu entsprechenden Sanktionen zu greifen, soferne ihm die Liaison seiner Ehefrau nicht paßte: So konnte er sie strafweise mehrere Jahre in ein Kloster stecken, wo ihr der Kopf kahl geschoren wurde und sie strenge Bußübungen zu absolvieren hatte. Auch haben nur wenige Utopisten für die Frau politische und soziale Rechte gefordert, und wenn eine gewisse *„weibliche"* Erziehung propagiert wurde, dann vor allem deswegen, weil der anspruchsvollere Mann eine gebildetere Gesprächspartnerin wünschte – niemals jedoch zum Zweck der eigenen weiblichen Selbstverwirklichung.

Daran änderte auch die Existenz einiger weniger, zweifellos begabter und gescheiter Frauen nichts, denen es im 18. Jahrhundert durch eigenes Vermögen und/oder den Verkauf des eigenen Körpers gelungen war, einen beachtlichen Einfluß auf das geistig-kulturelle Leben auszuüben, in deren Salons sich die hervorragenden Männer ihrer Zeit gegenseitig inspirierten und die im übrigen den tolerierten Weg weiblicher Machtausübung gingen – nämlich jenen über den Mann! Sie waren die großartigen Einzelerscheinungen dieser Epoche, die demonstrierten, daß Frauen nicht nur einen Körper, sondern auch ein Hirn besaßen, sich aber ansonsten an die Lehrmeinung Jean Jacques Rousseaus hielten, der in seinem Erziehungsroman *„Emile"* die vollkommene und uneingeschränkte Ausrichtung der Frau auf den Mann forderte. Sie hatten in dieser Zeit auch keine andere Wahl, weibliche Selbstverwirklichung über den Mann war das Maximum, was ihnen zugestanden wurde.

Die Geschichte hat vor allem die Namen dieser großen Mätressen und geistvollen Frauen im Frankreich des 18. Jahrhunderts bewahrt und daraus ein *„Jahrhundert der Frau"* konstruiert, das es im Grunde nie gab. Vielmehr erscheint dieses plötzliche Interesse an der aufgeputzten, erotisch interessanten und auch nicht ganz dummen Frau als eine Folge des neuen Interesses an Geschlechtlichkeit und intellektuell-aufklärerischer Tendenzen.

Die Frau hatte sich diesem (männlichen) Interesse zu fügen, und sie tat es mit Bravour. Ihr sexualisierter Körper wurde zur Ware, ihre Käuflichkeit entlastete den Mann von seinem schlechten Gewissen (eine Situation, wie wir sie auch heute antreffen). Die gekaufte Frau ist mit ihrer Situation einverstanden, sie akzeptiert ihren Warencharakter und bewahrt damit den Mann vor dem Ärgernis, sich schuldig fühlen zu müssen.

Zahlreiche Mütter vor allem aus dem Kleinbürgertum begannen ihre Töchter systematisch auf die Laufbahn einer fürstlichen, vielleicht sogar königlichen Mätresse vorzubereiten. Aber auch die Damen der Aristokratie waren sich gelegentlich dazu nicht zu schade. Bot doch der Weg über den verkauften Körper für die politisch und gesellschaftlich rechtlose Frau die einzige Möglichkeit, Karriere zu machen.

Diesen Körper auf die Bedürfnisse des (männlichen) Zeitgeschmacks auszurichten, bemühten sich auch zahlreiche Frauenlehrbücher und Journale. *„30 Stücke zu einer vollkommenen Schönheit"* fordert etwa das *„Frauenzimmerlexikon"* von 1715. Darunter

„ein holdseliges Lächeln...Kleine röthliche Ohren, so nicht allzuweit von dem Haupt abstehen...eine zarte Haut, mit kleinen blauen Aederlein unterlegen... Ein langer elffenbeinerner Hals...wohlproportionierte und auswärts gesetzte kleine schmale Füßlein...eine liebliche und angenehme Sprache"

und einen Mund, dem

„ein sanffter und reiner Athem" entströmt[1]. Jeder Körperteil mußte hinsichtlich seiner Beschaffenheit genauestens männlichem Anspruch genügen, vor allem Größe und Form der Brüste wurden ständig korrigiert; und Frauen beeilten sich, diesen Vorstellungen der Männer zu entsprechen.

Natürlich wurde auch der weibliche Geist männlichen Anforderungen angepaßt, er sollte vor allem in jenen Künsten geschult werden, mit denen Männer zu erfreuen und zu unterhalten waren. Ein wenig tanzen, singen und musizieren gehörte neben einer Grundausbildung in Lesen, Schreiben und Rechnen zur weiblichen Allgemeinbildung. Auch die Beschäftigung mit Literatur war erlaubt, doch unterlag sie einem sorgsamen Ausleseverfahren. Liebesromane etwa sollten nur in Maßen genossen werden, ein Zuviel, so hieß es in den Lehrbüchlein und Traktaten, erhitze die weibliche Phantasie über Gebühr. Das aufklärerische Bildungsprogramm forderte Vernünftigeres, wie z. B. Reisebeschreibungen und Biographien. Hier mochten die Damen des gehobenen Bürgertums (denn um eben diese handelte es sich zumeist) den männlichen Anforderungen allerdings nicht so ganz zu folgen: Die sentimentalen Liebesromane eines Samuel Richardson (1689–1761) etwa wurden zu Bestsellern eines überwiegend weiblichen Publikums, und auch die Groschenromane in den Illustrierten erfreuten sich ausgesprochener Beliebtheit. Daß ein armes und selbstverständlich tugendsames Mädchen das Herz eines reichen Herrn gewinnt und via Heirat seines Vermögens anteilig wird, war häufiges Sujet dieser populären Romane. Es hat sich im Hirn so mancher unterprivilegierten Leserin festgesetzt und dazu geführt, daß derartige Ambitionen ihr Leben zu bestimmen begannen, wobei es allerdings kaum je zur Heirat, dafür aber oft zu einem unehelichen Kind und Vertreibung in Schimpf und Schande kam. Daß es trotzdem einige Frauen aus bescheidenen Verhältnissen schafften, zu den Mätressen begüterter Männer aufzusteigen, wurde zwar kaum in den Bildungsromanen vermerkt – und wenn, dann sicherlich scharf verurteilt –, hat sich in der Realität allerdings trotzdem, und gar nicht ganz so selten, ereignet.

Bemerkenswerterweise waren gerade jene Frauen, die eine propagierte männliche Moral ad absurdum führten, die interessantesten Frauen dieser Zeit. Sie mußten sich stets mit besonderer Intelligenz, mit Witz, Charme und natürlich Schönheit gegen die zahlreichen Anfeindungen durchsetzen, denen sie ausgeliefert waren.

Hatte die Gesellschaft sie doch mit einem besonderen Makel, einem Außenseitertum bestraft, von dem sich die ebenfalls verschacherte Ehefrau ausgenommen fühlte, obwohl sich im Grunde ihr Schicksal wenig von jenem der Mätresse unterschied. Lediglich die Anerkennung einer Gesellschaft war ihr sicher – und das war viel! Sie bewegte sich innerhalb der Normen eines Systems, in dem der Handel mit Frauen gutgeheißen wurde, solange er von Männern zur Stärkung dieses Systems betrieben wurde, hingegen es als verachtenswert erschien, wenn Frauen sich in Eigenregie verkauften. Nachdem jedoch ganz offensichtlich auch hier ein Nutzen für den Mann nicht von der Hand zu weisen war, wurde es, wenn auch geächtet, so doch stets geduldet.

Geliebt haben die großen Kurtisanen und Mätressen ihre reichen Gönner kaum. Da wurden sie schon eher von diesen geliebt bzw. benötigt als eine private Möglichkeit, als ein Refugium, in dem es menschlich zuging, als eine allzeit bereite Frau, die dafür bezahlt wurde, daß sie Staatsgeschäfte, Hofintrigen und andere Sorgen vergessen half. Das war bequem. Ihre eigenen Gefühle spielten keine Rolle, danach wurde nicht gefragt, und sie selbst wußte am allerbesten, daß sie diese verkauft hatte für Geld, Ansehen, Macht. Im Grunde ist also auch die sexualisierte Frau des 18. Jahrhunderts eine entsexualisierte Frau, ging es doch in dieser hochgezüchteten Atmosphäre einer angeblich „*freien*“ Liebe kaum je um die Erfüllung ihrer erotischen und sexuellen Wünsche, sondern stets um jene des Mannes.

Sicher gab es auch Mätressen, die ihre Wohltäter liebten, aber sie waren in der Minderheit und nicht repräsentativ. Weit häufiger begegnet uns die ehrgeizige, kluge und geschickte Frau, die sich ihren Weg hart erarbeitet hatte und alle ihre Möglichkeiten voll ausschöpfte, um den Liebhaber an sich zu binden. Denn ein Nachlassen seiner Liebe, das wußte sie, bedeutete ihren Untergang. Ihre eigene Liebe war dabei wenig wichtig – es genügte, sie vorzutäuschen. Die ständige Angst vor dem Erkalten der Gefühle des mächtigen Gönners bestimmte denn auch das Leben dieser Frauen, sie zwang sie, in aufwendigen Prozeduren nicht nur ihren Körper und Teint zu pflegen und jede sich bietende Gelegenheit zu ergreifen, den Liebhaber zu unterhalten und zu amüsieren, es wurden auch heimlich alle möglichen Aphrodisiaka unter die Speisen gemengt, um seine Leidenschaft zu erhalten. Nichts war Frauen zu aufwendig und zu monströs, um sich die Gunst ihres Geliebten zu sichern. Und das war verständlich, denn die gestürzte Mätresse eines hochgeborenen Herrn mußte nicht nur mit empfindlichen finanziellen Einbußen rechnen – zu einer gewissen Apanage fühlte er sich meist verpflichtet –, sie war auch dem Haß der Untertanen schutzlos ausgeliefert, die in den Geliebten des Herrschers häufig nutzlose Schmarotzer sahen, die sich an ihren Steuern mästeten.

Die große Mätresse des 18. Jahrhunderts, eine französische Erfindung,

Andrea Andreani, († 1610) *Römische Kurtisane*,
nach einem Entwurf von Bernardo Malpizzi.
Ihre Glanzzeit hatte die Kurtisane in der italienischen Renaissance,
in der sie – ähnlich wie die griechische Hetäre –
zu den gebildetsten Frauen zählte und zu beträchtlichem
Wohlstand kommen konnte.

hatte eine Vorgängerin in der italienischen Kurtisane, die im 15. und in der ersten Hälfte des 16. Jahrhunderts hauptsächlich in Rom und Venedig anzutreffen war. Die gebildete, in den schönen Künsten bewanderte Kurtisane war vor allem im 15. Jahrhundert eine ehrbare Person, die zu dieser Zeit sogar Zutritt zum päpstlichen Hof besaß[2]. Ihr Gewerbe lernte sie bei alten Kurtisanen, oft auch wurde ihr die Erziehung von einem Mann bezahlt. Gehobene Kurtisanen brachten es zuweilen zu beträchtlichem Wohlstand, in ihren glanzvoll ausgestatteten Wohnräumen empfingen sie Botschafter, Fürsten und Prälaten. Eine der gebildetsten unter ihnen war sicher die schöne und kluge Imperia Coquata, die dichtete und Harfe spielte und die reichsten Männer als Liebhaber hatte. Sie wurde von Raffael gemalt und von Matteo Bandello literarisch verewigt, und als sie – erst 31jährig – starb, soll ihr Papst Julius II. seinen apostolischen Segen ans Sterbebett geschickt haben[3]. Auch Tullia d'Aragona zählte zu den berühmten Kurtisanen ihrer Zeit. Ihr Vater war der angesehene Kardinal Lodovico d'Aragona, ihre Mutter Giulia Ferrarese eine ebenfalls bekannte Kurtisane. Sie hatte eine gute Erziehung genossen und empfing in ihrem Salon Angehörige des Hochadels, Prälaten, Künstler und Intellektuelle. Auch Tullia war literarisch tätig, sie sprach französisch und Latein, sang und tanzte.

Die Fama von Reichtum und Macht der schönen Kurtisanen begann in der damaligen Welt zu kursieren, und zahlreiche kleine Mädchen aus dem Ausland strömten in das gelobte Italien, um dort eine Karriere auf die einzige Art und Weise zu versuchen, die einer niedrig Geborenen offenstand: über den Liebesdienst. Natürlich war die reiche, angesehene und gebildete Kurtisane, die sich als „*Greca*", als Wiederbelebung der griechischen Hetäre verstand, in der Minderheit. Eine häufigere Erscheinung war die „*Putana*", die kasernierte Dirne, die sich um ein geringes Entgelt verkaufte. Insgesamt währte die Kurtisanenherrlichkeit der ausgehenden italienischen Renaissance auch nicht allzulange, bereits Anfang des 16. Jahrhunderts kam es zur Gründung von Klöstern, in denen die Kinder verworfener Kurtisanen zu ehrbaren Mädchen erzogen werden sollten. Papst Julius III. (1550–1555) schwächte dann 1550 das Kurtisanengewerbe durch etliche Sanktionen und Paul IV. (1555–1559) bestrafte Kuppelei mit dem Tod. Die Päpste Pius V. (1566–1572) und Sixtus V. (1585–1590) schließlich haben die Kurtisane endgültig stigmatisiert, sie wurde in Sperrbezirke verbannt und mußte sich mit eigenen Farben kennzeichnen, viele von ihnen wurden gezwungen zu heiraten oder in einem Kloster zu verschwinden[4].

Natürlich war damit die Frau, die ihren Körper verkaufte oder vermietete, ebensowenig wie in den Jahrhunderten davor oder danach aus der Welt geschafft. Sie ging lediglich in den Untergrund, und die Massenprostitution mit elenden Bedingungen für die Frauen blühte wie eh und je.

Doch gab es auch schon im 16. Jahrhundert vereinzelt Frauen, die es zu den Geliebten hoher Fürsten brachten und gelegentlich sogar geheiratet wurden. So wie ein Mädchen namens Bianca, das 1548 als Tochter des vermögenden und angesehenen venezianischen Patriziers Bartolomeo Capello geboren wurde. Sie war in noch jungen Jahren von einem Handlungsgehilfen namens Piero Bonaventuri entführt und geschwängert worden – ob mit oder ohne ihrer Einwilligung, ist der Überlieferung nicht zu entnehmen[5]. Der vom Hohen Rat Venedigs ausgesetzten Strafe – Piero drohte das Todesurteil – entzog sich das junge Paar durch Flucht nach Florenz, wo Pieros Eltern wohnten, einfache Leute, bei denen Bianca die Arbeit einer Magd zu leisten hatte. Die Geschichte, die wie ein Roman beginnt, geht auch so weiter: Über eine Marchesa Mondragon lernte Bianca den nicht schönen, dafür aber mächtigen Prinzen Francesco, den ältesten Sohn des Herzogs von Florenz, kennen, der sofort Feuer fing, Piero die gut bezahlte und freudig angenommene Stellung eines Garderobekämmerers vermittelte und Bianca zu seiner Geliebten machte. Die junge, schöne Bianca blieb auch in der Stellung einer unangefochtenen Favoritin, als der Prinz die Schwester Kaiser Maximilians II., Johanna, heiratete. Denn diese war nach Berichten von Zeitgenossen zu ihrem Unglück nicht nur reizlos, sondern auch mürrisch und melancholisch. Außerdem war ihr einziger Sohn bereits mit fünf Jahren gestorben, was ihr nach allgemeiner Ansicht die Existenzberechtigung nahm. Als sie selbst nach 13 Jahren einer unglücklichen Ehe das Zeitliche segnete, machte der nach dem Tod seines Vaters inzwischen zum Großherzog avancierte Francesco zuerst heimlich und später dann offiziell seine Geliebte zu seiner zweiten Gemahlin, was ihr endlich auch die Verzeihung Venedigs einbrachte. Eine Herzogin konnte schließlich nicht von Häschern verfolgt werden.

Nachdem sich jedoch die Hoffnung des Herzogs auf einen Thronerben auch jetzt nicht erfüllte, griff die verzweifelte Bianca zum Betrug: Sie kaufte einen Knaben, fingierte eine Geburt, bei der nur eingeweihte Personen anwesend waren, und präsentierte das fremde Kind dem glücklichen Herzog als eigenes.

Sie soll anschließend den Auftrag gegeben haben, sämtliche Personen, die davon wußten, zu ermorden, was, wenn auch nicht beweisbar, durchaus der Wahrheit entsprechen kann. Man entledigte sich damals schnell eines unbequemen Widersachers. Auch ihr Mann, Piero Bonaventuri, war nachts erstochen worden, ohne daß der Herzog nach den Mördern suchen ließ. Auch Isabella di Medici, seine Schwester, wurde von ihrem Gatten Paolo Orsini, dem Herzog von Branciano, in ein Landhaus gelockt, wo sie ein grausamer Tod erwartete. Er ließ auch Francesco Peretti ermorden, um dessen junge Frau, die schöne Vittoria Accoromboni, heiraten zu können, die ebenfalls durch Mörderhand starb. Warum sollte die beneidete, gehaßte und geschmähte Geliebte eines Fürsten, die Angst um ihr Leben haben mußte, wenn sie sich die Liebe ihres Gönners nicht erhielt, hier eine Ausnahme machen? Die Tat wurde ihr übrigens von Francesco, nicht jedoch von der Nachwelt verziehen. Diese hat vielmehr das Bild einer blutrünstigen Mätresse gemalt, deren Ehrgeiz sie dazu trieb, über Leichen zu gehen. Sie starb 1587, im neununddreißigsten Lebensjahr, wenige Tage, nachdem ihr Gatte von einem Fieber hingerafft worden war.

Das klassische Land der Mätresse späterer Jahrhunderte jedoch war Frankreich, das in der Kultur, in der Mode, im feinen Benehmen für das übrige Europa den Ton angab und gleichzeitig damit auch seine Mätressenwirtschaft exportierte. Für sein Mätressenwesen berühmt-berüchtigt war bereits der Hof Franz I. (1515–1547), von dessen Gattin Claudia, der Tochter Ludwig XII. von Frankreich und Erbin der Bretagne, erwartet wurde, daß sie sich mit den zahlreichen offiziellen und inoffiziellen Geliebten ihres Gatten abfand. Daß ihr selbst kein ähnliches Recht eingeräumt wurde, verstand sich von selbst.

Die beiden herausragenden Frauengestalten, die des Königs Leben versüßen durften, waren die Gräfin Françoise de Châteaubriant, die als ein liebenswürdiges, aufopferungsvolles Geschöpf in die Geschichte einging, und Anne de Pisseleu[6], die als berechnend, kalt und hartherzig beschrieben wird, was möglicherweise auf ihre ausgeprägte Intelligenz und ihre große literarische und künstlerische Versiertheit zurückgeführt werden kann. Verstand wurde damals einer Frau nicht so leicht verziehen, und sie galt immerhin als die *„gelehrteste unter den schönen Frauen"*.

Françoise de Chateaubriant, die jahrelang den ersten Platz in Franz I. umworbenen Herzen eingenommen hatte, wurde daraus durch eine Intrige der Königin-Mutter, Louise von Savoyen, vertrieben, die sie nicht mochte. Sie führte ihm das eigens auf ihre Rolle vorbereitete Ehrenfräulein Anne de Pisseleu zu, in das er sich auch prompt verliebte. Das Ansinnen Franzens, Françoise zur zweiten Favoritin am Hof zu machen, schlug diese empört aus. Sie kehrte nach Chateaubriant, dem Schloß ihres Gatten, zurück, wo sie zwar nicht mit offenen Armen empfangen, aber doch geduldet wurde. Im Grunde hatte der Graf von Chateaubriant auch keinen Grund, sich zu beklagen, war er doch zum *„Generalstatthalter des Königs in der Bretagne"* ernannt worden, womit Franz I. den üblichen Weg wählte, die Gatten königlicher Mätressen zu besänftigen: Sie wurden mit Posten oder Pfründen belohnt und verhielten sich dann auch meist ruhig. Daß die Legende ihn trotzdem des Mordes an seiner Frau beschuldigte, als diese, gesund und blühend, plötzlich 1537 im Alter von 42 Jahren an einer geheimnisvollen Krankheit starb, läßt eine andere Wahrheit ahnen. Noch heute werden Touristen, die das Schloß besuchen, mit einer schaurigen Geschichte unterhalten, nach der die schöne Françoise von vier Knechten in ein dunkles Gemach geschleppt worden war, wo ihr zwei Chirurgen vor den Augen des Gatten die Adern öffnen mußten, bis sie verblutete. Seit damals soll der Geist der Gräfin an jedem Jahrestag des Mordes samt König Franz und bösem Gatten um Mitternacht im Schloß erscheinen, umgeben von sechs Teufeln, die den grausamen Ehemann zwingen, seine Füße in eine Blutlache zu tauchen, die sich wunderbarerweise wieder verflüssigt hat. Die von Françoise selbst verfaßte Grabinschrift nennt allerdings wieder andere Gründe für ihren frühen Tod:

„Eine Frau ruht hier in dieser dunklen Gruft. Sie starb an ihrer gläubigen und allzugroßen Liebe...“[7]

Inzwischen verhielt sich die um 13 Jahre jüngere Anne, deren porzellanartiger Teint und puppenhafte Schönheit von Zeitgenossen gepriesen wurden, am französischen Hof nicht ganz so unauffällig wie ihre Vorgängerin. Nachdem sie an Jean de Brosse verheiratet worden war und beide mit der Grafschaft von Étampes belehnt wurden, begann sie in allem, was den königlichen Hofstaat, vor allem jedoch das neu erbaute Fontainebleau betraf, bestimmend mitzureden, was Maria von Ungarn zu der Bemerkung veranlaßte:

„Sie tut alles, was ihr gefällt, und alles wird von ihr regiert.“[8]

Als sie jedoch versuchte, sich auch in die Politik zu mischen, ging das eindeutig zu weit – dieser Grenzüberschreitung mußte ein Riegel vorgeschoben werden:

„Umso besser für sie, wenn sie mit dem König schläft, aber sie soll ihr Metier ausüben, ohne sich um das unsere zu kümmern“[9],

verweist sie dann auch der Bailli (Verwalter) von Vitry sogleich in ihre Schranken. Es darf angenommen werden, daß Anne diesen Verweis ernst nahm; auf diese Art und Weise gelang es ihr auch, bis zu Franzens Tod im Jahre 1547 unangefochtene Favoritin zu bleiben. Sogar Liebhaber soll sie neben ihm gehabt haben, was sicher nur am großzügigen französischen Hof möglich war, in anderen Ländern, wie etwa am Zarenhof, wurde eine königliche Favoritin in solch einem Fall verstoßen und mit dem Verlust ihres gesamten Vermögens bestraft, wovon noch berichtet wird.

Nachdem jedoch Franz I. gestorben war, blieb auch Anne, jetzt Herzogin von Étampes, das übliche Mätressenschicksal nicht erspart. Obwohl der Nachfolger, Heinrich II., seinem Vater auf dem Totenbett versprochen hatte, für die ausgediente königliche Mätresse anständig zu sorgen, entging sie nach dem Tod ihres Liebhabers nur knapp einem Hochverratsprozeß. Außerdem wurden ihr und ihrem Gatten wichtige Güter wie etwa die Herzogtümer Étampes und Chevreuse entzogen, und auch Schmuck mußte sie an die neue Favoritin, Diane de Poitiers, abgeben, worauf Jean de Brosse endlich Gelegenheit fand, sich an der Gattin für die ihm angetane Schmach zu rächen. Er sperrte sie bis 1550 wegen „*Treulosigkeit*“ in eines seiner Schlösser ein und strengte sogar einen Prozeß gegen sie an. In seinem

Testament, nach seinem Tod im Jahre 1565 eröffnet, schloß er sie von jedem Wittum aus, da sie nie seine Ehefrau gewesen sei. Sie starb erst viele Jahre nach ihm, im 72. Lebensjahr, verarmt und in großer Verlassenheit.

Lange zuvor jedoch war bereits ein neuer Stern am französischen Königshof aufgegangen: Diane de Poitiers[10], die schlanke Jägerin, Symbol der französischen Renaissance und in zahlreichen Gemälden eines Jean Goujon, Jean Clouets und Francesco Primaticcio ebenso wie in den Dichtungen eines Pontus de Thyard, Olivier de Magny und Mellin de Saint Gelais verewigt.

Sie muß tatsächlich eine bemerkenswerte Frau gewesen sein. Als sie die Geliebte des Dauphins wurde, war sie bereits 37 Jahre alt, ihr Liebhaber war ganze achtzehn. Dieses Ereignis hatte eine Vorgeschichte, die bis in die Kindheit Heinrichs, des kommenden Heinrichs II., reicht. Schon als die beiden Knaben, der neunjährige Franz und der siebenjährige Henri gegen ihren Vater Franz I., der nach der mörderischen Schlacht bei Pavia in spanische Gefangenschaft geraten war, als Geiseln ausgetauscht wurden, hat sich Diane um den verstörten Siebenjährigen besonders bemüht. Während sich alles um den älteren Dauphin scharte, hat sie den jüngeren und daher unwichtigen Sohn in ihre Arme genommen und getröstet. Das hat der nach dem Tod seines Bruders zum Thronfolger avancierte Jüngling nach seiner Rückkehr offenbar nicht vergessen. Noch vor seinem vierzehnten Lebensjahr verliebte sich der durch die Gefangenschaft melancholisch und düster gewordene Junge in die um fast 20 Jahre ältere Diane, die ihm von seinem Vater als Erzieherin bestimmt worden war und die bis zu seinem Tod ihre unangefochtene Stellung als Favoritin behaupten konnte.

Diane, Tochter einer altadeligen Familie aus der Dauphiné, war bereits fünfzehnjährig an den vierzig Jahre älteren Louis de Brézé, Comte des Maulevrier, Großseneschall der Normandie, verheiratet worden, dem sie zwei Töchter gebar. Als dieser 72jährig starb, soll der Kummer Dianes groß gewesen sein: Sie kleidete sich ab nun nur noch schwarz und weiß, jene Farben, die später auch Heinrich II. annahm. Daß sie zur Erzieherin des Thronfolgers bestimmt wurde, soll angeblich eine Vorgeschichte haben. Victor Hugo ebenso wie der Chronist Nicolas Versoris und der meist gut unterrichtete Pierre de Bourdeilles de Brantôme geben verschleierte Hinweise, daß sich die auffallend schöne junge Frau mit den leuchtend blonden Haaren dem vergnügungssüchtigen König geopfert haben soll, um ihren wegen Hochverrat zum Tode verurteilten Vater zu retten. Tatsächlich wurde der Herr von Poitiers in allerletzter Minute nach einer Unterredung des Königs mit seiner Tochter begnadigt. Auch ein gewisses intimes Verhältnis zwischen Franz und Diane ebenso wie ihr großer Einfluß bei Hof, den sie bereits vor ihrem Aufstieg zur Favoritin des Dauphins besaß, ließen sich dadurch erklären.

Daß Diane nicht nur schön, sondern auch klug und gebildet war, wird in

Henri Grevedon (1776–1860). Kolorierte Lithographie.
Diane de Poitiers, (1499–1566), Mätresse Heinrich II. und Symbol
der französischen Renaissance, wurde von zahlreichen Künstlern verewigt.

den Memoiren weniger erwähnt. Vor allem aber muß sie es ungemein gut verstanden haben, Menschen für sich einzunehmen, gelang es ihr doch, nicht nur den alten Franz und den jungen Heinrich, sondern auch Katharina von Medici, die Gattin Heinrichs, um den Finger zu wickeln. Sie zog Katharinas Kinderschar auf, die sich nach langer Unfruchtbarkeit endlich fast jedes Jahr vergrößerte, und zeitweise schliefen die Rivalinnen sogar im gleichen Zimmer. Gerne wird in diesem Zusammenhang die Anekdote kolportiert, daß Katharina Löcher in die Wand zum Schlafgemach der Mätresse bohren ließ, um beide beim Liebesspiel beobachten zu können, was der vom Gemahl vernachlässigten und lediglich in Befolgung der dynastischen Pflichten aufgesuchten Königin schmerzvolle Seufzer entlockt haben soll:

„Ich habe den Fehler begangen, Dinge erfahren zu wollen, die zu wissen nicht guttut. Ich selbst bin schuld an allen Schmerzen, die ich leide.“[11]

Daß Heinrich II. seiner Favoritin ergeben war, trotz anderweitiger Affären, werden zeitgenössische Berichte nicht müde zu berichten. Auch wird er, dem eine eher mittelmäßige Intelligenz, eine langsame Auffassung und mangelndes Urteilsvermögen nachgesagt wird, in der pikanten Hofchronik als guter Liebhaber beschrieben. Auf jeden Fall überhäufte er seine Geliebte, von der die Gesandten berichteten, sie *„halte den König an der Leine wie ihre Meute“*, mit Gütern und Schmuck und schrieb ihr glühende Liebesbriefe, selbst als sie die Fünzig bereits weit überschritten hatte. Auch als er vierzigjährig infolge einer Turnierverwundung starb und Diane der nun mächtigen Königin einen Teil ihres Vermögens zurückgeben mußte, lebte sie in ihren restlichen sieben Jahren immer noch als eine der reichsten Frauen Frankreichs auf Anet, einem der reizendsten Schlösser der französischen Renaissance, das sie sich im Euretal einst bauen ließ.

Die Gestalt der Diane de Poitiers, an der sich heute noch die Herzen überwiegend männlicher Historiker entzünden, konnte deswegen als reine Lichtgestalt in die Geschichte eingehen, weil sie sich mit ihrer Anmut, ihrer Liebenswürdigkeit, Schönheit und erotischen Ausstrahlung auf sogenannte *„weibliche Tugenden“* beschränkte und den Männern bei ihren Geschäften nicht in die Quere kam. Um wieviel schwerer hatte es da die reizlose, aber mit einer großen politischen Begabung ausgestattete Königin Katharina von Medici, die sich zwar ebenfalls dem Typus der aufopfernden Mutter unterwarf, aber selbst als ewige Unterhändlerin im Auftrag ihrer königlichen Söhne verhaßt und angefeindet war und erst durch die jüngste Geschichtsschreibung rehabilitiert wurde.

Nachdem die glücklosen Söhne der Katharina von Medici entweder an Krankheit oder durch Mörderhand umgekommen waren, bestieg der Hugenottenführer Heinrich von Navarra, ein Bourbone, als Heinrich IV. den Thron. Er war mit der eigenwilligen Margot, einer Tochter Katharinas, verheiratet, von der er sich aber später scheiden ließ, um die reiche Bankierstochter Maria de Medici zu ehelichen. Obwohl Heinrich nicht annähernd dem Typ eines charmanten Liebhabers entsprach – er wird allgemein als ungepflegt, bärbeißig und grob geschildert, und seine sämtlichen Mätressen ebenso wie seine Ehefrau Margot beschwerten sich über den penetranten Geruch nach Schweiß und ungewaschenen Füßen, den er zu verströmen pflegte –, war dieser König trotzdem als Lüstling verschrien.

„Man hat wirklich noch nie etwas gesehen, was einem Bordell ähnlicher wäre als dieser Hof“[12],

mokierte sich der toskanische Botschafter über seine Mätressenwirtschaft und die zahlreichen Bastarde. Vor allem drei Frauen gelang es, sich mit Schönheit, Klugheit und Geschick den Weg zu einer maîtresse en titre (rechtmäßigen Geliebten) hinaufzuarbeiten. Die erste, Gabrielle d'Estrées, spätere Marquise de Monceaux, hatte sich nicht nur durch ihre Schönheit, sondern auch durch ihre Fruchtbarkeit das Herz des Königs erobert. Sie schenkte ihm innerhalb kürzester Zeit drei gesunde Kinder, davon gleich zwei Söhne, weshalb sie der beglückte Liebhaber in Ermangelung eines Thronerben auch unbedingt zu seiner rechtmäßigen Gattin machen wollte. Doch scheiterte dieser Wunsch am Einspruch der in Usson in der Verbannung lebenden Margot, die sich nur dann zu einer Scheidung bereit erklärte, wenn

„der König eine seiner würdige Prinzessin heiratet, die die Thronfolge durch Erben sicherstellen kann“[13].

Daß Gabrielle schließlich während ihrer fünften Schwangerschaft, die mit einer Fehlgeburt endete, auf qualvolle Art und Weise in ihrem 27. Lebensjahr starb, enthob nicht nur Margot ihrer moralischen Skrupel, sondern bedeutete gleichzeitig auch eine große Erleichterung für sämtliche Minister und Ratgeber des Königs. Standen sie doch dem Wunsch ihres Herrn mit großer Ablehnung gegenüber, und auch das Volk haßte diese Mätresse des Königs. Papst Klemens VIII., dem die Zustände am französischen Königshof schon lange ein Dorn im Auge waren, scheint sich darüber besonders gefreut zu haben. Von ihm ist in diesem Zusammenhang der Ausspruch überliefert: *„Gott hat vorgesorgt!“*[14] Heinrich hingegen zeigte sich untröstlich, er trug schwarz und ordnete königliche Begräbnisfeierlichkeiten an.

„Leid und Klagen werden mich bis ans Grab begleiten...Die Wurzel meines Herzens ist abgestorben und wird nicht mehr treiben“[15],

klagte er fünf Tage nach dem Tod Gabrielles seiner Schwester.

Knappe drei Monate später jedoch begann bereits eine neue Liebe in diesem Herzen zu keimen. Sie hieß Henriette de Balzac d'Entragues[16] und war die Tochter des François de Balzac d'Entragues, der im Schloß Bois-de-Malesherbes lebte, das der König auffallend häufig aufzusuchen pflegte. Natürlich hatte es auch die zwanzigjährige Henriette, die als ein geistvolles, sprühendes Geschöpf geschildert wird, auf den Trauring abgesehen. Es ist anzunehmen, daß hinter dieser Forderung ihre Familie stand, die die Tochter um den höchstmöglichen Preis an den König bringen wollte. Wurden doch nicht nur ein schriftliches Eheversprechen, ein Titel samt dazugehörender Herrschaft und hunderttausend Taler als Voraussetzung für die Erfüllung königlicher Wünsche genannt, sondern der Vater, François de Balzac, meldete auch sein Interesse an einem Marschallstab an. Der König, eher knapp bei Kasse, muß wohl sehr verliebt gewesen sein, daß er Henriettes Wünsche inklusive 100.000 Taler und Eheversprechen erfüllte. Letzteres war allerdings an ihre Fruchtbarkeit geknüpft: Nur wenn sie innerhalb von 6 Monaten schwanger wurde und einen Sohn gebar, sollte es wirksam werden, worauf Henriette d'Entragues noch im Todesjahr ihrer Vorgängerin Heinrichs Geliebte wurde. Dieser hatte wohl nie so recht die Absicht, sein Versprechen hinsichtlich einer Ehe einzulösen. Denn inzwischen hatten intensive Heiratsverhandlungen mit dem Familienclan der Maria de Medici eingesetzt, und Margarete von Valois erklärte sich auch zur Scheidung bereit, falls diese Ehe zustande käme. Daß die tatsächlich geschwängerte Henriette dann mit einem toten Kind niederkam, hatte eigentlich nur noch wenig zu bedeuten. Denn in machtpolitischen Fragen mußte die Mätresse letztendlich doch unterliegen. Heinrich jedenfalls versprach ihr, sie als seine *„rechtmäßige"* Mätresse zu betrachten. Und damit gab sie sich vorläufig auch zufrieden.

Doch sollte diese ungeklärte Situation auf Jahre hinaus die Atmosphäre am Hof vergiften. Denn Henriette, inzwischen Marquise von Verneuil, beschwor eine regelrechte Konkurrenzsituation mit der neuen Königin Maria herauf, die in einen Schwangerschafts-Wettbewerb mündete und in der Behauptung der Mätresse gipfelte, ihr Sohn sei eigentlich der rechtmäßige Dauphin, da der König ihr ja einst die Ehe versprochen hatte. Gleich nach der Hochzeit mit Maria de Medici waren beide Frauen von Heinrich geschwängert worden, Maria gebar 1601 den künftigen Ludwig XIII., Henriette einen Monat später ebenfalls einen Sohn, der Gaston Henri genannt wurde. Ein Jahr darauf hatte der König wieder beiden Frauen ein Kind gemacht, da es jedoch zwei Mädchen waren, wurde dieses Ereignis weniger wichtig genommen. Auf jeden Fall aber war es keine besonders gute Idee des Königs, den Dauphin zusammen mit seinen Bastarden inklusive der Kinder der verstorbenen Gabrielle zu erziehen, denn damit erreichten die wilden Szenen und Eifersüchteleien einen Höhepunkt. Wie in patriarchalen Gesellschaften häufig zu beobachten, kehrten sich die Wut und der Haß der unterprivilegierten Frau gegen die – ebenfalls unterprivilegierte – Geschlechtsgenossin, während der privilegierte Mann als der eigentliche Urheber dieser Konkurrenzsituation ungeschoren blieb. Ist er doch als Verwalter und Verteiler von Gütern, Macht und Ehren unantastbar. Gezankt, konkurrenziert um seine – mächtige – Gunst wird in den unteren Rängen.

Inzwischen hatte der Clan der 'Entragues tatsächlich eine Verschwörung angezettelt, die der Beseitigung des Königs und der Legitimierung der Thronansprüche von Henriettes Sohn dienen sollte. Das – schriftlich erhaltene – Eheversprechen Heinrichs IV. an seine Mätresse sollte es Philipp II. von Spanien ermöglichen, diesen als Erben anzuerkennen. Der finstere Handel flog jedoch auf, und nachdem drei Briefe des spanischen Herrschers abgefangen wurden und kein Zweifel über den Ernst der Verschwörung mehr bestand, ließ der König 1604 den Vater Henriettes und ihren Halbbruder, den Grafen d'Auvergne, verhaften und seine Mätresse in ein Kloster sperren. Später hat er in einer nicht ganz erklärbaren Anwandlung von Milde die zwei zum Tode Verurteilten begnadigt und Henriette nach einer öffentlichen Abbitte aus dem Kloster entlassen.

Vielleicht ist die Ursache dieser Großmütigkeit des Königs wirklich in seiner Liebe, ja Verfallenheit an die Mätresse zu suchen, von der der toskanische Botschafter regelmäßig berichtete. Schließlich handelte es sich um ein Zeitalter, in dem die Leidenschaften loderten und Liebe und Haß auch auf höchster politischer Ebene Auswirkungen haben konnten, wie es für uns nicht mehr recht nachvollziehbar ist. Vielleicht aber wollte er auch möglichst wenig Aufsehen erregen – war er doch innen- ebenso wie außenpolitisch genug in Kämpfe verstrickt, mit der katholischen Liga ebenso wie mit dem spanischen Philipp II. Tatsache bleibt, daß der König auch nach diesem Prozeß seine Mätresse aufsuchte, wenn auch jetzt außerhalb des Hofes, und daß diese weiter gegen die Königin intrigierte, bis sie es 1608 durchgesetzt hatte, wieder die einzige *„maîtresse en titre"* am Königshof zu sein. Doch schien ab diesem Zeitpunkt nach einem 10jährigen amourösen Liebesverhältnis das Interesse des Monarchen abgenommen zu haben, und der jetzt bereits 56jährige, vorzeitig gealterte und an Gicht leidende König begann sich nach jüngerem Fleisch umzusehen.

Er fand es in der kaum 15jährigen Charlotte de Montmorenca[17], die bereits mit François de Bassompierre verlobt war. Nachdem er bei ihr rasch das Ziel seiner Wünsche erreicht hatte – Widerstand gegen den mächtigen König dürfte einem so jungen Mädchen schwer gefallen sein, wahrscheinlich kam er ihr gar nicht in den Sinn –, mußte sie das Verlöbnis mit dem dreißigjährigen, gut aussehenden Mann lösen und einen Neffen des Königs, Prinz von Condé, heiraten, der von seiner offiziellen Rolle eines *„Hahnreis"* nicht eben begeistert war. Wie sich seine kindhafte, doppelt verschacherte Frau fühlte, darüber schweigen die Quellen. Ausführlich berichtet hingegen wird über den aufmüpfigen Prinzen, der es wagte, seinem königlichen Onkel die Stirn zu bieten, indem er seine junge Frau dessen Zugriff entzog und hinter den Mauern seiner Schlösser versteckte. Schließlich organisierte der erboste, in seiner Mannesehre gekränkte und um seinen (weiblichen) Besitz fürchtende Condé auch noch eine Entführung Charlottes in die Niederlande, was der König trotz sofort veranlaßter Verfolgung nicht zu verhindern vermochte. Doch schrieb er seiner Geliebten nach Brüssel glühende Liebesbriefe, die auch von ihr beantwortet wurden. Nachdem Heinrich sogar eine Entführung seiner fünfzehnjährigen Mätresse geplant hatte, die ernsthafte Schwierigkeiten mit Erzherzog Albrecht von Österreich heraufbeschwor, (er hatte den Flüchtenden Asyl gewährt), verglich Pecquius, der Botschafter Flanderns, die arme kleine Prinzessin von Condé mit der trojanischen Helena. Die Liebesgeschichte eines alten Herrschers zu einem halben Kind wurde schließlich durch den Tod des Königs beendet. Er fiel am 15. Mai 1610 einem Mordanschlag zum Opfer.

Zu besonderer Berühmtheit gelangten allerdings die Mätressen des vierzehnten und fünfzehnten Ludwig, die am französischen Königshof eine noch nie dagewesene Machtfülle entwickelten. Als rührende Liebesgeschichte wird stets die Beziehung des noch jungen Ludwig XIV. zu der dunkelhaarigen, gebildeten und belesenen Maria Mancini [18] geschildert, einer der Nichten des Kardinals Mazarin, die alle als Skandalnudeln in die Geschichte eingingen. Sie sei, so wissen die Biographen zu berichten, Ludwigs einzige wirkliche Liebe gewesen, und er habe über ihren Verlust sogar Tränen vergossen. Denn natürlich konnte auch ein Monarch nicht nach seinem Herzen entscheiden, Ludwig mußte trotz heftigen Sträubens 1660 die kleine, unscheinbare Tochter Philipps IV., Marie-Thérèse, heiraten, die seine Mutter, Anna von Österreich, und sein Ratgeber Kardinal Mazarin für ihn ausgesucht hatten. Maria hingegen wurde in aller Schnelle dem Connetable von Neapel, Fürst Lorenzo Colonna, versprochen.

Während Ludwig sich jedoch in der Folgezeit an seinen zahlreichen Mätressen schadlos hielt, wurde Maria zu einer ruhelosen Abenteurerin, die sich nach wenigen gemeinsamen Ehejahren der *„Brutalität“* ihres südländischen, die wesentlich freieren französischen Sitten nicht respektierenden Gatten entzog und halb Europa bereiste. Ihre Erlebnisse und galanten Liebesaffären an den europäischen Fürstenhöfen hat sie in ihren Memoiren geschildert. Ludwig, die große Liebe ihres Lebens, hat sie nie wiedergesehen. Als sie 1706, in ihrem 65. Lebensjahr, auf der Durchreise in Paris eine Einladung nach Versailles erhielt, lehnte sie ab: Als alte Frau wollte sie nicht mehr vor seine Augen treten.

Ludwig XIV. allerdings hatte sich nach der Trennung von seiner Jugendliebe und der Übernahme der Alleinregierung in seinem 18. Lebensjahr vorerst mit der sanften, gutmütigen Louise de La Vallière getröstet, die ihn

„aufrichtig und treu, fern jeder Kokettiere und fähiger zu einer großen Neigung als irgend jemand auf der Welt“[19]

geliebt haben soll, wie ein Zeitgenosse berichtet. Doch wurde sie bald von einer Frau anderen Kalibers abgelöst, Françoise-Athénaïs[20], Tochter des Gabriel de Rochechouart, Marquis (und später Herzog) von Montmart,

Lussac und Vivonne, einer der glänzendsten Herren des Poitou. Sie heiratete einen Marquis de Montespan de Pardaillan und erregte als Hofdame der Königin bald die Aufmerksamkeit Ludwigs. Kaum eine königliche Mätresse hat eine derart widersprüchliche Beschreibung durch ihre Zeitgenossen und Biographen erfahren, und kaum eine – von der Pompadour vielleicht abgesehen – hat die Gemüter so sehr beschäftigt. Sie muß nicht nur ungewöhnlich schön gewesen sein, sondern auch geistreich, selbstbewußt und charmant. Abwechselnd als *„sieghafte Schönheit"*, *„prächtigste Propagandistin des französischen Geschmacks, französischen Geistes und französischer Kunst"*[21] und Verbrecherin, abscheuliche Giftmischerin und perverse, liebestolle Hure gepriesen und verdammt, ist sie als schillernde, zwielichtige Figur in die Historie eingegangen. Sie hat die Möglichkeiten, die einer schönen, geistvollen Frau von Geblüt im Frankreich dieses Jahrhunderts offenstanden, nach Möglichkeit genützt. Sie hat auch durch ihre Unterstützung der Politik Jean Baptiste Colberts zweifellos politischen Einfluß ausgeübt. Doch wurde ihr ihre Neigung zu Magie und Zauberei, mit deren Hilfe sie sich die Liebe des Königs zu erhalten versuchte, schließlich zum Verhängnis. Nachdem einige Angehörige des Königshauses ebenso wie etliche, diesem nahestehende Personen eines plötzlichen und ungeklärten Todes gestorben waren, begannen sich die Gerichte dieser Fälle anzunehmen, um Unerhörtes zu erfahren: In der Giftmordaffäre, die sich um eine Giftmischerin namens La Voisin ausweitete, tauchten von der Folter erpreßte, berühmte Namen auf, unter anderem auch jener der königlichen Mätresse, der Marquise de Montespan. Sie soll dem König seit vielen Jahren nicht nur *„Liebespulver"* verabreicht, sondern darüber hinaus auch versucht haben, ihn zu vergiften. Außerdem seien auf ihrem Bauch schwarze Messen gelesen worden, bei denen Kinder getötet wurden, und eine Favoritin Ludwigs XIV., Mademoiselle de Fontanges, sollte von ihr mittels verhexter Stoffe und Handschuhe aus der Welt geschafft werden.

Es ist bis heute ungeklärt, wieviel von diesen Anschuldigungen erfunden, bzw. durch die Folter erpreßt wurde und wieviel der Wahrheit entsprach. Unbestritten bleibt, daß die Montespan Beziehungen zu magischen Zirkeln unterhielt und daß sie bereits vor ihrer Erhebung zur königlichen Mätresse durch entsprechenden Beschwörungszauber an der Entmachtung der damaligen Favoritin Louise de La Vallière gearbeitet hatte. Unwahrscheinlich und durch Hofintrigen initiiert wirkt die Behauptung, sie hätte den König vergiften wollen, hätte doch sein Tod ihren sofortigen Absturz bedeutet. Wesentlich glaubwürdiger erscheint ihr Versuch, sich durch die Verabreichung von Liebestränken seine Gunst so lange wie möglich zu erhalten. Bemerkenswert ist auch die Reaktion Ludwig XIV., der, ebenso wie einst sein Vorfahre Heinrich IV., diese ganze Affäre möglichst zu vertuschen suchte. Nachdem die Giftmischerin La Voisin öffentlich verbrannt worden war, hob er den Scharfen Gerichtshof, der mit dieser Affäre betraut wurde, auf, und beendete seine Liaison mit seiner Mätresse ohne besonderes Aufsehen. Sie wurde auch keinesfalls sogleich vom königlichen Hof verbannt. Schließlich war sie die offiziell anerkannte Mutter von insgesamt drei Knaben und vier Mädchen, die sie dem König während der neun Jahre ihrer Mätressenschaft geboren hatte.

Erst etliche Jahre, nachdem sie in Ungnade gefallen war, zog sie sich vom Hofleben zurück, um sich ernsthaften religiösen Übungen, der Armenfürsorge und der Bußfertigkeit zu widmen. Sie starb in ihrem 67. Lebensjahr während eines Kuraufenthaltes in Bourbon l'Archambault, nachdem sie während einer Unpäßlichkeit so ausgiebig mit Abführmittel und Aderlässen traktiert worden war, daß ihr ohnedies geschwächter Körper seinen Geist aufgab.

Die Nachfolgerin der Montespan, Françoise Scarron, die spätere Marquise de Maintenon[22], wurde von dem König keinesfalls im Sturm genommen. Sie war die Erzieherin der zahlreichen königlichen Bastarde, und der König mußte sich mit ihr Mühe geben, was den Erfolgsgewohnten, der sich den vierzig näherte, nicht wenig gereizt haben dürfte. Die um drei Jahre ältere Witwe Scarron besaß sicherlich nicht die faszinierende Schönheit der Montespan, doch war es wohl ihre in Hofkreisen üblicherweise nicht anzutreffende Ursprünglichkeit und ein intelligentes, verständnisvolles Wesen, das den Monarchen fesselte. Er machte sie zur Marquise von Maintenon, und nachdem die Königin 1683 im fünfundvierzigsten Lebensjahr gestorben war, tat er etwas, was als absoluter Skandal betrachtet wurde: Er heiratete etwa ein halbes Jahr später seine Mätresse – heimlich zwar, aber natürlich von der Öffentlichkeit nicht unbemerkt. Empört berichtet etwa Louis de Rouvroy, Herzog von Saint-Simon, daß die neue Gemahlin alles beherrsche: nicht nur die Minister, die Generäle der Armee und die Mitglieder der königlichen Familie, sondern auch die Staatsgeschäfte, die Gerichtsurteile, die Rechts- und die religiösen Angelegenheiten. Es darf angenommen werden, daß der Herzog maßlos übertrieb, denn die Maintenon tat sicherlich nie etwas ohne die Einwilligung des Königs, meist beschränkte sie sich aufs Zuhören und gab Ratschläge nur dort, wo sie gefragt wurde. Immerhin jedoch war die Tatsache dieser Ehe etwas so Unerhörtes, daß sie die wildesten Gerüchte von einer Frau nährte, die den König – und damit das Reich – beherrscht und somit die gute alte Ordnung gefährdet.

Die Realität sah natürlich anders aus. Der König brauchte eine Frau, die ihm widerspruchslos in allem und jedem zur Verfügung stand. Eine solche hatte er in der Maintenon gefunden. Ihr Leben war hart und entbehrungsreich gewesen, für eigene Wünsche war hier nie viel Platz. Über ihre Herkunft herrscht Unklarheit. Möglicherweise war sie Waise[23]. Andere Quellen sprechen von einem Vater, der wegen zwielichtiger Geschäfte, politi-

Lithographie von
Zephirin Belliard: *Françoise Athénais,*
Marquise de Montespan (1641–1707)

Georges Maile nach Zeichnung
von Innocent Louis Goubaud:
Françoise Marquise de Maintenon
(1635–1719).
Unter den zahlreichen Mätressen
Ludwig XIV. gelangten die Marquise
de Montespan und die Marquise
de Maintenon zu besonderer
Berühmtheit.
Letztere hat er sogar geheiratet.

scher Verschwörung und Mord am Liebhaber seiner Frau festgenommen wurde, und einer Mutter, die sich nicht um sie kümmerte[24]. Aufgezogen wurde sie von einer Großtante, die einmal Madame de Villette[25] und einmal Madame de Neuillant[26] heißt. Gesichert ist ihre calvinistische Erziehung, die für ihre oft gerühmte Tugendhaftigkeit und klare, vernünftige Lebensführung verantwortlich zu machen ist. Auf jeden Fall war sie arm, und ihre Tante, die kein Geld für ihre Erziehung ausgeben wollte, stellte sie als Sechzehnjährige vor die Wahl, entweder ins Kloster zu gehen oder den 25 Jahre älteren, verkrüppelten und bizarren Dichter Paul Scarron zu heiraten. Sie entschloß sich für letzteres und wurde Krankenpflegerin ihres halb gelähmten Ehemannes. Immerhin lernte sie als Dichtersgattin eine Menge hochgestellte Leute kennen, deren Einfluß bis an den Hof reichte. Vielleicht war es der Ruf ihrer Tugendhaftigkeit, der die Montespan bewegte, sie nach dem Tod von Scarron als Erzieherin ihrer Kinder auszuwählen.

Aber auch dann war das Leben der Witwe Scarron nicht leicht. Denn vorerst mußte alles sehr heimlich vor sich gehen, um kein Aufsehen zu erregen, waren die Kinder in verschiedenen Häusern untergebracht, und Françoise selbst schildert ihren Tagesablauf als anstrengend und mühevoll. *„Diese Art von Ehre hat mich unendliche Mühe und Sorge gekostet."*[27] Erst nach der offiziellen Anerkennung der Bastarde im Jahr 1673 übersiedelte Madame Scarron mit den Kindern an den Hof. Schon damals, als die Montespan noch unangefochtene Favoritin war, durfte sich Françoise eines besonderen Wohlwollens des Monarchen erfreuen, dem sie allerdings mit dezenter Zurückhaltung begegnete: Sie zog die Stelle einer gut bezahlten Erzieherin jener eines Königsliebchens vor. Natürlich konnte sie sich den Nachstellungen des Königs auf Dauer nicht entziehen, doch gilt als sicher, daß sie sich viele Jahre weigerte, seine Geliebte zu werden. Es war die glücklichste Zeit für die Königin, die der König unter dem Einfluß der Scarron häufiger aufzusuchen pflegte. Auch später, als sie bereits die geheime Gattin des Königs war, bewies die Marquise de Maintenon bescheidene Zurückhaltung, drängte sie sich nie in den Vordergrund. Nur auf diese Art und Weise wurde es ihr auch möglich, ihre außergewöhnliche Stellung zu halten. Der König, so wird berichtet, wollte sie ständig an seiner Seite haben, sein Verfügungsanspruch war absolut. Es war selbstverständlich, daß auf ihre Befindlichkeiten dabei keinerlei Rücksicht genommen wurden. *„Die Pantokratin hat große Macht"*, schreibt Liselotte von der Pfalz 1698,

> *„aber man sagt, daß sie ganz und gar nicht fröhlich ist, sie weint oft heiße Tränen."*[28]

Auch in sexueller Hinsicht scheint der königliche Erotomane seine Gattin, selbst als sie sich im respektablen Alter von siebzig Jahren befand und von Migräne und Gicht geplagt wurde, noch überbeansprucht zu haben, zumindest lassen Bemerkungen ihrem Beichtvater gegenüber darauf schließen. Als Ludwig XIV. 1715 starb, war die Maintenon, die sich zunehmend an ihre Religion geklammert hatte, nicht nur in der Hofgesellschaft, sondern auch im Volk verhaßt. Sie wurde beschuldigt, *„sich mit dem ausgesaugten Blut der Armen zu mästen"* und mußte achtzigjährig den Hof verlassen. Drei Jahre später starb sie im Damenstift Saint-Cyr, in dem sie ihre letzten Lebensjahre verbrachte. Zuvor jedoch mußte sie noch eine demütigende Begegnung über sich ergehen lassen. Zar Peter der Große wollte ein Jahr vor ihrem Tod Madame Maintenon unbedingt persönlich kennenlernen. Obwohl sie seinen diesbezüglichen Wunsch nicht teilte, wußte er sich Zutritt in das Kloster und bis zu ihrem Bett zu verschaffen, in das sie sich geflüchtet hatte. Er zog die Vorhänge beiseite und betrachtete lange diese *„historische Kuriosität"*. Dann ging er ohne Gruß. *„Die alte Vettel ist krepiert"*[29], lautete der Kommentar der Liselotte von der Pfalz, als jene Frau, die über vierzig Jahre die engste Vertraute des Königs gewesen war, starb.

Der Nachfolger Ludwig XV., der eine ähnliche sinnliche Veranlagung wie sein Urgroßvater besaß, setzte die Mätressenwirtschaft fort. Die ersten Geliebten des Königs, der bis zu seinem 13. Lebensjahr unter der Regentschaft des Herzogs Philipp von Orleans stand, waren die Schwestern de Nesle[30], die er der Reihe nach durchprobierte. Von der ersten, Louise de Nesle, wird berichtet, daß sie ihn in die Liebe eingeführt habe. Sie wird als warmherzig, gutmütig und heiter geschildert und konnte ihre Stellung immerhin zehn Jahre behaupten. Abgelöst wurde sie von der um zwei Jahre jüngeren Pauline de Nesle, die nicht so hübsch, dafür aber klug, herausfordernd und sehr ehrgeizig war. Obwohl Ludwig einmal erklärt hatte, er würde jeder

„Frau, die es jemals wagen sollte, mir von Staatsgeschäften zu reden, meine Türe vor der Nase zuschlagen"[31],

war es ihr doch gelungen, sich auch politisch zu betätigen. So etwa brachte sie es zustande, den Einfluß Kardinal Fleurys, der bis 1743 eigentlich die Staatsgeschäfte führte, zurückzudrängen. Die Liaison zu dritt, die nun einsetzte, dauerte allerdings nur drei Jahre, weil Pauline nach der Geburt eines Sohnes an Kindbettfieber starb. Schließlich lernte der König die jüngste Schwester, Marie Anne, kennen, seit einem Jahr Witwe nach dem Marquis de La Tournelle. Jetzt allerdings mußte die gutmütige und naive Louise, die zuvor beide Schwestern als Palastdamen an den Hof geholt hatte, endgültig ihren Platz räumen. Wie viele Frauen ihrer Zeit verschrieb sie sich infolge mangelnder Alternativen der Frömmigkeit und trug statt der großen Toiletten nur noch dunkle, schlichte Kleider oder ein härenes Büßerhemd. Inzwischen wurde ihre Schwester Marie Anne, die als nobel, elegant und hochgewachsen beschrieben wird, 1743 zur Herzogin von Châteauroux ernannt, was den Haß ihrer Umgebung auf die als hochmütig und arrogant verschriene Mätresse nur steigerte. Als sie, zusammen mit anderen Frauen, den König 1744 bei der Armee in Flandern besuchte, galt dies allgemein als Skandal, und als er schwer erkrankte, wurde sie regelrecht vertrieben. Bei ihrer Rückkehr nach Paris konnte sie nur mit Mühe den unflätigen Beschimpfungen und dem Steinehagel entgehen, der auf ihre Karosse niederprasselte. Sie selbst entzog sich weiteren Unannehmlichkeiten, indem sie bald darauf an einer Lungenentzündung erkrankte und siebenundzwanzigjährig verschied. Ihr Leichnam wurde heimlich aus dem Schloß gebracht, der trauernde Ludwig mußte seinen Schmerz vor der Hofgesellschaft verbergen.

Aber schon ein Jahr später lernte der König auf einem Maskenball Jeanne-Antoinette d'Étioles[32], die spätere berühmte Pompadour, kennen. Sie war von ihrer Mutter, Madame Poisson, bereits zur Mätresse erzogen worden, nachdem eine Wahrsagerin namens Lebon dem neunjährigen Mädchen eine derartige Zukunft vorausgesagt hatte. Solche Prognosen waren nicht ungewöhnlich, sie wurden zahllosen kleinen Mädchen gemacht, die sich eine bessere, eine glänzende Zukunft wünschten. Bei der Mademoiselle Poisson haben sie sich bewahrheitet, und die spätere Marquise de Pompadour hat Madame Lebon aus Dankbarkeit eine lebenslange Pension ausgesetzt. Schließlich war es ihr zu verdanken, daß der gesamte Lebensplan der kleinen Jeanne künftig auf dieses Ziel ausgerichtet wurde, nahm doch ihre Mutter die Prophezeiung durchaus ernst. Das Mädchen lernte also, was für diese Laufbahn unerläßlich war: ein wenig Klavierspiel und Schauspielkunst, singen, tanzen, malen und radieren. Bezahlt wurde das alles vom Steuerpächter Charles Lenormant de Tournehem, den sich die Mutter als Liebhaber geangelt hatte, nachdem ihr Mann, der Vater Jeannes, wegen einer Betrugsaffäre untergetaucht war.

Die Sache war also vorprogrammiert, und nachdem die kleine Poisson nicht nur zielstrebig und gebildet, sondern auch noch ungewöhnlich schön, charmant und geistvoll war, standen die Aussichten gar nicht so schlecht. Der Vorsicht halber heiratete sie zwanzigjährig den Neffen ihres Wohltäters, den jungen Charles-Guillaume Lenormant d'Étioles, was sie jedoch nicht daran hinderte, über etliche Hofintrigen schließlich tatsächlich in den Armen des Königs zu landen. Der Skandal war perfekt, die Aufregung über diese Dame niederer Herkunft, einer „*grisette*", schlug Wellen. Der eifersüchtige Gatte konnte nur mit Mühe an einem Königsmord gehindert werden – er wurde später in die Provinz abgeschoben. Ludwig quartierte Jeanne Antoinette in Versailles ein, in den Räumen, die von der letzten Mätresse bewohnt worden waren, womit die Position einer maîtresse en titre bereits angedeutet war.

Die Marquise de Pompadour, zu der sie wenig später gemacht wurde, jene berühmteste Mätresse aller Zeiten, wurde stets als glänzendes Beispiel dafür

François Boucher: *Marquise de Pompadour* (1721–1764), Mätresse Ludwig XV.

genannt, was Frauen dieses Jahrhunderts – über Männer – zu erreichen imstande waren. Sie wird als zarte, eher kühle Schönheit beschrieben, groß, schlank und geschmeidig, mit ausdrucksvollen Augen und einem schöngeschnittenen Mund. „*Madame d'Etoilles [sic!]*", meint einer ihrer Lehrer, ein Abbé de Bernis, der sie in Versailles mit der Etikette vertraut machte,

„*besaß alle Anmut, Frische und Heiterkeit der Jugend. Sie tanzte, sang und spielte wunderbar Komödie; es fehlte ihr kein gesellschaftliches Talent. Sie liebte Kunst und Wissenschaft und hatte eine empfindsame und edle Seele...*"

Als einzigen Fehler nennt er

„*eine Eigenliebe, der man zu leicht schmeicheln und die man zu leicht verletzen konnte, sowie ein zu allgemeines Mißtrauen...*"[33]

Er vergaß ihre hohe Intelligenz, ein unbestreitbares Organisationstalent und sicherlich auch eine politische Begabung, die sich bald bemerkbar machte. Immerhin wurden unter ihrem Einfluß zuerst der Finanzminister Ory und dann Außenminister d'Argenson entlassen und etliche ihrer Angehörigen auf hohe Posten gehievt. Daß Wenzel Anton Fürst Kaunitz, ehemaliger österreichischer Botschafter und späterer Außenminister im Auftrag Maria Theresias mit ihr verhandelte, ist bekannt. Ebenso, daß sie am Zustandekommen des Bündnisvertrages mit Österreich wesentlich mitwirkte und die sittenstrenge Maria Theresia sich nicht zu schade war, persönlich mit ihr zu korrespondieren.

„*Der Einfluß der Frau Marquise von Pompadour hat, scheint es, seinen Höhepunkt erreicht*",

schrieb der Advokat Barbier im Februar 1758,

„*die Minister berichten ihr über alles, bevor im Staatsrat darüber beraten wird. Sie mischt sich in alle militärischen und staatlichen Angelegenheiten.*"[34]

Doch bildeten die politischen Aktivitäten der Pompadour, so sehr sie auch ihre Zeitgenossen in Erstaunen versetzten, doch eher eine Randerscheinung in ihrem ausgefüllten Leben. Sehr viel wichtiger war es ihr, den sich ständig langweilenden König zufriedenzustellen.

„*Sie amüsiert ihn unentwegt*",

sagte der abgesetzte d'Argenson im Exil.

„*Sie läßt ihn keinen Augenblick ohne eine angenehme Beschäftigung.*"[35]

Die Pompadour veranstaltete raffinierte Soupers, verbrachte Nächte mit dem König zusammen am Spieltisch, organisierte glänzende Feste und Theaterveranstaltungen. Natürlich schluckte auch sie alle möglichen Pillen und unterwarf sich gesundheitsschädlichen Diäten, um dem König begehrenswert zu erscheinen. Vor allem ihre angebliche Frigidität machte ihr zu schaffen, die sie mit diversen Aphrodisiaka zu bekämpfen suchte. Und als das Interesse des Königs trotz all dieser Mittel und Kuren nachzulassen begann, versuchte sie ihn anderweitig erotisch zu beschäftigen. Vor allem duldete oder förderte sie sogar seine Besuche in dem berühmt-berüchtigten

Hirschpark, wie ein Viertel von Versailles nach dem dort befindlichen Tiergehege benannt wurde. Hier hatten sich vorerst vermögende Höflinge, später jedoch auch der König selbst eigene Liebesnester eingerichtet, wo sie ihren Amouren unbeobachtet nachgehen konnten. Der Monarch pflegte die häufig minderjährigen Mädchen, die unter der Aufsicht einer Oberin standen, inkognito aufzusuchen, und obwohl seine tatsächliche Identität auf Dauer nicht geheimgehalten werden konnte, mußte zumindest der Schein der Anonymität gewahrt bleiben. Gerüchte, nach denen halbe Kinder für den Hirschpark entführt worden seien, und die auffallend hohe Kindersterblichkeit bei Hirschpark-Geburten ließen diese Einrichtung bei den Zeitgenossen als kriminell erscheinen und brachten der Pompadour den Ruf einer „*Bordellmutter*“ ein. Dem Ansehen des Königs hat seine krankhafte Neigung offenbar weniger geschadet.

Aber auch der zunehmende Reichtum der königlichen Geliebten machte diese beim Volk nicht eben beliebt. Vor allem ihre zahlreichen Landsitze, darunter das reizende Schloß Bellevue auf dem Hügel von Meudon, ließen sie als habgierige Mätresse, als „*Blutsaugerin*“ des Königs erscheinen. Auch daß sie sich selbst eine Kunstsammlung anlegte, zahlreiche Kunstausstellungen veranstaltete und zusammen mit Architekten weitläufige Pläne für eine Verschönerung Paris ausarbeitete (die Gründung der École Militaire geht auf sie zurück) verstärkten den Eindruck eines machtgierigen Königsliebchens, das auf Kosten der Armen seinen ehrgeizigen Plänen nachging.

Schließlich jedoch forderte dieses hektische, anstrengende Leben seinen Tribut. Erschöpft durch unablässige Kämpfe und Intrigen, mit denen sie ihre gefährdete Stellung als Favoritin zu behaupten suchte, und zahlreiche Fehlgeburten begann die Marquise de Pompadour, deren Gesundheit nie besonders gut gewesen war, Blut zu spucken und zunehmend zu verfallen. Sie starb 1764, im dreiundvierzigsten Lebensjahr an der Armeleutekrankheit, der Tuberkulose. Als der von einer großen Eskorte begleitete Leichenzug von Versailles nach der Hauptstadt zog, zur Gruft der Kapuziner auf der Place Vendome, soll Ludwig XV. geweint haben, als er auf den Balkon seines Arbeitszimmers trat, um seine Freundin das letzte Mal zu grüßen.

Aber schon begann eine neue Schönheit aus dem Volke an ihrem Aufstieg zur königlichen Mätresse zu arbeiten: Jeanne Bécu[36], Tochter der Schneiderin Anne Bécu. Sie hatte sich vom Ladenmädchen eines Pariser Modewarengeschäftes zur Mätresse eines Jean du Barry hochgearbeitet, der sie bei Hof vorstellte, wo sie prompt dem unersättlichen Ludwig ins Auge stach. Er soll von ihrer ebenmäßigen Schönheit begeistert gewesen sein, und das übrige fand sich rasch von selbst. Probleme gab es mit der Abstammung der Bécu, als sich herausstellte, daß sie keinesfalls die Gattin, sondern lediglich die Geliebte des hochgeborenen du Barry war. Aber auch hier wurde schnell eine Lösung gefunden: Nachdem sie ihren Wohltäter nicht heiraten konnte, weil dieser bereits eine Gattin hatte, erklärte sich ein Bruder, Guillaume Graf du Barry, bereit, die Rolle des Hahnreis zu übernehmen in der Hoffnung auf glänzende Aussichten, die ihn als Gatten einer Favoritin des Königs erwarteten.

Auch die Einschätzung der du Barry durch die Zeitgenossen ebenso wie durch die Nachwelt ist widersprüchlich. Einerseits wird ihre Großmut gerühmt, ihre Güte, ihr dezentes und bescheidenes Benehmen in der Öffentlichkeit. Andererseits jedoch wurde diese Liaison eines alternden Monarchen mit einer Dame niederer Herkunft von höchst zweifelhaftem Ruf selbst von liberalen Historikern als Entwürdigung des Königtums betrachtet. Sie habe, so heißt es, den „*Geist der Markthallen*" nach Versailles gebracht, sei des öfteren vollkommen aus der Rolle gefallen und habe den König durch formale Ordinärheiten kompromittiert.

Bekannt sind die Differenzen mit Marie Antoinette, der Gattin des Dauphin, die am Hof derartiges Unbehagen bereiteten, daß Maria Theresia ihre Tochter ermahnen mußte, durch ihren Affront die guten Beziehungen zwischen Habsburg und Bourbon nicht zu gefährden.

Sicherlich hatte die du Barry nicht das Format einer Pompadour, doch ist sie nicht nur warmherzig und um das Elend der Armen besorgt, sondern auch klug genug gewesen, sich zwischen den Hofintrigen zu behaupten. Vor allem jedoch muß sie in Liebeskünsten bewandert gewesen sein, die der König, der „*Vielgeliebte*", noch nicht kannte. Überliefert ist eine Episode, wonach Ludwig seinem Vertrauten, dem Herzog von Noailles, von den völlig neuen Sensationen berichtete, die ihm die neue Mätresse beschert habe.

„Das kommt, wenn ich mir die Bemerkung gestatten darf, vielleicht nur daher, daß Sire nie in einem Bordell waren",

soll der Herzog darauf geantwortet haben[37].

Des Königs Tod – er starb 64jährig an den Blattern – bedeutete auch das Ende der Favoritin. Und wieder hat die Hofkamarilla Rache genommen an einer Frau, der es gelungen war, auf diese Art und Weise in die eigenen Reihen aufzusteigen: Sie wurde verhaftet und als Staatsgefangene in die Abtei Pont aux-Dames gebracht. Nachdem sie dort ein Jahr gebüßt und ein weiteres Jahr auf Schloß Saint-Vrain in der Verbannung gelebt hatte, durfte sie 1776 auf ihren Besitz Louveciennes zurückkehren. Dort hat sie noch 17 Jahre recht angenehm gelebt und eine zwölfjährige Liaison mit dem Marschall und Herzog von Brissac unterhalten. Schließlich jedoch wurde auch sie von der Revolution erfaßt. Daß sie ein Mädchen aus dem Volke war, zählte wenig, weit wichtiger schien ihre skandalöse Beziehung zum König. Nachdem bereits Ludwig XVI. und Antoinette ihr Leben unter dem Fallbeil beendet hatten und der Kopf des ermordeten Liebhabers Brissac vor die Füße der Gräfin gerollt war, wurde auch die du Barry verhaftet und in den einstigen Kerker der Marie Antoinette gebracht. Der Kriegstreiberei,

Anstiftung eines Aufstandes in der Provence und der Unterstützung von Emigranten beschuldigt, mußte auch sie ihr Todesurteil hinnehmen. Bei ihrer Fahrt zur Guillotine erlebte die Menge das Schauspiel eines zum Tode verurteilten Menschen, der nicht – wie gewohnt – gefaßt und in Würde starb, sondern reinste Todesangst hatte. Sie weinte und bettelte um ihr Leben und mußte von den Henkersknechten mit Gewalt aufs Schafott geschleppt werden. Als das Fallbeil niederfiel, soll sie einen entsetzlichen Schrei ausgestoßen haben, der auf dem Revolutionsplatz widerhallte.

Eine Möglichkeit, über Männer zu Reichtum und Macht zu gelangen, bot sich im 18. Jahrhundert für die mittellose, aber schöne und geistvolle Frau jedoch nicht nur am Königshof. Einigen wenigen Frauen gelang es auch, sich auf diese Art und Weise einen beträchtlichen Einfluß im städtischen kulturellen und politischen Leben zu sichern. Hier war es wieder vor allem Frankreich, das mit den berühmtesten Beispielen aufwarten konnte – einer Madame de Tencin (1682–1749)[38] beispielsweise, zu deren Liebhabern die berühmtesten Männer ihrer Zeit zählten, die ihrem Bruder Pierre zum Kardinalshut verhalf und sich selbst zu einem der einflußreichsten Pariser Salons. Von den meisten Zeitgenossen als boshaft, herzlos, zynisch und machtgierig verschrien – Ludwig XV. soll gesagt haben: „*Wenn man Madame de Tencin nur erwähnt, bekomme ich Gänsehaut*" –, hat ihr lediglich Pierre Carlet de Mariveaux, der Dramatiker, Romancier und subtile Menschenkenner ein positives Zeugnis ausgestellt. Er bescheinigt ihr nicht nur einen hervorragenden Verstand, der „*gewöhnlich kein Geschlecht hatte*", jedoch „*zur gleichen Zeit auf eine bezaubernde Weise weiblich sein konnte*", sondern auch das „*gütigste Herz der Welt*", allerdings auch „*das seltsamste Herz*".

Über ihren scharfen Verstand einig waren sich übrigens alle Zeitgenossen, und es ist anzunehmen, daß dieser Verstand ganz andere, weltpolitisch bedeutsame Dinge zustande gebracht hätte, wäre er nicht im Körper einer Frau gefangen gewesen.

Claudine Alexandrine de Tencin, 1682 geborenes und damit jüngstes der fünf Kinder des kleinen Landadeligen Antoine Guérin de Tencin, hatte zusammen mit ihrem Bruder Pierre das Pech, nach standesgemäßer Versorgung der älteren Geschwister infolge fehlender weiterer Mittel dem Herrn geweiht zu werden. Doch während dem Bruder in dieser Funktion nicht nur ehrenvolle Aufstiegsmöglichkeiten, sondern auch weltliche Freuden durchaus zugestanden wurden, schienen sich hinter der sechzehnjährigen Schwester die Klostermauern endgültig zu schließen. Zwar nahm auch sie die Moral im Kloster nicht so genau – es wird von etlichen Liebhabern und sogar Schwangerschaften berichtet –, doch war die Zukunftsperspektive, die sich dem intelligenten und schönen Mädchen als Nonne bot, wenig verlockend. Sie faßte also den Entschluß, das Kloster zu verlassen, womit sie bemerkenswerten Mut bewies. Denn während Mönche mit oder ohne kirchliche Zustimmung in Scharen austraten, gelang dies einer Nonne eher selten. Der Makel einer *„entlaufenen Nonne“* blieb auch ein Leben lang an ihr haften, und sie hat noch im Alter, als sie etliche – anonym erschienene – Romane schrieb, mit bitteren Worten das Schicksal jener Töchter beklagt, die wegen fehlender Mitgift gezwungen wurden, *„sich lebendig in Klöster zu begraben“*.

Der mittellosen Alexandrine gelang der Ausstieg, der irgendwann zwischen 1706 und 1710 stattgefunden haben muß, auch nur mit Hilfe ihrer Geschwister, durch die sie Unterstützung erfuhr: Sie zog zu ihrem Bruder, dem Abbé de Tencin, mit dem sie dann auch den größten Teil ihres weiteren Lebens verbrachte, und fand die ersten Kavaliere und Gönner im Haus ihrer älteren Schwester, die reich verheiratet war. Weil sie jedoch genau wußte, daß ihre Möglichkeiten als Frau begrenzt blieben, konzentrierte sie sich mit ihrer gesamten Energie, ihrem Verstand und Ehrgeiz auf den geliebten Bruder, den sie zum Kardinal und schließlich nach dem Vorbild Richelieu, Mazarin und Dubois zum Kardinal-Ministerpräsidenten machen wollte. Die Beschuldigungen, daß sie mit dem gutaussehenden Bruder, der sich im übrigen eher bescheiden gegen die Karrierewünsche seiner Schwester wehrte, im Inzest gelebt haben soll, wurden von ihr nie dementiert. Die Liste der Liebhaber, denen sie sich außerdem vornehmlich zum Nutzen ihres Bruders oder aber zu ihrem eigenen hingab, war trotzdem beachtlich. So glänzende Namen wie jener des Ministerpräsidenten Abbé Dubois, des berühmten Finanzmannes John Law und schließlich auch noch des Herzogs von Orléans, der als Regent für den minderjährigen Ludwig XV. herrschte, waren darunter. Die Gunst des letzteren scheint sie allerdings nur kurz genossen zu haben, ihren Eifer, aus diesem höchsten Verhältnis entsprechende Vorteile für sich herauszuholen, hat er mit der Bemerkung *„Ich mag Huren nicht, die im Bett über Geschäfte sprechen“* kommentiert.

Folgen hatte ihr Liebesverhältnis zu dem Chevalier Destouches, Generalleutnant der Artillerie, von dem sie einen Sohn bekam, als der Vater gerade in Indien weilte. Daß sie das Kind in ihrer Angst, wieder in das Kloster zurückgeschickt zu werden, ausgesetzt hat, wurde ihr von der Nachwelt sehr verübelt. Allerdings handelte sie damit nicht verantwortungsloser als viele ihrer Zeitgenossen – auch Jean Jacques Rousseau etwa hatte mehrere seiner Kinder aus weit weniger triftigen Gründen in ein Findelhaus gesteckt. Der zurückgekehrte Vater Destouches allerdings machte sich auf die Suche nach seinem Sohn, fand ihn halb verhungert in einem Findelhaus in der Picardie, gab ihm den Namen Jean d'Alembert und brachte ihn bei der Frau eines Glasers mit Namen Rousseau unter. Dieser außereheliche Sproß wurde später der berühmte Jean le Rond d'Alembert, Mitglied der Académie Française, der Akademien der Wissenschaften Paris, Berlin und St. Petersburg, der Royal Society of London usw., der zusammen mit Diderot die französische Encyclopédie herausbrachte, die eine auf neuen, kritischen Erkenntnissen beruhende Geschichte des europäischen Denkens darstellte. Seine Mutter allerdings weigerte sich zeitlebens, ihn als ihren Sohn anzuerkennen, und schloß ihn auch von ihrem Erbe aus.

Zu ihren Geliebten gehörten außerdem der Schriftsteller und Philosoph Le Bovier de Fontenelle, der Herzog von Richelieu (der nicht mit dem Staatsmann zu verwechseln ist), Graf d'Argentson, der Chef der Pariser Polizei, der Dichter Matthew Prior, Lord Bolingbroke und mehrere Abbés. Außerdem verkehrten in ihrem Salon der Mathematiker und Physiker Mairan, der Numismatiker und Archäologe de Boze, Pierre Marivaux, die Literaten Mirabeaud und Duclos, der bekannte Gynäkologe Dr. Astruc und Montesquieu, dessen erste Ausgabe von *„L'Esprit des Lois"* sie fast völlig aufkaufte und umsonst an alle ihre Freunde verteilte. Sie hat das Werk damit vor der Vergessenheit bewahrt, von der Montesquieus Schriften damals bedroht waren.

Noch bevor es ihr gelungen war, ihren Bruder, der inzwischen als Erzbischof in Embrun residierte, tatsächlich zum Kardinal, wenn auch nicht zum Premierminister zu machen, widerfuhr ihr ein Mißgeschick: Einer ihrer Liebhaber, der Bankier Charles-Joseph de la Fresnais, hatte in ihrer Wohnung Selbstmord begangen und das *„infame Weib"* in seinem Testament nicht nur der Mordabsichten ihm gegenüber beschuldigt, sondern auch der widerrechtlichen Aneignung von Wertpapieren. Worauf Madame de Tencin (die sich so nannte, obwohl sie nie verheiratet gewesen war) in die Bastille gesperrt wurde. Doch mußte sie nach wenigen Monaten nicht nur freigelassen werden, sondern sie kassierte nach einem siebzehnjährigen zähen und erbitterten Kampf auch noch das gesamte Erbe des Selbstmörders, seinen Baron-Titel von der Ile de Ré inbegriffen. Als Madame de Tencin, die jetzt gelegentlich auch Marquise tituliert wurde, 1749 im 67. Lebensjahr starb, verließ damit eine geachtete, wenn auch nicht sonderlich beliebte Dame der Pariser Gesellschaft die Bühne des öffentlichen Lebens. Die Mitglieder ihres Salons, der zu den bedeutendsten ihrer Zeit zählte, übernahm ab nun Madame Geoffrin, die als eine der wenigen Frauen in Tencins Salon verkehrt hatte.

Eine herausragende Erscheinung im Paris des 18. Jahrhunderts war auch Julie de Lespinasse[39] (1732–1776), die sich ebenfalls aus bescheidenen Verhältnissen in die literarischen und künstlerischen Kreise des intellektuellen Paris hinaufgearbeitet hatte. Sie war die Geliebte jenes d'Alembert, des verstoßenen Sohnes der de Tencin. Kennengelernt hatte sie ihn im Salon der Madame du Deffand, einem Konkurrenzunternehmen der Tencin.

Auch das Leben der Lespinasse, die als große, bedingungslos Liebende in die Geschichte eingegangen ist, liest sich wie ein abenteuerlicher Schnulzenroman, der sich so nur in diesem Jahrhundert zutragen konnte und lediglich durch ihre Briefe und Selbstzeugnisse erschütternde Authentizität erhält. Die romanhaften Verwicklungen begannen bereits bei ihrer Geburt, als ihre Mutter, Julie d'Albon, Fürstin d'Yvetot und Marquise des Saint-Forgeux, die aus einer der besten Familien Frankreichs stammte, sie als Frucht eines ehebrecherischen Verhältnisses nicht als ihre Tochter anerkennen konnte. Obwohl die Fürstin von ihrem Gatten, Claude d'Albon, seit Jahren getrennt lebte, tat sie dies aus Rücksicht auf ihre Familie, die einen Skandal und zu viele Erben fürchtete. Doch hat sie dem Mädchen, das sich selbst für eine adoptierte Waise hielt und schon früh durch eine besondere Intelligenz und Sensibilität auffiel, eine sorgfältige Erziehung gegeben. Sie scheint es auch besonders geliebt zu haben, hatte sie doch vor ihrem Tod eine beachtliche Summe beiseitegelegt, die sie, um das Geld vor dem Zugriff der Verwandten zu bewahren, in einer Schreibtischlade verschloß und der Sechzehnjährigen den Schlüssel dazu gab. Testamentarisch vermachte sie ihr lediglich eine lächerlich geringe Pension. Doch Julie scheute sich offenbar, heimlich dieses Vermögen zu beanspruchen, und gab ihrem Halbbruder Camille den Schlüssel. Dieser nahm das Geld an sich und reiste ab. Sie hat nie mehr etwas davon zu Gesicht bekommen.

Zur eigentlichen Katastrophe jedoch kam es für Julie, als ihr der leibliche Vater, Gaspard de Vichy, und ihre Halbschwester Diane, deren Kinder sie nach dem Tod der Mutter als Erzieherin betreute, das Geheimnis ihrer Geburt verrieten. Sie erlitt einen Schock, wollte sofort deren Haus verlassen, ihre Pension einfordern und in ein Kloster eintreten. Weil sie jedoch eine gute, von den Kindern geliebte Gouvernante war, wurde das erst 17jährige Mädchen daran gehindert. Aus dieser für sie qualvollen Situation einer nicht anerkannten Tochter und Halbschwester hat sie erst eine Schwester Gaspard de Vichys, die Marquise du Deffand, befreit. Sie nahm Julie als Gesellschafterin für ihre alten Tage mit sich nach Paris, wo sie einen bekannten Salon führte und das Mädchen damit in intellektuelle und Künstlerkreise einführte.

Damit begann der Aufstieg der Julie de Lespinasse. Daß sie sich immer in einer Außenseiterposition fühlte, Geld nie wichtig nahm und die Liebe zu einem Leitmotiv in ihrem Leben machte, geht sicherlich auf das Erlebnis ihrer verleugneten Geburt, ihres vorenthaltenen Erbes zurück.

„*Ich hasse, ich verabscheue das Geld, wenn ich daran denke, daß es der Preis für alles ist*",

schrieb sie in einem ihrer Briefe und:

„*alles, was ich tue, ist lieben – alles, was ich kann, ist lieben.*"

Womit sie – ganz im Stil der Zeit – ihre geistigen Qualitäten sicherlich heruntergespielt hat. Denn im Grunde war sie eine hochintelligente Frau, der es nach dem Bruch mit Madame du Deffand, die sie mit ihrem tyrannischen Anspruch auf vollkommene Liebe und Ergebenheit in einen Selbstmordversuch getrieben hatte, gelungen war, zunächst völlig mittellos und auf die Hilfe von Freunden angewiesen, einen eigenen Salon aufzubauen.

Sie war die engste Mitarbeiterin d'Alemberts, an dessen Werken sie wesentlichen Anteil hat, wird von ihrem Biographen Christopher Herold als *„die eigentliche Regentin der Académie Française"* bezeichnet und war eng mit dem Ministerpräsidenten Turgot befreundet. In ihrem Salon verkehrten Berühmtheiten wie der Mathematiker, Politiker und Staatstheoretiker Marie Jean Antoine Condorcet, der Minister Guillaume de Lamoignon de Malesherbes, der Schriftsteller Denis Diderot, der englische Philosoph David Hume und der schweizer Politiker Frédéric César de La Harpe.

Zum Verhängnis wurde ihr die leidenschaftliche, selbstzerstörerische Liebe zu dem um 12 Jahre jüngeren Marquis de Mora, die etwa sieben Jahre dauerte und mit dem Tod des lungenkranken Marquis endete. Interessant ist, daß d'Alembert, der treue Freund Julies, weder von dieser noch von der nächsten verzehrenden Leidenschaft seiner Mitarbeiterin und Geliebten zu dem ebenfalls um 11 Jahre jüngeren Jacques Antoine-Hippolyte Graf Guibert wußte. Er hat diese Wahrheit erst nach ihrem Tod erfahren und soll sie nie ganz verwunden haben. Sie starb, geschwächt von Opium, dem sie verfallen war, und zerfressen von Schuldgefühlen, die sie nach dem Tode Moras quälten (sie hatte sich, während er im Todeskampf lag, Guibert hingegeben) in ihrem 44. Lebensjahr ebenfalls an Tuberkulose. Damit endete eine Liebesgeschichte, die als eine der leidenschaftlichsten dieses Jahrhunderts in die Annalen einging. Julie de Lespinasse hat sich bedingungslos ihren Gefühlen ausgeliefert. Die Ehe hat sie als ein spießbürgerliches Ideal, als lebendigen Tod verachtet.

„Ich ziehe die Qual, die mein Leben verzehrt, den Freuden vor, die das ihre [der Spießbürger] lähmen",

schreibt sie über sich selbst und:

„Um meine Leidenschaft oder die Leidenschaft dessen, den ich liebe, zu befriedigen, hätte ich die Kraft eines Märtyrers, die Kraft eines Verbrechers..."

Julie de Lespinasse, leidenschaftlich in die Liebe verliebt, ist ein Beispiel dafür, daß die Mätressen des 18. Jahrhunderts nicht nur berechnende Frauen, sondern auch große Liebende waren. Doch ist sie für die allgemeine Situation sicherlich nicht repräsentativ. Daß Frauen sich nur aus Liebe verschenkten, dürfte in jener Zeit, in der eine weibliche Karriere lediglich über den eigenen Körper möglich war, selten gewesen sein.

Es ist sicherlich wenig bekannt, daß es sogar im ausklingenden 17. Jahrhundert in Europa noch Männer gab, die Frauen kauften wie Sklaven oder wie das Vieh. So etwa erwarb ein Baron Charles de Ferriol, der älteste Bruder des Schwagers der Madame de Tencin im Jahre 1698 am Bazar von Konstantinopel ein vierjähriges Mädchen für 1.500 Pfund, um sich für sein Alter eine Konkubine zu sichern. Es soll in den Bergen von Georgien geboren worden sein und wurde von einer Bande türkischer Soldaten entführt, die es ihrem Käufer gegenüber als Prinzessin ausgaben, um den hohen Preis zu rechtfertigen. Das Mädchen erhielt den Namen Aïssé[40] und wurde vom Bruder des Barons und dessen Frau, Augustin und Angélique Ferriol, aufgezogen. Ab ihrem 16. oder 17. Lebensjahr bis zum Tod des Barons ist sie dann tatsächlich elf Jahre lang dessen Geliebte und Krankenschwester gewesen, wobei sie seine Gunst noch mit einer weiteren Geliebten teilen mußte, die Ferriol, zuletzt französischer Botschafter in Konstantinopel, mitgebracht hatte. Daß dieses Gefühl der Erniedrigung und Unwürdigkeit, das sie als halbes Kind erfahren mußte, später ihre einzige große Liebe vergiftete, ist in ihrer Biographie nachzulesen. Hier liegt auch der Schlüssel zu ihrer eigenartigen Verfallenheit an Madame Calandrini, einer scheinheiligen, bigotten Dame aus Genf, die Aïssé von ihrem angeblich so schlechten Lebenswandel abbringen und in die Arme Gottes führen wollte. Die sanfte, orientalische Schönheit Aïssé, die ihre Liebe zu einem Chevalier d'Aydie schließlich als große Sünde empfand, ist an diesem Verzicht nach einem schrecklichen Gewissenskampf und furchtbaren körperlichen Leiden in ihrem 39. Lebensjahr gestorben.

Von Frankreich aus breitete sich das Mätressenwesen auf die übrigen europäischen Fürstenhöfe aus. Teilweise wurden französische Mätressen zwecks Vertiefung gegenseitiger Beziehungen sogar exportiert. Wie etwa die elegante, hervorragend gebildete und attraktive Louise de Kéroualle, die dem sinnesfreudigen englischen König Karl II. bei den Friedensverhandlungen in Dover im Jahre 1670 zugeführt wurde. Sie befand sich im Gefolge Henriettes, der Schwägerin Ludwigs XIV., und scheint dem Monarchen sofort gefallen zu haben, denn bereits ein knappes Jahr später wurde sie zur offiziellen Mätresse erklärt. Louise de Kéroualle, die, instruiert vom französischen Botschafter Charles Colbert de Croissy, den englischen König zu einer Politik im Sinne Frankreichs bewegen sollte, brachte darüber hinaus ein wenig von französischem Glanz und französischer Vornehmheit an den englischen Hof. Allerdings mußte sich die 1673 zur Herzogin von Portsmouth erhobene Louise die Gunst des Herrschers mit einer kleinen Schauspielerin namens Nell Gwynn teilen, Tochter einer Fischhändlerin, die über eine zweifelhafte Laufbahn als Geliebte mehrerer Schauspieler mit fünfzehn auf der Bühne debütierte und dort auch dem König aufgefallen war. Sie blieb unter den zahlreichen Theaterliebchen Karls II. sicher die erfolgreichste, konnte sie sich doch eineinhalb Jahrzehnte neben der vornehmen, aber beim Volk verhaßten Louise halten. Auch der Tod König Karls hat sie nicht in das übliche Mätressenschicksal gestürzt, denn sie folgte ihm bereits zwei Jahre später nach. Die Herzogin von Portsmouth jedoch, von Ludwig XIV. darüber hinaus zur Herzogin von Aubigné gemacht, starb in Frankreich trotz großzügiger Zuwendungen Karls II. völlig verschuldet im hohen Alter von 86 Jahren.

In Preußen war es Friedrich Wilhelm II., ein Neffe Friedrich des Großen, der den Titel maîtresse en titre einführte. Seine dauerhafteste Favoritin war die Trompeterstochter Wilhelmine Enke[41], die er bereits in jungen Jahren kennenlernte und persönlich in den Wissenschaften und schönen Künsten unterwies. Er kaufte ihr ein hübsches Landhaus in Charlottenburg und bewilligte ihr die für preußische Verhältnisse hohe jährliche Apanage von 30.000 Talern. Natürlich war sie als bürgerliche Mätresse bei Hof verhaßt, und ihr aufwendiger Lebensstil trug dazu bei, sie auch beim Volk unbeliebt zu machen. Daß sie schließlich mit einem Kammerdiener Johann Rietz, einem Gärtnersohn, verheiratet wurde und nicht, wie etwa am französischen Hof in solchen Fällen üblich, mit einem Adeligen, hat ihre Stellung an den Fürstenhöfen nicht gerade erleichtert. Marie Karoline, Tochter Maria Theresias und Königin von Neapel, hat sich angeblich geweigert, eine Frau Rietz anläßlich eines Besuches in ihrem Schloß zu empfangen. Peinlichkeiten, von denen Wilhelmine erst nach der Beförderung zu einer Gräfin Lichtenau befreit wurde. Politisch dürfte sie keine bemerkenswerte Rolle gespielt haben, Friedrich Wilhelm schätzte keine Mätressen mit politischem Verstand. *„Der König“*, schreibt ein Zeitgenosse in seinem Erinnerungsbuch, *„haßt es, mit Damen über Politik zu diskutieren“*.

An dieser Einstellung scheiterte auch die Beziehung zu der nicht nur attraktiven, sondern darüber hinaus auch gescheiten und begabten Sophie Juliana Friederike Dönhoff, Gräfin aus hochadeligem Hause, die Friedrich Wilhelm sich zur linken Hand antrauen ließ. Sie wollte, berichten die Chronisten *„gleich einer Herrscherin“* mitbestimmen. Das jedoch vertrug Preußens König nicht. Also konnte die schöne, aber ansonsten unbedarfte Wilhelmine, deren *„sinnliche Ausstrahlung“* von Zeitgenossen gerühmt wird, nach diesem Intermezzo wieder als unangefochtene Favoritin an den Hof zurückkehren, wo sie bis zum Tod des Königs blieb. Daß Friedrich Wilhelm, bevor er starb, für die ungeheure Summe von 500.000 Talern holländische Obligationen für sie erwarb, schien seinen Erben allerdings zu viel des Guten: Sie wurde nach seinem Tod im Jahre 1797 der Erpressung und der Spionage beschuldigt, außerdem des Giftmordes an einer Konkurrentin, Julie von Voß, und des Königs selbst verdächtigt. Als sie schließlich in Gefahr geriet, vom aufgebrachten Volk, das ihre Wohnung plündern wollte, gelyncht zu werden, wurde sie unter großem Polizeiaufgebot in Untersuchungshaft gebracht. Dort mußte sie sich bereiterklären, auf ihren gesamten Besitz an Häusern, Grundstücken und holländischen Papieren zu verzichten, worauf ihr als Wohnsitz die Festung Glogau zugewiesen wurde. Erst Napoleon veranlaßte nach seinem Sieg über Preußen und einer persönlichen Intervention der Lichtenau die Rückgabe ihrer Güter Lichtenau und Breitenwerder.

Ein besonders ausschweifendes Liebesleben wird auch Friedrich August,

Kurfürst von Sachsen und König von Polen, nachgesagt. Er soll nicht weniger als 354 uneheliche Kinder gezeugt haben, was einen regelrechten Harem an Geliebten und Mätressen voraussetzt. Eingeführt hat das Mätressenwesen am sächsischen Fürstenhof bereits sein Vorgänger, Kurfürst Johann Georg IV., der sich allerdings mit einer einzigen Mätresse begnügte: Magdalena Sybilla von Neitschütz[42], spätere Gräfin Rochlitz, die allerdings bereits neunzehnjährig, im Jahre 1694, an den Blattern starb. Der Kurfürst, der sich kaum von ihrem Krankenlager entfernt hatte, holte sich ebenfalls die Blattern und folgte ihr kurz darauf in den Tod. Bemerkenswert ist diese Liebesaffäre vor allem deshalb, weil sie einen der letzten großen Hexenprozesse in Deutschland zur Folge hatte. Ihre Mutter, die alte Frau von Neitschütz, geborene Haugwitz, wurde des Liebeszaubers angeklagt, verhaftet und gefoltert. Sie soll ihre Tochter dazu gebracht haben, den Kurfürsten mit allerlei Tränken und sonstigem Zauber zu behexen. Einer ihrer Zauberer, der Scharfrichter Vogel aus Geiz, wurde enthauptet, was beweist, daß in Sachsen die schöne, verführerische, sexualisierte Frau ganz eindeutig noch nicht gesellschaftsfähig war. Hier herrschte ein rückständiger Geist: Sie wurde vorläufig noch mit der Hexe identifiziert.

Das änderte sich erst unter Friedrich August, genannt der Starke, der nicht nur Glanz, Kunst und Macht, sondern auch Mätressen an seinen Hof brachte. Überliefert ist unter den zahlreichen kleineren und größeren Geliebten vor allem eine Aurora von Königsmark, die als eine Dame von Charakter und Frau von Welt geschildert wird, eine Abenteurerin großen Stils. Sie gebar ihm einen Sohn, den späteren Moritz Hermann Graf von Sachsen, der als Arminius Maurice de Saxe einer der berühmtesten Feldherrn seiner Zeit wurde. Nach einer kurzen, aber sehr heftigen Beziehung mit dem Kurfürsten und König nahm sie ihr unstetes Wanderleben wieder auf, um sich schließlich als Pröpstin in Quedlinburg zur Ruhe zu setzen. Weiters ist eine Anna Constantia von Brockdorf, verehelichte Gräfin Hoym, als Gräfin Cosel[43] in die Geschichtsbücher eingegangen. Obwohl sie es als kluge Mätresse hervorragend verstand, über Augusts zahlreiche kleinere Liebesgeschichten großzügig hinwegzusehen, lieferte sie das Schauspiel erbitterter Auseinandersetzungen mit jenen Frauen, die ihr gefährlich wurden. Es waren dies vor allem polnische Favoritinnen, die sich August als König von Polen neben seinen sächsischen hielt. So gelang ihr die Abschiebung der einflußreichen Gräfin Lubomirska, Nichte des Kardinal-Primas von Polen, die sich unentwegt für August einsetzte und der er sehr viel zu verdanken hatte. Schwieriger gestaltete sich der Kampf mit einer weiteren Gräfin, Marie Dönhoff, Tochter des polnischen Großmarschalls Casimir Ludwig Graf Bielinski, die dem König von seinem Ratgeber Flemming zugeführt worden war. Denn Marie Dönhoff drehte den Spieß um und erklärte sich erst dann bereit, nach Dresden zu kommen, wenn die Cosel

Anna Konstanze Gräfin von Cosel (1680–1765)
als „Venus“ zusammen mit ihrem Kind als „Cupido“.
Stich von Simon de La Vallée nach Vorlage von François de Troy.
Gräfin Cosel war die Geliebte August des Starken und hatte
neun Jahre lang großen Einfluß am Hof.

ging, woran diese jedoch trotz diesbezüglichem kurfürstlichem Befehl nach neunjähriger, unumschränkter Vorrangstellung am Dresdner Hof vorerst nicht dachte. Sie verfiel in wilde Wein- und Schreikrämpfe und drohte sogar, die Dönhoff zu erschießen. Außerdem weigerte sie sich, ein Eheversprechen Augusts mit verschiedenen Vertragspunkten herauszugeben. Natürlich blieb der Kampf am kurfürstlichen Hof dem Volk nicht verborgen, und wieder war von Zauberei die Rede, deren sich die Cosel zur Rückgewinnung kurfürstlicher Gunst bedienen würde.

Nach einem der gar nicht so seltenen Wutanfällen August des Starken, in dessen Verlauf er der polnischen Gräfin Dönhoff vor versammelter Hofgesellschaft sämtliche Kleider vom Leibe riß, bezichtigte Franz Hermann Ortgies in seinem Berliner Informationsblatt die Cosel sogleich der Hexerei, weil

„*S. K. M. von Pohlen auf einer Assemblée auf einmal plätzlich auf die Gräfin Dönhoff, Dero Mätresse, gefallen und ihr die Kleider in Stücken sämbtlich vom Leibe gerissen, worüber alle Anwesende höchst bestürtzt worden, zumahlen der König schier in eine Raserey gefallen. Dabey wird debitiret [angenommen], daß der Gräfin Cosel beigemessen würde, solches dem Könige aus Rache und Jalousie [Eifersucht] angethan oder beygebracht zu haben, dahero diese bereits in der Stille decolliret [enthauptet] wäre.*“

Da sich dieses Ereignis jedoch im bereits aufgeklärten 18. Jahrhundert zutrug, hat kein Hexenprozeß mehr stattgefunden. Vielmehr wurde die ausgediente Mätresse trotz ihres heftigen Widerstandes im Dezember 1716 auf die Festung Stolpen gebracht, wo sich die noch junge Frau von 36 Jahren der jüdischen Geheimlehre verschrieb und das Gewand jüdischer Hohenpriester trug. Sie hat sich so sehr von der übrigen Welt abgekapselt, daß sie schließlich sogar die Freiheit ablehnte, als sie ihr angeboten wurde. Gräfin Cosel starb im 85. Lebensjahr, jetzt tatsächlich als Hexe verschrien, was allerdings niemand mehr in besondere Aufregung versetzte.

Mätressen gab es natürlich auch am Zarenhof. Peter der Große, dessen Saufgelage und ausschweifender Lebensstil kein Geheimnis waren, hat sich hier besonders hervorgetan. Eine seiner zahlreichen Geliebten hieß Anna Mons[44], war die Tochter eines deutschen Weinhändlers und nach den Worten des sächsischen Gesandtschaftssekretärs von Helbig

„*ein Muster weiblicher Vollkommenheit...mit einer außerordentlichen Schönheit*“...und einem „*reizendsten Charakter*“.

Sie fiel jedoch den Intrigen Alexander Danilowitsch Menschikoffs, eines Günstlings des homosexuell veranlagten Zaren, zum Opfer. Er deckte ein Liebesverhältnis Annas mit dem preußischen Gesandten Georg Johann Freiherr von Keyserling auf, mit dem sich diese über die Untreue Peters trösten wollte. Denn der Zar hatte sich inzwischen Katharina, einer Magd im Hause des deutschen Propstes Gluck, zugewandt. Aber was der Herrscher durfte, war der Mätresse noch lange nicht erlaubt, vor allem im Rußland zu Beginn des 18. Jahrhunderts. Peter vertrieb Anna vom Hof, forderte fast alle seine Geschenke zurück, und als Keyserling, den sie geheiratet hatte, starb, nahm er ihr auch noch das hübsche Schlößchen in der Sloboda, in dem beide gewohnt hatten. Anna erkrankte darauf an Tuberkulose und starb im Jahr 1714. Katharina, die litauische Magd, hat Peter dann tatsächlich geheiratet. Sie wurde zur Stammutter des Hauses Romanoff-Holstein-Gottorp.

Eine Liebesgeschichte besonderer Art wird von Zar Alexander II. berichtet, der 1855 den Thron bestieg. Der bereits Achtunddreißigjährige hatte sich mit seiner Vorliebe für kindliche Geliebte in die zehnjährige Katharina, Tochter des Fürsten Michael Dolgoruki[45] und Sproß einer der ältesten Adelsfamilien Rußlands, verliebt. Er übernahm die Vormundschaft über das Kind, ließ es in einem vornehmen Institut für junge Damen adeliger Herkunft erziehen und machte es mit siebzehn zu seiner Geliebten. Widerstand gegen einen derartigen Eingriff in die Privatsphäre ist sicherlich niemandem in den Sinn gekommen, am wenigsten dem Mädchen selbst, das schließlich an seinem väterlichen Liebhaber, Beschützer und der einzigen Bezugsperson inmitten einer feindlichen Umwelt mit großer Liebe hing. Die Briefe, die beide wechselten, sind uns erhalten, sie zeigen einen in den aufkommenden Revolutionswirren zunehmend müder werdenden Monarchen, der bei seiner jugendlichen Geliebten, die er kurz vor seinem Tod geheiratet hat, Erholung und Entspannung suchte und fand. Sie selbst lebte ein Leben in vollkommener Abgeschiedenheit zusammen mit drei Kindern, die sie Alexander im Lauf der Jahre geboren hatte, in einer Wohnung über jener des Zaren. Von der Hofgesellschaft wurde sie als Skandal betrachtet und gemieden. Um sich den Intrigen nicht ungeschützt ausliefern zu müssen und weil der Zar auf ihre Gegenwart nicht verzichten wollte, begleitete sie diesen auch überallhin, teilweise verkleidet in Schwesterntracht, wie an die türkische Front. Als er dem siebten Attentat, das auf ihn verübt wurde, zum Opfer fiel, zog sie sich mit ihren Kindern nach Südfrankreich zurück, wo sie 1922 starb.

Die Zeit der großen Mätressen war allerdings im prüden, die Frau neuerdings entsexualisierenden 19. Jahrhundert vorbei. Es gab nur noch wenige Frauen, deren Namen die Geschichte überliefert hat. Jenen der Gräfin Marie Walewska beispielsweise, polnische Geliebte Napoleons, die dieser mit Versprechungen hinsichtlich der Befreiung Polens an sich band. Sie hatte einen Sohn von ihm, Alexander Walewski, und war eine der wenigen Getreuen, die ihn auf Elba besuchten. Es gab auch eine Harriet Howard[46], die mit dreiundzwanzig die Geliebte des damals neununddreißigjährigen Louis Napoléon, des späteren Napoleon III., wurde. Sie investierte ihr beträchtliches Vermögen in den Aufstieg ihres damals noch mittellosen Liebhabers, was sich wohl für ihn, weniger jedoch für sie selbst bezahlt machte. Als öffentliches Ärgernis durfte sie kaum in Erscheinung treten. Nachdem sie zur Finanzierung des von Napoleon initiierten Staatsstreiches im Dezember 1851 alles, was sie besaß, verkauft hatte, heiratete er die schöne, kühl berechnende Spanierin Eugénie de Montijo. Ein Schlag, von dem sich Harriet, die nicht nur mit ihrem gesamten Vermögen, sondern auch mit ihrem Herz und ihrem Verstand zur Machtergreifung dieses von ihr wohl wirklich geliebten Mannes wesentlich beigetragen hatte, nicht mehr erholte. Obwohl sie von Napoleon III. ihr gesamtes Vermögen zurückbekam und zu einer Gräfin Beauregard erhoben wurde, zog sie sich, da ihr auch die Ehe mit einem englischen Edelmann nicht die gewünschte gesellschaftliche Stellung verschaffen konnte, einsam und verbittert auf ihr Schloß zurück. Denn das Zeitalter Königin Viktorias hatte für ausgediente und verstoßene Mätressen noch sehr viel weniger Verständnis als das Jahrhundert davor.

„Von den anständigen Frauen werde ich nicht empfangen, und ihre unbefleckten Töchter sehen in mir die letzte aller Prostituierten“,

kommentierte sie selbst ihre Situation, ehe sie in ihrem 42. Lebensjahr einem Krebsleiden erlag.

Das 19. Jahrhundert mit seiner Prüderie und Verlogenheit hat aber auch eine Lola Montez[47] hervorgebracht, skandalumwitterte Geliebte des Bayernkönigs Ludwig I., die den Bayernstaat völlig durcheinanderbrachte und zur Abdankung Ludwigs während der Märzrevolution 1848 beitrug. Sie hatte sich zuvor ihren Lebensunterhalt durch Singen in den Straßen und Tanzen auf den Bühnen der verschiedensten Theater verdient, war kurzfristig die Geliebte von Franz Liszt gewesen und hat im Salon der George Sand verkehrt. Dann wollte sie einen ihrer Liebhaber erschießen, und schließlich mußte sie noch vor Gericht aussagen, weil sich ein weiterer Liebhaber ihretwegen duelliert und den Gegner getötet hatte.

Lola Montez war keine Mätresse im klassischen Sinn, vielmehr eine Abenteurerin von wildem, ungezügeltem Temperament, die ihr Leben zu einer Legende machte. Die Tochter eines schottischen Offiziers namens Gilbert und einer Kreolin, die sich Porris nannte, war etwa 26 Jahre alt (ihr genaues Geburtsdatum ist ungewiß), als sie den 60jährigen König für sich einnahm. Jene oft kolportierte erste Begegnung, in deren Verlauf sie sich in seinem Audienzzimmer mit einer Papierschere ihr Kleid zerschnitt, um ihn von den natürlichen Formen ihres Busens zu überzeugen, zeigt, mit welcher Ungeniertheit sie es verstand, aus ihrem Körper Kapital zu schlagen. Doch begnügte sich Lola keineswegs damit, Geliebte eines Königs zu sein, sie zeigte auch deutliche politische Ambitionen. Unter ihrem Einfluß kam es zu einer Reihe von Rücktritten und Absetzungen von Ministern, und schließlich wurde ein neues Kabinett gebildet, das sich durch eine liberale Tendenz auszeichnete und als *„Lola-Ministerium“* bekannt wurde. Bald je-

Lola Montez (1818–1861).
Bildnis im Reitkleid.
Stich von Albert Henry Payne.
Sie war nicht nur die Geliebte des Bayernkönigs Ludwig I., sondern auch eine der wenigen weiblichen Abenteurerinnen der Geschichte.

Die verhaßte Mätresse des Königs wurde in zahlreichen Karikaturen verspottet. Hier reitet sie fast nackt auf einem Hund mit einem Liebhaber als Amor, der ihr eine fünfzackige Krone anbietet.

doch wurde auch jenen Kreisen, die diese Tendenzen ursprünglich begrüßt hatten, die Macht der Favoritin unheimlich. Während vorher besonders die jesuitische Presse getobt, sie eine Gesandte des Satans und apokalyptische Hure genannt hatte und der Bischof von Augsburg sich über Ludwigs sittlichen Zustand empörte, wandten sich jetzt sogar die Studenten gegen sie. Professor von Lassaulx, Lehrer der Philosophie an der Universität, berief eine Senatssitzung ein, um das *„Lola-Ministerium"* öffentlich zurechtzuweisen, weil sie beim Spazierengehen ihre Bulldogge auf ihn gehetzt hatte. Schließlich mußte die inzwischen zur Gräfin von Landsfeld erhobene und mit prächtigen Juwelen ausgestattete Lola nach Unterzeichnung eines Auslieferungsverfahrens durch den König vor dem Mob durch einen Hintereingang ihres Schlosses fliehen und auf beschwerlichen Umwegen das Land verlassen. Aufgegeben jedoch hat sie noch lange nicht. Sie kam wieder – zuerst als Bäuerin und nach einer neuerlichen Ausweisung als Mann verkleidet. Schließlich irrte sie als Gräfin von Landsfeld einige Jahre durch Europa, begleitet von einem Schwarm junger Männer und Journalisten der Skandalpresse, dann heiratete sie einen sehr vermögenden Kornett der Garde mit Namen George Heald. Nachdem diese Ehe jedoch in Brüche gegangen war, schiffte sie sich nach Amerika ein und brachte eine geschmacklose Show unter dem Titel *„Lola Montez in Bayern"* auf die Bühne, die zu einem grandiosen Kassenschlager wurde. In Kalifornien heiratete sie einen Mr. Hull in nächster Ehe, mit dem sie sich in einem Goldgräberdorf niederließ. Dort wurde sie mit ihrem Spinnentanz die Sensation der Goldsucher, zähmte sich einen Grizzlybären als Schoßhund und war gefürchtet wegen freigiebig ausgeteilter Peitschenhiebe. Ihr Haus in Grass Valley wird heute noch Touristen als Sehenswürdigkeit präsentiert.

Eine neue, nicht uninteressante Episode aus Lolas Leben hat in den sechziger Jahren unseres Jahrhunderts die Biographin Helen Holdrige ans Tageslicht befördert: Nach ihr soll die Montez im Jahre 1857 doch noch den damals einundsiebzigjährigen, verwitweten und abgedankten Exkönig Ludwig von Bayern geheiratet haben, jedoch nach kurzem Eheglück von dem Wittelsbacher Familienclan wieder hinausgeekelt worden sein. Was sie aus dieser Episode mit sich nahm, war die Syphilis, an der Ludwig bekanntlich litt und von der sie ihr ganzes weiteres Leben gezeichnet war.

Lola Montez, eigentlich Marie Dolores Gilbert, deren Leben bis heute Stoff für literarische und filmische Gestaltung liefert, hat sich über sämtliche Konventionen, die für eine Frau im 19. Jahrhundert bindend waren, hinweggesetzt. Sie wurde mit ihrer raubtierhaften Schönheit, ihrem ungezügelten Temperament und einem gewissen Hang zur Schmiere eine der wenigen echten weiblichen Abenteurerinnen, die die Geschichte zu bieten hat. Wer allerdings ihre Kindheits- und Jugendgeschichte kennt, wird sich, modernen psychologischen Erkenntnissen folgend, vielleicht auch ihre un-

Katharina Schratt (1855–1940).
Die langjährige „Freundin“ Kaiser Franz Josephs wurde
zu einer unverzichtbaren Stütze des alternden Monarchen.

geheure Geltungssucht, mit der sie sich selbst sehr viel zerstört hat, erklären können. Wurde sie doch von ihrer Mutter ohne ihr Einverständnis an einen reichen Ehemann verkuppelt und dann, nachdem sie sich dieser Bindung verweigerte, für tot erklärt. Die Mutter legte sogar Trauer an und ließ schwarzgeränderte Karten drucken, auf denen sie das Ableben ihrer Tochter sämtlichen Freunden und Verwandten verkündete. Es mag diese grausame Auslöschung ihrer Identität durch die eigene Mutter gewesen sein, die sie dazu trieb, durch ständig neue, spektakuläre Aktionen die Aufmerksamkeit der Welt auf sich zu ziehen. Vielleicht wollte Lola Montez so dafür sorgen, daß sie nicht in Vergessenheit geriet.

Gegen Ende ihres Lebens begann sie gläubig zu werden, sie kümmerte sich um die elenden, kranken, die sogenannten gefallenen Frauen und unterstützte sie finanziell, bis sie selbst nichts mehr besaß. Dann starb sie in einem schmutzigen Raum auf einem Haufen Lumpen, betreut von einer alten Frau, die für die armen Kranken sorgte.

Von den Mätressen am Habsburger Hof ist seltsamerweise wenig bekannt. Es hat sie natürlich gegeben, doch traten sie nicht so auffallend in Erscheinung wie an anderen europäischen Fürstenhöfen. Um den Ruf der Wohlanständigkeit bemüht, fanden die Amouren der Herrscher hier eher im Verborgenen statt. Eine Ausnahme bildete die Schauspielerin Katharina Schratt[48], die *„Freundin"* Kaiser Franz Josephs. Ihre unangefochtene Stellung und ihre Beliebtheit bei Hof und beim Volk hatte sie allerdings größtenteils der besonderen Förderung durch Kaiserin Elisabeth zu verdanken, die damit offenbar Schuldgefühle gegenüber dem Kaiser abbauen und sich die eigene Freiheit sichern wollte.

Die Hofschauspielerin Katharina Schratt war dem Kaiser schon seit langem aufgefallen, aber die zarten Bande wurden unter kräftiger Mithilfe Elisabeths zwischen ihnen erst geknüpft, als er Mitte fünfzig und sie Anfang dreißig waren.

Die Geschichte des alternden Monarchen und der frischen, fröhlichen Kathi Schratt, die er jeden Morgen in ihrer reizenden Villa – einem Geschenk des Kaisers – unweit vom Schloß Schönbrunn zu besuchen pflegte, hat inzwischen viele Historiker und Biographen beschäftigt. Die Schratt wurde zu einer unverzichtbaren Stütze des Kaisers, zu einem ruhenden Pol, bei ihr konnte er nicht nur den letzten Tratsch vom Theater erfahren, sondern auch seine politischen und sonstigen Probleme loswerden. Wer die umständlichen Briefe Franz Josephs an die *„Freundin"* liest, kann sich einer leichten Rührung über die unbeholfenen Annäherungsversuche, die linkischen Herzensergüsse dieses Monarchen nicht erwehren, die Kathi mit einer natürlichen Herzenswärme und einer gewissen Mütterlichkeit zu erwidern verstand.

Nach einer tiefgreifenden Verstimmung und eineinhalbjährigen Trennung, die dem Tod der Kaiserin, die nun nicht mehr ihre schützende Hand über das Paar halten konnte, folgte, kehrte Kathi zu Franz Joseph zurück und blieb ihm bis zu seinem Tod treu. Im Nachkriegs-Wien war sie eine legendäre Gestalt, die selten in der Öffentlichkeit zu sehen war. Doch brauchte sie trotz Krieg und Inflation keine Not zu leiden, weil sie ihre Villen und ihr Palais verkaufen konnte. Sie starb erst 1940, im 87. Lebensjahr.

Frauen, die großen Männern ihren Körper und ihr Herz vermachten, gab es natürlich auch im 20. Jahrhundert. Doch hießen sie nicht mehr Mätressen, jetzt waren es die Geliebten. Besonders die Diktatoren faschistischer Regime haben sich stets ihnen bedingungslos ergebene Frauen gesucht, die ihren Liebhabern häufig sogar bis in den Tod folgten, wie etwa eine Clara Petacci, die sich mit Mussolini zusammen erschießen ließ, oder eine Eva Braun, die kurz vor der Kapitulation mit Hitler im Führerbunker starb. Keine dieser Frauen hat sich wirklich für Politik interessiert, keine ist diesen Männern eine intellektuelle Partnerin gewesen. Das war auch nicht erwünscht. Gesucht war die kritiklos Liebende, die das Bild des Geliebten lediglich spiegelt.

Brutale Methoden werden in diesem Zusammenhang Stalin nachgesagt. Er hat nicht nur 1909, als er noch Jossif Wissarionowitsch hieß, zusammen mit einem Komplizen in mehreren russischen Städten Bordelle eingerichtet und mit deren Einnahmen die Partei finanziert. Er hat darüber hinaus als bereits mächtiger Josef Stalin alle Frauen, die sich ihm widersetzten, durch seine Geheimpolizei NKWD entweder nach Sibirien verbannt oder verhaften lassen[49].

Am Beispiel Stalins wird die Verlogenheit einer Doktrin, die die Gleichberechtigung der Frau predigt, besonders deutlich. Während er 1920 in einer öffentlichen Rede für die Tugenden der Frau eintrat:

„Was wir brauchen, sind ordentliche Frauen und keine Flittchen, die man heute ins Bett nimmt und morgen zum Teufel jagt“[50],

ließ er sich selbst in späteren Jahren täglich ein anderes Mädchen in sein Büro kommen, das nach Angaben seines Sekretärs Michail Mechlis häufig nackt vor ihm tanzen mußte. Der berüchtigte Lawrenti Berija, Leiter des Staatssicherheitsdienstes, bestätigte den Bericht von Mechlis und ergänzte:

„Es ist nicht immer beim Tanzen geblieben, und ich habe jedes Mädchen streng vergattert, über sein Erlebnis niemandem etwas zu sagen.“[51]

Natürlich hatte Stalin auch dauerhaftere Liebesverhältnisse: mit der schönen und gescheiten Lisa Chasanowa beispielsweise, die Wissenschaftlerin und Spezialistin für Sozialfragen war. Um eine Heirat mit ihr zu verhindern, wurde von Beratern Stalins das Gerücht ausgestreut, sie plane eine Verschwörung gegen das Regime. Stalin glaubte diesen Einflüsterungen, schloß Lisa aus dem Zentralkomitee und allen Ämtern aus und unternahm auch nichts, als er erfuhr, daß der Geheimdienst beschlossen hatte, sie nach

Sibirien zu deportieren. Dort hat sie dann nach einigen Jahren Selbstmord begangen. Zuvor jedoch hatte sich schon die zweite Frau Stalins, Nadja, seine ehemalige Sekretärin, die Mutter seiner zwei Kinder Wassili und Swetlana, aus Verzweiflung über die ständigen Demütigungen und die immer brutaler werdenden politischen Methoden ihres Mannes umgebracht. Nach ihr heiratete er die hübsche, politisch völlig unbedarfte Rosa Kaganowitsch, Schwester des Politbüro-Mitglieds Lazar Kaganowitsch, aber bereits vier Jahre später wurde diese kinderlos gebliebene Ehe geschieden. Die letzten Jahre Stalins teilte Paulina Marina Roskowa mit ihm, die weder schön noch gescheit, dafür aber willenlos ergeben war – eine *„stille Dienerin"* und *„lautlose Geliebte"*[52], die ihn noch auf dem Totenbett betreute. Stalins Tochter Swetlana, für die der Vater stets der beste und gütigste Mensch war, weiß in ihren Memoiren davon allerdings nichts zu berichten.

Die sexualisierte Frau, wie sie uns vor allem in den Mätressen und Geliebten großer Männer entgegentritt, ist im Grunde nichts anderes, als was Frauen in der Geschichte des Patriarchats immer gewesen sind: ein Spiegelbild männlicher Eitelkeiten, Vorstellungen und Wünsche, ein Prestigeobjekt, vor allem aber eine ständige Quelle für die Erneuerung des männlichen Machtpotentials. Ihre Karriere, die sich lediglich im Licht eines glänzenden Herrschers vollzog, mußte gleichzeitig mit diesem erlöschen. Die Freiheiten, die sich manche von ihnen erkämpften, hatten sie mit Unsicherheit, Ungeschütztheit und Repressalien zu bezahlen. Auch – und vor allem – die sexualisierte Frau, Produkt von Männerphantasien, mußte ihre Sexualität verleugnen. Damals ebenso wie heute.

Die entsexualisierte Frau des 19. Jahrhunderts

Nach der kurzen Phase der Romantik, in der die Frau als *„Partnerin des Gefühls"* entdeckt und als sinnliches, naturnahes Wesen aufgewertet wurde, folgte ein neuerlicher Prozeß der Entsexualisierung, der sämtliche Lebensbereiche, besonders aber jene der Frau betraf. Während sie im Ancien régime ihre Sexualität verkauft hatte, verkaufte sie jetzt ihre Jungfräulichkeit. Ein intaktes Hymen bestimmte ihren Stellenwert am Heiratsmarkt, seine Beschädigung war gleichbedeutend mit Existenzverlust. Ein Mädchen des Bürgertums, das nicht mehr Jungfrau war, hatte seine Chance verspielt, was soviel hieß wie, es war nicht oder nur noch schwer *„an den Mann zu bringen"*.

In den unteren Schichten, im Arbeiter- und im bäuerlichen Milieu allerdings herrschten andere Verhältnisse, Ehen wurden hier infolge fehlenden Besitzes nicht arrangiert, sondern ergaben sich durch persönliche Bekanntschaften der jungen Leute. Auch wurden Mädchen meist früh mit Sexualität vertraut gemacht, uneheliche Kinder waren keine Seltenheit und keine Katastrophe wie in Bürgerkreisen. Aus diesem Grund war die Proletarierin im Bürgertum als Hure verschrien, von der sich das sittsame bürgerliche Mädchen streng abgrenzen mußte. Daß halbe Kinder bereits mit Sexualität konfrontiert wurden, hat seine Ursache auch in den beengten Wohnverhältnissen, durch die sie früh mit den Geschlechtsgewohnheiten der Erwachsenen Bekanntschaft machten. Auch waren heranwachsende Jugendliche beiderlei Geschlechts gezwungen, häufig in einem Raum, manchmal sogar in einem Bett zusammen zu schlafen. Die österreichische Sozialdemokratin Adelheid Popp schildert in ihren Erinnerungen, wie sich ihr als Dreizehnjähriger ein sogenannter *„Bettgeher"* (so wurden Leute genannt, die lediglich ein Bett für die Nacht mieteten) mit eindeutigen Absichten näherte, worauf sie einen regelrechten Schock erlitt und dem Mann von ihrer Mutter gekündigt wurde.[1]

Trotzdem haben sich auch Arbeiterinnen am Moralkodex des Kleinbürgertums orientiert, wobei sie von diversen Anstandsbüchlein für Arbeiterfrauen, die die spezielle Situation der Proletarierin jedoch keinesfalls berücksichtigten, unterstützt wurden. Die Broschüre „Das häusliche Glück", herausgegeben von der Komission des Verbandes *„Arbeiterwohl"* im Jahre 1881, etwa gibt eine Reihe von Anleitungen, wie die Wohnung adrett gehalten und die Haushaltsführung perfekt bewältigt werden soll, die auf eine patriarchal geführte Kleinbürgerfamilie zugeschnitten sind, nicht jedoch auf die abgehetzte, im Morgengrauen die Wohnung verlassende und spät abends heimkommende Arbeiterin. Denn diese konnte für Anschaffung und Instandhaltung einer etwas anspruchsvolleren Einrichtung ebensowenig Geld und Zeit aufbringen wie für die Zubereitung diverser, wenn auch bescheidener Gerichte. Daneben wartet das Büchlein dann noch mit besonderen Mahnsprüchen auf wie: *„Ertrage die Fehler deines Mannes mit Geduld"*, auch das Wirtshausgehen, und *„Werde immer friedfertiger und sanftmütiger!"* Außerdem wird die Frau auf ihre Aufgaben im Haus verwiesen, und damit eine Isolierung geradezu propagiert: *„Halte dich still für dich, möglichst fern von geschwätzigen Freundinnen."*[2]

Die verlogene Moral, die Prüderie und die daraus entstehenden Perversionen im viktorianischen Zeitalter haben inzwischen zahlreiche Philosophen, Soziologen, Psychologen und Schriftsteller beschäftigt. Der französische Philosoph und Schriftsteller Michel Foucault etwa, der sich ausführlich mit diesem Thema auseinandergesetzt hat, meint, daß gerade dieses Verschweigen von Sexualität besonders beredt gewesen sei:

„Unter dem Deckmantel einer gründlich gesäuberten Sprache, die sich hütet, ihn beim Namen zu nennen, wird der Sex von einem Diskurs in Beschlag genommen, der ihm keinen Augenblick Ruhe oder Verborgenheit gönnt."[3]

Die rigorose, in einer zunehmend durchrationalisierten Gesellschaft notwendig gewordene und die Natur des Menschen vergewaltigende Triebunterdrückung schaffte sich andere Ventile. Auf die Zusammenhänge von Triebfeindlichkeit und Aggressionsexzessen, Kriegen, totalitären und faschistischen Regimen hat Hermann Glaser in seiner Studie *„Sexualität und Aggression"* hingewiesen.

„Die individuellen wie kollektiven, sozialen wie politischen, nationalen wie internationalen Perversionen des 19. und 20. Jahrhunderts sind als Aufstand gegen ein Ordnungsgefüge zu verstehen, das mit seiner Triebverleugnung und Triebbekämpfung keine menschengerechte Ordnung darstellen konnte."[4]

Auch Freud, der die Kultur wegen des ihr innewohnenden Trieb- und Lustverzichts negativ beurteilt, vertritt die Ansicht, daß die dauernden Einschränkungen des Eros den Lebenstrieb schwächen und damit die Kräfte des *„Todestriebs"*, der Zerstörung freisetzen. Die gehemmte Energie wird zu lebenzerstörender Energie, weshalb sich auch plötzlich die Medizin mit dem Phänomen Sex zu beschäftigen begann, alle möglichen Abartigkeiten wurden registriert und analysiert, ein weites Feld *„widernatürlicher"* Bedürfnisse war dort zu erforschen, wo die natürlichen unterdrückt wurden. Und noch ein Charakteristikum hat dieses Zeitalter aufzuweisen: Eine besonders auffällige Doppelmoral im sexuellen Bereich, die dem Mann einen Trieb sehr wohl zugestand, der Frau jedoch als *„unkeusches"* und *„unreines"* Ansinnen verweigert.

Doppelmoral ist in der Geschichte des Patriarchats nichts Neues. Es gab sie immer und überall, doch wechselte sie ihr Gesicht. Das 19. Jahrhundert hat die *„doppelte Sexualität“* besonders betont: Der Mann besitzt einen Geschlechtstrieb, die Frau besitzt ihn (angeblich) nicht, was insoferne eine neue Variante männlicher Ideologien bedeutet, als in sämtlichen Jahrhunderten davor eine stärkere weibliche Sexualität angenommen wurde, die allerdings aus diesem Grund mit allen Mitteln zu bekämpfen war. Im 19. Jahrhundert wurde die *„reine“*, weil geschlechtslose Ehefrau zum *„Engel des Hauses”* und reinen Fortpflanzungsorgan, dem die *„Geheimnisse“* des Geschlechtslebens so lange wie möglich verborgen bleiben mußten. Das *„Erwachen“* erfolgte meist in der Hochzeitsnacht, es war entsprechend brutal und geeignet, der Frau die Lust auf geschlechtliche *„Vergnügungen“* oft für den Rest ihres Lebens zu nehmen. Das bestätigte dann die allgemeine Ansicht, die Frau besitze keine Libido, und berechtigte den Ehemann, die Prostituierte aufzusuchen, bei der er seine *„niederen“* Lüste ausleben konnte, von denen die Ehefrau nach Möglichkeit verschont zu bleiben wünschte. Repräsentantin weiblicher Sexualität ist also jetzt allein die Prostituierte, die auf Grund ihrer diffamierten Existenz auch nur eine diffamierte Sexualität zu bieten hat. Eine neuerliche rigorose Spaltung des Frauenbildes in die schmutzige Dirne und *„reine“* Ehefrau wiederholt konsequent, was in den Jahrhunderten zuvor unter dem Einfluß des Christentums bereits vorgegeben war. Sie ist ein Phantasieprodukt des Mannes, das in seiner verkürzten und verzerrten Einseitigkeit die Frau ihrer Ganzheit beraubt. Eine Beschreibung der verdammten sexuellen und der *„reinen“* asexuellen Frau, wie sie den Moralvorstellungen dieses Jahrhunderts entspricht, gibt W. E. H. Lecky in seiner *„History of European Morals“*. Nach ihm ist eine Prostituierte

„...die verabscheuungswürdigste Vertreterin ihres Geschlechts...verdammt ...von Krankheit zerfressen und früh in erbärmlichem Elend...das immerwährende Symbol der Erniedrigung und Sündhaftigkeit der Männer. Sie ist zwar selber der Archetypus des Lasters, aber letztlich doch die wirksamste Tugendwächterin, denn wäre sie nicht da, würde die unbestrittene Reinheit zahlloser glücklicher Heime korrumpiert und nicht wenige, die im stolzen Bewußtsein ihrer unberührten Keuschheit an sie mit einem Schauder der Empörung denken, Todesqualen von Reue und Verzweiflung erleiden...Zivilisationen mögen kommen und gehen – sie ist und bleibt die ewige, für die Sünden der Völker verdammte Priesterin der Menschheit.“[5]

Erziehung zur Unwissenheit

Sexuelles Desinteresse der Frau galt als Tugendhaftigkeit, und selbst wenn sie Gefallen an körperlichen Intimitäten fand, tat sie gut daran, dies für sich zu behalten, andernfalls sie Gefahr lief, mit einer Hure gleichgesetzt zu werden. So wie eine gewisse Emma Imhoffen, Frau eines Bonner Fabrikanten, der 1900 u. a. deshalb die Scheidungsklage einreichte, weil sie dem Kindermädchen erzählt hätte,

„die Hauptsache in der Ehe sei die Geschlechtsbefriedigung, und wenn das nicht mehr wie bei einem älteren Mann – dabei spielte sie auf den Kläger an – wäre, dann sei es mit der ehelichen Liebe nichts mehr“[6].

Da paßte eine Marcella Boveri, die zur ersten Generation studierter Frauen in den USA gehörte, schon weit besser in das allgemeine Tugendprogramm. Sie erklärte ihrer 1900 geborenen Tochter Margret,

„daß Frauen den Geschlechtsverkehr nur erdulden, um Kinder zu bekommen“.

Und als die 20jährige sie nach der Bedeutung des Wortes Prostitution fragte, meinte sie, Prostituierte seien verworfene, käufliche Mädchen, die es um Geld taten, und *„denen es sogar Freude“* mache[7].

Die Erziehung des jungen Mädchens war Erziehung zur Unwissenheit, denn Wissen bedeutete Verderbtheit und Verlust der Unschuld. Kleine Mädchen aus dem Bürgertum hatten häufig eine Gouvernante, die jeden Schritt des Kindes beaufsichtigte, darüber wachte, daß es zur Schule, Tanz- und Musikstunde gebracht und von dort wieder abgeholt wurde, daß es keine unrichtge Lektüre las, nicht mit unrichtigen Leuten in Kontakt kam, keine unrichtigen – und das hieß vor allem unzüchtigen – Gedanken hatte, um so, abgeschirmt von jeder Realität, dereinst dem Bräutigam als formbares und anspruchsloses Objekt übergeben werden zu können. Besonders der Vorgang rund um die Geburt mußte in ein undurchdringliches Dunkel gehüllt werden, die Schwangerschaft der Mutter hatte sich im Verborgenen zu vollziehen, denn die Kinder brachte bis ins 20. Jahrhundert hinein der Klapperstorch oder ein Engel. Der natürliche Vorgang der Fortpflanzung war ebenso wie jede Sexualität tabu.

„Lasse man die Kinder, solange es immer geht, bei dem Glauben: ein Engel bringe der Mutter die kleinen Kinder“,

meinte 1857 der Pädagoge Friedrich von Raumer in seiner Schrift *„Die Erziehung der Mädchen“*.

„Fragen später die Mädchen, wie es denn eigentlich mit den kleinen Kindern zugehe? So sage man: der liebe Gott gibt der Mutter das kleine Kind, das seinen Schutzengel im Himmel hat, der gewiß unsichtbar dabei geschäftig war, als wir so große Freude erlebten. Wie Gott die Kinder gibt, das brauchst du nicht zu wissen und könntest du auch nicht verstehen…“[8]

Während derart läppische, den gesunden Menschenverstand heranwachsender Jugendlicher eher beleidigende, denn informierende Erklärungen für Mädchen als passend galten, wußten sich die Jungen die Wahrheit meist anderswo zu beschaffen: bei Dienstboten, Prostituierten oder Freunden, wie eine umfassende Erhebung unter College-Schülern um 1914 in den USA ergab[9]. Wie sehr diese Heuchelei und Verlogenheit jedoch auch von der männlichen Jugend als drückend empfunden wurde, beschreibt Stefan Zweig in seinen Lebenserinnerungen:

„*In summa hat jener gesellschaftliche Druck auf unsere Jugend statt einer höheren Sittlichkeit nur Mißtrauen und Erbitterung in uns gegen alle diese Instanzen gezeitigt. Vom ersten Tag unseres Erwachsenwerdens fühlten wir instinktiv, daß mit ihrem Verschweigen und Verstecken diese unehrliche Moral uns etwas nehmen wollte, was rechtens unserem Alter zugehörte...*"

Auch die Doppelmoral hat Stefan Zweig angegriffen:

„*Daß ein Mann Triebe empfinde und empfinden dürfe, mußte sogar die Konvention stillschweigend zugeben. Daß aber eine Frau gleichfalls ihnen unterworfen sein könne, daß die Schöpfung zu ihren ewigen Zwecken auch einer weiblichen Polarität bedürfe, dies ehrlich zuzugeben hätte gegen den Begriff der ‚Heiligkeit der Frau‘* verstoßen."[10]

Um diese „*Heiligkeit*" zu wahren bzw. zu fördern, wurde ein umfangreiches Erziehungsprogramm ersonnen, das dem einen und einzigen Ziel zu dienen hatte, die „*Sittlichkeit*" und „*Keuschheit*" des jungen Mädchens durch „*verschweigen*" und „*verstecken*" zu erhalten. Worte, so wurde den Müttern eingeschärft, seien hier auch gar nicht nötig, vielmehr meinte der Pädagoge C. Becker 1885, daß ein mütterliches „*Vorbild der Sittsamkeit, der Keuschheit in Miene, Blick, in Gebärden, Worten und Werken*"

völlig ausreichend sei.

„*Nur einen Blick des Abscheus laß dein Kind aus Deinem Mutterauge sehen ...und dieser Blick wird es als Schutzengel durch sein ganzes Leben begleiten...*"[11]

Diese Sprachlosigkeit innerhalb der Familie diente jedoch nicht nur der Erziehung zur Unwissenheit, sie war auch Ausdruck der Verklemmtheit und Unsicherheit der Erwachsenen. Die selbst unaufgeklärte Mutter, die den ehelichen Beischlaf nur allzu oft als Vergewaltigung erfahren hatte, konnte ein Wissen über weibliche Sexualität, das sie nicht besaß, auch nicht an ihre Tochter weitergeben. Vicky Baum hat die Hochzeitsnacht ihrer damals erst sechzehnjährigen Mutter sehr anschaulich geschildert:

„*Ich glaube, daß meine Mutter noch bis zu diesem Tag mit Puppen gespielt hat. Und da auch ihre Mutter ein Kind geblieben war, ließ sie ihre Tochter in die Hochzeitsnacht stolpern, ohne ihr weitere Instruktionen mitzugeben, als daß eine Braut sich in jegliches, noch so unangenehm und unanständig geartetes Tun des Bräutigams zu fügen habe... Jetzt ist sie also – und dies habe ich von ihr selbst – zum erstenmal allein mit ihrem Mann. Ganz Unschuld, Dummheit, Gehorsam, mit den allerfeinsten handgestrickten weißen Seidenstrümpfen, weißen Satinschuhen in Kindergröße, weißem Schleier und weißem Myrtenkranz. Auch Vater bebt vermutlich in seinen Lackschuhen, denn, um Himmels willen, wie machte man den Anfang mit einer Jungfrau? Er stellt ihr ein paar ungeschickte Fragen, entdeckt ihre abgrundtiefe Unkenntnis der Dinge. Es rührt ihn zwar an, doch es macht die ohnedies schwierige Situation noch um – oh – so viel schwieriger... Mama fröstelte, zitterte, seufzte vor Angst, hielt mühsam die Tränen zurück. Woher wußte er nur all diese schmutzigen Dinge? So überlegte sie...Um die Mitte dieser gänzlich viktorianischen Hochzeitsnacht lief sie fort. Zurück zu den Eltern wie so manche andere entsetzte junge Braut. Früh am nächsten Morgen übergab ihr Vater, der Mann von Welt...sie ihrem Ehemann erneut zu treuen Händen...Und sie fügte sich, ganz wie man es ihr gesagt hatte – und wie Tausende von Mädchen sich einem unerwünschten, ungeliebten Mann fügten.*"[12]

Über die Folgen einer derartigen Vergewaltigung des „*reinen*" keuschen und unwissenden Mädchens informieren uns zahlreiche zeitgenössische Berichte. Die Psychoanalytikerin Ellen Key schreibt über Fälle, bei denen die Unwissenheit der Braut zu Geisteskrankheit führte, Gleichgültigkeit und Kälte dem Kind gegenüber, und sogar zu Selbstmordabsichten. Auch physische Anomalitäten von Kindern, die im Zustand des Schreckens, der Abwehr und des Ekels empfangen wurden, und denen die Mutter aus diesem Grunde ablehnend gegenüberstand, führt sie darauf zurück. Ebenso berichtet der Psychoanalytiker Wilhelm Stekel noch in den dreißiger Jahren unseres Jahrhunderts über Fälle, in denen das Erlebnis der ersten Hochzeitsnacht schwere psychische Leiden zur Folgen hatte[13].

Aus diesem Grund spricht eine Mrs. Eliza Duffey in den siebziger Jahren des vorigen Jahrhunderts in ihrem vielgelesenen Ratgeber für junge Mädchen von einem „*Untier*" Mann, unter dem viele Frauen zu leiden hätten[14].

„*Sorge dafür, daß Dein Schwiegersohn in der Hochzeitsnacht nicht brutal zu Deiner Tochter ist*",

ermahnt auch George Sand ihren Halbbruder Hippolyte Chatiron anläßlich der Hochzeit seiner Tochter.

„*Die Männer machen sich nicht hinreichend klar, daß dieses Amüsement für uns ein Martyrium ist.*"[15]

Offenbar sprach die emanzipierte Schriftstellerin und Geliebte vieler bedeutender Männer hier aus eigenen Erfahrungen, die ihr nicht erspart geblieben sein dürften.

Aber auch Männer begannen sich mit der vergewaltigten Frau auseinanderzusetzen. Ärzte diskutierten über das Phänomen weiblicher Frigidität und des Vaginismus nach der Hochzeitsnacht, mit dem sie immer häufiger konfrontiert wurden, und der französische Feminist Dr. Sicard de Plauzoles beklagt die „*brutale Ausübung des Gattenrechtes über den Körper der Frau*", der „*das Gewissen eines jeden unbefangen denkenden und zartsinnigen Mannes*" empören muß. Auch der englische Publizist W. R. Greg meint, daß die „*sittsam erzogene*" junge Frau – ob verheiratet oder nicht – die Erfahrung machen wird, *„daß das erste Opfer in beiden Fällen in einem Delirium aus Liebe und Scham gebracht und gefordert wird"*.

Angesichts der zahlreichen Beschreibungen und Traktate aus Männerhand, in denen vom *„Opfer"* der Frau, ihrer *„unvermeidlichen Prüfung"* und ihrer schließlichen *„Kapitulation"*[16] die Rede ist, stellt sich allerdings so nebenbei der Verdacht ein, daß hier möglicherweise auch ein lüsterner männlicher Sadismus zum Ausdruck kommt, der sich an der wehrlosen und opfervollen Frau delektiert.

Daß sich unter derart unterdrückenden, vergewaltigenden Umständen eine weibliche Libido nicht nur keineswegs entfalten konnte, sondern schließlich auch noch verleugnet wurde, ist einsichtig. Auch, daß die sexuelle Verweigerung der Frau als ein Akt der Selbstbehauptung und Freiheit verstanden wurde – eigene, weibliche Sexualwünsche wurden nicht einmal in Betracht gezogen. Friedrich Engels etwa, der sich ausführlich mit den Lebensbedingungen in vorpatriarchaler Zeit auseinandersetzte, vertrat die Ansicht, daß sich die Frau aus Abscheu gegen jede Form einer sexuellen Betätigung freiwillig der monogamen Ehe unterworfen hätte, weil es ihr lieber sei, das widerliche Geschäft der Fortpflanzung mit nur einem, anstatt mit vielen Männern durchführen zu müssen[17].

Wie wir inzwischen wissen, wurden damit eigentliche Tatsachen völlig verfälscht. Fundierte wissenschaftliche Ergebnisse belegen, daß die Frau biologisch eine weit größere Kapazität für den Geschlechtsverkehr besitzt als der Mann, was sowohl für die Häufigkeit des Koitus als auch der Orgasmen gilt[18]. Die monogame Ehe wurde auch keinesfalls zum Nutzen der Frau, sondern zu jenem des Mannes geschaffen, diente sie doch der Bestimmung und Sicherung s e i n e r Nachkommenschaft. Sie hingegen wußte immer genau, welches Kind ihres war.

Die Vorstellung von der Frau als einem asexuellen Wesen beschäftigte im 19. Jahrhundert die führenden Köpfe der Wissenschaft. Der in Wien lehrende Psychiater Dr. Richard Freiherr von Krafft-Ebing etwa erkennt in seiner berühmten, Mitte der achtzigerer Jahre erschienenen *„Psychopathia sexualis"* sehr wohl die Bedeutung von Eros als treibende Kraft für die Kultur: *„Was wäre die bildende Kunst und die Poesie ohne sexuelle Grundlage."*

Frauen jedoch billigt er formende, schöpferische Kraft in dieser Hinsicht nicht zu. Noch 1894, in der neunten Auflage dieses Werks, meint er, daß *„ohne Zweifel"* der Mann *„ein lebhafteres geschlechtliches Bedürfnis"* habe *„als das Weib"*.

„...Folge leistend einem mächtigen Naturtrieb, begehrt er von einem gewissen Alter an ein Weib. Er liebt sinnlich."

Das sinnliche Verlangen der Frau hingegen, wenn sie *„geistig normal entwickelt und wohlerzogen"* ist, sei

„ein geringes. Wäre dem nicht so, so müßte die ganze Welt ein Bordell und

Ehe und Familie undenkbar sein. Jedenfalls sind der Mann, welcher das Weib flieht, und das Weib, welches dem Geschlechtsgenuß nachgeht, abnorme Erscheinungen."[19]

Das Desinteresse der Frau an sexuellen Dingen betont auch der Arzt Dr. William Acton:

„*Die Mehrheit der Frauen wird (zu ihrem Glück) von sexuellen Gefühlen irgendwelcher Art nicht besonders geplagt. Was Männer gewohnheitsmäßig sind, sind Frauen nur ausnahmsweise.*"

Und um eventuelle männliche Kastrationsängste wirksam zu beruhigen, meint er weiter:

„*Kein nervöser oder schwächlicher Jüngling braucht sich also durch eine übertriebene Vorstellung von auf ihn wartenden Pflichten von der Ehe abschrecken zu lassen. Die verheiratete Frau wünscht nicht, auf eine Ebene mit der Mätresse gestellt zu werden.*"[20]

Die Liste jener, die sich ähnlich äußerten, ließe sich endlos fortsetzen. So etwa wetterte der amerikanische Bildungsreformer und Arzt William A. Alcott gegen unzüchtige Schriften, weil sie den „*durchaus irrigen Eindruck*" erweckten, die Frau sei „*von Natur aus sinnlich wie das andere Geschlecht*"[21]. Der bereits erwähnte englische Publizist W. R. Greg konzediert den Frauen ebenfalls einen Mangel an „*Begehren*" und vergißt nicht hinzuzufügen: „Wie schön für sie, daß es so ist."[22] Auch der Arzt Dr. Otto Adler meint in seiner 1904 erschienenen Abhandlung über die „*mangelhafte Geschlechtsempfindung des Weibes*",

„*...daß der Geschlechtstrieb (Verlangen, Drang, Libido) des Weibes sowohl in seinem ersten spontanen Entstehen, wie in seinen späteren Äußerungen wesentlich geringer ist als derjenige des Mannes*"

und nimmt eine Anaesthesia sexualis (sexuelle Empfindungslosigkeit) bis zu 40 Prozent an[23]. Natürlich gab es auch Frauen, die ähnliche Grundsätze vertraten. Die englische Publizistin Mrs. Sarah Stickney Ellis etwa rief in ihrem Werk „*The Women of England*" die Frauen dazu auf, ihre Männer aus dem sinnlichen Sumpf zu ziehen und dafür im Geistigen zu veredlen. Ihre Aufgabe sei es,

„*den Charakter der englischen Männer aus jenem rein animalischen, oder vielmehr rein mechanischen Zustand zu erlösen, in den zu verfallen sie nach Art und Dringlichkeit ihrer Geschäfte in Gefahr sind*"[24].

Der Autor Shmith H. Platt hingegen möchte es umgekehrt den Frauen zur Pflicht machen, ihre Gesundheit den sexuellen Bedürfnissen des Mannes zu opfern,

„*selbst, wenn dieses Opfer als eine Art von Befleckung erscheint, das dem Zartgefühl des weiblichen Wesens verhaßt ist*"[25].

Die Penisfixiertheit Freuds

Einen wesentlichen Beitrag zum Mythos der entsexualisierten Frau leistete auch Freud. Der große Nervenarzt und Begründer der Psychoanalyse, der in der Libido die treibende, bestimmende Kraft für das menschliche Verhalten ganz generell gesehen hat, wußte mit einer weiblichen Sexualität ebenso wenig anzufangen. Immerhin besaß er die Ehrlichkkeit, seine Unsicherheit dem weiblichen Geschlecht gegenüber offen zuzugeben:

„*Die große Frage, die noch nie beantwortet wurde und die ich trotz meiner dreißigjährigen Erforschung der weiblichen Seele noch nicht beantworten kann, ist: was will das Weib.* Und 1925 bezeichnete er in einer Abhandlung „*das Geschlechtsleben des Weibes*" als einen „*dark continent*" einen „*dunklen Kontinent*"[26].

Umso erstaunlicher, daß Freud trotz dieser Selbsteinschätzung hinsichtlich der Beurteilung weiblicher leib-seelischer Befindlichkeiten ein kompliziertes Modell ausgearbeitet hat, das für die ganze folgende Generation von PsychoanalytikerInnen bindend war und selbst heute seinen Einfluß noch nicht völlig verloren hat.

Freuds Unkenntnis ist aus heutiger Sicht nicht ganz verständlich. Denn immerhin gab es damals bereits eine Frauenbewegung, gab es intellektuelle Frauen, die ihre eigenen Wünsche deutlich und unmißverständlich artikulierten. Als fatal erweist sich allerdings, daß genau diese Frauen in Freuds Weiblichkeitskonzept als abartig erscheinen, weil sie mit ihrem Bedürfnis nach einem freien, unabhängigen Leben, das auch den Besuch von Universitäten und männlichen Bildungsstätten einschloß, „*männliche Ziele*" verfolgten, die nach Freud in einen „*Männlichkeitskomplex*" mündeten, der psychoanalytisch behandelt werden mußte. War doch auch eine Frau nach seinen Vorstellungen nur dann Vollfrau, wenn sie ihr Schicksal, einer minderwertigen Spezies anzugehören, mit Würde auf sich nahm, bzw. versuchte, dieses zumindest teilweise durch die Mutterschaft zu kompensieren. Rebellion gegen diese schicksal- und naturhafte Bestimmung stand ihr nicht zu, „*männliches Territorium*" zu betreten, war ihr untersagt, vielmehr zeugte dies von einem „*männlichen Protest*", der in eine Neurose münden konnte. Frauen, die nach derartigen, den Männern vorbehaltenen Welten strebten, werden bei Freud als „*unreife*" oder „*regressive*" Personen, als klinische Fälle einer „*aufgehaltenen Entwicklung*" bezeichnet[27].

Das tradierte, patriarchale Muster wurde also auch von Freud übernommen und unterschied sich in dieser Hinsicht in nichts von jenem seiner Vorgänger. Auch bei ihm erscheint die Frau als Mängelwesen, vornehmlich definiert über das Nicht-Vorhandensein bestimmter Eigenschaften, während dem Mann die eigentliche, kraftvolle schöpferische Potenz zugeschrieben wird. Schon 1905 bezeichnet Freud die Libido (ein Ausdruck, dem in diesem Zusammenhang nicht nur die Bedeutung von Sexualität, sondern von *„Lebenskraft"* oder *„menschliche Energie"* ganz allgemein zukommt) als *„maskulin"*.

„...so ließe sich auch die Behauptung vertreten, die Libido sei regelmäßig und gesetzmäßig männlicher Natur, ob sie nun beim Mann oder beim Weibe vorkomme."

1923 modifiziert er diese Ansicht dann allerdings, indem er erklärt, daß die Libido kein Geschlecht habe. Trotzdem besaß für Freud auch weiterhin der Mann die stärkeren sexuellen Impulse, und die Frau nach seiner Definition eine sehr geringe Libido,

„...die mit dem schwächeren Sexualtrieb als Weib ausgestattet ist..."[28]

Eine Ansicht, die Freud auch als Begründung seiner These diente, daß Frauen stets wenig zur Kultur beigetragen haben und auch in Zukunft wenig dazu beitragen werden. Ist doch Kultur nach ihm durch Sublimierung des Sexualtriebs entstanden, infolgedessen bei schwachem Trieb wenig zu sublimieren war. Auch die weibliche Frigidität, ein zu seiner Zeit viel beachtetes Phänomen, versuchte Freud mit einer geringeren weiblichen Sexualenergie zu erklären. Die gesellschaftlich-kulturellen Faktoren, die Unterdrückung des weiblichen Menschen, die ungeheuren Restriktionen, denen Frauen auf sämtlichen Gebieten ausgesetzt waren, hat er als Ursachen einer sexuellen Anästhesie völlig außer acht gelassen.

Die schwache Libido der Frau verband Freud mit ihrer Passivität: *„Wir heißen alles, was stark und aktiv ist, männlich, was schwach und passiv ist, weiblich"*,

meint er in den *„Drei Abhandlungen zur Sexualtheorie"*[29]. Auch damit erweist er sich als Kind seiner Zeit, die auf Grund des geschlechtsspezifischen Rollenverständnisses Passivität mit Weiblichkeit und Aktivität mit Männlichkeit gleichgesetzt hat.

Alle seine Aussagen und Theorien über Weiblichkeit beweisen, daß es Freud nicht möglich war, sich vom patriarchalen Weltbild des 19. Jahrhunderts loszusagen. Insbesondere jedoch jene über den vieldiskutierten Penisneid, die als unumstößliche Lehrmeinung lange Zeit den Emanzipationsbestrebungen der Frau sehr geschadet hat. Zwar hat schon Karen Horney (1885–1952) auf den Zusammenhang von Anatomie und kulturellen Faktoren hingewiesen, und die Vorteile im politischen, gesellschaftlichen und kulturellen Leben hervorgehoben, die mit dem Besitz eines männlichen Sexualorgans verbunden waren. Wenn also das kleine Mädchen den Knaben um sein Sexualorgan beneide, dann nicht so sehr seiner anatomischen Beschaffenheit wegen, sondern weil es als Ausdruck von Männlichkeit zugleich Macht, Ansehen, Bedeutung impliziere. Doch wurden derartige Erkenntnisse jahrzehntelang übergangen und erst von der neuen Frauenbewegung in den siebziger Jahren unseres Jahrhunderts wieder entdeckt.

Freuds Theorie vom Penisneid hat auf jeden Fall sehr viel weitreichendere Konsequenzen, als es bei oberflächlicher Betrachtung scheinen mag. Vor allem macht er weibliche Sexualität – die er ständig an der männlichen mißt, aber nicht als eigenständig begreift – zu einem Negativum, das vornehmlich durch fehlende Eigenschaften definiert wird. So etwa sieht er in der Klitoris – dem eigentlichen weiblichen Lustorgan – einen *„verkümmerten Penis"*, der lediglich für das kleine Mädchen von Bedeutung sei, für die *„reife"* Sexualität der erwachsenen Frau jedoch keine Funktion mehr haben dürfe. Ist doch nach Freud *„die Masturbation an der Klitoris eine männliche Betätigung"*, weshalb auch *„die Entfaltung der Weiblichkeit die Wegschaffung der Klitorissexualität zur Bedingung habe"*. Die vollwertige Frau zeichne sich vielmehr dadurch aus, daß sie die Vagina an die Stelle der Klitoris treten lasse, weil *„normale"* und *„reife"* Sexualität nur durch die Vagina zu erreichen sei. Wie Brigitte Wartmann überzeugend nachgewiesen hat, ist allerdings auch der Ausdruck *„vaginaler Orgasmus"*, wie er in diesem Zusammenhang ständig verwendet wird, fehl am Platze. Vielmehr hat Freud diesen Begriff nie verwendet, weil es für ihn gar keine weibliche Libido gab. Die Sexualität der erwachsenen Frau zeichnet sich nach ihm gerade dadurch aus, daß sie gegenüber jener des Mannes *„zurückgebildet"* ist. Er scheint daran zu zweifeln, ob es bei der Frau zu mehr als einer *„Erregung am Scheideneingang"* kommen kann, und umschreibt den weiblichen Orgasmus mit einem angeblich nur an der Klitoris verspürbaren *„Pochen und Klopfen"*[30].

Freud spricht von der Vagina auch nicht als einem eigenständigen Lustorgan der Frau, sondern als einem Lustorgan des Mannes, als eine *„Herberge des Penis"*, als einen *„Hohlraum, der den Penis aufnimmt"*[31]. Für die Frau hingegen ist sie vornehmlich eine *„Wunde"*, die eine Kastration hinterlassen hat[32], also etwas Fehlendes, das als Mangelerscheinung begriffen wird.

Die Folgen einer derartigen Bewertung waren fatal. Denn indem Freud von der Annahme ausgeht, daß die Klitoris entwicklungsgeschichtlich dem Penis entspricht, wird die Frau primär männlich definiert, was bedeutet, daß sie zumindest unbewußt immer allem Männlichen eine höhere Wertung zukommen lassen wird. Um dem Mädchen den Schock bei der Entdeckung seiner *„Kastrierung"* – es befindet sich nicht im Besitz des ungeheuer wichtigen und bedeutungsvollen Penis – einigermaßen erträglich zu machen, bietet Freud als Trostpflaster die Mutterschaft an. Nur die Existenz eines eigenen Kindes kann die Frau darüber hinwegtrösten, daß sie kein Mann ist – vornehmlich dann, *„wenn das Kind ein Knäblein ist, das den ersehnten Penis mitbringt"*[33].

Die Penisfixiertheit Freuds ist tatsächlich beeindruckend, sogar der Geburtsvorgang, diese große Eigenleistung der Frau, wird lediglich als Kompensation, als Ersatz für das Eigentliche, Bedeutungsvolle, und für die Frau nie zu Erreichende hingestellt: das männliche Sexualorgan.

Das wirklich Erschütternde an diesen Theorien ist jedoch nicht nur, daß sie so lange kritiklos nachgebetet wurden, sondern daß Freud offenbar eine gesellschaftliche Situation vorfand, die ihn zu dieser Annahme brachte. Frauen waren – mit Ausnahme vielleicht jener exotischen, „*radikalen*", mit Mißtrauen betrachteten und vielfach nicht ernst genommenen Frauenrechtlerinnen – derart dem gesellschaftlichen Edikt von „*Weiblichkeit*" unterworfen, daß sie es zu einem großen Teil widerstandslos akzeptierten. Daß Frauen passiv sind, keine eigene Sexualität besitzen, den aktiven, schöpferischen Part Männern überlassen und sich selbst auf die Mutterschaft konzentrieren, war allgemeiner Glaubenssatz, den Freud lediglich artikulierte. Er, der mit der Psychoanalyse eine völlig neue Disziplin geschaffen hat, blieb in bezug auf die Frau hergebrachten Traditionalismen verhaftet. Hier hat ihn sein übergreifendes, neue Qualitäten suchendes Denken völlig im Stich gelassen.

Die Theorie von der weiblichen Passivität ist mit jener vom „*weiblichen Masochismus*" in Zusammenhang zu bringen, wie sie auch von Freud vertreten wurde. Konnte es doch der jungen, psychoanalytischen Wissenschaft nicht verborgen bleiben, daß masochistische Phänomene bei Frauen häufiger als bei Männern anzutreffen waren. Während jedoch Freud dieses Faktum vornehmlich biologisch begründete, d. h. also masochistische Tendenzen bei Frauen vor allem als psychische Folgen ihres anatomischen Schicksal betrachtete, haben seine NachfolgerInnen hauptsächlich soziale Faktoren betont. Eine Ausnahme bildet Helene Deutsch, die in ihrer Annahme hinsichtlich eines angeborenen weiblichen Masochismus weit über Freud hinausgeht. Sie sieht die Frau zum Leiden prädestiniert, das sie vornehmlich im Hinblick auf ihre Geschlechtsfunktionen für unabdingbar hält. Gebären, menstruieren und schließlich der Geschlechtsakt selbst seien bei der Frau mit Schmerz verbunden, weshalb

„*Die Anpassung an die Realität und die bereitwillige Erfüllung ihr vom Schicksal zugewiesener Funktionen...vom Weibe ein gewisses Ausmaß an Masochismus*"

erfordere. Auch der Deflorationsakt sei

„*wirklich schmerzhaft und mit der Zerstörung eines Teils des Körpers verbunden. Das Akzeptieren der mit Schmerz verbundenen Lust, bzw. des mit Lust verbundenen Schmerzes kann eine so enge, assoziative Verbindung zwischen den beiden schaffen, daß sich die sexuelle Lust auf den Schmerz verschiebt. Dadurch erhält die Sexualität des Weibes einen direkt masochistischen Charakter...*"[34]

Obwohl Helene Deutsch auch kulturelle und gesellschaftliche Faktoren bei der Einschränkung der ursprünglichen Aggressivität des kleinen Mädchens gelten läßt, ist sie trotzdem von der grundsätzlich passiven Konstitution der Frau, die „*von außen befruchtet*" werden muß, „*um schöpferisch zu sein*", überzeugt. Ebenso wie Freud sieht auch sie in der intellektuellen

Frau eine exotische Ausnahmeerscheinung, die mit der wahren Natur des Weibes nicht in Einklang zu bringen ist:

„Nur einzelne, besonders begabte Mädchen ertragen ein Übermaß des Intellekts, ohne einen Schaden im Gefühlsleben zu erleiden, denn der Intellekt der Frau, die objektive Erfassung des Lebens, gedeiht auf Kosten ihrer subjektiven emotionellen Werte",

meinte sie noch im Jahre 1959[35].

Anders ihre Berufskollegin Karen Horney, die eindeutig gegen diesen Biologismus Stellung bezieht und den weiblichen Masochismus als Produkt gesellschaftlicher und kultureller Unterdrückungsmechanismen beschreibt:

„Es ist recht klar, daß diese Ideologien nicht nur da sind, um die Frau mit ihrer untergeordneten Rolle, die als unveränderlich hingestellt wird, zu versöhnen, sondern auch um ihr den Glauben einzutrichtern, daß in dieser Rolle die ersehnte Erfüllung ihres Lebens liegt oder ein Vorbild, das anzustreben lobens- und wünschenswert ist. Der Einfluß dieser Ideologie auf die Frau wird besonders durch die Tatsache verstärkt, daß Frauen mit besagten Zügen häufiger von Männern ausgewählt werden...Es scheint mir deshalb nicht übertrieben, daß in solchen Gesellschaften masochistische Haltungen – oder besser, mildere Äußerungen des Masochismus – bei Frauen für gut befunden, bei Männern mißbilligt werden. Eigenschaften, wie emotionale Abhängigkeit vom anderen Geschlecht...das Aufgehen in ‚Liebe', die Hemmung, sich selbst entfaltend und autonom zu entwickeln usw. werden bei Frauen als ganz angenehm empfunden, bei Männern dagegen wird mit Schmach und Spott reagiert. Wir sehen, daß diese kulturellen Faktoren einen mächtigen Einfluß auf die Frau ausüben: einen so starken in der Tat, daß es in unserer Kultur kaum vorstellbar ist, daß eine Frau irgendwie eine masochistische Entwicklung umgehen kann, und zwar allein von den Auswirkungen der Kultur her..."[36]

Treffender lassen sich diese Zusammenhänge kaum formulieren. Aber auch wenn das Märchen vom angeborenen weiblichen Masochismus inzwischen hinlänglich als solches entlarvt wurde, ist die Vorstellung vom Leiden der Frau als sozusagen biologisches Schicksal immer noch präsent. Und weil Frauen in unserer patriarchalen Gesellschaft nach wie vor wesentlich mehr Überforderungen und Benachteiligungen ausgesetzt sind als Männer, bekommt es auch immer wieder neue Nahrung. Margarete Mitscherlich hat sich in ihrem Buch *„Die friedfertige Frau"* im Jahre 1985 damit auseinandergesetzt. *„Masochistische Charakterzüge"*, meint sie unmißverständlich,

„sind die Folge falscher Ideale, wie sie der Frau unserer Kultur seit Jahrhunderten aufgezwungen worden sind."[37]

Die entsexualisierte, in ihrer Aufopferungshaltung idealisierte, in der Realität um ihr Lustempfinden gebrachte und zum Masochismus getriebene Frau schlich sich dafür in der Phantasie der Männer umso nachhaltiger als Racheengel ein. Es war das notwendige Korrelativ, das hier nach Ausdruck verlangte, es waren verdrängte, männliche Schuldgefühle, die in der Frau plötzlich das Monster sahen, das Verderben bringende Weib. Kein Zeitalter hat mit einer derartigen Leidenschaft die gefährliche, tötende und kastrierende Frau thematisiert wie das 19. Jahrhundert. Salome, die Johannes den Täufer, Judith, die Holofernes köpft, wurden beliebte literarische und künstlerische Sujets, desgleichen Delila, die sich der Haare des starken Samson bemächtigt. Dostojewski widmet sich dem todbringenden Weib mit ebensolcher Inbrunst wie Puschkin, Gautier, Strindberg und Nietzsche. Edvard Munch malt weibliche blutsaugende Harpyien und Sphynxen, Kubin gestaltet geradezu alptraumhafte Visionen von Männer verderbenden Hexen, weiblichen Vampiren und Dämonen. Auch Dante Gabriel Rossetti malt die in ihrer Sinnlichkeit gefährliche, verschlingende Frau. Sie ist üppig und groß mit schwellenden Lippen, einer ungeheuren Haarpracht und grausamen Augen. Der unterdrückte Sex der Frau wird hier zum Dämon, der sich durch die Hintertür von Phantasie und Imagination erneut einschleicht und die Unterdrücker peinigt.

Onanie, die „Sünde wider die Natur"

Die zurückgedrängte, pervertierte, angstbesetzte Erotik des 19. Jahrhunderts treibt allerdings auch noch andere, seltsame Blüten. So etwa findet sie Ausdruck in einer hysterischen, geradezu pathologische Formen annehmenden Furcht vor Onanie, die damals gebräuchlichere Bezeichnung für Masturbation. Seit im Jahre 1710 in London das Buch eines Anonymus mit dem Titel *„Onania oder die scheußliche Sünde der Selbstbefleckung"* erschienen war, das einem Arzt namens Bekkers zugeschrieben wird, ist die Diskussion zum Thema Selbstbefriedigung nicht mehr abgerissen. Die ungeheure Wirkung dieser monströsen Abhandlung, die nicht nur bis ins späte 19. Jahrhundert hinein neu aufgelegt, sondern darüber hinaus in fast alle Sprachen übersetzt wurde, drückt sich auch in einer Reihe weiterer Werke ähnlichen Inhalts aus, die in den kommenden Jahrzehnten geschrieben wurden. So etwa jenes des hochangesehenen Schweizer Arztes Samuel Auguste-André David Tissot, das 1758 mit dem Titel *„De l'onanisme"* erschienen war und ebenfalls innerhalb weniger Monate siebenmal nachgedruckt wurde[38]. 1843 veröffentlichte der ruthenische Arzt H. Kaan, der zum ersten Mal den Begriff *„Psychopathia Sexualis"* verwendete, ein Buch gleichen Titels, in dem er im wesentlichen den Onaniebegriff des 18. Jahrhunderts übernahm und ausbaute[39].

Die zahlreichen weiteren Werke, die im 19. Jahrhundert zu diesem Thema erschienen, ähneln einander vor allem hinsichtlich der Beschreibung der furchtbaren Folgen, die Selbstbefriedigung nach sich ziehen würde.

Dante Gabriel Rossetti:
Pandora, 1879

Edvard Munch: „*Harpye*", 1900,
Lithographie

Alfred Kubin: „*Die Hexe*", um 1902

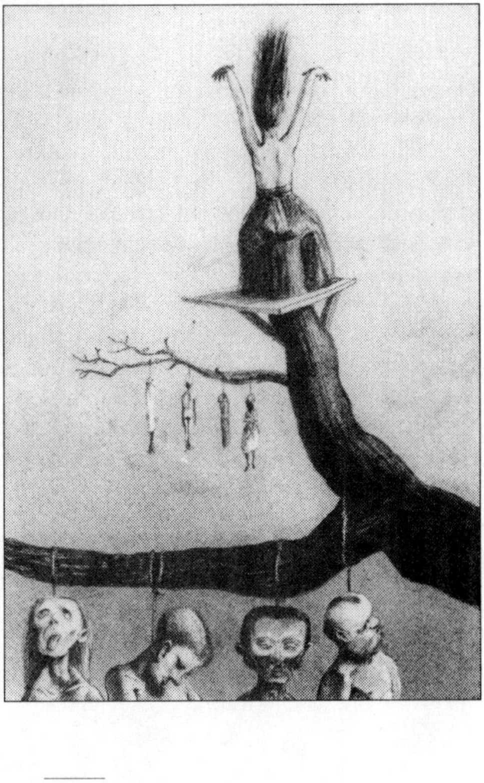

Kein Zeitalter hat mit einer derartigen Leidenschaft die gefährliche, tötende, kastrierende Frau thematisiert wie das 19. Jahrhundert. In der Realität entsexualisiert, um ihr Lustempfinden gebracht und zum Masochismus getrieben, schlich sich die Frau dafür in der Phantasie der Männer als Racheengel ein. Die in ihrer Sinnlichkeit bedrohlich wirkende „Pandora" Gabriel Rossettis ist ebenso Verderben bringend wie Edvard Munchs blutsaugende „Harpye" und Alfred Kubins männermordende „Hexe".

Schon Bekkers entwirft ein schaudervolles Krankheitsbild, dessen respektables Spektrum von Störungen des Magens und der Verdauung über Erbrechen, Schwächung der Atmungswerkzeuge, Husten, Erschlaffung des gesamten Nervensystems und Impotenz bis zu Lähmungen, Seh- und Hörstörungen, Abnahme der Körperkräfte, Magerkeit, Gedächtnisverlust, Tollheit, Blödigkeit, Epilepsie und schließlich Selbstmord reicht. Der 1855 verfaßte Bericht eines Dr. Georges R. Calhoun von der *„Howard Association"* in Philadelphia beschreibt als Folge von Masturbation u. a. das

„völlige Absterben der mit dem Geschlechtstrieb nartürlicherweise verbundenen Gefühle"

und nennt *„Selbstmißbrauch"* den *„sichersten Weg zum Grabe"*[40].

Besonders drastisch drückt sich Henry Maudsley 1867 in seinem Lehrbuch der Physiologie und Pathologie der Geisteskrankheiten über den *„fortgesetzten Selbstmißbrauch"* aus. Er prognostiziert nicht nur eine *„besonders widerwärtige Form des Irrsinns"*, sondern tut gleichzeitig auch seinen unverhüllten Abscheu vor der moralischen Verwerflichkeit des Masturbanten kund, dem er neben Irrsinn auch noch Selbstsucht und Egoismus bescheinigt.

„Je eher er in sein entehrtes Grab sinkt, desto besser für ihn und die Welt, die seiner endlich ledig ist."[41]

Auch der Franzose Dr. Léopold Deslandes gab dem Arzt in seinem Buch über Onanie und verwandte *„abnorme"* Praktiken den guten Rat, als abschreckendes Mittel den Onanisten darauf hinzuweisen, daß er bei andauernder *„Selbstbeschmutzung"* in drei Monaten *„ein toter Mann"* sei[42].

Obwohl die Onanie im allgemeinen als ein männliches Laster galt – schien doch der um so vieles stärker ausgeprägte männliche Geschlechtstrieb weit eher gezwungen zu sein, sich auf diese Art und Weise ein Ventil zu suchen als das diesbezüglich schwächere weibliche Empfinden – gab es doch auch Ärzte, die weibliche Masturbation nicht nur für existent erklärten, sondern sich auch damit auseinandersetzten. So etwa der spanische Arzt Pedro Felipe Monlau y Roca, der um die Mitte des Jahrhunderts in seiner „Hygiene del matrimonio" die Ansicht vertrat, daß weibliche Onanie ebenso verbreitet sei wie die männliche. Auch empfiehlt er einfache Ernährung, harte Arbeit, frühes Aufstehen und Gymnastik und rät von frivolen Romanen, weichen Federbetten und weiteren, die erotische Phantasie reizenden Annehmlichkeiten ab[43].

1876 veröffentlichte ein Dr. Thésée Pouillet einen *„medizinisch-philosophischen Versuch"* über die Masturbation der Frau, in dem er einen umfangreichen Katalog all jener Tätigkeiten zusammenstellt, die Frauen zu dem Laster der Selbstbefriedigung verführen. *„Ungesunde"* Romane und Theaterstücke waren danach ebenso zu meiden wie Tanzen, Nähen an der Nähmaschine und Radfahren[44].

In der zweiten Hälfte des Jahrhunderts wurden dann immer drastischere Mittel entwickelt, um die schrecklichen Folgen dieses Lasters zu verhindern. Dr. Deslandes etwa empfahl das Hochbinden der Hände, *„um sie von den Geschlechtsorganen fernzuhalten"*, oder das Festbinden der Füße, *„um die Schenkel nicht zu spreizen"*. Weiters *„hinten zu schließende"* Spezialwesten, die die Arme vor der Brust fixierten und *„eine Art Bruchband, um die Geschlechtsteile vor äußerem Kontakt zu schützen"*[45]. Die Zwangsjacken, die Penisringe für Knaben und Keuschheitsgürtel für Mädchen, wie sie darüber hinaus in Katalogen angeboten wurden, erinnern an mittelalterliche Folterinstrumente. Es wurden Kästen konstruiert, die über die Genitalien der Jungen gestülpt waren und bei spontaner Versteifung des Gliedes ein Klingelzeichen von sich gaben. Andere waren zum wirkungsvolleren Schutz von außen mit Nägeln gespickt[46]. In ganz *„aussichtslosen"* Fällen kam es zu chirurgischen Eingriffen, bei Mädchen zur Klitoridektomie (Ausschneiden der Klitoris), und Infibulation (Wegschneiden der Klitoris, der kleinen und zum Teil auch der großen Schamlippen und Zusammennähen der Vulva bis auf ein kleines Loch für Urin und Menstruationsblut. Siehe dazu folgendes Kapitel). So etwa wurde der Fall eines siebenjährigen Mädchens bekannt, das 1894 in Cleveland (Ohio) einer Klitoridektomie unterzogen wurde, weil es trotz verschiedenster Behandlungen nicht aufgehört hatte zu masturbieren und sogar die Nähte aufriß, mit denen die Klitoris niedergehalten werden sollte[47].

Gegen Ende des Jahrhunderts verstärkten sich die Forderungen nach einer *„kühlen"*, *„sachlichen"* medizinischen Aufklärung. Damit sollte der Reiz des Verbotenen genommen und eine *„lüsterne"* Phantasie rational gebunden werden. Sexualität wurde nun als *„natürlicher"* Vorgang thematisiert, der mittels naturwissenschaftlicher Erkenntnis zu bewältigen war. Diese Entwicklung hin zum *„offenen"* Gespräch, in dem *„darüber"* geredet werden durfte – wenn auch stets unter streng medizinischen, wissenschaftlichen Standpunkten – bedeutete zwar einen Schritt hin zur Aufklärung, nicht jedoch zu einer unbefangenen, lust- und phantasievollen Erotik. Dieser Schritt steht auch in unserer konsumorientierten, nach wie vor weitgehend patriarchalen Gesellschaft des 20. Jahrhunderts, in der Erotik zum Marktwert degradiert und Liebe unterschwellig oder auch ganz offen mit Gewalt assoziiert wird, immer noch aus.

Die verstümmelte Frau

BESCHNEIDUNG

Die geistig-seelischen Beschädigungen und Verstümmelungen, denen die Frau im Patriarchat ausgesetzt war (und ist), werden von körperlichen Verstümmelungen begleitet, die durchwegs dazu dienen, ihren Unterwerfungsstatus gegenüber dem Mann deutlich und unmißverständlich auszudrücken und seinen Besitzanspruch zu festigen. Ein besonders eindrucksvolles und grausames Beispiel ist die Beschneidung der weiblichen Geschlechtsorgane, die sogenannte Klitoridektomie und Infibulation, die heute noch in weiten Teilen der sogenannten Dritten Welt an Millionen Frauen durchgeführt wird und die im 19. Jahrhundert auch in Europa vorkam.

Die Beschneidung der Mädchen vor der Pubertät, meist als kultureigener Initiationsritus gerechtfertigt, kann insoferne nicht mit den – häufig ebenfalls sehr schmerzhaften – Initiationsriten der Knaben verglichen werden, als letztere der Mannbarkeit und damit einem gesteigerten Selbstbewußtsein dienen, während erstere eine Reduzierung der weiblichen Persönlichkeit bedeuten, die Frau früh als Besitztum des Mannes erklären, ihre Selbständigkeit einschränken und sie zum Gehorsam gegenüber dem Ehemann verpflichten. Der spezielle Ritus der Beschneidung ist bei Knaben allerdings wesentlich harmloser und weniger schmerzhaft als bei Mädchen, wird doch hier nur ein Teil der Vorhaut entfernt, was zusätzlich positive hygienische Folgen hat, weil es die Smegmabildung verhindert.

Die weibliche Beschneidung wird nach einer Aufstellung Janssen-Jurreits aus dem Jahre 1986 in Asien bei Muslimen auf den Indonesischen Inseln durchgeführt, bei etlichen Stämmen in Pakistan und bei arabischen Nomaden. Weiters in Lateinamerika bei einigen Stämmen im östlichen Mexiko, wo sie am häufigsten vorkommt, in Ägypten, Äthiopien, in Somalia, im Sudan, bei den Mandingos und den meisten Bantustämmen in Zentral- und Westafrika, so in Ghana, Nigeria, Zaire, Kongo, Kenia, Sierra Leone, Obervolta, Mali, Senegal, Mozambique und in der Zentralafrikanischen Republik[1]. Der früher übliche Initiationscharakter mit Festen und Feierlichkeiten ist dabei zunehmend im Abnehmen begriffen. Was bleibt, ist lediglich der Schmerz, die Qual, und häufig gesundheitliche Schäden lebenslang.

In einzelnen Ländern wie etwa Kenia, dem Sudan und in Burkino Faso wurden inzwischen Gesetze erlassen, die sie ganz oder teilweise verbieten, was allerdings auf die Realität wenig Einfluß hat. Mädchen unterschiedlichen Alters, meist als Acht- bis Zehnjährige, häufig jedoch schon wenige Tage nach ihrer Geburt, werden einer verstümmelnden Operation unterzogen, die sie nicht nur des weiblichen Lustorgans, der Klitoris, beraubt – worauf sich eine freie Sexualität erübrigt –, sondern darüber hinaus den erlaubten bzw. zur Pflicht gemachten Geschlechtsverkehr mit dem Ehemann häufig äußerst schmerzhaft gestaltet.

Die Beschneidungspraktiken, wie sie nach wie vor durchgeführt werden, gliedern sich im allgemeinen in drei verschiedene Arten:

1) Die Circumcision, die in einer Entfernung der Vorhaut der Klitoris besteht. Diese als Sunna-Tradition bezeichnete, mildeste Form der Beschneidung kommt in bestimmten Gebieten Kenias vor und in Ägypten.

2) Die Klitoridektomie, bei der die Klitoris und die kleinen Schamlippen teilweise oder ganz herausgeschnitten werden, manchmal auch ein Teil oder die ganzen äußeren Genitalien.

Sie wird am häufigsten praktiziert, vor allem in fast allen Ländern Westafrikas, aber auch in arabischen Ländern und in Teilen Ostafrikas.

3) Die Infibulation, die als die grausamste Art der Beschneidung gilt. Dabei werden die Klitoris, die kleinen und großen Schamlippen beseitigt, und daraufhin die Vulva bis auf eine kleine Öffnung für den Austritt von Harn und Menstruationsblut zugenäht. In der Hochzeitsnacht wird die Naht häufig vom Ehemann selbst geöffnet, um den Geschlechtsverkehr zu ermöglichen. Bei der Geburt eines Kindes muß sie weiter aufgetrennt, anschließend jedoch wieder zugenäht werden. Bei der Häufigkeit von Geburten in diesen Ländern ein ständiges Martyrium für Frauen, das von schweren gesundheitlichen Schäden, vor allem jedoch Infektionsgefahr, begleitet ist.

Diese Zeremonie der Infibulation, die dem Kastrieren eines Tieres gleicht, beschreibt der Franzose Jacques Lantier in seinem 1972 erschienenen Buch „*La cité magique et magic en Afrique noire*" folgendermaßen:

„*Nachdem die Matrone mit den Fingern die Labia majora und die Labia minora* (große und kleine Schamlippen, Anmerkung der Autorin) *auseinandergezogen hat, befestigt sie sie im Fleisch, an beiden Seiten der Schenkel, mit Hilfe von großen Dornen. Mit einem Küchenmesser durchsticht sie die Vorhaut der Klitoris, dann schneidet sie sie ab. Während eine andere Frau das Blut mit einem Tuch aufsaugt, bohrt die Mutter mit dem Fingernagel ein Loch entlang der Klitoris, um dieses Organ herauszuschälen. Das Mädchen stößt entsetzliche Schreie aus, aber niemand kümmert sich darum. Die Mutter zieht schließlich die Klitoris heraus, die sie mit der Messerspitze löst und entfernt. Die Hilfskraft wischt wieder das spritzende Blut ab. Die Mutter hebt die Haut mit Daumen und Zeigefinger an, um so die Scheide vollkommen zu weiten. Dann bohrt sie mit der Hand ein tiefes Loch, aus dem das Blut hervorschießt. Die Nachbarinnen, die die Operation überwachen, tauchen eine nach der anderen ihren Zeigefinger in die Wunde, um sich zu vergewissern, daß die Klitoris auch ganz entfernt worden ist...Nach einer kurzen Atempause nimmt die Mutter wieder das Messer und schneidet die Labia minora ab...Dann legt sie den Rand der Labia majora bloß, indem sie ihn mit dem Messer häutet...Wenn die Wunde richtig offen ist, schneidet sie ihn mehrmals der Länge nach ein, dann durchlöchert sie ihn mit Messerstichen...Ist die Häutung vorschriftsmäßig abgeschlossen, führt die Mutter die blutende Labia majora zusammen und befestigt die eine Seite an der anderen mit Hilfe von langen Akaziendornen...Die Mutter beendet ihren Eingriff mit dem sorgfältigen Einführen einer sehr schmalen Röhre, die nur den Urin und das Menstrualblut durchläßt.*"[2]

Der Mord am weiblichen Geschlecht

Der Zweck dieser, hier minutiös bis ins grausamste Detail beschriebenen Praktik ist klar: Sie soll die Frau ihrer eigenen Sexualität berauben und als Besitz des Mannes sichern. Die Entfernung der Klitoris macht sie orgasmusunfähig, und das Vernähen der Geschlechtsteile soll sie darüber hinaus am Geschlechtsverkehr mit anderen Männern hindern. Das sind die eigentlichen Gründe für diesen Beschneidungsritus, auch wenn sie in so manchen Mythen verschleiert oder uminterpretiert werden. So etwa gilt bei vielen Stämmen die Klitoris als gefährliches Organ, das Impotenz verursacht und die Frau bei der Geburt eines Kindes sterben läßt. Im Schöpfungsmythos der Dogon in Mali heißt es:

„*Der Gott Amma der Dogon, der Unsichtbare und Schöpfer, der alles Leben geschaffen hat, hat erst die Erde geschaffen. Dann war das seine Frau. Er schlief bei ihr. Aber es war nicht gut so. Dieser erste Akt der Schöpfung ging fehl. Das Glied des Ammas stieß gegen das Glied der Frau, ihre Klitoris, den Termitenhügel, der aus der Erde herausragt. Amma riß den Hügel aus, beschnitt damit die Frau, und die Erde wurde folgsam ihrem Herrn.*"[3]

Dieser Mythos meint außerdem, daß das Mädchen „*Männliches*" und „*Weibliches*" in sich birgt, so wie umgekehrt auch der Junge. Um alles zu entfernen, was im Widerspruch zu ihrer eigentlichen Natur steht, muß dem Mädchen die Klitoris und dem Jungen die Vorhaut entfernt werden. Erst dann sind beide „*rein*" und erwachsen. Der fatale, niemals thematisierte Unterschied liegt allerdings darin, daß dem Mädchen zugleich mit der Klitoris ihr gesamtes Lustempfinden wegoperiert, daß sie lediglich auf die Vagina, das für die Lust des Mannes notwendige Organ und auf das Kindergebären reduziert wird, während der Verlust der Vorhaut beim Mann keinerlei Beeinträchtigung seines Sexualvergnügens zur Folge hat.

Die Vorstellung von der gefährlichen Klitoris (und damit der gefährlichen Sexualität der Frau) findet sich auch bei den Bambara in Mali und den Toba von Gran Chaco. Ebenso ist der Mythos von der gezähnten, kastrierenden Vagina nicht nur bei den Togo, sondern auch bei den Bena-Lu-

lua im Kongo, und in Japan bei den Aino anzutrefffen[4]. Es darf die Vermutung angestellt werden, daß hier, in der Angst des Mannes vor der starken Sexualität der Frau, nicht nur die Wurzel für die grausame Verstümmelung der weiblichen Sexualität, sondern darüber hinaus für die Unterdrückung der Frau überhaupt zu suchen ist.

Die Leiden der Mädchen bei diesem Verstümmelungs-Ritual, das in manchen Fällen zum Tod führen kann, und die schwerwiegenden gesundheitlichen Schäden waren und sind stets nebensächlich gewesen. Gelegentlich gibt es Unfälle bei der Operation: Der Dickdarm kann aufgeschnitten oder die Blasenwand durchstoßen werden. Manchmal beißt sich das Kind im Schmerz die Zunge ab[5].

Untersuchungen über Durchführung und Folgen dieser schauderhaften Praktiken sind nach wie vor selten, weil dieses Thema immer noch von vielen Tabus belastet ist, und daher wenige Wissenschaftler und Ärzte den Mut haben, sich damit zu befassen. Die ägyptische Schriftstellerin und Ärztin Nawal el Saadawi, deren Werke zum Teil auch in das Deutsche übersetzt wurden, berichtet über ihre Suche nach entsprechenden Forschungsergebnissen, über die Schwierigkeiten, die ihr dabei begegneten, und die sie bei der Durchführung eigener Arbeiten zu bewältigen hatte. (Ihr erstes Sachbuch über die Sexualität der Frau – veröffentlicht 1972 – hatte ihre Entlassung vom Gesundheitsministerium zur Folge). In ihrem 1980 in Deutschland erschienenen Buch *„Tschador, Frauen im Islam"* nennt sie als einzige Studie, die zur Frage der Beschneidung von Frauen und deren schädliche Wirkung in Ägypten erschienen ist, die Gemeinschaftsarbeit zweier Mitarbeiter des Ein Shams-Institutes, Dr. Mahmoud Koraim und Dr. Rushdi Ammar, die 1965 veröffentlicht wurde. Sie basiert auf der Befragung von 651 Frauen, die als Kind beschnitten worden waren, und kommt u. a. zu dem Schluß, daß die Beschneidung vor allem in ihrer schweren Form zu nachhaltigen gesundheitlichen Schäden führen kann, das gesamte Sexualleben des Mädchens erschüttert und ihre Fähigkeit zum Orgasmus beeinträchtigt[6].

Die größte, bislang bekanntgewordene Untersuchung stammt nach Janssen-Jurreit von Dr. Ahmed Abu-El-Futuh Shandall, der während seiner Arbeit als Gynäkologe am größten sudanesischen Krankenhaus in Karthoum von 1962 bis 1966 4024 Patientinnen untersucht und befragt hat[7]. Von diesen waren lediglich 204 nicht beschnitten, und auch von den 500 untersuchten Töchtern dieser Patientinnen war die eine Hälfte einfach beschnitten, die andere Hälfte beschnitten und zugenäht. Zu berücksichtigen ist, daß diese Zahlen lediglich über die Zustände in der Hauptstadt informieren, wo die Bevölkerung aufgeklärter ist als in den Dörfern. Als unmittelbare Folge der Beschneidung nennt Dr. Shandall schwere Blutungen, Infektionen, Harnzurückhaltungen, Verletzungen der umliegenden Gewebe und schwere Verletzungen der klitorialen Arterie, die zum Teil sofortige Bluttransfusionen erforderten. Da auch die Harnröhre häufig verletzt wurde, mußten Harnröhrenplastiken implantiert werden. Von 336 Mädchen brauchten 130 eine Katheterisation. Nach Auftrennung der Naht mußten sie von den Ärzten wieder zugenäht werden, da ihre Mütter sie andernfalls sofort zu einer Beschneiderin gebracht hätte, um die Vulva zu schließen. Die häufigste Folge jedoch waren chronische Infektionen der Vagina oder des gesamten Beckenbereiches und schmerzhafte Zysten und Abszesse.

Weiters stellte sich heraus, daß über 80 Prozent der Infibulierten keine Vorstellung vom Orgasmus hatten. Dafür wurde der Geschlechtsverkehr, der infolge des winzigen Lochs dem Ehemann ein besonderes Vergnügen bereiten soll, von den infibulierten Frauen beinahe durchwegs als schmerzhaft empfunden. Immerhin hatten auch von 300 befragten Ehemännern 90 zugegeben, daß ihre Frauen beim Geschlechtsverkehr starke Schmerzen hätten. In einem angeführten Fall hatte der Ehemann eines fünfzehnjährigen Mädchens, das wegen ständiger Schmerzen in das Krankenhaus eingeliefert worden war, ein Jahr lang beim Geschlechtsverkehr irrtümlich die Harnröhre benutzt statt der Vagina[8].

Auch daß die *„zugenähten"* Frauen häufig Schwierigkeiten hatten, Harn und Menstruationsblut auszuscheiden, wissen viele Ärzte zu berichten. So etwa schildert der Militärarzt Dr. Ollivier in Djibouti Ende der siebziger Jahre den Fall eines sechzehnjährigen Mädchens, das mit unerträglichen Schmerzen in das Spital gebracht wurde. Sie hatte mehrere Monate nicht menstruiert, in dieser Zeit auch keinen Geschlechtsverkehr gehabt, und doch war ihr Leib aufgebläht wie bei einer Schwangeren. Dr. Ollivier öffnete ihre vernähte Vulva, worauf sich ein Schwall von 3,4 Liter schwärzlichen, übelriechenden Blutes ergoß. Doch liegen in diesem Zusammenhang auch noch andere, dramatischere Berichte vor: So wurde ein Mädchen, dessen Menstruation ebenfalls ausblieb, und dessen Leib auf dieselbe Art und Weise angeschwollen war, von ihrer Familie, die Schwangerschaft annahm und die Schande fürchtete, getötet[9].

Weitere, schwere Komplikationen können sich bei einer infibulierten Frau bei der Geburt eines Kindes ergeben. Wird die Naht von der Geburtshelferin nicht rechtzeitig aufgetrennt, oder kommt das Kind zu früh oder zu schnell, wird es die Naht zerreißen, und Gewebsschäden und Blutungen bei der Mutter verursachen, wobei auch das Kind Gefahr läuft, am Kopf verletzt zu werden. Nach der Geburt wird die Vulva wieder zugenäht. Bei manchen Hirtenstämmen in Mali, berichtet die Senegalesin Awa Thiam, die in Dürreperioden gezwungen sind, mit ihren Herden in andere Gegenden zu ziehen, werden die Frauen vor ihrer Abreise *„zugenäht"*, und erst bei Rückkunft der Ehemänner, die sich auf diese Art und Weise die Treue ihrer Frauen sichern wollten, von der Beschneiderin des Viertels wieder geöffnet[10].

Der Psychotherapeut und Anthropologe Géza Róheim, der längere Zeit unter zentralaustralischen Stämmen tiefenpsychologische Studien machte, beschreibt in seinem 1933 erschienenen Buch *„Women and their Life in Central Australia"* die rituelle Vergewaltigung der Mädchen, wie sie von einem Teil der australischen Ureinwohner als Begleiterscheinung der Beschneidung praktiziert wird. Danach nimmt der zukünftige Ehemann zusammen mit einigen Clan-Brüdern das Mädchen kurz nach ihrer ersten Menstruation mit in den Busch, die Männer schneiden ihr mit einem Steinmesser die Vagina bis zur Klitoris auf und spalten den Damm. Dann wird das Mädchen von allen an der Zeremonie Beteiligten mit Ausnahme des Ehemannes einer rituellen Vergewaltigung unterworfen. Wenige Tage danach besucht sie der Bräutigam an ihrem Lager, hebt sie auf, umarmt sie und befiehlt ihr, immer treu zu sein. Dann hat er Geschlechtsverkehr mit ihr ebenso wie neuerlich die anderen Männer, die bei der Beschneidung anwesend waren[11].

Bei anderen Stämmen wird der Schnitt vom Ehemann durchgeführt, der unmittelbar danach, während die Wunde noch blutet mit dem Mädchen Geschlechtsverkehr haben muß, was damit begründet wird, daß dadurch die Geburt erleichtert werde. Tatsächlich jedoch dienen diese Praktiken ebenso wie die anderen der auf grausame Art und Weise durchgeführten rituellen Unterwerfung der Frau, ihrer Demütigung und der Auslöschung ihres Willens.

Besonders interessant allerdings sind die Überlegungen, die der an Freud geschulte Wissenschaftler Róheim hinsichtlich der weiteren sexuellen Erlebnisfähigkeit einer derart mißhandelten Frau anstellt: Weil bei diesen verstümmelten Frauen *„die Vagina im späteren Leben ihre eigentliche Funktion als das führende erotogene Organ"* erreichen würde, könne im allgemeinen gesagt werden, *„daß die Frauen Zentralaustraliens ein glückliches Leben führen."*[12] Daß in dieser verqueren männlichen Betrachtungsweise mit der Vagina lediglich ein Organ angesprochen wird, das dem Manne Lust verschafft, aber nicht der Frau, bleibt dabei unberücksichtigt.

Was allerdings Frauen bei der Beschreibung dieser blutigen, sadistischen Rituale empfinden drückt Benoîte Groult treffend aus:

„Frau hat Schmerzen an der Möse, wenn sie das liest. Sie hat Schmerzen an ihren Geschlechtsteilen. Es schmerzt am eigenen Herzen, es schmerzt an der menschlichen Würde, es schmerzt für all die Frauen, die uns ähneln und die verachtet, geschunden, in ihrer Wirklichkeit zerstört werden. Und es schmerzt auch für all diese Idioten, die es für unerläßlich halten, ständig überlegen zu sein, und die aus diesem Grund die einfachste und erniedrigendste Lösung für alle beide gewählt haben: den anderen herabzusetzen."[13]

Frauen als ihre eigenen „Metzgerinnen"

Das Entsetzen, die Wut und Empörung, die diese Verstümmelungspraktiken bei westlichen Frauen ausgelöst haben, hat jedoch nicht nur, wie zu erwarten, bei den Männern dieser Länder zu entsprechenden Reaktionen geführt, sondern auch bei Frauen. Sie fühlten sich von übereifrigen Feministinnen Europas und Amerikas bevormundet und in ihrer Kultur unverstanden. Inzwischen hat hier jedoch ein Umdenkprozeß eingesetzt und mehr und mehr Frauen, auch aus der Dritten Welt, beginnen zu erkennen, daß sie dieses Problem selbst in die Hand nehmen müssen, daß ihnen allerdings dabei die Hilfe ihrer westlichen Geschlechtsgenossinnen durchaus nützlich sein kann. Viele, wie etwa Awa Thiam, die eine Kommission zur Abschaffung der sexuellen Verstümmelung der Frau (CAMS) gegründet hat, sehen auch ganz klar jene Entwicklung, in deren Verlauf Männer Frauen dazu brachten, *„ihre eigenen Scharfrichterinnen, ihre eigenen Metzgerinnen"* zu werden. Denn sie, die Männer,

„haben schließlich die Bräuche der Beschneidung und der Infibulation soweit rationalisiert, daß sie zum traditionellen oder rituellen Bestand der verpflichtenden, integrierenden und integrierten Bräuche gezählt werden. Das würde teilweise erklären, warum die Frauen für ihre eigene Verstümmelung die Verantwortung übernommen haben."[14]

Hier wäre allerdings hinzuzufügen, daß sich diese Bräuche nur durch den ungeheuren Druck, den Männer auf Frauen ausübten, zu einem Bestandteil der Kultur entwickeln konnten. Eine nicht beschnittene Frau findet meist auch heute noch keinen Ehemann, sie wird auch aus der Gemeinschaft ausgeschlossen. Die Vorstellung von der Unreinheit und Gefährlichkeit des weiblichen Sexualorgans, das unbedingt entfernt werden muß, um die Frau *„rein"*, und damit im eigentlichen erst zur Frau zu machen, ist so tief, daß sie selbst nach jahrzehntelanger Aufklärungsarbeit wie etwa im Sudan, wo bereits 1946 ein Gesetz gegen die Beschneidung erlassen wurde, nur sehr langsam und zögernd aufzubrechen ist. Sie wird nach wie vor nicht nur von Männern, sondern auch von vielen gebildeten Frauen, die studiert haben oder im Ausland leben, geteilt[15]. Allerdings werden diese Operationen heute vor allem in den Städten vielfach bereits im Spital durchgeführt, unter Anästhesie und besseren hygienischen Bedingungen. Die Tatsache der Verstümmelung des weiblichen Geschlechts jedoch bleibt damit bestehen, sie wird damit als integrierender Bestandteil der modernen Gesellschaft anerkannt und sanktioniert.

Vor allem die Anhänger der islamischen Religion stützen sich dabei meist auf den Koran, im dem ein derartiges Gebot enthalten sein soll, was, wie Awa Thiam nach eingehenden Studien festgestellt hat, auf einem Irrtum beruht[16]. Anscheinend sind hier ähnliche Mechanismen am Werk wie in unserer christlichen Religion: eine ursprünglich auf gegenseitiger Liebe und Achtung aufgebaute Lehre wurde durch die Nachkommen verfälscht und ins Gegenteil verkehrt. Auch im Christentum findet sich die pervertierte Annahme, eine Frau sei erst dann *„rein"* und *„Frau"*, wenn sie kein Geschlecht mehr hat. Der Mord am weiblichen Geschlecht ist ein Spezifikum des Patriarchats, wir begegnen ihm weltweit. Daß Frauen dazu angehalten wurden, ihre eigenen Mörderinnen zu sein, ist besonders perfide. Sowohl die Klitorisbeschneidung als auch die schmerzhafte Verkrüppelung weiblicher Füße in China (siehe nächstes Kapitel) werden fast ausnahmslos von Frauen durchgeführt, zum *„Wohle"* der Töchter, kann doch nur die Besitzerin eines verstümmelten Geschlechts und verkrüppelter Füße standesgemäß verheiratet werden, was in einer Gesellschaft, in der Frauen an einer eigenständigen Lebensführung verhindert werden und ihre Existenz von einer Verheiratung abhängt, alles bedeutet.

„Wenn du für einen Sohn sorgst, bist du um sein Studium besorgt; wenn du für eine Tochter sorgst, bist du besorgt um ihr Füßeeinbinden",

heißt ein chinesisches Sprichwort. Und:

„Wenn du eine Tochter liebst, kannst du nicht ihre Füße lieben."[17]

Dieser Mißbrauch der Frau im Sinne männlicher Ideologien, ihr Einsatz als Verstümmlerin, Verformerin des eigenen Geschlechts dient der weiteren Verfestigung und Ausweitung patriarchaler Verhältnisse. Es dient außerdem dazu, die Solidarität zwischen Frauen zu verhindern, das gegenseitige Vertrauen zu zerstören und Abneigung und Haß zu schüren, während Männer sich dafür gar nicht verantwortlich erklären. Daß jedoch im Grunde sie es sind, die Verhältnisse geschaffen haben, unter denen Frauen gezwungen werden, sich selbst zu verkrüppeln, wird dabei geflissentlich übersehen.

Parallelen zu unserer westlichen Gesellschaft sind nur allzudeutlich, auch wenn bei uns die Klitoridektomie abgeschafft wurde und das Füßeeinbinden nie üblich war. Die Verkrüppelung, die Beschädigung der westlichen Frau ist anderer Art. Sie zwingt sie, sich einem ausbeuterischen, unterdrückenden System anzugleichen, an dessen Entstehung sie, durch Jahrtausende gehindert an der Mitgestaltung dieser Welt, keinen Anteil hat, und mit dem sie sich auch nicht identifizieren kann. Ihre Verkrüppelung verlangt, daß sie sich Ideologien angleicht, die nicht die ihren sind, daß sie sich Wertmaßstäbe aneignet, die nicht von ihr erfunden wurden, daß sie in einer Gesellschaft bestehen muß, in der sie sich nur in vergleichsweise wenigen, und meist gering eingeschätzten und bezahlten Funktionen einbringen kann. Auch sie muß sich häufig verkaufen, um ihre Existenz zu sichern, um ökonomischen, politischen Einfluß zu erringen, auch sie unterwirft sich in ihrer äußeren Erscheinung dem – meist männlichen – Modediktat ebenso wie sie ihre innere Einstellung der Einstellung einer Gesellschaft anpaßt, die von

Männern entworfen und von Männern geführt wird. Und auch sie wird diese Weltanschauung als überlebensnotwendig an ihre Töchter weitergeben.

Sie weiß zutiefst, daß Krieg und Massenmord, die Erfindung eines gigantischen Rüstungspotentials, die Vernichtung und Ausrottung von Völkern zwecks Etablierung eigener Macht ihr Anliegen nicht ist. Und trotzdem läßt sie sich mißbrauchen als Arbeitskraft in der Rüstungsindustrie und als „*Heldenmutter*" gefallener Söhne. Sie weiß um die entsetzliche Ausbeutung der Natur –, der sie sich nach wie vor näher fühlt als der Mann – im Sinne von Kapitalanhäufung und Profit, und sie kommt über die mühsamen Anfänge eines nach biologischen Grundsätzen geführten Gemüsegärtleins selten hinaus, und wenn, dann nur um den Verkauf ihrer eigenen Grundsätze. Denn dort, in den oberen Etagen, herrschen jene anderen Gesetze, denen sie sich anpassen muß. Und sie weiß um die furchtbare Ungerechtigkeit in der Welt, um die Konzentration eines noch nie dagewesenen Reichtums in wenigen, und einer noch nie dagewesenen Armut in vielen Ländern. Sie, die, wie vorgeschichtliche, matrizentrische – d. h. um die Mutter zentrierte – Gesellschaftsformen zeigen, das gerechte Aufteilen der Güter zwischen ihren Kindern in das gerechte Aufteilen innerhalb der Gesellschaft übertragen hat, steht diesem krassen Mißverhältnis mit wütender oder resignierter Hilflosigkeit gegenüber. Die Frau der westlichen, sogenannten zivilisierten Welt ist ebenso das gekaufte Geschlecht wie jene der armen, sogenannten unterentwickelten Länder. Sie ist es aufgrund anderer kultureller, gesellschaftlicher und religiöser Verhältnisse nur auf eine andere Art.

Das auffallende Stillschweigen, das hinsichtlich der Beschneidung und Verstümmelung von Frauen auf der ganzen Welt – Schätzungen sprechen von 74 Millionen[18] – von internationalen Organisationen wie der UNO und UNO-Unterorganisationen, der WHO und der UNICEF, weiters Entwicklungs-Organisationen, Missionaren und kirchlichen Organisationen lange Zeit gewahrt wurde und auch heute noch vielfach zu beobachten ist, wird regelmäßig mit dem Hinweis auf eine eigene Kultur und Tradition gerechtfertigt, die nicht anzutasten sei. Es ist allerdings bemerkenswert, daß der Westen seine Toleranz anderen Kulturen gegenüber ausgerechnet dann entdeckt, wenn es um die Diskriminierung von Frauen geht, während dort, wo macht- und wirtschaftspolitische Interessen ausschlaggebend sind, weit weniger Zartgefühl bewiesen wird. Daß Frauenunterdrückung mit der Unantastbarkeit eigener, kultureller Werte gerechtfertigt wird, ist ja eine weit verbreitete Erscheinung. Die Herren aller Länder reichen sich hier wieder einmal die Hand und bekunden in bezug auf Frauen, wenn auch nicht immer ein offenes, so doch ein stillschweigendes Verständnis. Und von den – männlichen – Politikern in den betroffenen Ländern ist natürlich noch viel weniger zu erwarten. So etwa veröffentlichte der ehemalige Präsident von Kenia Kenyatta als Student im Jahre 1938 eine Monographie über sein

Volk, die Kikuyu, in der er die Beschneidung von Jungen und Mädchen als unverzichtbaren Teil der Pubertätsriten seines Volkes beschreibt:

„In der ehelichen Beziehung ist der Pubertätsritus der bestimmende Faktor. Kein ordentlicher Kikuyu würde auch nur daran denken, ein unbeschnittenes Mädchen zu heiraten, und umgekehrt. Es ist tabu für einen Kikuyumann oder eine -frau, Geschlechtsbeziehungen mit jemandem zu haben, der sich dieser Operation nicht unterzogen hat."

Kenyatta beschreibt dieses Sittengesetz als notwendiges Band, das den Stamm zusammenhält und stellt fest, daß eine Aufgabe der weiblichen Beschneidung die Desintegration der sozialen Ordnung hervorrufen würde *„und die Kikuyus daran hindert, ihren Geist von Kollektivität und nationaler Solidarität"*, den sie seit unvordenklichen Zeiten besäßen, beizubehalten[19].

Trotzdem sind vor allem Frauenorganisationen in und außerhalb dieser Länder mehr und mehr bemüht, entsprechende Aufklärungsarbeit zu leisten. Auch die WHO (Weltgesundheitsorganisation) und die UNICEF (United Nations International Children's Emergency Fund) haben sich inzwischen des Themas angenommen. Während erstere im Jahre 1958 noch einen Antrag der Vereinten Nationen, eine Untersuchung über die Beschneidungspraktiken bei Mädchen anzuordnen, mit dem Hinweis auf *„soziale und kulturelle Hintergründe"* abgelehnt hatte, wurde 1979 in einem von eben dieser Organisation abgehaltenen Seminar in Khartoum die Ausarbeitung von Gesetzen für die Abschaffung dieses Rituals gefordert, außerdem Aufklärungsarbeit für alle Teile der Bevölkerung, in der vor allem auf die gesundheitsschädlichen Folgen der Beschneidung hingewiesen werden sollen. 1975 informierte die Amerikanierin Fran P. Hosken als Herausgeberin eines internationalen Pressedienstes (WIN: Women's International Network News) die Öffentlichkeit über die Praxis der weiblichen Sexualverstümmelung und schaffte damit die Grundlage für weltweite Diskussionen.

1980 wurde dann endlich auch UNICEF aktiv, und während in demselben Jahr auf einer Weltkonferenz der Vereinten Nationen in Kopenhagen dieses Thema lediglich mit einem kurzen Hinweis auf die gesundheitlichen Schäden und einem Aufruf an die afrikanischen Regierungen, dieses Problem zu lösen, abgetan wurde, hat ihm die zur gleichen Zeit in Kopenhagen stattfindende Weltfrauenkonferenz einen breiten Diskussionsraum gewidmet[20]. Obwohl es dabei zu heftigen Turbulenzen kam, und die meisten Frauen der betroffenen Länder sich dagegen aussprachen, daß westliche Feministinnen diese Frage aufgriffen, war damit doch ein Prozeß in Gang gekommen, der nicht mehr aufzuhalten war. Immer häufiger konnte über ein Thema, das bislang als tabu galt, gesprochen und geschrieben werden. Immer mehr, von Frauen organisierte Basisgruppen bilden sich in den betroffenen Ländern, die auch häufig ihre Geschlechtsgenossinnen in der westlichen Welt um Hilfe bitten. So etwa erschien in der österreichischen feministischen Zeitschrift AUF vom Juni 1987 ein Aufruf von Hannah Edemikpong, Women's Centre, Nigeria, die um Spenden bat für ihr Projekt, das sich besonders der Erforschung und Aufklärung hinsichtlich der Zusammenhänge zwischen Beschneidung und Aids widmet. Hannah Edemikpong stellt fest, daß von den 98.000 registrierten Aidsfällen in Afrika im Zeitraum von 1984 bis 1987 drei Viertel Frauen sind, und zwar vornehmlich aus jenen Gebieten, in denen die Verstümmelung der weiblichen Genitalien praktiziert wird. Der Zusammenhang zwischen Beschneidung und Aids ist für sie klar: Da es bei der Penetration beschnittener Frauen häufig zu Blutungen kommt, ist auch der Aids-Virus leichter zu übertragen[21].

Im Dezember 1988 fand dann in Paris ein internationales Seminar unter dem Titel *„Mädchen und Frauen als Opfer von Gewalt und sexueller Verstümmelung"* statt, in dem vornehmlich Afrikanerinnen ihren wachsenden Widerstand gegenüber den Beschneidungspraktiken zum Ausdruck brachten. Anders als bei der Weltfrauenkonferenz in Kopenhagen vor acht Jahren war diesmal bereits eine deutliche Dialogbereitschaft und Tendenz zu Solidarität zu bemerken. Die Annäherung von Frauen aus aller Welt über Kulturgrenzen hinweg, ihr gegenseitiges Verständnis und ihre Zusammenarbeit wird auch nötig sein, um die weltweite Diskriminierung des weiblichen Geschlechts abzubauen.

CHINESISCHES FÜSSEEINBINDEN

Die Verstümmelung der Frau bezieht sich allerdings nicht nur auf ihr Geschlechtsorgan. Das Korsett bewirkt ebenso eine Deformierung des weiblichen Körpers wie der hochhackige, die Wirbelsäule schädigende Stöckelschuh oder die Halsringe der sogenannten „*Giraffenfrauen*" in Afrika, die unnatürlich verlängerte Hälse erzeugen. Alle diese Praktiken und Marterwerkzeuge, die angeblich der „*Schönheit*" der Frau dienen sollen, dienen im Grunde ihrer Beschädigung. Sie wurden erfunden, um Frauen zu hilflosen, unmündigen und unbeweglichen Geschöpfen zu machen, damit sie umso leichter von Männern zu beherrschen sind. Eine Frau, die sich auf Bleistiftabsätzen durch unsere modernen Städte quält, ist genauso in ihrer Bewegungsfreiheit eingeschränkt wie die Frau mit bodenlangem riesigem Reifrock und monströsem Korsett vergangener Jahrhunderte, die ständig in Ohnmacht fiel, was die Männerwelt unwiderstehlich fand, stärkte es doch das eigene Machtgefühl.

Ein besonders drastisches Beispiel weiblicher Selbstverkrüppelung im Dienste männlicher Ideologien waren die winzigen Füße vornehmer Chinesinnen, die geradezu als Statussymbol galten. Mütter, die ihre Töchter nicht früh genug der äußerst schmerzhaften Prozedur des Füßeeinbindens unterzogen, verspielten damit die Zukunft ihres Kindes, weil kein Mann der Oberklasse eine Frau mit Füßen in normaler Größe geheiratet hätte. Wieder ist es das Diktat der Männer, dem sich Frauen unterwarfen, und wieder ließen sie sich als deren Werkzeuge mißbrauchen, als deren Handlangerinnen, die die eigenen Geschlechtsgenossinnen, die eigenen Töchter quälen und verstümmeln mußten, weil nur so deren Existenz gesichert war.

Das Idealmaß des verkrüppelten weiblichen Fußes betrug neun (!) Zentimenter und wurde nur durch schmerzhaftes Einbinden der Füße seit frühester Kindheit erreicht, bei dem häufig die Knochen gebrochen wurden. Diese Stümpfe, auf denen sich die Frauen nur humpelnd, manchmal überhaupt nicht mehr weiterbewegen konnten, wurden „*Goldene Lotusse*" genannt, und waren das Entzücken der Männer. Auch sie galten als Zeichen der „*Reinheit*", d. h. sie garantierten die unbewegliche und daher unmündige Frau als „*unbeflecktes*" Eigentum ihres Herrn.

Ein dabei zum Ausdruck kommendes sadistisches Element ist offensichtlich. Es wurde häufig durch ein Gefühl des Mitleids überdeckt, das diesen verstümmelten, schmerzenden Extremitäten galt, die eine Frau hilflos machten – und gerade in dieser Hilflosigkeit begehrenswert. Zahlreiche Berichte chinesischer Autoren informieren uns über das sadistische Vergnü-

Die weibliche Mode mit Reifrock, Korsett und Stöckelschuh unterstützt und unterstreicht ebenso weibliche Hilflosigkeit und Abhängigkeit vom Mann wie die Beschneidung der Geschlechtsorgane von Mädchen vor der Pubertät und das in China üblich gewesene Füßeeinbinden. Auf diesem Bild wird die durch den Stöckelschuh hervorgerufene Unbeweglichkeit der Frau noch durch eine Fessel unterstrichen.

gen, das der Anblick dieser versehrten Füße Männern bereitete. Howard S. Levy hat in seinem Buch über das chinesische Füßeeinbinden aus dem Jahr 1968 etliche dieser Aussprüche zitiert.

„Der Lotos", meint hier etwa ein Mann, der sich selbst als *„Lotos Kenner"* bezeichnet,

„hat besonders verführerische Eigenschaften und ist ein Mittel, um Begierde zu erregen. Wer kann der Faszination und der bezaubernden Verwirrung widerstehen, einen sanften, jade-gleichen Haken in den Händen zu halten, mit ihm zu spielen."

Und, an anderer Stelle:

„Jedes Mal, wenn ich ein Mädchen unter den Schmerzen des Füßeeinbindens leiden sehe, denke ich an die Zukunft, wenn die Lotosse sich auf meinen Schultern niederlassen oder in meinen Handflächen liegen, und mein Begehren quillt über und wird unkontrollierbar."[22]

Levy beschreibt dieses *„lustvolle"* Spiel mit den verkrüppelten weiblichen Füßen in seiner ganzen Breite. Danach liebten es die Männer, die Stümpfe zu drücken, an ihnen zu riechen, sie in den Mund zu stopfen, sie zu peitschen und ihren Penis daran zu reiben. Manche Männer trieben ihre perversen Praktiken so weit, daß sie Tee tranken von dem Wasser, in dem die Stümpfe gewaschen worden waren oder *„kleine Schuhe"* stahlen, um ihren Samen hineinzuspritzen[23].

Das Ritual des Füßeeinbindens, das zwischen den Tang- und Sung-Dynastien begonnen haben soll, und erst in den 20er Jahren unseres Jahrhunderts durch die Kuomintang Regierung abgeschafft wurde – jetzt war die Frau als Arbeitskraft, und daher mit gesunden Füßen gefragt – ist demnach etwa 1000 Jahre alt. Es begann in der Oberklasse und breitete sich von dort nach unten aus[24]. Ein ausgeklügeltes Regelsystem informierte über die Größe der Bandagen und die zeitlichen Abstände zwischen ihrer Anwendung, die Länge des Fußes und die Art, in der diese Frauen sitzen und stehen sollten. Es gab spezielle Anleitungen über das Waschen der verformten Füße, das allein zu geschehen hatte, um anderen den Anblick des entblößten, übel riechenden verkrüppelten Stumpfes zu ersparen. Nach dem Bade wurde er mit duftenden Salben eingerieben, mit Bandagen bedeckt und in eigene, *„schöne"*, winzige Schuhe gepreßt, als *„besonderes Symbol der Feminität und der entscheidende Punkt für die sexuelle Anziehungskraft"* der Frau, wie R. H. Van Gulik, in seinem Buch *„Sexual Life in Ancient China"* noch 1961 in zynischer Verkennung der eigentlichen Zusammenhänge meint[25]. Daß diese mit dem blumigen Ausdruck *„Lotosse"* bezeichneten verstümmelten Gliedmaßen oft *„Lotus-Haken"* genannt wurden, weist auf die Art ihrer Verkrüppelung hin: Der Haken-ähnliche Eindruck entstand dadurch, daß die große Zehe nach oben zeigte, während die anderen Zehen unter die Fußsohle gedrückt und eingebogen waren.

Natürlich betrachteten auch die chinesischen Männer mit ihrem Fuß-Fetischismus die Frauen als eigentliche Urheberinnen ihres Leidens, einige verstiegen sich sogar dazu, sie als Erfinderinnen dieser furchtbaren Selbstverstümmelung zu bezeichnen. Wie etwa der chinesische Romanautor Nankung Po, der einem seiner männlichen Romangestalten bei der Betrachtung der „*kleinen Füße*" einer Kurtisane folgende Worte in den Mund legt:

„*Die Füße einzuschnüren, um die Schenkel dichter zu machen, muß die Erfindung eines Genies gewesen sein. Und natürlich muß der Erfinder eine Frau gewesen sein...*"[26]

Auch hier wird völlig negiert, daß diese Selbstverkrüppelung für die entrechtete, aus dem öffentlichen Leben ausgeschlossene Frau zur Üerlebensstrategie gehörte, weil sie die Gunst des Mannes, von dem sie abhängig war, damit erkaufen mußte. Es wurde übersehen nicht nur vom chinesischen Mann, sondern in gleicher Weise vom „*aufgeklärten*" Europäer. So beschreibt William A. Rossi noch im Jahre 1976 die verstümmelten Chinesinnen als

„*eine regierende Gruppe von Göttinnen mit sinnlichen Kräften, wie sie gewöhnlichen Frauen nicht zuteil werden*".

Er nennt auch das Füßeeinbinden

„*eines der wirkungsvollsten überzeugenden Beispiele der natürlichen Erotik des Fußes*", wobei er allerdings nicht vergißt hinzuzufügen, daß

„*weibliche Hilflosigkeit die Begierde vieler Männer erregt*".[27]

Das trifft genau den Punkt! Der verkrüppelte Fuß-Stumpf, der große Schmerzen verursachte und seiner Besitzerin ein Gehen beinahe unmöglich machte, war für den Mann darum so faszinierend, weil er für die Wehrlosigkeit des weiblichen Geschlechtes stand. Der chinesische Mann der Oberklasse (für die hart arbeitenden Frauen der Unterklassen galten immer und überall andere Gesetze) hatte es nicht nötig, seine Frau in ihre Gemächer einzuschließen, wie dies die Patriarchen in anderen Ländern zu tun pflegten. Sie sorgte durch Selbstverstümmelung eigenhändig dafür, daß sie nicht weglaufen konnte.

Der Dauerschmerz und die Verkrüppelung des kleinen Mädchens war Voraussetzung zur Erringung dieses unerläßlichen Attributs weiblicher „*Sinnlichkeit*".

„*Tante schleppte sie humpelnd hinter sich her, um das Blut zirkulieren zu lassen. Schwester weinte die ganze Zeit*",

zitiert Levy einen Mann, der die Qualen seiner Schwester beschreibt, als sie als Kind gezwungen wurde, mit gebundenen Füßen zu „*gehen*"[28].

Andrea Dworkin hat es treffend ausgedrückt:

„*Hier (beim Füßeeinbinden) zeigt sich, daß die Liebe des Mannes zur Frau, seine sexuelle Bewunderung für sie, seine menschliche Definition von ihr, ihre Negation, physische Verkrüppelung und psychologische Lobotomie voraussetzen...*"[29]

Die seelische und körperliche Verkrüppelung der Frau, wie sie im Patriarchat zu beobachten ist, führt gelegentlich auch zu ihrer Auslöschung. Gewalt gegen Frauen gehört zum üblichen Erscheinungsbild der Männergesellschaft, und manchmal wird diese Gewalt zum ritualisierten Mord, wie etwa im indischen Sati, der Witwenverbrennung. Auch sie war, ebenso wie das chinesische Fußeeinbinden und die Verstümmelung weiblicher Geschlechtsorgane integrativer Bestandteil einer Kultur, auch dieser grauenhafte Mord an Millionen Frauen wurde religiös untermauert. Manche Wissenschaftler meinen, skrupellose Priester hätten zu diesem Zweck die Rigveda (älteste heilige Schriften der Inder) uminterpretiert, andere, die Gesetze des Karma (nach dieser Lehre setzt jede gute oder schlechte Tat einen Vergeltungsprozeß frei, der eine Vergeltung in einem weiteren Leben bedingt) seien verfälscht worden, um diese Frauenmorde zu rechtfertigen. Tatsache ist, daß die Witwenverbrennung, die trotz ihres offiziellen Verbots im Jahre 1829 auch heute noch vereinzelt vorkommt, eindeutig religiöse Züge aufweist, wie das zeremonielle Baden und Ankleiden der Witwen, ebenso wie die Betonung ihres „*Reinheitsstatus*", der etwa bei Menstruation und Schwangerschaft nicht gegeben war[30].

Das Hindu-Ritual des Sati war ursprünglich auf die Frauen von Prinzen und Kriegern beschränkt, wurde jedoch später auch von niedrigeren Kasten übernommen. Da es allgemein üblich war, daß Männer in den besten Jahren und darüber Kindbräute heirateten, stand der frühe Tod eines Mädchens häufig bereits bei der Hochzeit fest. Die einzige Möglichkeit, sich im Falle einer Weigerung der Verfolgung durch die Familie des Mannes und der eigenen Verwandten zu entziehen, war vor allem für junge Mädchen der Weg in die Prostitution. Daß bei menstruierenden ebenso wie bei schwangeren Frauen das Sati auf einen Zeitpunkt nach Menstruation und Geburt verschoben werden mußte, weil sie sich erst im dann bestehenden Zustand der Reinheit das Leben nehmen durften, zeigt neuerlich die Verächtlichmachung und Diffamierung, die weiblichen Körpervorgängen und weiblicher Sexualität entgegengebracht wurde. Eine besondere Ausweitung erfuhr Sati bei den Rajputs und anderen Kriegsstämmen im nördlichen Indien, wo sich das schreckliche Ritual des Jauhar entwickelte, das besagte, daß sich in Kriegszeiten nicht nur die Ehefrauen, sondern auch die Mätressen, Konkubinen, Schwestern, Mütter und andere weibliche Verwandte zu opfern hatten, damit sie nicht dem Feind in die Hände fallen. Um den Besitzanspruch des Mannes an seiner Ehefrau zu dokumentieren, wurden während der Islamischen Invasion auf diese Art und Weise tausende Hindufrauen umgebracht.

Inzwischen verwundert es nicht mehr, daß auch im Sati der Freiwilligkeitscharakter dieser Selbstopferung sogar von westlichen WissenschaftlerInnen ständig betont wird.

„*In vielen, vielen Fällen*", schreiben etwa David und Vera Mace 1960,

„*schritt die Witwe voller Stolz und aus freiwilligem Entschluß ins Feuer. Einzig auf diese Weise konnte sie die Tiefe ihrer Liebe, ihrer Zuneigung, ihrer Treue zeigen.*"

Und Benjamin Walker meint in seiner umfangreichen Enzyklopädie „*Die Welt der Hindu*" 1964:

„*Berichte von Augenzeugen schildern den Heroismus einiger Frauen, die diese Todesart aus eigenem freien Willen wählen. Dr. A. S. Altekar...spricht auch von seiner eigenen Schwester, die noch 1946 ihren Entschluß mit unbeschreiblicher Seelenstärke ausführte und sich innerhalb von vierundzwanzig Stunden nach dem Tod ihres Ehemannes den Flammen auslieferte, trotz der flehentlichen Bitten ihrer Verwandten.*"[31]

Auch in diesen Berichten werden eigentliche Zusammenhänge übersehen. Das elende Leben einer Ausgestoßenen, Arbeitssklavin, Prostituierten, das die Witwe erwartete, und dem sie ein rasches, ehrenvolles Ende mit Aussicht auf Heiligkeit vorzog, wird ignoriert. Witwen in Indien hatten – und haben – ihre Daseinsberechtigung verloren, sie können ausgehungert, tyrannisiert, mißhandelt werden. Mit geschorenen Köpfen, ein einziges weißes Tuch um ihren Leib geschlungen, müssen sie um Almosen betteln. Die indische Zeitung Sunday Standard schildert in einem Artikel vom 11. Mai 1975 das Elend von 7.000 Witwen in der Stadt Brindaban,

„*wandelnde Gespenster, deren Leben durch den Tod eines anderen ausgelöscht werden*".

Sie müssen jeden Morgen vier Stunden lang Lobgesänge singen, um ein kleines Schüsselchen mit Reis zu bekommen, und am Nachmittag nochmals vier Stunden, um sich ein Glas Tee zu verdienen[32].

So wie im Christentum die Frau, Eva, schuldig gemacht wird für das Übel dieser Welt, ist in der Hindureligion die Frau wegen ihrer gegenwärtigen Sünden oder jener in einer früheren Inkarnation schuldig am Tod ihres Ehemannes. Das Ritual des Sati, das ihre Selbstopferung forderte, bewahrt sie vor einem weiteren Leben in Schande und Unreinheit und stellt ihr eine glücklichere Geburt in ihrer nächsten Inkarnation in Aussicht. Hier, in diesen patriarchalen Mythen und Religionen, die Frauen nicht nur zum minderwertigen, sondern darüber hinaus auch noch schuldigen Geschlecht stempeln, liegt der Grund, warum viele Frauen lieber den Tod wählten, als sich einem Leben in Verachtung und Elend auszusetzen.

Daß es genug andere gab, die, weniger „*heldenhaft*" den Tod trotzdem fürchteten, die sich weigerten, zusammen mit ihrem toten Ehemann den Scheiterhaufen zu besteigen, auch darüber gibt es Berichte von Augenzeugen:

„Sie bat flehentlich, verschont zu bleiben, doch ihr eigner Sohn bestand darauf, daß sie sich ins Feuer würfe, denn sonst würde er seiner Kaste verlustig gehen und ständige Demütigungen erleiden. Als sie sich immer noch weigerte, fesselte der Sohn mit der Hilfe einiger Anwesender ihre Hände und Füße und schleuderte sie in die Flammen“,

beschreibt Benjamin Walker einen Witwenmord aus dem Jahre 1796[33]. Fast 200 Jahre später erzählt in einem Bericht des Frauenmagazins „*Viva*“ im Österreichischen Rundfunk (21. X. 92) eine indische, in Österreich lebende Ärztin von dem ihr persönlich bekannten Schicksal eines 18jährigen Mädchens, da von seiner Familie überredet worden war, Sati zu begehen, und als es sich im entscheidenden Augenblick, von Furcht übermannt, weigerte, von den Familienmitgliedern dazu gezwungen wurde[34].

Der „*freiwillige*“ Tod indischer Frauen ist genauso ein – auch von der westlichen Wissenschaft gehegter und gehätschelter – Mythos wie das „*freiwillige*“ Füßeeinbinden der Chinesin und die „*freiwillige*“, grausame Beschneidung der Afrikanerin. Die „*freiwillige*“ weibliche Selbstverkrüppelung und Auslöschung ist vielmehr Ergebnis frauenfeindlicher patriarchaler Mythen, patriarchaler Religionen, und patriarchaler Gesetze, die Frauen zwangen – und auch heute noch weltweit zwingen – sich selbst zu erniedrigen, zu verkrüppeln, zu verkaufen, und nicht selten auch zu töten.

Die „Entdeckung“ der weiblichen Sexualität

Daß Frauen im 19. Jahrhundert eine eigene Sexualität abgesprochen wurde, entsprach zwar der allgemeinen Lehrmeinung, doch hat es natürlich auch damals Frauen gegeben, die sich – wenn auch stets gegen einen erheblichen Widerstand der Gesellschaft – über gängige Ansichten hinwegsetzten und die Liebe in freien Lebensgemeinschaften genossen. Die berühmte George Sand zählte zu diesen exotischen Einzelerscheinungen, auch die Schriftstellerin und Freischärlerin Louise Aston (1814–1871), die sich in ihrem Gedichtband „*Wilde Rosen*" für die freie Liebe einsetzte, die Ehe kritisierte, ungeniert öffentliche Lokale besuchte, einen „*Club Emanzipierter Frauen*" gründete und schließlich als „*Gegenstand polizeilicher Aufmerksamkeit*" aus Berlin ausgewiesen wurde[1]. Franziska Reventlow (1871–1918), Gräfin und exzentrische Figur der Münchner Bohème, gab nie den Vater ihres Kindes preis. Auch die Schriftstellerin und Lyrikerin Else Lasker Schüler (1869–1945), ebenfalls Mutter eines Sohnes, zog die freie Lebensgemeinschaft einer Ehe vor. Was diese ungeheuer mutigen Frauen dafür eintauschten, waren gesellschaftliches Außenseitertum, finanzielle Unsicherheit, häufig auch Verfolgung.

Immerhin gab es auch im 19. Jahrhundert bereits einige Männer, die der Frau die Fähigkeit zu einem eigenen Lustempfinden bescheinigten. Bereits 1855 vertrat der Medizinhistoriker Dr. Felix Roubaux in seiner umfangreichen Abhandlung über Impotenz und Frigidität den damals revolutionären Standpunkt:

„*Beim normalen Koitus ist die Rolle der Frau keine ausschließlich passive.*"[2]

Deutlicher äußerte sich bereits der Arzt und Publizist Iwan Bloch, der 1907 eine umfassende Untersuchung über das Liebesleben der modernen Zeit herausbrachte, und die

„*Theorie von der geringen geschlechtlichen Sensibilität der Weiber für unrichtig*"

hielt, viele, fügt er hinzu,

„*meinten sogar, sie sei größer und nachhaltiger als beim Manne*"[3].

Um die Jahrhundertwende waren es dann vor allem Frauen vom radikalen Flügel der Frauenbewegung, die sich nicht mehr in das Korsett männlicher Vorstellungswelten pressen ließen und ihre eigenen Theorien entwickelten. Angefeindet selbst von Geschlechtsgenossinnen aus den eigenen Reihen (die gemäßigte Frauenbewegung stand im allgemeinen der weiblichen Erotik zurückhaltend, wenn nicht sogar feindselig gegenüber), haben sie sich mit sehr viel Mut und Offenheit für eine freie Sexualität der Frau eingesetzt. Bahnbrechend war hier Helene Stöcker (1869–1943),

George Sand (1804–1876) und

Louise Aston (1814–1871) zählten zu den wenigen Frauen ihrer Zeit, die sich gegen einen erheblichen Widerstand der Gesellschaft für die freie Liebe einsetzten.

Hedwig Dohm (1833–1919)

Anita Augspurg (1857–1943)
Um die Jahrhundertwende waren es dann vor allem Frauen vom radikalen Flügel der Frauenbewegung, die gegen die traditionelle Ehe, die sexuelle Verfügbarkeit der Frau und die Unterdrückung weiblicher Sexualität Stellung bezogen.

die 1905 in Berlin den *„Bund für Mutterschutz“* gründete und die gesellschaftliche Befreiung der Frau auch auf sexuellem Gebiet forderte. Als Ziel des Bundes für Mutterschutz, der bis zum Jahre 1909 bereits 11 Ortsgruppen mit insgesamt 4.000 Mitgliedern umfaßte, nannte sie nicht nur praktische Mütterbetreuung, sondern auch

„das außereheliche Geschlechtsleben von 14 Millionen geschlechtsreifer und unverheirateter Menschen – in Deutschland allein – anders zu bewerten und zu ordnen und anstelle der Prostitutionsverhältnisse würdige Verhältnisse für Mann und Frau zu schaffen“[4].

Die Reaktionen ließen nicht allzulange auf sich warten. Der Evangelische Frauenverein polemisierte gegen die *„Erotikerinnen“*, und Helene Lange, Vorsitzende des *„allgemeinen Deutschen Frauenvereins“* fand es

„gerade jetzt nicht übel, wenn irgendeine Zensur das Philosophieren über die Liebe untersagte und Erörterungen über die sexuelle Frage nur in streng wissenschaftlicher Terminologie zuließe“[5].

Wesentlich drastischer hingegen äußerte sich der Rassenhygieniker Max von Grube in seinem im Februar 1908 veröffentlichten *„Flammenden Weckruf gegen die geschlechtliche Zügellosigkeit“*, in dem er folgende, aufschlußreiche Überlegungen anstellte:

„Ich wollte, ich könnte mit feurigen Zungen reden, dann würde ich meinem Volke zurufen: Vor allem bringe die überlauten Törinnen zum Schweigen, welche von der freien Liebe faseln. Zertritt auch die ekle Brut der Perversen und Homosexuellen, die mit ihren Lastern auch noch vor dir zu kokettieren sich erfrechen.“[6]

Eine radikale Verfechterin der freien Liebe, die sich für das Selbstbestimmungsrecht der Frau im sexuellen, erotischen Bereich einsetzte, war auch Hedwig Dohm (1833–1919). In ihrer Schrift: *„Über Ehescheidung und freie Liebe“* aus dem Jahr 1909 geißelt sie die Vergewaltigung in der Ehe:

„Es ist das Recht des Mannes, von der Frau die eheliche Liebespflicht zu fordern, auch wenn ihr diese Pflicht widerstrebt. Eine keusche, sensitive Frau empfindet diese Pflicht, ohne den hinreißenden Impuls zur Hingabe, als etwas Widriges, ihre Schamhaftigkeit tödlich Verletzendes. Ja, es gibt Frauen, die diesen Anspruch des Mannes als Vergewaltigung empfinden. Bei exzentrischen, leidenschaftlichen Frauen kann dieser Widerwille sich bis zum Haß, bis zur Vorstellung von Mord oder Selbstmord steigern.“[7]

Die Feministin und Juristin Anita Augspurg prangerte in einem offenen Brief, den sie 1905 in der *„Frauenbewegung“* publizierte, die *„legitime Ehe“* an, weil sie *„für die Frau den gesetzlichen Verzicht auf ihre Rechtsexistenz“* bedeutet[8]. Johanna Elberskirchen, die in Zürich Rechtswissenschaften studiert und 1912 den *„Reichsverein für Frauenstimmrecht“* gegründet hatte, erkannte bereits in ihrer 1897 erschienenen Schrift *„Sozialdemokratie und sexuelle Anarchie“: „Die tiefsten Wurzeln der Frauenfrage liegen im Sexus“*[9]. Und die preußische Volksschullehrerin Maria Lischnewska geißelte die

„furchtbaren, entsittlichenden Schäden der heutigen Ehe, welche Ehebruch und Prostitution geradezu züchten“,

und forderte auch für die Frau ein freies Geschlechtsleben, damit *„dasselbe nicht durch heuchlerische Beschimpfung oder gesetzliche Einschränkungen“* verkümmere[10].

In die Zeit um die Jahrhundertwende fällt auch der Beginn der Sexualwissenschaft, die sich vorerst jedoch beinahe ausschließlich mit den pathologischen Erscheinungen der Sexualität, insbesondere den Perversionen, beschäftigte. Immerhin war es auf diese Art und Weise möglich geworden, das heikle, nach wie vor zum Tabu erklärte Thema *„Geschlechtsleben“* auf medizinischer Basis zu diskutieren und damit dringend benötigte Informationen zu liefern.

In den zwanziger Jahren gab es dann bereits eine, vornehmlich von Frauen getragene Bewegung für die freie Liebe, die der Ehe ablehnend gegenüberstand und sie als Institution kritisierte, die eine Autonomie der Frau verhinderte. 1928 wurde die Welt-Liga für Sexualreform gegründet, die u. a. die politische, wirtschaftliche und sexuelle Gleichberechtigung von Mann und Frau forderte, die Befreiung der Ehe von der kirchlichen und staatlichen Bevormundung, eine verantwortungsbewußte Geburtenregelung und den Schutz der unehelichen Mütter und Kinder[11].

Der Nationalsozialismus hat solchen und ähnlichen Bemühungen eine radikale Absage erteilt – jetzt war wieder die ausschließlich monogam lebende und in dieser Funktion dem Staat möglichst viele Kinder (sprich: Soldaten) gebärende Frau gefragt. Auch in den fünfziger Jahren, in denen Frauen neuerlich auf ihren *„natürlichen“* Platz in Ehe und Familie verwiesen wurden, vertraten Soziologen, Psychologen und Sexualtheoretiker nach wie vor die Ansicht, daß sie sich den sexuellen Wünschen und Bedürfnissen ihrer Männer anzupassen, jedoch keine eigenen zu entwickeln hätten. So etwa sprach Helmut Schelsky noch 1955 von der

„erschütternden und verderblichen Wirkung des Kinsey-Reports…“, der bewirkte, daß *„Tausende von Frauen jetzt die ehelichen Schwierigkeiten, die sie sonst vielleicht noch als relativ selbstverständliches Eheschicksal hingenommen und getragen hätten, im Lichte der Statistiken der Kinsey-Reports interpretieren und nun endlich wissen, ‚was in ihrer Ehe anders sein könnte oder müßte‘“*[12].

Daneben wurde noch ganz ungeniert die These von der Frau als käufliche Ware geäußert, wie etwa von René Guyon, der die Ansicht vertrat, daß es dem natürlichen Wesen der Frau entspricht, ihre Sexualität als Gegenwert für materielle Versorgung anzubieten.

„Sie (die Frau) hat die angeborene Tendenz, sich auf den Mann als Versorger zu verlassen, wobei sie sich ihrer sexuellen Künste bedient und für ihren Unterhalt (oder mehr, wenn sie es bekommen kann) den teilweisen oder gänzlichen Besitz ihrer Person anbietet.“[13]

Die sexuelle Revolution

Erst in den sechziger Jahren kam es dann zu jener breiten Massenbewegung, die sich für die Liberalisierung des Sex einsetzte und unter dem Namen *„sexuelle Revolution“* in die Geschichte eingegangen ist. Den Auftakt bildete jener erwähnte Kinsey-Report, der Ende der vierziger Jahre in den USA und Mitte der fünfziger Jahre in Deutschland erschienen war und sich – jeweils in zwei Bänden – mit dem sexuellen Verhalten des Mannes und der Frau auseinandersetzt.

Diese umfassende Studie, die auf der Befragung von fast 8.000 Männern und ebensovielen Frauen beruht, brachte eine neue Qualität in die bis dahin unsystematisch und vielfach oberflächlich geführten diesbezüglichen Diskussionen. Daß Masturbation für den weitaus höchsten Prozentsatz der unverheirateten Frauen aller Altersgruppen (zwischen 37 Prozent und 85 Prozent) die wichtigste Quelle ihrer Triebbefriedigung darstellt (auch verheiratete Frauen erfuhren in den meisten Fällen rund 10 Prozent ihrer gesamten Triebbefriedigung durch Onanie)[14], wurde ebenso publik wie die Tatsache, daß ein erheblicher Prozentsatz von Frauen ohne Orgasmuserlebnisse blieb.

Der schockierende Tatbestand so vieler orgasmusunfähiger, also *„frigider“* Frauen, den Kinsley *„ein sozial nicht ganz unwichtiges Problem“* nennt, ist am auffälligsten bei ledigen Frauen, die im Alter zwischen 16 und 20 Jahren zu 53 Prozent und zwischen 36 und 40 Jahren zu 29 Prozent keinen Orgasmus hatten. Bei den 46- bis 50jährigen waren 39 Prozent ohne Orgasmuserlebnisse, und bei den älteren, unverheirateten Frauen hatten mehr als ein Viertel zu keiner Zeit ihres Lebens einen Orgasmus gehabt.

Etwas günstiger stellte sich die Situation bei den verheirateten Frauen dar, bei denen 22 Prozent der 16- bis 20jährigen und 12 Prozent der 21- bis 25jährigen keinen Orgasmus erlebten. Bei der Gruppe der Enddreißigerinnen war der Prozentsatz der reaktionsunfähigen Frauen dann auf 5 Prozent abgesunken um bei den Vierzigjährigen jedoch wieder auf 6 und 7 Prozent anzusteigen.[15]

Jetzt hatte es die Öffentlichkeit schwarz auf weiß: Die Frau war das frustrierte Geschlecht. Und Kinsey lieferte auch Erklärungsmöglichkeiten für das unbefriedigende weibliche Sexualleben: Die Ursache für diesen Zustand lag in der Fehlinterpretation betreffend das weibliche Lustempfinden. Was bereits Freud wußte, ohne allerdings entsprechende Konsequenzen zu ziehen – nämlich, daß die Klitoris und nicht die Vagina das eigentliche Lustorgan der Frau ist –, wurde von Kinsey bestätigt und ausgebaut.

Er bezeichnet die Klitoris und die Innenseite der Labia minora (kleine Schamlippen) als Zentren der Reizempfindlichkeit[16] und verurteilt Ärzte und Psychoanalytiker, die in der Nachfolge Freuds ihren weiblichen Patienten den Übergang von der *„klitoralen“* auf die *„vaginale Reaktion“* beibringen wollten, weil sie damit Unmögliches verlangten. Denn die Vagina, als Geburtskanal großen Dehnungen und Belastungen ausgesetzt, ist weitgehend reizunempfindlich. Dafür jedoch trugen derartige Theorien zur weiteren Verunsicherung der Patientinnen bei, die sich, da den allgemeinen Erwartungen nicht entsprechend, als abnormale, gestörte Persönlichkeiten empfinden mußten.

Auch für die Häufigkeit der Triebbefriedigung durch Onanie war jetzt eine einleuchtende Erklärung gefunden: Frauen wissen selbst am besten, wie sie zum Orgasmus kommen, und setzen dieses Wissen bei der Selbstbefriedigung auch bewußt ein. Der Partner hingegen weiß es offenbar nicht, und die Frau kann ihm ihre eigenen Wünsche sonderbarerweise auch nicht – oder zumindest nicht ausreichend – vermitteln.

Erkenntnisse, die allerdings vorerst wenig bewirkten. Die *„sexuelle Revolution"* der sechziger Jahre ging über die Bedürfnisse der Frauen hinweg, es waren – wieder einmal – die Bedürfnisse der Männer, die nach Befriedigung verlangten. Die propagierte Freiheit des Sex kam vornehmlich dem Mann zugute, Frauen hatten in einer vielhundertjährigen Unterdrückung gar nicht gelernt, damit umzugehen. Und auch der berühmte Kinsey-Report trug wenig dazu bei, ihnen diesen Umgang zu ermöglichen. War doch auch Kinsey bei allen aufklärerischen Tendenzen im Grunde der Ansicht, Frauen hätten vornehmlich den sexuellen Bedürfnissen der Männer zu dienen, und ihr Orgasmus sei in erster Linie wichtig für das Selbstwertgefühl des Mannes, das bei einer orgasmusunfähigen Frau Gefahr lief, Schaden zu erleiden.

Auf jeden Fall war Orgasmus jetzt plötzlich das große Muß, und während er noch vor einem knappen halben Jahrhundert für die Frau entweder als nicht existent erklärt wurde oder aber als höchst unanständig galt, war es jetzt prüde, altmodisch und lächerlich, wenn Frauen nicht jederzeit die entsprechenden Reaktionen zeigten. War ihre Sexualität zuvor nicht vorhanden, wurde *„sexy sein"* jetzt zum notwendigen Attribut. War der Rückzug von Frauen aus Angst vor einer Schwangerschaft früher wenigstens toleriert worden, waren ihrer Ausbeutung jetzt keine Grenzen mehr gesetzt. Der gern und oft zitierte Ausspruch der Neuen Linken *„Wer zweimal mit derselben pennt, gehört schon zum Establishment"* hat die Situation sicherlich überspitzt, aber trotzdem treffend formuliert. Daß sexuelle Freiheit die schrankenlose Benutzung von Frauen bedeutet, wurde ebenso Teil der linken Ideologie wie die Ansicht, Frauen würden ihre Verfügbarkeit wollen und genießen und hätten gar nichts anderes im Sinn, als austauschbare Sex-Ware zu sein. Sie wurden einem Orgasmus-Zwang unterworfen, ihre eigenen Wünsche hingegen waren nach wie vor nicht gefragt. Sie hatten nie gelernt, diese zu artikulieren, weshalb sie sich aus Mangel an Alternativen meist willig dem männlichen Postulat unterwarfen und genauso sexy gaben, wie Männer das wünschten (eine Situation, an der sich im Grunde bis heute wenig geändert hat).

Allerdings ist Frauen dieses plötzliche Wechselbad trotz – oder gerade wegen – ihrer Anpassungsfähigkeit nicht gut bekommen. Es fehlte an einer allgemeinen Bewußtseinsbildung, es fehlte vor allem an der Kenntnis der eigenen Körperfunktionen, am Mut, ihre eigenen Bedürfnisse zu äußern und gegen jene der Männer durchzusetzen.

Wohl hatte die Pille die Angst vor einer unerwünschten Schwangerschaft zum großen Teil genommen und damit den Weg freigegeben zu einer angstfreien, nicht an die Fortpflanzung gebundenen Sexualität. Doch war damit nicht unbedingt ein erfülltes, befriedigendes Geschlechtsleben garantiert. Vor allem zwang der Irrtum vom *„vaginalen Orgasmus“* trotz zahlreicher, einschlägiger Werke Frauen nach wie vor in ein Verhaltensmuster, das ihrer Konstitution nicht entsprach. Die – auch heute noch – vorherrschende Fixierung auf die Vagina als Erfüllungsort männlicher Lust, die weitgehende Mißachtung der gesamten Bandbreite weiblicher erotischer und sexueller Bedürfnisse, die bestenfalls in einem *„Vorspiel“* untergebracht werden, um die Frau für den eigentlichen Akt der Penetration und damit des männlichen Orgasmus einigermaßen empfänglich zu machen, haben bei Frauen zu tiefen, bewußten oder unbewußten Störungen und Frustrationen geführt.

Daß die zahlreichen diesbezüglichen Untersuchungen, die seit Kinsey zum Thema *„weibliche Sexualität“* angestellt wurden, auch in den siebziger und achtziger Jahren zu keiner grundlegenden Bewußtseinsänderung führten, ist eigentlich erstaunlich. So etwa veröffentlichten 1966 William Masters und Virginia Johnson die Resultate ihrer 11 Jahre dauernden Studien unter dem Titel *„Human Sexual Response“* (Die sexuelle Reaktion, Frankfurt/M. 1967), wobei sie zu der eindeutigen Feststellung kamen, daß Orgasmus beim Geschlechtsverkehr durch indirekte klitorale Stimulierung hervorgerufen wird und nicht durch vaginale. Daß es trotz der häufig konstatierten *„koitalen Anorgasmie“* (Orgasmusunfähigkeit beim Geschlechtsverkehr) während der Penetration bei Frauen zu Orgasmus kommen kann, begründen Masters und Johnson mit einem Reibungsdruck des Penis auf die Klitoris.

Die Psychiaterin Mary Jane Sherfey bezeichnet diesen Vorgang als den *„Vorhaut-Glansmechanismus“*.

„Die intravaginalen Penisstöße ziehen an den kleinen Schamlippen, die wiederum mittels ihrer Verlängerung um die Klitoris (Klitorishaut oder Vorhaut) über die erigierte, zurückgezogene Klitoris hin und her gezogen werden.“[17]

Die Sexualität der Frau

Jetzt war es also wissenschaftlich evident: Die Ansicht vom vaginalen Orgasmus konnte dem Mythos zugeordnet werden. Die endgültige Entlarvung des Geschlechtsverhaltens als einseitige, männliche Angelegenheit blieb allerdings der neuen Frauenbewegung vorbehalten, die sich eingehend durch Selbststudium und Selbstbeobachtung mit der Sexualität der Frau auseinandersetzte, Frauen zu einer neuen Bewußtseinsbildung verhalf und ihr Selbstvertrauen stärkte. Ein Anfang war damit gemacht, eine Weiche gestellt worden. Daß sich Frauen endlich selbst mit ihrem eigenen Körper auseinandersetzten und dies nicht wieder Männern überließen, ist dabei wahrscheinlich als der größte Fortschritt zu werten. Es sind neue Erkenntnisse nicht nur über die eigenen Körperfunktionen, über Lust, Unlust, sexuelle Phantasien und die erotischen und sexuellen Bedürfnisse von Frauen, die langsam auch ihren Weg in eine breitere Öffentlichkeit finden, es ist darüber hinaus das gesamte Spektrum männlicher Gewalt, dem die Frau in ihrem Sexualleben unterworfen wird, das infolge dieser Fraueninitiativen jetzt diskutierbar geworden ist. Darunter fällt nicht nur das Thema Vergewaltigung, sondern auch der Mißbrauch Minderjähriger und die Ablehnung frauenfeindlicher, Frauen demütigender und erniedrigender Pornographie, wie sie in der Porno-Debatte[18] zum Ausdruck kommt. Daß Frauen eine andere Vorstellung von Sexualität haben als jene jahrtausendealte, tradierte, männliche, daß sie sich andere Beziehungsmuster wünschen als jene, die ihnen im Verlauf einer langen patriarchalen Geschichte aufgenötigt wurden, kann angesichts der neuerlichen Brutalisierung und Gewaltanwendung, wie sie gegenwärtig zu beobachten ist, nicht laut und deutlich genug betont werden.

Die Schwierigkeiten, denen sich Frauen bei ihrer Suche nach neuen Gefühls- und Beziehungsqualitäten gegenübersehen, beginnen bereits bei der Sprache. Denn so wie unsere gesamte Erotik männlich definiert, auf männliche Bedürfnisse ausgerichtet ist und diese in unserer Kultur widerspiegelt, so bezieht sich auch unser erotisches Vokabular beinahe ausschließlich auf den männlichen Geschlechtsakt. Die dualistische Aufspaltung der Sinnlichkeit in Liebe und Sexualität, die ein ganzheitliches Geschehen, an dem Körper, Seele und Geist gemeinsam beteiligt sind, zerreißt, wird darin ebenso deutlich wie die Gewalttätigkeit männlicher Sexualität und die Geringschätzung und Verachtung, die weiblichen Sexualfunktionen entgegengebracht wird.

Die Beschreibung des Geschlechtsaktes ist vornehmlich männlich definiert, *„bumsen“*, *„ficken“*, *„vögeln“* wird die männliche Aktivität benannt. Damit wird Sex als ein aggressiver Akt dargestellt, den der Mann an einer passiven Frau vollzieht. Frauen haben keine Sprache, ihre eigenen Empfindungen zu beschreiben.

„Die sprache versagt, sobald ich über neue erfahrungen berichten will...Ich zerstöre vertraute zusammenhänge. ich stelle begriffe, mit denen nichts mehr geklärt werden kann, in frage oder sortiere sie aus. – beziehung, beziehungsschwierigkeiten, mechanismen, sozialisation, orgasmus, lust, leidenschaft – bedeutungslos. sie müssen durch neue beschreibung ersetzt werden, wenn ein neues denken eingeleitet werden soll“,

meint Verena Stefan in ihrem Buch „*Häutungen*“[19].

Wenn der Sexualakt beschrieben wird, dann meist von der Warte des Mannes aus – wichtig ist, was mit seinem Penis passiert, wie, wo und in welcher Weise die Frau Lust empfindet, wird hingegen selten artikuliert, und wenn, dann mit eher abwertenden, Passivität signalisierenden Ausdrücken. Ein steifer Penis ist das Sinnbild von Kraft und Lust – die mit Blut gefüllte, schwellfähige Klitoris hingegen nennt man „*angestaut*“, was keinesfalls dem Bedeutungsreichtum des eregierten Penis entspricht. Die Feuchtigkeit einer sexuell erregten Frau wird als vaginaler „*Ausfluß*“, als „*Schleim*“, „*Absonderung*“ oder gar als „*Gleitmittel*“ (für den Penis) bezeichnet, was einerseits Assoziationen zu der Ausscheidung verunreinigender Körpersubstanzen impliziert, andererseits jedoch die Vorstellung beinhaltet, es handle sich dabei lediglich um ein Hilfsmittel zur Erreichung des männlichen Orgasmus. Eine ebensolche Hinordnung auf männliche Sexualität läßt sich dem Ausdruck „*Vagina*“ entnehmen, der von dem lateinischen Wort für „*Scheide*“ in Bezug zu Schwert abstammt. In dieser Bedeutung wird das weibliche Geschlechtsorgan zu einem passiven Behälter, der dazu dient, den Penis aufzunehmen. Auch Menstrualblut gilt in fast allen patriarchalen Kulturen als unrein, es schwächt den Mann, bedroht seine Potenz, Gesundheit und Manneskraft.

Es gibt keinen Ausdruck für eine sexuell gesunde, kraftvolle Frau. Genießt sie Sex, ist sie gleich ein Nymphomanin. Doch gibt es eine ganze Skala von Ausdrücken für die käufliche, verachtenswerte, sündige Frau. Daß weibliche Sexualität in der patriarchalen Kultur stets negativ besetzt war, wird gerade in der Sprache besonders deutlich.

Eine positive Bewertung des weiblichen Geschlechtslebens wurde vor allem von der neuen Frauenbewegung in den siebziger Jahren angestrebt. Shere Hite veröffentlichte 1976 den „*Hite Report*“, der sich auf die Befragung von etwa 1.800 Frauen gründete und 1978 in Deutschland erschien. Sie widmet sich dabei vor allem der angeblichen Orgasmusunfähigkeit der Frau und empfielt Masturbation als bestes Mittel, den eigenen Körper kennenzulernen und die dabei gewonnenen Kenntnisse beim Geschlechtsverkehr anzuwenden bzw. deutlich zu machen. Sie versucht, die immer noch bestehenden Moralvorstellungen unserer Gesellschaft, nach denen Onanie verboten ist oder krank macht, aufzubrechen und zitiert zahlreiche Frauen, die der Ansicht sind, daß ihnen Selbstbefriedigung geholfen hat, einen besseren sexuellen Kontakt zu Männern zu finden. Aufgrund von Interviews beschreibt sie die angebliche Frigidität vieler Frauen als Produkt einer männlich definierten Geschlechtsmoral, die die sexuellen Bedürfnisse der Frau nicht berücksichtigt, ja nicht einmal kennt. Daneben betont sie die ganzheitliche Sexualität der Frau, die keinesfalls ausschließlich genitalfixiert ist, sondern neben der Klitoris auch andere Körperzonen und ganz generell ein Bedürfnis nach Berührung, Hautkontakt, Nähe und Zärtlichkeit umfaßt.

Daß es der auf Penetration ausgerichteten Männersexualität in einem Jahrtausende währenden Patriarchat gelungen ist, weibliche Bedürfnisse nicht nur zu übergehen, sondern regelrecht zu ersticken und auszulöschen, und daß Frauen nicht in der Lage waren, dieser häufig gewaltsamen Usurpation wirkungsvoll zu begegnen, ist eine Tragik mit weitreichenden Folgen für beide Geschlechter. Nach den Moralvorstellungen des bürgerlichen Patriarchats hatte die Frau ihr Genitale dem Mann zu seiner Lustbefriedigung zur Verfügung zu stellen und ihr eigenes Bedürfnis nach Nähe, Zärtlichkeit und auch Lust, die sich auf andere Körperzonen, z. B. auf die Brust bezieht, bei den Kindern zu sättigen, was den Forderungen nach Kinderreichtum und ständiger Schwangerschaft entgegenkam.

Die Frustrationen der Frauen, die sich in ihrer eigenen Erlebnisfähigkeit übergangen und negiert fühlen, sind nach wie vor beträchtlich. Nach Schätzungen von Experten ist die koitale Anorgasmie (nie oder selten Orgasmus beim Geschlechtsverkehr) ein verbreitetes Phänomen. Sie betraf nach Untersuchungen aus den siebziger Jahren auch damals noch ein Drittel bis die Hälfte aller Frauen[20]. Im Jahre 1974 veröffentlichte Prof. Bell in den USA eine Untersuchung an 2.372 Frauen und kam dabei zu dem Schluß, daß Frauen so frigide sind wie zu Zeiten Kinseys, also vor 20 Jahren[21]. Derartige Untersuchungen beweisen aber auch eine nach wie vor bestehende Orgasmusfixiertheit, die Frauen die Notwendigkeit eines Orgasmus beim Koitus als geradezu existentiell wichtig suggerieren, andernfalls sie psychotherapeutisch zu behandeln seien. „*Es sollte*", meint Shere Hite dazu in ihrem Report,

„nicht heißen: Warum haben Frauen durch Geschlechtsverkehr keinen Orgasmus, sondern vielmehr: Warum haben wir darauf bestanden, daß Frauen durch Geschlechtsverkehr einen Orgasmus haben sollten?"[22]

Wie sehr Spaß am Sex häufig vorgetäuscht wird, um den Mann zufriedenzustellen und dem Bild der orgasmusfähigen Frau zu entsprechen, zeigen auch die Interviews, die Alice Schwarzer in den siebziger Jahren mit einer Reihe von Frauen gemacht hat. Fast alle hatten Orgasmusschwierigkeiten und fühlten sich in ihren eigenen Bedürfnissen übergangen, was jedoch dem Partner gegenüber nicht oder kaum geäußert wurde. Mit welch geringer Begeisterung junge Mädchen vor allem das „*erste Mal*" bei der Sache sind, beweist eine Untersuchung des jugoslawischen Psychologen Dr. Bodan Thekavic, nach der 71 Prozent den ersten Geschlechtsverkehr über sich ergehen ließen, um ihren Freund nicht zu verlieren, 6 Prozent aus Angst, altmodisch zu erscheinen, und 16 Prozent aus Neugier. Besonders kraß ist die Fehleinschätzung der befragen Männer in diesem Zusammenhang: 76 Prozent vermuteten, die Frauen hätten aus Lust das erste Mal mit ihnen geschlafen[23]. Ergebnisse, aus denen noch etwas anderes sichtbar wird: Viele Frauen erkaufen sich die für sie so wichtige Wärme, Nähe, Zärtlichkeit durch den Koitus. Dieser ist also häufig lediglich Mittel zum Zweck und nicht eigentlicher Höhepunkt. Interessant an den Protokollen der Alice Schwarzer ist auch die Tatsache, daß die beiden einzigen Frauen, die den ersten Geschlechtsverkehr in angenehmer Erinnerung behielten, zugleich jene waren, die dabei ein – wenn auch beschränktes – aktives Verhalten zeigen konnten. Denn die den Frauen über Jahrhunderte hinweg auferlegte Passivität, die es den aktiven Männern ermöglichte, ein Weltbild zu formen, bindende Mythen zu schaffen und Normen zu setzen, hat auch dazu geführt, die weibliche Sexualität der männlichen unterzuordnen. Änderungen können also auch hier nur durch eine Mobilisierung der Frau erreicht werden, diese Normen zu durchbrechen und durch weibliche zu bereichern. Natürlich ist dabei mit einem entsprechenden männlichen Widerstand zu rechnen. Daß sich Frauen auch in punkto Sex aktiv gebärden, haben viele Männer bereits akzeptiert, aber wenn schon, dann bitte doch im vorgegebenen, patriarchalen Rahmen und das heißt: so wie es der Mann braucht und liebt. Eigene, weibliche Bedürfnisse zu äußern, erzeugt bestenfalls Befremden, Männer können immer noch schwer damit umgehen (Ausnahmen bestätigen die Regel). Interessant auch ein weiteres Ergebnis der Befragungen Schwarzers: daß nämlich ausnahmslos alle Frauen, die einen ersten Orgasmus erlebten, diesen mit einem Mann zusammen hatten, den sie als *„einfühlsam“*, *„sanft“*, *„unsicher“* und *„nicht fordernd“* beschrieben[24], was die Annahme rechtfertigt, daß aggressive, potente Männlichkeit bei Frauen nicht unbedingt jenen Eindruck hinterläßt, den Männer annehmen. Ganz im Gegenteil scheint der weiche, im positiven Sinn *„unmännliche“* Mann gefragt.

Wie sehr Sexualität nach wie vor männlich besetzt ist, und zwar bis in tiefste, unbewußte Gefühlsschichten hinein, zeigen die sexuellen Phantasien von Frauen, die ebenfalls ab Beginn der siebziger Jahre diskutiert wurden bzw. deren Existenz damals erst entdeckt worden ist. Nancy Friday hat zu diesem Thema ein Buch herausgebracht (deutsch erschienen 1973)[25], in dem sie zahlreiche Frauen zu Wort kommen läßt, und das in kürzester Zeit zu einem Bestseller wurde. Allerdings hat Friday in ihrer Begeisterung über ein derart vielfältiges und bislang unbekanntes Spektrum weiblicher Sexualphantasien der Tatsache wenig Beachtung geschenkt, daß es sich dabei vor allem um Frauen erniedrigende, demütigende Phantasien handelt, die geeignet sind, der Ansicht vom weiblichen Masochismus neue Nahrung zu geben. Mit dem Phänomen, daß sexuelle Erregung bei Frauen durch Phantasien erniedrigenden Inhalts hervorgerufen wird (eine auch bei Männern vorhandene, allerdings wesentlich seltenere Erscheinung), hat sich die Frauenbewegung erst ungefähr zehn Jahre später auseinandergesetzt[26]. Die beiden Psychologinnen Constanze Lawrenz und Patricia Orzegowski stellen aufgrund zahlreicher Gespräche mit Frauen fest, daß es sich bei diesen Phantasien um einen *„Niederschlag erlittener psychischer Verformung und ‚Beschädigung' handelt"*, nicht aber um einen Ausdruck tatsächlicher Unterwerfungswünsche. Sie bezeichnen diese Phantasien als *„Widerspiegelung einer entfremdeten Sexualität, Ausdruck von Hemmungen und Schuldgefühlen"*[27]. Werden doch Frauen von der Gesellschaft dazu angehalten, sich ständig für alles und jedes schuldig zu fühlen: schuld an der eigenen *„Frigidität"*, an den Potenzstörungen des Partners, den Verhaltensstörungen der Kinder. Schuld an sämtlichen Beziehungsschwierigkeiten, am Scheitern einer Ehe, Auseinanderbrechen der Familie. Diese *„Verinnerlichung gesellschaftlicher Forderungen an die weibliche Sexualität"*, meinen Lawrenz und Orzegowski,

„die in der Regel patriarchalischer Normsetzung entstammen, bewirkt eine Blockierung der erotischen Erlebnisfähigkeit der Frau, behindert die Entfaltung einer reichen, ihren Sehnsüchten entsprechenden Sexualität und stellt sich der Entwicklung eines positiven (sexuellen) Selbstbildes entgegen. Indem Frauen ihr Selbstwertgefühl abhängig machen von dem Ausmaß an Bewunderung und Beachtung, das ihnen von einer Männer-Welt entgegengebracht wird, nehmen sie teil an der Beschädigung und Abwertung ihrer eigenen Persönlichkeit. Sie arrangieren sich mit Zuständen, in denen sie immer nur Objekt, nie Subjekt des Geschehens sein können."[28]

Das ganze Ausmaß der Beschädigung und Selbstbeschädigung, dem Frauen in dieser Gesellschaft ausgesetzt waren und vielfach weiter sind, ist hier in wenigen Sätzen klar und deutlich zusammengefaßt.

Daß masochistische Sexualphantasien jedoch auch einen Akt der Befreiung bedeuten können, weil sie

„passiv erlittene Unterdrückung in kontrollierbare Situationen…verwandeln, und aus Unlust Lust machen können",

meint Margarete Mitscherlich in ihrem Buch *„Die friedfertige Frau"*.

„Wenn Frauen dem Analytiker über Phantasien von passiver sexueller Unterwerfung berichten, dann geschieht es häufig, daß sich in das Gefühl der Scham ein Element untergründigen Triumphes mischt, mit Hilfe der Phantasien Herrin ihrer selbst und ihrer Lustmöglichkeiten zu sein."[29]

Der sogenannte weibliche Masochismus, wie er in den sexuellen Phantasien von Frauen zum Ausdruck kommt, ist ebenso wie die angebliche weibliche Frigidität lediglich ein Mittel, sich der entfremdeten Situation als Sexualobjekt und dem damit verbundenen Identitätsverlust zu entziehen und in einer – wenn auch negativen – Identität so etwas wie Eigenwert zu erlangen. Darum fordern Frauen eine neue Einstellung zur Sexualität im allgemeinen, und zur weiblichen Sexualität im besonderen sowie eine Sensibilisierung erogener Körperzonen und eine Abkehr von der Vorstellung, Penetration sei das wichtigste und zentrale Erlebnis des Geschlechtslebens. „*Was spricht für die Penetration*“? fragt Alice Schwarzer folgerichtig.

„*Nichts bei den Frauen, viel bei den Männern! Der die Frau zur Passivität verdammende Koitus ist für Männer die unkomplizierteste und bequemste Sexualpraktik: sie müssen sich nicht mit der Frau auseinandersetzen, müssen sie weder seelisch noch körperlich stimulieren – passives Hingeben genügt.*“[30]

Manuelle Stimulierung bis zum Orgasmus, Wärme, Nähe, Zärtlichkeit können nicht nur für die Frau, sondern auch für den Mann ein intensiveres, zärtlicheres und gewaltfreieres Liebeserlebnis bedeuten als eine vornehmlich auf den Lustgewinn des Mannes abzielende Penetration. Die Vorteile liegen auf der Hand: keine Angst vor Schwangerschaft, keine gesundheitliche Gefährdung durch die Pille oder andere Verhütungsmittel, keine Infektionsgefahr durch Aids, Geschlechtskrankheiten oder Infektionen. Daß Frauen nur ein Loch besitzen und Männer nur einen Schwanz, der in dieses Loch zu passen hat – diese Vorstellung zeugt von einer eminenten, lustarmen Phantasielosigkeit, die die ganze Bandbreite erotischer und sexueller Möglichkeiten ignoriert.

Die sexuelle Revolution im Sinne einer befreiten Sexualität von Frau und Mann hat darum nicht stattgefunden, weil es in einer Gesellschaft, die durch Ungleichheit der Geschlechter charakterisiert wird, nur entfremdete sexuelle Beziehungen geben kann. Der Ausverkauf nackter Frauenkörper, wie er sich in Werbung, Film und Fernsehen vor unser aller Augen permanent vollzieht, die passive, erniedrigende und demütigende Darstellung der Frau in der Pornografie sind nur ein Indiz für die verzerrte Sicht, aus der heraus eine sogenannte befreite Sexualität betrachtet wird. Der Frauenkörper wird nach wie vor als Ware gehandelt, als Lustplatz für die Bedürfnisse des Mannes. Solange Frauen aus dieser Hinordnung zum anderen Geschlecht nicht befreit, als autonome Persönlichkeiten verstanden und respektiert werden, wird es auch keine freie, gleichberechtigte und im Partner sich selbst achtende Sexualität geben. Voraussetzung dafür ist nicht nur die vollkommene ökonomische und psychische Unabhängigkeit der Frau vom Mann (Abhängigkeit macht Frauen lustunfähig. Siehe dazu die Protokolle bei Alice Schwarzer), sondern ihre Achtung als autonome Persönlichkeit, die auf eine eigene, erfüllte Sexualität ebenso Anspruch hat wie auf die Möglichkeit, diese Sexualität entsprechend zu sublimieren. Daß eine Frau nur dann als Vollfrau angesehen wird, wenn sie sich – natürlich mit einem Mann – sexuell betätigt, hingegen als nicht „*normal*“, wenn sie sich für ein Leben ohne oder für gleichgeschlechtliche Sexualität entscheidet, entspricht ebenso einem diskriminierenden Denken wie die immer noch bestehende Tendenz, Frauen, die eigene sexuelle Wünsche äußern, als schamlos oder als Hure zu bezeichnen.

Nicht zu übersehende Änderungen bestimmen allerdings das Sexualverhalten weiblichen Teens und Twens. Die Frauenbewegung scheint hier bereits Früchte getragen zu haben. Frauen unter Dreißig beginnen sich zunehmend von den Selbstzweifeln, Ängsten und inneren Unsicherheiten, mit denen ältere Frauen zu kämpfen haben, zu befreien und ein weitgehend aktives Sexualleben zu entwickeln. Selbstbewußte junge, ökonomisch unabhängige Frauen sehen sich heute keinesfalls mehr als reine Wunscherfüllerinnen, sondern fordern Sex als befreiendes und befriedigendes Erlebnis auch für sich selbst. Die bereits erwähnte Umfrage an knapp 1.700 ÖsterreicherInnen, die im Auftrag der österreichischen Zeitschrift *„profil"* vom Meinungsforschungsinstitut IFES im Mai 1990 durchgeführt wurde, ergab punkto Häufigkeit des Liebeserlebnisses sogar eine Trendumkehr. 41 Prozent der weiblichen Teens und Twens gaben danach an, bereits mehr als einen längerfristigen Partner gehabt zu haben. Von den Männern unter Dreißig waren es nur knapp mehr als ein Drittel. Ebenso fanden dieser Umfrage zufolge zwei Drittel der befragten Frauen eine sexuell befriedigende Beziehung sehr wichtig, von den jungen Männern hingegen lediglich knapp die Hälfte. Zum Vergleich: noch 1980 hatte eine IMAS-Umfrage ergeben, daß in der Altersgruppe von 16 bis 30 Jahren für wesentlich mehr Männer (58 Prozent) Sex eine zentrale Rolle spielte als für Frauen (43 Prozent).

Überhaupt scheint frau allmählich das Lustobjekt Mann zu entdecken. Wer sich ein wenig in einschlägigen (Frauen) Magazinen umsieht, kann unter Umständen das Staunen lernen. Wird hier doch gelegentlich bereits ganz ungeniert der Mann auf seine Liebhaber-Qualitäten abtaxiert, was geradezu einen Quantensprung zu den siebziger, aber auch noch achtziger Jahren bedeutet, als das vornehmlichste Thema diverser Frauenzeitschriften lautete: Wie gefalle ich dem Mann. Daß Frauen jetzt den Spieß umdrehen und die erotischen oder sexuellen Attribute des Mannes auf ihre Tauglichkeiten hin überprüfen, verheißt tatsächlich so etwas wie eine Revolution. Bleibt abzuwarten, ob es sich hier lediglich um eine Imitation männlichen Verhaltens oder aber um eine ernsthafte, feministisch inspirierte Entwicklung handelt.

Diverse Sex-Magazine für Frauen am englischen Kontinent künden auf jeden Fall von einer Trendumkehr. Und jetzt soll auch die Zeitschrift *„For Women"*, die dort als Gegenpol zu entsprechenden Herrenmagazinen 1992 gegründet wurde, infolge reißenden Absatzes eine deutsche Schwesterzeitschrift mit dem Titel *„Für Frauen"* erhalten. Das ausschließlich von Frauen gestaltete Frauenmagazin wird laut Ankündigung männliche *„Prachtstücke"* zeigen, „*die da äußerst appetitlich präsentiert werden*". Die Reaktion verunsicherter, derart herausgeforderter und/oder aus ihrer Führungsrolle verdrängter Jung-Männer folgt auf dem Fuß. Ein eher geringer Prozentsatz akzeptiert freudig diesen – jetzt auch vermarkteten – Rollentausch. Die meisten von ihnen gehen auf Distanz oder in die Defensive, viele kehren erneut den Macho hervor. Ein neues Rollenbild zu finden, tut sich der derart aus einem jahrtausendealten, patriarchalen Selbstverständnis fallende männliche Jugendliche schwer. Auch darüber gibt die profil-Umfrage Auskunft: Alte Rollenklischees, wie etwa „*außereheliche Beziehungen des Mannes sind anders zu beurteilen als die der Frau*", finden bei jungen Männern mehr Zustimmung als bei den 30 bis 40jährigen. Und nur noch jeder fünfte Mann unter Dreißig findet es richtig, daß eine Frau alleine über eine Abtreibung entscheiden soll – ein gutes Drittel weniger als bei den Männern über der magischen Altersgrenze. Dieser Rückfall ins Patriarchentum hängt eindeutig mit den Schwierigkeiten der Männer zusammen, eine sexuell selbstbewußte und fordernde Frau zu verkraften: Von jenen, die mit ihrer Sexualität unzufrieden waren, bekannten sich doppelt so viele dazu als jene, die ihr Sexualleben als zufriedenstellend bezeichneten[33].

Daß sich die Frauenbewegung in Zukunft verstärkt auch des verunsicherten, desorientierten, das patriarchale Rollenverständnis entweder verlassende oder in einer neuen Trotzhaltung suchenden Mannes annehmen wird, beginnt sich jetzt schon abzuzeichnen. Von Männern selbst ist in dieser Hinsicht bislang wenig Konstruktives, Richtungweisendes erschienen.

Frauenliebe

Eine Möglichkeit, repressionsfreie Liebe zu erfahren, sehen auch immer mehr Frauen in der lesbischen Liebe. Sie wird als ein Angriff auf männliche Vorherrschaft, männliches Besitz- und Sexualverhalten definiert und gleichzeitig als Befreiung weiblicher Sexualität, die in allen ihren frauenspezifischen Aspekten gelebt und erfahren werden kann. Die lesbische Frau begreift sich als eigentlich autonome Frau, die nicht nur ökonomisch vom Mann unabhängig ist, sondern auch von seiner – männlich definierten – Sexualität.

Lesbischer Liebe, einst auch bekannt unter dem Ausdruck „*sapphisch*", „*tribadisch*" oder „*urnisch*", wurde erstmals in den sechziger Jahren des vergangenen Jahrhunderts eine besondere wissenschaftliche Aufmerksamkeit zuteil. 1869 veröffentlichte der Psychiater und Mitherausgeber der Zeitschrift „*Archiv für Psychiatrie und Nervenkrankheiten*", C. Westphal, einen Aufsatz über einen „*Krankheitsfall*", der als solcher bislang nicht thematisiert worden war und den Westphal als „*conträre Sexualempfindung. Sym-*

ptom eines neuropathischen (psychopathischen) Zustandes“ bezeichnete. Es handelte sich dabei um das 35jährige Frl. N., bei dem

„*das Phänomen der Verkehrung der Geschlechtsempfindung, das Gefühl, ein männliches Wesen dazustellen, ... von frühester Jugend auf bestand*“[32].

Sechs Jahre später erschien dann, angeregt durch die Ausführungen Westphals, ebenfalls im „*Archiv für Psychiatrie*“ ein Beitrag über die 28jährige Jette B., ein israelitisches Dienstmädchen, das „*auffallende(n) Analogien mit Prof. Westphal's erstem Fall*“ zeigte und darum ebenfalls für die These herangezogen wurde, daß die „*Verkehrung der Geschlechtsempfindung*“ beim „*Weibe*“ vorliegt, wenn selbiges „*das Gefühl hat, ein männliches Wesen darzustellen*“[33].

Diese zwei „*Fälle*“ wurden für ausreichend gehalten, um eine für alle lesbischen Frauen geltende Theorie zu entwickeln, nach der Frauen, die von anderen Frauen begehrt wurden, sich grundsätzlich wie Männer verhielten, was als Voraussetzung für die Entstehung von Frauenliebe galt.

In seinem berühmten Buch „*Psychopathia sexualis*“, das 1886 erschienen war, untermauert der Psychiater R. v. Krafft-Ebing in seinem Beitrag über „*Konträrsexualität*“ diese These wie folgt:

„*Das weibliebende Weib fühlt sich geschlechtlich als Mann; es gefällt sich in Kundgebungen von Muth, männlicher Gesinnung, denn diese Eigenschaften machen dem Weibe den Mann begehrenswerth. Der weibliche Urning liebt es deshalb, Haar und Zuschnitt der Kleidung männlich zu tragen und seine höchste Lust wäre und ist es, gelegentlich in männlicher Kleidung zu erscheinen. Er hat nur Neigung für männliche Beschäftigung, Spiele und Vergnügen...*“[34]

Diesen „*männlich gearteten Mannweibern*“ standen die „*weiblich gearteten Weibchen*“ gegenüber, die ähnliche Verhaltensweisen nach vorgegebenem patriarchalen Muster zeigten:

„*Je mehr Weibliches in ihr (der Frau) ist*“,

meint etwa der Arzt für nervöse und psychische Leiden in Berlin, M. Hirschfeld,

„*je weniger sie von der Norm abweicht, um so mehr liebt sie Frauen, die Männliches an sich haben, kräftige, geistesstarke Weiber, Künstlerinnen, Schriftstellerinnen...*“[35]

Der männlichen Logik entsprechend, kann also nur ein „*Mannweib*“ ein „*anderes Weib*“ begehren und umgekehrt, was wenig über das Einfühlungsvermögen männlicher Wissenschaftler in die Psyche der Frau, viel jedoch über die Selbstherrlichkeit einer männlichen Betrachtungsweise aussagt: Vorstellbar war die Liebe zwischen Frauen nur dann, wenn sich eine von ihnen in einen Mann verwandelte, wobei die Norm der heterosexuellen Paarbeziehung auch für die gleichgeschlechtliche zu gelten hatte: das „*Mannweib*“ erschien nicht nur als Verführerin, es war außerdem dazu berufen, das „*andere Weib*“ in jeder Hinsicht zu unterwerfen, und dem „*anderen*

Weib“ wurde der Wunsch unterschoben, sich freiwillig und aus Liebe unterwerfen zu lassen. Auch in pornographischen Schriften dieser Zeit erscheint analog männlicher Denkweise das „*Mannweib*“ als Vergewaltigerin und Schänderin der Frauen.

Der Mythos von der homosexuellen Mannfrau hat bis in unser Jahrhundert hinein die Vorstellung von der gleichgeschlechtlichen weiblichen Liebe geprägt. Daß allerdings schon um die Jahrhundertwende fortschrittliche und engagierte Frauen die Theorie von der „*Konträrsexualität*“ als Unsinn erkannten, beweist das Protestschreiben der Schriftstellerin und Frauenrechtlerin Johanna Elberskirchen, das sich in scharfer Form gegen derartige Fehlinterpretationen wandte:

„*Was ist das Wesen der Homosexualität, der Liebe zum eigenen Geschlecht? Natürlich die Ausschließung des konträren Geschlechts, des männlichen bzw. des weiblichen. Wie kann nun die Liebe der Frau zur Frau einen Zug zum Männlichen haben? Das Männliche wird doch ausgeschlossen. Man könnte doch eher das Gegenteil behaupten und sagen in der Liebe der Frau zur Frau manifestiert sich ein Zug zum Weiblichen!*

Und tatsächlich ist es so. Der oder die Homosexuelle liebt das eigene Geschlecht...Wenn also zwei Frauen einander lieben, so ist diese interessante Tatsache noch lange nicht dadurch erklärt, daß man sagt, die eine repräsentiert quasi den Mann, sie empfindet männlich, die andere die Frau repräsentierend, weiblich, also – normal!...Beide treibt der Instinkt zur Frau, zum eigenen Geschlecht. Beide lieben im andern das eigene Geschlecht – das weibliche. Nicht das männliche...“[36]

Daß Frauenliebe gerade im eigenen Geschlecht sucht, was es im anderen nicht finden kann: nämlich ein besseres Verständnis für seelische und körperliche Bedürfnisse, Zärtlichkeit, Wärme und gesellschaftliche ebenso wie sexuelle Gleichberechtigung, hat dann im breiteren Rahmen die neue Frauenbewegung thematisiert. Die lesbische Frau, inzwischen einigermaßen gesellschaftsfähig, propagiert eine alternative Lebensform, die sie von männlichen Unterdrückungsmechanismen weitgehend unabhängig macht. Gleichzeitig gewinnt sie zunehmend an Selbstbewußtsein: in manchen Ländern können gleichgeschlechtliche Paare bereits heiraten.

Liebe und Gewalt

Die Verbindung von Sexualität und Gewalt ist symptomatisch für patriarchale Gesellschaften, die – sexuelle – Unterwerfung der Frau wichtiger Bestandteil aller patriarchalen Kulturen. Die Ehe als Institution hat diese Gewalt sanktioniert, das Züchtigungsrecht des Ehemannes war bis zum Ende des 19. Jahrhunderts im europäischen Familienrecht verankert, Vergewaltigung galt – und gilt in vielen Ländern nach wie vor – als ein Delikt unter Männern, weil sich ein Mann an der Frau eines anderen *„verging"*. Die persönlichen Rechte der Frau, die Verletzung ihrer Integrität waren (sind) dem gegenüber nebensächlich oder nicht vorhanden. Bezog bzw. bezieht sie doch ihren Rechtsstatus lediglich als Besitz eines Mannes, und nur als solcher war (ist) sie auch schützenswert.

Gewalt in der Ehe, Vergewaltigung und Pornographie sind die drei großen Themen, deren sich die neue Frauenbewegung im Zusammenhang mit der Sexualitätsdebatte angenommen hat. Die Bewußtmachung des erschreckend hohen Gewaltpotentials in der Ehe hatte 1971 in London zur Gründung des ersten Hauses für mißhandelte Frauen geführt, dem weitere auf dem europäischen Kontinent folgten. 1978 wurde in Wien das erste Frauenhaus eröffnet, das nach kurzer Zeit völlig überfüllt war. Auch die gegenwärtig (Stand 1993) 12 Frauenhäuser und weitere 4 Einrichtungen für mißhandelte Frauen und Kinder in Österreich sind dem Ansturm in keiner Weise gewachsen. Nach einer Schätzung des Europarates wäre ein Platz pro 10.000 Einwohner notwendig. Das würde für Wien etwa 160 Plätze bedeuten. Tatsächlich existieren derzeit vierzig.

Der Tatbestand der körperlichen Gewaltanwendung in der Ehe, dem bis zu diesem Zeitpunkt wenig Beachtung geschenkt bzw. der lediglich in den Unterschichten angesiedelt wurde (tatsächlich sind gewalttätige Ehemänner in allen Schichten und Klassen anzutreffen), konnte damit auf breiter Ebene diskutiert werden. Er ist das Ergebnis einer langen historischen Entwicklung, innerhalb der dem Ehemann Aufsicht und Erziehung über die Ehefrau übertragen wurde, zu deren Durchsetzung notfalls auch Schläge und andere Mißhandlungen erlaubt oder sogar empfohlen wurden. Hier ist einer der wesentlichen Gründe zu suchen, warum viele Männer nach wie vor das Recht für sich beanspruchen, ihre Frauen zu mißhandeln. *„Ich schlag meine Frau, wann und wo ich will"*, zitiert die österreichische Wochenzeitschrift *„profil"* vom 16. März 1992 einen von der Polizei einvernommenen Gewalttäter. Dieses Gewohnheitsrecht will sich so mancher Mann nicht nehmen lassen, außerdem, so meint er häufig, gehöre derartiges der Privat-

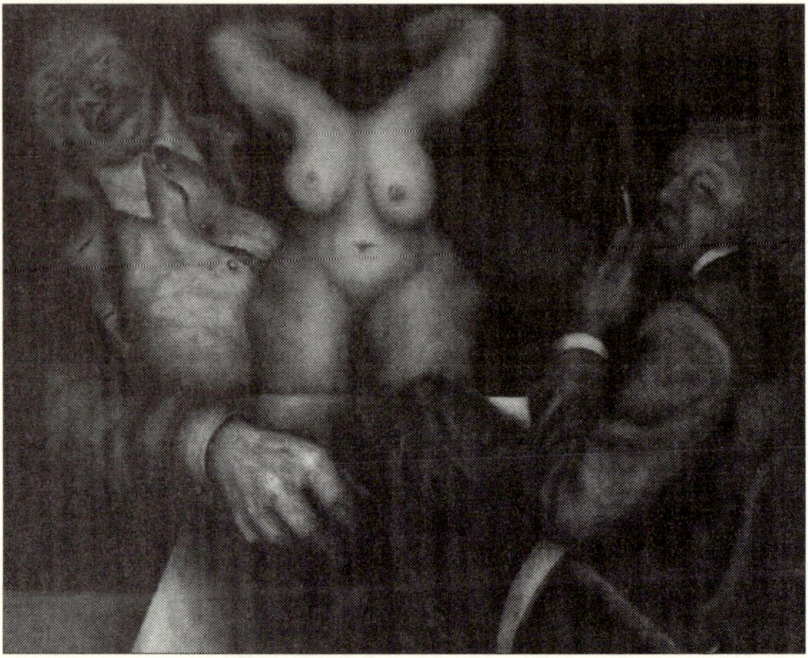

Elisabeth Ernst „*Stammtisch*", Öl auf Leinwand, 1974.

Florentina Pakosta: *Lustmord*, Bleistifte und Tinte laviert, 1968.

Die Erniedrigung, die Demütigung und Mißhandlung der Frau werden in unserem Jahrhundert zunehmend auch von weiblichen Künstlern thematisiert. Elisabeth Ernst malt einen kopflosen, wehrlosen, nackten Frauenkörper, der, wie ein Ausstellungstück zwischen bekleideten Männern in Gasthausatmosphäre placiert, die Frau zum nackten, käuflichen Fleisch degradiert. Florentina Pakosta stellt Gewalt gegen Frauen dar. Die geballte Dynamik dieser Zeichnung bezieht ihre Aussagekraft aus der Todesangst, mit der diese Frau vor der gewalttätigen Brutalität des Mannes flieht.

sphäre an, und Familienangelegenheiten hätten die Polizei nicht zu interessieren. Der Hinweis auf den privaten Charakter solcher Gewaltdelikte dient oft ihrer Verschleierung und liefert Frauen schutzlos ihren Ehemännern aus, weil sich weder Nachbarn noch Ordnungshüter in diesen tabuisierten Bereich *„einmischen“* wollen.

Die Ursachen der Gewaltanwendung gegenüber Frauen, wie sie gegenwärtig wieder im Zunehmen begriffen ist, liegen aber auch in der historisch begründbaren Opferrolle der Frau, die Passivität, Demut, Unterwerfung und Gehorsam verlangt und die starke, aggressive Frau eliminiert bzw. nicht duldet. Bis heute ist die passive, liebe, nachgiebige und sich für andere aufopfernde Frau die *„gute“* Frau, die starke, selbstbewußte, aktive hingegen die *„schlechte“* Frau, die eher mit Mißtrauen denn mit Wohlwollen betrachtet wird. Diesem über Jahrhunderte verfestigten schwachen Frauenbild steht als Gegenpol das starke Männerbild gegenüber, das vom Mann Kraft und Mut verlangt und ihn – wenn nötig – auch zu Gewaltanwendung ermutigt. Verständlich, daß derartige Anschauungen Frauen in die Defensive drängen. Ein weiterer Faktor, der Gewaltanwendung begünstigt, ist die ökonomische und psychische Abhängigkeit der Frau vom Mann. Sie ergibt sich aus der von ihr geleisteten unbezahlten Hausarbeit ebenso wie aus fehlendem gesellschaftlichem Einfluß. Weil sie ihre Existenz und Identität häufig stellvertretend durch den Mann erlebt, wird sie seinen Anforderungen gegenüber erpreßbar und gezwungen, neben psychischen häufig auch körperliche Schikanen hinzunehmen. Erschwerend wirkt sich weiter aus, daß durch die allgemeine Propagierung der Familie als *„heile Welt“*, für die in erster Linie die Frau zuständig ist, Frauen ihre körperliche Mißhandlung als eigenes Versagen empfinden bzw. von der öffentlichen Meinung zu dieser Selbsteinschätzung angehalten werden. Aus Scham und dem Gefühl eigener Schuld heraus schweigen sie häufig, verstecken ihre Verletzungen vor Nachbarn und Freunden und schützen damit gleichzeitig den Täter.

Männer hingegen haben im Verlauf ihrer Sozialisation viel zu wenig gelernt, ihre Aggressionen zu verarbeiten und zu kanalisieren. Wie die Erfahrungen aus der Frauenhausarbeit gezeigt haben, sind die häufigsten Ursachen, aus denen heraus Männer zuschlagen, Eifersucht, Trennungsängste und die als bedrohlich empfundenen Autonomiebestrebungen der Frau, insgesamt also die Angst vor Liebes- und Machtverlust[1]. Einsicht ist dabei nicht gerade die Stärke des *„starken“* Geschlechts. Der Wiener Polizeijurist Alfred Bohm hat aus 200 Akten herausgearbeitet, wie sich gewalttätige Männer beim ersten Auftauchen der Polizei rechtfertigen. Danach reagierten fast 30 Männer nach dem Motto: Wenn ich meine Frau schlage, ist das meine Privatangelegenheit und geht die Polizei überhaupt nichts an. Zwanzig sagen aus, die Frau habe sie provoziert, und sie hätten dann durchgedreht, siebzehn gaben Trennung oder Scheidung als Grund an, sechzehn nannten Eifersucht als Ursache von Brachialgewalt, dreizehn Männer behaupteten, ihre Frau habe die Schläge *„verdient"*, denn man müsse ihr *„öfters den Herrn zeigen"*, und neun redeten sich mit Notwehr aus.

Nach derselben Untersuchung des Wiener Polizeijuristen, die sich auf seine Erfahrungen als Polizeibeamter stützt, wurde die Wiener Polizei innerhalb von drei untersuchten Monate zu insgesamt 1.800 Einsätzen gerufen. Hochgerechnet heißt das, daß die Polizei in Wien im Jahr durchschnittlich von 6.300 Frauen, die Opfer häuslicher Gewalt werden, um Hilfe gebeten wird. Da nach offiziellen Schätzungen auf eine Polizeiintervention zehn nicht gemeldete Übergriffe kommen, nennt Bohm die für Österreich unglaublich hohe Zahl von jährlich 157.000 bis 315.000 mißhandelten Frauen. Erschreckend auch das geringe Strafausmaß der Täter: Von den etwas über 120 einschlägigen Straftaten, die im dritten Wiener Bezirk zu Gericht gegangen sind, wurden 78 Männer entweder freigesprochen oder aber die Anzeigen wurden zurückgelegt, häufig weil die Frauen aus Angst die Ermächtigung zur Strafverfolgung zurückzogen. 14 Männer wurden wegen eines Teils des angezeigten Deliktes verurteilt und 31 wurden in allen Tatbeständen schuldig gesprochen.

Aufschlußreich sind weiter die von Bohm zitierten Vernehmungsprotokolle: *„Mann riß Frau büschelweise die Haare aus"*, heißt es hier oder: *„Schlug mit dem Hosengürtel"… „dem Ehemann war das Essen zu versalzen – er verletzte die Frau mit dem beim Essen verwendeten Messer"*.

Ein Täter, der eine auf sechs Haftmonate bedingte Strafe abzubüßen hatte, ließ verlauten:

„Werde sie immer wieder schlagen. Da kann es durchaus möglich sein, daß ich sie dabei umbringe. Ich bin schon öfters, nachdem ich sie zu Boden geschlagen habe, mit den Füßen auf den Hals getreten, so daß sie nur mehr schwer atmen konnte."

Und ein anderer Polizeibericht schildert ausführlich folgende groteske Szene:

„Nachdem ihr Mann sie getreten und geschlagen, ihrem Kind Kaffee über den Kopf gegossen und die Babyflasche zerschlagen hatte, warf er sie mit dem Sessel auf den Fußboden und befahl ihr, die Scherben aufzusammeln. ‚Dann sagte er, daß er mich haßt und nie geliebt hat und daß ich ein Dreckstück bin. Und ich saß da auf den Knien und mußte immer wieder sagen: Dicker, ich liebe dich aber. Mußte ich immer wieder sagen, hat er von mir verlangt. Hab' ich das nicht gesagt, hab' ich eine geknallt gekriegt'."[2]

Derartige Situationen beleuchten am besten den Unterworfenheitsstatus, in dem viele Frauen nach wie vor leben. Sie sind überhaupt nur möglich aufgrund einer generellen, durch physische Stärke untermauerten Dominanz des Mannes, die es ihm erlaubt, seine Überlegenheit auf derart sadistische Art und Weise auszuspielen.

DIE „SCHULD" DES OPFERS (VERGEWALTIGUNG)

Auch Vergewaltigung ist im Grunde nicht die Folge eines ungezügelten Sexualtriebs, sondern ein bewußter, gewalttätiger Akt der Demütigung, der die Überlegenheit des Mannes sichtbar machen und der Frau Angst einjagen soll. Diese Angst bestimmt den normalen Alltag von Frauen und ist ständig gegenwärtig. Aufgrund von FBI-Statistiken haben Feministinnen errechnet, daß in den USA alle drei Minuten eine Frau vergewaltigt und alle achtzehn Sekunden eine Ehefrau geschlagen wird. Die Zahl der mißhandelten Ehefrauen wird in den Vereinigten Staaten auf 28 Millionen geschätzt (Stand 1990). Bezeichnend ist auch die Tatsache, daß in einigen Bundesstaaten das Recht auf eheliche Vergewaltigung auf nichteheliche Lebensgemeinschaften ausgedehnt wurde, daß also der Lebensgefährte den teilweisen oder völligen Schutz des Gesetzes genießt, wenn er seine Gefährtin zum Geschlechtsverkehr zwingt[3]. Nach einem Bericht von Amnesty International („ai") aus dem Jahr 1992 werden in über 40 Staaten „*barbarische Menschenrechtsverletzungen*" an Frauen begangen. Vergewaltigung und Folter dienen Soldaten und Gefängniswärtern immer häufiger als Zwangsmittel, um Informationen zu erhalten. Laut „ai" ist in Indien Vergewaltigung in der Haft eine derart verbreitete Methode, daß eine Zeitung kürzlich meldete, „*Polizist belästigt Frau*" gehöre zum täglichen Repertoire. Im Tschad, so meint der Bericht weiter, sind Frauen sogar zur Prostitution gezwungen worden[4].

Auch vergewaltigte Frauen sehen sich ähnlichen Mechanismen gegenüber wie jene, die in der Ehe mißhandelt wurden: Auch sie erstatten relativ selten Anzeige aus Scham, aus Angst, nicht ernstgenommen oder sogar für schuldig befunden zu werden, und aus Abneigung gegen die demütigenden und rücksichtslosen Verhörmethoden, bei denen sich das geschockte Opfer überwiegend vor Männern gegen das ihm entgegengebrachte Mißtrauen wehren, seine eigene Unschuld fortwährend beteuern und darüber hinaus nachweisen muß, daß es sich auch genügend gewehrt hat.

Diese sonderbare Einstellung der Öffentlichkeit gegenüber Vergewaltigung, in der das geschädigte Opfer häufig teilweise oder sogar ganz schuldig gesprochen wird, ist ebenfalls aus der Geschichte heraus zu erklären und wurzelt in der tiefsitzenden Überzeugung, daß die Frau gar nicht Opfer sein kann, weil sie das, was ihr angetan wurde, im Grunde ja selbst will. Ihre Demütigung, ihre Verletztheit, ihre Erniedrigung kann noch so groß sein – sie wird dafür vornehmlich unter der Männerwelt kein besonderes Verständnis finden, wurden doch männliche Gewalt und Brutalität von jeher mit dem Argument gerechtfertigt und entschuldigt, daß Frauen *„das brauchen“*, daß sie es im Grunde genießen und daß es eigentlich zu ihrer niedrigen Natur gehört, mißbraucht und geschändet zu werden. (Eine Ansicht, wie sie in erotischer und pornographischer Literatur und Kunst deutlich zum Ausdruck kommt.) Fazit: Frauen sind an ihrer Vergewaltigung selbst schuld. Nicht nur Griechen und Römer haben ihre vergewaltigten Frauen und Töchter eigenhändig getötet, auch im Islam ist die Schande, die Erniedrigung der vergewaltigten Frau, bis heute in erster Linie eine Demütigung des (besitzenden) Mannes, die er rächen muß – und zwar auch am mißbrauchten Opfer, der Frau.

Babylonische und jüdische Gesetze sahen für vergewaltigte Frauen teilweise die gleichen Strafen vor wie für den Täter. Im alten Babylon wurden beide gefesselt in den Fluß geworfen, in Israel das Opfer zusammen mit dem Täter gesteinigt[5]. Auch heute noch müssen in vielen Ländern Frauen ihre eigene Vergewaltigung büßen. Vergewaltigte muslimische Frauen werden auch gegenwärtig von ihrer Familie ausgeschlossen, ermordet oder zum Selbstmord gezwungen[6].

Zu dieser Schuldzuweisung, die ihre Ursache im Besitzanspruch des Mannes hat – die Frau als Eigentum ist *„entehrt“*, wenn sie ein anderer *„besessen“* hat –, kommt noch die seit Freud propagierte Theorie vom weiblichen Masochismus, demzufolge Frauen ein Bedürfnis nach ihrer eigenen Vergewaltigung haben. Möglicherweise haben die tatsächlich bei Frauen vorhandenen Vergewaltigungsphantasien Freud zu dieser Ansicht gebracht, doch sind, wie bereits ausgeführt, derartige Phantasien als Produkt einer kulturellen Prägung zu verstehen und haben außerdem nicht das Geringste mit einem wirklichen Vergewaltigungswunsch zu tun. Frauen können sich nach dem Muster zahlloser Filme, einer geradezu erdrückenden Literatur und einschlägiger Trivialromane den starken, sie bezwingenden Mann in Gedanken wünschen, doch wünschen sie sich sicher niemals den leibhaftigen Vergewaltiger, der sie demütigt und quält und ihr Leben bedroht.

Natürlich untermauern derartige Theorien den männlichen Anspruch auf den weiblichen Körper, wie er seit den frühesten Zeiten des Patriarchats im Mythos, in Kunst und Kultur thematisiert wird. Vergewaltigung ist nicht nur ein beliebtes Mittel der Frauenaneignung in vielen Göttersagen, sie ist auch ein Zeichen besonderer Männlichkeit in der gesamten patriarchalen Kultur. Sie ist darüber hinaus ein zumeist tolerierter Bestandteil des Krieges, ein notwendiges Abfallprodukt sozusagen, das dazu dient, die Soldaten bei Laune zu halten und ihnen das Töten erträglicher zu machen. Manchmal allerdings wird sie auch bewußt als Mittel zur Kriegführung eingesetzt, wie etwa im Krieg im ehemaligen Jugoslawien, in dem Frauen aller kriegführenden Parteien, vornehmlich jedoch Musliminnen, gezielt vergewaltigt werden, um serbische Kinder zu zeugen und damit das bosnische Familiengefüge zu zerbrechen. Susan Brownmiller hat sich in einer umfangreichen Untersuchung dem Zusammenhang zwischen Krieg und Sexualität gewidmet und dabei festgestellt, daß der Krieg

„den Männern im Namen des Sieges und der Macht aus den Gewehrläufen stillschweigend die Erlaubnis zu vergewaltigen"

gibt und

„...Vergewaltigung bedeutet Triumph über Frauen, und dieser Triumph wurde mit der Zeit Maßstab des Sieges, mit dem der Soldat Männlichkeit und Erfolg unter Beweis stellen und sich für geleistete Kriegsdienste entschädigen konnte."[7]

Vergewaltigte und getötete Frauen säumen die blutige Spur, die Krieg und Zerstörung durch die Geschichte ziehen. Die Frau war dabei immer Trophäe, Beutestück, Belohnung für den *„heldenhaften"* Krieger. Vergewaltigt wurde im griechischen und römischen Patriarchat ebenso wie im Mittelalter, in der Neuzeit führte die christliche Conquista die systematische Schändung von Frauen in der eroberten Neuen Welt fort. Weiße *„Herrenmenschen"* fühlten sich berechtigt, nach einem grauenvollen Massaker die überlebenden Frauen unter sich aufzuteilen und sie als Arbeitstiere in der Landwirtschaft zu verwenden, ohne ihnen ausreichend Nahrung zu geben:

„Säugenden Müttern vertrocknete die Milch in den Brüsten, und in kurzer Zeit starben alle kleinen Kinder dahin", schreibt Bartolomé Las Casas im Jahre 1552 in seinem *„Bericht von der Verwüstung der Westindischen Länder"*. Und der Azteke Xokonoschtletl nennt in seinem Buch *„Die wahre Geschichte der Azteken"* die Invasion Amerikas durch Europäer bezeichnenderweise auch *„Vergewaltigung"*[8].

Vergewaltigungen gehörten im Ersten Weltkrieg zu den Terrormitteln der deutschen Truppen in Belgien, und mit Vergewaltigungen rächte sich die Rote Armee im Zweiten Weltkrieg an den Deutschen. Zu Vergewaltigungen im großen Stil kam es in Vietnam, die Täter wurden teilweise sogar vor ein Militärgericht gestellt, was als großer humaner Fortschritt gewertet wird. Auch eigene Militärbordelle wurden hier eingerichtet bzw. von der französischen Armee übernommen, um die Soldaten über den Frust eines als sinnlos empfundenen Krieges hinwegzutrösten. Gleichzeitig war Prostitution für Tausende Vietnamesinnen die einzige Möglichkeit, um zu überleben.

Vergewaltigung, versuchte Vergewaltigung und Vergewaltigung mit anschließender Ermordung spielten auch eine Rolle bei dem gräßlichen Massaker von My-lai, bei dem nach Schätzungen zwischen 109 und 567 wehrlose Zivilisten getötet wurden und das vor ein Militärgericht kam. Bemerkenswert dabei die Ausführungen des Truppenführers John Smail, der, nach Vergewaltigungen befragt, gelassen antwortete:

„Das ist doch eine ganz alltägliche Angelegenheit. Darauf kann man doch fast

jeden festnageln – mindestens einmal. Die Leute sind auch nur Menschen, Mann.“[9]

Gründliche Untersuchungen zu dieser „*ganz alltäglichen Angelegenheit*“ im Krieg am Balkan stehen zum Zeitpunkt der Veröffentlichung dieses Buches noch aus. Doch ist zu erwarten, daß sie an gezielter Grausamkeit, Menschen- und Frauenverachtung alles bislang Dagewesene übertreffen. In einem Bericht des österreichischen Fernsehens vom 26. Jänner 1993 war von 42 „*Vergewaltigungslagern*“ die Rede, in die Frauen im Alter von sieben bis 83 Jahren geschafft wurden, um dort systematisch vergewaltigt und anschließend entweder getötet oder bereits hochschwanger von Serben entlassen zu werden. Weiters wurde von 20.000 bis 60.000 muslimischen Frauen berichtet, die von Soldaten, die teilweise auf Befehl handelten, auf die furchtbarste Art und Weise mißhandelt und vergewaltigt worden waren. Zu berücksichtigen ist, daß sich bei diesen Zahlen der Krieg erst in einem Anfangsstadium befand. Einen interessanten Einblick in die Psyche des Mannes ermöglichte dabei auch der Schweizer Gewaltforscher Alberto Godenzi, der von einer Untersuchung an Studenten berichtete, die auf die Frage: Was würdet Ihr gerne tun, wenn Ihr dabei nicht erwischt werdet, zu 50 Prozent angaben: sexuelle Gewalt an Frauen[10].

Daß die Scharen flüchtender Frauen, die den Kriegsgebieten auf der ganzen Welt entkommen wollen, einer ganz bestimmten geschlechtsspezifischen Verfolgung ausgesetzt sind, wurde vom internationalen Recht bis heute nicht als Fluchtmotiv anerkannt. Auch die Genfer Flüchtlingskonvention kennt nur den männlichen Flüchtling, geschlechtsspezifische Fluchtmotive lassen sich mit den in der Genfer Konvention genannten Verfolgungsgründen nicht erfassen. Es wurde daher in den letzten Jahren verstärkt die Forderung erhoben, Verfolgung aufgrund der Übertretung speziell für Frauen geltender Normen, wie etwa der Weigerung, eine „*arrangierte Ehe*“ einzugehen, in die Liste akzeptierter Fluchtgründe aufzunehmen.

Ebenso ist die Asylrechtspraxis am männlichen Flüchtling orientiert. Im Katalog der Verfolgungsgründe ist Verfolgung aufgrund der Geschlechtszugehörigkeit nicht vorhanden. Und das, obwohl Amnesty International laufend über sexuelle Übergriffe auf Frauen in Verfolgungssituationen berichtet. So etwa bedeuteten die zahlreichen Überfälle von Piraten auf die Boat People, die sich auf der Flucht von Vietnam nach Thailand befanden, für Frauen fast immer Entführung und Vergewaltigung. Nach Angaben des UNO-Hochkommissars für Flüchtlinge (UNHCR) wurden zwischen 1980 und 1984 mindestens 2.400 Frauen und Mädchen im Alter von neun bis 67 Jahren auf der Flucht vergewaltigt und einige Tausende entführt[11].

Die Hoffnungslosigkeit angesichts dieser Spirale von Gewalt mündet in die Erkenntnis, daß sich in patriarchalen Systemen hier nie etwas ändern wird. Solange es beinahe ausschließlich Männer sind, die die politische und wirtschaftliche Entwicklung prägen und bestimmen, solange sie die Kriterien und Maßstäbe festlegen, nach denen unsere Gesellschaft funktioniert, solange sie es sind, die den Mythos schaffen, die Religion, die Kultur und die moralischen Gesetze, solange wird es Krieg und Frauenschändung geben, wird Gewalt als Lösungsmittel von Konflikten bevorzugt und Macht und Herrschaft durch eben dieses Mittel durchgesetzt werden. Eine Besserung ist daher nur über den Abbau des einseitig männlichen Machtgefüges möglich, der einen Abbau der Scheu der meisten Frauen vor Macht voraussetzt. Daß Macht ausschließlich Männern zusteht, ist einer jener (männlichen) Mythen, die Frauen verinnerlicht haben. Die Angst vor Macht und Entscheidungsbefugnis ist ihnen immer noch tief verwurzelt und prädestiniert sie zum passiven Opfer, an dem etwas geschieht und das an sich geschehen läßt, statt daß sie eingreifen und auch eigene Interessen durchsetzen und für sich sichern. Daß nicht Macht an sich verwerflich ist, sondern lediglich der Mißbrauch von Macht, wird in dieser Denkweise übersehen.

Obwohl Vergewaltigung eine schwere Beschädigung oder Zerstörung des Selbstwertgefühls der Frau und lebenslange Traumatisierung hervorrufen kann, wird dieser Tatbestand in der breiten Öffentlichkeit nach wie vor verharmlost und heruntergespielt. Zwar hat die Frauenbewegung an Bewußtmachung hier bereits einiges erreicht, doch wird der Täter von Freudschen Kriminologen häufig immer noch als Opfer eines *„unkontrollierbaren"*, *„infantilen"* Triebes, der das Ergebnis eines *„natürlichen"*, wenn auch zurückgedrängten Verlangens, mit seiner Mutter zu schlafen, sei, quasi entschuldigt. Nach Freud gilt der Sexualtäter als *„sexueller Psychopath"*, der, wie Benjamin Karpmann 1954 meint, unter einer *„Krankheit"* leidet, *„die vielen von ihnen mehr zu schaffen macht als ihren Opfern"*[12].

Bezeichnend ist auch, daß Vergewaltigung nach allgemeiner Vorstellung als gewaltsamer Vollzug des außerehelichen Beischlafes gilt und Vergewaltigung innerhalb der Ehe im allgemeinen nicht als solche definiert wird. Immerhin ist in manchen Ländern Vergewaltigung in der Ehe inzwischen strafbar, so etwa in Rußland, in Polen, Dänemark, Schweden und auch in Österreich, hier seit 1989. Meistens jedoch wird dem Ehemann nach wie vor das Besitzrecht am Geschlechtsorgan seiner Frau eingeräumt und die bei Verweigerung unter Umständen angewandte Gewalt nicht als solche anerkannt. Daß Vergewaltigung in jedem Fall ein Eingriff in die körperliche Integrität der Frau und eine Verletzung ihrer Freiheit und ihres Selbstbestimmungsrechtes darstellt, ganz gleich, ob sie in oder außerhalb des Ehebettes stattfindet, wird von der Rechtssprechung der meisten europäischen und außereuropäischen Länder nach wie vor nicht berücksichtigt.

Von Männern vergewaltigt werden allerdings nicht nur Frauen, sondern – ersatzweise – auch Männer dort, wo keine Frauen anzutreffen sind, also in reinen Männergesellschaften wie etwa Kasernen und Strafanstalten.

Haywood Patterson, Hauptangeklagter der Scottsboro-Affäre, jenem berühmten amerikanischen Vergewaltigungsfall aus dem Jahre 1937, beschreibt in seiner Autobiographie, wie junge Häftlinge in dem berüchtigten Staatsgefängnis Atmore in Alabama zu „*Mädchen*“ gemacht wurden. „*Ein Fünfzehnjähriger*“, so schreibt er „*hatte in Atmore keine Chance. Häftlinge und Aufseher waren gegen ihn, und es dauerte nicht lange, bis sie aus ihm eine Frau gemacht hatten... Ich habe Jungen gesehen, die sich stundenlang zur Wehr setzten. Einige wollten nicht aufgeben*“.

Selbst die Aufseher, die davon wußten, würden nicht einschreiten: „*Sie wußten, da wurde eine junge Frau geboren, und manche warteten nur darauf, sie danach selbst zu gebrauchen.*“[13]

Die Umwandlung zur Frau hat hier wie anderswo Verachtung, Geringschätzung und einen niedrigeren sozialen Status zur Folge. Als „*Frau*“ passiert dem Mann, was ihm sonst kraft seines Geschlechts nicht passiert: Er wird benutzt, „*gebraucht*“, gedemütigt.

Dem Zusammenhang von Männererotik, Gewalt, Sadismus und Homosexualität ist auch Klaus Theweleit in seinen „*Männerphantasien*“ nachgegangen[14]. Er zitiert darin einen Überlebenden von Konzentrationslagern, den homosexuellen Häftling „Heinz Heger“, der zusammen mit anderen gezwungen wurde, zahllosen Prügelritualen beizuwohnen. „Heger“ berichtet von der Zur-Schau-Stellung des Opfers, das auf den berühmten „Bock“ so gebunden wurde, daß sich „*das Gesäß als höchste Stellung emporwölbte*“.

Bei jedem Schlag hatte der Delinquent laut mitzuzählen, und wenn er das vor Schmerzen nicht mehr schaffte, zählte dieser Schlag nicht und mußte wiederholt werden.

„*Indessen stand der SS-Lagerführer ganz in der Nähe des Blockes und schaute mehr als interessiert der Exekution zu. Bei jedem Schlag leuchteten seine Augen auf, und schon nach wenigen Schlägen war sein ganzes Gesicht rot vor Aufregung und Wollust. Er hatte seine Hände in den Hosentaschen vergraben, und man konnte mehr als deutlich erkennen, daß er während der Austeilung der Schläge onanierte, und dies völlig ungeniert vor uns Angetretenen. Nachdem er sich selbst ‚fertig gemacht‘ und befriedigt hatte, verschwand das perverse Schwein plötzlich; er war an der weiteren Ausführung der Prügelexekution nicht mehr interessiert. Ich habe mehr als dreißigmal selbst mitangesehen, wie der SS-Lagerführer bei Prügelexekutionen, die am Bock durchgeführt wurden, sich selbst befriedigte...*“[15]

Orgasmus beim Schmerz des gequälten, gedemütigten Opfers gehört wohl zu den perversesten Auswüchsen, die Sadismus, Gewalt und Genießen von Gewalt in Verbindung mit Sexualität hervorgebracht haben.

„ICH KANN MIT MEINER TOCHTER MACHEN, WAS ICH WILL!“ *(MISSBRAUCH VON KINDERN)*

Innerhalb der von der neuen Frauenbewegung ins Leben gerufenen Diskussion über *„Gewalt gegen Frauen“* wurde auch ein Thema enttabuisiert, über das bislang kaum jemand zu sprechen wagte: der sexuelle Mißbrauch von Kindern, vornehmlich innerhalb der eigenen Familie. Zuerst in den USA, dann etwa ab Beginn der 80er Jahre begannen auch in der ehemaligen BRD, in Österreich und den übrigen europäischen Ländern immer mehr Mädchen, Frauen und Jungen über ihre eigenen Erlebnisse von Mißbrauch zu sprechen und damit an die Öffentlichkeit zu gehen. Ein Tatbestand, der zuvor im allgemeinen Bewußtsein entweder nicht existierte oder in Randgruppen und Unterschichten verdrängt wurde, entwickelte sich so zum allgemeinen Diskussionsgegenstand.

Ähnlich wie bei dem Thema *„Gewalt in der Ehe“* machte auch die Thematisierung des sexuellen Mißbrauchs bewußt, daß die Täter keinesfalls immer kriminelle Außenseiter waren, sondern zumeist angesehene und geachtete Familienväter, die unter dem Deckmantel von Respektabilität und weitgehend abgesichert durch ihre Funktion als Familienerhalter ihre Töchter, Nichten und Enkelinnen unbehelligt für eigene sexuelle Bedürfnisse mißbrauchen konnten. Daß auch diese Täter meist einem Verdrängungseffekt unterliegen, ihre Tat leugnen und nicht als solche erkennen wollen, zeigt neuerdings die Ansicht vieler Männer, ihre Frauen und Töchter besitzen und mit ihnen nach Belieben verfahren zu können. Aussprüche wie: *„Ich kann mit meiner Tochter machen, was ich will“* sind ebenso häufig wie die Vorstellung, ein Vater könne seine minderjährige Tochter am besten mit Sex vertraut machen, oder das Kind habe es ja so gewollt, es habe den Vater geradezu verführt, so daß der Bedauernswerte seinen übermächtigen Trieb nicht mehr beherrschen konnte. Daß Männer ihrem Geschlechtstrieb sozusagen hilflos ausgeliefert sind, ist ja ein oft vorgebrachtes Argument, das stets viel entschuldigt. Vom ungezügelten Geschlechtstrieb der Frauen ist weit weniger die Rede, und wenn, dient er ganz bestimmt nicht als Entschuldigungsgrund, sondern ganz im Gegenteil: solche Frauen werden als Nymphomaninen bezeichnet, sie sind hurenhaft, geil, auf jeden Fall nicht ganz normal. Auch hier zeigt sich eine über Jahrtausende hinwegreichende gesellschaftliche Konditionierung der Geschlechter, die das Ausleben des Geschlechtstriebs beim Mann stets toleriert, ihn dazu ermutigt, manchmal sogar die Anwendung von Gewalt zur Erreichung seines Ziels akzeptiert, während Frauen die Unterdrückung ihres Sexualtriebs zur Notwendigkeit und Pflicht gemacht wurde.

Wie sehr bereits das weibliche Kind als Geschlechtswesen ausgebeutet wurde, zeigt ein Blick in die frühe patriarchale Geschichte. Im Talmud, jener hebräischen Schriftensammlung, die in den ersten Jahrhunderten unserer Zeitrechnung von jüdischen Rabbis zusammengestellt wurde, heißt es:

„Mit drei Jahren und einem Tag kann eine weibliche Person durch Begattung angetraut werden."

Oder an anderer Stelle:

„Ein Mädchen von drei Jahren und einem Tag kann mit Erlaubnis ihres Vaters durch Beischlaf verlobt werden."[16]

Vergewaltigung eines Kindes unter drei Jahren hingegen galt als gegenstandslos und nicht strafbar, weil damit nach allgemeiner Ansicht die wichtigste Voraussetzung für eine spätere Ehefähigkeit, nämlich die Jungfräulichkeit, nicht verletzt wurde. Daß es auch in der Antike üblich war, Kindbräute zu verheiraten und zu schwängern, fand bereits Erwähnung. Ebenso duldete das kanonische Recht unter bestimmten Voraussetzungen Ehen, die mit Kleinkindern geschlossen wurden, auch wenn bis zum 13. Jahrhundert die offizielle Gesetzgebung für Mädchen ein Mindestalter von sieben Jahren für eine Verlobung oder Eheschließung vorschrieb.

So wie im jüdischen Recht war es auch in der christlichen Gesetzgebung nicht wesentlich, ob ein Mann ein Kind mißbrauchte, sondern wann er dies tat: Sexuelle Beziehungen mit einem Mädchen unter sieben Jahren waren ungültig und belanglos[17]. Im 16. Jahrhundert wurden dann Gesetze erlassen, die den Sexualverkehr mit Mädchen unter zehn Jahren zur Vergewaltigung erklärten. Ab dem zehnten Lebensjahr galt das Mädchen als mitverantwortlich, das heißt, es wurde für reif befunden, diesen zuzulassen oder abzulehnen. Im ersten Fall ging der Täter straffrei aus[18].

Eine Ehe hingegen wurde mit dem Geschlechtsverkehr besiegelt und beschlossen, auch wenn er mit einem Kind oder gegen den Willen der Frau stattfand. Schon im 6. Jahrhundert bestimmte Papst Gregor, daß *„eine Frau, die von einem Mann durch Beischlaf genommen wurde, ihm und seiner Familie gehört"*. Ebenso erklärte der italienische Kirchenrechtler Gratian im 12. Jahrhundert, daß Einwilligung zwar wünschenswert sei, daß aber eine Ehe durch den Koitus in jedem Fall unauflöslich werde, unabhängig vom Alter oder der gegenseitigen Einwilligung[19]. Die sonderbare Ansicht, daß eine Frau, bzw. ein weibliches Kind durch Penetration reif für die Ehe wird, untermauert den Besitzanspruch des Mannes und bestätigt sein sexuelles Verfügungsrecht.

Was in Europa inzwischen abgeschafft wurde, ist in den sogenannten Dritte-Welt-Ländern auch noch im 20. Jahrhundert durchaus üblich.

Im Jahre 1921 etwa praktizierten ungefähr 80 Prozent der indischen Be-

Holzschnitt, 15. Jh. *Öffentliches Beilager mit Einsegnung*.
Nach christlich-mittelalterlicher Vorstellung wurde eine Ehe mit dem Geschlechtsakt besiegelt, auch wenn sie mit einem Kind oder gegen den Willen der Frau stattfand.

völkerung die Kinderehe, wobei eines von zehn Mädchen zwischen fünf und zehn Jahren verheiratet war. 1927 wies die amerikanische Schriftstellerin Katherine Mayo in ihrem Buch *„Mutter Indien"* auf die extrem hohe Mütter- und Säuglingssterblichkeit hin, die Leiden dieser Kindbräute, die mit blutenden, zerfetzten Scheiden und Gebärmuttern, Bauchfellentzündungen und Geschlechtskrankheiten in die Krankenhäuser eingeliefert wurden und dort häufig auch starben[20].

Trotz eines Verbotes aus dem Jahre 1967 kommen Kinderehen in Indien heute noch vor. Nach einer indischen Volkszählung von 1971 waren 17,5 Prozent der Mädchen zwischen zehn und vierzehn Jahren verheiratet, und im März 1975 meldete die indische Zeitung *„Youth Times"*, daß die Eheschließung weiblicher Kinder nach wie vor weit verbreitet sei[21]. Ist doch nach Hindugesetz und -religion die Verheiratung eines Mädchens vor der Pubertät eine religiöse und gesellschaftliche Pflicht, und droht der Familie einer Tochter, die nicht vor ihrer ersten Menstruation verehelicht wurde, ein schreckliches Leben nach dem Tod.

Die heutige Situation des – inzwischen strafbaren – Kindesmißbrauchs muß vor diesem historischen Hintergrund, der Penetration von Minderjährigen in Religion und Gesetz als *„normal"* verankert hat, beurteilt werden. Noch zu Beginn unseres Jahrhunderts war der angesehene deutsche Arzt, Psychotherapeut und Sexualforscher Albert Moll, der sich grundsätzlich gegen Kinderschänder wandte und ihre Bestrafung forderte, gleichzeitig bemüht, eine Reihe von Milderungsgründen anzuführen, die als Entschuldigungen für den Täter zu dienen hatten. Nach ihm waren es überwiegend unsichere und unglückliche, an Trunksucht, Epilepsie, Syphilis und Schwachsinn leidende oder unglücklich verheiratete, in ihrer frühen Jugend von frühreifen Mädchen verführte Männer, die aus solchen und ähnlichen Gründen nicht zur Verantwortung gezogen werden konnten. Außerdem meinte Moll in völliger Verkennung eigentlicher Tatsachen, aber in Übereinstimmung mit der patriarchalen Ideologie, daß das kleine Mädchen meistens *„gar nicht (merkt), daß es zu perversen Zwecken benutzt wird"* und daher auch keinen Schaden erleiden kann. Darüber hinaus unterstellte er den Kindern einen von ihnen provozierten Geschlechtsverkehr und beschuldigte sie zu lügen und zwecks Erpressung falsche Beschuldigungen vorzubringen. Diese Tendenz, den Täter als bedauerliches Opfer eigener Veranlagung zu entschuldigen, den Angaben des eigentlichen Opfers jedoch mit Argwohn und Mißtrauen zu begegnen, setzte sich in den folgenden Jahren und Jahrzehnten fort, und noch 1959 entschied der Oberste Gerichtshof in den USA, daß die unbestätigte Aussage eines Kindes unter zwölf Jahren *„keine ausreichende Beweiskraft für eine Überführung wegen unsittlicher Handlungen"* habe[22].

Um ihre Glaubwürdigkeit kämpfen mißbrauchte Kinder und Frauen noch heute. Zwar ist inzwischen zweifelsfrei erwiesen, daß Kinder, wenn sie über sexuelle Übergriffe von Familienangehörigen berichten, in jedem Fall die Wahrheit sagen, doch beeinflussen im Falle einer Anzeige immer noch Vorurteile das Verhalten der Polizei und der RichterInnen im Gerichtsverfahren. Stimmt das Auftreten des Mädchens nicht mit der Vorstellung vom *„Opfertypus“* überein, gibt es sich vielleicht gar selbstbewußt statt verschüchtert und verstört, wird seine Glaubwürdigkeit ebenso angezweifelt wie in Fällen, bei denen ein enges Familienmitglied angeklagt wird, das vielleicht auch noch ein angesehener Bürger ist.

Trotzdem haben eine in den letzten Jahren immer umfangreicher werdende diesbezügliche mediale Berichterstattung und die erschreckend hohen Zahlen kindlicher Opfer zu einer weitgehenden Sensibilisierung der Öffentlichkeit geführt. Nach amerikanischen ebenso wie deutschen und österreichischen Untersuchungen werden jede dritte bis vierte Frau und jeder sechste bis siebente Junge in der Kindheit sexuell mißbraucht. In Österreich sind das nach einer Studie des Familienministeriums aus dem Jahr 1989 rund 25.000 Kinder pro Jahr[23]. Täter sind zu 90 bis 99 Prozent Männer[24]. (In den letzten Jahren wurde auch die Rolle der Mutter als Inzesttäterin diskutiert. Genauere Untersuchungen stehen hier aber noch aus.)

Der Anteil der Väter und Stiefväter ist mit 50 bis 75 Prozent der höchste[25]. Daneben sind es noch hauptsächlich Großväter, Onkel und Brüder, die sich an den Mädchen vergreifen. Bei sexuellem Mißbrauch an Jungen sind die Täter weniger im engen Familienkreis, sondern eher unter jenen Personen zu suchen, zu denen die Jungen in einem Autoritätsverhältnis stehen, also Lehrer, Pfarrer, auch Nachbarn. Sie haben es aus diesem Grund bei einer Aufdeckung des Mißbrauchs meist auch leichter, weil sie mit einem Beistand ihrer Familie rechnen können, der bei Inzest nicht oder doch nur sehr unvollständig geboten wird.

Für den Täter bedeutet sexueller Mißbrauch die Befriedigung seiner Macht- und Autoritätswünsche, er stärkt das Bedürfnis nach Dominanz und Überlegenheit. Läßt sich dieser Machtanspruch nicht auf *„normalem“* Weg herstellen, d. h., indem sich eine Frau willig unterordnet, greift der Sexualtäter zur Gewalt. Bequeme Opfer sind dabei kleine Kinder, die sich nicht wehren können und bei denen er sich nicht anstrengen muß.

In der alten BRD wurde die Zahl der jährlich von männlichen Verwandten mißbrauchten Mädchen auf rund 280.000 und jene der Jungen auf 20.000 geschätzt[26]. Bemerkenswert ist der hohe Anteil von in ihrer Kindheit mißbrauchten Frauen unter den Prostituierten. Am Anfang dieses Jahrhunderts (1921) fand J.C. Flügel unter den 103 Frauen, die wegen Prostitution festgenommen worden waren, 51, die in ihrer Kindheit vom eigenen Vater zum Geschlechtsverkehr gezwungen worden waren[27].

Die Situation des mißbrauchten Kindes innerhalb der Familie ist aus vielerlei Gründen eine besonders schwierige. Zum einen wird es meist vom Täter unter massiven Drohungen gezwungen, zu schweigen und sich niemandem anzuvertrauen. Vor allem wenn es sich um den Vater handelt, verfügt dieser über genügend Druckmittel, um seine Tochter gefügig zu machen, denn im Falle einer Aufdeckung droht nicht nur eine Heimeinweisung für das Mädchen, sondern bei Verurteilung auch der Ausfall des Familienerhalters, die allgemeine, jetzt öffentlich gemachte Schande und das Auseinanderbrechen der Familie. Daß mißbrauchte Mädchen oft jahrelang stillhalten, um derartige Katastrophen abzuwenden oder auch um die Mutter vor den sexuellen Angriffen des Vaters zu schützen, geht aus zahlreichen Interviews hervor[28]. Dazu kommt die Tatsache, daß sich mißbrauchte Kinder beinahe regelmäßig in irgendeiner Form selbst schuldig fühlen, daß sie dem Täter zu sehr entgegenkamen, zu wenig Widerstand leisteten, zu nachgiebig waren. Tatsächlich sind vor allem kleine Mädchen gar nicht in der Lage, sich gegen diesbezügliche Annäherungsversuche einer meist geliebten und bewunderten Autoritätsperson zu wehren, wie sollen sie auch auf den Gedanken verfallen, der Vater, Onkel oder Großvater, von dem sie sich geliebt wissen möchten, könnte ihnen etwas Böses antun. Das umso mehr, als sie meist von den Tätern beruhigt und beschwichtigt werden, es würde ihnen nichts geschehen, das Ganze sei ein Spiel, es tue nicht weh. Häufig wird sogar von ihnen verlangt, sie sollten das alles – zur Beruhigung des Vergewaltigers – auch noch genießen. Das Bewußtsein, Unrechtes zu erleiden oder zu tun, ist trotzdem präsent und verstärkt sich nach dem Sexualunterricht in der Schule oder aufklärenden Gesprächen unter Freunden.

Sexueller Mißbrauch muß nicht immer Penetration bedeuten. Auch Berührung der Brust und der Genitalien, Zungenküsse, Masturbation, Anal- bzw. Oralverkehr und Schenkelverkehr gehören dazu. Nicht selten werden Kindern perverse sexuelle Praktiken zugemutet wie das Einführen von Gegenständen in Vagina und After, sie werden aufgefordert, auf den Täter zu urinieren oder ihren eigenen Körper dafür zur Verfügung zu stellen, sich mit ihm zusammen Pornos anzuschauen, knebeln, fesseln und prügeln zu lassen oder nackt vor ihm herumzukriechen, um ihn zu beschimpfen oder sich von ihm beschimpfen zu lassen. Die traumatischen Folgen derartiger, erzwungener Handlungen sind kaum vorstellbar. Sie belasten das Leben der Opfer bis ins hohe Alter hinein oder zerstören es völlig.

Nach David Finkelhor, Wissenschaftler an der Universität von New Hampshire und einer der besten Kenner auf dem Gebiet des sexuellen Mißbrauchs von Kindern, sind Mädchen im Alter von 6–12 Jahren am stärksten betroffen. Rosemarie Steinhage (1989) hingegen meint, nach ihren Erfahrungen trifft es Mädchen unter sechs Jahren ebenso häufig wie jene darüber. Sogar Säuglinge können vergewaltigt werden. Untersuchungen ergaben die Penetration von Babys im Alter von sechs Monaten und darunter.

Die Verletzungen, die Kleinkindern dabei zugefügt werden, sind schrecklich: Risse des Rektums, zerschundene Scheiden, durchstoßene After- und Scheidewände, Fremdkörper in After und Vagina. Manchmal kommt es auch zum Tod durch Ersticken oder chronischen Atembeschwerden durch Tripperinfektionen im Rachen[29].

Mindestens ebenso schlimm sind die seelischen Folgen. Sie können zu schweren psychischen Schäden führen, ein erfülltes Sexualleben verhindern und das gesamte weitere Leben beeinträchtigen. Häufig kommt es auch zu psychosomatischen Beschwerden, die sich in Schmerzen äußern, für die sich keine organischen Ursachen feststellen lassen, um migräneartige Kopfschmerzen beispielsweise, Rücken- und Unterleibsschmerzen. Manchmal treten Angst und Schwindelgefühle auf, verbunden mit starkem Kopfweh, Übelkeit und Erbrechen. Kinder leiden häufig an Schlafstörungen, Alpträumen, Konzentrationsstörungen, einem Nachlassen in schulischen Leistungen, Depressionen, Asthma, Angst- und Erstickungsanfällen, oder sie verweigern sich durch autistisches Verhalten. Sie gelten als schwierig, krank und hysterisch, womit vom eigentlichen Täter abgelenkt und das Kind zum *„Schuldigen“* gestempelt werden soll. Am schlimmsten ist die Situation dieser Kinder und Jugendlichen, wenn jede Bezugsperson fehlt, das Gefühl des totalen Ausgeliefertseins an eine verständnislose Umwelt ist manchmal noch schwerer zu ertragen als der Mißbrauch selbst.

Kleine Mädchen, denen nur über sexuelle Handlungen Zuwendung und Bestätigung zuteil wurde, fallen auch oft durch distanzloses, zu sexuellen Handlungen animierendes Verhalten gegenüber anderen Männern auf. Erwachsene Frauen lehnen häufig entweder Sexualität ganz ab oder neigen zu ständig wechselnden Partnern. Viele driften in die Prostitution. Sehr oft richten Mädchen Aggressionen gegen sich selbst, sie beginnen ihren Körper zu hassen und versuchen ihn zu zerstören, indem sie sich Verletzungen zufügen oder sich mit Alkohol, Medikamenten und Drogen betäuben. Besonders Kinder, die durch eine nahestehende, vertraute Person mißbraucht werden, leiden unter einer starken emotionalen Verwirrung und sind in ihrer Realitätswahrnehmung verunsichert. Wenn ein Vater, den das Kind vielleicht liebt und verehrt, Dinge mit ihm macht, die es als schrecklich und eklig empfindet, er jedoch gleichzeitig betont, er täte dies, weil er es besonders lieb hat, beginnt das Mädchen an der Richtigkeit seiner eigenen Wahrnehmungen und Gefühle zu zweifeln, es mißtraut ihnen, irgendetwas kann damit nicht stimmen, wenn eine erwachsene Autoritätsperson offenbar so ganz anders fühlt und denkt. Dazu kommt noch das Zuschauen und Schweigen der übrigen Familienmitglieder, wodurch sich die Verunsicherung des Kindes, das Gefühl, mit seinen Ängsten allein gelassen zu werden, verstärkt.

Viele Frauen leiden auch unter einem extrem schwachen Selbstwertgefühl, andere werden auffallend aggressiv, manche haben massive Angstgefühle, die mit den Lebensjahren wachsen, fast alle jedoch werden von starken Schuld- und Schamgefühlen gequält und glauben, daß sie selbst für ihren Mißbrauch in irgendeiner Weise verantwortlich sind. Sie leiden unter Depressionen, fühlen sich um ihre Kindheit und um ihr Leben betrogen, sind mißtrauisch und können kein Vertrauen zu anderen Menschen entwickeln.

Eine besondere Rolle kommt in diesem Täter-Opfer-Verhältnis der Mutter zu. Ihr wird zumeist – von der öffentlichen Meinung ebenso wie von der mißbrauchten Tochter – ein hohes Maß an Mitschuld zugesprochen, angesichts dessen die eigentliche Schuld des Täters oft verblaßt und an den Rand gedrängt wird. Der Vater entschuldigt seine sexuellen Übergriffe auf die Tochter häufig damit, daß ihm die Ehefrau nicht jederzeit sexuell zur Verfügung stand. Rosemarie Steinhage stellt in ihren Untersuchungen fest, daß Mißbrauch in der Regel mit der Abwesenheit der Mutter begründet wird, sei es wegen Krankheit, der Geburt eines weiteren Kindes, Arbeit oder Tod. Häufig wurde auch sexuelle Verweigerung der Mutter als Tatmotiv angeführt[30]. Die Töchter hingegen fühlen sich von ihren Müttern oftmals zu wenig geschützt, teilweise dem Täter-Vater sogar direkt ausgeliefert.

Tatsächlich sind Mütter in dieser Situation meist völlig überfordert. Vor allem wenn sie ökonomisch von ihrem Ehemann abhängig sind und mit seinem Ausfall ihre und die Existenz der Kinder auf dem Spiel steht, fällt es ihnen schwer, den sexuellen Mißbrauch überhaupt wahrzunehmen oder gar die Konsequenzen daraus zu ziehen. Würde dies doch ein Auseinanderbrechen der Familie und in der Regel einen sozialen Abstieg für die Frau bedeuten. So wird verdrängt und bagatellisiert, die Hilferufe der Tochter werden ignoriert, ihre Darstellung als übertrieben ausgelegt. Gleichzeitig fühlen sich viele Frauen auch verletzt, hintergangen und betrogen und bauen aus dem Bewußtsein, selbst minderwertig und sexuell nicht attraktiv genug zu sein, ein Konkurrenzverhältnis zur Tochter auf, das nur dem Täter nützt und von diesem häufig auch noch ausgenützt wird. Diese Entfremdung von der Mutter, die durch Bevorzugung der Tochter vom Vater oft auch bewußt herbeigeführt ist, trägt entscheidend dazu bei, die Lage der Tochter weiter zu verschlechtern. Andererseits kann eine Mutter, die in dieser Situation Partei für die Tochter ergreift, eine große Hilfe sein. Was allerdings nur autonomen, ökonomisch unabhängigen und selbstbewußten Frauen möglich ist, die von der Unschuld ihrer Töchter überzeugt sind, statt in ihnen verdorbene Verführerinnen und Konkurrentinnen zu sehen, und denen es möglich ist, für sich und ihr Kind ein neues Leben aufzubauen. Auch werden nur solche Frauen fähig sein, ihren Ehemännern einen entsprechenden Widerstand entgegenzusetzen und ihre Töchter vor sexueller Gewalt und Ausbeutung zu schützen.

Um für die Zukunft dem sexuellen Mißbrauch Minderjähriger besser begegnen zu können, stellt Karin Jäckel in ihrem Buch „*Tatort Familie*“ folgenden Forderungskatalog auf:

Kinder ernster als bisher zu nehmen und ihren Erzählungen mehr Glauben zu schenken. Sie als voll- und gleichwertige Persönlichkeiten mit eigenen Bedürfnissen anzuerkennen. ErzieherInnen an Kindergärten und Schulen anzuhalten, die Signale besser zu verstehen, die mißhandelte Kinder irgendwann aussenden, und die Konsequenzen zu ziehen. Dasselbe von BetreuerInnen von Jugendfreizeiteinrichtungen, KinderärztInnen und -therapeutInnen, Hilfs- und Beratungsorganisationen, der Polizei und MitarbeiterInnen im Drogenbereich zu verlangen. Außerdem werden gut betreute Mädchenhäuser, Mädchentreffs und Mädchenwohngemeinschaften für die mißbrauchten Opfer gefordert[31].

POR-NO-GRAPHIE

Der im Jahre 1987 in der feministischen Zeitschrift *„Emma"* veröffentlichte Gesetzesentwurf gegen Pornographie gab im deutschen Sprachraum den Auftakt zu einer Debatte, die noch längst nicht abgeschlossen ist: jene über die demütigende, erniedrigende, entwürdigende Rolle der Frau in der Pornographie.

In den USA haben die Diskussionen darüber bereits wesentlich früher eingesetzt, und zwar spätestens mit der Veröffentlichung des aufsehenerregenden Buches *„Pornography: Men Possessing Women"* von Andrea Dworkin 1979 (1987 deutsch erschienen), das eine messerscharfe und fundierte Analyse liefert und damit den dringend benötigten Blick auf einen Gegenstand schafft, der bislang von Tabus umgeben und vor allem für Frauen weitgehend unzugänglich war.

Frau versteht und teilt das Entsetzen, die Angst, die Alpträume, von denen die Autorin in ihrer Einleitung angesichts der Flut von bildlichen Darstellungen gefesselter, geknebelter, gequälter, aufgehängter, geschundener, zerschnittener Frauenkörper berichtet, sie kann die körperliche Übelkeit beim Durchlesen pornographischer Texte, angesichts eines sich ständig widerholenden Szenarios von Vergewaltigung, Verstümmelung und zahlreicher perverser Praktiken, von Exkrementen, Blut und Urin lebhaft nachvollziehen.

Pornographie ist Haß auf die Frau, Verachtung der Frau, Demütigung der Frau. Und sie ist Geschäft mit der Frau. In den achtziger Jahren wurden in der alten BRD etwa 1.300 Videofilme pornographischen Inhalts auf dem Markt angeboten mit ca. 2,2 Millionen legal hergestellten Videokopien[32]. Dazu kam die Dunkelziffer illegal eingeführter Pornos. In den USA bringen ebenfalls nach einer Schätzung aus den achtziger Jahren Sexfilme pro Jahr etwa 365 Millionen Dollar ein, also eine Million täglich. Noch ertragreicher ist hier das Geschäft mit pornographischen Zeitschriften. Insgesamt 165 verschiedene Sex-Magazine werden in den USA von ca. 18 Millionen Männern gekauft, das bedeutet etwa eine halbe Milliarde Dollar im Jahr[33].

Auch in Österreich gibt es Schätzungen, wonach der Gesamtumsatz des Pornomarktes 500 Millionen Schilling im Jahr beträgt[34].

Pornographie zeichnet sich u. a. dadurch aus, daß sadistische, brutale Unterwerfungswünsche des Mannes ungeschminkt dargestellt werden. Sie zielen auf eine totale Entpersönlichung des weiblichen Menschen, der zum winselnden, geschlagenen, getretenen Fleisch wird, das um mehr Demütigung, mehr Qual, mehr Leid bettelt. Pornographie ist Ausdruck geheimer, aber darum umso unverstellter Männerphantasien, die Sexualität mit der Erniedrigung der Frau, mit Gewalt, dem Zufügen von Schmerz verbinden. Sie ist Ausdruck männlicher Aggressivität, bei der es ausschließlich um Macht und Unterwerfung geht, den großen, harten Penis des Mannes, den er in die wehrlose und verletzbare Vulva der Frau rammt, in Siegerpose natürlich und von der eigenen Unwiderstehlichkeit überzeugt. Wie Frauen Liebe sehen und empfinden, was für sie Zärtlichkeit, Hautkontakt, der Körper des Mannes bedeuten, ist in Pornographie nicht enthalten. Frauen werden degradiert zum reinen Objekt-Spiegelbild der realen, der alltäglichen Situation. Ein übersteigertes Spiegelbild vielleicht, aber darum nicht weniger beklemmend.

Wie sehr die Unterwerfung, die Erniedrigung der Frau in der Sexualität ein selbstverständlicher, unhinterfragter Bestandteil unseres Denkens ist, zeigen die Bestimmungen des Strafgesetzes hinsichtlich Pornographie, die so abgefaßt sind, daß sie ein allgemeines Empfinden von Sitte und Anstand schützen sollen, in keiner Weise jedoch auf die speziell gegen Frauen gerichtete sexuelle Gewalt und Unterdrückung Bezug nehmen. Gesetz und Rechtssprechung wenden sich also nicht gegen die Mißhandlung von Frauen in der Pornographie, sondern sind im Gegenteil bemüht, die sexuelle Unterdrückung der Frau zu verharmlosen, wie es zum Beispiel bei der geringen Verfolgung und Verurteilung von Vergewaltigern und der niedrigen Strafandrohung für Unzuchtdelikte, die an der Ehefrau begangen werden, deutlich wird.

Pornographie beschreibt die sexuelle Macht des Mannes. Sein Penis ist die Waffe, mit der er die Vagina der Frau durchbohrt. Der Mann handelt und drückt durch seine Handlung sexuelle Macht aus. An der Frau wird vollzogen. Ist sie selbst aktiv, dann auf Befehl des Mannes und zu seiner Befriedigung, die auch ihre Befriedigung zu sein hat.

Das griechische Wort Pornographie bedeutet nicht etwa, wie aufgrund allgemeiner Übereinkunft angenommen werden könnte, *„Darstellung des Erotischen“* oder *„Darstellung sexueller Handlungen“*, sondern es bedeutet übersetzt: *„Die schriftliche und bildliche Darstellung von Huren.“* Und das ist wohl auch die wichtigste Botschaft von Pornographie: daß Frauen Huren sind, dazu da, den Männern sexuelle Dienstleistungen zu erbringen. Sie können daher auch nicht mißbraucht, sondern lediglich so benutzt werden, wie es ihrem eigentlichen Wesen, ihrer natürlichen Bestimmung entspricht. Eine Hure kann nicht vergewaltigt werden, weil sie dazu da ist, vergewaltigt zu werden. Diese, in der Pornographie festgeschriebenen Männerphantasien machen auch die darüber hinaus reichende männliche Einstellung zu Vergewaltigung ganz allgemein verständlich, die eigentlich gar nicht stattfinden kann, weil sie ja im Grunde genau das ist, was die Frau will.

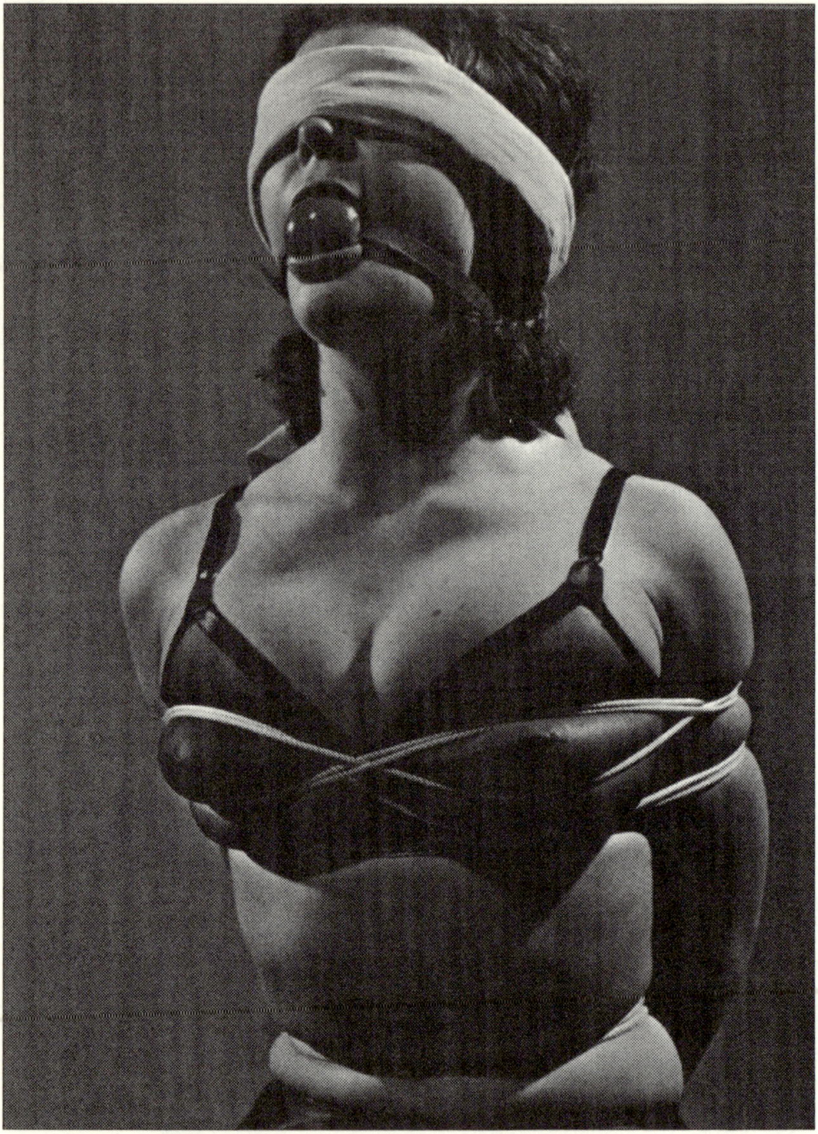

Die beschädigte, sprachlose, blinde und gefesselte Frau
illustriert dieses Foto aus einer amerikanischen Porno-Zeitschrift
der frühen siebziger Jahre. Die hilflose und verstümmelte Frau
hat Männer zu allen Zeiten besonders erregt.

Eine weitere wesentliche Komponente der Pornographie wird in der Ansicht deutlich, daß Masochismus der normale weibliche Zustand sei. Um die Gewalt, die Frauen durch Männern angetan wird, und die Lust an dieser Gewalt zu rechtfertigen, müssen Frauen ihre Mißhandlungen genießen. Um die Befriedigung, die es dem Mann gewährt, auf sie loszuschlagen, zu erhöhen, muß sie ständig um mehr Schläge betteln. „*Sie ist*", schreibt Andrea Dworkin, „*die unbefriedigte Sklavin, deren Weiblichkeit erst in der tiefsten Entwürdigung Erfüllung findet.*"[35]

Die Frau, die das trotzdem nicht will, muß dazu gezwungen werden. Eigentlich jedoch kann sie gar nicht gezwungen werden, denn im Grunde verlangt sie nach Zwang. Wenn sie also Widerstand leistet und damit Zwang provoziert, bekommt sie letztlich nur das, was sie will. Zwang als ein Teil der männlichen Sexualität macht aus dieser Sicht die Frau nicht zum Opfer, sondern erst eigentlich zur Frau.

Worauf eine derart absurde Männerlogik, die sich nicht nur in der Pornographie, sondern auch in alltäglichen Geschlechterbeziehungen findet, hinzielt, ist offensichtlich: auf die Aberkennung eines eigenen weiblichen und die Vorherrschaft des männlichen Willens als absolutes Postulat.

„*Die Macht der Männer in der Pornographie ist eine imperiale Macht, die Macht von Alleinherrschern, die grausam und arrogant sind, die nehmen und erobern, aus Lust an der Macht und mit der Macht der Lust.*"[36]

Zahlreiche Beispiele aus der Porno- ebenso wie erotischen (Männer) Literatur belegen diesen brutal-lustvollen Machtanspruch des Mannes und den – angeblich ebenso lustvoll erlebten – Unterwerfungsstatus der Frau. Wird dieses Muster gebrochen, d. h. die Frau zur Domina stilisiert, wiederholen sich die Vorstellungen von Macht, Unterwerfung und Gewalt, nur werden sie jetzt spiegelbildlich von Frauen ausgeführt. Das Muster ist das gleiche – oder vielleicht doch nicht ganz. In der Geschichte „*Whip Chick*" (Peitschenstute) etwa werden wohl machtvolle Grausamkeit und Despotismus einer Frau zugeschrieben, gleichzeitig jedoch gezielt vor der gefährlichen Feministin gewarnt, die den Mann kastrieren will. Um dies zu verhindern, werden Männer aufgefordert, sich bei der uneingeschränkten Eroberung von Frauen keinesfalls irgendwelche Hemmungen aufzulegen. Denn – so lautet das bekannte Resümee – im Grunde sind auch die widerspenstigsten Frauen lediglich darauf aus, von einem Mann genommen und gezähmt zu werden[37].

Daß „*Whip Chick*" ebenso wie die bekannte „*Geschichte der O*" von einer Frau geschrieben worden sein soll, besagt nichts über die weibliche Einstellung zu Sexualität. Denn Pornographie, die sich vor allem gut verkaufen soll und im Hinblick auf den männlichen Konsumenten verfaßt wird, bedient sich durchgehend der vorhandenen, tradierten männlichen Vorstellungen und Werte. Meist handelt es sich allerdings bei den Autoren pornographischer Literatur um Männer, die häufig ein weibliches Pseudonym benutzen, um damit der Ansicht von Frauen, die diese brutalen Sexualpraktiken mögen und akzeptieren, Authentizität zu verleihen.

„*Die Geschichte der O*", angeblich von einer gewissen Pauline Réage verfaßt und 1954 in Paris erschienen, bedient die männliche Phantasie mit sämtlichen nur möglichen weiblichen Unterwerfungswünschen, was wohl zu ihrer weiten Verbreitung beigetragen hat. Im Mittelpunkt steht die Fotografin O – ein Name, eine Chiffre, bewußt gewählt und bereits sehr aussagekräftig: eine Null, ein identitätsloses Geschöpf, ein Loch, ein sexuelles Symbol, zugänglich für alle Männer. Die absurde und lächerliche Handlung verfestigt dieses Bild: O liebt und gehört René, der sie eines Tages in ein Schloß bringt, in dem eine geheime Bruderschaft residiert, die es sich zur Aufgabe gemacht hat, Frauen durch Zwang, Vergewaltigung und Züchtigung zu gehorsamen Sex-Sklavinnen zu machen. Vor allem wird O hier darauf trainiert, ihre drei, für den Sexualverkehr der Männer interessanten Öffnungen – Vulva, Anus und Mund – stets offen und bereitzuhalten: Sie darf keine Höschen tragen und die Beine niemals übereinanderschlagen, außerdem darf sie den Mund nicht mehr zum Sprechen gebrauchen, außer sie wird gefragt, und es ist ihr auch nicht erlaubt, in das Gesicht eines Mannes zu sehen: Ihr Blick hat in der Höhe seiner Geschlechtsteile zu enden, schließlich gehen sie in Zukunft nur diese etwas an. Ihnen Befriedigung zu gewähren, darauf hat sie sich gänzlich einzustellen.

O fügt sich widerstandslos und verläßt als abgerichtetes Hurenmädchen das Schloß, wobei allerdings das Entzücken, das ihr Geliebter angesichts ihres Gebrauchswertes empfindet, ihn nicht daran hindert, sie an einen neuen, strengeren Herrn, einen Engländer namens Sir Stephen, zu vermieten.

Selbstverständlich gehorcht O ohne jeden Einwand und ordnet sich dem neuen Herrn und Meister freudig unter. Sie verführt willig und gern auf seinen Befehl hin Jaqueline, das schönste ihrer Modelle, sie läßt sich, von Jaquelines jüngerer Schwester an einer Kette gehalten, nackt, nur mit einer Eulenmaske bekleidet, zu einer Party führen, wo sie gegen Morgen auf einen Tisch gelegt und abwechselnd von Sir Stephen und dem Gastgeber genommen wird. Sie läßt sich aber auch sonst auf jede Art und Weise malträtieren. Eine Kostprobe:

„*...er packte ihre beiden Hände. Er ließ die Ringe ihrer Armreifen ineinandergleiten, so daß ihre Handgelenke eng beisammen lagen, und fügte dann diese beiden Ringe in den Ring des Halsbandes. Sie stand also da, die gefalteten Hände in Höhe des Halses, wie beim Gebet. Nun mußte sie nur noch mit der Kette, die auf dem Bett lag und durch den oberen Ring lief, an die Wand gekettet werden. Der Diener öffnete den Haken, der das andere Ende festhielt, und zog, um die Kette kürzer zu machen. O mußte ans Kopfende des Bettes treten und sich niederlegen. Die Kette klirrte durch den Ring und spannte sich so straff, daß die jun-*

ge Frau sich auf dem Bett nur von der Wand zum Bettrand bewegen oder rechts und links neben ihrem Lager aufrecht stehen konnte...Der Diener zog eine schwarze Decke über O..."[38]

O's Objektstatus ist vollkommen. Ihre Funktion, Werkzeug für den ausführenden Willen des Mannes zu sein, perfekt:

„*Einer der Männer befahl O jetzt aufzustehen, er wollte gerade ihre Hände losbinden, zweifellos, damit man sie an einen Pfosten oder eine Mauer fesseln könnte, als ein anderer protestierte, er wolle sie zuerst nehmen, und zwar sofort – so daß man sie wieder niederknien ließ, aber diesmal mußte sie, noch immer mit den Händen auf dem Rücken, den Oberkörper auf den Puff legen und die Hüften hochrecken...*"[39]

In diesem Stil geht die Erzählung weiter. O wird gefesselt, ausgepeitscht, in Autos vergewaltigt, gefangengenommen, erniedrigt und mißhandelt. Das wesentliche daran ist allerdings die Tatsache, daß sie ihr Leiden genießt. Zwar hat sie auch Angst vor der Peitsche, aber gleichzeitig sehnt sie sich danach. Im großen und ganzen wird sie immer glücklicher, je mehr sie mißbraucht, gepeinigt, gedemütigt wird. Durch ihre Erniedrigung gewinnt sie absolute Reinheit, Ruhe und Würde.

„*Die Ketten und das Schweigen, die sie an sich selbst hätten fesseln sollen, sie ersticken, sie erwürgen, hatten sie im Gegenteil von sich selbst befreit. Was wäre aus ihr geworden, wenn man ihr die Sprache gelassen hätte und die Bewegungsfreiheit ihrer Hände, wenn ihr eine Wahl geblieben wäre...*"[40]

Masochistischer geht es kaum noch. „*Die Geschichte der O*" ist die Geschichte einer perfekten Abrichtung zum weiblichen Masochisten.

Auch die Story „*Black Fashion Model*", in der die Vergewaltigung eines schwarzen Fotomodells geschildert wird, bietet die Standardausrüstung der Pornographie: Vergewaltigung, Demütigung, Schlagen, Schmerz, Schwanz- und Vulvalecken, Analverkehr, Gruppensex, gewalttätige lesbische Liebe. Darüber hinaus wird das bekannte Schema vorgeführt: eine Frau, die sich gegen ihre Vergewaltigung vorerst wehrt, muß schließlich erkennen, daß sie ihre Mißhandlungen eigentlich schätzt und mehr davon haben will: Kelly, das berühmteste schwarze Model im Land, unschuldig und von wilder Schönheit, trifft den Weißen Robert Grey. Dieser entführt sie und schleppt sie in ein heruntergekommenes Haus, wo sie von einer weißen Frau fotografiert werden soll. Als sie sich wehrt, wird sie von Grey geschlagen. Sie weint und empfindet „*Schmerz und demütigende Unterwerfung*". Sie zerfällt zu einem Haufen „*halbnackten schwarzen Fleisches*"[41].

Der folgende Text befaßt sich mit Kellys Vergewaltigung durch Grey und die weiße Fotografin Angela, wobei Grey immer wieder betont, in Kellys eigenem Wunsch zu handeln: „*Wir wissen, daß du es willst.*" Doch Kelly wehrt sich weiter, sie weint und schreit. Dann ist viel von Roberts großem steifen Schwanz die Rede, Kellys schwarzer Brust, ihren Schenkeln und

Hinterbacken, während Grey und Angela sie entkleiden. Schließlich wird die „*junge hübsche Negerin*" gefesselt, während Angela „*die schwarze Brustwarze der Negerin*" küßt und an ihrer Vagina leckt. Und schon stöhnt Kelly: tu es, tu es und beginnt, „*unter dem machtvollen Affekt der mösenleckenden Lust den Verstand zu verlieren*". Daß sie sich gleichzeitig ekelt, verhindert nicht ihre erotische Erregung. So geht das eine Weile weiter, Grey betrachtet interessiert Kellys Möse, das dunkle Rot des „*inneren Mösenbereichs*" gefällt ihm, er saugt und leckt sich die Lippen, während Kelly ständig stöhnt und schreit und bittet aufzuhören, dabei aber immer erregter und geiler wird. Schließlich kann sie es gar nicht erwarten, daß er endlich seinen Schwanz, der natürlich groß und hart ist, in ihre Vulva stößt. Angela lacht, als sie sieht, wie Kellys „*sich windender Körper die kraftvollen Stöße von Robert Greys bohrendem Schwanz willkommen heißt. Die heiße kleine Spalte des jungen schwarzen Mädchens schien in gieriger Lust weit offen zu sein*". Und da endlich kann Kelly nicht mehr an sich halten und schreit: fick mich, fick mich, fick mich. Jetzt ist sie besiegt, wie ein erlegtes Wild. „*ihr Körper war von der Schändung zerschlagen, zerschunden und befriedigt...*" Jetzt kann Grey alles mit Kelly tun, was er will, während Angela fotografiert, denn das soll für die Nachwelt erhalten bleiben. Auch einem zweiten Mann, der inzwischen gerufen wird, ist sie völlig zu Diensten. Sie ist demütig und gedemütigt: „*Okay, du kleine schwarze Hure...Ich bin sicher, daß Du meinen Schwanz in deinem Arschloch haben möchtest, stimmt's?*" und „*der Nagel hämmert in sie hinein...und beschmutzt ihr Arschloch.*"[42] Was natürlich genau das ist, was sie will, sie hat ständig Orgasmen und schreit nach mehr, auch nach mehr Schmerz. Die Verwandlung vom keuschen Mädchen zur unersättlichen Hure – zu der jede Frau gemacht werden kann, weil ja im Grunde jede Frau eine Hure ist – hat wieder einmal alle Erwartungen übertroffen, die pornographische Männerphantasie gibt sich zufrieden. Die Frau will es so.

Als eines jener Fotos schließlich abgedruckt wird, ist Kelly, das berühmte und reiche Fotomodell, ruiniert. Sie zieht sich mit ihrem Liebhaber in die Anonymität zurück. Der Triumph des vergewaltigenden Mannes ist vollkommen.

Einem ganz ähnlichen Schema begegnen wir auch in der (männlichen) erotischen Literatur. Als oft zitiertes Beispiel dient in diesem Zusammenhang Henry Millers Buch „*Sexus*", das sich vor allem dadurch auszeichnet, daß die in ermüdender Gleichförmigkeit sich wiederholenden Kopulationen durch eine extreme Unpersönlichkeit charakterisiert sind. Das Geschehen reduziert sich auf eine Begegnung des weiblichen und männlichen Geschlechtsorgans, die Person spielt dabei keine Rolle, soll gar keine spielen, wobei selbstredend alle Kraft, Schönheit und Herrlichkeit dem Penis zugesprochen wird, während die Vulva als müdes, unauffälliges, unscheinbares oder auch ekliges Organ daneben verblaßt. Sie ist eine „*Spalte*", eine „*Wunde*", ein „*schleimiges Loch*", im Grunde aber eine Leere, ein Nichts. Im „*Wendekreis des Krebses*" ist sie eine „*tote Muschel*", von deren Unbedeutendheit sich der Beschauer ausgesprochen enttäuscht zeigt:

„*...Und je mehr ich sie anschaute, desto weniger interessant wurde sie. Es zeigt einem nur, daß gar nichts dahintersteckt...Es ist ganz einfach ein Spalt da zwischen den Beinen...Es ist eine Illusion...Sie ist so vollkommen bedeutungslos...Dieses ganze Geheimnis um den Sexus, bis man schließlich entdeckt, daß es nichts ist – nur eben eine Leere...nichts ist da – einfach nichts. Es ist widerlich.*"[43]

Diesem „*Nichts*" steht das große, bedeutende, herrliche männliche Geschlechtsorgan gegenüber, von dem sich nicht nur der Autor, sondern selbstverständlich auch der weibliche Gegenstand seines augenblicklichen Interesses höchst beeindruckt zeigt. „*Ich saß auf dem Rand der Wanne*", meint Miller alias Val, als er in dem Roman „*Sexus*" Ida Verlaine, die Frau seines Freundes Bill Woodruff, verführt,

„*und sie kniete, ihn* (den Penis, Anmerkung der Autorin) *gierig verschlingend, zu meinen Füßen*"[44].

Aber die Demonstration männlicher Macht und gleichzeitiger weiblicher Willfähigkeit und Hilflosigkeit geht weiter:

„*Ich legte sie auf einen kleinen Tisch, und als sie gerade daran war zu explodieren, hob ich sie rasch mit meinem Pint hoch und marschierte mit ihr im Zimmer herum. Dann zog ich ihn heraus und ließ sie auf den Händen gehen, indem ich sie an den Schenkeln hielt, um ihn hin und wieder hinein und herausschlüpfen zu lassen, was sie dann noch mehr erregte.*"

Das ging dann

„*so weiter, bis ich einen solchen Steifen hatte, daß er, sogar nachdem ich eine Ladung in sie abgeschossen hatte, wie ein Hammer dastand. Das regte sie schrecklich auf*".

Schließlich ergeht sich der Autor noch einmal in der bewundernden Feststellung, daß sein „*Schwanz*", der zwischen seinen Beinen hing,

„*ein paar Zentimeter länger als normal und bis zur Unkenntlichkeit geschwollen*" war[45].

Diese brutale, Frauen erniedrigende Sexsprache, der auf weiblicher Seite kein auch nur annähernd adäquates Pendant gegenübersteht, wird von aller Welt als große Literatur gefeiert, weil es nach wie vor Männer sind, die bestimmen, was Kunst und Literatur zu sein hat. Männer liefern die Kriterien, und Frauen, die sich gegen eine derartige Vereinnahmung wenden, werden als inkompetent bezeichnet und ausgeschlossen.

„*Eine weibliche Gegenposition kann sich in dieser Atmosphäre nicht entwickeln*",

meint die Malerin und Publizistin Gisela Breitling,

„denn was Kunst ist, wird von Männern bestimmt, und Frauen stehen unter einem Leistungsdruck besonderer Art, da sie als Exilierte in einer fremden, ihnen unangemessenen Kultur, der Männer-Kultur, leben. Die Kunst der Frauen muß vor einer männlichen Jury bestehen. Kunst der Männer jedoch nicht vor einer weiblichen...“[46]

Im Vergleich zu Henry Millers kalter, destruktiver Sexsprache wirken diesbezügliche Beschreibungen in D. H. Lawrence berühmtem Roman „*Lady Chatterly*“ geradezu romantisch, wenngleich sie sich in ihrer Aussage wenig von jener Millers unterscheiden. Auch hier ergeht sich der Autor in einer permanenten, ins Mythische erhobenen Verklärung des Phallus, in die die Geliebte freudig einstimmt:

„Aber er ist herrlich, wirklich...Ein bißchen zum Fürchten! Aber so schön, wirklich! Und er kommt zu mir“[47],

jubelt Constance Chatterly, als sich der Förster und Sozialprophet Oliver Mellors ihr in unmißverständlicher Absicht nähert. Das Mysterium des Sexus, das in diesem Roman beschworen wird, ist ebenfalls ein ausschließlich phallisches, das Sexualorgan der Frau wird lediglich vom Standpunkt seines Gebrauchswerts betrachtet:

„Bist eine gute Fud, bist du doch, nicht? Die beste Fud, die man nur finden kann auf der Erde.

Fud, das bist du da unten; und was ich bekommen, wenn ich in dir drinnen bin...“[48]

Die besondere Verächtlichmachung und Erniedrigung der Frau, ihre Mißhandlung und Folter, wie sie in pornographischen und vielfach auch erotischen Texten zum Ausdruck kommt, findet eine häufig kaum noch zu ertragende Steigerung in pornographischen Bildern, Fotos und Filmen, deren optischer Eindruck meist stärker wirkt als die Kraft der Sprache. Es seien hier vier Fotos vorgestellt, wie sie Andrea Dworkin in ihrer verletzenden Brutalität beschrieben hat:

„Das erste Foto geht über die ganze Seite. Eine weiße Frau, sehr weiße Haut, dunkles Haar, geknebelt, ihre Handgelenke mit einem Strick gefesselt, hängt mit ihren zusammengebundenen Händen an einer Elektroleitung. Ihre Beine sind gespreizt. Jedes Fußgelenk ist mit einem Strick an den Oberschenkel des jeweiligen Beines geschnürt. Sie trägt eine durchsichtige schwarze Strumpfhose, die die Beine bedeckt und bis zur Taille reicht. Sie trägt schwarze hochhackige Schuhe. Ein Arbeiter im Overall scheint eine ihrer Brüste zu Brei zu zerdrücken...Das zweite Foto...zeigt eine Frau auf dem Rücken, die Beine weit gespreizt, die Knie angezogen. Sie trägt ein schwarzes Korsett, das von der Taille bis knapp unter die Brustwarzen reicht und die Brüste fest zusammenzudrücken scheint. Sie ist geknebelt, und der Knebel ist durch eine metallische Vorrichtung verstärkt, die hinter ihrem Hals befestigt ist. Ihre über den Kopf hochgezogenen Hände sind mit weißen Ketten gefesselt, die um ihre Arme und um ihren Hals führen. Ihre an den Knien abgewinkel-

ten Beine sind mit verschiedenen Metallvorrichtungen und Gurten zusammengebunden. Wade an Schenkel; jedes Bein extra. An beiden Beinen sind so viele Metall- oder Lederfesseln, daß kaum Fleisch sichtbar ist, außer genau zwischen ihren Beinen, dem Schambereich. Ihre Fußgelenke sind aneinandergefesselt.

Das dritte Foto...zeigt die Frau an ihren Handgelenken und über ihren Ellbogen mit einem weißen Strick gefesselt, die Arme über dem Kopf, im Mund ein Knebel. Der Arbeiter im Overall grapscht nach ihrer Brust. Er nähert sich der Brust mit einer Zange. Das vierte Foto...zeigt die geknebelte Frau bis knapp unter ihren Brüsten. Auch die Hand mit der Zange ist im Bild. Die Zange scheint in ihre Brust zu schneiden..."[49]

Daß derartige, einen Lustgewinn aus der Verletzung von Frauen ziehende Gewaltpornos Hemmschwellen herabsetzen und Männer zu Gewalt an Frauen animieren, kann nicht bestritten werden. Ursula Zimmermann berichtet auf einem zum Thema „*Frauen-Gewalt-Pornographie*" im Herbst 1988 in Wien abgehaltenen Symposium von zwei Strafprozessen, die einen Frauenmord und eine Vergewaltigung mit schwerer Körperverletzung zum Thema hatten. In beiden Fällen wurde kurz vor der Tat ein „*überhöhter Pornographiekonsum*" festgestellt und in der Urteilsfindung berücksichtigt[50]. Und in einem Interview in der Zeitung „*Die Weltwoche*" vom Jänner 1992 bestätigt die feministisch orientierte Schweizer Prostituierte Brigitte Obrist, die einen eigenen Salon unterhält, die zunehmende Bereitschaft der Männer zu Gewalt und Sadismus gegen Frauen auf dem Gebiet der Prostitution und macht die steigende Zahl von Gewaltpornos dafür verantwortlich. Dem Interview vorausgegangen war eine aufsehenerregende Sendung im Schweizer Fernsehen, in der Ausschnitte aus einem derartigen Pornofilm mit sadistischen Gewaltszenen – u. a. wurden Frauen an ihren Brüsten aufgehängt und mit dampfenden Bügeleisen bedroht – einem breiten Publikum vorgeführt wurden[51].

Die Darstellung von Gewalt, Sadismus und Brutalität in der Pornographie ist allerdings weiter im Zunehmen begriffen. Die „*harmloseren*", sogenannten „*weichen Pornos*" sind immer weniger gefragt und werden von den Hartpornos verdrängt. In dem Film „*Bondage-Classic 12*" beispielsweise, dessen Produktionsfirma trotz Nachforschungen nicht festgestellt werden konnte[52], werden Frauen 120 Minuten lang auf jede nur mögliche Art und Weise durch Männer gefoltert. Sie werden an den gefesselten Armen an einen Baum gehängt und ausgepeitscht, wobei die Kamera lange und ausführlich die Striemen und mißhandelten Körperpartien zeigt, ihre Lippen und Brustwarzen werden mit Stacheldraht aufgerissen und Dornen in ihre Vagina gestoßen. Ihre Schmerzensschreie sind ausgeblendet und durch schöne Musik wie etwa sphärische Harfenklänge ersetzt. Wohl jedoch wird der Betrachter ausgiebig mit ihren schmerzverzerrten Gesichtern und schreienden Mündern konfrontiert[53].

Pornographie, für eine ausschließlich männliche Kundschaft produziert, ist Haß auf die Frau, Demütigung der Frau, Mißhandlung der Frau. Sie ist Ausdruck geheimer oder auch offen geäußerter Männerphantasien, die Sexualität mit Erniedrigung, Gewalt und dem Zufügen von Schmerz verbinden.

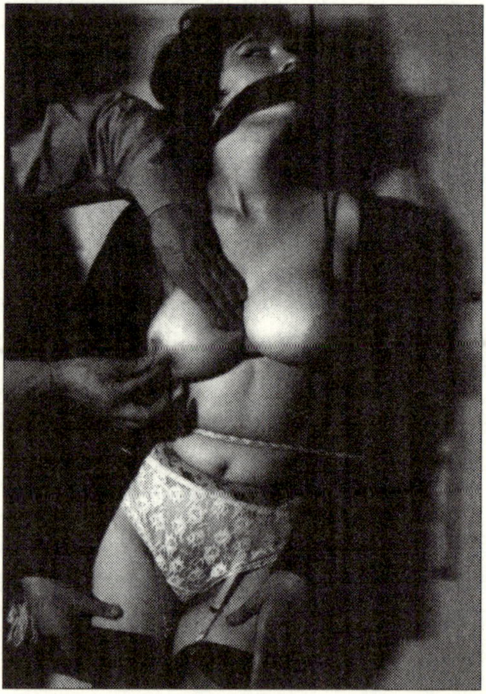

Das Entsetzen, die Wut, die Fassungslosigkeit angesichts solcher und ähnlicher Darstellungen, die manchmal auch einen letalen Ausgang haben können, führt frau zu der Frage, was Männer veranlaßt, eine offensichtliche Befriedigung angesichts der Qual, der Tortur, des Schmerzes von Frauen zu empfinden, was sie veranlaßt (und dieses Phänomen ist keinesfalls nur in der Gegenwart anzutreffen, sondern es zieht sich wie ein roter Faden durch die gesamte Geschichte), vornehmlich das Geschlecht der Frau, ihre Geschlechtsteile, zu verletzen.

Was ist es, was Männer dazu treibt, Frauen zu demütigen, sie in ihrer Sexualität zu verwunden oder diese zu beschränken bzw. auszulöschen. Warum haben es Männer offenbar nötig, aus der Erniedrigung des/der anderen, und dabei vornehmlich der Frau, eigenes Selbstwertgefühl zu beziehen, und warum können sie sich nur durch ununterbrochene Betonung ihrer eigenen Stärke, Kraft, Übermacht, für die besonders das männliche Sexualorgan steht, behaupten? Liegt hier der Schlüssel zu dem Geheimnis, warum unsere Welt so ist, wie sie ist? Liegt hier die Antwort auf die Frage, warum die gesamte patriarchale Geschichte eine Geschichte der Unterwerfung, des Sieges, der Macht, der H e r r - schaft ist? Eine Geschichte permanenter Machtdemonstrationen, aber auch eine Geschichte des Quälens, des Tötens, des Ausrottens, des Vernichtens, in der Frauen meist Opfer, kaum – und wenn, dann im patriarchalen Rahmen – jedoch Handlungsträgerinnen waren und weltweit noch sind?

Pornographie macht Männer geil, weil sie sich hier in ihren geheimsten Wünschen wiederfinden. Daß sie auch so manche Frau geil macht, ist zutiefst erschreckend und erschütternd, zeigt es doch das ganze Ausmaß ihrer entfremdeten, in vieltausendjähriger Männerherrschaft gebrochenen Sexualität, die sich aus Mangel an eigenen, weiblichen Bildern und Symbolen der fremden, männlichen bedient. Wie diesbezügliche Untersuchungen beweisen, empfinden Frauen ihre eigene sexuelle Erregung auf Frauen demütigende Pornographie als außerordentlich verwirrend und verstörend[54]. Sie fühlen sich verunsichert und können sich ihre eigenen Gefühle nicht erklären. Die Forderungen von Feministinnen, die Auswirkungen der erniedrigenden Darstellungen von Frauen in Pornographie und oft auch in der Werbung auf das Selbstwertgefühl der Frau zu erforschen, stieß bislang auf Desinteresse: Frauen sind als Forscherinnen im Bereich der Sexualwissenschaft nicht präsent.

Das Fehlen von Ausdrucksformen weiblicher Erotik verhindert weibliche Identität. Das Suchen danach hat in der Frauenbewegung wohl eingesetzt, verläuft allerdings vorläufig rudimentär, überschattet von der Auseinandersetzung mit männlicher Gewalterotik. Wenn manche Feministinnen ein weibliches Pendant zu dieser Art männlicher Erotik fordern, so geht das sicherlich am eigentlichen Problem vorbei.

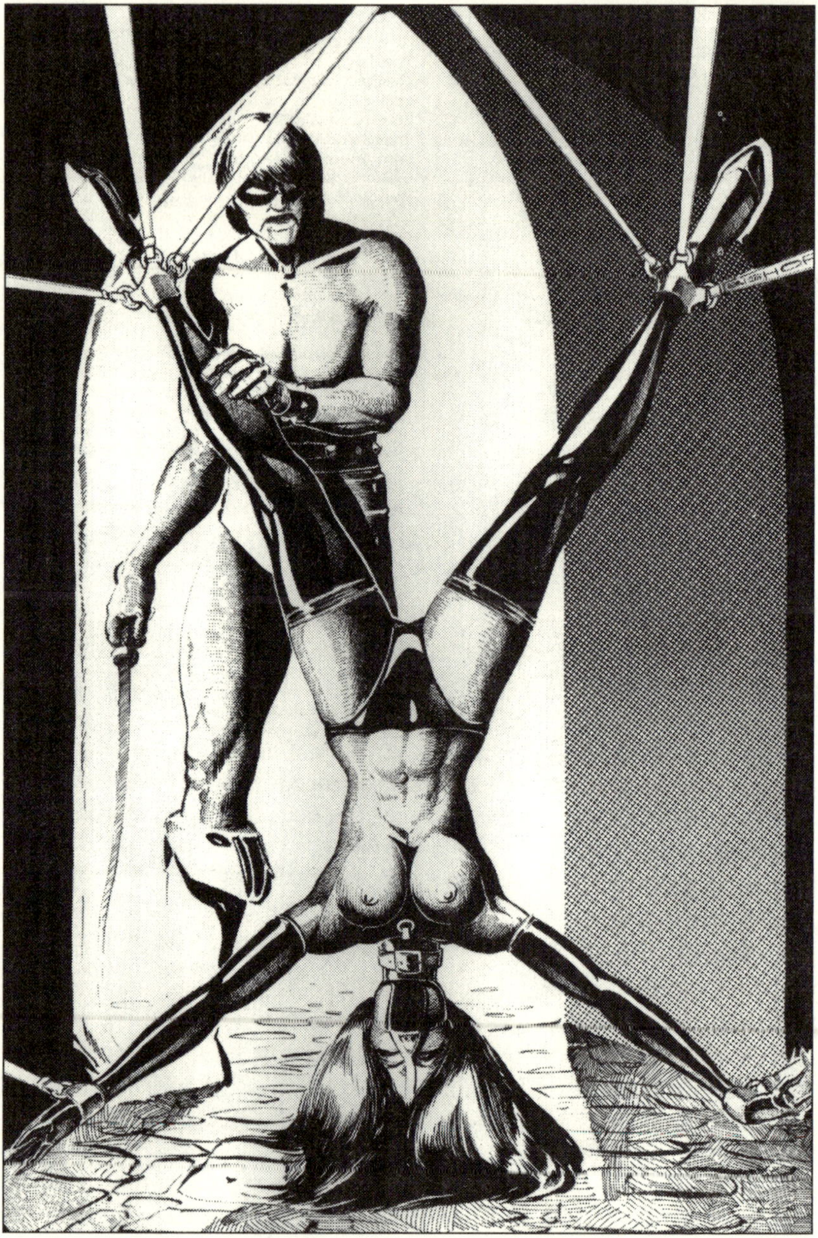

In der Pornographie wird die Frau zum reinen entpersönlichten Objekt, das gequält, geschunden und gedemütigt werden darf.

„Den Frauen zu empfehlen, als ‚Gegenmittel' ihrerseits Pornographie zu produzieren, ist absurd",

schreibt Gisela Breitling.

„Gegen Männer gerichtete sexuelle Gewaltphantasie von Frauen – das läuft auf eine besonders widerwärtige Anpassung an männliche Sexualpraktik hinaus. Es wäre die am tiefsten gehende Enteignung weiblicher erotischer Gefühle..."[55]

Andererseits wäre es ebenso verhängnisvoll, jede Form von Aggressivität aus weiblicher Erotik ausschalten zu wollen und nur die positiven, guten und zärtlichen Gefühle zu betonen. Würde das doch wieder einer Einschränkung der gesamten Gefühlsskala gleichkommen und die Frau um ihre aggressive Komponente bringen, die, entsprechend dosiert, notwendig und nützlich und ein unverzichtbarer Bestandteil menschlichen Verhaltens ist.

Die von Feministinnen ins Leben gerufene Por-no-Debatte führte zu entsprechenden Reaktionen in der Öffentlichkeit. Sie begünstigte nicht nur den im Zuge neokonservativer Strömungen einsetzenden Trend zu einer Verschärfung der Strafgesetzgebung gegen Pornographie, sondern mobilisierte auch die Linken, die für ihre in den siebziger Jahren erkämpfte Freiheit der Kunst und öffentlichen Meinung fürchten[56]. Das Wort Zensur machte die Runde und schockte alle freiheitsliebenden und liberalen Geister. Dabei muß allerdings festgestellt werden, daß sich diese Diskussionen um freie Meinungsäußerung und Kunst vornehmlich an dem orientierten, was Männer unter Freiheit in der Kunst verstehen. Waren doch Frauen als Meinungsmacher über Jahrtausende hinweg nicht präsent, sie besaßen keine Stimme, wurden nicht nur nicht gefragt, sondern von dem Prozeß einer öffentlichen Meinungsbildung rigoros ausgeschlossen.

„Die Freiheit der Kunst ist ein Phantom: Für Frauen hat es sie nie gegeben. Kunst von Frauen spielt in unserer Gesellschaft keine Rolle, sie wird marginalisiert, behindert, kaum gezeigt oder gefördert und so gut wie nicht rezipiert, in der Kunstgeschichte kommt sie nicht vor. So lange dies der Fall ist, gibt es keine Freiheit der Kunst, unterliegt sie vielmehr einer Geschlechtszensur. In Wahrheit geht es bei der Freiheit der Kunst ausschließlich um die Freiheit, die Männer meinen"[57],

so Gisela Breitling.

Pornographie, stets als abartige Entgleisung einiger weniger Männer betrachtet, beeinflußt auch den Alltag von Frauen in einem weit höheren Ausmaß als gemeinhin angenommen. Sie findet ihren Niederschlag nicht nur in der Werbung, in der Frauen häufig als passives, verfügbares und verführendes Objekt dargestellt werden, dessen Erotik mit dem Produkt sozusagen als Belohnung mitgeliefert wird, obwohl die ganze, oft an eine Prostituierte erinnernde Aufmachung der Frau im Grunde nichts damit zu tun hat. Sie zeigt sich nicht nur in Film, Fernsehen, Literatur und Kunst.

Sie prägt in gewisser Hinsicht auch die Einstellung, die Männer Frauen gegenüber ganz generell einnehmen. Pornographie, in einer verhängnisvollen Wechselwirkung Produkt der Gesellschaft und auf diese wiederum rückwirkend, dient vornehmlich einer Aufschaukelung von Frauenverachtung und Frauenhaß, von Gewalt gegen Frauen, Brutalität gegen Frauen. Sie mit dem Hinweis auf die Freiheit von Gesellschaft, Erotik oder gar Kunst zu tolerieren, bedeutet eine weitere tiefgreifende Diskriminierung und Verletzung der Würde des weiblichen Menschen.

KINDERPORNOGRAPHIE

Ein besonders scheußliches Kapitel zum Thema sexuelle Gewalt und sexueller Mißbrauch ist die Kinderpornographie. Hier werden wehrlose, von Erwachsenen abhängige Minderjährige zutiefst in ihrer Menschlichkeit verletzt und für ihr Leben geschädigt oder ruiniert. Sie werden ausgebeutet für materiellen Profit, häufig gefoltert und geschlagen, manchmal sogar getötet. Diese besondere Grausamkeit der Kinderfolter hat die Regierung in Deutschland im Frühjahr 1992 zu einem Gesetzesentwurf veranlaßt, der nicht nur Herstellung und Verkauf von Kinderpornos stärker verfolgen soll, sondern ebenso deren Besitz unter Strafe stellt. Auch in Österreich fühlten sich die zuständigen Behörden Mitte des Jahres 1992 durch das ständig steigende Angebot an Kinderpornographie und Gewaltvideos alarmiert. Denn obwohl Kinderpornographie hierzulande offiziell streng verboten ist, hat der interessierte Konsument trotzdem keinerlei Probleme, sich diese als Stammkunde in Videotheken, per Zeitungsinserat oder über einschlägige Kontaktadressen zu beschaffen. Deshalb hat auch die damalige österreichische Familienministerin Ruth Feldgrill-Zankl den bereits im Vorjahr vom Europarat eingebrachten Vorschlag aufgegriffen, den Besitz von Kinderpornos strafbar zu machen nach dem Motto: ohne Nachfrage kein Angebot. Nach anfänglicher Weigerung des Justizministeriums wurde dann Anfang März 1993 ein neuer Gesetzesentwurf vorgestellt, nach dem sowohl Tausch als auch Besitz von Kinderpornos strafbar ist oder eine entsprechende Therapie zur Folge hat. Auch Herausgeber von Zeitschriften, die einschlägige Inserate annehmen, in denen für Kinderpornographie- oder Gewaltvideos geworben wird, können in Hinkunft bestraft werden. Ein durchaus notwendiger Schritt, denn inzwischen hatten umfangreiche Recherchen von Kriminalbeamten und ORF-Journalisten ergeben, daß der Markt für Kinderpornos auch in Österreich kräftig floriert. So etwa kamen Kriminalbeamte im Juli 1992 auf die Spur eines Kaufmannes, der im großen Stil mit Kinderpornos handelte, über zahlreiche Scheinadressen, Postschließfächer und Kontaktpersonen verfügte und unter anderem auch *„harte Sachen"*, sogenannte *„Snuffs"*, anbot, das sind Filme, in denen kleine Mädchen oder Jungen vor laufender Kamera sexuell mißbraucht und dann getötet werden[58].

An Sadisten, die sich an der Qual, der Folter und schließlich sogar der Ermordung von Kindern vergnügen, ist also auch hierzulande kein Mangel. Diese Videos werden entweder eingeführt oder selbst hergestellt, ihre Vervielfältigung ist problemlos, und moderne Informationssysteme wie BTX eignen sich zu unauffälligem Vertrieb.

Die Zeitschrift *„profil"* beschreibt in einer Ausgabe vom Juni 1992 ein Videoband, das eine Interpolfahndung auslöste und einen etwa zehnjährigen Buben zeigt, der, zu einem festen Bündel verschnürt (die Arme sind mit einem Seil auf den Rücken gefesselt, ebenso sind die Knöchel zusammengebunden und eine Schlinge um den Hals ist mit den Beinfesseln verknotet), vor laufender Kamera oral und anal vergewaltigt wird. Gleichzeitig wird das Kind, das ständig den Eindruck vermittelt, als müßte es sich dabei übergeben, mit einem Ledergürtel pausenlos geschlagen[59]. Verständlich, daß die sozialdemokratische Abgeordnete zum Nationalrat, Gabrielle Traxler, in einem offenen Brief an die Zeitung *„Der Standard"* vom 9. September 1992 feststellt, sie sei nach Vorführung derartiger Szenen einen Tag mit Fieber im Bett gelegen, und dringend eine rigorose Bestrafung für alle jene fordert, die Derartiges nicht nur herstellen, sondern auch tauschen und besitzen.

Gezahlt werden für diese furchtbaren Darstellungen im Schnitt um die 2.000.– öS, wobei der Preis adäquat zu Folter und Mißhandlung steigt. Am teuersten sind die *„Todespornos"*. Ein interessierter Konsument, der den letalen Ausgang privat genießen will, muß dafür bis zu 4.000.– öS bezahlen. Hingegen werden *„normale"* Kinderpornos, die den Geschlechtsverkehr zwischen minderjährigen Mädchen und Buben oder zwischen Kindern und Erwachsenen, aber auch die orale Vergewaltigung kleiner Mädchen durch erwachsene Männer zeigen, bereits um 500.– öS angeboten.

Der Mißbrauch wehrloser Kinder wird häufig von den eigenen Eltern organisiert. Um die Familienkasse aufzubessern, werden bereits Sechsjährige an Pornofilmemacher vermietet und oft vom eigenen Vater zum Geschlechts- und/oder Oralverkehr gezwungen. Vielfach locken Männer Schulkinder auch mit Versprechungen in eine Wohnung, um sie dort vor laufender Kamera zu mißbrauchen, zu schlagen und zu quälen. So geschehen im Jahre 1990 in Wien, wo sieben- bis neunjährige Mädchen *„zu den schlimmsten sexuellen Praktiken"* gezwungen wurden, wie ein Kriminalbeamter berichtete[60]. Der Bedarf an anschaulich vorgeführter Kinderquälerei ist gewaltig – in Deutschland wird der Jahresumsatz des Kinderpornomarkts auf 400 Millionen Mark geschätzt[61]. In Österreich soll er rund 15 Millionen Schilling betragen[62]. Es handelt sich also keinesfalls lediglich um abartige Neigungen einiger weniger Außenseiter, sondern um ein umfassendes Phänomen, das einen ausgedehnten Industriezweig geschaffen hat, der bis in die bürgerlichen Wohnzimmer reicht.

Noch sehr viel schlimmer ist die Situation in den USA oder in Dritte-Welt-Ländern, wo sich Kinder nur durch Prostitution im Leben erhalten können. Organisierte Prostitutionsringe verfügen meist über eine gute Photo- und Filmausrüstung, und wenn ein Kind erst einmal in die Prostitution geschlittert ist, landet es auch bald bei der Pornographie. Die ersten zehn

Kinder, die im Covent Hause in New York, einem Asyl für weggelaufene Kinder, aufgenommen wurden, hatten durch Mitwirkung in Pornofilmen ihr Geld verdient. Auch in den USA bieten Ehepaare ihre Kinder in Pornozeitschriften für 200 Dollar pro Tag als Nacktmodell an – das ist viel Geld für arme Leute. Nach welchen Kriterien Kinderpornos angefertigt werden und woran sich die Hersteller zu halten haben, beschreibt reichlich zynisch der Schriftsteller Ron Sproat:

„*Unschuld von Kindern, Geilheit von Erwachsenen betonen. Jungen von acht bis dreizehn, Mädchen von sechs bis fünfzehn. Hervorhebung von Unbehaartheit, winzigen Geschlechtsteilen, fehlenden Titten...*“[63]

So wie sich erwachsene, aber infantil gebliebene Männer an kleinen Mädchen vergreifen, weil sie vor der reifen oder gar emanzipierten Frau Angst haben, so begeilen sich in ihrer Entwicklung zurückgebliebene und darüber hinaus sadistisch veranlagte Männer an der Qual und Folter Minderjähriger. Was ein derartiger Mißbrauch für das Kind und sein gesamtes späteres Leben bedeutet, wird vom Hersteller derartiger Filme ebenso wie vom Konsumenten nicht nur verdrängt – es ist ihm wohl auch gleichgültig.

Der internationale Frauenhandel

Der Handel mit Frauenkörpern, den es gibt, seit das Patriarchat existiert, erhielt durch die internationalen Verflechtungen und die zunehmende Diskrepanz zwischen armen und reichen Ländern eine neue Dimension. Frauen aus den Ländern der Dritten Welt oder den ehemaligen Ostblockstaaten verkaufen ihren Körper in den reichen Industrienationen, meist werden sie durch skrupellose Händler dazu gezwungen. Der internationale Frauenhandel, wie er etwa ab den siebziger Jahren des 20. Jahrhunderts im großen Stil floriert, ermöglicht neuerlich alte, zumindest in den westlichen Industriestaaten überwunden geglaubte, extrem frauenfeindliche Praktiken. Sie zeigen mit absoluter Deutlichkeit, wie wenig die Gleichstellung der Frau, ihre rechtliche und menschliche Emanzipation in die tieferen Bewußtseinsschichten der meisten Männer eingedrungen ist. Der Frauenkauf gibt dem reichen weißen Mann aus den Industrieländern wiederum Gelegenheit, sich seines Überlegenheitsgefühls dem weiblichen Geschlecht gegenüber zu versichern. Die mit Geld erworbene Frau aus armen Staaten soll sein Bedürfnis nach Macht befriedigen, ihre Armut, ihre Hilflosigkeit, ihr Ausgeliefertsein dienen der Bestätigung seiner Omnipotenz. Sie soll ihn für all die unausstehlichen, selbständigen Emanzen des Heimatlandes, mit denen er nicht zurechtkommt, entschädigen. Um diese Tatsache zu verschleiern und seine Unterdrückung zu rechtfertigen, spielt er sich häufig als Wohltäter auf nach dem Motto: Die sollen froh sein, daß sie überhaupt im reichen Westen leben dürfen. Oder aber er unterstellt diesen Frauen in guter alter Gewohnheit, sich freiwillig und freudig prostituieren zu wollen.

Ein gutes Beispiel, mit welch ungeheurem Zynismus hier vorgegangen wird, bietet die Werbung für den mit dem Frauenhandel in unmittelbarem Zusammenhang stehenden Prostitutionstourismus. In einschlägigen Reiseführern und Werbekatalogen werden die Mädchen in den Sex-Zentren von Bangkok und Manila nicht nur als käufliche Ware angeboten, sondern es wird darüber hinaus dem potentiellen männlichen Kunden auch noch suggeriert, diesen Frauen mache ihre eigene sexuelle und sonstige Ausbeutung Spaß.

So etwa werden in der im Monika-Dülk-Verlag erschienenen Publikation mit dem Titel „*Manila: Sexparadies für Männer*“ Frauen mit der üblichen, die Realität völlig verfälschenden Ignoranz als dummes, naives und verführerisches Sex-Objekt dargestellt, dem angeblich nichts mehr Spaß macht, als dem zahlenden Kunden in allen seinen Wünschen dienstbar zu sein. Kein Hinweis des Autors auf die Armut und soziale Not dieser Frauen, auf ihre bedrückenden Lebensverhältnisse, die nur allzuoft mit Alkohol und Drogen erträglicher gemacht werden müssen, auf ihre im Elend lebenden Familien, Eltern, Geschwister, die häufig auf den Verdienst der Tochter angewiesen sind. Mann beschwert sein Gewissen nicht mit derart unangenehmen Dingen, das würde das Vergnügen stören, und gerade dafür hat frau ja zu sorgen.

Es werden Frauen statt dessen ausschließlich als Sexkatzen präsentiert und die nötige Gebrauchsanweisung erklärt, wie man sich diesen Sex am besten nutzbar machen kann:

„Machen Sie dem Mädchen Komplimente zu ihrer Schönheit, ...laden Sie sie dann auch zu einem Lady-Drink ein...Zeigen Sie ihr...Zuneigung, durch Händchenhalten, Streicheln, zärtliche Blicke und ein Küßchen...“

Der Lohn für derartige Aufmerksamkeiten folgt auf dem Fuß, denn bald kann

„die aufreizende Schönheit der Mädchen, die fröhliche Atmosphäre und die Ungezwungenheit des Zusammenseins...ein ‚Potenz-Potential‘ erwecken, das ‚Mann‘ in Deutschland noch gar nicht kannte oder bereits verloren glaubte“[1].

Aber auch das Mädchen würde Sex mit welchem Mann und unter welchen Umständen auch immer vorbehaltlos genießen:

„Die Filipina ist eine zärtliche Geliebte, die Sie streicheln und küssen wird, aber auch von Ihnen viele Liebkosungen erwartet, um zu sinnlicher Hochform aufzulaufen.“

Ist diese jedoch erreicht, so wird der erfolgreiche Freier

„bei der Vereinigung...spüren, wie auch das Mädchen die Liebe genießt und sich immer wieder zum Höhepunkt treiben läßt“.

Im Grunde kann sie natürlich nicht genug davon bekommen, denn nach einer kurzen Pause *„hat meist auch ihre Partnerin schon wieder Appetit“*[2]. Die vulgäre, Frauen erniedrigende Sprache ist ebenso abstoßend wie die männliche Eitelkeit, der allen Ernstes weisgemacht wird, Frauen seien ein Apparat, der unterschiedslos nach einem angemessenen Vorspiel mit Orgasmus reagiert.

Wie sehr die Vorstellung von der allzeit bereiten Asiatin zum allgemeinen Klischee gehört, zeigt das Beispiel des Branchen-Riesen Hans Günter Menger, der eine der größten deutschen Heiratsagenturen leitete und sich im Juli 1990 wegen des Verdachts der Vergewaltigung von zwei Thailänderinnen vor Gericht zu verantworten hatte. Menger gab zu, mit beiden Frauen Geschlechtsverkehr gehabt zu haben, von Gewalt allerdings könne nicht die Rede sein, sei es doch gar nicht möglich, Thailänderinnen zu vergewaltigen, denn: *„Die tun es immer – entweder aus Liebe oder für Geld“*. Was in diesem Fall seinen Eindruck auf den Richter verfehlte: Menger wurde wegen Vergewaltigung und Steuerhinterziehung zu insgesamt 10 Jahren Haft verurteilt[3].

Die Sexindustrie in den Entwicklungsländern, vor allem in Thailand und auf den Philippinen, macht den Tourismus, von dem diese Länder sehr stark abhängig sind, für Männer erst so richtig attraktiv. Sie gründet sich auf erniedrigte, ausgebeutete, in ihrer Menschenwürde verletzte Frauen, die keinesfalls den Löwenanteil am Gewinn verdienen, sondern diesen den multinationalen Tourismuskonzernen und den Besitzern einschlägiger Lokale überlassen müssen, während ihnen selbst meist wenig bleibt. Es ist das allgemein bekannte und praktizierte Schema, das hier wie anderswo zur Anwendung kommt: Frauen werden in Abhängigkeit gehalten, verunsichert und häufig unter Anwendung von Gewalt für eigene – männliche – Ziele ausgenützt.

Neben dem Prostitutions-Tourismus bedient sich vor allem der Frauenhandel dieser Methode. Hier werden Frauen von Zuhältern oder Verbrecherbanden oft unter dem Deckmantel von Agenturen und mit falschen Versprechungen bezüglich gut bezahlter seriöser Jobs oder der Möglichkeit einer Heirat ins Ausland gelockt, wo sie dann in Animierbetrieben oder Bordellen zur Prostitution gezwungen werden, häufig nicht einmal ein Taschengeld erhalten, während sich die Kuppler an den verkauften Körpern dieser Frauen bereichern.

Von einem Frauenhandel großen Stils wurde die Öffentlichkeit via Medien und Polizeiberichten bereits in den dreißiger Jahren unseres Jahrhunderts informiert, als die Verbrechen des Ex-Sizilianers Salvatore „*Lucky*" Luciano, der sich auf Rauschgifthandel und Sexualsklaverei spezialisiert hatte, Schlagzeilen machten. In seinen zahlreichen Bordellen hatte er etwa 10.000 Mädchen versklavt, gefoltert, mit Rasierklingen oder wie beim Vieh durch eingebrannte Initialen gekennzeichnet. Teilweise wurden die Frauen auch umgebracht. Luciano konnte schließlich verhaftet und zu einer Gefängnisstrafe von 30 Jahren verurteilt werden[4].

Europäische Mädchen für Wüstenscheichs

Auch in den fünfziger und sechziger Jahren war der Mädchenhandel ein internationales Problem. Allerdings fand er damals vornehmlich in umgekehrter Richtung statt: Weiße Mädchen wurden als besonders begehrte Ware an die reichen Wüstenscheichs und Ölmagnaten in Asien und Afrika verschachert. Zu diesem Zweck hatten sich ausgedehnte Syndikate gebildet, die ihr Geschäft von den großen Hauptstädten Europas sowie vornehmlich von Beirut und Hongkong aus betrieben.

Stephen Barley hat in seinem Buch „*Sex Händler*" die Methoden dieser Mädchenringe ausführlich beschrieben. Danach erwähnte bereits 1956 Francine Lefèbre, Mitglied der französischen Nationalversammlung, in einem Bericht die große Zahl vermißter französischer Mädchen und meinte weiter, daß viele von ihnen von Mädchenhändlern verschleppt worden waren, die auf den *„weißen Sklavenmärkten"* Nordafrikas, Südamerikas und des Mittleren Ostens hohe Preise für sie erzielten. Tatsächlich verschwanden in den ersten zehn Jahren nach dem Zweiten Weltkrieg 181.715 französische Staatsbürger, hauptsächlich Frauen, und 122.762 davon blieben verschollen[5].

Eine besonders beliebte Methode der Sexhändler, zu Mädchen zu kommen, bestand in der Abwerbung von Tänzerinnen gastierender Ballettgruppen durch dubiose Agenten. Sie versprachen den Mädchen bessere Verdienstmöglichkeiten, Karriere und ein sorgenloses Dasein, während diese dann tatsächlich in irgendeinem Bordell in Asien oder Afrika verschwanden. Wie etwa jene österreichische Tänzerin, die unter dem Namen Violetta Duval in Beirut aufgetreten war, bevor sie als verschollen gemeldet wurde. Schließlich berichtete eine dürre Pressenotiz, daß sie sich in einem Beiruter Nobelviertel aus einer im fünften Stock gelegenen Wohnung eines arabischen Kaufmannes gestürzt hatte und auf der Stelle tot gewesen sei. Polizeiliche Nachforschungen ergaben, daß sie verschleppt worden war und nach mehreren gescheiterten Fluchtversuchen zu jenen Sexsklavinnen Beiruts gehört hatte, die um einen hohen Preis an Ölscheichs vermietet wurden[6].

Mit Selbstmord beendeten viele ausgebeutete Mädchen ihr qualvolles Dasein. Auch die 21jährige französische Friseurgehilfin Marcelle Garnero, die Anfang der sechziger Jahre von einem gutaussehenden Mann überredet worden war, in Abidjan an der Elfenbeinküste als Hotel-Empfangsdame zu arbeiten, hat sich umgebracht, nachdem sie zur Prostitution gezwungen worden war. Nachforschungen des Vaters führten zu einer Agentenbande, die etwa 100 Mädchen in die Sexualsklaverei nach Abidjan geschickt hatte und dabei einen Tagesprofit von schätzungsweise 8.000 Nouveaux Francs einstrich. Als schließlich einer der Drahtzieher, ein gewisser Dominique Maestracci, gefaßt wurde, fiel seine Bestrafung lächerlich gering aus: Lediglich drei Jahre Gefängnis mußte er abbüßen und einen vergleichsweise geringen Betrag von 20.000 Francs bezahlen[7].

Manche Frauen endeten auch im Wahnsinn, wie die 27jährige Französin Evelyne Valadier, die bei einem Aufenthalt in Algier in ein Bordell verschleppt worden war. Nach ihrer Flucht wurde sie in verschiedenen Kliniken psychiatrisch behandelt, galt jedoch als unheilbar geistesgestört, worauf im November 1963 der Pariser *„Carrefour"* die Vermutung äußerte, daß von den vielen abgängigen Französinnen, die sich in algerischen Bordellen befinden, ein Viertel geisteskrank sei[8].

Auf die Tatsache eines *„weißen Sklavenhandels"* und entsprechenden Handlungsbedarf wurde auch auf dem Interpol-Kongreß in Rio im Jahre 1965 hingewiesen[9]. Vor allem englische Mädchen, die einen erheblichen

Anteil am steigenden Show-Business-Export hatten, seien gefährdet. Die Sexualsklaverei blühte aber auch in England selbst. So machten etwa um dieselbe Zeit sogenannte „*battery girls*“ von sich reden, deren Name sich von den „*battery hens*“, den in engen Käfigen eingesperrten Hühnern der modernen Geflügelzucht, ableitete. Auch diese Mädchen wurden in käfiggleichen Kammern der Slums gefangengehalten und außerdem – so wie die Hühner mit Mastfutter – mit Drogen und Alkohol regelmäßig gedopt, um sie damit einsatzfreudig zu halten[10].

„Dritte-Welt-Frauen“ für Europäer

Die unmenschlichen Praktiken, die Frauen wie Tiere oder Leibeigene behandelten, setzten sich in den kommenden Jahrzehnten fort. Auch die heutigen Methoden in den sogenannten zivilisierten Ländern unterscheiden sich wenig von jenen der Dritten Welt in den fünfziger und sechziger Jahren. Auch bei uns werden ausländische, unter falschen Versprechungen angelockte Frauen ihrer einfachsten menschlichen Würde beraubt und einer brutalen Ausbeutung unterworfen. Das Schema dabei ist stets das gleiche: Zuerst wird ihnen vom Anwerber Geld geliehen, um das Flugticket und das Visum zu bezahlen. Dann, nach ihrer Ankunft in einem fremden Land, wird ihnen unter irgendeinem fadenscheinigen Vorwand erklärt, daß der in Aussicht gestellte Posten als Kellnerin, Krankenschwester, Sekretärin oder Tänzerin leider bereits vergeben sei, weshalb sie, um ihre Schulden abzahlen zu können, auf andere Art und Weise Geld verdienen müßten. Diese angebotene Alternative heißt dann meist Prostitution. Um sie dafür gefügig zu machen, werden sie durch Drohungen unter Druck gesetzt, es werden ihnen der Paß und das Rückflugticket abgenommen, häufig werden sie mißhandelt, geschlagen, unter Drogen und Alkohol gesetzt, bis sich die eingesperrten, eingeschüchterten, der Sprache und der gesellschaftlichen Verhältnisse in einem fremden Land unkundigen Frauen schließlich dazu bereiterklären. Manche von ihnen haben auch in ihrem Heimatland die Prostitution bereits ausgeübt und wissen, daß sie dasselbe im Gastland erwartet. Aber sie wissen nicht unter welchen Bedingungen. Natürlich erhoffen sie sich im reichen Westen einen besseren Verdienst, ein schöneres und angenehmeres Leben. Statt dessen wird ihnen ihre Freiheit genommen, sie werden in totaler Abhängigkeit gehalten und bekommen häufig mit dem Hinweis, ihre Kredite, die in der Regel einer zehnprozentigen Verzinsung unterliegen, abzahlen zu müssen, lediglich Unterkunft und Verpflegung.

Die Vermarktung der Frau aus Dritte-Welt-Ländern erfolgt allerdings nicht nur als Sex-, sondern auch als Dienstleistungsobjekt. In der über Versandkataloge gekauften Ehefrau findet sich beides vereint, sie soll die diesbezüglichen Erwartungen des weißen Mannes aus dem reichen Land erfüllen, denn dafür hat er ja gezahlt. Daneben werden dann noch ausländische Frauen häufig als Dienstmädchen importiert, die illegal und schlecht entlohnt in europäischen Nobel-Haushalten arbeiten, meist keine Sozialversicherung haben und aufgrund ihrer Illegalität und Rechtlosigkeit vom Wohlwollen ihrer Arbeitgeber abhängig sind. Nach Angaben des Pressesprechers des Arbeitsamtes in Nürnberg arbeiteten 1988 etwa 200.000 illegale AusländerInnen in der damaligen BRD, davon ungefähr 12.000 Filipinas[11]. In Österreich wurde der Fall einer ausländischen Hausgehilfin bekannt, die aufgrund ihrer Schwangerschaft mittellos und ohne einen Groschen Geld vor die Tür gesetzt wurde. Sklavenähnlich wurden auch zwei Filipinas in der arabischen Botschaft in Wien gehalten. Sie waren völlig isoliert, hatten Ausgehverbot und sind schließlich an einem Winterabend ohne Schuhe geflüchtet[12].

Das Geschäft mit Frauen bringt jedoch nicht nur der Ersten Welt billige Arbeitskräfte und preiswert zu benutzende Frauenkörper, es bringt auch den Dritte-Welt-Ländern Deviseneinnahmen durch den Sextourismus und hilft den armen Familien zu überleben, weil sich die Töchter aus ihrer sozialen Verantwortung heraus verpflichtet fühlen, ihre Angehörigen finanziell zu unterstützen. Vor allem für philippinische Frauen stellt die Unterstützung ihrer Familienangehörigen ein wesentliches Motiv dar, im In- oder Ausland der Prostitution nachzugehen oder über ein Heiratsvermittlungsinstitut einen ausländischen Mann zu heiraten. Nach Angaben der Regierung in Manila schicken die philippinischen Arbeitnehmerinnen im Ausland jedes Jahr durchschnittlich 60 Millionen Dollar nach Hause. Beinahe das vierfache, nämlich 230 Millionen Dollar, erhält die Dominikanische Republik von ihren im Ausland arbeitenden StaatsbürgerInnen. Das ist so viel, wie das Land sonst nur noch durch den Export des wichtigsten Rohstoffs der Insel, nämlich Zucker, verdient[13].

Die Anwerbungspraktiken verlaufen unterschiedlich. Entweder die Anwerber reisen in ländliche Regionen, um dort die Mädchen und deren Familien von den Vorteilen einer Arbeit und/oder Heirat im Ausland zu überzeugen. Häufig werden die Töchter dabei ihren Eltern regelrecht abgekauft, und der Preis, der in bar hinterlegt wird, dient als überzeugendes Argument für die ernsthaften Absichten der Bewerber. Oder aber viele Frauen wandern eigenständig in die Metropolen ab, wo sie dann mit speziellen Büros Kontakt aufnehmen, die auf die Vermittlung von einheimischen Arbeitskräften in das Ausland spezialisiert sind. Frauen können aber auch über einzelne Männer, die ein Freundschafts- oder Liebesverhältnis vortäuschen, in das Ausland gelockt und dort an eine Bar oder ein Bordell verkauft werden. Vor allem ausländische Bar- und Bordellbesitzer bedienen sich häufig dieser Methode, um frische „*Ware*" für ihre Etablissements herbeizuschaffen.

Neben Frauen aus Thailand, den Philippinen, der Dominikanischen Republik, Süd-Korea, Kenia, Ghana und Brasilien sind es in jüngster Zeit vor allem jene aus den ehemaligen Ostblockländern, die im reichen Westen unter häufig unzumutbaren Bedingungen ihren Körper und/oder ihre Dienstleistung verkaufen. Am 19. Februar 1992 meldete die Austria Presse Agentur die Zerschlagung eines internationalen Mädchenhändlerringes in Ternitz, Niederösterreich. 117 Ungarinnen, Tschechinnen und Österreicherinnen wurden hier nach dem Bericht eines Ternitzer Kriminalbeamten *„wie Tiere gehalten"*[14]. Sie besaßen kein eigenes Geld und mußten um Zigaretten und Kleider betteln. Vermietet wurden sie an Bordelle und Barbetriebe der Umgebung, wo sie als Geheimprostituierte arbeiteten. Darunter auch eine Fünfzehnjährige, bei der die Beamten eine *„Stricherlliste"* fanden, aus der hervorging, daß sie in einer einzigen Nacht 14 Freier bedienen mußte. Das große Geschäft machte dabei ein 37jähriger Ungar namens György Szilagy, der die Frauen aus Ungarn und der damaligen ČSFR mit dem Versprechen, 50 Prozent ihrer Einnahmen für den Eigenbedarf verwenden zu dürfen, nach Österreich gelockt hatte. Aus der versprochenen Teilung wurde natürlich nichts, denn Szilagy streifte 100 Prozent ein, was ihm mit sieben Mädchen innerhalb von vier Monaten immerhin etwa 400.000 Schilling einbrachte, während die Frauen leer ausgingen. Beschweren durften sie sich nicht, sonst wurde gleich mit Abschiebung und Schubhaft gedroht. Statt dessen wurde ein Mädchen an einen Ternitzer Kellner verkauft, der um 30.000 Schilling die *„Rechte"* erwarb, sie für sich auf den Strich zu schicken[15].

Ein weiterer spektakulärer Fall von Frauenhandel flog im Oktober 1992 in Wien auf. Und zwar wurden sechs 19- bis 25jährige Rumäninnen in einer Wohnung in Döbling eingesperrt, die sie, außer zum Arbeiten, nicht verlassen durften. Während die übrigen Frauen, eingeschüchtert durch die Drohungen der Zuhälter, nicht auszusagen wagten, berichtete eine einzige beherzte unter ihnen, der *„Kopf"* der Bande, ein gewisser Emilian S., habe sie mit dem Versprechen, als Tänzerin arbeiten zu können, bereits im Herbst 1991 nach Wien gebracht. Dort wurden ihr nicht nur die Dokumente abgenommen, sie wurde außerdem gezwungen, von ihrem Verdienst als Geheimprostituierte die Hälfte an die Barfrau und 40 Prozent *„Schutzgeld"* an Emilian S. abzuliefern, der auf diese Art und Weise allein durch sie in wenigen Monaten rund 150.000 S einnahm[16].

Ein Zentrum des Prostitutionstourismus und Frauenhandels ist neben Bangkok und Manila auch die Dominikanische Republik. In der Karibik ist die Dominikanerin ein Synonym für Prostituierte. Aber auch in einigen europäischen Ländern wie der Schweiz, Holland oder Italien verdächtigen die Einwanderungsbehörden jede dominikanische Frau, eine Prostituierte zu sein, weshalb sie an den Grenzen diskriminierenden Kontrollen ausgesetzt wird[17]. Ein besonders tragischer Fall, der die Aufmerksamkeit der breiten Öffentlichkeit erstmals auf den ausgedehnten internationalen Frauenhandel in der Dominikanischen Republik lenkte, ereignete sich im Jahr 1985. Damals sind 28 junge dominikanische Prostituierte auf dem Transport von der französisch-niederländischen Insel St. Martin zur Nachbarinsel St. Thomas in einem verschlossenen Container, der über ein einziges Luftloch verfügte, auf grauenvolle Art und Weise erstickt[18].

Der internationale Heiratshandel

Die allgemeine Verfügbarkeit der Frau als Sex- und Dienstleistungsobjekt drückt sich auch im internationalen Heiratshandel aus, der in legalisierter Form die sexistische Vermarktung der Frau betreibt. Männer, die sich auf diese Art und Weise eine Ehefrau verschaffen, möchten damit jene patriarchalen Vorstellungen von der Unterwürfigkeit und Dienstbarkeit der Frau befriedigen, die ihnen die emanzipierten Frauen des Westens nicht mehr erfüllen wollen. Das weiße Herrentum kann bei den armen asiatischen oder afrikanischen Frauen, die in einem fremden Land mit einer fremden Kultur, fremden gesellschaftlichen Verhältnissen und keinen oder geringen Sprachkenntnissen völlig von ihrem Ehemann abhängig sind, noch einmal so richtig hervorgekehrt werden.

Der Warencharakter der zu vermittelnden Frauen wird in den Werbestrategien der Heiratshändler deutlich. Die Frau, das zu kaufende Produkt, wird angepriesen wie ein Waschmittel, ihre Vorzüge entsprechen den sexistischen und rassistischen Klischees, die sich Männer gerne machen: So sind natürlich alle Asiatinnen schön, verführerisch, zärtlich, anschmiegsam und erfahren im Sex, daneben aber auch häuslich, familiär, anpassungsfähig, anspruchslos und dankbar. Im Magazin „*Asiatinnen*", das in Österreich gedruckt, aber im ganzen deutschen Sprachraum verbreitet wird, findet sich folgende, (fast) jeden Mann begeisternde Beschreibung:

„Sie (die Asiatin) lächelt statt zu streiten. Sie nimmt eine Arbeit an, statt sich bei ihm über das knappe Haushaltsgeld zu beschweren. Vor allem: sie liebt und achtet ihren Ehepartner von Herzen und unterscheidet sich damit von jenen Evas in unserem Lande, die nur heiraten, um jemanden zu haben, den sie während der Ehe oder nachher zur Kassa bitten können."[19]

Erfüllt die Frau dann derartige, durch entsprechende Nacktfotos unterstützte Erwartungen nicht, ist die Enttäuschung groß. Der von unseren „*Evas*" frustrierte Mann fühlt sich geprellt und gibt natürlich der Frau die Schuld. Denn selbstverständlich hat sie in punkto Partnerschaft und Ehe keine Erwartungen zu haben, sie hat diese lediglich zu erfüllen. Dafür hat er gezahlt. Die Zahlungskraft des Mannes berechtigt ihn zu jeder Form von se-

Ausländische Frauen werden mit Nummern versehen
(runde, weiße Plaketten auf der Kleidung) zur Auswahl angeboten.

xuellen, emotionalen und haushälterischen Versorgungsansprüchen. Die Frau, das gekaufte Geschlecht, hingegen hat keine Ansprüche an die Liebesfähigkeit des Mannes zu stellen. Das uralte Schema funktioniert wieder einmal perfekt. Hier liegen die eigentlichen Wurzeln nicht nur für die Unterdrückung der Frau, sondern auch für die Verformung des Mannes. Männer fühlen sich wenig genötigt, Gefühle, Zuneigung zu entwickeln und zu zeigen, und wenn, dann lediglich als Draufgabe sozusagen, denn daß sie zahlen, für den Unterhalt sorgen, ist ja eigentlich schon genug.

Der internationale Heiratsmarkt, der vor allem philippinische, aber auch viele thailändische Frauen vermittelt, begann in den siebziger Jahren zu florieren und stellt heute eine ständig expandierende Geschäftssparte dar, die Verflechtungen zu Reisevermittlungs- und Tourismusgeschäften aufweist. Laut „Frankfurter Rundschau“ wurden von den etwa 60 in der alten BRD existierenden Heiratsvermittlern in den Jahren zwischen 1985 und 1990 12.000 Asiatinnen „*an den Mann*“ gebracht[20]. In Österreich gab es in etwa demselben Zeitraum „*nur*“ rund 500 solche gemischte Hochzeiten[21], doch ist auch hier die Heiratsrate im Steigen begriffen.

Die Methoden, zu einer Frau zu kommen, sind dabei verschieden. Entweder kann der interessierte Kunde seine Zukünftige per Katalog aussuchen, wobei meist ein Foto die übrigen Daten zur Person ergänzt, oder aber er kann die Frau, die bereits per Abruf bereit steht, persönlich kennenlernen. Vielfach bieten Heiratsvermittlungsbüros auch ein „*Vollservice*“, das die Reise in das Herkunftsland der Braut bzw. auch ihre Einreise miteinschließt.

Häufig ist in dem umfangreichen Angebot eine Heirats- oder „*Geldzurück*“garantie enthalten, das heißt, dem Kunden wird sein Geld refundiert, soferne die Ehe nicht zustandekommt. Auch ein Übersetzungsservice sorgt für die Übersetzung selbst intimer Liebesbotschaften und ein weiteres Service übernimmt die Erledigung sämtlicher Heiratsformalitäten inklusive Bereitstellung der Trauzeugen. Von einem besonders entwürdigenden Angebot berichtet die 1990 gegründete Aktionsgemeinschaft gegen internationale und rassistische Ausbeutung(agisra): Danach stellte ein Heiratsvermittlungsbüro ein „*einzigartiges Arzt-Service*“ zur Verfügung, um die Braut nach Wunsch auf ihre Jungfräulichkeit untersuchen zu lassen[22].

Der Preis für eine „*Katalogbraut*“ bewegt sich je nach Vermittlungsweg und Angeboten in Deutschland zwischen 5.000.– und 12.000.– DM. Eine Agentur versprach 1.000 Adressen von Filipinas für nur 79.– DM, und für 149.– DM ein halbes Jahr lang monatlich 100 „*frischeste Angebote*“[23]. In Österreich sind Frauen für 1.000 bis 30.000 Schilling zu haben[24].

Doch gibt es auch noch andere Möglichkeiten für den durch unsere Emanzen verschreckten Mann, zu seiner Traumfrau zu kommen: Entweder er deckt seinen Bedarf auf einer sogenannten „*marriage tour*“, einer Urlaubsreise mit dem Ziel, eine Ehefrau zu finden. Oder er bahnt eine Bekanntschaft über einen „*Pen-Pal-Club*" (Brieffreundschaftsclub) an. Vor allem die erste Methode erfreut sich dabei größter Beliebtheit. Nach einer Untersuchung aus dem Jahre 1987 fanden 50 Prozent der Eheanbahnungen in der ehemaligen BRD auf diese Art und Weise statt[25].

Die Übergänge vom Heiratshandel zum internationalen Frauenhandel und damit zur Prostitution sind oft fließend. So etwa werden von manchen Vermittlungsbüros die Frauen nicht ausreichend darüber informiert, was sie im Ausland erwartet. Zum Beispiel wissen sie oft gar nicht, daß den männlichen Interessenten in der Regel ein dreimaliges Umtauschrecht eingeräumt wird – sind sie mit der Auserwählten nicht zufrieden, können sie diese nach einer zweiwöchigen Probezeit gegen eine andere austauschen. Kann hingegen die Frau innerhalb von drei Monaten – der Dauer ihres Touristenvisums – keine Entscheidung treffen, wird sie dazu gezwungen oder aber auf eigene Kosten, und damit hochverschuldet, in ihr Heimatland zurückgeschickt. Auch werden die wenigsten davon in Kenntnis gesetzt, daß sie per Katalog angeboten und regelrecht gekauft werden. Manchmal bedienen sich auch Zuhälter der Heiratsvermittlungsbüros, um sich auf diese Art und Weise „*Nachschub*" zu verschaffen. Außerdem mehren sich die Fälle, in denen Ehemänner ihre Frauen zur Prostitution zwingen und ihre Einnahmen einstreichen[26].

Arbeits- und Lebensbedingungen ausländischer Frauen

Die Bedingungen, unter denen ausländische Frauen leben und arbeiten, sind zumeist äußerst schwierig. Als Prostituierte sind sie einer doppelten Diskriminierung unterworfen: zum einen aufgrund ihres Gewerbes und zum anderen aufgrund ihrer Situation als Ausländerin. In Deutschland ist die diesbezügliche Gesetzeslage uneinheitlich und je nach Stadt verschieden. Während z.B. in Berlin ausländische Prostituierte geduldet sind, ist Ausländerinnen in anderen Städten die legale Ausübung des Prostitutionsgewerbes verboten[27]. Einen bemerkenswerten Entscheid traf in dieser Hinsicht die Kölner Stadtverwaltung. Sie erteilte aufgrund eines nichtöffentlichen Runderlasses des Innenministers, laut einer Pressenotiz aus dem Jahre 1988, ausländischen Prostituierten im Einzelfall eine Aufenthaltserlaubnis bis zu einem halben Jahr mit der Begründung, daß

„*durch die Anwesenheit ausländischer Prostituierter nach den vorliegenden Umständen die Gefahr von Notzuchtdelikten herabgesetzt und ein weiterer Schutz von Minderjährigen erreicht werden kann*"[28].

Die alte Doppelmoral, die auf der einen Seite Prostitution diskriminiert und in den Untergrund schickt, auf der anderen Seite jedoch in ihrer Ventilfunktion schätzt, feiert hier fröhliche Auferstehung. Die Folge dieser unsicheren Gesetzeslage ist ein Ansteigen der Geheimprostitution und eine teilweise totale Abhängigkeit dieser Frauen von ihren Zuhältern, denen sie auf Gedeih und Verderb ausgeliefert sind, da jedes Eingreifen der Polizei ihre Abschiebung zur Folge haben kann. Viele Frauen dürfen nicht einmal ihre Wohnung selbständig verlassen und müssen ohne geregelte Arbeitszeit ihren Kunden Tag und Nacht zur Verfügung stehen, haben daher wenig Schlaf und keinerlei Privatleben.

In Wien, wo sich ausländische Prostituierte auch registrieren lassen können, gibt es nach offiziellen Schätzungen mindestens drei- bis viermal soviel Geheimprostituierte wie Registrierte, darunter etwa 33 Prozent ausländische Frauen. Allein in den über 100 Wiener Animierbetrieben arbeiten nach Angabe der Polizei 40 bis 60 Prozent ausländische Frauen[29]. In der ehemaligen BRD arbeiteten nach Schätzungen aus dem Jahr 1988 zweihundert- bis vierhunderttausend Frauen im sexuellen Dienstleistungsbereich, von denen in manchen Städten wie etwa Frankfurt fast 50 Prozent ausländische Prostituierte waren[30].

Ausländische Geheimprostituierte sind allerdings nicht nur häufig der Willkür ihrer Zuhälter ausgeliefert, sie stellen sich meist auch preisgünstiger zur Verfügung als ihre inländischen Kolleginnen. Während etwa in Wien der Kunde für eine halbe Stunde Geschlechtsverkehr mit Kondom zwischen 300 und 500 Schilling bezahlen muß, erhalten ausländische Frauen vor allem im Bereich des Straßenstrichs dafür zwischen 50 und 100 Schilling. Das führt wiederum zu einer Verschärfung der Konkurrenzsituation und macht inländische Prostituierte erpreßbar, mit ihren Preisen ebenfalls herunterzugehen[31].

Wie sehr diese Frauen unter ihren physischen und psychischen Belastungen leiden, zeigt der steigende Alkohol- und Drogenkonsum, der ihnen helfen soll, diese Situation zu ertragen. Vor allem Animiermädchen, die für einen entsprechenden Getränkeumsatz zu sorgen haben, sind häufig Alkoholikerinnen.

Das spezielle Ausbeutungsverhältnis, in dem diese Frauen stehen, wird bei einer Auflistung jener Personen deutlich, die an ausländischen Prostituierten verdienen. Das sind vor allem die Agenten und Vermittler, bei denen die Frauen meist hoch verschuldet sind und denen sie laut agisra in Deutschland oft bis zu 15.000 DM für Vermittlungsgebühren und Flugticket zurückzahlen müssen, des weiteren Bar-, Club- und Bordellbesitzer, denen sie häufig bis zu 60 Prozent ihres Einkommens überlassen müssen. Besonders profitieren von den Einnahmen der Frauen auch die Zuhälter, an die der Löwenanteil abzuliefern ist. Ebenso kassieren Männer, die sich für eine Ehe zur Erlangung einer Aufenthaltserlaubnis zur Verfügung stellen, beträchtliche Beträge, die in Deutschland eine Höhe von 10.000.– DM erreichen können[32]. Ein weiterer Nutznießer ist nicht zuletzt der Staat, der von

Prostituierten Steuern einzieht, ohne ihnen jedoch entsprechende Sozialversicherungen zu gewähren.

Ist die Situation der ausländischen Prostituierten meist durch ein Abhängigkeitsverhältnis vom Zuhälter oder Barbesitzer gekennzeichnet, so jene der ausländischen Ehefrau durch die Abhängigkeit vom Wohlwollen des Gatten. Wie Interviews vor allem mit philippinischen Ehefrauen und teilweise auch deren Männern in Australien, der Schweiz und der ehemaligen BRD ergeben haben[33], besteht in der Regel eine starke rechtliche, wirtschaftliche und soziale Abhängigkeit der Heiratsmigrantin von ihrem Ehemann. Sprachbarrieren und zum Teil eine völlige Unkenntnis der Kultur und gesellschaftlichen Situation des Industrielandes verstärken dieses Abhängigkeitsverhältnis, das durch das Verhalten der Männer häufig eher unterstützt statt verringert wird. Weil sich der Ehemann vor allem eine Frau wünscht, die sich mit sexuellen Dienstleistungen und Hausarbeit voll und ganz auf ihn konzentriert, ist er auch nicht besonders daran interessiert, ihr den Kontakt zur Außenwelt zu erleichtern. Manche Männer hindern ihre Frauen nicht nur an einer Berufsausübung, sondern auch an der Möglichkeit, die Landessprache zu lernen oder Kontakt mit Einheimischen ebenso wie mit Landsleuten aufzunehmen[34], wobei das Klischee von der naiven, dummen und anspruchslosen Asiatin in keiner Weise der Realität entspricht: Tatsächlich haben vor allem Filipinas oft eine bessere Berufsausbildung als ihre Ehemänner[35]. Außerdem ist wenig bekannt, daß die Frauenbewegung auch in Afrika, Asien und Lateinamerika an Boden gewinnt und vor allem auf den Philippinen zu einem gut organisierten Widerstand gegen die sexuelle und finanzielle Ausbeutung der Frau geführt hat.

Es wundert nach all dem keinesfalls, daß etwa 50 Prozent dieser arrangierten Mischehen unglücklich verlaufen[36]. Daß sich trotzdem nur wenige Frauen scheiden lassen, liegt an ihren finanziellen und gesellschaftlichen Verhältnissen. Denn zum einen ist ihre Heimatfamilie häufig auf die Geldüberweisungen der Tochter angewiesen, zum anderen würde eine Rückkehr nach gescheiterter Ehe einen Gesichtsverlust bedeuten. (Eine Aufenthaltsgenehmigung kann in Deutschland erst nach fünf Jahren beantragt werden, in Österreich können Frauen, die mit einem österreichischen Mann verheiratet sind, nach einem Aufenthalt von mindestens vier Jahren die österreichische Staatsbürgerschaft beantragen; die Dauer der Ehe muß davon ein Jahr betragen[37].) Außerdem bieten sich in ihrer Heimat kaum Möglichkeiten, die häufig hohen Schulden zurückzahlen zu können.

Ein wesentlicher Grund, warum ausländische Frauen unter oft unzumutbaren Bedingungen eine Ehe aufrechterhalten, sind auch die Kinder. Ist doch die Chance für eine Ausländerin, das Sorgerecht für ihr Kind zu erhalten, wesentlich geringer als für eine inländische Frau. Die unsicheren wirtschaftlichen Verhältnisse der Mutter, die schlechten Lebensverhältnisse in ihrem Heimatland veranlassen die Behörden meist, das Kind dem Vater zuzusprechen, was von diesem wiederum als Druckmittel verwendet werden kann, um die Frau in der Ehe zu halten. Welchen Repressionen ausländische, mit einem Inländer verheiratete Frauen häufig ausgesetzt sind, zeigt der hohe Prozentsatz von Ausländerinnen, die in den Frauenhäusern Hilfe und Schutz suchen. Obwohl die in Illegalität lebenden ausländischen Frauen aufgrund des Meldegesetzes nicht aufgenommen werden können, beträgt der Ausländerinnenanteil in den Wiener Frauenhäusern trotzdem 50 bis 70 Prozent [38].

Gesetze gegen den Frauenhandel sind eigentlich Gesetze gegen Frauen

Die speziellen Diskriminierungs- und Ausbeutungsverhältnisse, denen Frauen aus Dritte-Welt-Ländern in der Ersten Welt unterliegen, ergeben sich einerseits aus der frauenverachtenden Haltung patriarchaler Systeme und andererseits aus den speziellen Ausbeutungsstrategien, die diesen Systemen zugrundeliegen. Darum sind auch alle Gesetze und Maßnahmen, die sich gegen den Prostitutionstourismus und Frauenhandel wenden, eigentlich gegen die schwachen, ausgebeuteten Frauen gerichtet und nicht gegen jene Männer und – zumeist von Männern geführten – Syndikate, die wirklich davon profitieren. Der Warencharakter der Frau, wie er durch Werbung und Medien ständig unterstrichen wird, läßt die Verträge der Heiratshändler, in denen die Frau wie jedes Handelsgut umgetauscht und, soferne sie nicht gefällt, wieder zurückgegeben werden kann, als „*normal*“ erscheinen. Frauenverachtende Werbung wie etwa jene, die Philippininen „*jetzt noch zum Sommerpreis*“ vermittelt oder Annoncen lanciert, daß „*Sie bei uns Ihre Partnerin bis zu dreimal umtauschen*“ können[39], wird anstandslos hingenommen. Daß ein durch solche und ähnliche Aussagen vermitteltes Frauenbild in seiner Würdelosigkeit zum Mißbrauch geradezu herausfordert, ist einsichtig. Frauen mit dem Image einer Ware können auch als solche behandelt werden, das „*Umtauschrecht*“ wird jedem x-beliebigen, finanziell potenten Mann zugesichert. Denn mit seinem Geld hat er sich auch das Recht erworben, über Frauen zu verfügen. Es ist diese offen geäußerte oder unterschwellig bestehende Ansicht, die das Sex-Geschäft und den Frauenhandel so lukrativ macht und eine frauenfeindliche Gesetzgebung überhaupt ermöglicht. Wird der Frauenschacher von der Polizei aufgedeckt, kommen vorerst einmal die betroffenen, als Geheimprostituierte arbeitenden Frauen in Schubhaft und werden dann, mittellos wie sie sind, in ihr

Heimatland abgeschoben. Der – zumeist flüchtenden – Sexhändler habhaft zu werden, erweist sich bereits als wesentlich schwieriger, und selbst wenn sie gefaßt und verhaftet sind, scheitert ihre Verurteilung oft am Beweisnotstand, weil die dazu notwendigen Zeuginnen häufig bereits abgeschoben wurden oder derart eingeschüchtert sind, daß sie keine Aussagen gegen ihre Peiniger wagen. Die Bestrafung dieser Zuhälter und Händler fällt daher meist ausgesprochen milde aus und steht in keinem Verhältnis zu ihrem eigentlichen Verbrechen.

In der Unwissenheit und Hilflosigkeit der Frauen, die aufgrund ihres traditionellen Unterdrückungsstatus nie gelernt haben, sich zu wehren, liegt eine weitere Ursache für ihre Ausbeutbarkeit. Dazu kommt ihre wirtschaftliche Zwangslage, die sie dazu treibt, selbst die unverschämtesten Forderungen anzunehmen. So etwa wird das an und für sich gesetzeswidrige Zurückbehalten von Paß und Flugticket, mit dem viele Frauenhändler die Mädchen in ihre Abhängigkeit bringen, zumeist widerspruchslos akzepiert.

Die Forderungen von Menschenrechtsgruppen und Frauenorganisationen beziehen sich daher vor allem auf eine gesetzlich abgestützte Besserstellung von Ausländerinnen, die als Entwurzelte zu betrachten sind und denen aus diesem Grund ein ganz besonderer Schutz zu gewähren ist. Alle repressiven, einseitig gegen die ge- und verkauften Frauen gerichteten Maßnahmen müßten daher abgelehnt und statt dessen Gesetze erlassen werden, die eine eigenständige Rechtstellung und Existenzsicherung dieser Frauen im jeweiligen Land ermöglichen. Vor allem die Praxis der Abschiebung von Zeuginnen wird beanstandet, da auf diese Art und Weise die eigentlichen Schuldigen häufig nicht zur Rechenschaft gezogen werden können. Weiters wird der Aufbau von Anlauf- und Informationsstellen für betroffene Frauen empfohlen, wo sie in Notsituationen Hilfe und Beistand finden. Auch wird ein eigenständiges, vom Ehegatten unabhängiges Aufenthaltsrecht gefordert, um Frauen nicht in die Zwangslage zu versetzen, eine Ehe aufrechterhalten zu müssen, weil sie bei einer Scheidung (bzw. auch dem Tod des Ehemannes) in die Heimat zurückgeschickt werden.

All dieser Anregungen und Forderungen zum Trotz berechtigen jedoch die neuen, verschärften Einwanderungs- und Asylgesetze diesbezüglich zu wenig Hoffnung. Das alte, seit Jahrtausenden praktizierte Verbot der Prostitution, das in diesem Fall u. a. durch verschärfte Einreise- und Grenzkontrollen die Ausübung der Prostitution für Ausländerinnen zunehmend kriminalisiert, wird die Lage der Frauen lediglich verschärfen und sie in einem noch weit größeren Ausmaß den Ausbeutungspraktiken der Sexhändler ausliefern. Denn der Bedarf an Frauenkörpern wird sich selbst durch die schärfsten Polizeikontrollen nicht verringern lassen, und alle jene, die davon in erster Linie profitieren, werden Frauen noch härteren Bedingungen unterwerfen, um diesen Markt zu befriedigen. Es zeigt sich hier wie anderswo, daß Frauen endlich aus ihrer Passivität und Verfügbarkeit heraussteigen und ihr Leben selbst bestimmen müssen. Denn obwohl diese Frauen mit dem Entschluß, ihren drückenden Armutsverhältnissen zu entfliehen und für sich und ihre Heimatfamilien durch Migration bessere Lebensbedingungen zu schaffen, ein durchaus aktives und selbständiges Handeln beweisen, sind sie durch die Situation, die sie in den reichen Industrieländern erwartet, trotzdem meist völlig überfordert. Daß hier, um entsprechende Veränderungen zu erzielen, von offiziellen Stellen ganz andere Maßnahmen angestrebt, die Hebeln ganz woanders angesetzt werden müßten, hat der Männerstaat noch immer nicht begriffen.

Ausverkauf der Frau heute

Eine entwürdigte, diffamierte, mißhandelte und käufliche weibliche Sexualität ist allerdings nicht nur Voraussetzung für die Prostitution, sie sichert nicht nur den florierenden Handel mit Pornographie – der Ausverkauf der Frau als frei verfügbares und allzeit bereites Sexualwesen findet darüber hinaus täglich und stündlich statt. Nicht nur die Medien und öffentlichen Meinungsmacher verbreiten nach wie vor das Bild der appetitlich angerichteten Frau, die ständig darauf zu warten scheint, von einem Mann *„vernascht"* zu werden. Auch im realen gesellschaftlichen Leben haben sich Frauen meist immer noch an den Bedürfnissen der meist mächtigeren und finanziell potenteren Männer zu orientieren, die sich ihrerseits der sexuellen und sonstigen Dienstleistungen der Frauen bedienen. Männer haben sich an diese grundsätzliche Verfügbarkeit der Frau so sehr gewöhnt, daß es ihnen nur noch auffällt, wenn diese ausbleibt. Wenn sie das obligate, einladende, verstehende Lächeln vermissen beispielsweise, mit dem jede Frau, die Erfolg haben will, ausgestattet ist. (Männer hingegen fühlen sich weit weniger genötigt, damit ihre grundsätzliche Kooperationsbereitschaft kundzutun.) Oder auch, wenn Frauen nicht helfen und verstehen, sondern bestimmen und fordern. Und zwar nicht in dem für Frauen immer noch weitgehend abgesteckten und meist unwichtigeren und auch weniger lukrativen sogenannten weiblichen Bereich, sondern in den eigentlichen männlichen Machtzentren und Schlüsselpositionen. Hat es dann eine Frau geschafft, als seltene Ausnahme in wirkliche Machtpositionen aufzusteigen, orientierte sie sich vornehmlich über männliche Kriterien, kaum an eigenen, weiblichen. Denn das würde eine Zerschlagung, eine Auflösung dieses Männerstaates bedeuten – und davon sind wir immer noch sehr weit entfernt.

Der Ausverkauf der Frau vollzieht sich also nicht nur im sexuellen Bereich, sondern er umfaßt die ganze Bandbreite menschlicher Existenz. Weil der Geld- und Machtträger Mann die Kriterien und Maßstäbe festlegt, nach denen unsere Weltordnung funktioniert, hat die Frau ihre eigenen Kriterien und Maßstäbe entweder weitgehend aufzugeben oder doch den männlichen unterzuordnen, will sie in dieser Welt einigermaßen akzeptabel überleben. Häufig hat sie sich die männliche Weltanschauung auch zu eigen gemacht – was ihrer beruflichen und sonstigen Karriere sicher dienlich ist.

Weibliche Erotik als anregendes Verkaufsprodukt

Wie sehr die Frau zum schmückenden, dekorativen Beiwerk degradiert wird, zeigt sich in einer, wenn auch häufig überspitzten, der Realität nicht ganz entsprechenden Form in Film, Fernsehen und in den Printmedien. Besonders auffallend jedoch ist das klischeehafte, vereinfachende, unbewußte Atavismen ansprechende Bild der Frau in der Werbung. Verstand, Durchsetzungsvermögen, Persönlichkeit sind hier wenig gefragt, statt dessen dominiert sie als Schmuckstück und Luxusgegenstand des Mannes, dessen Sozialprestige sie durch Schönheit und Attraktivität erhöht. Davon abgesehen ist sie durch Hilflosigkeit, Naivität und Dummheit gekennzeichnet, und verfestigt damit das Stereotyp der Abhängigkeit der Frau vom Mann. Häufig wird sie als kulinarische Zutat für irgendwelche teuren oder weniger teuren Produkte serviert, manchmal wird sie diesem Produkt sogar gleichgesetzt, wie es etwa folgender Werbetext veranschaulicht:

„Eine Farfisa Orgel ist wie eine schöne Frau...geschmackvoll und sensibel... Jede hat Rhythmus im Leib...Jede ist eine angenehme Gefährtin...Jede ist wohlproportioniert...Jede hat Chic...“[1]

Natürlich sind die Sexualattribute der Frau ein bewährtes Mittel, um auf ein Produkt aufmerksam zu machen. Häufig wird sie auch in einzelne Körperteile zerlegt, ihr Busen und ihr Po, ihre Beine und ihre Hüften, ihr (schwellender) Mund und große, (sehnsuchtsvolle) Augen werden zu Versatzstücken, die das entsprechende Warenangebot attraktiv zu machen haben. In einer von Elisabeth Neumann 1981 veröffentlichten Untersuchung der Zeitschriften „*Brigitte*“, „*Freundin*“, „*Bunte*“, „*Stern*“ und „*Playboy*“ spiegelte sich in mehr als der Hälfte aller dargestellten Frauentypen das Stereoty „*Sexualität der Frau*“ wider[2]. Auch der Anteil der im Haushalt gezeigten Frauen war mit 11,5 Prozent relativ hoch[3]. Die berufstätigen Frauen hingegen stellen in der Werbung nach wie vor eine Minderheit dar, und wenn, dann sind sie in Sozial- und Dienstleistungsberufen anzutreffen, als Krankenschwester, Sekretärin, Lehrerin oder Bankangestellte. Die weibliche Intellektuelle hingegen ist in der Werbung ein Kuriosum geblieben – oder sie kommt überhaupt nicht vor. Intellektuell, tatkräftig, aktiv und erfolgreich ist hier nur der Mann. Obwohl dieses Rollenklischee keinesfalls der Wirklichkeit entspricht – immerhin sind zum Beispiel in Österreich etwa 40 Prozent aller Frauen berufstätig –, formt und festigt es alte Anschauungen und Werte und verhindert eine neue Bewußtseinsbildung.

Nicht ganz so undifferenziert und klischeehaft, aber auch durch geschlechtsspezifische Rollenbilder geprägt, ist das Frauenbild, wie es uns in Film und Fernsehen gegenübertritt. Hier ist nach einer umfangreichen Studie, die Erich Küchhoff in der ehemaligen BRD 1975 über einen Zeitraum von sechs Wochen angestellt hat, die typische Fernsehfrau entweder die

Diese Werbung für eine Wiener Modehaus-Kette
stellt mit ihrem Text eine eindeutige Assoziation zu einem nackten
weiblichen Oberkörper, also „oben ohne" her, die durch die spärliche,
leicht verrutschte Stoffbekleidung noch verstärkt wird.
Für den Kauf eines Produkts – in diesem Fall Kleidung – wird
gleichzeitig die Sexualität der Frau quasi mitgeliefert.

entsexualisierte Hausfrau und Mutter, oder aber die schöne, junge, sexualisierte Frau, die letztendlich irgendwann im Ehehafen landet[4]. Auch die im Auftrag des österreichischen Wissenschaftsministeriums von Christine Leinfellner ausgearbeitete Untersuchung, die in der Zeit vom 7. Jänner bis zum 23. Juni 1980 vierzehn repräsentative Programmtage erfaßte, zeigt die Frau vornehmlich entweder als kulinarisch angerichteten Appetithappen oder mütterliche Hausfrau. Intelligenz und Beruf sind weniger wichtig: Nur in sechs verschiedenen Berufen wurden Frauen, in 24 verschiedenen Berufen jedoch Männer gezeigt[5]. Wesentliche Bereiche des Frauenlebens wurden nicht thematisiert, Probleme wie etwa Mehrfachbelastung fast nie behandelt. Darüber hinaus wurde das alte geschlechtsspezifische Rollenklischee präsentiert: Männer stellten mehr Forderungen und trafen mehr Entscheidungen in der Partnerschaft als Frauen. Diese förderten die berufliche Karriere ihres Partners, umgekehrt jedoch fand keine Förderung statt. Männer sprachen mit der Partnerin über ihren eigenen Beruf, aber nicht jenen der Partnerin. Hingegen unterhielten sich Frauen mit dem Partner über dessen Beruf, nie jedoch über den eigenen. Frauen erschienen als passiv, Männer als aktiv. Frauen wurden nie aggressiv gezeigt, Männer sehr wohl[6].

Wie bei einem derartigen Ergebnis nicht anders zu erwarten, waren darüber hinaus Frauen auch bei der Gestaltung der untersuchten Sendungen nur zu einem geringen Anteil beteiligt: Bei den Non-Fiction und Nachrichtensendungen waren weniger als ein Viertel aller Redakteure weiblich[7], Quiz-Sendungen hingegen wurden ausschließlich von Männern gestaltet[8]. Auch unter den 42 erkennbaren Autoren der Fiction (Sendungen mit Spielhandlung) gab es sechsmal so viele Männer wie Frauen, während unter den 31 Regisseuren keine einzige Frau entdeckt werden konnte[9].

Wir können getrost feststellen, daß sich weder im Hinblick auf das Frauenbild noch auf die aktive Gestaltung in den letzten Jahren allzuviel verändert hat. So etwa berichtete die österreichische Tageszeitung „Der Standard" am 28. Juli 1993 von diesbezüglichen Untersuchungen der Assistentin am Institut für Unternehmensführung der Wiener Wirtschaftsuniversität, Barbara Ecker, deren Analysen der Werbespots im Österreichischen Fernsehen nach wie vor als ideale Werbefrau die Hausfrau, Mutter oder sexuell verfügbare Frau herausgearbeitet hatten, die, passiv und schutzbedürftig, stets der Unterstützung des Mannes bedarf. Lediglich bei der Präsentation von Sendungen dürften inzwischen mehr Frauen anzutreffen sein. Und ab und zu mischt sich jetzt eine unternehmungslustige Kommissarin zwischen die billigen Huren und unterwürfigen Sekretärinnen in den Kriminalfilmen. Auch ansonsten ist vielleicht hie und da eine durchaus als normal zu bezeichnende, weil mit Intelligenz und gesundem Menschenverstand ausgezeichnete Frauenfigur auf den Fernsehschirmen zu sehen, die noch andere als Beziehungsprobleme zu beschäftigen vermag, Existenzprobleme vielleicht oder gar ein erkenntnistheoretisch-wissenschaftliches Problem. Aber hier sind wir bereits an den absoluten Grenzen einer nach wie vor überwiegend von männlichen Autoren und Regisseuren gestalteten Vorstellungswelt angelangt: Denn das autonome, kreative, neue Erkenntnisse erschließende Denken gehört immer noch dem Mann.

Von der fehlenden Emanzipation des Mannes

Die gekaufte Frau, die ihren Anspruch auf Eigenständigkeit und Weltgestaltung freudig für die vom Mann gebotene finanzielle Sicherheit und sein Prestige hingibt und sich willig zum schmückenden Beiwerk eines männlichen Autonomieanspruchs deformieren läßt, begegnet uns nicht nur zum Klischee verfestigt in den Medien, sie ist auch, wenngleich wesentlich differenzierter, in der Realität anzutreffen. Die Abhängigkeit vom männlichen Geld und die größtenteils daraus resultierende Anpassung an männliche Normen gehört zur Lebenswirklichkeit der meisten Frauen in unserer Gesellschaft.

Daß Männer Frauen kaufen, ist „*normal*", es gehört zum guten Ton und ist dem gesellschaftlichen Prestige der Frau nicht abträglich. Wenn umgekehrt jedoch Frauen Männer kaufen, verraten sie damit einen unschönen weiblichen Charakter und bewirken den Verlust des männlichen Selbstwertgefühls. Der Charakter des kaufenden Mannes hingegen ist keinesfalls unschön, er dokumentiert damit vielmehr wertvolle Fähigkeiten wie Tüchtigkeit, Können und Ansehen. Daß auch die Frau ihren Versorgungsstatus unter Umständen als entwürdigend empfinden kann, ist im gängigen Moralkodex weniger deutlich festgeschrieben. So etwa befinden sich Männer, die Frauen für eine Versorgungsehe „*kaufen*", damit absolut im Einklang mit den allgemeinen Moralvorstellungen, Frauen, die Männer in gleicher Weise für sich dienstbar machen, gelten nicht nur als Unikum, sie sind darüber hinaus höchst suspekt und der betroffene (Haus-) Mann ist ausgesprochen bemitleidenswert.

Diese Doppelmoral setzt sich in den sogenannten kleinen Dingen des Alltags fort und bewirkt auch hier ein Machtgefälle, die Dominanz des einen Geschlechts über das andere. So etwa ist es immer noch üblich, daß der Mann in einem Restaurant für das Essen der Partnerin bezahlt – jede Umkehrung dieser Verhältnisse hat in den meisten Fällen eine tiefe Beeinträchtigung des Mannesstolzes zur Folge.

Sicherlich ist nicht jeder Mann so stur und eingefahren wie ein – anonym bleiben wollender – Wiener Universitätsprofessor, dem eine Bekanntschaft mit einer Frau nur bei Wahrung seines diesbezüglichen Geld-Monopols wertvoll erschien, und der bei Aufkündigung desselben (die Partnerin wollte nach mehreren, gemeinsam genossenen und von ihm bezahlten Abendessen mit einer Gegeneinladung antworten) das Handtuch warf. (Die Autorin berich-

Auch hier wird die sexualisierte, halbnackte oder spärlich bekleidete Frau mit dem Produkt sozusagen mitverkauft. Obwohl weder Möbelplatten noch McDonald's-Restaurants das geringste mit weiblicher Sexualität zu tun haben, wird dem potentiellen Kunden suggeriert, er könne diese gleichzeitig mit dem Produkt erwerben.

tet hier aus eigener Erfahrung.) Doch zeigt dieses Beispiel den allgemeinen Trend: Geld wird zum Potenzersatz. Wer nicht zahlt, ist kein Mann. Auch daß der zahlende Mann mit seinem Geld im Grunde niemals den Schutz der Frau gewährleisten wollte und will, sondern lediglich die Zementierung seines Machtverhältnisses beabsichtigt, geht aus diesem Beispiel deutlich hervor: Die hier angedrohte Zwangsbeglückung (ob sich eine Frau das Essen bezahlen lassen will oder nicht, muß doch wohl ihr selbst überlassen bleiben), hat absolut nichts mit Geben zu tun, sondern mit Usurpation.

Diese teilweise ins Kuriose abgleitende Wichtigkeit, die Männer ihrem Status als zahlende Partner beimessen, zeigt sich auch noch auf andere Art und Weise. So etwa kommt es gar nicht so selten vor, daß eine – vielleicht in diesem Fall finanzkräftigere – Frau ihrem Partner vor einem gemeinsamen Restaurantbesuch das hiefür nötige Geld zusteckt, damit er dann vor dem Zahlkellner sein Gesicht wahren kann.

Männer kaufen Frauen, weil sie nicht lieben können oder wollen. Geld ist ein einfacher und bequemer Koordinator, es stellt unverbindlich Beziehungen her, um sie ebenso unverbindlich zu lösen. Unter das Geld des zahlenden Mannes sind alle Frauen zu subsumieren, sie werden beliebig austauschbar. Gleichzeitig unterstellen sie sich damit einseitigen Machtverhältnissen. Denn Männer können mit ihrem Geld in Bezug auf die Frau verfahren wie sie wollen – Frauen können das meist noch immer nicht, weil sie damit gegen den männlichen Moralkodex verstoßen (siehe Beispiel oben), für den Geld männlich ist, weil Geld Macht bedeutet, und Macht ist männlich.

Gleichzeitig jedoch verrät dieses einseitige Festhalten an der finanziellen Übermacht auch eine tiefe Unsicherheit und menschliche Verarmung. Denn Geld ist nicht nur Herrschaftsinstrument des Mannes, es ist auch Krücke. Nimmt frau ihm seine Geld-Macht, fühlt mann sich verunsichert, vielleicht verwundbar, möglicherweise sogar Gefühlen ausgeliefert, eventuell auch aufgerufen, andere Qualitäten in sich zu entwickeln und in eine Beziehung einzubringen, solche, die sich vielleicht mit „*menschlich*" umschreiben lassen und die ihm bislang dank seiner Funktion als zahlender Partner überflüssig erschienen. Denn Beziehungsarbeit ist immer noch Sache der Frau, wer hingegen ein richtiger Mann ist, der zahlt! Hier ist wahrscheinlich die tiefere Ursache zu suchen, warum so viele Männer an dem „*Privileg*", für Frauen bezahlen zu dürfen, hartnäckig festhalten. Bricht doch mit dem Verlust der „*Versorgungspflicht*" der Frau ein Weltgebäude zusammen. Denn wozu rackert sich der brave Familienvater schließlich ab von früh bis spät, leistungsbewußt, mit verkümmerten Gefühlen, wenn die Frau dann das erwirtschaftete Eigenheim, den Schmuck und die Pelze samt einem bezahlten Abendessen nicht mehr schätzt, weil sie sich vielleicht das eine oder andere oder möglicherweise sogar alles zusammen selbst anschafft? Die selbständige, finanziell unabhängige oder vielleicht sogar stärkere Frau ist eine Bedrohung für den Mann, der das hilfesuchende, anlehnungsbedürftige Weibchen für sein Selbstwertgefühl braucht. Hier erweisen sich Frauen als grundsätzlich stärker, weil für ihr Selbstwertgefühl nicht die Unterlegenheit des Mannes notwendig ist. Daß sie aus einem instinktiven Wissen über die diesbezügliche Schwäche des Mannes heraus ihre Unterlegenheit häufig spielen oder aber sich tatsächlich unterwerfen lassen, um eine Beziehung zu retten, ist ein weiterer Beweis weiblicher Unsicherheit und Fixiertheit auf den Mann und mag nicht unwesentlich zur weltweiten Unterdrückung der Frau beigetragen haben.

Von einer fehlenden Emanzipation des Mannes im psychosozialen Bereich spricht auch die Philosophin und Psychologin Carola Meier-Seethaler[10]. Die „*emotionale Infantilität des patriarchalen Mannes*" führt nach ihr zur Abhängigkeit von der Frau auf emotionalem Gebiet, wofür er sich durch gesellschaftliche Unterdrückung rächt.

„*Den brillanten Errungenschaften unserer rationalen Kultur steht die Unfähigkeit zur Bewältigung emotionaler Probleme gegenüber, die Hilflosigkeit angesichts psychischer Leiden, Alter und Tod und die Unfähigkeit, mitmenschliche Beziehungen offen und partnerschaftlich zu gestalten.*"[11]

Auch der deutsche Tiefenpsychologe Wilfried Wieck beschreibt in seinem Bestseller „*Männer lassen lieben*"[12] sehr selbstkritisch und offen die Unfähigkeit der Männer, Beziehungsqualitäten herzustellen, und ihr diesbezügliches Angewiesensein auf die Frau.

„*Es geht nicht an,...daß die weibliche Hälfte der Menschheit weiterhin allein für die psychische Stabilität der ganzen Menschheit zuständig bleibt, während die Männer kindisch führen und kämpfen.*"[13]

Wieck spricht von der Sucht des Mannes nach der Frau, die sich aus seiner eigenen, emotionalen Schwäche ergibt:

„*Die Sucht nach der Frau hat die Männer im Griff, bevor sie beginnen könnten, sich gegen diese Unterstellung zu wehren oder darüber zu philosophieren. Sie hat den Menschen Mann als ganzen erfaßt. Immer will er alles von der Frau... Wenn wir als Mann süchtig nach der Frau sind, dann benutzen wir sie bedenkenlos für die Befriedigung unserer Sucht...In der Männerwelt ist die Frau kein Wesen mit Bewußtsein und einer personalen Identität. Im Patriarchat hat sie kein Recht auf ein vom Manne unbeschädigtes Leben, sie wird wie ein Ding betrachtet, wie ein Stück Natur. Süchtig danach sein heißt achtlos, gierig und vergeßlich sein. Von Freude und Dankbarkeit für das Geschenk der Anwesenheit spüren wir in unserem Teil des Universums wenig, von Solidarität gar nichts. Die Frau wird benutzt als Bollwerk gegen Einsamkeit, Sinnlosigkeit und Zerstörungsimpulse...*"[14]

Es geht also nicht nur um die Emanzipation der Frau, es geht auch um jene des Mannes. Fehlende Emanzipation jedoch verhindert die volle und ganze Menschwerdung und schafft Abhängigkeiten zwischen den Geschlechtern.

Die emotionale Unreife des Mannes führt allerdings nicht nur zur Ab-

Der Ausverkauf der Frau findet täglich statt. Mit weiblicher Sexualität werden die besten Geschäfte gemacht. Die weibliche Fleischbeschau an den Kiosken lockt fast ausschließlich Männer an.

hängigkeit von der Frau im emotionalen Bereich. In dieser, einseitig rationalen, im zwischenmenschlichen und partnerschaftlichen Bereich versagenden männlichen Geisteshaltung können auch die Wurzeln für die weitreichende Naturzerstörung und die grausamen, die gesamte Geschichte des Patriarchats bestimmenden Kriege gesucht werden.

Der Krieg als der eigentliche Ausdruck von Barbarei, menschlicher Unfähigkeit und menschlichem Versagen ist eine Domäne des Mannes. Meier-Seethaler nennt ihn eine

„neurotische Fehlentwicklung der menschlich-männlichen Kultur, welche das angeborene Triebpotential in den Dienst der Zerstörung stellt“[15].

Ausgetragen wurden Krieg und Zerstörung jedoch immer vornehmlich auf den wehrlosen Leibern von Frauen und Kindern, weshalb die Frage berechtigt ist, wie lange es Frauen noch hinnehmen werden, in entsetzlichen Kriegen von Männern gequält, vergewaltigt, zusammen mit ihren Kindern vertrieben und getötet zu werden. Wie lange sie es hinnehmen, daß ihre Väter, Brüder, Männer und Freunde, die sie lieben, sich gegenseitig abschlachten und verstümmeln. Wie lange sie tatenlos zusehen, daß Länder verwüstet, Städte zerstört werden und wie lange sie sich mit einer Rolle zufrieden geben, die ihnen den Status eines Opfers abseits des eigentlichen Geschehens zuweist.

Die Funktion der Frau im Krieg zeigt sich deutlich in der allgemeinen Medien- und Fernsehberichterstattung: Frauen sind hier die Vertriebenenopfer, die Flüchtlingsopfer, die Vergewaltigungsopfer, und dann werden sie noch gezeigt, wenn sie um ihre toten Lieben weinen.

Da ein Reifungsprozeß des Mannes nach vieltausendjährigen Kriegsgreueln nicht in Sicht zu sein scheint, müssen Frauen versuchen, ihren diesbezüglichen Einfluß auszuweiten und die Dinge selbst in die Hand zu nehmen. Denn daß Frauen – sei dies nun biologisch bedingt oder durch ihre Sozialisation – selbst unter den Bedingungen patriarchaler Verhältnisse bei Konflikten eher bereit sind, andere Lösungsmöglichkeiten als Krieg und Gewalt zu bevorzugen wie Männer, steht außer Zweifel. So etwa votierten bei der Entscheidung, ob die Iraker mit militärischer Gewalt aus Kuwait zu vertreiben seien, die fünf Prozent Frauen im amerikanischen Kongreß mit 17 zu 11 Stimmen gegen den Krieg. (Insgesamt hatte sich der Kongreß mit 250 zu 183 Stimmen dafür ausgesprochen.) Auch in der amerikanischen Bevölkerung befürworteten 82 Prozent der Männer, aber nur 58 Prozent der Frauen diesen Krieg. Einen ebensolchen Trend fand Tom W. Smith von der Universität von Chicago aus Umfragen und Stellungnahmen der letzten 50 Jahre: Frauen votierten weit weniger für Gewalt als Männer. Selbst der Vorschlag, Vergewaltigung mit dem Tod zu bestrafen, wurde von mehr Männern als Frauen befürwortet[16].

Daß allerdings auch Frauen über ein – durchaus notwendiges – Aggressionspotential verfügen und dieses bei gegebenem Anlaß auf vernünftige Art und Weise einsetzen sollen, hat Margarete Mitscherlich in ihrem Buch „*Die friedfertige Frau*" schlüssig dargestellt. Doch haben sich nach Mitscherlich diese weiblichen Aggressionen im Verlauf eines Jahrtausende währenden Sozialisationsprozesses vornehmlich nach innen, gegen sich selbst gerichtet und ein masochistisches Verhalten begünstigt. In einer Änderung dieses Verhaltens und einer besseren Kanalisation von Aggression sieht Mitscherlich für die Frau – und damit auch für den Mann – eine Chance:

„Den Frauen fällt eine besonders wichtige Aufgabe zu: Sie, die immer Unterdrückten, scheinen zunehmend ein Gespür für alte und neue Formen der Unterdrückung zu haben, für die Unterdrückung durch Technokraten und Spezialisten, für die Unterdrückung durch Hochtheoretiker und Wissenszauberkünstler, für all diese modernen verbalen Verschleierungsmanöver, hinter denen die Realität verschwindet. Der in Jahrhunderten trotz aufgezwungener Unterwerfungslust und Resignation geschärfte Sinn der Frauen für Unterdrückung in jeder Form sollte von ihnen stärker eingesetzt werden, zu aller Nutzen…An der Frau liegt es, männlichem Imponier- und Selbstdarstellungsgehabe, dieser Wurzel vieler Gewaltakte und kriegerischer Auseinandersetzungen, die zur Aufrechterhaltung solcher Mentalität notwendige Bewunderung zu versagen, die eigenen Identifikationen mit männlichen Idealen und Wertvorstellungen zu überprüfen und in Frage zu stellen. An der Frau liegt es aber auch, die von den Männern ‚gepachteten' Positionen zu erringen, um ihre ‚friedfertige', vernünftigere und objektbezogenere Einstellung zu vielen Fragen der Lebensgestaltung stärker zur Geltung zu bringen…"[17]

Daß solche und ähnliche Forderungen an Frauen, unter Einbringung weiblicher Perspektiven an einer Weltordnung aktiv mitzugestalten, die völlige ökonomische, psychische und sexuelle Unabhängigkeit der Frau vom Mann voraussetzt, bedarf keiner weiteren Erwähnung. Gerade hier jedoch werden Frauen nach wie vor mit massiven Widerständen und Hindernissen konfrontiert. Es sind nicht nur die immer noch bestehende Doppelbelastung, die Alleinerzieherinnenfunktion, die ihnen nach wie vor aufgebürdet wird, es sind nicht nur die schlechtere Bezahlung am Arbeitsplatz und die Bevorzugung männlicher Kollegen, die Frauen ihre Autonomie wesentlich erschweren und sie zu jener austauschbaren Reservearmee machen, die je nach Wirtschaftslage eingesetzt oder abgebaut wird. Es sind darüber hinaus umfassende, unsere Lebenswirklichkeit und Kultur bestimmende männliche Ideologien, denen Frauen unterliegen, und die in ihren Auswirkungen sehr viel schwerer zu analysieren und daher auch wesentlich verhängnisvoller sind. Die allgemein geäußerte Ansicht, daß die Frau unter das Geld des Mannes gehört und die Androhung bzw. Durchführung von Sanktionen, wenn sie sich diesem Anspruch widersetzt (was bis zum Abbruch einer Beziehung führen kann, siehe oben), ist hier ebenso geeignet, massiven

Druck auszuüben, wie die immer noch bestehende Vorstellung von einer der Frau zugrunde liegenden Passivität, die ihrer Vereinnahmung dient, während der aktive Mann das Weltbild formt. Aktive, eigenverantwortlich handelnde Frauen mit Durchsetzungsvermögen werden leicht als *„dominant"* und *„herrschsüchtig"* verschrien, während der dominante Mann die unhinterfragte Regel bleibt. Aus diesem Grund fällt es Frauen auch so schwer, mit Macht umzugehen. Dazu kommt, daß sie dabei nicht nur auf die unterstützende Hilfe des Mannes verzichten müssen (Ausnahmen bestätigen die Regel), sondern häufig auch auf jene der Geschlechtsgenossin, der die nach Macht strebende Frau meist ebenso suspekt erscheint. Daß jedoch die einflußreiche Frau notwendig ist, um entsprechende Änderungen herbeizuführen, ist unbestritten. Selbst wenn es sich bei der – weiblichen – Machtausübung in patriarchalen Systemen ebenfalls um einen Anpassungsprozeß der Frau an männliche Strukturen handelt, weil – wie die Mythenforscherin Lore Toman glaubwürdig versichert – Frauen an Macht im patriarchalen Sinn kein essentielles Interesse haben[18], kann darauf, und sei es lediglich als Übergangslösung, nicht verzichtet werden.

Die männliche Sündenbocktheorie

Ein Hindernis auf dem Weg zur selbstbewußten Eigenverantwortlichkeit bildet auch die von Männern propagierte Sündenbocktheorie. Seit Jahrhunderten versteht es der Mann meisterhaft, Frauen für alles und jedes die Schuld zuzuschieben, um sich selbst davon freizuhalten. Die Urschuld Evas, die für das Böse in der Welt generell verantwortlich gemacht wurde, lastet immer noch über dem weiblichen Geschlecht. Frauen sind schuld, wenn die Ehe nicht funktioniert, wenn der Mann Alkoholiker ist oder im Beruf versagt. Sie sind schuld, wenn es mit der Sexualität nicht klappt oder sich der Mann eine Freundin nimmt. Sie sind selbst daran schuld, wenn sie von ihrem Mann geschlagen werden, denn dann haben sie ihn provoziert. Sie sind schuld an ihrer eigenen Vergewaltigung, und natürlich sind sie schuld, wenn die Kinder nicht gedeihen, wenn sie verhaltensgestört, drogensüchtig oder schlechte Schüler sind. Diese permanente Schuldzuschreibung, die inzwischen zu unserer gesellschaftlichen Kultur gehört und daher auch von Frauen ausgeübt wird, kann eine ungeheure Lähmung bewirken, ein ständiges Schuldgefühl, das dazu beiträgt, Frauen gefügig zu machen und patriarchalen Wünschen zu unterwerfen.

Vor allem die Alleinverantwortlichkeit der Mutter für die Erziehung der Kinder, ideologisch gefordert und spätestens seit Freud von Tiefenpsychologen, psychologisch geschulten Kinderärzten und Pädagogen eifrig analysiert und diskutiert, wurde zu einer geradezu ungeheuerlichen, die Frau restlos überfordernden Bürde. Die Urheber dieser Mutterideologie sind im 18. Jahrhundert zu suchen, damals wurde das idealisierte Bild der sich jederzeit für ihr Kind aufopfernden Mutter Frauen übergestülpt und wehe, sie entsprachen nicht diesen Vorstellungen: Gleich waren sie böse Hexen, Kindervertilgerinnen, hartherzige Frauen. Von der Verantwortlichkeit der Väter war weniger die Rede. Ihr Aufgabengebiet bezog sich auf die Versorgung der Familie, das war genug.

Später wurde diese Alleinverantwortlichkeit zur Schuld, weil sich aus ihr eine tiefe innere Abhängigkeit des Kindes von der Mutter ergebe, die vor allem dem Sohn gefährlich werden könne, der fürderhin das Angst einflößende Bild der mächtigen Mutter mit sich durchs Leben trage und aus diesem Grunde künftig für alle anderen Frauen verloren und verdorben sei. Daß derartige Theorien bestens geeignet sind, Frauen zutiefst zu verunsichern, liegt auf der Hand. Auch Margarete Mitscherlich hat die Vorstellung von der *„Allmacht der Mutter“* kritisiert und davor gewarnt, derartige psychoanalytische Ansichten, wie sie für das Erleben des abhängigen Kleinkindes bestehen, als gesellschaftlich real hinzustellen.

„Mit dem Slogan ‚Die Mutter ist an allem schuld‘ wurden Frauen erneut mit Schuldgefühlen überhäuft und zurück in die Rolle der abhängig Dienenden gedrängt.“[19]

Ein gutes Beispiel, in welchem Ausmaß Frauen für die Fehlentwicklungen ihrer Kinder verantwortlich gemacht werden, bietet das Buch des Psychologen Werner Hoffmann: *„Die Garfield Jugend oder Erziehung am Ende?“*[20] Schon die Tatsache, daß es sich bei den angeführten Fallbeispielen von verhaltensgestörten, drogen- oder alkoholsüchtigen Kindern ausnahmslos um Kinder alleinerziehender Mütter handelt, vermittelt den Eindruck einseitiger, Frauen angelasteter Schuld. Da mag der Autor noch so sehr das Gegenteil beteuern (S. 69), allein, daß er die Antwort auf die Frage nach den eigentlichen Ursachen des so deutlich dargestellten Fehlverhaltens von Kindern alleinerziehender Mütter schuldig bleibt (S. 69ff.), macht die Frau zum eigentlichen Sündenbock. Alleinerziehende Mütter, die dieses Buch in die Hand bekommen, müssen sich in Schuldgefühlen krümmen, weil nirgendwo mit gebotener Deutlichkeit und Schärfe darauf hingewiesen wird, daß die eigentlichen Verursacher nicht die völlig überforderten, meist ihr Bestes gebenden Mütter, sondern die sich der Verantwortung entziehenden, aus dem Staub machenden oder sonstwie ihre diesbezügliche Unfähigkeit beweisenden Väter sind. Es wird seitenlang das Versagen der Mütter abgehandelt und analysiert, keinesfalls jedoch mit auch nur annähernd gleicher Ausführlichkeit das Versagen der Männer und Väter, ihre Beziehungsunfähigkeit, ihre Unfähigkeit, sich mit den Problemen ihrer Kinder auseinanderzusetzen, ihre Unfähigkeit zu einem partnerschaftlichen Verhalten ganz generell. Patriarchale Voraussetzungen werden nicht hinterfragt – Partnerschaft im Haushalt erscheint als weitgehend verwirklicht (S. 68) –, das mütterliche Prinzip wird einseitig und klischeehaft als hemmend für die Entwicklung des jungen Menschen dargestellt, wobei dann noch ein einigermaßen plumper Vergleich mit unserem – das Individuum verwöhnenden und verweichlichenden – Wohlfahrtsstaat angestellt wird, der eine ähnliche, die Psyche des jungen Menschen verderbende Wirkung ausübe. Mit derart einseitigen, das mütterliche Weltbild mit seiner Wärme, seiner Lebendigkeit, seiner vorbildhaften Wirkung zu Verantwortung und Liebe gegenüber dem Nächsten ausklammernden Vorstellungen werden dann junge Menschen in einer Therapie konfrontiert, was sich kaum positiv auf ein zukünftiges Frauenbild auswirken kann. Hier zeigt sich einmal mehr die emotionale Dürftigkeit des Mannes, der mütterliche Wärme nur als einengende, erstickende Fessel empfinden kann und der für die vom Kind und Jugendlichen oft als gefährlich und bedrohlich empfundene Abhängigkeit von der Mutter nicht die Abwesenheit des Vaters und der übrigen männlichen Gesellschaft in der Erziehung des Kindes verantwortlich macht, sondern die größere Liebesfähigkeit der Frau. Der „*Muttermord*“, wie er in solchen Fällen von der Psychoanalyse als Patentrezept empfohlen wird, ist im Grunde der perverseste Ausdruck einer patriarchalen Gesellschaft, die jenen Menschen in sich „*töten*“ muß, der das Leben gegeben, die früheste Liebeserfahrung und die frühesten Eindrücke vermittelt hat, um „*abgenabelt*“ und damit „*gesund*“ das weitere Leben bestehen zu können. Er steht in einem krassen Gegensatz zu der Verehrung, die der Mutter als Spenderin allen Lebens und Großen Göttin in den vorgeschichtlichen, matriarchalen Kulturen zuteil wurde. Zu erklären ist er aus dem gegenwärtigen Gesellschaftsgefüge, das die gleichzeitig idealisierte und verurteilte Mutter zur Alleinerzieherin ihrer Kinder verdammt und ihr dann auch noch einredet bzw. sie durch Verhinderung weiterer Verwirklichungsmöglichkeiten dazu bringt, darin einzige Erfüllung zu sehen. Es wird damit eine übermächtige, angsteinflößende, die frühe und auch noch spätere Kindheit dominant überschattende Person geschaffen, aus deren Einfluß sich heranwachsende Jugendliche nur durch die totale Abspaltung ihrer Gefühle befreien können. Ein Vorgang, der für junge Menschen eine traumatisierende Wirkung haben kann und auch für die Mutter, die sich dabei lediglich benutzt und dann weggeworfen fühlt, demütigend und schmerzlich ist. Vor allem aber führt die in ihrer Alleinfunktion übermächtig gewordene Mutter bei jungen Männern häufig zu einer neuerlichen, aus Angst geborenen Frauenverachtung oder gar zu Frauenhaß. Deshalb ist die von Christiane Olivier in ihren Buch „*Jokastes Kinder*“[21] geäußerte Ansicht wahrscheinlich richtig, daß hier, in der frühen Kindheit, die eigentlichen Wurzeln des Problems zu suchen sind und daß der Feminismus bei der als bedrohlich empfundenen Allmacht der Mutter und damit bei einer Änderung des Familien- und gesellschaftlichen Gefüges ansetzen müßte, damit sich Jungen zu partnerschaftlichen Männern entwickeln können. Ohne den notwendigen Einblick in diese Zusammenhänge jedoch, wie sie etwa der Autor vorliegenden Buches vermissen läßt, wird lediglich der Druck, dem Frauen und vor allem alleinerziehende Mütter in einer frauendiskriminierenden Gesellschaft nach wie vor ausgeliefert sind, neuerlich verstärkt. Ein Druck, den sie häufig nach unten an ihre Kinder weitergeben, womit genau das Gegenteil von dem erreicht wird, was erreicht werden soll. Indem es der Autor verabsäumt, lebbare Alternativen und Lösungsmöglichkeiten aufzuzeigen in Form einer Aufforderung an den Mann, sich in gleicher Weise zu seiner Verantwortung dem Kind gegenüber zu bekennen, bleibt neuerlich die gesamte Verantwortung an der Frau und Mutter hängen, sie wird durch ein suggeriertes „*Versagen*" auf eine geradezu unverantwortliche Art und Weise weiter geschwächt. Gleichzeitig wird damit – ob nun beabsichtigt oder nicht – verschlüsselt und subtil die uralte Botschaft vermittelt, daß es im Grunde doch besser wäre, die Frau würde sich wieder zu den drei K's bekehren. Das würde sie von Streß und Überforderung befreien und eine befriedigendere Erziehung der Kinder ermöglichen.

Über die „*Fessel*" Frau und Mutter diskutiert auch die neue Männerbewegung, die sich als Antwort auf die Frauenbewegung gegründet hat. Tragende Alternativen, die unsere Welt und unser Leben menschlicher und lebenswerter gestalten, werden hier allerdings vergeblich gesucht. Eine Bestandsaufnahme der neuen Männerliteratur zeigt vielmehr einen Rückzug in die bekannte Männerherrlichkeit, die Welt der Wilden, der „*primitiven Gesellschaften*", in denen es noch „*echte Männer*" gibt. So beschrieben etwa in dem Bestseller „*Iron John*" (Eisenhans) des amerikanischen Autors Robert Bly, als dessen Vorlage das gleichnamige deutsche Märchen vom Königssohn diente, der bei wilden Männern jede Menge Abenteuer erlebt. Vorbedingung für dieses heroische Männerleben, das nach unverändert altem Muster von Härte und Kampfgeist geprägt wird, ist die Befreiung von der Frau.

„*Bevor wir unserer Wege gehen können, müssen wir uns erst bewußt machen, auf welche Weise wir von der Frau gefesselt, einverleibt, in den Mutterschoß eingeschlossen und definiert sind*"[22],

bestimmt ein anderer Autor das neue (alte) Männerprogramm. Es zeigt den Mann in einer ewig pubertären Unreife, die Liebe nur als Einengung und Vereinnahmung begreifen kann. Kein Wunder, daß aufgrund solcher und ähnlicher Theorien der vielbeklagte Zusammenbruch der Familie weiter fortschreitet und eine zunehmende Zahl angesehener Psychologen und Sozialwissenschaftler dafür nicht mehr so sehr die Berufstätigkeit der Frau und ihre Emanzipation verantwortlich macht, sondern die Flucht der Männer und ihre Weigerung, Mitverantwortung zu tragen. „*Viele*", so meint der bekannte Soziologe Frank Fürstenberg, „*versuchen es gar nicht erst.*"[23] Und die promovierte Juristin und angesehene Psychotherapeutin Rotraut Perner bestätigt in einem Interview: *„Es ist leider nach wie vor so, daß es keine Väterlichkeit gibt."* Sie beklagt das Fehlen lebbarer Modelle vornehmlich für die heranwachsende männliche Jugend, die von Männern geliefert werden müßten. Statt dessen würden Väter mit ihren Söhnen konkurrieren.

„Männer rivalisieren und konkurrieren ununterbrochen, ich bezeichne das als den zweiten Sündenfall. Natürlich gibt es auch Mütter, die mit ihren Töchtern konkurrieren. Aber die Kastrationsdrohung, die Brutalität findet sich bei Männern. Diese Rivalität geht bis zu Mord und Totschlag."[24]

Auch Wilfried Wieck befaßt sich differenziert mit der Schuldzuschreibung an die Mütter und die – fehlende – Eigenverantwortlichkeit der Väter:

„In der Bewegung der neuen Männer glaubt man die Antwort zu haben: Die Mutter war's. Sie hat die Macht über unsere Kindheit, sie hat uns gebrochen, sie ist schuld. Ich zweifle daran...Die Mütter können wir nicht zur Rechenschaft ziehen. Wen aber sonst?"[25]

Die Antwort findet er in der *„Frauensucht der Männer"*, die aus ihrer eigenen Liebesunfähigkeit resultiert und die Söhne neuerlich auf die Mütter zurückwirft. Er macht für die emotionale Abhängigkeit der Männer von den Frauen deren emotionale Verarmung verantwortlich, und findet:

„...daß Väter dafür in höherem Maße verantwortlich sind als Mütter. Sie sind selbst süchtig, sollen das nicht merken und gönnen ihren Söhnen nicht die Befreiung...[26] *„...Der Vater entzieht sich seinem Sohn und bietet ihm statt dessen die Mutter an."*[27] *„...Er (der Mann) schlägt und vergewaltigt die Frau, weil er spürt, daß er nicht von ihr loskommt. Soll der Sohn empfindsam und erschütterungsfähig, so weiblich werden, daß er die Frau nicht mehr so dringend braucht, dann müssen Väter da sein, männliche Vorbilder, die keine Frauenkonsumenten und keine Frauendealer sind, Männer, die mit den Frauen gleichberechtigt und gleichverpflichtet kooperieren, im Beruf und im Haus, im pflegerischen Gefühlsaustausch und im Denkprozeß. Dazu bedarf es der Mütter, weiblicher Vorbilder für Töchter und Söhne, die sich nicht nur dem Vergewaltiger und Ausbeuter, sondern auch dem Frauensüchtigen verweigern."*[28]

Hier ist sehr gut die eigentliche Problematik angesprochen, die gegenseitige Abhängigkeit zwischen den Geschlechtern, die dem geschlechtsspezifischen Rollenklischee entspringt. Denn so wie die Frau abhängig ist vom Geld und vom Prestige des Mannes, ist der Mann abhängig von ihren Beziehungsqualitäten, die sie sozusagen als Gegengabe für finanzielle Sicherheit und männlichen Schutz einbringt. Die *„gekaufte Frau"* bezahlt ständig mit ihrer Eigenschaft als *„Therapeutin des Mannes"*, wie Wieck das nennt. Für den *„süchtigen Mann"* hingegen wird die Frau zur Droge, weil er von ihrer Liebesfähigkeit abhängig ist, die er selbst nicht entwickeln kann.

Was sich für Frauen aus dieser Situation ergibt ist vor allem eine Verweigerung ihrer traditionellen Rolle als Wunscherfüllerin des Mannes, als ewiger Quell zur Befriedigung seiner Bedürfnisse, als ständige Auffüllerin seines emotionalen Defizits und als Steigbügelhalterin für seine hochfliegenden, weltumspannenden Pläne. Frauen sollten sich nicht mißbrauchen, sie sollten sich nicht kaufen lassen für Ideologien, die von Aggressionen, Krieg, Gewalt, Ausbeutung und Mißachtung der Würde des Nächsten beherrscht werden. Statt dessen sollten sie versuchen, ein eigenes Weltbild zu entwickeln, das von einem Abbau des hierarchischen Denkens und damit der Ausbeutbarkeit von Mensch und Natur geprägt ist, in dem die Wichtigkeit funktionierender Beziehungen und die Möglichkeit, Konflikte auf friedlichere Art und Weise zu lösen, einen größeren Platz einnimmt. Ein Weltbild, wie es etwa Lore Toman in ihrem Buch „*Atlantis in uns*"[29] beschwört, eine „*Alternaive zu Chaos und Untergang*", eine „*tragfähige Basis*", einen „*Lebensraum, in dem sich Mann und Frau wahrhaft begegnen*", der die Hoffnungen und Utopien aller großen Weltentwürfe in sich trägt.

Anmerkungen

DIE EHE

Vom freien Menschen zum Besitz des Mannes

1) Matrilinear = Herleitung der Abstammung von der Mutterseite; matrilokal = Wohnsitz bei der Mutter.

2) Bebel, Die Frau und der Sozialismus, 63.

3) Borneman, Das Patriarchat, 105.

4) Hesse et al., Der Aufstand der Musen, 35.

5) Göttner-Abendroth, Das Matriarchat I., 43ff.

6) Ebenda, 42ff.

7) Eva Ptak-Wiesauer, in: Perner, Zuliebe zu Leibe, 98ff.

8) Borneman, 66ff.

9) Göttner-Abendroth, Matriarchat, 58.

10) Ebenda, 43ff.

11) Ebenda, 41.

12) Ebenda, 54.

13) Ebenda, 116.

14) Borneman, 99ff.

15) Über den friedlichen Charakter der ursprünglich matrilokalen und matrilinearen Gentilgesellschaften gibt es kaum noch Zweifel (siehe u. a. Bachofen, Morgan, Engels, Bebel, Göttner-Abendroth, Borneman). Fast alle matrizentrischen Kulturen, denen die griechischen Stämme der Achäer, Ionier, Dorer und Aioler auf ihrem Marsch aus dem Norden begegneten, waren unbewaffnet und kannten weder Wehrdörfer noch ummauerte Städte. Auch die Donaubauern waren insoferne waffenlos, als ihre Waffen nur der Jagd nach Tieren und nicht dem Kampf zwischen Menschen dienten.

16) Borneman, 73.

17) Göttner-Abendroth, Matriarchat, 56.

18) Borneman, 105.

19) Göttner-Abendroth, Matriarchat, 50ff.

20) Ebenda, 60.

21) Haushofer, Die Wand, 161.

22) Vardiman, Die Frau in der Antike, 171.

23) Ebenda, 170.

24) Hesse, Ezra Pound, 291.

25) Borneman, 216.

26) Ebenda, 123.

27) Ebenda, 215.

28) Vardiman, 159.

29) Ebenda, 161ff.

30) Borneman, 124.

31) Ebenda, 394; Vardiman, 160.

32) Lévi-Strauss, Strukturelle Anthropologie.

33) Göttner-Abendroth, Matriarchat, 78ff.

34) Borneman, 80.

35) Vardiman, 164.

36) Borneman, 214.

37) Ebenda, 216.

38) Schmölzer, Die verlorene Geschichte der Frau, 7ff.

39) Shahar, Frauen im Mittelalter, 113ff.

40) Becker-Cantarino, Der lange Weg zur Mündigkeit, 49.

41) Sturm, Das josephinische Leitbild der Frau, 28.

Ein Sklavenmal auf die Stirne brennen

1) Vardiman, 184.

2) Ebenda, 185.

3) Ebenda, 184.

4) Ebenda.

5) Ebenda, 185.

6) Borneman, 207.

7) Wächtershausen, Das Verbrechen des Kindesmordes, 126.

8) Trallori, Kontrolle der Nachwuchsproduktion, 204.

9) Hedemann, Die Rechtsstellung der Frau, 52.

10) Pomeroy, Frauenleben im klassischen Altertum, 234.

11) Ebenda, 235.

12) Zitiert bei Borneman, 411.

13) Ennen, Frauen im Mittelalter, 39.

14) Ketsch, Frauen im Mittelalter, Bd. 2, 147. Neben der dotierten Muntehe und der Entführungsehe gab es noch die undotierte, muntfreie Friedelehe. Sie beruhte auf der freien Zuneigung der Partner und wird als ein Relikt matrizentrischer Stammesordnungen gedeutet. Hier wurde die dos, der Muntschatz, durch die Morgengabe für die Frau nach der Brautnacht ersetzt.

15) Trallori, 109.

16) Die auf dem Land üblichen Rechtsvorträge von Ältesten oder Schöffen, die seit dem späten Mittelalter auch aufgezeichnet wurden.

17) Floßmann / Lehner, Frau. Recht. Gesellschaft, 17ff.

18) Zitiert bei Borneman, 406.

19) Ebenda, 222.

20) Pomeroy, 129.

21) Vardiman, 270.

22) Ebenda, 274.

23) Ebenda.

24) Ebenda, 275.

25) Borneman, 223.

26) Vardiman, 277.

27) Ketsch, Bd. 2, 155ff.

28) Deschner, Das Kreuz mit der Kirche, 264.

29) Ketsch, Bd. 2, 155.

30) Ebenda.

31) Pomeroy, 129.

32) Ebenda, 245.

33) Zitiert bei Borneman, 217.

34) Zinserling, Die Frau in Hellas und Rom, 28.

35) Pomeroy, 130.

36) Ebenda, 131.

37) Borneman, 225.

38) Shahar, 196.

39) Borneman, 224.

40) Ebenda, 225.

41) Pomeroy, 247.

42) Vardiman, 282.

43) Ebenda, 183.

44) Vardiman, 282.

45) Ebenda, 283.

Befreiungsversuche aus männlicher Vormundschaft

1) Eine manus-Ehe konnte auf drei veschiedene Arten geschlossen werden: entweder durch die altertümlichste Form der confarreatio, bei der die höchsten Würdenträger anwesend sein mußten, die ausschließlich Patriziern vorbehalten war und dem Mann die größte Gewalt über seine Ehefrau einräumte. Die aus dem Mittelstand stammende Hochzeitszeremonie der coemptio, „Kaufehe" genannt, die kein sakraler, sondern ein säkularer Akt war, und die usus-Ehe, die automatisch eintrat, wenn eine ehefähige Frau im Hause eines Mannes ein Jahr gelebt hatte, ohne länger als drei Tage wegzubleiben.

2) Pomeroy, 236ff.

3) Zinserling, 52.

4) Pomeroy, 244.

5) Ebenda.

6) Ketsch, Bd. 2, 179.

7) Ebenda.

8) Shahar, 194.

9) Schmölzer, Verlorene Geschichte, 154.

10) Ennen, 10.

11) Shahar, 194.

12) Ebenda, 118ff.

13) Floßmann / Lehner, 94.

14) Ennen, 94.

15) Ebenda, 93.

16) Ebenda, 95.

17) Ebenda, 154.

18) Shahar, 89.

19) Ebenda, 107.

20) Ebenda, 108.

21) Ennen, 95.

22) Ketsch, Bd. 2, 174.

23) Ebenda, 198.

24) Janssen-Jurreit, Sexismus, 508.

25) Benard / Schlaffer, Die ganz gewöhnliche Gewalt, 19.

26) Ebenda.

27) Ebenda, 22.

28) Ennen, 138.

29) Ketsch, Bd. 2, 198.

30) Shahar, 90.

31) Ebenda, 97.

32) Ebenda, 203.

33) Bischoff, Frauen-Kunst-Geschichte, 42.

34) Ketsch, Bd. 2, 104ff.

Neuzeitliches Eherecht

1) Sturm, 14.

2) Die Geschlechtsvormundschaft, die sich auf die germanische munt zurückführen läßt, bezeichnet ein Rechts- bzw. Gewaltverhältnis und zwar eine besondere Form der Geschäftsunfähigkeit, der alle Frauen, auch die nicht verheirateten, unterlagen. Sie bedeutete, daß Frauen fast alle Rechtshandlungen nicht ohne männlichen Beistand vornehmen konnten, und wird von Historikern als eines der wichtigsten Instrumente des deutschen Rechts und als die Grundlage des ganzen Familienrechts bezeichnet.

3) Erle, Die Ehe im Naturrecht, 48.

4) Ebenda, 270.

5) Ennen, 138.

6) Trallori, 162.

7) Sturm, 55.

8) Becker-Cantarino, Der lange Weg, 49.

9) Ebenda, 50.
10) Sturm, 23ff.
11) Becker-Cantarino, Der lange Weg, 56.
12) Ebenda, 53.
13) Ebenda, 55.
14) Ebenda, 51.
15) Frevert, Bürgerinnen und Bürger, 71ff.
16) Becker-Cantarino, Der lange Weg, 61.
17) Sturm, 32ff.
18) Ebenda, 44.
19) Ebenda, 27.
20) Ebenda.
21) Gerhard / Schütze, Frauensituation, 145ff.
22) Becker-Cantarino, Der lange Weg, 59.
23) Gerhard / Schütze, 161.
24) Ebenda, 148.
25) Ebenda, 147.

Der Weg zur Partnerschaft

1) Floßmann / Lehner, 129.
2) Ebenda, 130ff.
3) Ebenda, 161.
4) Ebenda, 166ff.
5) Ebenda, 134.
6) Gerhard / Schütze, 163.
7) Ebenda, 144.
8) Janssen-Jurreit, Frauen und Sexualmoral, 101.
9) Ebenda, 315
10) Hedemann, 8.
11) Die ungeschriebene Geschichte, 256.
12) Gerhard / Schütze, 163.
13) Janssen-Jurreit, Frauen und Sexualmoral, 320.

14) Gerhard / Schütze, 163.

15) Floßmann / Lehner, 118.

16) Ebenda, 140ff.

17) The State of the World's Women 1985.

18) Der Standard, 8. April 1993.

19) profil, Nr. 35, 26. August 1991, 66ff.

FRAU UND CHRISTENTUM

Das sündhafte Geschlecht

1) Deschner, 219.

2) Ranke-Heinemann, Eunuchen für das Himmelreich, 28ff.

3) Ebenda, 29.

4) Bloch, Die Prostitution, Bd. 1, 621.

5) Leibbrand, Formen des Eros, Bd. 1, 542ff.

6) Ranke-Heinemann, 36ff.

7) Ebenda, 140ff.

8) Deschner, 85.

9) Leibbrand, Bd. 1, 540ff.

10) Ranke-Heinemann, 127.

11) Deschner, 77.

12) Leibbrand, Bd. 1, 553.

13) Deschner, 89.

14) Leibbrand, Bd. 1, 541ff.

15) Ranke-Heinemann, 355ff.

16) Leibbrand, Bd. 1, 568.

17) Hege, Die steinerne Fee, 40ff.

18) Ranke-Heinemann, 194.

19) Schmölzer, Verlorene Geschichte, 229.

20) Sprenger / Institoris, Hexenhammer, 106.

21) Ebenda, 159.

22) Siehe dazu Elias, Über den Prozeß der Zivilisation.

23) Steinbart, Am Anfang war die Frau, 184.

24) Göttner-Abendroth, Die Göttin und ihr Heros, 131.

25) Leibbrand, Bd. 1, 547.

26) Shahar, 69.

27) Schmölzer, Verlorene Geschichte, 204.

28) Deschner, 108.

29) Ebenda.

„Die da Weiber haben, seien, als hätten sie keine . . .“ (Paulus)

1) Zum Beispiel der jüdische Religionswissenschaftler Ben Chorin. Siehe dazu Ranke-Heinemann, 48ff.

2) Ebenda, 356ff.

3) Deschner, 65.

4) Ranke-Heinemann, 36ff.

5) Ebenda, 43ff.

6) Bloch, 618.

7) Leipoldt, Die Frau in der antiken Welt, 223.

8) Floßmann / Lehner, 42.

9) Ranke-Heinemann, 107.

10) Ebenda, 108.

11) Deschner, 163.

12) Ebenda, 164.

13) Ranke-Heinemann, 115.

14) Deschner, 164.

15) Shahar, 73.

16) Ranke-Heinemann, 56.

17) Ebenda, 59.

18) Ebenda, 60.

19) Ebenda, 66ff.

20) Müller, Die Lehre des hl. Augustinus, 22.

21) Becker, Aus der Zeit der Verzweiflung, 91.

22) Ranke-Heinemann, 82.

23) Müller, Die Lehre des hl. Augustinus, 30.

24) Deschner, 254.

25) Müller, Die Lehre des hl. Augustinus, 32.

26) Ranke-Heinemann, 160.

27) Ebenda, 191ff.

28) Ebenda, 201.

29) Ebenda, 205.

30) Leibbrand, Bd. 2, 9.

31) Ranke-Heinemann, 154ff.

32) Deschner, 126.

33) Ebenda, 243.

34) Schmölzer, Verlorene Geschichte, 229.

35) Leibbrand, Bd. 2, 76ff.

36) Siehe Malinowski, Das Geschlechtsleben der Wilden; Göttner-Abendroth, Matriarchat; Ptak-Wiesauer, in: Perner.

37) Ptak-Wiesauer, in: Perner, 100.

DIE VERKAUFTEN TÖCHTER DER DYNASTIEN

Königs- und Fürstentöchter als Gegenstand machtpolitischer Interessen

1) Zierl, Kaiserin Eleonore und ihr Kreis, 167.

2) Ebenda, 122.

3) Ebenda, 159.

4) Leitner, Habsburgs verkaufte Töchter, 28.

5) Ebenda, 14ff.

6) Ebenda, 62.

7) Siehe u. a. Andics, Die Frauen der Habsburger, 95ff.

8) Leitner, 72.

9) Heiß, Königin Maria von Ungarn.

10) Andics, 108.

11) Leitner, 108.

12) Heiß, 189.

13) Leitner, 97ff.

14) Vossen, Anna Maria, die letzte Medici.

15) Vossen, 175ff.

16) Mahoney, Katharina von Medici, 165ff.

17) Ebenda, 88.

18) Ebenda, 300.

19) Leitner, 146.

20) Ebenda, 163.

21) Van der Cruysse, „Madame sein ist ein ellendes Handwerk".

22) Ebenda, 512.

23) Ebenda, 519.

24) Weber-Kellermann, Glanz und Elend.

25) Barta, Maria Theresia, in: Die ungeschriebene Geschichte, 343.

26) Andics, 180ff.

27) Leitner, 190.

28) Ebenda, 197.

29) Ebenda, 193.

30) Ebenda, 113.

31) Ebenda, 222.

32) Ebenda, 223.

33) Zweig, Marie Antoinette, 3.

34) Schreiber, Marie Antoinette, 301.

35) Hohensinn, The six wives, 12.

36) Leitner, 250.

37) Ebenda, 267.

38) Ebenda, 265.

39) Schiel, Marie Louise, 25.

40) Ebenda, 17.

41) Ebenda, 374.

VOM „GANZEN HAUS" ZUR FAMILIE

1) Siehe dazu Schwägler, Soziologie der Familie, 14; Hoffmann, Die „Hausväterliteratur" 5.

2) Hoffmann, „Hausväterliteratur", 122.

3) Hohberg, Georgica Curiosa, 275ff.

4) Ebenda, 277.

5) Bennent, Galanterie und Verachtung, 81.

6) Ebenda, 83f.

7) Ebenda, 85f.

8) Ebenda, 83.

9) Ebenda, 81ff.

10) Fichte, Grundlagen des Naturrechts, 306ff.

11) Ebenda, 308.

12) Ebenda, 320.

13) Ebenda, 303.

14) Ebenda, 305.

15) Bennent, 122.

16) Kant, Anthropologie, 251.

17) Kant, Gesammelte Schriften, 240.

18) Ebenda, 229.

19) Bennent, 104.

20) Ebenda, 109.

21) Ebenda, 108.

22) Ebenda, 110.

23) Ebenda, 112.

24) Frevert, Bürgerinnen, 29.

25) Ewald, Die Kunst, ein gutes Mädchen, 53.

26) Ebenda, 21.

27) Ebenda, 30.

28) Ebenda, 31.

29) Leierseder, Das Weib nach den Ansichten der Natur, 49.

30) Ebenda, 48.

31) Ebenda, 66.

32) Hege, 54.

33) Knapp, Frauenarbeit in Deutschland, 149.

34) Leierseder, 159.

35) Frevert, Bürgerinnen, 17.

36) Leierseder, 115.

37) Frevert, Frauen-Geschichte, 67.

38) Ebenda.

39) Ernst Ulla, Hegels Idealisierung von Mann und Frau, in: Das ewige Klischee, 113.

40) Ebenda.

41) Ebenda, 112.

42) Ebenda, 112ff.

43) Bennent, 156.

44) Das ewige Klischee, 112.

45) Bennent, 170.

46) Leierseder, 71.

47) Schwägler, 21ff.

48) Frevert, Frauen-Geschichte, 253.

49) Schelsky, Wandlungen der deutschen Familie, 337.

50) Ebenda, 340.

51) Ebenda, 343.

52) Ebenda, 294.

53) Peters, Frauenleben und Frauenbild, 265.

54) Ebenda, 267.

55) Hege, 68.

56) Ebenda, 72.

57) Ebenda, 85.

58) Peters, 266.

59) Zeller Susanne, Frauen und Beruf(ung), in: Die ungeschriebene Geschichte, 269.

60) Ebenda, 274.

61) Ebenda, 270.

DEM GEBÄRZWANG UNTERWORFEN

1) Dworkin, Pornographie, 243.

2) Janssen-Jurreit, Sexismus, 463.

3) Heinsohn / Steiger, Die Vernichtung der weisen Frauen, 38.

4) Ebenda, 184ff.

5) Ebenda, 40ff., 185ff., 270ff.

6) Janssen-Jurreit, Sexismus. 463.

7) Vardiman, 212.

8) Becker-Cantarino, Der lange Weg, 40.

9) Janssen-Jurreit, Sexismus, 707.

10) Vardiman, 193.

11) Auf den Spuren weiblicher Vergangenheit.

12) Pomeroy, 102.

13) Ebenda.

14) Trallori, 48.

15) Ebenda, 43.

16) Janssen-Jurreit, Sexismus, 566ff.

17) Ebenda.

18) Pomeroy, 105.

19) Ebenda, 127.

20) Janssen-Jurreit, Sexismus, 572.

21) Heinsohn / Steiger, 41.

22) Floßmann / Lehner, 87.

23) Trallori, 80.

24) Ebenda, 53.

25) Ebenda, 90.

26) Ebenda, 77.

27) Ebenda, 161.

28) Heinsohn / Steiger, 50.

29) Trallori, 123.

30) Ebenda, 121.

31) Ebenda, 122.

32) Ebenda, 120.

33) Ebenda, 125.

34) Ebenda, 126.

35) Der Sachsenspiegel ist das bedeutendste Rechtsbuch des Mittelalters, zwischen 1220 und 1235 von dem sächsischen Ritter Eike von Repgau in niederdeutscher Sprache verfaßt. Der Schwabenspiegel wurde auf der Grundlage des Sachsenspiegels 1274/75 in Augsburg von einem unbekannten Geistlichen verfaßt. Außerdem wurden hier noch andere Quellen aus der fränkischen Zeit und aus dem Mittelalter verwendet.

36) Trallori, 127.

37) Heinsohn / Steiger, 51.

38) Schmölzer, Verlorene Geschichte, 154.

39) Ebenda, 156.

40) Trallori, 100.

41) Heinsohn / Steiger, 52.

42) Grill Evelyn, Die bäuerliche Frau, in: Floßmann / Lehner, 14.

43) Shahar, 102.

44) Ebenda, 103.

45) Ketsch, Bd. 2, 15.

46) Trallori, 131.

47) Ebenda, 132.

48) Leibbrand, Bd. 2, 256.

49) Wächtershausen, 135.

50) Ebenda, 132.

51) Floßmann / Lehner, 102ff.

52) Wächtershausen, 139.

53) Ebenda.

54) Siehe dazu Schmölzer, Phänomen Hexe.

55) Trallori, 148.

56) Ebenda, 145ff.

57) Heinsohn / Steiger, 173.

58) Ebenda, 40ff.

59) Ebenda, 215.

60) Ebenda, 161.

61) Ebenda, 163.

62) Ebenda, 167.

63) Shorter, Der weibliche Körper als Schicksal, 118ff.

64) Ebenda, 129.

65) Ebenda, 153.

66) Trallori, 215.

67) Gay, Erziehung der Sinne, 252.

68) Shorter, 38ff.
69) Ebenda, 73.
70) Ebenda, 33.
71) Ebenda, 21ff.
72) Ebenda, 22.
73) Ebenda, 22.
74) Ebenda, 31.
75) Ebenda, 309.
76) Ebenda, 312ff.
77) Ebenda, 317ff.
78) Gay, 246ff.
79) Trallori, 217.
80) Ebenda, 230.
81) von Soden / Schmidt, Neue Frauen, 104.
82) Trallori, 230.
83) Shorter, 241.
84) Ebenda, 202ff.
85) Ebenda, 226.
86) Ebenda, 230.
87) Haefeld, Der Seifenabort.
88) Trallori, 166; Heinsohn / Steiger 171.
89) Wächtershausen, 132.
90) Trallori, 204ff.
91) Weber-Kellermann, Frauenleben im 19. Jahrhundert, 90ff.
92) Trallori, 166ff.
93) Riese, Die Abtreibung in der Volksmedizin, 52.
94) Ebenda, 52.
95) Heinsohn / Steiger 265ff.
96) Trallori, 203.
97) Ebenda, 302.
98) Ebenda, 203.
99) Heinsohn / Steiger, 193.

100) Frevert, Frauen-Geschichte, 181ff.

101) Heinsohn / Steiger, 194ff.

102) Janssen-Jurreit, Frauen und Sexualmoral, 46ff.

103) Lehner Karin, Reformbestrebungen der Sozialdemokratie zum § 144, in: Die ungeschriebene Geschichte, 299ff.

104) Ebenda, 303.

105) Ebenda.

106) Ebenda, 306.

107) Hausen, Frauen suchen ihre Geschichte, 97.

108) Ebenda, 85.

109) Floßmann / Lehner 104.

110) Janssen-Jurreit, Frauen und Sexualmoral, 44.

111) Körbitz, Abtreibung, 26.

112) von Soden / Schmidt, 103.

113) Ebenda, 104.

114) Janssen-Jurreit, Frauen und Sexualmoral, 54.

115) von Soden / Schmidt, 103.

116) Janssen-Jurreit, Frauen und Sexualmoral, 156ff.

117) von Soden / Schmidt, 105.

118) Ebenda, 110.

119) Körbitz, 28.

120) Schmölzer, Verlorene Geschichte, 425.

121) Janssen-Jurreit, Frauen und Sexualmoral, 343.

122) Körbitz, 31.

123) Eser / Koch, Schwangerschaftsabbruch, 1678.

124) Der Standard, 2. Februar 1993, 2.

125) McCarthy, Abtreibung, 9ff.

DIE VEREINNAHMTE FRAU

1) dr. Gesundheit, 6 / 1992, 21.

2) Zitiert bei Benard / Schlaffer, 71.

3) Zitiert bei Hesse et al., 28.

4) Stephan, Das Schicksal begabter Frauen, 7ff.

5) Hege, 36.

6) Ebenda.

7) Ebenda, 33.

8) Becker-Cantarino, Die Frau von der Reformation, 171ff.

9) Ebenda, 173ff.

10) Ebenda, 176.

11) Ebenda.

12) Ebenda, 190.

13) Ebenda, 176.

14) Siehe dazu Pusch, Schwestern berühmter Männer; dies., Töchter berühmter Männer.

15) Pusch, Schwestern, 214.

16) Ebenda, 216.

17) Ebenda, 228, Brief Betsys an Hermann Haessel, 9. Juni 1876.

18) Ebenda, 342, Betsys Altersbrief an ihre Nichte Camilla.

19) Ebenda, 343, Erinnerungen von Betsy Meyer.

20) Ebenda, 326.

21) Ebenda, 345, C.F. Meyer an Julius Rodenberg.

22) Ebenda.

23) Woolf, Ein Zimmer für sich allein, 57.

24) Pusch, 94.

25) Ebenda, 105.

26) Ebenda, 56ff.

27) Ebenda, 59.

28) Ebenda, 128.

29) Ebenda, 131.

30) Ebenda, 142.

31) Hildesheimer, Mozart, 120.

32) Pusch, 151.

33) Siehe dazu Interview Elfriede Jelinek, in: Schmölzer, Frau sein & schreiben, 90.

34) Woolf, Ein Zimmer, 124.

35) Ebenda, 60.

36) De Salvo, Virginia Woolf.

37) Ebenda, 74ff.

38) Ebenda, 196.

39) Gordon, Virginia Woolf.

40) Näheres bei Pusch, 417ff.

41) Morgenroth, Unica Zürn.

42) Pusch, 534.

43) Stephan, 84.

44) Ruth Rybarski, in: profil Nr. 14, 2. April 1991, 93.

45) Stephan, 89.

46) Ebenda, 73.

47) Ebenda, 77ff.

48) Ebenda, 194.

49) Ebenda, 210.

50) Hardwick, Verführung und Betrug, 116.

51) Stephan, 202.

52) Hardwick, 111.

53) Ebenda, 117.

54) Stephan, 208.

55) Hardwick, 113.

56) Hansen, Der Hamsun-Prozeß, 337.

57) Hamsun, Briefe an Marie, 60ff.

58) Hansen, 337.

59) Hamsun, Briefe an Marie, 105ff.

60) Hansen, 354.

61) Ebenda, 371.

62) Sacher-Masoch, Die Beichte der Dame, 5ff.

63) Ebenda.

64) Treut, Die grausame Frau, 204ff.

65) Sacher-Masoch, 137.

66) Treut, 216.

67) Stephan, 97.

68) Ebenda, 98.

69) Pusch, Töchter, 287.

70) Jenny Marx zitiert bei Stephan, 23.

71) Ebenda, 35.

72) Pusch, Töchter, 312.

73) Stephan, 77.

74) Fleißer, Ausgewählte Werke, 845.

75) Ebenda, 843.

76) McGowan, Marieluise Fleißer, 143ff.

77) Fleißer, 887.

78) McGowan, Einbandtext.

79) Fleißer, 861.

80) Ebenda, 867.

81) McGowan, 23.

82) Ebenda, 54ff.

83) Fleißer, 147ff.

84) Der in Maryland lebende Literaturwissenschaftler John Fügi soll sein Buch, Brecht § Co – Archäologie der Stimmen, im Herbst 1993 auf den Markt bringen. Siehe dazu profil, 9. Juni 1992, 79ff.

85) Wedel, Die Rolle der Frau, 80.

86) Ebenda, 68ff.

87) Ebenda, 51ff.

88) Ebenda, 61.

89) Ebenda, 63.

90) Kebir, Ein akzeptabler Mann?, 116ff.

91) Wedel, 103ff.

92) Schmölzer, Frau sein, 29.

93) Hoffmann, Die Verrücktheit einer Generation, 131.

94) Ebenda, 173.

95) Haushofer, Eine Handvoll Leben, 197.
96) Haushofer, Die Tapetentür, 151.
97) Haushofer, Eine Handvoll Leben, 149.
98) Zitiert bei Hoffmann, Die Verrücktheit einer Generation, 191ff.
99) Haushofer, Die Tapetentür, 104ff.
100) Haushofer, Die Wand, 161.
101) Hoffmann, Die Verrücktheit einer Generation, 138.
102) Pods, Die Ordnung des Alltags, 89.
103) Plath, Briefe nach Hause, 487.
104) Plath, Die Glasglocke, 227.
105) Plath, Ariel, 171.
106) Ebenda, 21ff.
107) Ebenda, 173.
108) Wagner-Martin, Sylvia Plath, 162.
109) Plath, Briefe nach Hause, 265.
110) Wagner-Martin, 27.
111) Ebenda, 197.
112) Ebenda, 295.
113) McGowan, 155.

EINE GESCHICHTE DER PROSTITUTION

1) Borneman, 265ff.
2) Ebenda, 264.
3) Leibbrand, Bd. 1, 220ff.
4) Sorge, Geschichte der Prostitution, 157.
5) Borneman, 252.
6) Bloch, Bd. 1, 286ff.
7) Borneman, 253.
8) Ebenda, 252.
9) Ebenda.
10) Bloch, 232.
11) Borneman, 232.
12) Ebenda, 234.

13) Sorge, 165.

14) Bassermann, Das älteste Gewerbe, 36.

15) Bauer, Geschichte und Wesen der Prostitution, 71.

16) Borneman, 256.

17) Bassermann, 36ff.

18) Borneman, 263.

19) Bloch, 284ff.

20) Ebenda, 293.

21) Ebenda, 305.

22) Ebenda, 291.

23) Vardiman, 263.

24) Bloch, 446ff.

25) Ebenda, 368.

26) Ebenda.

27) Borneman, 480.

28) Borelli, Die Prostitution, 14.

29) Bassermann, Das älteste Gewerbe, 84ff.

30) Leibbrand, Bd. 1, 288.

31) Bauer, 77.

32) Vardiman, 263.

33) Sorge, 277; Bloch, 374; Bauer, 76.

34) Leibbrand, Bd. 1, 289.

35) Sorge, 213.

36) Shahar, 181.

37) Bloch, 138.

38) Ebenda.

39) Brinitzer, Strafrechtliche Maßnahmen, 7ff.

40) Bauer, 197ff.

41) Bloch, 580ff.

42) Brinitzer, 12.

43) Ebenda, 9.

44) Spiegel, Häuser, die die Gesellschaft veschweigt, 40.

45) Shahar, 183.

46) Oberzill, Die bewußten Demoiselles, 14.

47) Bloch, 767.

48) Brinitzer, 13.

49) Ketsch, Bd. 1, 312.

50) Bloch, 43.

51) Ebenda, 670ff.

52) Shahar, 184.

53) Rossiaud, Dame Venus, 61.

54) Bloch, 43.

55) Ebenda, 375.

56) Bassermann, 135.

57) Brinitzer, 22ff.

58) Rossiaud, 60.

59) Ebenda, 66ff.

60) Bloch, 726.

61) Ebenda, 711ff.

62) Ebenda, 710.

63) Rossiaud, 39.

64) Ebenda, 18.

65) Ebenda, 19.

66) Ebenda, 109.

67) Ebenda, 36.

68) Ebenda, 40.

69) Ebenda, 130.

70) „Mal franzose", französische Krankheit, wurde die Syphilis deshalb genannt, weil sie angeblich durch französische Heere eingeschleppt worden war.

71) Leibbrand, Bd. 2, 49.

72) Oberzill, 17; Bauer, 95.

73) Oberzill, 19.

74) Brinitzer, 46.

75) Ebenda, 42ff.

76) Ebenda, 74.

77) Ebenda, 35.

78) Das sogenannte „Schnellen“ war eine jener Strafen, die dazu dienten, die Delinquentin der Verhöhnung preizugeben. Die Betreffende wurde dazu in einen Korb gesetzt, der an einem über einen Wasserteich angebrachten Querbalken hing, und zum Gaudium der anwesenden Menge hinauf- und hinuntergezogen, so daß sie einmal in der Luft schwebte, einmal ins Wasser tauchte.

79) Brinitzer, 39.

80) Bauer, 96.

81) Brinitzer, 44ff.

82) Ebenda, 55ff.

83) Ebenda, 38.

84) Bauer, 96.

85) Oberzill, 29ff.

86) Bassermann, 236.

87) Oberzill, 30.

88) Brinitzer, 65.

89) Oberzill, 31ff.

90) Brinitzer, 66.

91) Ebenda, 82.

92) Ebenda, 70ff.

93) Oberzill, 89.

94) Ebenda, 88.

95) Ebenda, 89.

96) Ebenda, 43.

97) Sorge, 348.

98) Bassermann, 235.

99) Rautenstrauch, Über die Stubenmädchen in Wien, in: Oberzill, 94.

100)Schulte, Sperrbezirke, 70.

101) Siehe etwa Bassermann, 235.

102) Ebenda, 177ff.

103) Brinitzer, 74.

104) Sorge, 348.

105) Schulte, 55.

106) Brinitzer, 94ff.

107) Bauer, 99.

108) Brinitzer, 98.

109) Schulte, 20.

110) Janssen-Jurreit, Frauen und Sexualmoral, 21.

111) Oberzill, 35ff.

112) Sorge, 384.

113) Schulte, 8.

114) Ebenda, 90.

115) Ebenda, 69.

116) Ebenda, 76.

117) Ebenda, 103ff.

118) Ebenda.

119) Ebenda, 156.

120) Auf den Spuren weiblicher Vergangenheit, 231.

121) Ebenda, 236.

122) Schulte, 178.

123) Bauer, 20.

124) Janssen-Jurreit, Frauen und Sexualmoral, 20ff.

125) Ebenda, 68.

126) Siehe dazu Bauer, 98ff.; Borelli, 29ff.

127) Pheterson, Huren-Stigma, 20ff.

128) Interview mit der Sozialarbeiterin Johanna Ehmsen-Neudecker vom Wiener Gesundheitsamt am 26. November 1992.

129) Spiegel, 91.

130) Interview Ehmsen-Neudecker.

131) Landesgesetzblatt für Wien, 16. Juli 1991.

132) Interview Ehmsen-Neudecker.

133) Arbeiter-Zeitung, 1. Juni 1991.

134) Girtler, Der Strich.

135) Ebenda, 25.

136) Hübner / Roper, Protest in Spitzenhöschen, 18ff.

137) Ebenda, 26ff.

138) Girtler, 104.

139) Ebenda, 106.

140) Ebenda, 74.

141) Ebenda, 108.

142) Interview Ehmsen-Neudecker.

143) Siehe dazu auch Girtler.

144) Brucker / Finkielkraut, Die neue Liebesunordnung.

MÄTRESSEN

1) Theweleit, Männerphantasien, 426.

2) Vortrag von Monica Kurzel-Runtschneider im Klub Ellipse Wien, am 9. März 1993.

3) Bassermann, 147ff.

4) Vortrag Kurzel-Runtschneider.

5) Bassermann, 20ff.

6) Beide siehe Madinier, Die Damen der Könige, 15ff.

7) Ebenda, 32.

8) Ebenda, 43.

9) Ebenda, 47.

10) Bassermann, 43ff.; Madinier, 57ff.

11) Bassermann, 50.

12) Madinier, 126.

13) Ebenda, 101.

14) Ebenda, 104.

15) Ebenda, 105.

16) Ebenda, 105ff.

17) Ebenda, 133ff.

18) Basssermann, 84ff.

19) Madinier, 183.

20) Bassermann, 100ff.; Leibbrand, Bd. 2, 212ff., Madinier, 194ff.

21) Bassermann, 102.

22) Madinier, 214ff.; Leibbrand, Bd. 2, 214.

23) Madinier, 213.

24) Leibbrand, Bd. 2, 214.

25) Ebenda.

26) Madinier, 214.

27) Ebenda, 221.

28) Ebenda, 236.

29) Ebenda, 237.

30) Ebenda, 241ff.

31) Ebenda, 251.

32) Bassermann, 125ff.; Madinier, 266ff.; Leibbrand, Bd. 2, 295ff.

33) Bassermann, 130ff.

34) Madinier, 286.

35) Ebenda, 273.

36) Bassermann, 155; Madinier, 295ff.; Leibbrand, Bd. 2, 313ff.

37) Bassermann, 155.

38) Herold, Liebe in fünf Temperamenten, 13ff.

39) Ebenda, 209ff.

40) Ebenda, 76ff.

41) Bassermann, 248ff.

42) Ebenda, 166ff.

43) Ebenda, 188ff.

44) Ebenda, 199ff.

45) Kelen, Skandale an europäischen Fürstenhöfen, 131.

46) Ebenda, 91ff.

47) Ebenda, 57ff.; Bassermann, 276ff.

48) Kelen, 290ff.; Andics, 266ff.; Hamann, 499ff.

49) Ruland, Gefährtinnen durch Himmel und Hölle, 37.

50) Ebenda, 36.

51) Ebenda, 37.

52) Ebenda, 42.

DIE ENTSEXUALISIERTE FRAU DES 19. JAHRHUNDERTS

1) Popp, Jugend einer Arbeiterin, zitiert in: Kößler, Mädchenkindheiten, 86.

2) Weber-Kellermann, Frauenleben, 191.

3) Foucault, Sexualität und Wahrheit, Bd. 1, 31.
4) Glaser, Sexualität und Aggression, 113.
5) Kitzinger, Sexualität im Leben der Frau, 20.
6) Frevert, Frauen und Sexualmoral, 131.
7) Ebenda.
8) Schulte, 132.
9) Gay, 299ff.
10) Zweig, Die Welt von gestern, zitiert in: Glaser, 118ff.
11) Kößler, 53.
12) Weber-Kellermann, Frauenleben, 106ff.
13) Schulte, 148.
14) Gay, 303.
15) Ebenda, 296.
16) Ebenda, 298.
17) Millett, Sexus und Herrschaft, 158.
18) Ebenda, 159.
19) Gay, 170ff.
20) Ebenda.
21) Ebenda, 171.
22) Ebenda, 172.
23) Ebenda, 177ff.
24) Ebenda, 173.
25) Ebenda, 172.
26) Millett, 236; Olivier, Jokastes Kinder, 35.
27) Millett, 245ff.
28) Ebenda, 253.
29) Zitiert bei Müller, Geschlechterdifferenzierung, 15.
30) Wartmann, Weiblich – Männlich, 120.
31) Ebenda, 31.
32) Ebenda, 110.
33) Millett, 244.
34) Peters, 131.

35) Hege, 100ff.

36) Marcus, Die furchtbare Wahrheit, 222ff.

37) Mitscherlich, Die friedfertige Frau, 146ff.

38) Gay, 303.

39) Leibbrand, Bd. 2, 425.

40) Gay, 306ff.

41) Ebenda.

42) Ebenda, 308ff.

43) Ebenda.

44) Ebenda, 310.

45) Ebenda, 312.

46) Deschner, 311.

47) Gay, 312.

DIE VERSTÜMMELTE FRAU

1) Janssen-Jurreit, Sexismus, 544.

2) Lantier Jacques, La cité magique et magie en Afrique noire, zitiert in: Thiam, Die Stimme der schwarzen Frau, 51ff.

3) Janssen-Jurreit, Sexismus, 541.

4) Thiam, 71.

5) Daly, Gynäkologie, 178.

6) el Saadawi, Tschador, 41ff.

7) Janssen-Jurreit, Sexismus, 548ff.

8) Ebenda.

9) Female circumcision, 5.

10) Thiam, 65.

11) Géza Róheim, Women and their Life in Central Australia, zitiert in: Janssen-Jurreit, Sexismus, 554ff.

12) Ebenda, 556.

13) Groult, Ainsi soit-elle, zitiert in: Thiam, 71.

14) Ebenda, 69.

15) Siehe dazu Interviews bei Thiam und el Saadawi.

16) Thiam, 63ff.

17) Daly, 156ff.

18) Female Circumcision, 6.

19) Janssen-Jurreit, Sexismus, 550ff.

20) Female Circumcision, 8ff.

21) AUF, Nr. 55, Juni 1987, 34ff.

22) Levy Howard, Chinese Footbinding, zitiert in: Daly, 159ff.

23) Ebenda, 165.

24) Ebenda, 161.

25) Gulik, Sexual Life in Ancient China, zitiert in: Daly, 169.

26) Ebenda, 159.

27) Rossi, The sex life of the foot and the shoe, zitiert in: Daly, 165ff.

28) Ebenda, 158ff.

29) Ebenda, 172.

30) Ebenda, 140.

31) Ebenda, 146ff.

32) Ebenda, 136.

33) Walker, The Hindu World, zitiert in: Daly, 139.

34) Frauenmagazin Viva, Österreichischer Rundfunk, 21. Oktober 1992.

DIE „ENTDECKUNG" DER WEIBLICHEN SEXUALITÄT

1) Schmölzer, Verlorene Geschichte, 360.

2) Gay, 162.

3) Ebenda, 148.

4) Janssen-Jurreit, Frauen und Sexualmoral, 35.

5) Ebenda, 38.

6) Ebenda, 37.

7) Ebenda, 134.

8) Ebenda, 101.

9) Ebenda, 74ff.

10) Ebenda, 130.

11) Hofstätter, Weibliche Sexualität, 17.

12) Benard / Schlaffer, Die ganz gewöhnliche Gewalt, 33.

13) Guyon, Sexual Freedom, zitiert in: Dworkin, 245.

14) Kinsey, Das sexuelle Verhalten, 138.

15) Ebenda, 405.

16) Ebenda, 149.

17) Hite Report, 238.

18) Ausdruck, der in der feministischen Bewegung seit Andrea Dworkins Buch „Pornographie" (1987), wo auf dem Titelblatt die Silbe „no" rot gedruckt wurde, eine ablehnende Haltung zu Pornographie deutlich macht.

19) Stefan, Häutungen, 3ff.

20) Hofstätter, 11.

21) Schwarzer, Der „kleine Unterschied", 181.

22) Hite Report, 203ff.

23) Schwarzer, 184.

24) Ebenda, 185.

25) Friday, Die sexuellen Phantasien.

26) Vgl. Lawrenz / Orzegowski, Das kann ich keinem erzählen.

27) Ebenda, 134ff.

28) Ebenda, 146.

29) Mitscherlich, 142.

30) Schwarzer, 205ff.

31) Wienerin, Nr. 61, Mai 1993, 66.

32) profil, Nr. 34, 19. August 1991, 68.

33) Hausen, 62.

34) Ebenda, 66ff.

35) Ebenda, 70.

36) Ebenda, 76ff.

„LIEBE" UND GEWALT

1) Hofstätter, 26.

2) profil, Nr. 12, 16. März 1992, 66ff.

3) Dworkin, 126.

4) Der Bericht von Amnesty International von 1992 wurde anläßlich des Internationalen Frauentages der in Wien tagenden Frauen-Kommission der Vereinten Nationen übergeben.

5) Brownmiller, Gegen unseren Willen, 26ff.

6) Der Standard, 22. Dezember 1992, 3.

7) Brownmiller, 40ff.

8) Helmut Ploebst, in: Wiener Journal, Dezember 1992 / Jänner 1993, 28.

9) Brownmiller, 107.

10) ORF Fernsehen, Club Zwei, 26. Jänner 1993.

11) Der Standard, 22. / 23. Juni 1991.

12) Brownmiller, 142.

13) Ebenda, 177.

14) Siehe Theweleit.

15) Ebenda, Bd. 2, 553ff.

16) Jäckel, Inzest, 25.

17) Rush, Das bestgehütete Geheimnis, 74.

18) Jäckel, 27.

19) Rush, 72.

20) Ebenda, 129ff.

21) Ebenda, 164.

22) Ebenda, 236.

23) Der Standard, 27. Juni 1992, 4.

24) Siehe Innsbrucker Universitätsstudie vom Oktober 1991, zitiert in: Die Presse, 28. Jänner 1992. Kriminalstatistiken 1980 zitiert in: Hirsch, Realer Inzest, 13. Kriminalstatistik BRD 1987 zitiert in: Steinhage, 13.

25) Hirsch, 3; Steinhage, 13; Jäckel, 7: dem gegenüber steht die Innsbrucker Studie, die lediglich von 25 Prozent unter Vätern und Stiefvätern spricht.

26) Jäckel, 7; Steinhage, 1.

27) Hirsch, 18.

28) Vergleiche Jäckel; Schweighofer, Ich war zwölf.

29) Rush, 35.

30) Steinhage, 95.

31) Jäckel, 175ff.

32) Dane / Schmidt, Frauen & Männer, 90.

33) Davis, in: Frauen, Ein Weltbericht , 75.

34) profil, Nr. 26, 22. Juni 1992, 71.

35) Dworkin, 197.

36) Ebenda, 267.

37) Ebenda, 41ff.

38) Marcus, 228ff.

39) Ebenda, 230.

40) Ebenda, 237.

41) Dworkin, 252.

42) Ebenda, 257.

43) Millett, 402.

44) Ebenda, 14.

45) Ebenda, 16ff.

46) Dane / Schmidt, 85.

47) Millett, 313.

48) Ebenda, 314.

49) Dworkin, 192ff.

50) Rick / Treudl, Frauen, Gewalt, Pornographie, 100ff.

51) Die Weltwoche, Nr. 5, 30. Jänner 1992.

52) Dane / Schmidt, 126.

53) Ebenda, 126ff.

54) Ebenda, 273.

55) Rick / Treudl, 150.

56) Dane / Schmidt, 57ff.

57) Rick / Treudl, 84ff.

58) Der Standard, 10. Juli 1992.

59) profil, Nr. 26, 22. Juni 1992, 69.

60) Ebenda, 71.

61) Ebenda.

62) Der Standard, 9. September 1992.

63) Rush, 248.

DER INTERNATIONALE FRAUENHANDEL

1) Förg-Rob, Frauenhandel, 97.

2) Ebenda, 96.

3) Launer, Frauenhandel, 60.

4) Barley, Die Sex-Händler, 183.

5) Ebenda, 39.

6) Ebenda, 70.

7) Ebenda, 49.

8) Ebenda, 154.

9) Ebenda, 70.

10) Ebenda, 174.

11) agisra, 153.

12) profil, Nr. 43, 21. Oktober 1991.

13) Launer, 15.

14) profil, Nr. 10, 2. März 1992, 60.

15) Ebenda.

16) Der Standard, 30. Oktober 1992, 9.

17) agisra, 268.

18) Launer, 16.

19) Zitiert in: profil, Nr. 43, 21. Oktober 1991, 64.

20) agisra, 64.

21) profil, Nr. 43, 21. Oktober 1991, 64.

22) agisra, 71.

23) Ebenda, 70ff.

24) profil, Nr. 43, 21. Oktober 1991, 64.

25) agisra, 129.

26) Ebenda, 77.

27) Ebenda, 103.

28) Ebenda, 104; Kölner Stadtrevue 4, 1988.

29) Förg-Rob, 9.

30) agisra, 101.

31) Förg-Rob, 11.

32) agisra, 112ff.

33) Siehe die im Department of Immigration and Ethnic Affairs (D. I. E. A.) in Auftrag gegebene Melbourne-Studie von 1982, die die Situation philippini-

scher „Katalogbräute", die mit australischen Männern verheiratet sind, beleuchtet. Siehe weiters Prohaska, Philippinische Frauen; Giller, Inter-kulturelle Partnerschaften; Renschler, Ware Liebe.

34) agisra, 133.

35) Ebenda,124.

36) Siehe die Melbourne-Studie.

37) Förg-Rob, 28.

38) Ebenda, 31.

39) agisra, 345.

AUSVERKAUF DER FRAU HEUTE

1) Kruschitz, Die „Darstellung" und „Vermarktung", 32.

2) Neumann, Die Darstellung der Frau, 133.

3) Ebenda, 121ff.

4) Blumschein, Wie man(n) Frauen macht, 965.

5) Leinfellner, Das Bild der Frau, 111.

6) Ebenda, 111ff.

7) Ebenda, 42.

8) Ebenda, 108.

9) Ebenda, 109.

10) Meier-Seethaler, 257ff.

11) Ebenda.

12) Wieck, Männer lassen lieben.

13) Ebenda, 54.

14) Ebenda, 80.

15) Meier-Seethaler, 304.

16) Arbeiter-Zeitung, 12. Februar 1991.

17) Mitscherlich, 183.

18) Toman, Atlantis in uns.

19) Mitscherlich, 10.

20) Hoffmann, Die Garfield-Jugend.

21) Olivier, Jokastes Kinder.

22) Keen, Feuer im Bauch, zitiert in: Benard / Schlaffer, Ohne uns seid ihr nichts, 20.

23) Ebenda, 30.

24) Interview vom 28. Juni 1992.

25) Wieck, 83.

26) Ebenda, 88.

27) Ebenda, 114.

28) Ebenda, 88ff.

29) Presseaussendung zu Toman, Atlantis in uns.

Literaturverzeichnis

agisra (= Aktionsgemeinschaft gegen internationale und rassistische Ausbeutung, Frauenhandel und Prostitutionstourismus (Hrsg.), Eine Bestandsaufnahme zu Prostitutionstourismus, Heiratsvermittlung und Menschenhandel mit ausländischen Mädchen und Frauen, Trickster, München 1990.

Alic Margaret, Hypathias Töchter, Unionsverlag, Zürich 1987.

Andics Helmut, Die Frauen der Habsburger, Molden, Wien / München / Zürich 1969.

Auf den Spuren weiblicher Vergangenheit. Beiträge der 4. schweizerischen Historikertagung. Arbeitsgruppe Frauengeschichte Basel, Chronos, Zürich 1988.

Barley Stephen, Die Sex-Händler. Moderne Formen der Sklaverei, Zsolnay, Wien / Hamburg 1967.

Bassermann Lujo (d. i. Hermann Schreiber), Das älteste Gewerbe, Econ, Wien / Düsseldorf 1965.

ders., Die ungekrönte Geliebte. Leben und Lieben der großen Mätressen, Econ, Wien / Düsseldorf 1967.

Bauer Willi, Geschichte und Wesen der Prostitution, Weltspiegel, Stuttgart 1956.

Bauernfeind Yasmina et al., Die gestohlene Kindheit. Sexueller Mißbrauch an Kindern, Droemer Knaur, München 1992.

Bebel August, Die Frau und der Sozialismus, Dietz Nachf., Berlin / Bonn 1980.

Becker Gabriele et al., Aus der Zeit der Verzweiflung. Zur Genese und Aktualität des Hexenbildes, Suhrkamp, Frankfurt 1977.

Becker-Cantarino Barbara (Hrsg.), Die Frau von der Reformation zur Romantik, Bouvier, Bonn 1985.

dies., Der lange Weg zur Mündigkeit, Metzlerische Verlagsbuchhandlung, Stuttgart 1987.

Beinstein Christa, Obszöne Frauen, promedia, Wien 1986.

Benard Cheryl / Schlaffer Edith, Ohne uns seid ihr nichts. Was Frauen für Männer bedeuten, Heyne, München 1992.

Bennent Heidemarie, Galanterie und Verachtung. Eine philosophiegeschichtliche Untersuchung zur Stellung der Frau in der Gesellschaft und Kultur, Campus, Frankfurt / New York 1985.

Bischoff Cordula (Hrsg.), Frauen – Kunst – Geschichte. Zur Korrektur des herrschenden Blicks, Anabas, Gießen 1984.

Bloch Iwan, Die Prostitution, 1. Band, Louis Marcus Verlagsbuchhandlung, Berlin 1912.

Blumschein Christine, Wie man(n) Frauen macht … Das Fernsehen als Vermittler und Produzent von Geschlechterideologien, Profil, München 1986.

Borelli Siegfried et al., Die Prostitution als psychologisches Problem, Springer, Berlin / Göttingen / Heidelberg 1957.

Borneman Ernest, Das Patriarchat. Ursprung und Zukunft unseres Gesellschaftssystems, Fischer, Frankfurt 1979.

Brinitzer Carl, Strafrechtliche Maßnahmen zur Bekämpfung der Prostitution, Diss., Kiel 1933.

Brownmiller Susan, Gegen unseren Willen. Vergewaltigung und Männerherrschaft, Fischer, Frankfurt 1983.

Brucker Pascal / Finkielkraut Alain, Die neue Liebesunordnung, Hanser, München 1979.

Cronin Vincent, Ludwig XVI. und Marie-Antoinette, Claassen, Düsseldorf 1975.

Daly Mary, Gynäkologie, Frauenoffensive, München 1991.

Dane Eva / Schmidt Renate, Frauen, Männer und Pornographie, Fischer, Frankfurt 1990.

Das ewige Klischee. Zum Rollenbild und Selbstverständnis bei Männern und Frauen, Autorinnengruppe Universität Wien, Böhlau, Wien / Graz / Köln 1981.

Delille Angela / Grohn Andrea, Blick zurück aufs Glück. Frauenleben und Familienpolitik in den 50er Jahren, Elefanten Press, Berlin 1985.

Der neue Charme der sexuellen Unterwerfung. Beiträge zur feministischen Theorie und Praxis. Eigenverlag Sozialwissenschaftliche Forschung und Praxis für Frauen, Köln 1987.

De Salvo Louise, Virginia Woolf. Die Auswirkungen sexuellen Mißbrauchs auf ihr Leben und Werk, Kunstmann, München 1990.

Deschner Karlheinz, Das Kreuz mit der Kirche. Eine Sexualgeschichte des Christentums, Econ, Düsseldorf / Wien 1974.

Die ungeschriebene Geschichte. Historische Frauenforschung. Dokumentation des 5. Historikerinnentreffens in Wien, 16. bis 19. April 1984, Frauenforschung Band 3, Wiener Frauenverlag, Wien 1984.

Diemer Kurt, Die Heiratsverhandlungen zwischen Königin Elisabeth I. von England und Erzherzog Karl von Innerösterreich 1558–1570, Diss., Tübingen 1969.

Drack Sonja, Entwicklung des Rollenbildes der Frau in der Anzeigenwerbung, Diplomarbeit, Linz 1988.

Dworkin Andrea, Pornographie. Männer beherrschen Frauen, Fischer, Frankfurt 1990.

Elias Norbert, Über den Prozeß der Zivilisation, 2 Bde., Francke, Bern / München 1969.

Ennen Edith, Frauen im Mittelalter, Beck, München 1985.

Erle Manfred, Die Ehe im Naturrecht des 17. Jahrhunderts, Diss., Göttingen 1952.

Eser Albin / Koch Hans Georg (Hrsg.), Schwangerschaftsabbruch im internationalen Vergleich, Teil I., Nomos, Baden-Baden 1988.

Ewald Johann Ludwig, Die Kunst, ein gutes Mädchen, eine gute Gattin, Mutter und Hausfrau zu werden, Wien 1799.

Female Circumcision, excision and infibulation, Report Nr. 47.

Fichte Johann Gottlieb, Grundlagen des Naturrechts nach Prinzipien der Wissenschaftslehre, Meiner, Hamburg 1960.

Fiegl Verena, Der Krieg gegen die Frauen. Zum Zusammenhang von Sexismus und Militarismus, Tarantel Frauen Verlag, Bielefeld 1990.

Finger Peter, Familienrecht mit familiensoziologischen und familienpolitischen Schwerpunkten, Athenäum, Königstein 1979.

Fleißer Marieluise, Ausgewählte Werke, Aufbau, Berlin / Weimar, 1979.

Floßmann Ursula / Lehner Oskar (Hrsg.), Frau. Recht. Gesellschaft. Seminar zur Frauenrechtsgeschichte, Trauner, Linz 1985.

Förg-Rob Elisabeth et al., Frauenhandel und Prostitutionstourismus. Hintergründe und Fakten zur sexuellen und rassistischen Ausbeutung von Frauen in Österreich, Frauensolidarität, 1030 Wien, Weyrgasse 5 / 1, Wien 1992.

Foucault Michel, Sexualität und Wahrheit, Suhrkamp, Frankfurt 1983.

Freeman Lucy et al., Der stille Schrei, Kabel, Hamburg 1989.

Frevert Ute, Frauen-Geschichte. Zwischen bürgerlicher Verbesserung und neuer Weiblichkeit, Suhrkamp, Frankfurt 1986.

dies., Bürgerinnen und Bürger, Vandenhoeck & Ruprecht, Göttingen 1988.

Friday Nancy, Die sexuellen Phantasien der Frauen, Kremayr & Scheriau, Wien 1973.

Gay Peter, Erziehung der Sinne. Sexualität im bürgerlichen Zeitalter, Beck, München 1980.

Gehrke Claudia, Purpurmund und Honiglippen. Erotika von Frauen, Ullstein, Frankfurt 1991.

Gerhard Ute / Schütze Yvonne (Hrsg.), Frauensituation. Veränderungen in den letzten zwanzig Jahren, Suhrkamp, Frankfurt 1988.

Gilbert Harriet / Roche Christine, Das Weib sei dem Manne untertan. Eine Geschichte der weiblichen Sexualität, Droemer Knaur, München 1989.

Giller Gudrun, Interkulturelle Partnerschaften. Gründung, Zusammenleben, Schwierigkeiten, Diplomarbeit, Würzburg 1988.

Girtler Roland, Der Strich. Erkundungen in Wien, Age d'Homme–Karolinger, Wien 1985.

Glaser Hermann, Sexualität und Aggression. Sozialpathologische Aspekte der modernen Gesellschaft, Kindler, München 1975.

Gordon Lyndall, Virginia Woolf. Das Leben einer Schriftstellerin, Fischer, Frankfurt 1987.

Göttner-Abendroth Heide, Das Matriarchat I., Kohlhammer, Stuttgart 1988.

dies., Die Göttin und ihr Heros, Frauenoffensive, München 1988.

Groult Benoîte, Ödipus' Schwester, Droemer Knaur, München 1985.

Hacker Hanna, Die Ordnung der Frauen und Freundinnen zur Rekonstruktion homosozialer Handlungsmuster und ihrer institutionellen Kontrolle (Österreich 1870–1939), Diss., Wien 1985.

Haefeld Marianne, Der Seifenabort mit besonderer Berücksichtigung der durch ihn bewirkten Anurie und deren Behandlung, Diss., Basel 1953.

Hamann Brigitte, Elisabeth. Kaiserin wider Willen, Amalthea, Wien / München 1982.

Hamsun Knut, In Selbstzeugnissen und Bilddokumenten, dargestellt von Martin Beheim-Schwarzbach, Rowohlt, Reinbek b. Hamburg 1958.

ders., Briefe an Marie, eingeleitet und herausgegeben von Lore Hamsun, List, München 1970.

Hanke Hildegard, Die Kindestötung, Alfred Kurtze, Breslau / Neukirchen 1937.

Hansen Thorkild, Der Hamsun-Prozeß, Albrecht Knaus, Hamburg 1979.

Hardwick Elisabeth, Verführung und Betrug. Frauen und Literatur, Fischer, Frankfurt 1986.

Hausen Karin, Frauen suchen ihre Geschichte. Historische Studien zum 19. und 20. Jahrhundert, Beck, München 1983.

Haushofer Marlen, Die Wand, Sigbert Mohn, Gütersloh 1953.

dies., Eine Handvoll Leben, Zsolnay, Wien / Hamburg 1955.

dies., Die Tapetentür, Zsolnay, Wien / Hamburg 1957.

Hedemann Justus Wilhelm, Die Rechtsstellung der Frau. Vergangenheit und Zukunft, Walter Gruyter, Berlin 1952.

Hege Marianne, Die steinerne Fee. Idealisierung und Dämonisierung weiblicher Kraft, Beltz, Weinheim / Basel 1985.

Heider Ulrike (Hrsg.), Sadomasochisten, Keusche und Romantiker. Vom Mythos neuer Sinnlichkeit, Rowohlt, Reinbek b. Hamburg 1986.

Heinsohn Gunnar / Steiger Otto, Die Vernichtung der weisen Frauen. Hexenverfolgung, Menschenproduktion, Kinderwelten, März, Herbstein 1985.

Heiß Gernot, Königin Maria von Ungarn und Böhmen (1505–1558). Ihr Leben und ihre wirtschaftlichen Interessen in Österreich, Ungarn und Böhmen, Diss., Wien 1971.

Herold Christopher, Liebe in fünf Temperamenten. Frauen der galanten Zeit, List, München 1964.

Hesse Eva, Ezra Pound. Vom Sinn und Wahnsinn, Kindler, München 1978.

dies. et al., Der Aufstand der Musen. Die „Neue Frau" in der englischen Moderne, Andreas Haller, Passau 1984.

Hildesheimer Wolfgang, Mozart, Suhrkamp, Frankfurt 1984.

Hirsch Matthias, Realer Inzest. Psychodynamik des sexuellen Mißbrauchs in der Familie, Springer, Berlin/Heidelberg 1987.

Hite Shere, Hite Report. Das sexuelle Erleben der Frau, Bertelsmann, München 1978.

Hoffmann Christina, Die Verrücktheit einer Generation. Schreibweisen von „Jungen Autorinnen" nach 1945 in den Romanen Marlen Haushofers, Diss., Wien 1988.

Hoffmann Julia, Die „Hausväterliteratur" und die „Predigten zum christlichen Hausstand", Beltz, Weinheim / Basel 1959.

Hoffmann Walter, Die Garfield-Jugend oder Erziehung am Ende? Bittner, Recklinghausen 1992.

Hofstätter Maria, Weibliche Sexualität und die Sexualreports seit Kinsey. Theorien zur weiblichen Sexualität, einige Ergebnisse des Sexualreports, Methodenkritik und soziologische Betrachtung, Diplomarbeit, Wien 1980.

Hohberg Wolff Helmhard von, Georgica Curiosa Aucta, das ist: Umständlicher und klarer Unterricht von dem vermehrten und verbesserten Adelichen Land- und Feld-Leben, Martin Endters, Nürnberg 1716.

Hohensinn Gertraud, The six wives of Henry VIII, Diplomarbeit, Salzburg 1986.

Hübner Irene / Roper Maggie, Protest im Spitzenhöschen. Huren wehren sich. Von der klassischen Hetäre zum postmodernen Bodygirl, Brandes & Apsel, Frankfurt 1985.

Interdisziplinäre Forschungsgruppe Frauenforschung (IFF), Liebes- und Lebensverhältnisse. Sexualität in der feministischen Diskussion, Campus, Frankfurt / New York 1990.

Jäckel Karin, Inzest. Tatort Familie, Moewig, Rastatt 1988.

Janssen-Jurreit Marielouise, Sexismus. Über die Abtreibung der Frauenfrage, Fischer, Frankfurt 1984.

dies., Frauen und Sexualmoral, Fischer, Frankfurt 1986.

Kant Immanuel, Anthropologie in pragmatischer Hinsicht, Meiner, Hamburg 1900.

ders., Kritik der praktischen Vernunft. Grundlagen zur Metaphysik der Sitten, Suhrkamp, Frankfurt 1974.

Kant's gesammelte Schriften, hg. von der königlichen Preußischen Akademie der Wissenschaften, Band 2, Erste Abteilung: Werke, Reimer, Berlin 1905.

Kasten Ingrid, Frauendienst bei Troubadours und Minnesängern im 12. Jahrhundert, Winter, Heidelberg 1986.

Kavemann Barbara / Lohnstöter Ingrid, Väter als Täter. Sexuelle Gewalt gegen Mädchen, Rowohlt, Reinbek b. Hamburg, 1984.

Kebir Sabine, Ein akzeptabler Mann? Brecht und die Frauen, Pahl-Rugenstein, Köln 1989.

Kelen Betty, Skandale an europäischen Fürstenhöfen des 19. Jahrhunderts, Rowohlt, Reinbek b. Hamburg 1969.

Ketsch Peter, Frauen im Mittelalter. Quellen und Materialien, 2 Bde., Schwann, Düsseldorf 1983 / 84.

Kinsey Alfred C. et al., Das sexuelle Verhalten der Frau, Fischer, Frankfurt 1964.

Kitzinger Sheila, Sexualität im Leben der Frau, Biederstein, München 1984.

Knapp Ulla, Frauenarbeit in Deutschland, Band 1: Ständischer und bürgerlicher Patriarchalismus. Frauenarbeit und Frauenrolle im Mittelalter und im Bürgertum des 19. Jahrhunderts, Minerva, München 1984.

Körbitz Ulrike, Abtreibung – die Schattenseite von Sexualität zwischen subjektiver Erfahrung, Ökonomie und Paragraphen. Textbearbeitung der Erzählung von vier Frauen, Diss., Innsbruck 1984.

Kößler Gottfried, Mädchenkindheiten im 19. Jahrhundert, Focus, Gießen 1979.

Krieger Verena, Entscheidungen. Was Frauen (und Männer) über den § 218 wissen sollten, Konkret Literatur Verlag, Hamburg 1987.

Kruschitz Christiane, Die „Darstellung" und „Vermarktung" der Frau in der Werbung, am Beispiel der aktuellen Zeitschriften „Burda Moden", „Schöner Wohnen" und „Petra", Diplomarbeit, Klagenfurt 1986.

Latzka Berit, Sextourismus in Südostasien, Fischer, Frankfurt 1987.

Launer Ekkehard (Hrsg.), Frauenhandel, Lamuv Taschenbuch, Göttingen 1991.

Lawrenz Constanze / Orzegowski Patricia, Das kann ich keinem erzählen. Gespräche mit Frauen über ihre sexuellen Fantasien, Luchterhand, Darmstadt 1988.

Leibbrand Annemarie / Leibbrand Werner, Formen des Eros. Kultur- und Geistesgeschichte der Liebe, 2 Bde., Karl Alber, Freiburg / München, 1972.

Leierseder Brigitte, Das Weib nach den Ansichten der Natur. Studien zur Herausbildung des bürgerlichen Frauenleitbildes an der Wende vom 18. zum 19. Jahrhundert, Diss., München 1981.

Leinfellner Christine, Das Bild der Frau im TV. Neugebauer, Salzburg / Wien 1983.

Leipoldt Johannes, Die Frau in der antiken Welt und im Urchristentum, Koehler & Amelang, Leipzig 1954.

Leitner Thea, Habsburgs verkaufte Töchter, Ueberreuter, Wien 1987.

Lévi-Strauss Claude, Strukturelle Anthropologie, 2 Bde., Suhrkamp, Frankfurt 1967.

Madinier Renée, Die Damen der Könige. Mätressen am französischen Hof, Paul Neff, Wien / Berlin 1981.

Mahoney Irene, Katharina von Medici. Königin von Frankreich – Fürstin der Renaissance, Callwey, München 1977.

Malinowski Bronislaw, Das Geschlechtsleben der Wilden, Syndikat, Frankfurt 1979.

Marcus Marie, Die furchtbare Wahrheit. Frauen und Masochismus, Rowohlt, Reinbek b. Hamburg 1987.

McCarthy Felicitas Christiane, Abtreibung, Genese. Determinanten und Konsequenzen, ein kasuistischer Beitrag, Diss., Salzburg 1979.

McGowan Moray, Marieluise Fleißer, Beck, München 1987.

Mead Margaret, Mann und Weib. Das Verhältnis der Geschlechter in einer sich wandelnden Welt, Rowohlt, Reinbek b. Hamburg 1958.

Meier-Seethaler Carola, Ursprünge und Befreiungen. Eine dissidente Kulturtheorie, Arche, Zürich 1988.

Messmer Kurt, Die persönliche Rechtsstellung der Frau in der Ehe, unter dem Gesichtspunkt der Gleichberechtigung betrachtet, Diss., Freiburg / Br. 1953.

Millett Kate, Sexus und Herrschaft. Die Tyrannei des Mannes in unserer Gesellschaft, Rowohlt, Reinbek b. Hamburg 1985.

Mitscherlich Margarete, Die friedfertige Frau, Fischer, Frankfurt 1985.

Morgenroth Inge (Hrsg.), Unica Zürn. Das Weiße mit dem roten Punkt, Lilith, Berlin 1981.

Mühr Alfred, Das Buch der Ehe. Eine moderne Enzyklopädie, Desch, München 1965.

Müller Elisabeth, Geschlechterdifferenzierung und Gesellschaft. Zur Aufdeckung sozialer Inhalte psychoanalytischer Kategorien, Diss., Berlin 1974.

Müller Michael, Die Lehre des hl. Augustinus von der Paradiesesehe und ihrer Auswirkung in der Sexualethik des 12. und 13. Jahrhunderts bis Thomas von Aquin, Pustet, Regensburg 1954.

Neumann Elisabeth, Die Darstellung der Frau in der Wirtschaftswerbung – eine soziologische Untersuchung und Inhaltsanalyse, Diss., Wien 1981.

New International (Hrsg.), Frauen, ein Weltbericht, Orlanda, Berlin 1986.

Oberzill Gerhard H., Die bewußten Demoiselles. Glanz und Elend der leichten Mädchen in alter Zeit, Jugend & Volk, Wien / München 1984.

Olivier Christiane, Jokastes Kinder, dtv, München 1991.

Orieux Jean, Katharina von Medici oder Die schwarze Königin, Nymphenburger, München 1985.

Perner Rotraut (Hrsg.), Zuliebe zu Leibe. Über die Möglichkeit und Unmöglichkeit kindlicher Erotik, Edition Tau, Bad Sauerbrunn 1991.

Peters Dietlinde, Frauenleben und Frauenbild. Zur theoretischen und praktischen Überwindung gedachter und gelebter „Weiblichkeit", Diss., Berlin 1982.

Pheterson Gail, Huren-Stigma. Wie man aus Frauen Huren macht, Galgenberg, Hamburg 1990.

Plath Sylvia, Die Glasglocke, Suhrkamp, Frankfurt 1968.

dies., Ariel. Gedichte, Suhrkamp, Frankfurt 1974.

dies., Briefe nach Hause 1950–1963, ausgewählt und herausgegeben von Aurelia Schober-Plath, Hanser, München/Wien 1979.

Pods Christine, Die Ordnung des Alltags. Weibliches Selbstverständnis und Erzählproblematik im Werk von Marlen Haushofer, Diplomarbeit, Berlin 1987.

Pomeroy Sarah, Frauenleben im klassischen Altertum, Kröner, Stuttgart 1985.

Prohaska Martina, Philippinische Frauen in der Bundesrepublik, Diplomarbeit, Oldenburg 1987.

Pusch Luise F. (Hrsg.), Schwestern berühmter Männer, Insel, Frankfurt 1985.

dies., Töchter berühmter Männer, Insel, Frankfurt 1988.

Ranke-Heinemann Uta, Eunuchen für das Himmelreich. Katholische Kirche und Sexualität, Hoffmann und Campe, Hamburg 1988.

Renschler Regula et al., Ware Liebe. Sextourismus, Prostitution, Frauenhandel, Wuppertal 1987.

Richter Josef, Die Freudenmädchen von Wien. Ein Bordellspiegel, hg. von Werner Heilmann, Heyne, München 1982.

Rick Karin / Treudl Sylvia (Hrsg.), Frauen, Gewalt, Pornographie, Wiener Frauenverlag, Wien 1989.

Riese Katharina, Die Abtreibung in der Volksmedizin mit besonderer Berücksichtigung der innerpatriarchalischen Widersprüche, Diss., Wien 1980.

Rossiaud Jacques, Dame Venus. Prostitution im Mittelalter, Beck, München 1989.

Ruland Bernd, Gefährtinnen durch Himmel und Hölle. Die Geliebten der Diktatoren, Hestia, Bayreuth 1969.

Rush Florence, Das bestgehütete Geheimnis. Sexueller Kindesmißbrauch, sub rosa Frauenverlag, Berlin 1982.

Saadawi Nawal el, Tschador. Frauen im Islam, con, Bremen 1980.

Sacher-Masoch Wanda, Die Beichte der Dame im Pelz, Moewig, München 1986.

Schelsky, Helmut, Wandlungen der deutschen Familie in der Gegenwart, Enke, Stuttgart 1967.

Schiel Irmgard, Marie Louise. Eine Habsburgerin für Napoleon, Deutsche Verlagsanstalt, Stuttgart 1983.

Schirmer Eva, Mystik und Minne. Frauen im Mittelalter, Elefanten Press, Berlin 1984.

Schlegel Friedrich, Lucinde, mit Friedrich Schleiermachers „Vertrauten Briefen über Friedrich Schlegels ‚Lucinde' ", Goldmann, München 1985.

Schleiermacher Friedrich Daniel Ernst, Brouillon zur Ethik (1805/06), Meiner, Hamburg 1981.

Schmölzer Hilde, Frau sein & schreiben, Bundesverlag, Wien 1982.

dies., Phänomen Hexe. Wahn und Wirklichkeit im Lauf der Jahrhunderte, Herold, Wien 1986.

dies., Die verlorene Geschichte der Frau. 100.000 Jahre unterschlagener Vergangenheit, Edition Tau, Bad Sauerbrunn 1990.

Schnögl Sonja, Gewalt gegen Frauen. Körperliche und seelische Mißhandlungen in der Ehe. Eine Analyse der Berichterstattung in den österr. Tageszeitungen, Diss., Wien 1983.

Schreiber Hermann, Marie Antoinette, die unglückliche Königin, List, München 1988.

Schulte Regina, Sperrbezirke. Tugendhaftigkeit und Prostitution in der bürgerlichen Welt, Syndikat, Frankfurt 1979.

Schwägler Georg, Soziologie der Familie. Ursprung und Entwicklung, Mohr, Tübingen 1970.

Schwarzer Alice, Der „kleine Unterschied" und seine großen Folgen. Frauen über sich – Beginn einer Befreiung, Fischer, Frankfurt 1981.

Schweighofer Nathalie, Ich war zwölf, Bastei Lübbe, Bergisch Gladbach 1992.

Shahar Shulamit, Die Frau im Mittelalter, Athenäum, Königstein 1981.

Shorter Edward, Der weibliche Körper als Schicksal. Zur Sozialgeschichte der Frau, Piper, München / Zürich 1982.

Smidt-Dörrenberg Irmgard, Margarita Maria, Infantin von Spanien, Römisch-Deutsche Kaiserin. Des Velazquez lieblichstes Modell, Bergland, Wien 1966.

von Soden Kristine / Schmidt Maruta (Hrsg.), Neue Frauen. Die zwanziger Jahre, Elefanten Press, Berlin 1988.

Sorge Wolfgang, Geschichte der Prostitution, Potthof & Co., Berlin 1919.

Spiegel Peter, Häuser, die die Gesellschaft verschweigt, Diplomarbeit, Linz 1985.

Sprenger Jakob / Institoris Heinrich, Der Hexenhammer, dtv, München 1982.

Steinhage Rosemarie, Sexueller Mißbrauch an Mädchen. Ein Handbuch für Beratung und Therapie, Rowohlt, Reinbek b. Hamburg 1989.

Steinbart Hiltrud, Am Anfang war die Frau. Die Frau – Ursprung der Religionen, Fischer, Frankfurt 1983.

Stephan Inge, Das Schicksal begabter Frauen im Schatten berühmter Männer, Kreuz, Stuttgart 1989.

Sturm Anna Margareta, Das josephinische Leitbild der Frau in Ehe und Familie, Diss., Linz 1988.

Talbot-Rice Tamara, Elisabeth von Rußland, die letzte Romanov auf dem Zarenthron, Callwey, München 1973.

Tamussino Ursula, Isabella von Parma, Gemahlin Josephs II., Bundesverlag, Wien 1989.

Tannahill Reay, Kulturgeschichte der Erotik, Zsolnay, Wien / Hamburg 1982.

The State of the World's Women 1985. New International Publications on behalf of the United Nations, Oxford 1986.

Theweleit Klaus, Buch der Könige, Band I: Orpheus und Euridyke, Stroemfeld / Roter Stern, Basel / Frankfurt 1989.

Thiam Ava, Die Stimme der schwarzen Frau. Vom Leid der Afrikanerinnen, Rowohlt, Reinbek b. Hamburg 1990.

Toman Lore, Atlantis in uns. Eine Spurensuche, Edition S, Wien 1993.

Trallori Lisbeth, Kontrolle der Nachwuchsproduktion. Soziologischer Beitrag zur Geschichte der Kindestötung, Abtreibung und Empfängnisverhütung, Diss., Wien 1982.

Treder Uta, Von der Hexe zur Hysterikerin. Zur Verfestigungsgeschichte des „Ewig Weiblichen“, Bouvier, Bonn 1984.

Treut Monica, Die grausame Frau. Zum Frauenbild bei de Sade und Sacher-Masoch, Stroemfeld / Roter Stern, Basel / Frankfurt 1984.

Van der Cruysse Dirk, „Madame sein ist ein ellendes Handwerk.“ Liselotte von der Pfalz – eine deutsche Prinzessin am Hof des Sonnenkönigs, Piper, München / Zürich 1988.

Vardiman Ernst E., Die Frauen in der Antike. Sittengeschichte der Frau im Altertum, Econ, Düsseldorf 1982.

Vossen Carl, Maria von Burgund. Des Hauses Habsburg Kronjuwel, Seewald, Stuttgart 1982.

ders., Anna Maria, die letzte Medici, Kurfürstin zu Düsseldorf, Hub, Düsseldorf 1988.

Wächtershausen Wilhelm, Das Verbrechen des Kindesmordes im Zeitalter der Aufklärung. Quellen und Forschungen zur Strafrechtsgeschichte, Erich Schmidt, Berlin 1973.

Wagner-Martin Linda, Sylvia Plath. Eine Biographie, Suhrkamp, Frankfurt 1990.

Wartmann Brigitte (Hrsg.), Weiblich – Männlich. Kulturgeschichtliche Spuren einer verdrängten Weiblichkeit, Ästhetik & Kommunikation, Berlin 1980.

Weber-Kellermann Ingeborg, Frauenleben im 19. Jahrhundert, Beck, München 1983.

dies. (Hrsg.), Glanz und Elend am Hofe des Soldatenkönigs in den Memoiren der Markgräfin Wilhelmine von Bayreuth, Insel, Frankfurt 1990.

Wedel Ute, Die Rolle der Frau bei Bertold Brecht, Lang, Frankfurt 1983.

Widorn Helga, Die spanischen Gemahlinnen der Kaiser Maximilian II., Ferdinand III. und Leopold I., Diss., Wien 1959.

Wieck Wilfried, Männer lassen lieben. Die Sucht nach der Frau, Fischer, Frankfurt 1991.

Wiggershaus Renate, Virginia Woolf, Leben und Werk, Insel, Frankfurt 1987.

Woolf Virginia, Ein Zimmer für sich allein, Fischer, Frankfurt 1982.

Wysocki Gisela von, Die Fröste der Freiheit. Aufbruchsphantasien, Syndikat, Frankfurt 1981.

Zierl Antonia, Kaiserin Eleonore und ihr Kreis (1436–1467), Diss., Wien 1956.

Zinserling Verena, Die Frau in Hellas und Rom, Kohlhammer, Stuttgart 1972.

Zweig Stephan, Marie Antoinette. Bildnis eines mittleren Charakters, Buch und Welt, Klagenfurt 1974.